W0229639

Christian Probst · Lieber bayrisch sterben

CHRISTIAN PROBST

Lieber bayrisch sterben

Der bayrische Volksaufstand
der Jahre 1705 und 1706

SÜDDEUTSCHER VERLAG

Schutzumschlag: Design Team München
(unter Verwendung eines Ausschnitts aus dem Votivbild nach S. 216)
Die Karten auf S. 335, 338, 340 und 342 zeichnete Hans Peras,
die Karten nach S. 478 Christl Aumann

1980 · Zweite Auflage

ISBN 3-7991-5970-3

© 1978 Süddeutscher Verlag, GmbH, München
Alle Rechte vorbehalten
Printed in Germany · Schrift: Baskerville-Antiqua
Satz und Druck: Kösel, Kempten
Bindearbeit: Grimm + Bleicher, München

Meiner Frau

Inhaltsverzeichnis

Vorwort

Es gibt nur wenige geschichtliche Ereignisse, die in das Bewußtsein des altbayerischen Menschen so nachhaltig eingegangen sind wie der Aufstand des bayerischen Volkes gegen die kaiserliche Besatzung mit den sogenannten Bauernschlachten von Sendling und Aidenbach in den Jahren 1705 und 1706. Noch 1955/56 wurden im bayerischen Oberland und in Niederbayern große Erinnerungsfeiern zum 250. Jahrestag von Sendling und Aidenbach abgehalten; der Bund der bayerischen Gebirgsschützenkompanien gedenkt noch heute alljährlich an Weihnachten am Oberländerdenkmal zu Waakirchen der Gefallenen des Aufstandes, und eine dieser Kompanien – die von Gotzing – führt noch heute eine Trommel, auf der der Leitspruch der Erhebung geschrieben steht: »Lieber bairisch sterbn als wie kaiserlich verderbn«.

Die Erinnerung an die Ereignisse dieses Aufstandes, der alle Teile des altbayerischen Landes ergriffen hat, war im Volk von Anfang an rege; dafür zeugt die Entstehung verschiedener Volkssagen – vom Schmied von Kochel, von den Schützen im Reschenhof bei Aidenbach und vom schlauen Studenten von Altheim im Innviertel. Die historisch-literarische Darstellung war während des 18. Jahrhunderts unpathetisch und nüchtern; sie wurde von der Obrigkeit aus Staatsraison und aus diplomatischer Rücksicht auf Österreich eher gehemmt als gefördert. Der bayerische Historiker Lorenz von Westenrieder sah im Jahr 1784 die Ursachen des Aufstandes darin, daß die Bauern sich gegen eine Fremdherrschaft auflehnten und ihren angestammten Herrscher wiederhaben wollten; dennoch wertete er die Erhebung im Ganzen als aufrührerisch, verräterisch und unsinnig ab. Dies änderte sich mit dem Beginn des 19. Jahrhunderts, als Bayern dem von Frankreich abhängigen Rheinbund beitrat. Im Jahre 1805 veröffentlichte Johann Christoph Freiherr von Aretin unter dem Pseudonym Johannes Rastlos die Schrift »Die Österreicher in Baiern zu Anfang des 18. Jahrhunderts« mit deutlich österreichfeindlicher Tendenz. Jetzt begann man den Volksaufstand von 1705 als patriotische Tat zu feiern. In den folgenden Jahrzehnten hat man ihn immer mehr legendenhaft ausgeschmückt und als Opfergang der bayerischen Bauern für ihr angestammtes Herrscherhaus verklärt. Auch die historische Forschung, besonders die Heimatforschung, nahm sich des Gegenstandes immer mehr an und förderte aus zahlreichen Archiven ein umfangreiches Quellenmaterial zutage. Im Jahre 1884 erschien von Johann Nepomuk Sepp »Der bayerische Bauernkrieg mit den Schlachten von Sendling und Aidenbach«, in dem auf 648 Seiten das gesamte Aufstandsgeschehen bis in alle Einzelheiten sowie die Vorgeschichte ausführlich dargestellt sind. Sepp stellte jedoch historische Fakten und eine Fülle von Legenden unkritisch nebeneinander und führte so die patriotische Verklärung auf einen Höhepunkt. Diese Darstellungsweise fand in den Gedenkfeiern des Jahres 1905 ihre Fortsetzung. Um dieses Jahr erschien zudem eine große Anzahl von Abhandlungen über den Aufstand, aus der vor allem die Arbeit Karl von Wallmenichs, »Der Oberländer Aufstand 1705 und die Sendlinger Schlacht«, herausragt. Diese methodisch überaus sorgfältig als Kontroversschrift gegen Sepp angelegte Studie verfolgte das Ziel, an die Stelle des von vielerlei Volkssagen verschönten Bildes eine sachliche und historisch richtige Darstellung zu setzen. Wenn dies Wallmenich auch für den Oberländeraufstand gelungen ist, so schoß er doch mit seiner kritischen Bewertung über das Ziel hinaus. Sigmund Riezler hat 1914 im 8. Band seiner »Geschichte Baierns« diese Überzeichnungen korrigiert und eine übersichtliche Gesamtdarstellung des Aufstandes vorgelegt. Gleichzeitig gab er aus dem Nachlaß Wallmenichs die »Akten zur Geschichte des baierischen Bauernaufstandes 1705/06« heraus und schuf damit für alle weiteren Untersuchungen eine sichere Grundlage. Von den verschiedenen Einzeldarstellungen der folgenden Jahrzehnte ist die ausführliche Abhandlung von Gustav Baumann, »Der Bauernaufstand im Jahre 1705 im bayerischen Unterland« (1936/37), zu erwähnen. Die 250. Wiederkehr des Todestages des Kurfürsten Max Emanuel im Jahre 1976 war Anlaß zu einer Reihe von Arbeiten, in denen auch der Volksaufstand neue Untersuchungen erfuhr, so im Buch Ludwig Hüttls, »Max Emanuel, der Blaue Kurfürst«, und im Katalogwerk zur Ausstellung »Kurfürst Max Emanuel – Bayern und Europa um 1700« in Schleißheim, wo allerdings gewisse Einseitigkeiten Wallmenichs erneuert werden.

Hier, mit diesem Buch, wird eine neue Gesamtdarstellung des bayerischen Volksaufstandes vorgelegt, in der alle Teilereignisse der

Erhebung in ihren lokal und regional begrenzten Abläufen behandelt sowie die direkten und indirekten Zusammenhänge aufgezeigt werden, die zwischen ihnen bestanden und die den Aufstand zu einer alle Teile Bayerns ergreifenden Bewegung werden ließen. Diese Gesamtdarstellung wurde auf der Grundlage der älteren und neueren Untersuchungen und anhand der zahlreichen Quellenveröffentlichungen erarbeitet. Sie will, nachdem sie die Vorgeschichte ausführlich behandelt und den Rahmen der allgemeinen politischen Verhältnisse kurz umrissen hat, nicht nur die militärischen Ereignisse vor dem politischen Hintergrund nachzeichnen, sondern vor allem auch die sozialgeschichtlichen Aspekte, die Beteiligung der verschiedenen Schichten und Gruppen des Volkes, Leiden, Denken und Handeln des kleinen Mannes im Krieg und im Aufstand, sowie auch die unterschiedlichen Standpunkte, Interessen und Ziele der gegnerischen Parteien beleuchten und verständlich machen. Auf die Erörterung wissenschaftlicher Kontroversen wird bewußt verzichtet.

Ich danke Herrn Rudolf Miggisch vom Süddeutschen Verlag, Herrn Joachim Press, Stadtarchivar von Bad Tölz i. R., und meiner Frau für mannigfache Anregungen und Hilfen bei der Abfassung und der Drucklegung des Buches sowie den Herren Lektoren jenes Verlages, Dr. Hans-Peter Rasp, Dr. Josef Pfennigmann † und Dr. Helmut Neuberger. Meinen Kollegen am Institut für Geschichte der Medizin und medizinische Soziologie der Technischen Universität München, Prof. Dr. Magnus Schmid † und Prof. Dr. Gerhard Pfohl, danke ich für gute Zusammenarbeit in Lehre und Forschung.

Bad Tölz, Weihnachten 1977,   Christian Probst
am 272. Jahrestag der
Sendlinger Mordweihnacht.

I. KAPITEL

Das Kurfürstentum Bayern und seine staatliche Ordnung.
Die Schauplätze des bayerischen Volksaufstandes

Wenn wir uns ein rechtes Bild vom Ablauf der bayerischen Volkserhebung gegen die kaiserliche Administration in den Jahren 1705
und 1706 machen wollen, so ist es notwendig, daß wir uns zunächst
die Schauplätze, auf denen sich die Ereignisse zugetragen haben,
vor Augen stellen.

Der Gesamtschauplatz war das Bayern des Kurfürsten Maximilian II. Emanuel, der von 1679 bis 1726 regierte, der aber von 1704
bis 1714 nach einem verlorenen Feldzug gegen den Kaiser aus seinem Land vertrieben war. Während dieser Jahre stand das Land
unter kaiserlicher Verwaltung und wurde von der sogenannten
»Kaiserlichen Administration« regiert. Die einzelnen Schauplätze
waren die verschiedenen Gebietsteile und Verwaltungsbezirke des
Kurfürstentums Bayern. In ihnen flackerten die ersten Flammen
der Empörung auf, und in ihnen organisierte sich diese Empörung
zu einem Volkskrieg von großem Ausmaß. Auf die Grenzen dieser
Gebietsteile und Bezirke blieben die einzelnen Aufstandsbewegungen aber auch im Wesentlichen beschränkt, und in diesen einzelnen
Bewegungen wurde die Erhebung bekämpft und schließlich niedergeworfen.

Das Herzog- und Kurfürstentum Bayern einschließlich einiger
angeschlossener Herrschaften besaß zur Zeit Max Emanuels ein für
damalige Verhältnisse leidlich geschlossenes Territorium, das ungefähr die Gebiete der heutigen Regierungsbezirke Ober- und Niederbayern einschließlich des 1779 an Österreich abgetretenen Innviertels sowie die Oberpfalz umfaßte. Eine Reihe von reichsunmittelbaren Territorien gehörte nicht zu Bayern, nämlich die
Bistümer Freising mit der Grafschaft Werdenfels, Augsburg, Regensburg, Eichstätt und Passau, die Fürstpropstei Berchtesgaden,
das Herzogtum Pfalz-Neuburg, die Reichsstädte Augsburg und
Regensburg sowie kleinere Gebietseinschlüsse auswärtiger Herrschaftsträger. Das damalige kurbayerische Herrschaftsgebiet hatte

eine Fläche von ungefähr 40 580 qkm (das heutige Bayern bedeckt 77 550 qkm).[1]

Dieses Territorium gliederte sich in die Gebietsteile Oberbayern oder das Oberland, Niederbayern oder das Unterland und die Oberpfalz. Diese Gebietsteile waren in den Teilungen des Herzogtums seit 1255 zu selbständigen Herrschaftsgebieten geworden, bis sie im Jahre 1506 wieder vereinigt wurden. Die Oberpfalz hatte erst Kurfürst Maximilian I. im Jahre 1628 für Bayern wieder erworben. Oberbayern und Niederbayern deckten sich ungefähr mit den heutigen Regierungsbezirken. Die Oberpfalz lag ebenfalls innerhalb der Grenzen des heute so benannten Regierungsbezirks, war aber durch größere Gebietseinschlüsse, vor allem des Herzogtums Pfalz-Neuburg, in ihrem territorialen Zusammenhang unterbrochen.[2]

Die Landeserhebung von 1705 erfolgte in drei Hauptgebieten, die abweichend von dieser Einteilung benannt wurden: Der Aufstand des Unterlandes umfaßte das Rott- und Vilstal bis zur unteren Isar und zur Donau, das Innviertel und die Gegend zwischen Burghausen und Wasserburg; er hatte seine Mittelpunkte in Braunau und Burghausen. Der Aufstand des Oberlandes ging von Tölz aus. Der Aufstand der Oberpfalz hatte seinen Mittelpunkt in dem damals zu Niederbayern gehörenden Cham. Schließlich gab es noch einen Aufstand in Kelheim an der Donau.

Bayern war Teil des Heiligen Römischen Reiches Deutscher Nation. Der Herzog besaß sein Land dem Reichsrechte nach als Lehen vom Kaiser, er war Vasall des Kaisers und damit vor allem verpflichtet, dem Kaiser Heeresfolge zu leisten. Ein Bündnis mit auswärtigen Mächten, das sich gegen Kaiser und Reich richtete, war ihm, wie jedem anderen Reichsfürsten, bei Verlust des Lehens verboten. Seit 1623 besaß der Herzog von Bayern die Kurwürde des Reiches, also das besondere Recht, mit sechs, später mit sieben und schließlich acht anderen geistlichen und weltlichen Reichsfürsten, den Kaiser zu wählen.

Kurfürst Max Emanuel hatte im Türkenkriege dem Kaiser nicht nur Heeresfolge geleistet, sondern wesentlich dazu beigetragen, das den Habsburgern gehörige Ungarn von der Türkenherrschaft zu befreien. Er und sein Land hatten dadurch unter großen Opfern dazu beigetragen, die Macht des Kaisers und des Hauses Habsburg zu festigen und beträchtlich zu vergrößern. Als der Kurfürst aber nach dem Ausbruch des Krieges um die Erbfolge des spanischen Reiches mit Frankreich ein Bündnis schloß, das sich gegen Kaiser und Reich richtete, verstieß er als Reichsfürst gegen die Reichsverfassung. Nicht nur der Kaiser, sondern auch die Gesamtheit der Glieder des Reiches mußten, wie wir noch sehen werden, dieses Vergehen ahnden.

In der politischen Ordnung des Reiches stand neben dem Kaiser, dem obersten Lehnsherrn und der Spitze des politischen Reichskörpers, der Reichstag, die Vertretung der Reichsstände, d. h. der reichsunmittelbaren Herrschaftsträger, nämlich der Kurfürsten, der geistlichen und weltlichen Reichsfürsten und der Reichsstädte. Der Reichstag, in früheren Zeiten vom Kaiser nur von Zeit zu Zeit und aus besonderen Anlässen einberufen, hatte mit dem Machtverlust der kaiserlichen Zentralgewalt in den vergangenen Jahrhunderten und dem Machtgewinn der Reichsstände, besonders der Reichsfürsten, ein immer größeres Gewicht gewonnen. Seit 1663 tagte er als »immerwährender Reichstag« in der Reichsstadt Regensburg. Dort waren die Reichsstände durch Gesandtschaften vertreten. Der Kaiser konnte als Reichsoberhaupt nur im Einvernehmen mit dem Reichstag handeln. Dieser genehmigte die Reichssteuern, er beschloß den Reichskrieg gegen einen äußeren Feind, die militärische Exekution gegen ein rebellisches Glied des Reiches, die Absetzung oder auch die Ächtung eines Reichsfürsten usw.

Der Reichstag hat nicht nur Kurfürst Max Emanuel, sondern, wie wir sehen werden, auch die bayerischen Aufständischen und Landesverteidiger von 1705 zu Friedensbrechern und Rebellen wider Kaiser und Reich erklärt und ihre Niederwerfung und Bestrafung beschlossen und betrieben.

Trotz ihrer Bindung im Lehensverband des Römisch-Deutschen Reiches hatten die bayerischen Herzöge und Kurfürsten, wie andere Reichsfürsten auch, ihre Lande zu einem in sich selbständigen Staatswesen ausgebaut. Der eigentliche Schöpfer dieses bayerischen Staates war Kurfürst Maximilian I., der die lange Zeit von 1597 bis 1651 regierte. Er war der Vater des Kurfürsten Ferdinand Maria (1651–1679) und der Großvater Maximilians II. Emanuel. Der bayerische Kurfürst war zu jener Zeit einer der mächtigsten Fürsten des Reiches und galt als das Haupt des katholischen Deutschland. Als absoluter Herrscher, der allein Gott verantwortlich war, stand der Kurfürst an der Spitze seines Landes und seiner Regierung. Das Land wurde von einer Regierungs- und Verwaltungszentrale in München aus geleitet. Der Regierungsapparat gliederte sich in folgende zentrale Regierungsbehörden:

Das oberste Organ war der Geheime Rat, der sowohl die folgenden drei Zentralbehörden, als auch die Mittel- und Unterbehörden im Lande kontrollierte; der Geheime Rat bestimmte die Politik gegenüber Kaiser, Reich, Reichsfürsten und -herrschaften sowie die Außenpolitik, weiter entschied er über die Höhe der Steuern, erörterte Fragen, die das Herrscherhaus betrafen und beriet den Landesherrn in allen möglichen Entscheidungen bis hin zur Entscheidung über Krieg und Frieden. Der kurfürstliche Hofrat leitete Rechtswesen und innere Verwaltung. Die Hofkammer war die zentrale Finanz- und Wirtschaftsbehörde. Und der Kriegsrat war – nach dem Kurfürsten als dem obersten Kriegsherrn – die höchste militärische Befehls- und Kriegsverwaltungsbehörde.[3]

Wir haben als Landesteile das Ober- und Unterland sowie die Oberpfalz kennengelernt. Die Verwaltungseinheiten des Landes auf der mittleren Ebene waren jedoch nicht diese Teile, sondern die sogenannten Rentämter, die nach dem Sitz ihrer zentralen Verwaltung oder Regierung benannt waren: München, Burghausen, Landshut, Straubing und Amberg. Oberbayern zerfiel in die Rentämter München und Burghausen. Der Bezirk des Rentamtes München reichte bis zum Inn; dieses Rentamt wurde durch keine eigene Regierung, sondern vom Hofrat in München direkt geleitet. Zum Rentamt Burghausen gehörten die Gebiete östlich des Inns einschließlich des Innviertels sowie ein Landstrich nördlich des Inns gegenüber von Neuötting und Braunau. Dieses Rentamt sollte zum Hauptgebiet des sogenannten Unterlandaufstandes werden. Die beiden niederbayerischen Rentämter waren Landshut und Straubing, wobei das erstere das Land um die untere Isar, die Vils und die Rott bis zum Fürstbistum Passau, das andere das Land südlich der Donau und den Bayerischen Wald umfaßte. Die Oberpfalz bildete ein eigenes Rentamt mit Amberg als Verwaltungssitz. Der oberste Beamte eines Rentamts war der Viztum oder Vizedom, dem eine Reihe von Regierungsbeamten zur Seite stand. In der Oberpfalz, die im Dreißigjährigen Krieg gewissermaßen als Kriegsbeute eingebracht worden war, residierte ein bayerischer Statthalter. Der Viztum mit seiner Regierung unterstand dem Hofrat in München. Er war für seinen Bezirk oberstes Polizeiorgan, d. h. er überwachte durch seinen obersten Beamten, den Rentmeister, die innere Ordnung, Handel und Gewerbe, das Gesundheitswesen, die Sittlichkeit der Bevölkerung, Religion, Unterricht und Erziehung; ihm unterstanden das Steuerwesen und die Rechtsprechung, und schließlich oblag ihm eine Kontrolle der wehrhaften Aufgebote des Landes, ihrer Ausrüstung und Waffen.[4]

Die untere Ebene der Landesverwaltung bildeten die Land- und Pflegegerichte und Pflegämter. Diese Organisation war seit dem 13. Jahrhundert von den bayerischen Herzögen aufgebaut worden. Sie unterteilte das ganze Land in 85 altbayerische und 22 oberpfälzische Gerichts- und Verwaltungsbezirke, die man in ihrer Größe ungefähr mit unseren heutigen Landkreisen vor der letzten Gebietsreform vergleichen könnte. Diese Organisation wurde 1802 neu gegliedert und 1862, als Rechtspflege und Verwaltung getrennt wurden, durch die Bezirksämter, unsere heutigen Landkreise, ersetzt. Solche Land- oder Pflegegerichtsbezirke waren z. B. im Rentamt München: Schrobenhausen, Dachau, Landsberg, Weilheim, Wolfratshausen, Tölz und Aibling; im Rentamt Burghausen: Schärding, Mauerkirchen, Kraiburg und Marquartstein; im Rentamt Landshut: Vilshofen, Griesbach, Dorfen und Erding; im Rentamt Straubing: Cham, Kötzting, Deggendorf, Kelheim und Abensberg; und in der Oberpfalz: Tirschenreuth, Nabburg, Neunburg vorm Wald und Waldmünchen.

Die leitenden Beamten dieser Bezirke waren die Landrichter oder Pfleger. Sie übten im Namen des Kurfürsten die hohe Gerichtsbarkeit aus, der die drei todeswürdigen Verbrechen vorbehalten waren: Mord, Notzucht und Diebstahl einschließlich Straßenraub. Alle geringeren Vergehen waren der Niedergerichtsbarkeit anhängig. Diese stand den Herren der Hofmarken, den geistlichen Herrschaften (Klostervogteien), den gefreiten oder landständischen Städten und Märkten und den Urbarsgerichten der Eigengüter des Landesherrn zu. Der Landrichter oder Pfleger verwaltete außerdem in seinem Bezirk das Finanz- und Steuerwesen, die Polizeiangelegenheiten, wie sie oben beim Rentmeister aufgezählt sind, er hatte die Kirchen- und Militärhoheit und leitete das Landesdefensionsaufgebot, den Landfahnen. Diese Aufgaben nahmen in den Hofmarken die Hofmarksherren wahr. Der Landrichter oder Pfleger bzw. sein Stellvertreter, der Pflegskommissär, und seine Unterbeamten, die Gerichtsamtsleute, Schergen, Büttel und Fronboten, waren die staatlichen Behördenvertreter, mit denen die Bevölkerung gewöhnlich verkehrte. Landgericht oder Pflege, Hofmark und Klostergericht waren die Obrigkeiten, mit denen der Untertan direkt und alltäglich zu tun hatte.[5]

Da die Landrichter bzw. die Pflegskommissäre in den Jahren nach 1704 innerhalb ihrer Amtsbezirke im Auftrag der kaiserlichen Administration von den Untertanen Steuern einzuziehen und die Rekruten auszuheben hatten, sollte sich der Volkszorn zuerst gegen sie und ihre Unterbeamten richten. So wurden die einzelnen Gerichtsbezirke zu den Keimzellen der Volkserhebung. Umgekehrt bedienten sich dann aber auch die Aufständischen der Verwaltungsorganisation dieser Ämter, als sie den Aufstand zur Landesverteidigung organisierten.

Die Dorfgemeinden waren keine politischen, sondern Wirtschaftsgemeinden, die ihre Wirtschaftsprobleme in einem gewissen Maße selbst regeln konnten. Die kleinsten Verwaltungseinheiten waren die Haupt- oder Obmannschaften, die ursprünglich zehn Höfe zusammenfaßten. In diesen kleinsten Einheiten wurden das Landesverteidigungsaufgebot gemustert, die Steuern eingezogen und das Scharwerk, also die unentgeltlichen Dienste für öffentliche Zwecke oder für die Grundherrschaft, geleistet.[6]

Die Landgerichte oder Pflegämter wurden vom Landesherrn meist an verdiente Männer und Adelige verliehen, die daraus als Beamte ihre Einkünfte bezogen. Häufig übten diese Männer aber das Amt nicht selbst aus, sondern ließen es durch einen Pflegskommissär verwalten. Da dieser meistens kein festes Gehalt bezog, sondern Anteile aus den Abgaben, Steuern und Strafgeldern der Untertanen erhielt, versuchte er seine Einkünfte nicht selten dadurch zu steigern, daß er Strafgelder erhöhte, angeblich verdorbene Ware beschlagnahmte usw. Das Gleiche galt für die Unterbeamten. So machten sich die Beamten und besonders die Pflegskommissäre bei der Bevölkerung durch willkürliche Übergriffe oft verhaßt. Auf der anderen Seite war ihnen vieles verboten, z. B. Landgüter in ihrem Amtsbereich zu besitzen, Handel zu treiben, ja überhaupt Nebenverdienste zu haben, weshalb sie nicht selten weniger den Zorn als den Spott der Untertanen zu spüren bekamen.[7] Veruntreuungen, Übergriffe und sonstige Härten von Pflegskommissären, die sich dabei selbst zu bereichern suchten, waren es denn auch, die im Jahre 1705 den Funken in das Pulverfaß warfen, zu dem das durch die Kriegsläufte, die Ausschreitungen der Besatzungstruppen und die überhöhten Steuerforderungen der Besatzungsbehörde bis aufs Blut gepeinigte Volk geworden war, und den Aufstand auslösten.

In Bayern lebten von der Landbevölkerung 49 % in Hofmarken. Die Hofmarken waren kleine Bezirke innerhalb der Landgerichte und Pflegen, in der Regel ein Dorf mit dem Schloß des Grund- und Hofmarksherrn. Ihre Untertanen hatten also neben dem Landesherrn den Hofmarksherrn – meist einen Adeligen, oft auch ein Kloster – als zweite Obrigkeit. Diese übte, wie bereits angedeutet, im Rahmen der Niedergerichtsbarkeit die Polizeigewalt im Hofmarksbereich aus, veranlagte die Untertanen zur Steuer, forderte Scharwerksdienste von ihnen, musterte sie zu den Landfahnen und führte Verbriefungen durch. Durch den Hofmarksherrn und vor allem durch dessen Verwalter kamen natürlich auch in normalen Zeiten Übergriffe vor, wie sie oben genannt wurden, doch waren die Untertanen weder dieser Herrschaft noch auch den kurfürstlichen Beamten rechtlos ausgeliefert. Sie konnten gegen deren Entscheidungen beim Rentamt Berufung einlegen. Dies geschah auch häufig, und oft bekamen die Untertanen in dem darauf folgenden Prozeß Recht.[8]

In der ersten Zeit der kaiserlichen Besatzung in Bayern hatte der Rechtsweg gewöhnlich keinerlei Erfolg. Der Untertan war der Willkür der Beamten und der Besatzungstruppen wehr- und rechtlos ausgeliefert. Beschwerden führten vielmehr häufig zu noch größeren Ausschreitungen und Quälereien. Diese Lage hat wesentlich dazu beigetragen, das Volk zur Verzweiflung und in den Aufstand zu treiben.

2. KAPITEL

Das bayerische Volk in seinen Ständen und Schichten. Die Träger des Volksaufstandes

Das Volk des alten Bayern setzte sich aus vier Gesellschaftsschichten zusammen: dem Adel, der Geistlichkeit, den Bürgern der Städte und Märkte sowie dem Landvolk. In diese Stände bzw. Schichten wurden die Menschen hineingeboren, in den geistlichen Stand gelangten sie durch Weihe und Gelübde, und sie blieben ihnen in der Regel ihr ganzes Leben hindurch verhaftet.

Die Angehörigen des Adels und der Geistlichkeit, die herrschaftliche Rechte ausübten – so die Herren der Hofmarken und die Klöster mit Vogteigerichtsbarkeit – sowie die Bürgerschaften der gefreiten Städte und Märkte, die das Recht der Selbstverwaltung mit Rat und Bürgermeister und damit auch die Niedergerichtsbarkeit besaßen, bildeten die drei Landstände, d. h. die Volksvertretung gegenüber dem Landesherrn, und nahmen als solche eine entsprechende gesellschaftliche und politische Vorrangstellung gegenüber dem zahlenmäßig weit überwiegenden Landvolk ein, das keine eigene ständische Vertretung hatte. Der landständische Adel umfaßte um 1700 etwa 320 Familien. Es gab 83 landständische Klöster sowie 33 gefreite Städte und 77 gefreite Märkte. Die Landstände, in ihrer Gesamtheit »Landschaft« genannt, vertraten Land und Volk gegenüber dem Fürsten. Klöster, Städte und Märkte, die als Korporationen Glieder der Landschaft waren, wurden von Prälaten und Bürgermeistern vertreten.

Die Landschaft versammelte sich ursprünglich auf den Landtagen und war dem Fürsten gegenüber zur Mitsprache und Entscheidung in Landesangelegenheiten berechtigt, sie wirkte an der Gesetzgebung mit und hatte das Recht, die vom Landesherrn von Fall zu Fall verlangten Steuern zu bewilligen. Seit dem Ausbau Bayerns zum absoluten Fürstentum und zentral geleiteten Territorialstaat unter Maximilian I. waren diese Rechte der Landschaft immer mehr abgebaut worden, so daß schließlich nur noch das Steuerbewilligungsrecht übrig blieb. Seit 1661 tagte auch nicht mehr der ganze Landtag mit seinen 567 Mitgliedern, sondern nur noch ein sechzehnköpfiger Ausschuß, die Landschaftsverordnung, aus je acht Verordneten für Ober- und Niederbayern, und zwar je vier Verordneten des Adels, zwei der Prälaten und zwei Bürgermeistern. Die Oberpfalz hatte seit ihrer Rückgliederung an Bayern keine landständische Vertretung mehr.[9]

Den bayerischen Landständen gehörten diejenigen Adeligen, Klöster und geistlichen Gemeinschaften nicht an, die keine Landgüter mit Gerichtsbarkeit besaßen, weiter der Weltklerus, die Offiziere und die Beamten, die Bürgerschaften von 18 nicht gefreiten Märkten sowie die breite Schicht der Landbevölkerung, deren Vertretung ihrer jeweiligen Grundherrschaft oblag. Es muß hierzu betont werden, daß die Landstände und die Landschaftsverordneten nicht, wie es manchmal scheinen mag, nur ihre Eigeninteressen vertreten haben; das taten sie freilich auch. Sie haben aber stets auch die Interessen des ganzen Landes und der Untertanen, die ja zum großen Teil ihre eigenen Hintersassen waren, gewahrt und geschützt.[10]

Obwohl die politische Macht der Landstände zur Zeit Max Emanuels nur noch gering war, hat sich die Landschaftsverordnung vor, während und nach der Volkserhebung bei der kaiserlichen Administration und beim Kaiser selbst für Volk und Land unermüdlich eingesetzt und ist mit Nachdruck und auch mit Erfolg dafür eingetreten, daß die drückenden Belastungen der Bevölkerung durch übermäßige Besteuerung, Verpflegung der Besatzungstruppen und Rekrutenaushebung erleichtert wurden. Während des Aufstandes, den die Landstände mißbilligt und verurteilt haben, hat die Landschaftsverordnung dennoch immer wieder versucht, durch vermittelnde Verhandlungen mit beiden Seiten zu einer gütlichen Beilegung zu gelangen und so ein größeres Unheil vom Lande abzuwenden. Sie hat damit jedoch keinen Erfolg gehabt.

Das bayerische Volk, aus dem der Aufstand gegen die Fremdherrschaft hervorging, wies zu jener Zeit neben der ständischen Gliederung eine deutliche soziale Schichtung auf. Damit wir die Ursachen, Ziele und Erscheinungen der Volkserhebung besser verstehen, wollen wir kurz diese soziale Schichtung betrachten und dabei auf die Teile des Volkes, die den Aufstand vornehmlich getragen haben, ein besonderes Augenmerk richten.[11]

Die Einwohnerzahl Bayerns läßt sich für die Zeit um 1700 nur aufgrund von Berechnungen schätzen. Sie betrug rund 820 000, wovon 700 000 auf Altbayern und 120 000 auf die Oberpfalz entfielen. Hinzu kam nicht seßhaftes, herumziehendes Volk, das durch keine Zählungen erfaßt wurde und dessen Anzahl in das Mehrfache von Zehntausend gegangen sein dürfte. Von den 700 000 Einwohnern Altbayerns entfiel auf den Adel weniger als 1 %, auf die geistlichen Personen rund 1 %, die Bewohner der landständischen Städte und Märkte umfaßten knapp 23 %. Den Rest, also rund 75 %, machte das Landvolk einschließlich der Bewohner der nicht landständischen Marktflecken aus. In der beruflichen Gliederung stellten die Untertanen, die mit Landwirtschaft beschäftigt waren, Bauern, Häusler, Knechte usw., mit etwa 66 % den größten Teil, wiewohl von diesem Bevölkerungsteil eine große Gruppe sich durch handwerkliche Tätigkeiten oder sonst ein Gewerbe einen Nebenverdienst oder sogar den Hauptverdienst erwarb. 25 % waren Handwerker und Gewerbetreibende und 4 % setzten sich aus Beamten, Kanzlisten, Schreibern, Lehrern, Offizieren, Ärzten, Juristen und Geistlichen zusammen.

Der Unterschied zwischen der Bevölkerung der Städte und Märkte einerseits und dem flachen Lande andererseits war kein starrer. So hatte sich das gewerbliche Handwerk nicht auf Städte und Märkte konzentriert, sondern war auf dem Land durch gezielte Förderung von den weltlichen und geistlichen Grundherren besonders in den Hofmarken entwickelt worden. Auf der anderen Seite betrieb in den kleineren Städten und in den Märkten ein großer Teil der Bürger neben einem Gewerbe auch Landwirtschaft. Diese sogenannten Ackerbürger waren in der Regel wohlhabend und häufig mit der wohlhabenden Schicht der Bauern auf dem Lande versippt. Der Warennahverkehr schloß die Märkte mit dem flachen Land zu einem engen wirtschaftlichen Leben zusammen.

Das Bürgertum in den Städten und Märkten zeigte in sich eine deutliche soziale Abstufung. Die Vornehmsten und Reichsten waren die Kaufleute, Lebzelter, Weinwirte und Bierbrauer. Sie werden uns neben den Beamten als Führer des Oberländer Aufstandes wieder begegnen. Auf sie folgten im sozialen Gefälle die Meister der verschiedenen Handwerke bis hinunter zu den Flickschustern und -schneidern. Die unterste Schicht bildeten besitzlose Gesellen, die nicht im Stande waren, eine Familie zu unterhalten und deshalb auch nicht heiraten konnten, sowie die Mägde. Durch Heiratsbe-schränkungen für diesen Personenkreis wurde die Bildung einer breiteren städtischen sowie auch ländlichen Proletarierschicht im alten Bayern vermieden. Zur Eheschließung bedurfte es einer besonderen Erlaubnis der Gemeinde bzw. des Grundherrn, die nur solchen Personen erteilt wurde, die über ein Anwesen oder ein Amt verfügten, d. h. eine Familie ernähren konnten.

Das Landvolk, das den Volksaufstand eigentlich getragen hat, wies eine ähnliche soziale Staffelung auf. Im Jahre 1705 hat man in Berichten und Aufrufen stets vom »aufgestandenen Bauernvolk« oder vom »rebellischen Bauerngesindel« gesprochen, später von »Bauernkrieg« und »Bauernschlacht«, doch bestand die Landbevölkerung nur zu einem Teil aus eigentlichen Bauern, im übrigen aber vor allem aus den sogenannten Söldnern. Die Bauern im engeren Sinn, die heute Vollerwerbslandwirte genannt werden, stellten dabei deutlich weniger als die Hälfte. Die Söldner besaßen entweder nur kleine Gütl, auf denen sie neben einem Handwerk etwas Acker- und Viehwirtschaft betrieben, oder sie saßen auf sogenannten Leersölden und erwarben ihren Lebensunterhalt als Hand- oder Tagwerker.

Die Güter wurden nach der Größe des Grundes und des Ertrages unterschieden in ganze Höfe (Bauer), halbe Höfe (Huber) und viertel Höfe (Lehner, Lechner); auf solchen saßen die Bauern im eigentlichen Sinn, die allein von der Landwirtschaft lebten. Sölden waren achtel (Bausöldner), sechzehntel (gemeiner Söldner) und zweiunddreißigstel Höfe (Häusler oder Leersöldner). Obwohl in der Minderzahl – die Vollbauern auf ganzen Höfen machten vielleicht den fünften Teil oder gar weniger aus – gaben die Bauern den gesellschaftlichen Ton an. Sie hatten in der Kirche die bevorzugten vorderen Bankreihen und der Bauerntisch im Wirtshaus bildete den Mittelpunkt des Dorflebens. Setzte sich einmal ein Häusler an den Bauerntisch, so wurde er mit den Worten vertrieben: »Wer is denn dös!« Die Größe eines ganzen Hofes konnte je nach der Güte des Bodens um 70 bis 200 Tagwerk liegen. Die Tafernwirte, die Müller und ein Teil der Schmiede nahmen ungefähr den gleichen gesellschaftlichen Rang wie die Vollbauern ein; sie saßen oft auf Huben oder Lehen. Darunter standen die Kleinbauern, ein weiterer Teil der Schmiede, die Fischer und Mesner. Von der nichtbäuerlichen

Bevölkerung nahmen die Mesner und Zapfwirte, die Zimmerleute und Maurer, die Schneider, Schuster und Weber den höheren Rang, den unteren Tagwerker, Feld- und Pferdehüter ein. Diese Gruppen waren alle behaust, das heißt sie besaßen Haus und Grund. Diese Behausten aber machten im Landvolk insgesamt 65 % aus.

35 % der Menschen auf dem Lande waren unbehaust und bildeten die unterste Gesellschaftsgruppe. Von diesen standen die Hüter und die Inleute, das waren Tag- und Handwerker, höher, die ortsfremden Gelegenheitsarbeiter und die Bettler auf der niedrigsten Stufe. – Schließlich gab es noch die Gruppe der Ehehalten, also der unverheirateten Dienstboten, die auf größeren Bauernhöfen Dienst taten. Hierbei handelte es sich in der Regel um jüngere Söhne und Töchter von Bauern und Söldnern, die bis zu ihrer Auszahlung aus dem väterlichen Erbe, ihrer Einheirat in ein Anwesen oder bis zur Gründung einer sonstigen eigenen Existenzgrundlage, z. B. dem Erwerb einer Handwerkersölde, in Stellung waren. In etwa 85 % der Fälle waren sie jünger als 24 Jahre. Sie stellten also keinen Stand und keine Schicht, sondern nur eine Altersklasse dar. Sie wurden in Bayern damals gewöhnlich übertariflich bezahlt. Im übrigen haben Knechte und Mägde beim Dienstherrn zur Hausfamilie gehört, sie haben am gleichen Tisch gegessen wie der Bauer und an den Festen und Nöten des Hauses teilgenommen. Die Zwangsverpflichtung der Untertanen, ihre Kinder als Gesinde auf den grundherrlichen Hofbau zu schicken, der Gesindezwang, wurde in Bayern 1700 durch Landrecht verboten. Wenn wir später die Teilnehmer an der Volkserhebung von 1705 näher betrachten, so werden wir Angehörige aus allen diesen Schichten des Landvolkes wiederfinden, unter den Verwundeten, Gefangenen und Gefallenen, vom Vollbauern über die dörflichen Handwerker und die Ehehalten bis zu den Tagelöhnern.

Das behauste Landvolk befand sich zum größten Teil in Grundabhängigkeit. Haus und Grund, auf denen die Leute saßen und die sie bewirtschafteten, waren nicht ihr Eigentum, sondern gehörten einem Grundherrn, der sie damit belehnt hatte. Nur etwa 4 % der Behausten auf dem Land besaßen Haus und Hof zu freiem Eigentum. 96 % der Höfe gehörten den Grundherren – Adeligen, Hochstiften, Klöstern oder dem Kurfürsten –, die sie gegen jährliche Gülten, also Naturalabgaben, und Stiftgeld, d. h. Pachtzins, ausgaben.

Es gab vier verschiedene Formen dieser Verleihungen durch den Grundherrn: das Erbrecht, bei dem das Gut ohne weiteres auf die Erben des Besitzers überging; das Leibrecht, das auf die Lebenszeit eines Bauern und zuweilen auch seiner Hausfrau begrenzt war; das Neustift, dessen Leiherecht beim Wechsel des Grundherrn erneuert werden mußte; und schließlich das Freistift mit jederzeit möglicher Kündigung durch den Herrn und beliebiger Leihfrist.

In der Praxis war freilich der Unterschied nicht groß. Die Geschichte vieler Höfe, gleich ob Freistift oder Erbrecht, zeigt, daß die Familien über viele Generationen oft jahrhundertelang auf ihrem Hof saßen und ihn vom Vater auf den Sohn vererbten, wobei die weichenden Kinder ausbezahlt werden mußten. Die Bindung zwischen Grundherrn und Pächter war eine gegenseitig persönliche Treuebeziehung, die auch vom Herrn neben der bloßen Grundverleihung Aufsicht und Fürsorge verlangte. So haben viele Grundherrschaften Hilfen geleistet und dem Grundholden, wenn ihm ein Unglück wie Hagel, Mißernte oder Feuer zugestoßen war, Steuern nachgelassen, ihm Bauholz oder Saatgut verschafft oder ihm auch ein Darlehen gegeben. Weiter haben sie die Teilung der verliehenen Güter und damit auch die Verarmung ihrer Pächterfamilien verhindert.

In diesem Zusammenhang ist zu vermerken, daß vor allem im 17. und 18. Jahrhundert die weltlichen und geistlichen Grundherren eine große Anzahl von Söldenstellen neu schufen und dort Kinder der landsässigen Bevölkerung sowie Personen, die aus Städten und Märkten zuzogen und die oft ein Handwerk zunftmäßig erlernt hatten, als Handwerker ansiedelten. Sie schufen damit einen breiten, vielfältigen Handwerkerstand für die Bedürfnisse auf dem Lande und vor allem die Lebensgrundlage für viele Familien einer stark wachsenden Bevölkerung. Der Landesherr hat demgegenüber das zünftige Handwerk in den Städten und Märkten begünstigt. Auch diese Maßnahme der Söldenschaffung hat dazu beigetragen, daß sich in Bayern kein nennenswertes ländliches Proletariat von armen Landarbeiterfamilien ausgebildet hat, wenn man von den überall vorhandenen nicht sässigen Gelegenheitsarbeitern und Bettlern absieht.[12]

Es muß an dieser Stelle betont werden, daß es in Bayern zu jener Zeit zwar dem Buchstaben, nicht aber der Sache nach eine Leibeigenschaft gegeben hat. Bauern und Söldner waren frei und konnten über sich und ihre Familien frei verfügen. Es bestand nach dem Gesetzbuch des Kurfürsten Maximilian lediglich die Verpflichtung des Grundholden zu gewissen Personaldiensten und Gaben gegenüber dem Grundherrn, »wo im übrigen der Leibeigene wie jeder andere bay seiner Freyheit verbleibt«. Deshalb galten die bayerischen Bauern gemeinhin als frei; nur im Pfaffenwinkel wurde noch von einer Leibeigenschaft gesprochen, die jedoch so wenig bedeutete, daß sich der Leibeigene mit 45 kr. loskaufen konnte. Eine gesellschaftliche Abwertung war mit diesem Zustand nicht verbunden; den Betroffenen standen die verschiedensten Berufswege offen, wie der geistliche Stand bis hinauf zu den Prälaturen, das akademische Studium usw.[13]

Insgesamt können wir sagen, daß das Landvolk in Bayern in einer vergleichsweise erträglichen Form der Grundabhängigkeit gelebt hat. Der Grundherr hatte ein Interesse am Wohlergehen seiner Untertanen. Lebte der adelige Grundherr selbst auf dem Lande und verwaltete er seinen Besitz selber, so hatte er auch ein direkteres, ein patriarchalisches Verhältnis zu seinen Grundholden. Hatte er viele Ländereien, die er durch Verwalter leiten ließ, so mag Ausbeutung eher vorgekommen sein. Die geistlichen Grundherrn, die Klosterprälaten und die Männer ihrer Konvente kamen in Bayern ohnehin aus Bürger-, Bauern- und Söldnerfamilien, oft sogar aus der eigenen Grundherrschaft. Sie standen dem Volk nah und kannten seine Nöte und Sorgen, so daß die geistliche Grundherrschaft mit Recht als die mildeste galt.

Es ist bezeichnend für diese Zustände in Bayern, daß der große deutsche Bauernkrieg von 1525 nicht über die Grenzen des Landes hereingedrungen ist. Es gibt sogar Beispiele dafür, daß bayerische Grundherren damals eigene Untertanen aufbieten und dadurch sogar aufständische Haufen daran hindern konnten, ins Land einzudringen.[14]

Hier ist noch auf zwei Erscheinungen hinzuweisen, die am Leben der Menschen und an der Gesellschaft jener Zeit auffallen. Es gab weniger kinderreiche Familien, als wir heute gern annehmen, da viele Säuglinge, Kinder und auch Jugendliche starben. So starb z. B. von den Neugeborenen etwa der dritte Teil während der ersten Lebensmonate. Zum anderen zerstörte der Tod des Ernährers oder

gar beider Eltern die Familien, vor allem in Kriegs- und Krank-
heitsläuften. Wenn unmündige Kinder zurückblieben, so nahm sich
zwar in vielen Fällen die wohltätige Waisenfürsorge ihrer an, doch
war das Los solcher Heimkinder – wie auch heute noch – ein trauriges. Viele andere solcher verwaisten Kinder suchten, wenn keine
Verwandten für sie sorgten, als billige Arbeitskräfte für Haus- und
Feldarbeit ein Unterkommen. Nicht wenigen jedoch blieb nur der
Bettel. Sie schlossen sich oft mit erwachsenen Arbeitslosen und Krüp-
peln zu Horden zusammen und zogen bettelnd und stehlend durchs
Land.[15]

Die Bevölkerung Bayerns zur Zeit des Kurfürsten Max Emanuel
war – wie damals in ganz Europa – eine Gesellschaft mit klar ge-
schiedenen Ständen, die in sich wieder eine deutlich ausgeprägte
soziale Schichtung aufwiesen. So gab es Mächtige und solche ohne
Macht; es gab Reiche und solche, die in gediegenem, und andere,
die in bescheidenem Wohlstand lebten, daneben viele Arme. Aber
es bestand kein klaffender gesellschaftlicher Klassenunterschied
zwischen einer schmalen, sehr reichen Oberschicht und einer großen
Masse Besitz- und Rechtloser. Die Übergänge waren vielmehr
abgestuft, und wir können wohl sagen, daß es sich um eine für die
damalige Zeit ausgeglichene Sozialstruktur gehandelt hat. Ein
größeres Proletariat, das sich aus sich selbst vermehrte, hat es nicht
gegeben, wohl aber sehr viele Familien, die über Haus und Grund
verfügten. Das war vor allem ein Verdienst der Landesherrn, die
seit dem Dreißigjährigen Kriege eine überlegte Wirtschafts- und
Sozialpolitik betrieben hatten, die dem kleinen Mann zugute kam,
und z. B. Gesetze zum Schutz verschuldeter Bauern, gegen die Zer-
trümmerung und die Zusammenlegung von Bauerngütern[16] oder
das Verbot des Gesindezwanges erlassen hatten. Und es war auch
ein Verdienst der adeligen und geistlichen Grundherrn, daß sie
Sölden- und Handwerkerstellen neu schufen.

Vielleicht war es ein Ausdruck dieser ausgeglichenen Gesell-
schaftsstruktur, daß es damals eine weithin ungestörte Übereinstim-
mung aller Stände des bayerischen Volkes in Sachen der Religion,
des Herrscherhauses und des lieben Vaterlandes gegeben hat. Nicht
nur der Adelige, der Geistliche oder der Bürger wußte, daß er einer
politischen Gemeinschaft, einem Staat angehörte und den Herzog
oder Kurfürsten als obersten Herrn hatte, bei dem er sich in letzter

Instanz Recht holen konnte. Das wußte schon früh auch der Bauersmann und er bestand darauf, wenn er sein Recht gegenüber seiner
Grundherrschaft oder auch dem Beamten behaupten wollte.[17]

Kaspar von Schmid, der Kanzler des Kurfürsten Ferdinand Maria, sagte über den »wahren Reichthum von Baiern«, man könne
nur von dem, der Grund und Boden besitze, sagen, daß er auch ein
Vaterland habe. Das aber werde sich in Feindeszeiten beweisen.
Der Bauer nehme hundertmal mehr Anteil am Vaterland und am
Landesfürsten als der Fabrikant.[18] Schmid sollte Recht behalten.
Wesentliche Antriebe zur Volkserhebung von 1705 waren die Liebe
zum bayerischen Vaterland, die Anhänglichkeit an den angestammten Landesherrn samt seiner Familie und der Haß gegen die Fremdherrschaft.

3. KAPITEL

Regierung und Politik des Kurfürsten Max Emanuel bis zum Spanischen Erbfolgekrieg

Wir würden von Bayern und seinem Volk ein falsches Bild zeichnen, wenn wir es bei dem bisher Gesagten beließen, denn unter der Regierung des Kurfürsten Max Emanuel hat sich in den ersten zwanzig Jahren manches zum Schlechteren gewandelt. Das Volk empörte sich im Jahre 1705 nicht nur, weil es plötzlich durch eine fremde Herrschaft aus Wohlstand und Sicherheit gerissen wurde, vielmehr hatte es schon vorher an der ehrgeizigen Politik seines Landesherrn schwer tragen müssen, so daß die Bedrückung durch die fremde Besatzung die Not schließlich ins Unerträgliche steigerte.

Die Vorgänger Max Emanuels, Maximilian I. und Ferdinand Maria, hatten eine Politik des nüchternen Maßhaltens getrieben. Sie hatten zuvörderst am Aufbau eines modernen, starken Staates durch innere Reformen gearbeitet. Maximilian I., der selbst ein unermüdlicher Schreibtischarbeiter war, hat einmal gesagt: »Eifrige, arbeitsame Potentaten und Fürsten sind den brennenden Kerzen zu vergleichen, welche sagen könnten: Aliis lucendo consumor – Ich brauch mich auf im Leuchten.«[19]

Am Beginn seiner langen Regierungszeit hat dieser »Große Kurfürst von Bayern«, in allen seinen Handlungen bestimmt von einer tiefen katholischen Religiosität, zunächst in einer groß angelegten Finanzreform die unter seinem Vater völlig zerrütteten Staatsfinanzen in Ordnung gebracht und einen Staatsschatz gesammelt, auf dessen Grundlage er seine Regierung stellen konnte. Er förderte die heimische Wirtschaft in Stadt und Land und baute eine moderne Armee auf, die sich im Dreißigjährigen Krieg wohl bewährte. Von seiner Neuorganisation der Landwehr als Landesdefension wird noch gesondert zu sprechen sein. Im Codex Maximilianeus wurde 1616 das gesamte bayerische Landrecht zusammengefaßt und revidiert und die Rechtseinheit der Landesteile Ober- und Niederbayern hergestellt. Wie schon seine Vorgänger damit begonnen hatten, baute Maximilian das Mitspracherecht der

Landstände weiter ab und schuf so den absoluten Fürstenstaat, in dem allein der Wille des Landesherrn entschied. Der staatlich-soziale Aufbau diente letztlich dem großen Ziel, Bayern die Glaubenseinheit zu wahren und das Land zu einem zentral geleiteten katholischen Staat auszubauen. Der glühende Marienverehrer Maximilian proklamierte die Mutter Gottes zur Patrona Bavariae und machte erst eigentlich Altötting zum bayerischen Nationalheiligtum. Vom Dreißigjährigen Krieg, der zwar Bayern nicht unvorbereitet traf, wurde ein großer Teil dieser Aufbauleistung zerstört und vom Land große Opfer an Menschen und Gütern gefordert. Nach dem Friedensschluß von 1648, auf den vor allem Maximilian mit allem Nachdruck hingewirkt hatte, begann der greise Fürst sofort mit dem Wiederaufbau. Ein System von Erleichterungen und Hilfen für die am meisten betroffene Bevölkerung und die Wirtschaft stand am Anfang. Als der Kurfürst 1651 starb, hatte er bereits die gesamten Kriegsschulden abgedeckt und konnte seinem Sohn einen neuen Staatsschatz hinterlassen.[20]

Kurfürst Ferdinand Maria setzte diesen Wiederaufbau fort. Er war weniger selbstbewußt als sein Vater und neigte eher zur Schwermut. Unter ihm wirkte sein in Innen- und Außenpolitik äußerst befähigter Kanzler Kaspar von Schmid. Auch während der Regierung dieses Kurfürsten stand die Förderung des Wirtschaftslebens und die Heilung der Kriegsschäden an vorderster Stelle, besonders der Schäden der Landbevölkerung. Es wurden alle Anstrengungen unternommen, die verödeten Güter so bald wie möglich wieder zu bemeiern. Zur Unterstützung des Landvolkes, das am meisten gelitten hatte, wurden viele Anwesen von staatlichen und grundherrlichen Lasten befreit. Dieser Politik kam entgegen, daß die Bevölkerung nach dem Kriege stetig zunahm. 1674 wurde die Güterzertrümmerung verboten, und in Schleißheim wurde eine landwirtschaftliche Schule eingerichtet. Aus jener Zeit stammen die oben genannten Worte des Kanzlers Schmid vom Bauern, der am Geschicke des Landesfürsten und des Vaterlandes den meisten Anteil nehme. Waren in Altbayern diese Maßnahmen erfolgreich, so erlebte die Oberpfalz nach 1648 einen weiteren lang anhaltenden wirtschaftlichen Abstieg; sie wurde eben als Beuteprovinz betrachtet und vernachlässigt.[21]

Die Innenpolitik Maximilians I. und Ferdinand Marias hatte die

Stärke des Staates und die Wohlfahrt des Landes angestrebt, und dementsprechend hatte sich die Außenpolitik von Unternehmungen, die die Kräfte des Landes überstiegen, möglichst ferngehalten. Im Dreißigjährigen Krieg war Bayern als Führungsmacht der katholischen Liga auf der Seite des Kaisers gestanden. Maximilians außenpolitische Ziele waren nicht zu hoch gespannt, aber dafür hat er sie zäh verfolgt und so schließlich die Kurwürde und die Oberpfalz erworben. Ferdinand Maria hat sein Land zwischen den beiden Großmächten Österreich und Frankreich, die beide um ein Bündnis mit ihm warben, neutral gehalten. Für jede dieser beiden Mächte wäre Bayern wegen seiner geographischen Lage in der Mitte ihres politischen Spannungsfeldes ein wichtiger Bündnispartner gewesen. Maximilian I. und Ferdinand Maria haben zwar ihre eigenen Interessen konsequent wahrgenommen, die Vorrangstellung des Hauses Habsburg im Reich aber als selbstverständlich anerkannt. Und so hat Ferdinand Maria im Jahre 1657, als er von Frankreich und Schweden dazu aufgefordert wurde, den Versuch, die Kaiserkrone zu erlangen und damit das Haus Habsburg aus dem Reich zu drängen, in kluger Selbstbeschränkung abgelehnt. Auf der anderen Seite aber hat er sich entschieden geweigert, in den Devolutionskrieg (1667–68) und in den Holländischen Krieg (1672–79) als Gegner Frankreichs einzutreten. Zudem hat er noch versucht, auch das Reich aus diesen Kriegen herauszuhalten. Unter dem Einfluß seines Kanzlers Schmid sowie der Kurfürstin Adelheid schloß er 1670 ein Bündnis mit Frankreich, das ihm beträchtliche Hilfsgelder einbrachte, im übrigen aber seine Neutralität nicht aufhob. Er hat schließlich wieder eine starke Armee aufgebaut und diese nach französischem, als dem damals modernsten Vorbild, organisiert. Indem er so das politische Gewicht Bayerns nicht unbeträchtlich erhöhte, gelang es ihm, seinem Lande den Frieden zu erhalten, während in Europa aller Orten wieder die Waffen klirrten.[22]

Ferdinand Maria starb bereits 1679 im Alter von 43 Jahren. Als sein Sohn Max Emanuel 1680 nach einer kurzen Regentschaft mit 18 Jahren die Regierung übernahm, trat er als absoluter Fürst an die Spitze eines geordneten Staates, der seit über dreißig Jahren erfolgreich an der Überwindung der Schäden des großen Krieges gearbeitet hatte, dessen Bevölkerung zunahm und dessen Wirtschaft allmählich gesundete.

Dieser junge Fürst war in seiner Persönlichkeit anders geartet als seine beiden Vorgänger. In seinen Begabungen und in der Erziehung überwogen Erbteil und Einfluß der italienischen Mutter, Adelheid von Savoyen. Sein Vater ist ihm stets fremd geblieben. Max Emanuel war hochbegabt. Er verfügte über eine rasche Auffassungsgabe und war sehr wendig in seinen Entscheidungen. Eine hervorragende Rednergabe zeichnete ihn aus; er vermochte zu überzeugen. Zu ungewöhnlichen Entscheidungen neigend, verstand er es, seine Umgebung sowie Verbündete und Gegner in Politik und Kriegführung zu überraschen. Er war ein glänzender Reiter, als Soldat furchtlos und draufgängerisch. Obwohl von fast häßlich zu nennenden Gesichtszügen, war er ein ausgesprochener Frauenheld und erfolgreicher Liebhaber, dem eheliche Treue unbekannt war. Voll von barockem Pathos, liebte er einen glänzenden Lebensstil, war ruhmsüchtig, leichtsinnig und verschwenderisch. Seine Mutter hatte ihn in dem Bewußtsein erzogen, daß er und sein Haus zu etwas Größerem berufen seien als nur zum bayerischen Kurfürstentum. Während Großvater und Vater ihr Herrschertum als ein Amt betrachtet hatten, das ihnen von Gott verliehen sei und das sie zum Ruhme Gottes und zu Nutz und Frommen von Volk und Land verwalten mußten, betrachtete Max Emanuel ererbtes Land und ererbte Herrschaft als Mittel, die ihm und seinem Hause zu Ruhm und Macht zu dienen hätten. Seine Neigung, den Schein für das Sein zu nehmen und übersteigerten Wunschträumen nachzuhängen, verwehrten ihm oft die Einsicht in die tatsächlichen Gegebenheiten und die realen Möglichkeiten. Er kannte Zeiten tiefer Niedergeschlagenheit. In Zeiten der Anspannung konnte er hohe Arbeitsleistungen vollbringen, doch fehlte ihm die Ausdauer und das Arbeitsethos, die an seinem Großvater so sehr gerühmt worden waren. Als überzeugter Selbstherrscher konnte er aber auch keine selbständigen Mitarbeiter neben sich dulden, wie sie sich sein Vater herangezogen hatte. Im Vergleich zur tiefen und ernsten religiösen Gläubigkeit seines Großvaters pflegte er die Religion mehr als einen äußerlichen Lebensstil. So war Max Emanuel der Vertreter eines übersteigerten Absolutismus, sein ganzes Leben hindurch jagte er dem Ruhm und dem Glanz nach, den Siegen auf dem Schlachtfeld und einer Königskrone. Hierfür hat er alles eingesetzt, und er war bereit, für ein Königtum in den Niederlanden oder in Italien sein bayerisches Erbe zu opfern. Der Verlust seines Landes im Jahre 1704 war die logische Folge seines politischen Glücksspiels.[23]

Das erste Jahrzehnt seiner Regierung war das großartigste. Damals hat Max Emanuel als Türkensieger Weltgeschichte gemacht und als der »Blaue Kurfürst« seinen Ruhm und seine Beliebtheit beim bayerischen Volk begründet.

Im Jahre 1683 richtete sich der Vorstoß der Türken gegen das christliche Abendland auf die Kaiserstadt Wien, die am 14. Juli von einem Heer von 130 000 Mann eingeschlossen wurde. Der Kurfürst von Bayern leistete als Reichsvasall und aufgrund eines Verteidigungsbündnisses seinem Kaiser Heeresfolge und erschien mit seinen wohlorganisierten Truppen als erster beim Entsatzheer vor der Donaustadt. Zum christlichen Entsatzheer gehörten neben den 11 300 Bayern die kaiserlichen Truppen unter Herzog Karl von Lothringen, weiter König Johann Sobiesky von Polen und Kurfürst Johann Georg III. von Sachsen mit ihren Heeren sowie Reichstruppen aus Franken und Schwaben unter dem Fürsten Georg Friedrich von Waldeck. Die Gesamtstärke dieses Heeres lag zwischen 70 000 und 80 000 Mann. In der großen Schlacht am Kahlenberge am 12. September 1683 kommandierte Max Emanuel unter dem Oberbefehl des Königs von Polen seine Truppen in der Mitte der christlichen Schlachtordnung. Mit ihrem Kurfürsten an der Spitze stürmten die Bayern die türkische Hauptstellung und brachen in das gegnerische Lager ein. Die Türken wurden völlig geschlagen; die Stadt Wien, die sich zwei Monate lang heldenhaft verteidigt hatte, war wieder frei. Mit diesem großen Sieg, an dem Bayern und sein junger Kurfürst wesentlichen Anteil hatten, wandte sich das Geschick in den Türkenkriegen. Österreich und das mit ihm verbündete Bayern gingen zum Gegenangriff über.[24]

Der Türkenkrieg hat Max Emanuel bis 1688 festgehalten. Mit seinem bayerischen Heer, dessen Anfangsbestand in diesen Jahren in fast dreifacher Höhe aufgerieben wurde, sollte er dem Kaiser und dem Hause Habsburg in entscheidender Weise helfen, Ungarn freizukämpfen und die Grundlage für das Reich der Donaumonarchie zu legen, das bis 1918 bestanden hat. Einzelne bayerische Verbände haben als Hilfstruppen noch bis zum Jahre 1698 in Ungarn gekämpft.[25]

Noch im Jahre 1683 rückte Max Emanuel mit seinen Truppen, die vor Wien weniger als 100 Mann verloren, danach aber durch schlechte Ernährung und Krankheiten sehr gelitten hatten, vor Gran an der Donau. Herzog Karl von Lothringen führte den Oberbefehl. Nach fünf Tagen wurde die Festung genommen. Es folgten in den Feldzügen der nächsten fünf Jahre Schlag auf Schlag die Siege. 1685 wurde die Festung Neuhäusel erstürmt. Als die Türken im Gegenstoß versuchten, Gran wieder zu nehmen, wurden sie von Karl von Lothringen in einer Entsatzschlacht geschlagen; die entscheidende Reiterattacke hat hierbei Max Emanuel mit seinen Kürassieren geritten. – Nachdem man 1684 die Festung Ofen – den rechts der Donau gelegenen Teil des heutigen Budapest – vergeblich belagert hatte, wurde 1686 die Belagerung wieder aufgenommen. Neben kaiserlichen und bayerischen Truppen nahmen brandenburgische, sächsische, schwäbische, fränkische und oberrheinische Kontingente sowie schwedische Soldaten daran teil. Der Kurfürst beaufsichtigte selbst die Arbeit seiner Mineure in den vorderen Belagerungsgräben, die unter stetem Beschuß der Türken lagen. Der Markgraf Ludwig von Baden schrieb über seinen Kampfgefährten Max Emanuel an den Kaiser: »Ich befleißige mich zwar, so viel möglich Ihne von denen Hazarden zu hindern, last sich aber nicht leicht davon abhalten, und will bei allem sein und von allem wissenschaft haben.« Und ein kaiserlicher Oberst meinte: »Es ist mir unmöglich, den Eifer, die Ausdauer, die Ermüdungen und Strapazen Seiner Durchlaucht des Churfürsten genügend zu würdigen. Er ist entschlossen, entweder zu sterben oder zu siegen.«[26] Während der Belagerung, die sich zweieinhalb Monate hinzog, erlitten die Verbündeten große Verluste durch den Feind und noch weit mehr durch die rote Ruhr. Als ein bayerischer Mörser das türkische Pulvermagazin traf und zur Explosion brachte, schien das Schicksal der Festung besiegelt. Es mußte jedoch erst noch ein türkisches Entsatzheer zurückgeschlagen werden, bis schließlich Max Emanuel gegen die Bedenken der übrigen Befehlshaber den Sturmangriff durchsetzte, der die Festung in die Hand des Kaisers brachte. Ein entsetzliches Massaker unter den Verteidigern und der Bevölkerung hub an. Es war der bayerische Kurfürst, der diesem Treiben Einhalt gebot, wie er überhaupt einer der wenigen war, die auch in den muslimischen Türken ritterliche Gegner sahen.[27]

Nach einer längeren Abwesenheit von der Front traf Max Emanuel im Juni 1687 wieder auf dem Kriegsschauplatz in Ungarn ein. Am 12. August stand das verbündete Heer unter dem Herzog von Lothringen am Berge Harsán bei Mohács einer stärkeren türkischen Armee gegenüber. Die Schlacht entwickelte sich, obwohl der Herzog sie nicht gesucht hatte. Wieder war es, wie so oft, Max Emanuel, der zur Entscheidung drängte und der zusammen mit dem Markgrafen Ludwig von Baden in einem großen Reiterangriff die Stellungen der Türken überrannte, selbst von zwei Musketenkugeln, jedoch ohne Schaden, getroffen. Dieser Sieg, der wesentlich sein Verdienst war, brachte ganz Ungarn in die Macht des Kaisers und verbreitete den Kriegsruhm des Blauen Kurfürsten nunmehr über ganz Europa, der in Türkenliedern bis in unsere Zeit fortlebt. Auch sein bayerisches Volk, das die hohen Kosten dieser Feldzüge aufzubringen hatte, feierte die Siege seines Landesherrn begeistert mit Trinkgelagen und Viktoriaschießen; so im Markt Tölz 1686: »Ihro chrfrl. Drtl. Unnserm gdisten Herrn ec. zu undtterthenigsten Ehren unnd allgemeinen Freiden Zeichen wegen der zu Ofen in Ungarn erhaltenen ruembwirdigsten victori sind auf dem Hechenberg neben ain und andern Gsundheit Trunkh in Beysein Hrn. Decani und der mehristen vom Rath auß Doplhaggen verschossen worden – 10 Pfd. Pulver.«[28]

Das Jahr 1688 brachte für Max Emanuel den Höhepunkt seiner Feldherrnlaufbahn. Nach langem Ringen hatte der Kaiser ihm endlich den Oberbefehl über das gesamte Heer übertragen. Der Kurfürst, damals erst 25 Jahre alt, galt zwar als tapferer Soldat, jedoch als wenig umsichtiger Heerführer. So marschierte er mit einer Armee von nur 33 500 Mann gegen Belgrad, das sich seit 1521 in der Gewalt der Türken befand und eine der wichtigsten Bastionen der türkischen Macht auf europäischem Boden war. Schon auf dem Vormarsch gelang Max Emanuel ein für ihn typischer Überraschungsschlag. Gegen alle Regeln der Kriegskunst und gegen die Einwände seiner Unterführer, darunter des Markgrafen von Baden und des Prinzen Eugen von Savoyen, ließ er das Heer die Save überqueren, während am gegenüberliegenden Ufer eine feindliche Streitmacht stand, die dies zu hindern suchte. Sie ließ sich aber täuschen, so daß der Übergang gelang und die Türken anschließend geworfen werden konnten. Damit war der Weg nach Belgrad frei.

In einer vierwöchigen, für beide Seiten sehr verlustreichen Belagerung wurde die Festung sturmreif geschossen, die Wälle von unterirdisch vorgetriebenen Stollen aus gesprengt. Am 6. September früh begann der Sturmangriff. Max Emanuel selbst ging seinen Soldaten mit dem blanken Degen voran und wurde dabei zweimal verwundet, sein Gesicht war blutüberströmt. Nach vierstündigem Kampf befand sich die Stadt in seiner Hand. Danach kehrte die bayerische Armee oder das, was von ihr geblieben war, in die Heimat zurück, der Feldherrnruhm Max Emanuels von Bayern aber hatte nun seinen größten Glanz erreicht. Zwei der drei türkischen Hauptbanner, die er in Belgrad erbeutet hatte, sandte der Kurfürst dem Papst, eines ließ er in der Kirche Unserer Lieben Frau in München aufhängen. Sein Leben lang zehrte der Herrscher von diesen Kriegstaten, die er im Viktoriensaal des Schlosses Schleißheim in riesigen Prachtgemälden verewigen ließ.[29]

Im Jahre 1685 hatte Max Emanuel die Tochter Kaiser Leopolds I., die Erzherzogin Maria Antonie von Österreich, geheiratet, die Nichte des spanischen Königs Karl II. Da dieser kinderlos war, besaß Maria Antonie einen Anspruch auf das spanische Erbe. Diese eheliche Verbindung und das große militärische und politische Prestige, das Max Emanuel in den ungarischen Feldzügen gewonnen hatte, trugen erheblich dazu bei, daß er in die vorderste Reihe der dynastischen Persönlichkeiten trat, die als Erben des spanischen Reiches in Betracht kamen. Es war ja bereits klar, daß mit Karl II. die spanischen Habsburger aussterben würden.[30]

Für Bayern selbst, das die riesigen Kosten der Feldzüge hatte aufbringen müssen, brachten jene Erfolge des Landesherrn freilich keine Gebietserweiterungen, und die versprochenen Hilfsgelder zahlte der Kaiser schon während des Krieges nur auf stetes Mahnen schleppend und unvollständig. So opferte Bayern für die Befreiung Ungarns 15 Millionen Gulden, die die bayerischen Untertanen aufbringen mußten. Auch die bayerische Kirche hat große Summen flüssig gemacht; einzelne Klöster haben sogar bis zu 14 000 Taler als jährliche Sondersteuer abliefern müssen. Die Staatsfinanzen wurden zerrüttet; anstelle der von Ferdinand Maria hinterlassenen vollen Staatskasse bestand am Ende des Krieges eine gewaltige Staatsschuld.[31]

Erschreckend waren auch die Verluste des bayerischen Heeres:

Es hatte 30 000 Mann geopfert. Jedes Jahr waren neue Truppen aufgeboten und jedes Jahr von neuem durch Hunger, Kälte und Seuchen dezimiert worden. Da die österreichischen Hilfsgelder immer wieder ausgeblieben waren, hatte man die Soldaten nie ausreichend entlöhnen können. Und jedes Jahr hatte man ihnen von österreichischer Seite die schlechtesten Winterquartiere zugewiesen.

»Wohl deutsche Mannen, grimmige Bajuwaren«, so werden die bayerischen Soldaten, die Ungarn befreien halfen, noch heute in einem bosnischen Volkslied besungen. Ihr Schicksal war von Anfang an traurig. Schon kurz nach der Befreiung Wiens, im Dezember 1683, berichtete ein bayerischer General über Hunger, Kälte und Krankheiten in den Winterquartieren, »daß von Tag zu Tag sowohl an Offizieren als gemeinen Knechten sehr viele sterben, und in Ermangelung der Geldmittel und nothwendigen Mundirung, bey täglich zu erwartender Kälte, noch größere Gefahr einer einreißenden Sucht zu besorgen. Nebenbey auch dieß gehorsambist erinnern wollen, daß bei denen Regimentern man an Feldscherern sehr großen Mangel leidet.« Bei der vergeblichen Belagerung von Ofen 1684 waren von 57 000 christlichen Soldaten 23 000 durch Seuchen und im Kampf umgekommen. Als man danach in die Winterquartiere abrückte, führte ein österreichischer General die bayerischen Truppen bei anhaltendem Regen über ungangbare Straßen und auf Umwegen nach Oberungarn, wo ihnen die Quartiere zugewiesen waren. Ohne Lebensmittel und Futter kam die Mehrzahl auf dem Marsch um. Es hieß, daß die Soldaten in ihrer Not nicht nur Pferde-, sondern sogar Menschenfleisch verzehrt hätten. Der französische Gesandte in München berichtete seinem König: »... und heute kann man sagen, daß es keine bayerische Armee mehr gibt.« Es wurde wieder eine bayerische Armee aufgestellt, deren Not im folgenden Jahr nach der Eroberung von Neuhäusel und der siegreichen Entsatzschlacht vor Gran die gleiche war. Aus den Winterquartieren von 1686/87, also nach der Eroberung von Ofen, berichtete ein bayerischer Kriegskommissär: »Und erlaube mir gnädigst zu melden, daß die Schwierigkeit und Desperation bey der Soldateska soviel größer würdet, je mehrer von Tag zu Tag die Noth zunimmbt und waxet, da schon mehr als die Hälfte auf dem Marche theils gestorben, theils wegen bishero großer Kälte gar erfroren seind.« Aber auch die Heimat hatte alles hergegeben, die Not der bayerischen Soldaten begann schon beim Ausrücken ins Feld. Als man im Frühjahr 1687 wieder neue Truppen aufstellte, befahl der Kurfürst: »Es haben sich zum Zweckhe der Complettierung Unserer für Ungarn bereitstehenden Armada alle Recruts zu Straubing wenigstens nothdörfftig zu montieren, da dieselben theilweise noch schier nackend und bloß einhergehen!« Und als im Mai 1688 das letzte bayerische Aufgebot für Ungarn von Straubing in Preßburg eintraf, standen die Rekruten ohne Zelte und Brennholz unter freiem Himmel, hatten keine Gewehre, und ein Viertel von ihnen besaß keine Waffenröcke, ja viele noch nicht einmal Hemden.[32]

Als die bayerischen Regimenter aus Ungarn zurückkehrten, war im Westen des Reiches der Pfälzische Erbfolgekrieg (1688–97) ausgebrochen. König Ludwig XIV. von Frankreich beanspruchte für seine Schwägerin Liselotte von der Pfalz größere pfälzische Gebiete. Er hatte im selben Monat, da Max Emanuel Belgrad einnahm, seine Truppen über die Reichsgrenzen in die Pfalz einrücken lassen. Bayern brach die diplomatischen Beziehungen zu Frankreich ab und schon im Januar 1689 marschierten seine Truppen nach Westen. 8000 Mann sagte der Kurfürst dem Kaiser vertraglich zu und erhielt ein eigenes Oberkommando. Bis 1692 führte er am Rhein und in Oberitalien die Reichstruppen gegen Frankreich, erntete aber in diesen Feldzügen keine großen Lorbeeren. Vielmehr verlor sein Feldherrnruhm, jedenfalls für Eingeweihte wie den Prinzen Eugen, von seinem Glanz, da deutlich wurde, daß der Kurfürst sich um den militärisch überaus wichtigen Bereich von Nachschub und Versorgung nicht kümmerte, d. h. er betrieb keine Kriegskunst im eigentlichen Sinne, er war ein Schlachtenheld aber kein Feldherr. Es steht auf demselben Blatt, daß es ihn auch nicht berührte, daß Bayern und sein Volk durch die ständige Aufbringung der Kriegskosten rücksichtslos ausgebeutet wurden, daß alle Reserven längst aufgezehrt waren und der Fortgang der Ereignisse eine Erholung des Landes in absehbarer Zeit unmöglich machte. Die steten Vorstellungen und Beschwörungen seiner Minister und der bayerischen Landstände, die zusehen mußten, wie das Land sich ausblutete, schob er bedenkenlos beiseite. Die riesigen Kosten für die Beteiligung an diesem Kriege wurden durch nichts ausgeglichen; die Eroberungen außerhalb des Reichsgebietes, von denen der Kaiser dem Kurfürsten einen erheblichen Anteil zugesichert hatte, erfolgten nicht. – Ein sehr bedeutsames Ergebnis hatte dagegen des Kurfürsten Teilnahme am Pfälzischen Krieg zur Folge: Durch Unterstützung des Königs Wilhelm III. von England wurde Max Emanuel im Jahre 1692 das Amt eines Generalstatthalters der spanischen Niederlande übertragen. Sein Ziel dabei war, mit diesem Amt, das der Stellung eines Landesherrn in diesem bedeutenden und reichen Teil der spanischen Monarchie gleichkam, einen Fuß auf das spanische Erbe zu setzen und, wenn selbst nicht das ganze spanische Reich, so doch wenigstens auf die Dauer diesen Teil für sich und sein Haus zu erwerben und seinen Traum von der Rangerhöhung zum Königtum zu verwirklichen. Die spanischen Niederlande umfaßten ungefähr das Gebiet des heutigen Belgien.[33]

Im Jahre 1688 war es Max Emanuel auch gelungen, seinen Bruder Joseph Clemens (1671–1723) zum Erzbischof und Kurfürsten von Köln wählen zu lassen. Die Wiener Regierung hatte diese Wahl schweren Herzens unterstützt, um die Wahl eines frankreichfreundlichen Kandidaten zu verhindern. Joseph Clemens besaß seit seinem vierzehnten Lebensjahr bereits die Bistümer Freising und Regensburg, von denen er jenes 1694 mit Lüttich vertauschte; 1714 erhielt er noch Hildesheim dazu. Seine Priesterweihe empfing er erst 1706, die Bischofsweihe 1707, als er mit seinem Bruder, mit dem zusammen er das Bündnis mit Frankreich im Spanischen Erbfolgekrieg geschlossen hatte, im Exil weilte und in die Reichsacht getan war. Durch den Erwerb jener Erz- und Hochstifter sowie der Kurwürde für seinen Bruder hatte Max Emanuel eine wichtige Machtposition für das Haus Wittelsbach am Rhein ausbauen können.[34]

Die Ehe zwischen Max Emanuel und Maria Antonie von Österreich war von Anfang an schlecht, da der Kurfürst sein ungebundenes Leben wie selbstverständlich fortsetzte. Nach vorübergehendem Aufenthalt in München kehrte die Kurfürstin deshalb wieder nach Wien an den Kaiserhof zurück. Dort gebar sie am 28. Oktober 1692 den Kurprinzen Joseph Ferdinand. Sie erholte sich jedoch von der Geburt nicht mehr und starb am Weihnachtsabend. Ihr Gemahl, er weilte jetzt bereits als Statthalter in Brüssel, nahm die Nachricht ohne sonderliche Betrübnis auf. Allerdings war es ihm nun nicht mehr möglich, selbst das spanische Erbe zu übernehmen, jedoch, trotz entgegengesetzter Bemühungen Kaiser Leopolds, der selbst Ansprüche geltend machte, verlautete aus Madrid, daß Kurprinz Joseph Ferdinand von Bayern der Nachfolger auf dem spanischen Throne sei. So stiegen die Hoffnungen Max Emanuels, das Haus Wittelsbach dereinst zur Weltmacht zu führen, immer mehr. Zum spanischen Reiche gehörten neben dem Mutterland und den Niederlanden noch Mailand, Sardinien, Neapel-Sizilien und die überseeischen Kolonien in Amerika und Ostasien.[35]

Seine Statthalterschaft in Brüssel gestaltete der Kurfürst zu einer Herrschaft in großem Stile. Er hielt Hof, frönte seinen Leidenschaften, der Jagd, dem Glücksspiel, den schönen Frauen und natürlich dem Kriege. Er machte auch einige Anstrengungen, die wirtschaftliche Lage des Landes, insbesondere der Handelsstädte, zu bessern, die Erfolge waren jedoch nicht groß. Er selbst und sein Hof lebten wie schon vorher mit immer steigenden Schulden. Der eigentliche Leidtragende war wieder sein Bayernland, das die Kosten für all dies aufzubringen hatte und das seinen Landesherrn gar nicht mehr zu sehen bekam. Es hieß damals, er brocke sein Bayern den Niederländern ein. Nach wie vor verfingen die Klagen der bayerischen Landschaft nicht im geringsten. – In dieser Zeit lockerten sich die Beziehungen zum Kaiser und zum Hause Österreich immer mehr. Von dieser Seite hatte der Kurfürst trotz seines unermüdlichen Einsatzes allerdings auch stets nur Versprechungen, aber keine Leistungen erhalten.[36]

Im Jahre 1694 vermählte sich Max Emanuel zum zweiten Male. Seine Wahl war auf Therese Kunigunde, die Tochter seines Schlachtgefährten und Oberkommandierenden am Kahlenberg, des Königs Johann Sobiesky von Polen, gefallen. Therese Kunigunde schenkte ihrem Gemahl sechs Söhne und eine Tochter: Maria Anna Carolina, geb. 1696, trat ins Münchner Klarissenkloster am Anger ein; Karl Albrecht, 1697–1745, folgte seinem Vater als Kurfürst und war ab 1742 Kaiser; Philipp Moritz, geb. 1698, starb 1719 kurz nach seiner Wahl zum Bischof von Münster und Paderborn; Ferdinand Maria Innozenz, geb. 1699, heiratete eine Pfalzgräfin von Neuburg; Clemens August, geb. 1700, wurde Erzbischof von Köln, Bischof von Münster, Paderborn, Hildesheim und Osnabrück und Hoch- und Deutschmeister des Deutschen Ordens; Johann Theodor, geb. 1703, wurde Bischof von Regensburg, Freising und Lüttich und Kardinal; Max Emanuel, geb. 1704, starb mit fünf Jahren.[37]

Die großen Träume und Pläne Max Emanuels richteten sich aber auf das spanische Erbe. Sie standen und fielen mit seinem ersten Sohn Joseph Ferdinand. Die Erbfolge des Kurprinzen war freilich noch keineswegs gesichert, denn Ansprüche erhoben auch Kaiser Leopold I., dessen Frau eine Schwester Karls II. von Spanien war, für seinen zweiten Sohn, Erzherzog Karl, sowie Ludwig XIV. von Frankreich, der ebenfalls eine Schwester Karls II. zur Frau hatte, für seinen Enkel, Herzog Philipp von Anjou. Die diplomatischen Auseinandersetzungen, in die alle Großmächte verstrickt waren und in denen bereits eine Teilung des Großreiches vereinbart wurde, beendet Karl II., als er 1698 den Kurprinzen Joseph Ferdinand von Bayern zum Universalerben der unteilbaren spanischen Monarchie einsetzte. Der Kurprinz erhielt den Titel eines Prinzen von Asturien. Max Emanuels kühnste Träume schienen in Erfüllung zu gehen. Endlich war er seinem höchsten Ziele nahe, endlich schien der jahrelange hohe Einsatz in seinem politischen Spiel durch einen riesigen Gewinn gerechtfertigt.[38]

Joseph Ferdinand war bei seiner Geburt ein wohlgestaltetes und gesundes Kind, das bis zu seinem vierten Lebensjahr gut gediehen war. Seit dieser Zeit stellten sich dann aber Krankheiten ein, die immer wieder auftraten und häufig zu ernsten Krisen führten. Im Mai 1698 war der Prinz von München nach Brüssel übergesiedelt – sehr zum Verdruß der bayerischen Landschaft, die befürchtete, daß Bayern ganz zum Nebenland herabsinken und seine Belange noch mehr als bisher vernachlässigt werden würden. Nachdem die Erbfolgefrage zugunsten des Prinzen entschieden war, bereitete man seine Übersiedlung nach Spanien vor, wo er erzogen und auf sein künftiges hohes Amt vorbereitet werden sollte. Anfangs des Jahres 1699 ankerte im Hafen von Amsterdam bereits eine Flotte von 24 Schiffen, die ihn abholen sollte. Da erkrankte er am 15. Januar von neuem, sein Zustand verschlechterte sich laufend. Am 6. Februar 1699 starb der Prinz vor den Augen seines verzweifelten Vaters, der damit den Traum vom wittelsbachischen Weltreich in Nichts zerrinnen sah.[39]

Der Tod Joseph Ferdinands – der übrigens nicht, wie man oft behauptet hat, durch Giftmord herbeigeführt worden ist – zerstörte nicht nur Max Emanuels hochfliegende dynastische Pläne, sondern warf die gerade entschiedene Frage nach der spanischen Erbfolge nun von neuem auf. Diese war das wichtigste und schwierigste Problem, das es damals in der europäischen, ja in der Weltpolitik gab. Im Jahre 1700 schloß König Karl II. von Spanien die Augen. Im darauffolgenden Jahre brach der Spanische Erbfolgekrieg aus, ein europäischer Krieg, der mit zerstörerischer Wut über das Bayernland hinwegbrausen und in dessen Verlauf die bayerische Volkserhebung von 1705 sich ereignen sollte.

Wie aber sah es in Bayern aus, als Max Emanuel im Jahre 1701 nach langer Abwesenheit zurückkehrte? Das Land befand sich in einem steten wirtschaftlichen und sozialen Niedergang, weil es in den verflossenen zwanzig Jahren vornehmlich den auswärtigen Unternehmungen des Landesherrn in Ungarn, im Rheinland und in den Niederlanden hatte dienen müssen. Wie groß die Belastung für das relativ kleine Land war, wird durch einen einfachen Zahlenvergleich deutlich: Die tatsächlichen Unkosten für die bayerischen Truppen in den ungarischen Feldzügen und im Pfälzischen Erbfolgekrieg zwischen 1683 und 1692 beliefen sich auf 27 bis 28 Millionen Gulden. Davon trug Bayern zwar nur 14 913 000 fl.; doch da in Bayern in Normaljahren das Steueraufkommen 1 bis 1,4 Millionen Gulden betrug, kann man sagen, daß in jenen zehn Jahren der Krieg das gesamte normale Steueraufkommen oder gar mehr aufgezehrt hatte. Nun herrschten im Lande Inflation mit steigenden Preisen, Teuerung der Nahrungsmittel bei gleichbleibenden Löhnen, Überschuß an Arbeitskräften und Münzverschlechterung. Die hohen Kriegssteuern und Sonderveranlagungen, die Kosten für Quartier und Durchmarsch der Truppen hatten nicht nur den kleinen Mann und die Mittelschichten schwer belastet, sondern auch Adel und Prälaten. Die dauernden Rekrutenaushebungen hatten große Unruhe unter die Bevölkerung getragen. Die Wirtschaft war ganz auf den Krieg eingestellt. Millionenbeträge waren ins Ausland geflossen, wo der Landesherr und teilweise auch die Verwaltungsspitzen über lange Zeiten hin geweilt hatten. So funktionierten auch Verwaltung und Rechtsprechung nicht mehr richtig. Lokale Behörden, Grundherrschaften, höhere Offiziere und Militärverwaltung waren in ihren Entscheidungen und Handlungen nicht mehr kontrolliert und der Rechtsweg der Beschwerden endlos verlängert und damit fast unmöglich gemacht worden. Unter diesen Verhältnissen kam es sogar vereinzelt zum Widerstand unter der

Bevölkerung gegen Steuereintreibungen und gegen Willkürmaßnahmen der örtlichen Obrigkeiten. So verweigerten z. B. im Jahre
1700 im Gericht Griesbach die Untertanen die Zahlung der Herbststeuer, ja die Beamten befürchteten gar einen Aufstand.[40]
In einer Denkschrift vom März 1701 schilderten die bayerischen
Landstände dem Kurfürsten die Zustände im Lande in den trübsten
Farben: Der Kredit sei so sehr zerrüttet, daß selbst in einem Landesnotstand keine Anleihen mehr aufzubringen wären. Die Prälaten
seien durch »continuierende starke und langwierige Contributiones
und Anlagen, item durch die Hülfreichung ihrer mit dem Schauer,
den Steuern und anderen oneribus bedrängten Unterthanen von
allen baaren Geldmitteln gänzlich entblößt, und theils selbst mit eigenen Schulden beladen«. Ritterschaft und Adel seien so sehr verschuldet, daß kaum der zehnte Teil noch bare 300 Gulden aufbrächte; wegen der hohen Steuern des Landesherrn könnten die Untertanen den
Grundherrn ihre Abgaben nicht mehr entrichten. Ganz schlecht sei
es um den Bürgerstand in Städten und Märkten bestellt. Er sei
»durch die ausgedauerte Quartierlast, Service, Steuer, gemeine Anlagen und Durchzüge, auch abgenommene Gewerbe und Löhnung
in Abwesenheit des Hofstats in solche Armuth gesunken, daß sonderbar die Kaufleute, die noch etwas weniges im Vermögen haben,
mit Sak und Pak hinwegziehen würden, wenn sie nicht andere Bedenken ... abhalten thäten. Die mittleren Bürger vermögen keinen
Gesellen mehr zu fördern ... Die Beysitzer und Tagwerker leben in
solcher Noth, daß sie von Klöstern die Bettelsuppe ... holen lassen.«
Das Landvolk könne keine Steuern mehr aufbringen, da es selbst
am Hungertuch nage; die Menschen genössen eine Kost, die ein
Hund nur im Heißhunger annehmen würde. Die Seelsorger könnten bezeugen, daß an den meisten Krankheitsfällen die schlechte
Ernährung schuld sei. Einigen Bauern gehe es zwar noch gut, doch
sei die Zahl der armen zehn- bis zwanzigmal größer usw. So berichtete die Landschaft – sicher in manchem übertreibend, aber im
Großen und Ganzen treffend – und bat den Landesherrn »weinend und auf die Knie niederfallend«, er möge nach Bayern zurückkehren. Hier habe man die gehorsamsten Untertanen der Welt,
hier könne er »als ein absoluter Fürst« regieren, dem Land die verlorenen Kräfte wiedergeben »und die schon ziemlich gewichene Liebe wieder hereinbringen, an deren Statt sonst einmal der Fluch von

den schwierigen Gemütern wegen der continuierenden großen Bürden ein Unheil nach sich ziehen dürfte«. – Die Vorgänge in Griesbach wurden als Wetterzeichen ernst genommen.[41]

Als der Kurfürst in sein Land zurückkehrte, wurde er von seinem Volk freudig begrüßt. Man hoffte, daß, wenn der Landesvater wieder unter den Seinen weilte, sich alles wieder zum Besseren wenden würde. Es zeigte sich jedoch bald, daß Max Emanuel seine ehrgeizigen Pläne auf Erhöhung seines Hauses mitnichten aufgegeben hatte, obwohl sie durch den Tod des Kurprinzen Joseph Ferdinand jeder echten Grundlage beraubt worden waren. König Karl II. von Spanien hatte nämlich kurz vor seinem Tode seinen Großneffen Philipp von Anjou zum Universalerben eingesetzt. Ludwig XIV. nahm für seinen Enkel das Erbe an, obwohl er vorher mit England in einem Geheimvertrag die Teilung des spanischen Reiches vereinbart hatte. Nach dem Tode Karls II. nahm der Franzose als König Philipp V. von Spanien Besitz. Kaiser Leopold I. war jedoch entschlossen, die Durchführung des Testaments zu verhindern. Er forderte das Erbe für seinen jüngeren Sohn Erzherzog Karl und ließ ein kaiserliches Heer unter dem Prinzen Eugen nach Oberitalien einrücken. Erzherzog Karl, der sich ebenfalls zum spanischen König ausrufen ließ, landete mit einem Heer in Spanien und kämpfte dort um seine Anerkennung. Der englische König Wilhelm III. von Oranien sah durch die gewaltige dynastische Machterweiterung Frankreichs durch das spanische Erbe die britische See- und Handelsmacht mit ihren Wirtschaftsinteressen äußerst bedroht, ebenso die Vereinigten Niederlande, das heutige Holland. So kam ein Bündnis – »die große Allianz« – zwischen dem Kaiser, England und den Vereinigten Niederlanden zustande. Ein europäischer Krieg zog herauf, der in den Jahren 1701 bis 1714 in Oberitalien, Spanien, den spanischen Niederlanden und Deutschland ausgetragen werden sollte. Die Kriegsziele der Parteien in dieser großen Auseinandersetzung waren vielfältig: Frankreich wollte die Wiederentstehung des Reiches Karls V. verhindern. Die Alliierten zielten auf die Zerstückelung der spanischen Herrschaft, die Eindämmung der französischen Vormacht in Europa und in Übersee. Österreich wollte die spanischen Niederlande und die Herrschaft über Italien gewinnen, England, die Vereinigten Niederlande und Portugal suchten Frankreich von dem höchst gewinnbringenden Handel mit Spanisch-Amerika auszuschließen, den sie für sich beanspruchten.[42]

In dieser Mächtekonstellation war Bayern kein dynastisch-völkerrechtlicher, sondern nur mehr noch ein militärisch-strategischer Faktor. So suchte Österreich ebenso wie Frankreich das Bündnis mit Max Emanuel nur, um Bayern im Kampf gegen den anderen einsetzen zu können; sie betrachteten es nicht als echten Partner, sondern nur als Werkzeug. Max Emanuel dagegen, der die vielfältigen Interessenverflechtungen und besonders die wirtschaftspolitischen Faktoren nicht ganz durchschaute und seine Macht überschätzte, glaubte, selbst ein großes Stück aus dem spanischen Erbe beanspruchen zu können, und zwar ein Königreich der Niederlande oder im Austausch gegen Bayern das Königreich Neapel-Sizilien oder auch das Herzogtum Mailand und die Vergrößerung Bayerns und dessen Erhöhung zum Königreich. So stellte sich für ihn gar nicht erst die Frage, wie er sich und sein Land am besten aus dem Krieg heraushalten könnte, sondern die, welche Seite ihm den größten Gewinn versprechen würde. Er stellte jene Forderungen, und in den Jahren 1701 und 1702 wurde zäh mit beiden Seiten verhandelt. Österreich war mit seinen Angeboten zurückhaltend, da es über die Länder, die der Kurfürst forderte, nicht einfach verfügen konnte. Frankreich dagegen versprach großzügig Länder, die es gar nicht besaß, die Rheinpfalz und Pfalz-Neuburg, alle künftigen Eroberungen und im Fall eines Verlustes von Bayern die spanischen Niederlande. Der Verlust des Stammlandes Bayern wurde also kühl mit in Erwägung gezogen. Damit fiel dann auch die Entscheidung Max Emanuels zugunsten Frankreichs. Den französischen Truppen hatte er freilich schon im Februar 1701, als die bayerischen Soldaten die Niederlande verließen, dort die Festungen geöffnet. Am 21. August 1702 wurde der Bündnisvertrag von Versailles geschlossen, nachdem sich schon 1701 Max Emanuels Bruder, Kurfürst Joseph Clemens von Köln, mit Frankreich verbündet hatte. So standen die Fronten fest: Auf der einen Seite Habsburg, das Reich mit Brandenburg-Preußen, England, die Vereinigten Niederlande, Dänemark, Portugal und das Herzogtum Savoyen, auf der anderen Frankreich, die Kurfürsten von Bayern und Köln, das Herzogtum Mantua und der aufständische ungarische Adel unter Franz Rákóczi.[43]

Kriegsrüstung. Die wehrhafte Organisation des Volkes in der Landesdefension

Wir müssen uns an dieser Stelle klar machen, was die Entscheidung des Kurfürsten, an der Seite Frankreichs in den Krieg einzutreten, bedeutete: Das politisch-strategische Gewicht Bayerns gründete sich auf seine Lage zwischen den Großmächten Österreich und Frankreich. Für diese Mächte war Bayern vornehmlich Aufmarschgebiet. Das Land war gegen militärische Einfälle nach allen Seiten offen; im Westen schützten es nur ungenügend die beiden Festungen Rain und Ingolstadt, im Osten Braunau und Schärding. Dies sollte sich in den Jahren 1703 und 1704 in eindrucksvoller Weise zeigen, als das bayerische Heer in verzehrendem Hinundhermarschieren die ins Land dringenden Feinde fernzuhalten suchte.

Die relativ geringe Größe Bayerns wird aber aus den folgenden Zahlenvergleichen deutlich: Bayern mit seiner Einwohnerzahl von weniger als einer Million standen die Habsburger Erblande mit rund 19,5 und das übrige Reich mit 23 Millionen gegenüber, England hatte sieben, Holland zwei Millionen Seelen. Frankreich zählte zwar auch rund 20 Millionen Einwohner, doch kämpfte es in Italien, Spanien, am Rhein, in den spanischen Niederlanden und in Übersee. Außerdem war es von Bayern durch den Oberrhein, Schwaben und Franken abgeschnitten, und der Kurfürst von Köln hielt sich ohnehin gegen eine innere Opposition nur mit Hilfe französischer Truppen. Durch ihr Bündnis hatten die beiden Brüder Max Emanuel und Joseph Clemens eindeutig gegen die Reichsverfassung verstoßen und sich damit die übrigen Glieder des Reiches zu Gegnern gemacht. So war die Lage für Bayern im Grunde von Anfang an aussichtslos.[44]

Bevor Max Emanuel das Bündnis mit Frankreich schloß und in den Krieg eintrat, hatte er bereits begonnen eifrig aufzurüsten. Da diesmal zu erwarten stand, daß sich die Kampfhandlungen nicht wie in den vorhergegangenen Kriegen auf fernen Kriegsschauplätzen, sondern in nächster Nähe und im Lande selbst abspielen würden, wurde auch die Zivilbevölkerung in diese Vorbereitungen mit einbezogen. Neben der regulären Armee wurde die kurbayerische Landesdefension reorganisiert, mit Waffen und Monturen versehen und zu Übungen einberufen. Diese regional und lokal organisierte und stationierte Landwehr wurde auch beim Aufstand 1705 gegen die Besatzungsmacht aufgeboten und gab den organisatorischen Rahmen für die Erhebung. Aus diesem Grunde sollen bei der Schilderung der gesamten Kriegsvorbereitung Bayerns die Landesdefension und ihre Formationen, die Landfahnen, ausführlicher betrachtet werden.

Der Schöpfer der bayerischen Landesdefension war Kurfürst Maximilian I. Gleich nach seinem Regierungsantritt hat er die alten, lange Zeit vernachlässigten Wehraufgebote der Bevölkerung mit dem Ziel reorganisiert, neben den regulären Soldtruppen zur Landesverteidigung jederzeit eine wehrfähige und geübte Mannschaft zur Verfügung zu haben. Zur Landesdefension pflichtig waren die unverheirateten jungen Männer; sie wurden gemustert und jeder dreißigste, zehnte und fünfte Mann ausgewählt. Das Aufgebot rief im Kriegsfall je nach Bedarf jeden dreißigsten, zehnten oder fünften Mann zu den Landfahnen. Das Landesdefensionsaufgebot sollte nur in der Heimat und innerhalb der Landesgrenzen eingesetzt werden. Die Musterung und Ausbildung der Mannschaft war Aufgabe der Landrichter oder Pfleger und der Hofmarksherren. Die Ausgehobenen wurden nach den Landgerichten und Pflegämtern in sogenannte Landfahnen eingeteilt, Formationen mit einer durchschnittlichen Stärke von etwa 400 Mann; sie wurden von den Landrichtern angeführt. Die entsprechenden Einheiten in den Städten hießen Stadtfahnen. Die Ausschüsser, so nannte man die ausgewählte Mannschaft, waren verpflichtet, im Sommer an den Sonntagen nach dem Gottesdienst für einige Stunden zur Übung mit der Waffe, insbesondere zu Schießübungen zu erscheinen. Die eigentlichen Ausbilder waren die Landleutnante, in der Regel ehemalige Soldaten. Waffen, Munition, Heerwagen und sonstige Ausrüstung wurden in Zeughäusern und den herzoglichen bzw. den Hofmarksschlössern aufbewahrt, wo sie zu Übungszwecken und im Kriegsfall an die Mannschaft ausgegeben wurden.

Erstmals im Jahre 1607, bei der Reichsexekution gegen die Reichsstadt Donauwörth, wurden Landfahnen eingesetzt; sie machten den überwiegenden Teil des Exekutionsheeres aus. Der Dreißigjährige Krieg brachte eine Vielzahl von Einsätzen, bei denen sich deutlich zeigte, daß sie den regulären Soldaten unterlegen waren, sich aber zu bestimmten Schutz- und Verteidigungsaufgaben wie etwa zur Sicherung von Nachschubwegen und Magazinen und zur Verteidigung befestigter Plätze eigneten, weniger jedoch zur Verteidigung von Grenzlinien, die nur durch Schanzen, Erdwälle usw. befestigt waren. Die 2500 Landfahnenmannschaften, die neben 3000 regulären Soldaten im Jahre 1632 Ingolstadt gegen die Schweden verteidigten, zeichneten sich dort besonders aus. Die Stärke der bayerischen Landesdefension betrug während des Großen Krieges stets zwischen 30 und 40 Fahnen mit insgesamt 12000 bis 15000 Mann. Das reguläre Heer hatte am Ende des Krieges 20000 Mann.

Die Erwartungen, die der Kurfürst in die Landfahnen bei ihrer Einführung gesetzt hatte, haben sich nicht erfüllt. Am Ende des Krieges, 1648, erklärte ein bayerischer General, man könne sich auf den Landausschuß überhaupt nicht verlassen, »weil die Kerle, wenn man auf die ihnen anvertrauten Posten nur einen Kanonenschuß oder zwei abgibt, davonlaufen und sogar die Waffen wegwerfen«. Aus diesem Grund wollte Maximilian nach dem Kriege die Landesdefension auflösen. Er hat dies aber dann doch nicht getan, weil der Kriegsrat dagegen einwandte, daß auch die benachbarten Fürsten ihre Untertanen ausgewählt und bewehrt erhielten und daß man sich der Landfahnen bei vielen Gelegenheiten im Kriege auch mit Vorteil bedient hätte; man solle lediglich die Untertanen für zwei bis drei Jahre mit dem Exerzieren verschonen. – Man muß gegenüber jenem nachteiligen Urteil den Landfahnen Gerechtigkeit widerfahren lassen und betonen, daß sie während des Krieges immer wieder Mannschaften an die regulären Truppen haben abgeben müssen, wobei es sich wohl um die am besten ausgebildeten Leute gehandelt hat, die dann wieder mit neuen, nicht geübten ersetzt wurden – ein Vorgang, der sich im Spanischen Erbfolgekrieg wiederholt hat. Tatsächlich hat das Landfahnenwesen nach dem Tode Maximilians dann längere Zeit völlig geruht.[45]

Kurfürst Ferdinand Maria hat die Landfahnen 1664 wiedererrichtet. Ausgewählt werden sollte jeder zehnte Mann, und zwar nur »taugliche haushabige und ledige mannbare Söhne«, d. h. Nichtbehauste waren nicht auszuwählen. Die Musterungsbehörden der

Gerichte der vier Rentämter Altbayerns zählten damals 119 022 haussässige und 26 258 ledige Männer. Daraus wurden 12 490 Mann ausgewählt und aus ihnen 33 Landfahnen gebildet. Dazu kamen in der Oberpfalz 11 Landfahnen mit insgesamt 3092 Mann sowie vier Stadtfahnen: in München zwei, in Landshut und Straubing je eine, mit 1700 Mann. So ergab sich eine Stärke der ganzen Landesdefension von 17 282 Mann, die in 44 Land- und vier Stadtfahnen standen.

Als Bewaffnung hatten die Mannschaften zu etwa zwei Drittel Musketen, zu einem Drittel Piken, also Spieße von etwa 5 Meter Länge, die auch bei der regulären Infanterie noch geführt und hier erst nach 1688 ganz abgeschafft wurden, als Seitenwaffen trugen sie Degen. An der Spitze des Landfahnens stand der Pfleger, Kastner oder Landrichter des Bezirks als Hauptmann; die Exerzierübungen, die Waffen und ihre Pflege beaufsichtigte der Landleutnant, meist ein abgedankter Offizier. Weiter gab es Fähnriche, Feldwebel, Unteroffiziere und Gefreite, die ebenfalls Kriegserfahrung haben sollten. Einzelne Landfahnen hatten auch leichte Geschütze. Exerzier- und Schießübungen wurden zwischen Ostern und Michaeli an 24 Tagen für jeweils den sechsten Teil der Mannschaft angesetzt, so daß jeder Mann jährlich nur etwa viermal anzutreten brauchte. Der Kriegseinsatz wurde, wohl aufgrund der Erfahrungen aus dem Dreißigjährigen Krieg, auf bestimmte Aufgaben beschränkt: Besetzung von befestigten Plätzen, Verteidigung von Strömen und Landwehren. Bei einem Sturm oder scharfen Treffen sollten die Landfahnen nur hinter die regulären Truppen gestellt werden usw. – Die zahlreichen Vorschriften, die aus den Ausschüssern Soldaten machen sollten, blieben jedoch oft nur auf dem Papier. Die Übungen reichten bei weitem nicht aus, die verantwortlichen Beamten und Offiziere übten ihr Amt oft nur halbherzig aus, die Ausschüsser selbst suchten sich ihren Pflichten gern zu entziehen, die Waffenkammern blieben unvollständig, eine Uniformierung wurde angestrebt, aber vorläufig nicht erreicht.[46]

An diesem Zustand, der nicht geeignet war, aus der Landesdefension ein militärisch gut brauchbares Instrument zu machen, änderte sich auch in den ersten zwei Jahrzehnten der Regierung Max Emanuels nicht viel. Für die auswärtigen Kriege war die Landesdefension nicht heranzuziehen, und um die innerbayerischen

Belange hat sich Max Emanuel in dieser Zeit nur wenig gekümmert. Trotzdem hat es nicht an Versuchen gefehlt, die Landfahnen in einen einsatzfähigen Zustand zu bringen. 1691 versuchte man eine einheitliche blaue Uniform einzuführen, die Bewaffnung einheitlich zu machen und die Piken ganz durch Musketen zu ersetzen. Doch blieben diese Reorganisationsversuche in den Anfängen stecken, und es hieß z. B. noch im selben Jahr, daß bei den Landfahnen eine ziemliche Anzahl an Bewehrung, namentlich Musketen »ratione der cassierten Piquen« abgingen. In den folgenden Jahren mußte die Pike auch weiterhin als Bewaffnung verwendet werden. So war die kurbayerische Landesdefension am Vorabend des Spanischen Erbfolgekrieges für eine echte, kraftvolle Landesverteidigung nichts weniger als vorbereitet. Max Emanuel stand bereits mitten in den Kriegsvorbereitungen, als er in seinem Erlaß zur Neuorganisierung der Landesdefension am 5. Januar 1702 feststellte, daß »nachdem schon viele Jahre her die Fahnen Unserer Landmiliz nicht hauptsächlich gemustert wurden und die Erfahrung ergab, daß sie in merklich schlechten Stand verfallen und darunter viel alte unkräftige und zum Teil auch defektuose, unansehnliche Mannschaften vorhanden, welche zu Kriegsdiensten untauglich waren, bei gegenwärtigen schnellen Läufen zu mehrerer Bedeckung Unserer von Gott anvertrauten Lande das Defensionswesen in besseren Stand zu setzen sei«.[47]

Noch bevor Max Emanuel aus den Niederlanden nach Bayern zurückgekehrt war, wurde am 10. Januar 1701 der Wiederbeginn der Truppenwerbung befohlen, denn man habe »einen neuen starken und blutigen Krieg« zu erwarten. Da Bayern im September 1702 mit den Feindseligkeiten begann, sollte auch nicht mehr allzuviel Zeit bleiben. Im April langte der Kurfürst aus Brüssel in Dachau an und befal, das Heer auf eine Stärke von 15 000 Mann zu bringen. Die sechs Infanterieregimenter hatten damals zusammen noch 5065 Mann, die sechs Kavallerieregimenter und drei Gardeeskadronen 1597 Reiter; der Reiterei fehlten 2303 Mann und noch mehr Pferde. Das heißt, man mußte den Mannschaftsbestand der bestehenden Einheiten mehr als verdoppeln, dazu sollten weitere Einheiten aufgestellt werden. Die Truppen waren zu bewaffnen, die Kavallerie brauchte Pferde, und eine große Menge sonstigen Kriegsmaterials war zu beschaffen.

Die Mannschaften wurden in Bayern und in den umliegenden Reichsstädten angeworben, doch ging die Rekrutierung langsamer voran, als notwendig war. In den Reichsstädten wurde sie bald wieder eingestellt und dafür auf Bayern konzentriert. Es sollten nur ledige, ehrbare und unbescholtene Männer zwischen 18 und 35 Jahren angeworben werden, was jedoch nicht eingehalten werden konnte, da sich zu wenige freiwillig stellten und die unter Zwang angeworbenen oft wieder davonliefen, obwohl härteste Strafen angedroht wurden. So kam allerlei Gesindel in die Regimenter. Die Art und Weise, wie man Bauernburschen und Knechte zu den Fahnen brachte, unterschied sich von den späteren Zwangsrekrutierungen der kaiserlichen Besatzung, die den Aufstand ausgelöst haben, nicht allzu sehr. Es kann hier nur am Rande erwähnt werden, daß man hierdurch in die wirtschaftlichen und sozialen Verhältnisse auf dem Land eingriff und sogar der Hofkriegsrat befürchtete, die Wirtschafts- und Steuerkraft des Landes könnte zusammenbrechen.

Die Kavallerie konnte nur mit großen Schwierigkeiten beritten gemacht werden; das notwendige Pferdematerial war in der vorgeschriebenen Qualität im Lande kaum aufzutreiben. In das Übungslager bei Schwabing kam noch ein Teil der Kavalleristen mit Sattel und Zaumzeug über dem Arm. Die einheimische Waffenindustrie konnte den notwendigen Bedarf auch nicht decken, wenn auch die Gewehrfabrik in Fortschau im Fichtelgebirge, die Geschütz- und Munitionsgießereien in Aschau, Bergen und Fichtelberg auf Hochtouren arbeiteten. Vor allem Gewehre mußten aus dem Ausland, vorwiegend aus Lüttich besorgt werden. – Die Anwerbung und Ausrüstung eines Infanteristen kostete 27 Gulden, eine Flinte 5 Gulden; Ausrüstung und Pferd kosteten für einen Kürassier 100 und für einen Dragoner 85 Gulden.[48]

Trotz all dieser Schwierigkeiten und der Kürze der Zeit ist es dem Kurfürsten gelungen, bis zum Ende des Jahres 1702 seine Armee stark und schlagkräftig zu machen. Die bayerischen Truppen haben sich dann auch tapfer und gut geschlagen. Gleichzeitig mit der regulären Armee sollten auch die lange vernachlässigten Landfahnen straffer organisiert und auf die kommenden Kriegshandlungen vorbereitet werden. Diese Neuorganisation brachte eine wesentliche Änderung der bisherigen Struktur der Landesdefension.

Ihre Einheiten haben dann auch an den Kriegshandlungen von 1702 bis 1704 teilgenommen, wobei sich jedoch ihre Schlagkraft und ihre Erfolge als recht unterschiedlich erwiesen haben.

Der Erfolg der eifrig betriebenen Aufrüstung Bayerns zeigte sich schon bald in der Heerschau, die der Kurfürst in dem großen Übungslager vor München zwischen Schwabing und Freimann im Oktober 1701 etwa zwei Wochen lang abhielt. Hier versammelte sich eine Heerschar von etwa 20000 Mann zu Übungen und zur Besichtigung – ähnlich wie es schon einmal vor dem Auszug in die Türkenkriege im Jahre 1682 geschehen war –, darunter diesmal auch ausgewählte Landfahnen. Es waren die sechs Infanterieregimenter, nämlich das Leibregiment, die Regimenter Kurprinz, Lüzelburg, Maffei, Haxthausen und Tattenbach, acht Infanterie-Freikompanien, die drei Kürassierregimenter Arco, Latour und Weikel, die drei Dragonerregimenter Monasterol, Fels und Santini, die drei Eskadronen Garde, nämlich die Hartschiere, Karabiniers und Grenadiers à cheval, und die Landfahnen der Gerichte Landsberg, Friedberg, Rain, Pfaffenhofen, Erding, Haag, Wasserburg, Rosenheim, Tölz und Wolfratshausen. Zwölf Geschütze wurden aufgefahren; sämtliche Artillerieoffiziere, Feuerwerker und Büchsenmeister waren aus Ingolstadt, Braunau, Burghausen und dem Rothenberg bei Nürnberg zur Übung abkommandiert. Für 3000 Mann war Schanzzeug herbeigeschafft worden. Den Oberbefehl führte General Johann Baptist Graf von und zu Arco, der ein Jahr später bei Kriegsbeginn zum Generalfeldmarschall befördert wurde. Über die Übungen selbst wissen wir wenig. Es wird sich um verschiedene Felddienstübungen in Formationen, Gefechte zwischen verschiedenen Einheiten, Angriff und Verteidigung, Aufwerfen von Schanzen, Schießübungen usw. gehandelt haben. Daneben wurde aber auch ein Teil der Truppen zu Grabungsarbeiten am Nymphenburger Kanal beordert, was der notwendigen militärischen Übung sicher nicht gerade gedient hat. Mehrmals wurde die Armee in Schlachtordnung aufgestellt. Das erste Treffen bildeten die sechs Infanterieregimenter und die Freikompanien mit insgesamt 17 Bataillonen, an den beiden Flügeln stand die Kavallerie. Das zweite Treffen bildeten die zehn Landfahnen, die vorübergehend in ebensoviele Bataillone zu je 500 Mann gegliedert waren. Als am Schluß die regulären Truppen durch München und vor der

Residenz paradierten – die Landfahnen waren bereits wieder nach Hause entlassen –, bemerkte der französische Gesandte: »Est valde pulcher et magnus exercitus pro tam parva provincia« – ein sehr schönes und großes Heer für ein so kleines Land – eine vielleicht hochmütig gemeinte Bemerkung, die die Problematik des kommenden Krieges treffend wiedergab.[49]

Als der Kurfürst die Landfahnen zum Schwabinger Lager einberief, zeigte er damit, daß diese Wehrorganisation der Zivilbevölkerung einen wichtigen Beitrag im kommenden Kriege zu leisten habe. Dieser Beitrag wurde ein dreifacher: die Stellung von Landtruppen, die, dauernd unter Waffen stehend und besser ausgebildet, das Feldheer verstärken sollten, die Stellung von Landfahnen im herkömmlichen Sinne und die Ergänzung der regulären Truppen durch Stellung von Rekruten aus dem Kreis der Ausschüsser.

Die bisher einheitliche Landesdefension wurde also in zwei unterschiedliche Wehrorganisationen getrennt: die neuen sogenannten »regulierten Landregimenter und Landbataillone« und die alten Landfahnen. Hierzu wurde bei der Musterung der wehrfähigen Mannschaft in der Regel aus den besseren Leuten ein »engerer Ausschuß« für die regulierten Landtruppen und ein »weiterer Ausschuß« für die Landfahnen gebildet. Aufgerufen wurde jeder fünfte Mann. Bis zum Oktober 1702 wurden drei Landregimenter und zwei Landbataillone aufgestellt, die, wie es in der regulären Armee üblich war, nach den Kommandeuren benannt wurden: das 1. Regiment Oberlands Croanders, das 2. Regiment Oberlands vorläufig ohne Namen, das 3. Regiment Unterlands Syrenburg, das Bataillon Unterlands Kilburg und das Bataillon Oberpfalz Berguere. Die Regimenter zählten durchschnittlich 1200, die Bataillone 600 Mann; zusammen hatten die regulierten Landtruppen 4960 Mann. Die Offiziere wurden aus dem regulären Offizierskorps zu den Landtruppen kommandiert, desgleichen die Unteroffiziere. Die Mannschaften exerzierten zunächst allsonntäglich in der Nähe ihres Heimatortes und wohnten zu Hause; bald aber standen sie, nachdem sie an ihre Einsatzorte abgerückt waren, ständig unter Waffen. Die regulierten Landtruppen waren wie die reguläre Infanterie mit den modernen Steinschloßgewehren, Degen, Schanzzeug und wohl auch Bajonetten ausgerüstet. Ihre Uniform bestand aus einem blauen Rock mit weißgrauen Aufschlägen, blauen Kamisolen, weißgrauen Hosen, weißen gestrickten Strümpfen, Schnallenschuhen und einem weißeingefaßten Hut; die Offiziere trugen einen lichtgrauen Rock.[50]

Bei den Landfahnen waren die Ausbildung und Ausrüstung viel uneinheitlicher. Im allgemeinen kann man sagen, daß sie sich mit dem begnügen mußten, was übrigblieb. Nach Abzug der Rekruten für die regulierten Landtruppen blieben den 30 »Ordinari-Landfahnen« der vier altbayerischen Rentämter noch 7767, den 11 Fahnen der Oberpfalz rund 2000 Mann. Dazu kam der neugebildete Stadtfahnen Furth i. W. mit etwa 600 Mann. Am Ende des Jahres 1702 wurde das Landaufgebot wesentlich erweitert, indem man auch die nichtbehauste männliche Landbevölkerung zwischen 18 und 34 Jahren aufbieten ließ. Während des Krieges entstanden weitere Einheiten, z. B. bildete die Münchner Bürgerschaft fünf Kompanien, der Nachbarort Au eine Kompanie, in Landshut wurden vorübergehend aus Studenten und Handwerkern zwei Kompanien gebildet usw. Andererseits füllten die regulären Regimenter ihre Verluste mehrfach mit Rekruten aus dem Landausschuß auf.

Die Landfahnen wurden bekanntlich von Beamten geführt und von Landleutnanten ausgebildet. Dazu sandte der Hofkriegsrat gediente Offiziere und Unteroffiziere als Ausbilder und Führer aufs Land. Die Ausbildung blieb jedoch in der Regel völlig unzureichend, da die Übungen in Formation, ja selbst die Gliederung in feste Abteilungen zuweilen unterblieben, und die Mannschaften in Rudeln zum Einsatz geschickt wurden, während die Offiziere und Unteroffiziere zu Hause blieben. Bedenkt man, daß die Ausbildung eines regulären Infanteristen viele Monate oder mehr erforderte, bis derselbe die Waffe genau und rasch zu handhaben und sich in der Formation sicher zu bewegen verstand, dann erscheint das Sonntagnachmittag-Exerzieren der Landfahnen geradezu lächerlich.

An Waffen blieben den Landfahnen im Wesentlichen die Bestände der Waffenkammern auf den Landrichter- und Hofmarkschlössern und in den Klöstern. Die großen Zeughäuser, vor allem das Münchner, hatten ihre Waffen weitgehend ausgegeben, nur vereinzelt konnten sie auch an die Landfahnen Gewehre liefern. Auf jeden Fall reichten die Gewehre bei weitem nicht aus, den Bedarf zu decken, so daß sich die Mannschaften zum Teil mit Spießen, Streitkolben, geradegeschmiedeten Sensen oder gar nur spitzigen

Stecken begnügen mußten. Das war noch im Tiroler Feldzug von 1703 so. Auch kam es vor, daß ein Landfahnen mit 96 Gewehren ausgerüstet wurde, von denen nur vier zu gebrauchen waren. So ordnete der Hofkriegsrat an, daß den einzelnen Landfahnen bei Bedarf Revierförster und Jäger als Schützen zugewiesen wurden. Eine Uniformierung mit blauen Röcken war vorgesehen, doch wurde sie in Ermangelung der Bestände nur ansatzweise durchgeführt. Das Bild, das die Landfahnen also schon unter normalen Verhältnissen boten, unterschied sich von dem Zustand, in dem sie während des Aufstandes gegen die Besatzungsmacht auftraten, nicht wesentlich.[51]

Diese Verhältnisse waren aber nicht durchgehend so schlecht. Es gab ganz erhebliche Unterschiede, wie aus den folgenden Beispielen deutlich werden wird.

Der Landfahnen Rosenheim war nur mit Sturmkolben, Lanzen, Dreschflegeln, Hacken, Äxten, Beilen usw. ausgerüstet. Er bekam zur Verstärkung 67 Schützen zugewiesen. Er hatte keine Uniformen, die Leute kamen im zerrissenen und geflickten Arbeitsgewand zu den Exerzierübungen. Diese waren wie allgemein sonntags nach der Messe angesetzt. Hierzu versammelte sich zwar die Mannschaft, doch zog sie es oft vor, anscheinend mit Billigung der Vorgesetzten, ins Wirtshaus zu marschieren, um sich dort in der Trinkfestigkeit zu üben.[52]

Die 24 Ausgewählten des Tegernseer Klostergebietes sowie vier Klosterjäger gehörten eigentlich zum Landfahnen Tölz. Sie wurden jedoch dem Abt freigestellt, da auf seinem Gebiet mehrere Einfallswege von Tirol zu überwachen waren. Der Abt erhielt auf Antrag aus München auch 35 Gewehre, allerdings nur die veralteten Luntenschloßmusketen, zur Bewaffnung seiner Schutzmannschaft. Außerdem mußte er an der Tiroler Grenze die Einfallswege zur Verteidigung gegen Raubzüge der Tiroler Schützen und Bauern befestigen. Er ließ Verhaue, Schanzen und Blockhäuser errichten, z. B. in Kreuth, an der Schnabelbrücke, auf der Steinwand beim Richelspitz oder in Enterrottach. Auch das Kloster selbst wurde befestigt. Ein in Tölz liegender Leutnant wurde beauftragt, die Mannschaft auszubilden, die zunächst durch ein kleines Kommando von Grenadieren und später von einer bis zwei regulären Kompanien verstärkt wurde. Der Abt setzte sich sehr dafür ein, das Kloster und sein Gebiet verteidigungsbereit zu machen, und es gelang ihm auch, wohl aufgrund seiner Stellung und guten Beziehungen, von München unterstützt zu werden.[53]

Geradezu vorbildlich war die Landesdefensions-Mannschaft, die das Kloster Benediktbeuern aufstellte. Das Klostergebiet hatte mehrere Einfallspforten für die Tiroler. So wurde dem Abt genehmigt, seine zu den Landfahnen verpflichteten Untertanen ausschließlich zum Schutz des eigenen Gebietes zu verwenden. Er stellte eine beachtliche Streitmacht von 520 Mann auf: 434 Mann zu Fuß, 49 Mann zu Pferd, 14 Artilleristen, 10 Jäger und Schützen und 13 Hausbediente als Scharfschützen zum Schutz des Klosters selbst. Neben diesen gab es noch wehrhafte Leute, die mit Sturmkolben und Sensen bewaffnet werden konnten. Diese Truppe war in verschiedene Abteilungen gegliedert: Kommandant war der Benediktbeurer Hofrichter Joseph Bernhart Wendenschlegel, Lizentiat beider Rechte. Lorenz Benedikt Vischhaber, Kammerdiener und Hofschreiber des Abtes, befehligte als Hauptmann die Fußtruppe. Ihm unterstanden ein Ober- und ein Unterleutnant, je ein Fähnrich, Feldwebel, Fourier, Führer, Musterschreiber und Feldscher sowie ein Feldpfeifer und vier Tamboure. Die Mannschaften der Fußtruppe waren in 15 Korporalschaften mit je einem Korporal, zwei Gefreiten und etwa 25 Gemeinen eingeteilt: vier Korporalschaften in Benediktbeuern, eine in Bichl, zwei in Steinbach, eine in Heilbrunn, eine in Buchen, eine in Nantesbuch, eine in Ried, zwei in Kochel und zwei in der Jachenau. Die Reiter befehligte der Kommandant Wendenschlegel selbst als Rittmeister, unter ihm standen je ein Leutnant, Cornet, Wachtmeister, Musterschreiber, Fahnenjunge und zwei Trompeter; die Mannschaften bildeten zwei Korporalschaften mit je einem Korporal und 20 bzw. 16 Gemeinen. 12 benediktbeurische Untertanen wurden von zwei kurfürstlichen Feldbüchsenmeistern als Artilleristen ausgebildet. Die Jäger und Schützen wurden einzeln auf die verschiedenen Posten abgeordnet. Ebenso wie in Tegernsee ließ der Abt zahlreiche Feldbefestigungen, Schanzen, Verhaue, Brustwehren usw. anlegen, die von dieser Schutzmannschaft vom Januar 1703 an ständig besetzt wurden. Ein System dieser Anlagen schützte das Kloster selbst im weiteren Umland: es verschloß die Übergänge und Straßen durch das große Moor, das sich vom Kochelsee nach Norden weit über das Kloster hinaus er-

streckt, sowie die Übergänge über die Loisach und den Zugang von
Norden und Osten. Eine Anlage bewachte den Übergang über den
Kesselberg, ein weiteres System die Einfallspforten von Süden zum
Walchensee und zur Jachenau, besonders von Mittenwald und vom
Rißtal her. Auf diese verschiedenen Anlagen waren die leichten
Geschütze des Klosters verteilt: 14 Falkonette, drei Serpentine,
sechs Böller und zwölf Doppelhaken.[54]

Mit der Darstellung der Anstalten, die die beiden Klöster Tegernsee und Benediktbeuern zur Landesverteidigung trafen, haben
wir bereits das große Unternehmen der Befestigung sämtlicher
Grenzen Bayerns gestreift, das im Jahre 1702 begonnen wurde. Damals wurde geplant, das ganze Land mit Feldbefestigungen, den
sogenannten »Landes-Defensions-Linien« zu umgeben, an denen
vornehmlich die Landfahnen räuberische Banden und feindliche
Truppen am Eindringen hindern sollten. Dieses riesige Unternehmen ist zum größten Teil nicht mehr zur Ausführung gelangt, da
Zeit und Arbeitskräfte nicht ausreichten.

Ausgeführt wurden unter anderem die Linien von der Donau
oberhalb Ingolstadts über die Altmühl bis zur Oberpfalz. Unter der
Leitung des Landes-Defensions-Linien-Grenz-Fortifikations-Kom-
missärs Oberstleutnant von Kilburg wurden diese Befestigungen
im September und Oktober 1702 von der Landbevölkerung angelegt. Auch Ingolstadt, dessen Bürger eigentlich an der Instandset-
zung der Festungswerke mitarbeiten mußten, hatte täglich 50 Mann
hierzu abzugeben. Es wurde also mit großem Aufwand an diesen
Linien gearbeitet. Als sie fertig waren, wurden sie von den Landfahnen Stadtamhof, Eggmühl und Teisbach sowie dem Dragonerregiment Monasterol besetzt. Im März 1703 standen dort statt der
Landfahnen zwei Infanterieregimenter und die genannten Dragoner. Diese Truppen wurden von dem kaiserlichen General Herr-
mann Graf von Limburg-Styrum mit überlegenen Kräften geworfen und verloren 400 Tote und Gefangene. Im darauffolgenden
August überritten die österreichischen Lehocsky-Husaren die Be-
festigungslinien, drangen bis vor Ingolstadt und trieben dort das
Vieh von den Weiden fort. Der geringe militärische Wert dieser
Linien wurde durch solche Ereignisse offenbar. Die Linien längs
der oberpfälzischen Grenze bis Furth im Wald wurden genau geplant. Die Ausführung blieb in den Anfängen stecken, da man für

anderthalb Jahre täglich 4000 Mann hätte beschäftigen müssen. Zur Besetzung wären 7000 Mann notwendig gewesen. Die Linien längs der böhmischen Grenze von Furth bis Passau wurden teilweise fertiggestellt, waren aber nur schwach oder gar nicht besetzt, so daß sie von den Kaiserlichen 1703 ohne Schwierigkeit überschritten wurden. Diese Beispiele ließen sich fortsetzen. Sie zeigen, daß die Landes-Defensions-Linien eine militärische Fehlplanung waren. Die Landfahnen, die sie verteidigen sollten, waren dieser Aufgabe von Anfang an nicht gewachsen; entweder liefen sie bei der Annäherung des Feindes davon, oder sie ließen sich rasch entwaffnen; es gab auch Ausnahmen. Aber auch für die regulären und regulierten Truppen boten sie, wie die Erfahrung bald zeigte, keine wirksame Verteidigungsstellung. Im Dezember 1702 hatte Max Emanuel auf einer Besichtigungsreise bereits festgestellt, daß die Grenzbefestigungen an vielen Stellen mangelhaft oder zu weitläufig angelegt und unzureichend besetzt waren. Bayern stand übrigens mit dieser Fehlplanung nicht allein da. Auch Österreich hat solche Linien an der bayerischen Grenze angelegt, z. B. in Oberösterreich und Tirol, die sich bei den bayerischen Einfällen ebenfalls als völlig wirkungslos erwiesen.[55]

5. KAPITEL

Der Beginn des Krieges

Am 8. September 1702 entzündete Kurfürst Max Emanuel die Kriegsfackel in Süddeutschland. An diesem Tage ließ er mitten im Frieden von einem Kommando bayerischer Soldaten, die teilweise verkleidet waren, die Reichsstadt Ulm im Handstreich nehmen. Die bayerische Armee rückte in Oberschwaben ein und besetzte am 1. Oktober die Reichsstadt Memmingen; am 9. folgten das pfalzneuburgische Lauingen und das bischöflich-augsburgische Dillingen. Der Kurfürst suchte damit die Verbindung zu den westlich des Schwarzwaldes stehenden französischen Hilfstruppen unter dem Marschall Louis Marquis de Villars herzustellen und ihnen den Übergang über dieses Gebirge zu erleichtern.[56]

Da Max Emanuel nicht weiter vorrückte und Villars nicht ohne weitere Hilfestellung den Schwarzwald überschreiten wollte, kam es vorläufig nicht zur Vereinigung der Heere. In dieser Zeit wurde der Kurfürst von seiner Familie, seinen Ministern und von den bayerischen Landständen beschworen, sich mit dem Kaiser auszusöhnen und sein Land nicht ins Verderben zu stürzen; trotz der Anfangserfolge war man in Bayern entsetzt über den Krieg.[57]

»In Stet, Märckht und ufm Landt hört man nichts, Als lamentation ...« schrieb der Landschaftsverordnete Graf von Maxlrain. Am 22. November wiesen die Landstände den Kurfürsten noch einmal eindringlich auf die katastrophale Finanzlage des Landes hin: Infolge der allgemeinen Kriegsfurcht sowie durch die bisher noch nie erhobenen dreifachen Steuern, die seit Anfang des Jahres erhoben würden, stocke jede Wirtschafts- und Handelstätigkeit. Pferde würden entschädigungslos beschlagnahmt, die eigenen Soldaten würden das Land bedrängen und ihre Quartierwirte ausbeuten, die zu dieser schweren Belastung auch noch widerrechtlich zu unbezahlter Schanzarbeit an den Grenzen herangezogen würden. Die Getreidesteuer würde von den Händlern auf die Käufer abgewälzt und treffe vor allem die Armen usw. Nicht zu übersehen ist schließlich, daß sich die Landstände auch aus reichstreuer Gesinnung gegen diesen Krieg wandten.[58] Der Kurfürst von Mainz, Erzbischof Lothar Franz von Schönborn, und der Bischof von Passau, Kardinal Johann Philipp von Lamberg, bedrängten den Kurfürsten, den inneren Frieden des Reiches nicht zu zerstören. Noch einmal wurde mit dem Kaiser verhandelt, aber Max Emanuel stellte so hohe Forderungen, daß der Kaiser Anfang November 1702 die Verhandlungen abbrechen ließ. Der Krieg nahm seinen ungehinderten Lauf.[59]

Zunächst besetzte Bayern die Grenzen an den Abschnitten, die man als besonders gefährdet ansah. Bei Donauwörth wurde ein Kordon gebildet, wozu die Landfahnen Rain, Pfaffenhofen, Friedberg, Landsberg, Erding, Haag, Wasserburg und eine Anzahl von Jägern und Schützen kommandiert waren. Schongau wurde mit Landfahnenmannschaften besetzt. Gegen Tirol stand bei Eschenlohe der Landfahnen Wolfratshausen; die Benediktbeurer und Tegernseer Mannschaften in den Klostergebieten, die Gegend an der oberen Isar bis hinüber zum Inn sollte der Tölzer Landfahnen decken. Das Gebiet zwischen dem Inn und der Fürstpropstei Berchtesgaden wurde von einer Streitschar aus kleinen und kleinsten Abteilungen regulärer und regulierter Regimenter sowie Landfahnen bewacht: 16 Mann vom Leibregiment, 26 vom Regiment Lüzelburg, je eine Kompanie vom Regiment d'Ocfort und vom 2. Landregiment, die Landfahnen Burghausen, Haag, Traunstein, 122 Schützen und Jäger aus Marquartstein, Wasserburg und Haag. Wegen Mangels an Löhnung und Verpflegung gingen Teile der Landfahnen und Schützen wieder nach Hause. Die festen Schlösser dieses Abschnittes, Marquartstein, Hohenaschau, Wildenwart, Neubeuern und Auerburg waren notdürftig instandgesetzt und mit Abteilungen von 20 bis 30 Mann belegt. Den Oberbefehl über diesen Grenzabschnitt führte der Oberst Ludwig Karl d'Ocfort zu Schedling, der im Unterlandaufstand 1705/06 eine wichtige Rolle spielen sollte. Ebenfalls mit Landfahnen besetzt waren die Grenzen des Innviertels, im Neuburger Wald bei Passau zwischen Donau und Inn und der Oberpfalz; sie waren teilweise in kleine Kommandos zersplittert, mitunter verstärkt von Militär.[60]

Der kaiserliche Kriegsplan sah vor, Bayern von drei Seiten anzugreifen: Im Osten sollte von Oberösterreich über das Innviertel Feldmarschalleutnant Leopold Graf Schlick mit 19 000 Mann kaiserlichen, verstärkt von sächsischen und polnischen Truppen, vom

Westen in die Oberpfalz Feldmarschalleutnant Hermann Otto
Graf Limburg-Styrum mit 8000 kaiserlichen und fränkischen Kreistruppen einfallen, aus Tirol Feldmarschalleutnant Johann Freiherr
von Gschwind mit den ihm zur Verfügung stehenden Kräften, vor
allem Tiroler Landsturm, nach Südbayern vorstoßen.[61]

Im Februar 1703 begann der Kurfürst den Angriff und nahm
am 3. nach kurzer Beschießung das feste Neuburg an der Donau im
Sturm. Am 2. März durchstieß das verbündete Korps unter Schlick
die Grenzbefestigungen im Innviertel und vertrieb die dort stehenden Landfahnen. Der Kurfürst warf sich ihm mit etwa 10000
Mann, also nur halb so stark, entgegen und schlug am 11. bei Schardenberg, zwischen Schärding und Passau, eine Abteilung des Gegners, der durch einen Scheinangriff von regulierten Landtruppen
und Landfahnen getäuscht wurde. Noch am gleichen Tag griff Max
Emanuel die Hauptmacht Schlicks bei Eisenbirn an, schlug sie vollständig und eroberte den Geschützpark, der zur Belagerung von
Schärding herangeführt wurde. Die Verluste der Bayern betrugen
30 Tote und 30–40 Verwundete, die des Gegners etwa das zwanzig-
fache und dazu 448 Gefangene.[62]

Während dies im Osten des Landes geschah, hatte im Nordwe-
sten General Graf Styrum mit seinen 8000 Mann die Grenze der
Oberpfalz überschritten und am 4. März bei Dietfurt nahe Beiln-
gries ein bayerisches Korps von 7500 Mann unter dem Generalwachtmeister Veit Graf Wolframsdorff geschlagen, das die Oberpfalz decken sollte. Bezeichnend für die Stimmung, die in diesem
Krieg bereits herrschte, war, daß kaiserliche Kavallerie ein bayerisches Bataillon zusammenhieb mit dem Rufe: »Ihr seid Rebellen,
und Rebellen gibt man keinen Pardon!« Styrum zog darauf vor
Neumarkt und belagerte es vier Tage lang. Ein Infanteriebataillon
und Landfahnen verteidigten die Stadt tapfer, mußten sie dann
aber übergeben, da alle Mittel erschöpft waren. Aufgrund dieser
Ereignisse sah sich der Kurfürst gezwungen, seinen Plan, Passau zu
nehmen, aufzugeben, und rückte in Eilmärschen in die Oberpfalz.
Styrum hatte inzwischen Amberg angegriffen, das nur von schwachen Kräften, meist Landfahnen, verteidigt wurde, und er verheerte
die Oberpfalz mit Raub und Brand. Am 28. März wurde er von
Max Emanuel im Treffen bei Schmidtmühlen und Emhof, etwa
20 km südlich von Amberg, geschlagen; diesmal gaben die Bayern

keinen Pardon. Sie verloren acht Tote und 30 Verwundete, die Verluste der Kaiserlichen betrugen mehrere hundert Tote und Verwundete.[63]

Bereits am 1. April fiel das Korps Schlick, das sich vorübergehend nach Passau zurückgezogen hatte, von dort wieder in Bayern ein. An den Grenzbefestigungen hatten die Landfahnen den Feind einige Stunden lang aufhalten können und ihm einige Verluste zugefügt, sich dann aber, um nicht abgeschnitten zu werden, zurückgezogen. Schlick rückte vor Vilshofen, das, nur von einer mittelalterlichen Ringmauer geschützt und zwei Kompanien Infanterie, einer Eskadron Kavallerie, einigen hundert Landfahnenmannschaften und neun Geschützen besetzt, nach kurzer Beschießung gegen freien Abzug des regulären Militärs übergeben wurde. Die Landfahnen wurden entwaffnet und nach Hause entlassen. Nun mußte sich der Kurfürst wieder gegen Schlick wenden. Er marschierte zunächst nach Süden und besetzte die Reichsstadt Regensburg, den Sitz des Reichstages, überschritt die Donau und zog gegen Vilshofen, worauf sich Schlick wieder nach Passau zurückzog. Vilshofen ging am 11. wieder in bayerische Hände über.[64]

Inzwischen hatte der Kurfürst die Nachricht erhalten, daß die französische Hilfsarmee mit 27000 Mann unter Marschall Villars im Begriff stehe, über den Schwarzwald zu ziehen. Er wurde aufgefordert, ihr nach Schwaben entgegenzumarschieren. So beorderte er den Generalwachtmeister Georg Ignaz Graf Tattenbach mit einem kleinen Korps an den Inn und zog mit dem Hauptteil der bayerischen Truppen, etwa 14000 Mann, nach Westen. Am 11. Mai 1703 vereinigten sich die beiden Armeen bei Riedlingen an der oberen Donau.[65]

Es kam zunächst zu erheblichen Meinungsverschiedenheiten zwischen Max Emanuel und Villars über die Fragen, wem der Oberbefehl über die vereinigte Armee zustehe und welche Operationen in der Folge durchzuführen seien. Schließlich erhielt der Kurfürst den Oberbefehl, in seiner Abwesenheit sollte ihn Villars übernehmen. Die französischen Truppen legten sich in Schwaben erst einmal in Erholungsquartiere, und die Bayern marschierten wieder nach Osten. Max Emanuel gedachte zuerst Passau zu erobern, gab aber diesen Plan wieder auf, um Nürnberg zu belagern. Dorthin rückte jedoch der Markgraf Christian Ernst von Bayreuth mit

10 000 Mann. So sah der Kurfürst auch von diesem Vorhaben wieder ab und entschloß sich zum Zug nach Tirol.[66]

Bayern besaß etwa 23 km nordöstlich von Nürnberg die starke Festung Rothenberg, die mit je 100 Infanteristen und Landfahnenmannschaften, 272 Kavalleristen und 38 Feldgeschützen besetzt war. Der Kommandant Oberst Franz Graf von San Bonifacio ließ von seinen Soldaten das umliegende Gebiet der Reichsstadt plündern und brandschatzen und forderte vom Nürnberger Rat 100 000 Reichstaler Kontribution. Daraufhin wurde der Rothenberg auf Betreiben des Nürnberger Rates von dem fränkischen Generalwachtmeister Adolf Wilhelm Janus von Eberstädt, der zum Korps Styrum gehörte, mit fränkischen, vorwiegend Nürnberger Truppen belagert. Die Festung hielt sich aber trotz Versorgungsschwierigkeiten und sollte von Generalwachtmeister Ferdinand Marquis von Maffei von Amberg aus entsetzt werden. Maffei hatte drei Bataillone und 3 Kompanien Infanterie, zwei Eskadronen Dragoner, das oberpfälzische Landbataillon Berguere, 1000 Mann Landfahnen, Kemnater Schützen und vier Feldgeschütze. Er wurde am 24. Mai von Janus bei Krottensee an der Pegnitz angegriffen und geschlagen. Obwohl den Kemnater Schützen ein guter Ruf vorausging, waren sie beim ersten Schuß ausgerissen, die Landfahnen liefen nach Hause, während das Landbataillon Berguere geordnet neben den regulären Truppen focht. Die Bayern verloren an Toten, Verwundeten und Gefangenen wenigstens 500 Mann, die Franken 70 Tote und 33 Verwundete. Die Franken hatten einen Teil der Gefangenen wieder laufen lassen, nachdem sie sie bis aufs Hemd ausgeplündert hatten; so verlor das bayerische Regiment Spilberg im Gefecht 48 Hüte, 124 Halstücher, 63 Röcke, 69 Kamisole, 12 Hosen, 13 Paar Strümpfe und Schuhe, 28 Hemden, 101 Koppel, 90 Degen, 294 Ranzen, 74 Flinten und 62 Patronentaschen. Das Ausplündern der Gefangenen war damals allgemein üblich und wird uns beim Aufstand 1705 wieder begegnen. Maffei erhielt nach dieser Niederlage noch einmal Verstärkung unter Feldmarschalleutnant Ferdinand Graf Monasterol, der das Kommando übernahm, die Franken vorübergehend zur Aufhebung der Belagerung des Rothenberges zwang und der Festung Verstärkung zuführte; aber er mußte im Juni bereits zur Invasion in Tirol abziehen. Die Festung hat sich noch bis zum 19. September gehalten, wobei sich übrigens eine Kompanie des Landbataillons Berguere besonders auszeichnete, mußte dann aber wegen allgemeinen Mangels kapitulieren und erhielt freien Abzug in Waffen und mit vier Geschützen.[67]

Der bayerische Kurfürst hat in seinen ersten beiden Feldzügen in diesem Krieg im Herbst 1702 und im Frühjahr 1703 ein gutes Feldherrntalent bewiesen, als er einmal mit strategischem Weitblick gleich nach dem Bündnisschluß mit Frankreich nach Westen vorstieß und die Reichsstädte Ulm und Memmingen besetzte, um der französischen Hilfsarmee bei ihrem Übergang über den Schwarzwald entgegen zu gehen, zum anderen, als er in geschickter Weise die von zwei Seiten ins Land drängenden starken feindlichen Heere in raschen Zügen anzugreifen, zu schlagen und so ihre Vereinigung zu verhindern verstand. Andererseits jedoch hatte er mit seinem bedenkenlosen Angriff auf verschiedene Reichsstände, die Reichsstädte, das Herzogtum Pfalz-Neuburg, die Hochstifter Augsburg und Passau und andere, den Reichsfrieden in eklatanter Weise gebrochen und sich schwer ins Unrecht gesetzt. Und schließlich läßt es sich nicht übersehen, daß er im Feldzug in Bayern, wie es hatte erwartet werden müssen, bereits in die Verteidigung gedrängt war. Seine Aktionen waren Abwehr- und keine Angriffsschläge.

Besonders verhängnisvoll war es aber, daß sich der Krieg im eigenen Lande abspielte. Für das Land hatten die Durchzüge und die Quartiernahmen sowohl der eigenen als auch der feindlichen Truppen wahrhaft verheerende Folgen, von den Kampfhandlungen ganz zu schweigen. Beim Truppendurchmarsch wurden die Soldaten bei der Bevölkerung einquartiert und mußten von ihren Quartierwirten auf deren Kosten verpflegt werden; dabei waren tägliche Brot-, Fleisch-, Bier- oder Weinportionen vorgeschrieben. Das gleiche galt für die Winter- und Erholungsquartiere, während derer die Quartierwirte über Wochen und Monate ihre Gäste zu versorgen hatten. Handelte es sich um Kavalleristen, so mußten auch die Pferde gefüttert werden. Feindliche Truppen forderten zusätzliche Leistungen und Geldzahlungen von ihren Wirten, Offiziere nach den Dienstgraden gestaffelte Summen. Dies taten unerlaubterweise aber auch die eigenen Truppen. Feindliche Truppen trieben von Ortschaften, ganzen Landstrichen oder Provinzen, Klöstern usw. Kontributionen und Brandschatzungen ein. Bei der Kontribution handelte es sich um eine zwangsweise erhobene außerordentliche Auflage in Geld, deren Bezahlung durch Geiselnahme, bei der Brandschatzung um eine willkürliche Auflage, die bei Androhung von Plündern und Niederbrennen des Dorfes, der Stadt usw. erpreßt wurde. Außer diesen, gleichsam normalen Ausbeutungsverfahren waren natürlich alle möglichen anderen Ausschreitungen der Truppen an der Tagesordnung.

Die Tagebuchaufzeichnungen des Abtes Wolfgang II. Islinger des Benediktinerklosters Vornbach aus den Jahren 1702 bis 1704 [68] vermitteln einen lebendigen Eindruck davon, wie der Krieg im Land wütete. Das Kloster Vornbach liegt am linken Innufer etwa 10 km südlich von Passau, in dem Gebiet, wo die Kämpfe zwischen dem Kurfürsten und dem kaiserlichen General Schlick stattfanden, unweit vom Schlachtfeld von Schardenberg und Eisenbirn. Es lag hart an der Grenze des Hochstiftes Passau und gegenüber dem passauischen Schloß Neuburg am Inn, das zu Beginn der Feindseligkeiten von kaiserlichen Truppen besetzt und am 16. März 1703 von den Bayern genommen und ausgeplündert wurde. Etwa fünf Kilometer innaufwärts des Klosters lag rechts des Flusses die bayerische Festung Schärding, die Schlick erobern wollte. Die Bayern hatten deshalb die Vorstädte niedergebrannt; »zu erbarmen waren die aldort wohnenden Handwerks- und ander Leith«, schreibt Abt Wolfgang. Die Niederlage Schlicks bei Eisenbirn am 11. März verhinderte dann die Belagerung vorübergehend. Seit Anfang Mai stand General Tattenbach mit nur etwa 1600 Mann bei Schärding, um Schlick zu beobachten. Dieser ließ von Passau aus seine Kavallerie auf bayerisches Gebiet ausschwärmen, wo sie mit den Landfahnen einen Kleinkrieg führte und das Land ausraubte. Ende Juli wurde Schlick vom Kaiser mit einem Teil seines Korps zur Bekämpfung des ungarischen Aufstandes abberufen und durch Feldmarschalleutnant Christian Graf Reventlau ersetzt. Dieser verstärkte das Korps durch dänische und andere Truppen wieder auf 8000 Mann, fiel, während Max Emanuel in Tirol kämpfte, von Passau aus mehrmals in bayerisches Gebiet bis weit in das Rentamt Landshut ein und erhob hohe Brandschatzungen und Kontributionen. Die Landfahnen erwiesen sich zu echtem Widerstand unfähig, zusammen mit regulären Truppen hielten sie länger stand, doch waren auch diese zu schwach, um jene Einfälle verhindern zu können. [69]

Abt Wolfgang von Vornbach berichtet: »Den 9. May um 8 Uhr

frühe sind die Oesterreicher abermal gegen Aller-Heiligen nächst Scherding 3000 starck angeruckt, man hat aber aus der Stadt Tapfer canoniert, inzwischen hat Herr General Schlick und Solari das Mittagmahl bey einem Bauern unweit des Bründels eingenommen, und hat der feind aller Orthen große Contributionen eingetrieben, die Bauern geplündert, das Vieh, was sie bekommen, mitgenommen, und sich widrum nacher Passau retiriert. Den 26. May haben die Oesterreicher aus Passau mehrmal einen Ausfall getan, Ried gebrandschätzt, Altheim geplündert, Viele 100 Stück Vieh hinweggetrieben, was sie angetroffen geplündert, einen hiesigen Unterthan zu Holzen abgebrennt, und den Pangerl zu Ebergassen, auch Unterthan von hir, ohne einzige Ursach nidergehauen. ... Den 21. (August) ist die ganze Armee von 6 bis 7 Tausend Mann um 12 Uhr Mittags alhier eingeruckt, die Generalität hat sich in Kloster einlogiert, die Armee in 3 Theile gelagert, der erste gleich hinter dem Mayerhof, der andere hinter den Hochhaus in den Krauttgärten und Feldern bis zum Schauereder, der dritte mit den Geschüz hinter den Hofmarckshäusern bis zu dem Aichberger, jetzt Jagerbärtl, hinauf; dabei gleich in der ersten Ankunft alle Zäun zerrissen, Krautt und Graß abgemähet, alle Häuser der ganzen Hofmarck ruiniert und geplündert, zwey Unterthanen über den Kopf wund gehauen worden. Kein Ofen, kein fenster, kein Truhen, kein Kasten waren ganz verbliben, und alles Vieh hinweggenommen. Das Kloster, Mayerhof und Wirthshauß ist zwar dermalen in seinem stand verblieben, das neue schöne Richterhauß aber totaliter ruiniert worden. ... (Es) sind unterschiedliche Kayserliche Commando beordert worden, welche die Brandschätzungen, so auch Von hier ausgeschrieben und ausgeschickt worden, eingefordert und Geißeln Von unterschidlichen Orthen hierher gebracht, als Grießbach, Pfarrkirchen, Eggenfelden, Dingelfing, Landau u.s.w.«

Die Kaiserlichen schickten sich zur Beschießung Schärdings an, die sie am 24. August begannen, aber bereits am 27. wieder abbrachen, nachdem sich die Stadt und ihre Bürger mutig verteidigt und Tattenbach die Übergabe abgelehnt hatte.[70]

Abt Wolfgang berichtet aus diesen Tagen:»Was allhier aufgegangen an Haber, Heu, Stroh, Victualien u.s.w. ist nicht zu beschreiben. Zudem hat der unbarmherzige General ohne Ursach das neugebaute Richterhauß durch 50 Commandierte gänzlich ruinieren las-

sen, so er erstlich gar hat abbrennen wollen bloß deswegen, weil der
Klosterförg sein Schiffel, womit er seinen wenigen Sachen über wasser geflohen, drüben stehen lassen, welches schifel der General her-
über zu bringen begehrt, und da ich dieses aus Mangel an Schifleith
nicht hab thun können, ist er wie ein Furi erzörnt, sogleich das Hof-
richterhauß abzubrennen befohlen, hernach aber, wie gemelt, doch
nur plündern und ruinieren lassen, auch die Herrenfuhr, so in den
Wörth-Länd gestanden, durch 7 Soldaten, so hinübergeschwom-
men, wegnehmen lassen. – Es ist das Elend nicht zu beschreiben; in
einer Nacht sind 500 Mann in Kloster in den letzten drey noch un-
ausgebauten Zimmern gegen den Inn hinaus gelegen, es waren die
meisten Lutherisch und Calvinisch, wie sie dan alle Gotteshäuser
ausgeplündert, außer des Klosters.«

Als das Heer nach der fruchtlosen Beschießung Schärdings wieder abzog, nahm es den Abt mit und erpreßte vom Kloster 4000
Gulden Kontribution für seine Freilassung.

6. KAPITEL

Der bayerisch-französische Einfall in Tirol und der Tiroler Volksaufstand

Bei der Auseinandersetzung um die nächsten Kriegsziele zwischen Max Emanuel und seinem französischen Verbündeten hatte jener einen Vorstoß nach Norden und der Belagerung der Reichsstadt Nürnberg, dieser aber einem Zug nach Tirol und der Vereinigung mit der französischen Armee in Norditalien, die von dem Marschall Herzog Ludwig de Vendôme kommandiert wurde, den Vorzug gegeben. Marschall Villars setzte sich schließlich mit Unterstützung des französischen Gesandten durch, wobei es dabei nicht den geringsten Ausschlag gab, daß Max Emanuel Ansprüche auf Tirol erheben zu können glaubte. Diese Ansprüche hat dann während des Feldzuges der bayerische Hofrat Franz Kaspar von Schmid, der Sohn des früheren Geheimkanzlers, in einem historisch-juristischen Gutachten begründet. Tirol sollte die erste Kriegsbeute des Kurfürsten werden. Er sollte den Feldzug führen, während Villars in Bayern den Rücken deckte. Eine entscheidende Wende des Krieges kündete sich an. Nach der Eroberung von Tirol schien ein Vorstoß in die habsburgischen Erblande möglich, die Verbindung mit den ungarischen Rebellen unter Rákóczy und die Auslösung eines Aufstandes der Böhmen gegen Österreich wurden ins Auge gefaßt.[71]

In Rosenheim versammelte sich Mitte Juni 1703 das Invasionsheer: 14 bayerische und 5 französische Bataillone Infanterie, 16 Eskadronen Kavallerie und 500 Mann Artillerie; zusammen hatte das Heer etwa 12 600 Mann, einige Landfahnenabteilungen sollten als Grenzschutz mitwirken. Am 17. Juni setzte sich das Korps, noch bevor alle Einheiten eingetroffen waren, mit etwa 10 000 Mann in Marsch, und noch am selben Tag überschritt die Vorhut die Tiroler Grenze. Am 19. stand man vor Kufstein, dessen Schloß als uneinnehmbar galt; eine schwierige und langwierige Belagerung kündigte sich an. Jedoch ein Unglück in der Festung kam dem Kurfürsten zu Hilfe: Der Stadtkommandant hatte, um sich besser verteidigen zu können, befohlen, die Vorstadt niederzubrennen. Da griff das Feuer auf die Stadt und von dort auf das Schloß über und ent-

zündete die wohlgefüllten Munitionsmagazine, die mit donnern-
dem Krachen in die Luft flogen. An eine Verteidigung war nicht
mehr zu denken, die Bayern drangen in die Stadt ein, am 20. wurde
auch das Schloß übergeben.

Der Schrecken über dieses Ereignis war in Tirol so groß, daß am
21. Wörgl beim Nahen der bayerischen Vorhut sich ergab; kampf-
los zog sich die dort stehende Landmiliz zurück. Am 22. kamen die
Truppen des Kurfürsten vor Rattenberg, das von 319 Soldaten und
700 Tiroler Landesschützen besetzt war; von den Landesschützen
wird berichtet, daß 400 von ihnen schon beim Herannahen des Feindes »gleich Katzen über die Stadtmauer hinauskrochen« und ein
weiterer Teil bei den ersten Schüssen die Vorstadt räumte. Zwar
wollte sich der Kommandant verteidigen, doch erzwangen die Einwohner am 23. die Übergabe. Zur selben Zeit bot eine Abordnung
von Schwaz die bedingungslose Übergabe an, so daß Max Emanuel
hoffnungsvoll schreiben konnte, daß das Land sich ihm unterwerfe
und ihn als Herrn anerkenne. Der Vormarsch ging weiter; am 30.
Juni erreichten drei Bataillone den Brenner und bezogen dort Stellung.[72]

Die Organe der Staatsgewalt in Tirol zeigten sich bei diesem
Einfall insgesamt verwirrt und mutlos, so daß Unruhe im Volk entstand, das sich von den Behörden und Militärs im Stich gelassen
glaubte. Der Unmut richtete sich vor allem gegen den Militärdirek-
tor von Tirol, Feldmarschalleutnant Johann Freiherrn von
Gschwind, dem man Verrat vorwarf und der in Schwaz nur mit Not
einem aufgebrachten Volkshaufen entkam. Er war es auch, der am
23. die Bergfeste Ehrenberg am oberen Lech und die Scharnitz an
der Isar den Bayern übergab. In Innsbruck strömte die Bauernschaft zusammen und nahm eine drohende Haltung gegen die Behörden ein. So wird es verständlich, daß die Tiroler Ortsbehörden
gegenüber dem Eindringling aus Bayern Unterwürfigkeit zeigten
und ihn gleichsam als Garanten der Ordnung begrüßten. Unter den
Bauern kam es dagegen vereinzelt zu bewaffneten Zusammenrottungen, so daß der Kurfürst am 29. Juni ein Patent erließ, in dem
er erklärte, die Bauern hätten keinen Grund, Haus und Hof zu verlassen und zu den Waffen zu greifen; sie würden nicht so behandelt
werden wie die Niederbayern und Oberpfälzer von den kaiserlichen
Truppen; er würde vielmehr alle, die das Gewehr niederlegten und

sich nach Hause begäben, in seinen Schutz nehmen; die Tiroler würden den wohltuenden Unterschied zwischen der kaiserlichen und der bayerischen Regierung bald spüren.[73]

Max Emanuel nahm das Land in seinen Besitz und begann die Rechte des Landesherrn auszuüben. Am 2. Juli zog er feierlich in Innsbruck ein; es war der Tag Mariae Heimsuchung, den er abgewartet hatte »wegen des Vertrauens und der Devotion, die er gegen die hl. Jungfrau hegte«. Vor der Stadt wartete ihm eine große Zahl Adeliger und Beamter auf. Er gab sich liebenswürdig und achtete darauf, daß seine Truppen strenge Manneszucht hielten. Dann aber ließ er durch seinen Geheimen Rat Corbinian Freiherrn von Prielmayr den Behörden seine Forderungen vorlegen: zur Verpflegung des Heeres täglich 18 000 Mund- und 5000 Pferdeportionen und eine Kontribution von 120 000 Gulden; das Treuegelöbnis der Beamten, die Ablieferung der landesherrlichen Einkünfte und die Entlassung des bewaffneten Landvolkes. Nach einigem Zögern willigten die Beamten ein, nur die Geheimen Räte, also die höchsten Regierungsbeamten, legten ihre Ämter nieder. Die Einkünfte, die der Kaiser als Landesherr damals aus Tirol zog, beliefen sich auf 800 000 Gulden im Jahr, doch stellten die bayerischen Beamten bei der Durchsicht der Abrechnungen bald fest, daß die Ausgaben die Einnahmen überstiegen. Man mußte also versuchen, mehr aus dem Lande herauszuwirtschaften.[74]

Der rasche militärische Erfolg und das Entgegenkommen von Beamten und Adeligen ließen den Kurfürsten jedoch die heraufziehende Gefahr übersehen. Es schien, als sei ihm Tirol wie eine reife Frucht in den Schoß gefallen, und er bemühte sich auch, das Land auf seine Seite zu ziehen. Dennoch war es nicht zu verhindern, daß die Bevölkerung zu leiden hatte. Die bayerischen und französischen Truppen verhielten sich eben wie Sieger in einem eroberten Land, trieben ihre Verpflegung notfalls mit Gewalt ein, plünderten, erpreßten Geld, mähten die Felder ab usw. In Kufstein war die ganze Stadt niedergebrannt, um Wörgl hatten beim Vormarsch vorausreitende bayerische Husaren die Bewohner ausgeplündert, im Gericht Kitzbühel waren die Felder verwüstet worden, Rattenberg wurde durch eine bayerische Besatzung und ihre Verpflegungsforderungen beschwert. Selbst Kirchen und ihre Opferstöcke waren beraubt worden. Als die bayerisch-französischen Truppen vor Innsbruck in der Haller Au lagerten, mußten sie von der Bevölkerung ernährt werden; außerdem durchstreiften sie die Umgebung, um Lebens- und Futtermittel zu beschaffen, mähten Wiesen und Felder ab und holten Heu aus den Höfen. Die Bewohner mußten mit ihren Fuhrwerken Transporte für die Truppen übernehmen. Innsbruck, seine Umgebung und das Gericht Kitzbühel mußten zwischen dem 29. Juni und dem 16. Juli 328 Stück Schlachtvieh in das bayerisch-französische Lager liefern. – Sicher sind außer den genannten Vorfällen noch weitere Ausschreitungen vorgekommen, doch waren diese Schäden im Vergleich zu denjenigen, die in Bayern die kaiserlichen Truppen anrichteten, die das Land des »Rebellen« planmäßig ausbeuteten und verheerten, relativ geringfügig. Der Kurfürst bemühte sich auch, sie in engsten Grenzen zu halten, ja er versprach, die Versorgung der Bevölkerung notfalls durch Getreidelieferungen aus Bayern sicherzustellen, wozu zu ergänzen ist, daß Tirol seit jeher auf Getreideeinfuhren angewiesen war.[75]

Immerhin wurde die Bevölkerung besonders auf dem Lande durch die Besatzung erheblich beschwert, und gerade dieser Volksteil hatte dem Eindringling von vornherein feindlich gegenübergestanden. Auch Gnadenbeweise des Kurfürsten, der z. B. die 30 Tiroler Landesschützen, die die Grenzbefestigungen vor Kufstein verteidigt hatten, nach ihrer Gefangennahme mit Geldgeschenken nach Hause entließ,[76] vermochten nicht das Volk umzustimmen.

Schon bald kam es zu ernsthaftem Widerstand aus der Bevölkerung. Am 29. Juni stießen 700 Infanteristen mit vier Geschützen unter dem Generalwachtmeister Johann Freiherrn von Lüzelburg auf dem Ehrenberger Paß auf Tiroler Milizen und Bauern, die zwei Sperrforts besetzt hatten und mit Geschützen wohlbewehrt waren. Sie wurden von einem regulären Offizier geführt. Die Verteidiger des einen Forts flohen jedoch bereits bei der Annäherung der Bayern ohne Gegenwehr, die des anderen liefen auf die Drohung, die Bayern würden das umliegende Land mit Mord und Brand verheeren, auseinander. Die Forts wurden übergeben. – Etwa um die gleiche Zeit aber gelang der Tiroler Landesverteidigung der erste erfolgreiche Schlag gegen die Eindringlinge. Am 1. Juli marschierte ein französischer General mit 200 französischen und bayerischen Füsilieren und 100 bayerischen Dragonern innaufwärts, um über Graubünden eine Verbindung mit Marschall Vendôme herzustellen. Etwa 10 km hinter Landeck kurz vor der Brücke von Pontlatz wurde die Kolonne in einer engen Schlucht von Tiroler Bauern überfallen, die die Brücke abgeworfen und den Übergang mit Geschützen besetzt hatten. Von den fast senkrechten Felswänden ließen sie Steinlawinen auf die Soldaten herabrollen. Nur der kleinere Teil entkam aus dieser Falle, er geriet bei Landeck in einen weiteren Hinterhalt. Die Tiroler machten nieder, was ihnen vor Lauf oder Klinge kam, einem Hauptmann wurde mit einer Axt der Schädel gespalten, die wenigen Gefangenen, die gemacht wurden, wurden schwer mißhandelt. Führer der Tiroler war der Pflegsverwalter von Landeck, Martin Sterzinger. Gleich nach diesem Erfolg stießen zu ihm eine kaiserliche Kompanie und noch beträchtliche Bauernscharen, so daß er beschloß, jetzt Lüzelburg im Rücken anzugreifen. Jedoch ein Unwetter hinderte seine Heerschar, die auf 4000 Mann angewachsen war, am Vormarsch, worauf sich die Bauern zum großen Teil wieder verliefen.[77]

Auch am Brenner begann sich der Widerstand zu regen. Die Truppen, die seit dem 30. Juni dort standen, wurden von der sich in Südtirol unter einem kaiserlichen General versammelnden Landmiliz ständig angegriffen und erlitten bei der Abwehr immer stärkere Verluste. Der Bischof von Brixen hatte sein Landvolk zur Verteidigung aufgeboten. Der weitere Vormarsch nach Süden war gesperrt. Aber der Kurfürst wagte auch selbst nicht, weit über den Brenner vorzustoßen, da ihm dann die Kräfte gefehlt hätten, die rückwärtigen Verbindungslinien zu halten. Von Vendôme und seiner Armee traf keine Nachricht ein, die Vereinigung der beiden Armeen verzögerte sich immer mehr, und damit wuchs die Unsicherheit bei den Bayern und die Unruhe im Lande. Zu allem Überfluß trafen schlechte Nachrichten von Marschall Villars aus Bayern ein, der sich immer mehr bedrängt sah, so daß der Kurfürst bereits daran dachte, ihm zu Hilfe zu kommen. – Endlich, nach langem Warten, am 19. Juli, gelangte die Botschaft von Marschall Vendôme nach Innsbruck, er sei auf dem Anmarsch zum Gardasee und nach Trient. Da diese Nachricht vom 3. Juli stammte, nahm Max Emanuel an, daß Vendôme sich nun bereits dem Brenner näherte, und brach mit der Hauptmacht seiner Armee dorthin auf. Er traf am 21. auf dem Paß ein und befahl für den Morgen des folgenden Tages den Durchbruch gegen Sterzing.[78]

Merckwürdige
Vorstellung der Sieg-reichen Tapfferkeit der Tyrolerischen Bauern/ so wider die dem Durchl: Ertz-Hauß von Oesterreich
meinaidige verkehrte Frantzösische Bayern zwischen Landegg und Pruß
im Thal geschehen / 1703.

1. Inn-Fluß.
2. Bayrischer Einbruch.
3. Die getreüe Tyrolerische Bauern/ wie solche
   die grossen Stein / und Bäumer herunter werffen.

4. Das Thal zwischen Landegg und Pruß/
   welches mit todten feindlichen Körpern
   angefüllet.
5. Tyrolerische Schützen.

Wienn in Oesterreich/
Zufinden bey Johann Paul Sedlmayr/ Universität. Buchführern/ in der Kärner-Strassen/ im grossen Haasen-Hauß.

Der Aufstand der Tiroler (zeitgenöss. Flugblatt)

Zu diesem Zeitpunkt, als der eigentliche Zweck des Feldzuges in erreichbarer Nähe zu sein schien – er war es tatsächlich nicht, da Vendôme mit seiner Armee über den Gardasee noch nicht hinausgelangt war und erst Anfang September vor Trient erschien [79] –, brach über den bayerischen Kurfürsten und seine Invasionsarmee das Verderben herein.

Nach dem Abmarsch der bayerisch-französischen Hauptkräfte zum Brenner überwachten nur noch kleine Einheiten das besetzte Land im Rücken der Armee. Bauern, Handwerker, Bergleute, Bürger und Beamte, die den ersten Schrecken des siegreichen Einfalls überwunden hatten und unter denen bereits im Geheimen der Widerstand vorbereitet wurde, griffen an verschiedenen Orten zu den Waffen und fielen über die Besatzungstruppen her. Sie wurden verstärkt durch reguläre Truppen, die in das nur teilweise besetzte nördliche Tirol herangeführt worden waren.

Die Führung des Widerstandes hatte schon vorher in kaiserlichem Auftrag der Landeshauptmann Johann Sebastian Graf von Künigl übernommen. In Landeck vereinigte sich ein Bataillon mit den dortigen Haufen der Tiroler Landesverteidigung, denen auch immer größere Scharen bewaffneter Einwohner zuströmten. Unter der Leitung des kaiserlichen Oberstwachtmeisters, also Majors, Johann Franz Freiherrn von Heindl rückte dieser Heerhaufen am 21. Juli in drei Kolonnen gegen die Pässe von Leutasch und Scharnitz und den bayerischen Posten bei Zirl vor. Die Paßsperre der Scharnitz wurde von den Tirolern im Sturm genommen, die dort liegende bayerische Kompanie konnte sich noch nach Mittenwald zurückziehen. Der Posten am Leutaschpaß wurde von den Tirolern überrumpelt. Zirl wurde im Kampf genommen und die 240 Mann der Besatzung bis auf 18 niedergemacht. – Auch im Unterinntal brach der Aufstand los. Am 21. verschafften sich bewaffnete Bauern durch eine List Eingang nach Rattenberg: sie veranstalteten eine Prozession, zogen hinter dem Vortragekreuz in die Stadt ein und fielen dann über die ahnungslose Besatzung her. In Hall plante die Besatzungsmacht, um die Stadt besser befestigen zu können, eine Anzahl von Häusern abzureißen. Als man für die Befestigungsarbeiten unter Zwang Arbeiter aushob, brach der Aufstand aus. Am 21. Juli in der Frühe strömten die Schwazer Bergknappen und etwa 3000 Bauern in die Stadt. Ein bayerischer Oberst führte zur Verstärkung der schwachen Besatzung 400 Infanteristen und 150 Dragoner aus dem Lager bei Innsbruck heran. Er ritt voraus und versuchte in Hall die Volksmenge zu beschwichtigen. Doch es kam zum Handgemenge, der Oberst wurde mit Hacken erschlagen, zwei weitere Offiziere erschossen. Als die Verstärkungstruppen in die Stadt drangen, ließen die Aufständischen das Fallgitter am Tor nieder, überwältigten die bereits eingedrungenen Soldaten und massakrierten den größten Teil. Die Bayern verloren 100 Tote, bei 200 Verwundete und Gefangene, die Aufständischen 30 Tote. In österreichischen Quellen heißt es, die ergrimmten Bauern hätten niemandem Pardon gegeben und selbst die Kranken nicht verschont – eins der vielen Beispiele für die entfesselte Wut der Tiroler.[80]

Die Nachrichten von diesen Ereignissen erreichten den Kurfürsten in der Nacht zum 22. Juli. Max Emanuel handelte rasch und richtig: noch in der Nacht brach er mit seinem Heer auf und rückte im Eilmarsch ins Lager bei Innsbruck zurück. Hatte er bisher die Tiroler Bevölkerung überall zu schonen gesucht, so ließ er jetzt seinem und seiner Soldaten Zorn freien Lauf. Am 23. griffen die bayerisch-französischen Truppen die Aufständischen in ihren Verschanzungen beiderseits des Inns bei Völs, Zirl und an der Martinswand an. Es kam zu hartnäckigen Kämpfen, in denen sich die Tiroler gut schlugen. Die Verluste auf beiden Seiten waren hoch. Die Tiroler schossen gut aus ihren geschickt angelegten Schanzen und Verhauen. Sie nützten die Berglandschaft ihrer Heimat gut aus, stürzten Steinlawinen und Baumstämme auf Bayern und Franzosen. Schließlich gelang diesen doch der Durchbruch. Max Emanuel selbst entrann nur durch einen Zufall dem Tode. Am Weg nach Zirl an einem Engpaß lauerte ihm der Revierförster Anton Lechleitner auf – in einer anderen Überlieferung wird der Jäger Martis Kraut genannt –, schoß aber auf den voranreitenden Ferdinand Grafen Arco, den er wegen der glänzenden Kleidung für den Kurfürsten hielt. Graf Arco, es war der Bruder des Feldmarschalls, war schwer verwundet, er wurde noch über die Grenze nach Bayern gebracht und starb in Tölz am 27. Juli.[81]

Zirl und einige Ortschaften links des Inns bekamen den Zorn der Bayern und Franzosen zu spüren; sie wurden geplündert und gingen in Flammen auf. Ein Teil der Bevölkerung konnte sich in die umliegenden Wälder und Berge retten, viele aber starben in den

Flammen und unter den Händen der wutentbrannten Soldaten. Ein Chronist schreibt: »Aus denen Kirchen wurden die heilige Paramenta samt Kelch und Cyborien weckh geraubet, die heilige Hostien auf den Altar heraus geschittet, die Priester bis auf das Hemmet ausgezochen, die Kranckhe in Heiseren mit Fleiß verbrent, einigen die Augen ausgestochen, darauf Hendt und Köpf abgeschlagen, andren Hendt und Fieß zusammengebunden, lebendig ins Feir geworffen, schwangeren Weiberen die Frucht heraus gerissen, mit einem Worth, so grosse Grausamkheiten veriebet, welche unter denen Christen nit leicht saind erhört worden.«[82]

In Zirl waren 184 Häuser, der Salzstadel mit einem großen Salzvorrat, zwei Zollhäuser, der Kohlstadel, die Salzschiffhütte, Schloß Fragenstein und von der Kirche der Dachstuhl niedergebrannt. Die Dörfer Kematen, Afling, Völs und einige benachbarte Einzelhöfe waren Raub und Brand anheimgefallen. Auch hier waren kranke und alte Leute in den Flammen umgekommen. In Völs gingen mehr als 100 Stück Vieh zugrunde, im übrigen war jedoch der Verlust an Vieh gering.

Später hatten vor allem noch die Gemeinden zu leiden, die am Rückzugsweg der Armee nach Mittenwald lagen. Hier nahm die Soldateska das Vieh und die Feldfrüchte mit, plünderte die Häuser aus, zerschlug Türen, Öfen und Kästen, verbrannte gelagertes Holz und die eine oder andere Feldhütte, sie hauste nach den Worten eines Augenzeugen, daß »kein Nagel an der Wand sicher stund«. Dem Seefelder Augustinerkloster wurden alle Lebensmittelvorräte geraubt, den Daubenmachern ebendort 98 500 fertige Faßdauben im Wert von 684 Gulden verbrannt usw.[83]

Nach den Gefechten um Völs und Zirl vollzog sich der Rückzug der Armee Max Emanuels aus Tirol in wenigen Tagen. Durch Verhandlungen erreichte der Kurfürst, daß die Bauern die Stadt Hall räumten und sich in eine verschanzte Stellung bei Volders zurückzogen. Die Bürger von Innsbruck wurden entwaffnet. Die drei Bataillone, die am Brenner zurückgeblieben waren, um den Rücken frei zu halten, zogen sich unter schweren und verlustreichen Kämpfen gegen Soldaten und Landesschützen nach Innsbruck zurück. Am 27. und 28. Juli marschierte Max Emanuel mit seinen Truppen über Seefeld nach Mittenwald, auf dem Rückzuge durch nachdrängende Kavallerie, Infanterie und Landesschützen bedrängt. An der Martinswand und bei Seefeld gab es Gefechte, die für die Bayern wieder verlustreich verliefen.

Auch das von den Bayern notdürftig instandgesetzte Kufstein wurde von 4000 Landesverteidigern, die durch Militär verstärkt waren, angegriffen. In einem Gegenstoß von Rosenheim aus konnte der Besatzung Verstärkung gebracht werden. Dabei stürmten bayerische Kürassiere die von 500 Tirolern besetzte Klause bei Kiefersfelden und machten die Besatzung bis auf 20 Mann nieder. Weiter wurde die Ehrenberger Klause am oberen Lech von Tiroler Landesschützen eingeschlossen und kapitulierte gegen freien Abzug am 8. August. Der Kommandant wurde dafür in Mittenwald vors Kriegsgericht gestellt, zum Tode verurteilt und hingerichtet. In Tirol aber rüstete man nach der Befreiung des Landes zum Gegenstoß gegen das bayerische Oberland. Der neue Landeskommandierende, Generalwachtmeister Siegbert Freiherr von Heister, sammelte bis zum 21. August bei Innsbruck eine Heerschar von 12 000 Landesschützen, 4300 Mann regulären Truppen und 12 Geschützen, mit denen er am 24. zum Angriff gegen die Scharnitz und den Achenpaß vorging.[84]

An dieser Stelle ist ein Mann zu erwähnen, der den bayerischen Truppen als Kundschafter und Führer Dienste geleistet hat: Adam Schöttl, Oberjäger von Mittenwald im Dienste des Bischofs von Freising, des Landesherrn der Grafschaft Werdenfels. Schöttl und seine Angehörigen machten für den Kurfürsten und seine Truppen, die nach dem Rückzug noch 25 Tage in und um Mittenwald lagen, mehrfach gefährliche Boten- und Kundschaftergänge nach Tirol in feindliches Gebiet, und Schöttl selbst führte am 30. Juli die Soldaten des Generalwachtmeisters von Lüzelburg auf Umgehungswegen zu einem Gegenstoß zum Milserschlößchen bei Scharnitz, wo die Tiroler Bauern auseinandergesprengt wurden und die Bayern noch einmal bis gegen Zirl vorstießen. Schöttl mußte mit seiner Familie fliehen, als die Tiroler Mittenwald besetzten, brachte zehn Jahre im Elend zu und erhielt 1715 von Max Emanuel als Entschädigung und Belohnung das Forstamt Höhenkirchen. Er ist zu unterscheiden von Adam Schöttl, dem Jägeradam von Fall, einem der Führer des Oberländer Aufstandes von 1705.[85]

Die Ereignisse des Tiroler Feldzuges wurden ausführlich dargestellt, da der Tiroler Volksaufstand gegen die bayerische Besatzungsmacht Ähnlichkeiten, aber auch deutliche Unterschiede zur bayerischen Volkserhebung gegen die kaiserliche Administration und Besatzung aufweist.

Die Tiroler Bauern waren im Gegensatz zu ihren bayerischen Standesgenossen Landstand; ihre Vertreter saßen neben Adel, Geistlichkeit und Bürgern im Landtag von Innsbruck. Sie besaßen von altersher das Recht, Waffen zu führen. Sie waren gewohnt, in öffentlichen Landes- und Standesfragen mitzureden und mitzuentscheiden, und sie waren im Umgang mit der Waffe geübt. Die Tiroler Landesverteidigung, die 1703 mit großem Erfolg gekämpft hat, war besser organisiert und bewaffnet als die bayerischen Landfahnen. Sie bestand aus vier Landmilizregimentern, von denen jedes beim Beginn des Feldzuges um 2000 Mann stark war, von einem erfahrenen Obersten kommandiert wurde und einen Kader von Offizieren und Unteroffizieren hatte. Die Mannschaften wurden aus dem sogenannten ersten Aufgebot vornehmlich aus Bauern, Handwerkern und Bergknappen, die gemustert und regelmäßig zu Übungen einberufen wurden, zusammengestellt. Die Bewaffnung bestand durchweg aus Feuergewehren. Die vier Regimenter hatten beim Beginn des Feldzuges zusammen 8311 Mann, die bald noch vermehrt wurden. Außerdem wurden bei Beginn des Feldzuges noch das zweite und dritte Aufgebot sowie das gesamte Forstpersonal einberufen, die die Streitmacht noch wesentlich vermehrten. In der Feldschlacht waren natürlich auch die Landmilizregimenter den regulären Truppen unterlegen, was sich insbesondere beim Vormarsch der bayerisch-französischen Truppen im Inntal aber auch während des Aufstandes zeigte.

Anders war es in der Guerilla, dem Volkskrieg im eigentlichen Sinne. Das Land mit seinen Bergen, Schluchten und Tälern bot den Tiroler Landesverteidigern die besten Vorbedingungen für einen Volkskrieg gegen feindliche Invasionstruppen. Von unerreichbaren Posten aus überfielen sie die Eindringlinge, überschütteten sie mit Geröllmassen, schnitten ihnen den Rückzug ab und nahmen sie unter wohlgezieltes Gewehr- und Geschützfeuer. Sie steigerten ihren Kampfesmut bis zum Fanatismus, wofür auch ihre Grausamkeiten beredtes Zeugnis ablegen. Wurden sie angegriffen, so konnten sie sich in dem ihnen bekannten, für die fremden Soldaten aber völlig unübersichtlichen Gelände zurückziehen und in der Zivilbe-

*Kurfürst Max Emanuel von Bayern trägt Kaiser Leopold I. die in Ungarn
eroberten Festungen als Speisen auf*

Die Ehrngeachte Christoph Verwein nürmacher Elias Grober Sigele Johann Schwaink schmidt und Jacob Zidl dan Bürger zu Parttenkirch.
Der ganz erzürnt feind sich bald in Fried verkehret auf dich Antonius Da Parttenkirch vertraut
du nambst es in dein Schutz dein Vorbitt Gott gewehret Darum die Danckbarkeit dir dises Kircslein bauet. anno 1704

Partenkirchen 1703: beim Abzug der bayerischen und Einzug der kaiserlichen Truppen flieht die Bevölkerung in die Berge völkerung untertauchen. Weiter wurden die Tiroler Landesverteidiger von Anfang an von der militärischen Führung Österreichs unterstützt und geleitet, sie erhielten Offiziere und Verstärkung durch reguläre Truppen. Schließlich aber waren die Besatzungstruppen im Lande zu weit zerstreut, ihre Einzelabteilungen zu schwach, und es waren weite Gebiete des Landes überhaupt nicht besetzt, so daß sich dort aus der Bevölkerung leicht Widerstandsnester bilden und die Landesverteidigung sich mit den zu Hilfe eilenden regulären Truppen vereinigen konnten. Waren sie auch im offenen Gefecht vor den Bayern und Franzosen meist davongelaufen, so waren sie aber auf jeden Fall viel angriffswütiger als die bayerischen Landesverteidiger, wofür ihre räuberischen Einfälle in Oberbayern in den folgenden Monaten zeugen. – Die Vorgänge dieses Volkskrieges haben sich ein Jahrhundert später, im Jahre 1809 im Tiroler Aufstand unter Andreas Hofer, wiederholt, und Tirol ist neben Spanien für den preußischen Kriegstheoretiker Carl von Clausewitz und durch ihn für die Lehre vom Kriege in aller Welt zum Schulbeispiel für die »Guerilla« oder den »kleinen Krieg« geworden.[86]

Die Schäden, die der bayerisch-französische Einfall in Tirol und der Befreiungskampf hinterließen, waren beträchtlich. Sie wurden bereits in Beispielen dargestellt. In der Folge kam es zu ernsthaften Versorgungsschwierigkeiten und zu einer Hungersnot. Doch es muß hierzu noch einmal betont werden, daß die größeren Schäden im Befreiungskampf angerichtet wurden, nachdem der Kurfürst und seine Soldaten ihre rücksichtsvolle Haltung gegenüber der Bevölkerung aufgegeben hatten. Und es muß weiter gesagt werden, daß auch die kaiserlichen Truppen selbst bei der Befreiung Tirols sich erhebliche Ausschreitungen im Lande haben zuschulden kommen lassen, indem sie plünderten, die Felder verwüsteten usw. – In den folgenden Monaten haben sich die Tiroler in Oberbayern schadlos gehalten. Im Winter 1703/04 trieb dann noch einmal ein bei Füssen stehendes bayerisches Korps Kontributionen im Oberinntal ein. Und da die Festung Kufstein bis nach der Schlacht bei Höchstädt und Blindheim in bayerischer Hand blieb, wurde auch das dortige Land durch kleinere Einfälle der Bayern heimgesucht. Noch im August 1704 verbrannten bei einem solchen Raubzug 166 Bauernhäuser.[87]

7. KAPITEL

Der Fortgang des Krieges in Bayern

Als deutlich wurde, daß der Feldzug Max Emanuels in Tirol scheitern würde, griffen die Gegner die bayerischen Lande wieder verstärkt im Osten, Westen und Norden an.

Über die Einfälle des Korps Reventlau in die Lande um Inn und Rott wurde bereits berichtet. Ein anderer Versuch der Kaiserlichen galt der Umgebung von Ingolstadt. Dort überfielen am 9. August 370 österreichische Husaren die kleinen Ortschaften und trieben sogar das vor der Festung weidende Vieh weg. Einige Kürassiere, eine Kompanie des 3. Landregiments und die Landfahnen Stadtamhof und Pfaffenhofen rückten aus, doch zogen sich die flinken Husaren rasch zurück. Eine Schar von Bürgern und Studenten, die auf eigene Faust die Husaren anzugreifen versuchten, gerieten zwischen Etting und Haunstadt in einen Hinterhalt, in dem mehr als 30 von ihnen fielen.[88]

Von Böhmen aus drang um die Mitte des Monats August der kaiserliche General Ludwig Graf Herbeville mit 3500 Mann zu Fuß und zu Pferd in die Oberpfalz ein, die von regulären Truppen fast völlig entblößt war. Eine Vorhut aus Husaren und Dragonern überschritt am 13. bei Vollmau die Grenze. Bei Antlesbrunn versuchten die Bürger von Furth im Wald, wohl der Further Stadtfahnen, die Reiter aufzuhalten, sie wurden attackiert und niedergeritten. 19 Bürger fanden im Kampf den Tod; für diese Männer wurde seither in der Further Stadtpfarrkirche ein Seelenamt gehalten; 1720 befreite der Kurfürst die Stadt für diesen tapferen Einsatz ihrer Bürger und wegen der großen Schäden, die sie im Kriege erlitten hatte, für 20 Jahre von allen Steuern. Am 18. August nahm Graf Herbeville Furth und Kötzting ein. Sein Vormarsch kam Anfang September vor Cham ins Stocken, das von Oberst Johann Walser von Syrenburg mit einer Kompanie des 2. Landregiments, einer halben Füsilierkompanie und einer größeren Anzahl von Landfahnenmannschaften verteidigt wurde. Die Stadt wurde beschossen, die Besatzung und die Bürger wehrten sich einen Monat lang tapfer, doch als die Belagerer eine 20 Schritt lange Bresche geschossen hatten, kapitulierte Walser am 3. Oktober gegen freien Abzug der regulären Truppen, um die Bürger vor einem Blutbade zu bewahren. Am 19. September war der Rothenberg gefallen. Am 27. November mußte sich auch Amberg nach vierwöchiger Belagerung und tapferer Gegenwehr ergeben. Damit befand sich die ganze Oberpfalz in der Gewalt der kaiserlichen Truppen. Sie wurde in der folgenden Zeit durch Brandschatzungen, Einquartierung und Plünderungen rücksichtslos ausgebeutet. Dieser Landesteil war seither für Bayern verloren, er wurde unter kaiserliche Verwaltung gestellt. Administrator wurde der Reichshofrat Johann Konrad Philipp Ignaz Freiherr von Tastungen; er residierte in Amberg. Im Winter bezogen preußische Truppen eigenmächtig in der Oberpfalz Winterquartiere und hausten mit besonderer Zügellosigkeit. Da die Oberpfalz bis 1628 zur Rheinpfalz gehört hatte, erhob der Kurfürst von der Pfalz jetzt wieder Anspruch auf sie.[89]

Wir haben den Ereignissen, die in Südbayern auf den mißlungenen Tiroler Einfall folgten, vorgegriffen. Am 23. August waren Max Emanuel und sein geschlagenes Heer von Mittenwald aufgebrochen. Die Truppen zogen am Walchensee vorbei, über die Kesselbergstraße und über Benediktbeuern, Königsdorf, Wolfratshausen, Baierbrunn nach München. Ein Teil kam durch das Isartal über Tölz. Der Kurfürst fuhr mit einem Floß auf der Isar in die Hauptstadt, wo er am 25. eintraf. Die Verwundeten wurden ebenfalls auf Flößen auf der Isar transportiert. Den Markt Tölz kosteten Übernachtung und Verpflegung der Soldaten 560 Gulden, für die er eine Anleihe aufnehmen mußte – der Betrag entsprach etwa dem Wert eines mittleren Hauses.[90]

Der Tiroler Landeskommandierende Freiherr von Heister stieß mit seinen Landesschützen und Soldaten dem kurfürstlichen Heer nach und suchte in einem Vergeltungszug das bayerische Alpen- und Voralpenland heim. Seine Hauptmacht brach über Scharnitz und Mittenwald in den Raum zwischen Loisach und Lech ein. Während sich Benediktbeuern dank der Geistesgegenwart und des Mutes seines Abtes Eliand Öttl schützen konnte, erfuhren die westlichen Gebiete den feindlichen Einfall in voller Härte. Eine zweite Kolonne rückte über den Achenpaß gegen die Isar und das Tegernseer Tal.[91]

Pater Karl Meichelbeck, der große Historiker im Konvent von

Benediktbeuern, berichtet, wie Abt Eliand den Gesprächen der Offiziere der aus Tirol zurückmarschierenden bayerischen Truppen entnahm, daß das Militär an einen Schutz der Grenzen gegen die nachdrängenden Tiroler nicht dachte. Er warf sich darauf zu Pferd, bot sofort höchstpersönlich sein Landvolk auf, führte es den Tirolern entgegen, ließ am Walchensee die Paßstraßen verhauen und teilweise in den See abwerfen und besetzte die Verhaue mit Schützen. Als kurz darauf aus Tirol Landmiliz und Militär anrückten und die Wege dergestalt versperrt und bewacht fanden, mußten sie wieder umkehren, wandten sich zunächst in die freisingische Grafschaft Werdenfels, plünderten dort und brachen dann über das ungeschützte Gebiet des Klosters Ettal nach Bayern ein. Bei Oberau an der Loisach hatten 110 Mann des Leibregiments und 250 Mann vom Landfahnen Abensberg eine befestigte Stellung besetzt; sie wurde am 27. August durch die feindliche Übermacht überwältigt, viele Landausschüsser waren ausgerissen, doch 30 von ihnen fielen im Kampf. Die Tiroler drangen plündernd, brennend und brandschatzend bis Weilheim und Polling, die Kavallerie gar bis Wolfratshausen vor. Benediktbeuern wurde Zufluchtsort für die Klöster des Pfaffenwinkels. Dadurch daß es die Einfallspforten gut befestigt und eine starke und geübte Landesdefensionstruppe hatte, blieb es unbehelligt.[92]

Opfer des Rachezuges der Tiroler wurden vor allem die Klöster Ettal, Steingaden, Rottenbuch, Polling und im Osten Tegernsee, die zusammen 200000 Gulden Brandschatzung zahlen mußten. 8000 Stück Hornvieh und Hunderte von Pferden wurden als Wiedergutmachung für die Schäden in Tirol weggetrieben. Der Markt Murnau und mehrere Dörfer gingen in Flammen auf. Vor allem Ettal und seine Untertanen waren dem feindlichen Zugriff schutzlos preisgegeben.[93]

Abt Romuald von Ettal beschrieb diese Schäden, als er ein Jahr später den Kaiser flehentlich um Schutz vor weiteren Brandschatzungen bat:[94] »Eur Röm.Kays.Maj. werd ich in aller Unterthenigkeit und wehemiethigist zu hinterbringen hegst nothgedrungen, in was unglückseeligen Stand mein negst an Tyrol gelegenes Gotteshaus und Kloster Ettall durch die gegenwärtige laydige Kriegs-Conjuncturen, obwohlen ganz unverschuldeter Dingen, verfallen seye; da durch Dero Miliz, in denen sowohl des letztverwichnen, als auch dieses laufenden Jahrs aus besagtem Tyrol gethonen Excursionen ermelt mein Kloster allein diese Zeit hero yber 100 Pferd, und mithin der völlige Zigl (warin doch meine mehriste Hauswürthschaft bestanden) gewalthätig entfiehret, dessen angehörige Schwaigen und Mayrhöf rain ausgeplindert, meine Abbtey und meriste Kloster Zimber, desgleichen auch die angehörige Dorfschaften, als Oberau, Großwang, Eschenloch, Unterau, Hugelfing, auch andere völlig ausgeraubet, die Kirchen mit Hinwecknemung aller Paramenten spolirt, etlich 100 Stuck Pferd und Klovieh demselben hinweckgetriben, auch in dem Markt Murnau, Pergen, Aedt(al) und Eschenloche yber 160 mehristen Thails wohlerpaute Heuser auf den Grund abgebrennet, das Ettallische Pflegschlos aber alda ellentlich zugericht; yber dieses auch im Tyroll auf meines Gottshaus zwei angehörigen Güettern zu Tramin und Obermais, negst Meran, eine große Quantitet sowohl des alt vorhanden gewesten, als lezt erwarnen Weins, nebst Ausblinderung der Behausung durch Aufhackung der Keller, ganz gewaltthätig ist hinweck genommen worden. …«

Das Tegernseer Tal bekam den Tiroler Gegenschlag am frühesten zu spüren. Bereits am 22. Juli, also am Tage nach dem Ausbruch des Aufstandes im Inntal, plünderte ein Haufe Bauern aus Achenkirch das zur Tegernseer Klosterherrschaft gehörige Glashütte; der Wirt entrann nur mit Not ihren Kugeln. Am 25. führte Abt Quirin Millon selbst Soldaten an die Verteidigungslinien, er erhielt auch noch 36 Rekruten unter einem Feldwebel zur Verstärkung seines eigenen Verteidigungsaufgebotes. Am 31. drangen 700 Tiroler Landesschützen unter der Führung des Landschaftssyndikus von Schwaz, Dr. Bartl, der sein Kommando im Auftrage des Tiroler Landeskommandierenden führte, bis Kreuth vor. Dr. Bartl forderte vom Kloster 30 000 Gulden Brandschatzung. Da der Feldwebel erklärte, mit seinen wenigen Leuten bestenfalls das Kloster selbst verteidigen zu können, und da von Tölz, Schliersee und Miesbach wegen der allgemeinen Gefahr die erbetene Hilfe abgesagt wurde, verhandelte der Abt mit den Tirolern und einigte sich mit ihnen auf die Zahlung von 15 000 Gulden. Die Tiroler zogen, nachdem sie in Kreuth, Staudach, Rottach, Abwinkl, Tuften und unterm Wallberg geplündert hatten, wieder ab, nahmen aber als Geisel für die gestundete Restsumme einen Pater mit.

Wegen dieser angeblich nachgiebigen Haltung des Klosters brach in der Bevölkerung, die sich gegen die Eindringlinge hatte wehren wollen, eine Empörung aus. Die Untertanen des Klosters nannten die Mönche Vaterlandsverräter und planten das Kloster zu überrumpeln, die Mönche zu vertreiben und die Grenze auf eigene Faust zu verteidigen. Sie sandten sogar eine Abordnung zum Hofkriegsrat nach München, die angab, daß das Kloster, als sich die Untertanen verteidigen wollten, ihnen den Rückzug und die Ablieferung der Gewehre befohlen, die Tiroler aber mit Bier und Brot versorgt habe. Es wurde daraufhin eine Kompanie Infanterie nach Tegernsee verlegt, die die Ordnung wiederherstellte, in einem Vergeltungszug den Tirolern Vieh wegtrieb und am 25. September bei der Auszahlung der Restsumme der Brandschatzung 64 Landesschützen in eine Falle lockte und gefangen nahm. Die Tiroler wurden dann erst im Dezember gegen Zahlung einer Entschädigung von 2000 Gulden an das Kloster wieder freigelassen.[95]

Ebenso früh wie am Tegernsee sah man sich im Isartal, vor allem in der Hofmark Hohenburg und Lenggries bedroht. Nach der Plünderung von Glashütte am 22. Juli überfielen die Bauern von Achenkirch mehrere Almen Isarwinkler Bauern und trieben über 200 Stück Vieh und zahlreiche Pferde weg. Dabei wurden etliche Männer als Geiseln abgeführt, einige sogar erschossen. Von der Alm des Buchner von Röhrlmoos nahmen sie alles Schmalz mit und befahlen der Sennerin höhnisch, sie solle den noch vorhandenen Milchrahm ausrühren, daß sie auch die übrige Butter abholen könnten. Der Hofmarkrichter von Hohenburg, Johann Georg Klanner, berichtete seinem Herrn, dem Grafen Ferdinand Joseph von Herwart, schriftlich nach München von diesen Vorgängen und schlug vor, in München Tiroler, die dort zum Markt kämen, gefänglich einzutun und erst gegen Wiedergutmachung der Schäden, die im Isarwinkel entstanden waren, freizulassen. Herwart lehnte dies ab, um die Tiroler nicht noch mehr zu reizen. Nach dem zweiten Angriff auf Tegernsee am 31. Juli berichtete Klanner wieder seinem Herrn und geißelte mit scharfen Worten die »geforchtsamen Haasen von Tegernsee«, die sich nicht mannhaft verteidigt hätten. Nach seiner Darstellung hätten die wackeren Tegernseer Untertanen doch recht gehabt: »Entweders ist unter diesem Akkord eine Falschhait unndt vielleicht muthmasslich Tegernsee vorhin guet Kayserisch gewesen, oder man sollt den Tegernseerischen anstat des guettn gwöhrs stekhn in die handt geben; die Thyroller haben ainzige zwei kleine schlechte Falkenetl bey sich gehabt, hingegen das Kloster Tegernsee mit acht Stikhel, viel Doppelhäkchen unnd fünfhundtert Musqueten versechen, o haasenherzen!« Vom Isarwinkel aus hätte man die Tiroler im Rücken angreifen können, hier seien die Untertanen Tag und Nacht in Waffen gestanden, auch die Bauern von der anderen Isarseite, wohl Schlegldorf und Arzbach, hätten mitgemacht. Der Graf könne versichert sein, »daß im Isarwinkel noch Corage verhandten« sei.[96]

Die Vorwürfe gegen Tegernsee waren nicht ganz gerecht, da der Abt erst, nachdem ihm von auswärts keine Hilfe zugesagt worden war, den Vergleich mit den Tirolern geschlossen hatte. In der Hofmark Hohenburg ist es damals, ähnlich wie in Tegernsee, zu Aufsässigkeiten in der Bevölkerung gegen die Herrschaft gekommen, der man vorwarf, sie ziehe zu viel wehrhafte Untertanen zum Schutz des Schlosses heran, so daß die Bevölkerung gegen die Einfälle und Plünderungen ungeschützt sei. Einige Rädelsführer drohten sogar der geistlichen und weltlichen Obrigkeit mit Totschießen. Der Richter Klanner hatte aber das Schloß mit nur 16 Schützen besetzt. Er war über den Vorwurf umso mehr empört, als die Herrschaft die Untertanen unlängst in einer Hungersnot mit Geld und Getreide unterstützt hatte, und schlug vor, die Rädelsführer festzunehmen und auf ein Floß geschmiedet nach München zu schicken. Graf Herwart lehnte dies ab und riet zudem, mit den Tirolern, mit denen man bisher stets fried- und freundschaftlich verkehrt habe, zu verhandeln; was auch geschah. Außerdem hatte er über seine Oheime, die in kaiserlichen Diensten standen, einen Schutzbrief des Kaisers für die Hofmark erwirkt. In der Folgezeit ist es zu keinen größeren Einfällen in den Isarwinkel gekommen. Allerdings trieben die Bauern ihr Vieh nicht mehr auf die Almen, der Markt Tölz übte sein Fischrecht in Fall wegen der »allzugefehrlichen Zeiten« nicht mehr aus usw. Friedlich ging es an der Grenze aber auch hier nicht zu. Im Juli 1704 überfielen die Tiroler das Wildbad Kreuth, nahmen einen Tegernseer Pater aus der Badekur als Geisel mit und trieben das Vieh ab. Als Rache raubten die Lenggrieser im Achental 50 Rinder. Und im August darauf wurde in der Riß der Flößer Ludwig Tanner von Arzbach erschlagen.[97]

Durch diese Vorgänge im nahen Oberland fühlte sich nun auch die Haupt- und Residenzstadt von der Kriegsfurie bedroht. Wie weiland im Dreißigjährigen Krieg flüchteten die Gnadenstätten Ettal, Polling, Hohenpeißenberg und Andechs ihre Gnadenbilder und heiligen Hostien nach München. So mußte man die Stadt rasch in Verteidigungszustand bringen. Aus der Bürgerschaft wurden die Wehrfähigen gemustert, bewaffnet und in fünf Kompanien, davon eine zu Pferd, eingeteilt. Die Handwerksgesellen Münchens und der Au wurden in vier Kompanien zusammengefaßt. Die Stärke der gesamten Bürgerwehr betrug 1510 Mann; sie wurde exerziert, ihre Artillerie übte vor dem Neuhauser Tor. Die Befestigungswerke wurden ausgebessert, wozu jeder Hausbesitzer täglich eine Person abstellen mußte; auch die Bauern der Umgebung wurden zum Schanzen befohlen, und selbst die Bettelweiber mußten, soweit sie dazu fähig waren, Pickel und Schaufel in die Hand nehmen. Die Wälle wurden gerichtet und mit Palisaden besetzt. Vor dem äußeren Graben wurden Häuser, Städel und Zäune abgebrochen, um für die Verteidiger ein freies Schußfeld zu schaffen und einem Angreifer die Möglichkeit zu nehmen, sich zu verschanzen. In der Stadt wurden alle bei den Händlern vorhandenen Pulvervorräte beschlagnahmt und von Haus zu Haus alle Vorräte an Lebensmitteln aufgenommen und in Listen eingetragen.[98]

Die schwere Niederlage, die Max Emanuel im Tiroler Feldzug erlitten hatte und die militärische Lage in Bayern, die sich zusehends verschlechterte, haben damals den König von Frankreich und die französische Heeresleitung davon überzeugt, daß Bayern in diesem Krieg nicht zu halten sei und nur eine Belastung für Frankreich darstelle. Es war vor allem der französische Oberkommandierende in Bayern, Marschall Villars, der aus der direkten Kenntnis der Verhältnisse diese Auffassung vertrat. Ludwig XIV. schlug deshalb im September dem bayerischen Kurfürsten vor, Bayern aus dem Bündnis zu entlassen. Max Emanuel sollte mit dem Kaiser einen Sonderfrieden schließen und künftig neutral bleiben oder höchstens dem Kaiser das übliche Kreiskontingent an Truppen stellen. Marschall Villars erhielt bereits den Befehl, die französischen Truppen aus Bayern nach Frankreich zurückzuführen.[99]

Dieser vernünftige Vorschlag hätte möglicherweise Bayern und seinem Kurfürsten viel Leid erspart, aber er verlangte von Max

Emanuel ein völliges Umdenken. Dieser entgegnete, daß er hierdurch gezwungen würde, sich dem Kaiser auf Gnade und Ungnade auszuliefern; er würde gedemütigt werden und keinerlei Entschädigung erhalten. Er sah seinen Traum vom Königtum und von der souveränen Herrschaft dahinschwinden und konnte sich zu dieser Kehrtwendung nicht entschließen. Dabei kam ihm wieder einmal das Kriegsglück zu Hilfe, so daß er vor sich und dem König von Frankreich die Fortsetzung des Krieges in Bayern rechtfertigen konnte.[100]

Am 3. September nämlich hatten sich die Truppen Max Emanuels mit dem Heere Villars in der Gegend von Ulm vereinigt und schlugen am 20. unter des Kurfürsten Führung in der Schlacht bei Höchstädt und Schweningen – der sogenannten ersten Schlacht bei Höchstädt – ein alliiertes Heer unter dem kaiserlichen General Limburg-Styrum. In Wirklichkeit verschaffte dieser Sieg nur eine kurze Pause zum Verschnaufen. Der Feind stand weiterhin tief in Bayern; am 22. z. B. besetzten die Kaiserlichen im Westen Friedberg und im Osten Deggendorf. Es war wieder nur ein Abwehr-, aber kein Angriffsschlag.[101]

Da es zwischen dem Kurfürsten und Villars von neuem zu Auseinandersetzungen gekommen war, berief Ludwig XIV. diesen auf eigenen Wunsch ab und sandte an seiner Stelle Marschall Fernand Graf de Marsin mit neuen französischen Truppen und 2 Millionen Francs Hilfsgeldern, die im November in Schwaben eintrafen. Als sich Villars mit einer Bedeckung von 2000 Reitern von Memmingen auf die Heimreise machte, nahm er 700 000 Gulden mit sich, die er während des Feldzuges durch Kontributionen und Schutzbriefe erpreßt und durch den Verkauf von Heereslieferungen an sich gebracht hatte.[102]

Ohne den neu angekommenen Franzosen eine Ruhepause zu gönnen, warf sich Max Emanuel auf die Reichsstadt Augsburg, die seit Anfang September von kaiserlichen Truppen besetzt war, und belagerte sie mit schwerem Geschütz. Der Kommandant sah sich am 14. Dezember gezwungen, die Stadt gegen ehrenvollen Abzug zu übergeben; Augsburg wurde von Franzosen besetzt. Danach bezog das bayerisch-französische Heer in den bayerischen Städten und auf dem Lande die Winterquartiere.[103]

Die Leiden Augsburgs, das ohne jedes eigene Zutun in die

Kriegsläufte hineingezogen worden war, mögen als Beispiel für die schweren Belastungen dienen, die in jener Zeit eine Truppeneinquartierung für die Zivilbevölkerung mit sich brachte.

Als sich das bayerische und französische Heer wieder vereinigten und ein Angriff auf Augsburg zu befürchten stand, hatten kaiserliche Truppen die Stadt besetzt und Abwehrmaßnahmen gegen eine Belagerung getroffen. Am 5. September war das württembergische Regiment zu Fuß Reisach mit 1296 Mann und 112 Pferden und Ochsen eingerückt. Die Truppe brachte auch Frauen und sogar Kinder mit. Obwohl mit der Stadt vereinbart worden war, daß die Bürger den Soldaten nur das Nachtlager zu gewähren hatten, mußten die Hausväter täglich Speise und Trank auftischen. Bald waren die Vorräte an Brot, Fleisch und Bier verzehrt, und die Bürger mußten versuchen, auf eigene Kosten neue Verpflegung heranzuschaffen. Die Soldaten unternahmen Streifzüge in die umliegenden bayerischen Dörfer, plünderten und »erlegten« 20 Bayern. Diese Streifzüge stießen bis gegen Fürstenfeldbruck vor, dessen Bürger sich jedoch erfolgreich zur Wehr setzten; die Bauern des Dorfes Alling veranstalteten zur Abwehr bewaffnete Streifzüge. Viel des Raubgutes wurde in der Stadt verkauft, vor allem Vieh, und da sich die Raubzüge als einträglich erwiesen, beteiligten sich bald auch Augsburger Bürger daran. Als am 3. Dezember die Belagerung begann, war ein Teil der Bevölkerung evakuiert worden. Während der Belagerung und Bombardierung brachen die Soldaten, die eigentlich die Stadt schützen sollten, in die verlassenen Häuser ein, durchstöberten sie vom Keller bis zum Dachboden und nahmen alles, was nicht niet- und nagelfest war, mit, den Hausrat und anderes Gerät, so daß den Bürgern, als sie wieder zurückkehrten, das Nötigste zum Leben, auch Gerätschaft und Handwerkszeug zum Erwerb des Lebensunterhaltes fehlten. Es kam aber noch schlimmer, als der Kurfürst eine französische Besatzung von 12 992 Mann und 6969 Pferden in die Stadt legte, die untergebracht und verpflegt werden mußte. Die Soldaten führten sich als die Herren in den Häusern auf, warfen die Einwohner aus Zimmern und Betten, erpreßten von ihren Quartierwirten reichliche Verpflegung, die diese bei den französischen Marketendern und Armeemetzgern zu Wucherpreisen kaufen mußten. Die Offiziere erpressten Geldsummen, die weit über den ihnen zustehenden, vereinbarten wöchentlichen

Beträgen lagen, gestaffelt nach Dienstgraden: ein Kapitän 50 fl., ein Leutnant 30 fl. usw. – vergleichsweise kostete zu normalen Zeiten eine Kuh etwa 20 fl. Die Frauen hatten natürlich besonders unter den Nachstellungen der Soldaten zu leiden, die durch scharfe Verbote und selbst abschreckende Strafen nicht eingedämmt werden konnten. Da sich die Bürger schließlich wehrten und an einzelnen Soldaten rächten, ordnete die Besatzung ihre völlige Entwaffnung an. Der Zustand dauerte etwa acht Monate, bis die Franzosen kurz nach der zweiten Schlacht bei Höchstädt im August 1704 die Stadt räumten.[104]

8. KAPITEL

Der Zusammenbruch Bayerns

Das Jahr 1704 sollte den endgültigen Zusammenbruch der bayerischen Waffenmacht bringen. Bevor es dazu kam, gelangen dem Kurfürsten noch einige kurz dauernde Erfolge.

Die einigermaßen mühelose Einnahme von Augsburg hatte Max Emanuel den Gedanken eingegeben, sich auch Passaus zu bemächtigen, von dem aus die kaiserlichen Generale Schlick und Reventlau mehrfach in Bayern eingefallen waren. So gönnte er seinen Truppen nur kurze Rast, befahl sie vor die Bischofsstadt und begann am 7. Januar mit deren Belagerung und Beschießung. Sein Hauptquartier richtete er im Kloster Vornbach ein. Passau wurde von kaiserlichen und bischöflichen Truppen und Bürgerwehr verteidigt. Fürstbischof Kardinal Johann Philipp Graf von Lamberg versuchte die Stadt für neutral zu erklären, was der Kurfürst aber nicht zugestand. Der Kardinal trat darauf gleich in Kapitulationsverhandlungen ein, die rasch zur Übergabe der Stadt führten. Am 11. zogen die kaiserlichen Truppen ab, die Bayern besetzten Passau und zusammen mit den bischöflichen Truppen die Feste Oberhaus.[105]

Da die österreichischen Grenzlande zu dieser Zeit weitgehend ungeschützt waren, befahl der Kurfürst gleich im Anschluß einen Raub- und Vergeltungszug nach Oberösterreich bis gegen Linz. Es kam zu Gefechten mit schwachen Truppeneinheiten und der oberösterreichischen Landesdefension. Als Vergeltung für die Verwüstungen in Bayern forderte Max Emanuel vom Lande Oberösterreich eine Brandschatzung von 600 000 fl. und die Lieferung großer Vorräte an Mehl, Hafer und Heu und ließ, um der Forderung Nachdruck zu verleihen, seine Kavallerie ausstreifen, Geiseln nehmen und die Vorstädte von Linz anzünden. Danach zog er seine Truppen bald wieder zurück. Im Februar fiel General Tattenbach noch einmal in Oberösterreich ein, um die ausstehenden Brandschatzungen gewaltsam zu vollstrecken, wurde nun aber von kaiserlichen Truppen und Landaufgeboten in mehrere Gefechte verwikkelt, und, als darauf ein allgemeiner Aufruhr der Bevölkerung gegen die Eindringlinge ausbrach, zum Rückzug gezwungen.[106]

Um diese Zeit – die bayerischen Truppen waren jetzt endgültig in die verdienten Winterquartiere gegangen – begannen die Tiroler wieder an der Südgrenze Bayerns unruhig zu werden. Unter der Führung eines kaiserlichen Obersten versuchten 2000 Landesschützen und Soldaten das Kloster Benediktbeuern zu überfallen, das sich im Sommer 1703 so gut gegen ihren Zugriff hatte schützen können.[107] Pater Karl Meichelbeck hat uns eine aufregende Schilderung der ans Wunderbare grenzenden Ereignisse hinterlassen.[108]

Während das Kloster gewöhnlich gegen alle Himmelsrichtungen durch natürliche, leicht zu verteidigende Hindernisse geschützt war, waren im Januar 1704 der Kochelsee und das große gegen Westen deckende Moor zugefroren. Um dies auszunützen, bereiteten, wie Meichelbeck berichtet, die Tiroler im Geheimen ihren Überfall vor, rückten am 28. Januar über Scharnitz und Mittenwald, das sie gleich von Reitern nach außen absperren ließen, und dann über Eschenlohe und Ohlstadt gegen Großweil, um von dort direkt über das Moor Benediktbeuern zu überfallen. Just an diesem Tage nahmen die ahnungslosen Klosterherren zusammen mit den Vertretern des an ihr Gebiet grenzenden Landgerichts Weilheim auf der Eisdecke des Kochelsees und des Moors eine Grenzvermessung vor, die jäh durch die Nachricht unterbrochen wurde, daß die Tiroler im Anmarsch seien und bereits anderthalb Stunden von den versammelten Obrigkeiten entfernt stünden. Alles stob auseinander. Die Benediktbeurer jagten auf ihren Schlitten ins Kloster, doch war man dort für eine Verteidigung völlig unvorbereitet, und an Flucht und Abtransport der Schätze war überhaupt nicht zu denken. Während so im Kloster alles ratlos durcheinanderlief und die Heiligen um Hilfe anrief, entstand, als der anrückende Feind von den gefrorenen Morästen nur noch eine Stunde entfernt war, plötzlich ein starker warmer Föhnsturm, der innerhalb von zwei Stunden die Eisdecke auf dem See, dem Moor und der Loisach zum Schmelzen brachte und so den weiteren Vormarsch der Tiroler auf einmal anhielt. Geistesgegenwärtig ließ der Abt sofort alle Loisachbrücken abwerfen und aus dem Kloster mit Kanonen blinde Schüsse abgeben, um den Feind glauben zu machen, man wäre zur Verteidigung bereit. Am folgenden Tag, es war der Tag der in Benediktbeuern hochverehrten hl. Anastasia, war von den Tirolern kein Mann mehr zu sehen. Für das Wunder des rettenden Föhnsturms dankten das Kloster und seine Untertanen der hl. Anastasia durch die Stiftung von sechs silbernen Altarleuchtern.[109]

Nur wenige Landstriche Bayerns mögen so glücklich gewesen sein wie das wohlhabende Benediktbeuern, das nun schon zum zweiten Male der Plünderung und Brandschatzung entgangen war. Vielmehr zog sich der Ring um Bayern immer enger zusammen, die Einfälle der Gegner wurden immer häufiger und das Land wurde immer mehr ausgeplündert und verheert. Zwischen Februar und April suchten Osttiroler Bauern Bayrischzell und seine Umgebung, kaiserliche Truppen von Oberösterreich aus das Innviertel und von der besetzten Oberpfalz aus das Rentamt Straubing, im Mai Tiroler Schützen von neuem die Klostergebiete Ettal, Rottenbuch und Steingaden heim.[110]

Um diese Zeit wurde noch einmal der Versuch gemacht, zwischen dem Kaiser und dem bayerischen Kurfürsten zu vermitteln. Diesmal war es der Kurfürst von Brandenburg, der für seine im Jahre 1701 erlangte Würde eines Königs in Preußen noch um Anerkennung rang und dem ein zu großer Machtgewinn des Kaisers durch eine eventuelle Angliederung bayerischer Gebiete an die Habsburger Erblande gefährlich erschien. Wieder ließ der Kaiser mit Max Emanuel verhandeln, doch dieser schraubte, obwohl sich seine militärische Lage zusehends verschlechterte, seine Forderungen so hoch – er verlangte das Herzogtum Mailand, die Grafschaft Tirol, die Königskrone und hohe Summen an Hilfsgeldern –, daß man in Wien an seiner Aufrichtigkeit zweifeln mußte. Als am Anfang des Monats Mai Marschall Camille Graf de Tallard mit 11 600 Mann französischer Hilfstruppen und 1,3 Millionen Livres Hilfsgeldern für die völlig erschöpfte bayerische Kriegskasse über den Schwarzwald heranmarschierte, ließ der Kurfürst die Verhandlungen abbrechen und zog Tallard nach Schwaben entgegen.[111]

Damit war die letzte Chance, dem Verderben Einhalt zu gebieten, vertan, und wieder befand sich der Großteil der Truppen außerhalb Bayerns Grenzen, so daß der Gegner vermehrt ins Land stoßen konnte. Von der Oberpfalz aus suchte Graf Herbeville die Donaulinie zu sprengen und belagerte Kelheim, das jedoch von Soldaten und Landfahnen erfolgreich verteidigt wurde. Am 11. Juni fielen 2000 Mann kaiserlicher Truppen und 2000 Tiroler Bauern über Reutte und Füssen im Lechtal ein, eroberten Schongau und

Weilheim und schickten Kommandos zu Raub und Brandschatzung ins Land aus, die bis Starnberg vorstießen. München schien wieder bedroht. Die Hofmarken Antdorf und Habach, 10 km nordwestlich von Benediktbeuern, wurden geplündert, Habach niedergebrannt. Die Landfahnen und Bauern setzten sich zur Wehr so gut sie konnten; die Tölzer Schützen, die Benediktbeurer Mannschaft und die Königsdorfer zeichneten sich aus. Prälaten, Patres und Bevölkerung suchten sich in Bergen, Wäldern und auf Inseln vor dem feindlichen Zugriff zu schützen. Karl Meichelbeck berichtet, wie er diese Vorgänge aus nächster Nähe miterlebt hat: [112]

»Den 15. Juny hat unser Hr. Abbt die älteren aus dem Konvent in unser wohnung zu Cochl geschickt, damit sie von der Gefahr beßer entfernt seien. Der Hr. Probst von Schlechdorf hat sich auf dem Rohrsee auf zwei Flößen aufgehalten. Den 16. Juni haben wür in der Nachbarschaft etliche Brünsten gesehen, durch welche auch die Stiftskürch zu Habach ungemein gelitten. Wir hatten auch durch unser Ausspeher Zeitung, daß die Kaiserliche in unserer Nachbarschaft alles sauber ausblindern, welches als unsere Bauersleuth erfahren, seindt sie hauffenweis zu unsern Hr. Abbten gekommen, haben gut und blut zu beschützung dieses orts angetragen, doch mit der bedingsnus, daß man keine bayer. Soldaten mehr einlaße. Als die Chorherrn zu Reitenbuch erfahren, daß bei uns wegen Dapferkeit der böstensabgerichteten Bauern und genugsamben groben Geschütz alles in guten stand sich befinde, haben sie unsere ersucht, ihr Klovieh zu uns zu treiben, so ihnen auch zugestanden worden. Gleiches war denen vom hl. Berg vergennet. Im Kloster hatten wir allzeit flüchtig gäst genug. – Da inzwischen wür immerzu neue Brünsten in der nähe und ferne ersehen, hat unser Abbt auf der Insul des Walchensees, Sassa genannt, ein großes Haus von Holz gebauet, damit, wann es die äußerste noth erfordere, wir ein sichere Wohnung hatten. Selbiges Haus war auch mit Geschütz wohl versehen, dazu an jenen Orthen, wo man hatte wollen anlenden, also verhauet, daß man solches nit können bewerkstelligen. Unsere Unterthanen haben auch da und dort im Gebürg für ihre Weiber und Kinder hütten erbauet. ... Die Bauern zu Kümbstorf im nächstgelegenen Wald die Landstrass ganz unbrauchbar gemacht. Zu endt Juli brachten unsere Ausspeher die Zeitung, daß bei Polling kais. Mannschaft plündern. Hierauf war die Besatzung unserer Schantz mit mehr als hundert Mann verstärkhet. Da aber kein Feindt an selbiges nage und starkbesetzte Ort sich wagen wollte, kamen die Unsern und die Töltzischen haufenweis zu unsern Hr. Abbt, ihnen einen Ausfall zu erlauben, einen Feindt aufzusuchen, ... so auch geschehen, und haben die kais. Husaren vil zusammengtriebenes Vieh völlig dahinden gelassen und sich in die Flucht begeben.«

Auch mit seiner verstärkten bayerisch-französischen Armee vermochte nun der Kurfürst sein Land nicht mehr zu schützen. Dies war allen, Freund und Feind, klar, nur er selbst täuschte sich über den Ernst seiner Lage hinweg. Die alliierten Gegner schickten sich jetzt an, auf dem süddeutschen Kriegsschauplatz die Entscheidung herbeizuführen und den Widerstand Bayerns endgültig zu brechen. Zu diesem Zweck erschien im Juni 1704 der ehemalige Kampfgefährte und Unterfeldherr Max Emanuels in den Türkenkriegen, Prinz Eugen von Savoyen, jetzt Oberbefehlshaber aller kaiserlichen Truppen und Präsident des Hofkriegsrates in Wien, selbst auf dem süddeutschen Kriegstheater. Von den Niederlanden zog der zweite große Feldherr jener Zeit, der englische Generalkapitän John Churchill Herzog von Marlborough, mit einem englischen Heer heran. Max Emanuel aber, immer mehr in seinen Illusionen befangen, mißachtete die tödliche Gefahr, die sich über seinem Haupte und seinem Lande zusammenzog.[113]

Am 2. Juli kam es am Schellenberg bei Donauwörth zur Schlacht zwischen einem bayerisch-französischen Korps unter Feldmarschall Graf Arco und einem englisch-deutschen unter dem Herzog von Marlborough. Die bayerische Infanterie hat sich, wiewohl ihre Einheiten nur noch etwa die halbe Sollstärke hatten, heldenhaft geschlagen, doch blieben die Engländer siegreich. Sie erlitten freilich große Verluste: fast fünf ganze Regimenter wurden vor den bayerischen Stellungen aufgerieben. Die alliierten Gegner stießen darauf mit Macht nach Bayern vor und begannen das Land planmäßig zu verwüsten, um auf diese Weise den Kurfürsten gefügig zu machen oder ihn doch wenigstens der Hilfsmittel zur Fortführung des Krieges zu berauben.[114]

Dieses brutale Zerstörungswerk wurde auf Vorschlag und Plan des Herzogs von Marlborough durchgeführt; die kaiserliche Kavallerie mußte es vollziehen. In kriegspsychologischer Absicht schonte man die kurfürstlichen Schlösser, um das Volk gegen seinen Lan-

Plünderung und Geiselnahme der Soldateska in Bayern 1705

Kurfürst Max Emanuel von Bayern

desherrn aufzubringen. Fünfzehn Jahre vorher hatten die Franzosen in der Pfalz diese Taktik der verbrannten Erde angewandt, jetzt wurden in Bayern 7675 Gebäude abgebrannt. Als zu Beginn der Verwüstungsmaßnahmen Abgeordnete der bayerischen Landstände im Lager von Friedberg vor Marlborough erschienen und zur Schonung des Landes die Zahlung einer Brandschatzung anboten, antwortete der britische Feldherr, er sei nicht gekommen, um Geld einzusammeln, sondern um den Kurfürsten von Bayern zum Nachgeben zu zwingen; wenn dieser nicht umkehre, werde man das ganze Bayernland mit Brand zerstören. Marlborough hatte als Planer dieses Vernichtungs- und Zermürbungskrieges gegen die Zivilbevölkerung in der eigenen Familie einen Nachfolger: Mit ähnlicher Rücksichtslosigkeit hat 240 Jahre später sein Nachfahre Winston Churchill als britischer Premierminister im Kampf gegen Hitler die Terrorangriffe auf die deutsche Zivilbevölkerung führen und die deutschen Städte in Schutt und Asche legen lassen. Beide Churchills haben ein unmenschlich grausames und dabei militärisch sinnloses Zerstörungswerk angerichtet.[115]

Viele Teile des Landes wurden Ziele dieses Verwüstungsfeldzuges. In der zweiten Julihälfte brach ein österreichisches Korps sengend und brennend in den Chiemgau ein. Von Landsberg her durchstreiften die Lehoczky-Husaren den Südwesten des Landes. 30 Eskadronen unter dem General Inigo Lamoral Grafen von Thurn und Taxis stießen über die Amper bis vor die Tore Münchens, brannten, raubten und plünderten, bis in dem ganzen Landstrich fast jede menschliche Siedlung zerstört war. Die Türken hätten sich einer solchen Grausamkeit geschämt, äußerte der französische Marschall Tallard. Der Kurfürst sandte ein Kavalleriekorps zum Schutze Münchens ab, das bei Fürstenfeldbruck eine starke Abteilung des Gegners zerschlug. Am gleichen Tage verbrannten englische und holländische Soldaten den Markt Mering. Marlborough schickte abermals 3000 Reiter, die bei Überacker nahe Fürstenfeldbruck ein Lager aufschlugen und von dort aus einzelne Abteilungen in die verschiedenen Ortschaften schickten, um Brandschatzungen zu erpressen und dann die Häuser anzuzünden. Als eine solche Abteilung den Markt Fürstenfeldbruck besetzte, forderte der kommandierende Offizier 300 Gulden Brandschatzung, kassierte sie, stellte sogar noch eine Quittung aus und ließ dann trotzdem den

Markt in Brand stecken; 113 Häuser gingen in Flammen auf. Es dauerte viele Jahre, bis die Bürger ihre Häuser wieder aufgebaut hatten, viele von ihnen mußten das Grundstück mit der Ruine verkaufen, mancher starb völlig verschuldet, ohne wieder aufgebaut zu haben. In der Hofmark Maisach bei Fürstenfeldbruck blieben von 86 Firsten nur acht stehen, 78 waren niedergebrannt. Ähnlich ging es den meisten Ortschaften der Umgebung, wie Puch, Gilching, Einspach, Olching, Ginding, Aufkirchen, Schöngeising, Lindach, Geisenhofen, Roggenstein, Wildenroth usw. Auch hier lagen viele Anwesen noch Jahre lang in Schutt und Asche. Die Folge war eine Entwertung von Grund und Boden. Zahlreiche Brandruinen wurden von ihren verarmten Besitzern um weniger als 100 Gulden verkauft und wechselten noch mehrmals die Besitzer bis sie wieder aufgebaut wurden.[116]

Insgesamt verloren damals die Pflegämter Landsberg 308 und Rain 868 Häuser, die Landgerichte Starnberg 105 und Dachau 488, die Gerichte Pfaffenhofen 739 und Aichach gar 1827, außerdem jeweils viele Kirchen, Pfarrhöfe, Schlösser, Werkstätten und Stallungen. Die kaiserlichen Brandschatzungsgelder betrugen im Monat August allein im Rentamt Landshut zuzüglich einiger weiterer Orte 1,37 Millionen Gulden, von denen die Gerichtsbezirke Eggenfelden 70000, Neumarkt 75000, Pfarrkirchen 70000, Vilsbiburg 40000 und Vilshofen 100000 Gulden hatten aufbringen müssen.[117]

Im ganzen Land regierte die Gewalt, nirgends waren die Menschen vor dem Zugriff raubender Soldaten mehr sicher, selbst der Unterschied zwischen Freund, Feind und Neutralem war verwischt. Karl Meichelbeck berichtet, daß 300 bayerische Reiter, die im Juni aus Schongau und Weilheim von den Kaiserlichen vertrieben ins Benediktbeurer Gebiet flohen, hier gleich anfingen zu plündern und dazu erklärten, es wäre besser, wenn die Bewohner dies von Freunden als von Feinden erlitten.[118] Eine Votivtafel in der Salvatorkirche von Mainburg in der Hallertau berichtet, daß am 19. Juli kaiserliche Husaren in Mainburg einfielen und von den Bürgern eine Brandschatzung erpreßten, die der Bürgermeister Andreas Lampacher zusammen mit dem Pfarrer Dr. Anton Sebastian Öfele nach Reichertshofen im Pfalz-Neuburgischen bringen mußte. Auf dem Rückweg wurde Öfele von einem anderen Husarentrupp gefangen, mißhandelt und als Geisel mitgenommen, um vom Markt Wolnzach ein Lösegeld zu ziehen. Als sich die Zahlung verzögerte und es dem Pfarrer schon an Kopf und Kragen ging, befreiten ihn kaiserliche Dragoner. Im August fiel er erneut in die Hände von Husaren, kam aber wieder glücklich davon. – Während im September 1704 Straubing belagert wurde und bayerische Truppen versuchten es zu entsetzen, wurde das umliegende Land von Proviantkommandos beider Parteien durchstreift. Ein solcher Trupp überfiel, wie eine Votivtafel in der Wallfahrtskirche Mariae Himmelfahrt in Haindling, Kreis Mallersdorf, berichtet, in einer Nacht das Schloß der Herrschaft Hainsbach, die dem Reichsstift St. Emmeram in Regensburg gehörte, also eine neutrale Partei. Sie plünderten und bedrohten den Propstrichter Johann Michael Niderhueber mit Umbringen, so daß dieser sich nur durch einen Sprung aus dem Fenster in den Schloßgraben retten konnte.[119]

Es ist angebracht, sich an dieser Stelle einmal vor Augen zu halten, welche Folgen eine solche Kriegsführung für die gesamten Lebensbedingungen der Bevölkerung hatte: Bei Durchzügen, Quartiernahmen und vor allem beim Plündern wurde stets der Bestand der Pferde, Rinder, Schweine und des Geflügels stark dezimiert, da die Soldaten die Pferde mitnahmen, das Vieh verzehrten oder verkauften, oft auch geraubte Tiere vom Besitzer gegen Geld auslösen ließen. Dies brachte einmal eine bedeutende Verschlechterung der Ernährung durch Abgang von Milch, Fett, Eiern und Fleisch, auf der anderen Seite aber eine Vermehrung der schweren körperlichen Arbeit, da die Zugtiere fehlten und die Zugarbeit vielfach von den Menschen verrichtet werden mußte. Die Ernteerträge gingen zurück, da die Feldarbeit schlechter verrichtet wurde und die Truppen mit ihren Pferden Saaten und Felder zerstörten. Zugleich mußte die Bevölkerung durchziehende und einquartierte Soldaten verpflegen und ihre Pferde füttern, was ihr nicht selten noch den Rest des Lebensminimums nahm. Der Viehbestand litt weiter durch erhöhte Beanspruchung und Futtermangel. Wurden Haus und Hof niedergebrannt, so waren nicht nur Vorräte und Hausrat dahin, sondern auch die Arbeitsstätte und die Mittel zum Erwerb des Lebensunterhalts, die Geräte für Ackerbau und Viehhaltung, Scheunen und Ställe, Handwerkszeug und Werkstatt vernichtet. Die Hoffnung auf eine baldige Besserung der Lebenslage war damit zerstört.[120]

Die Hofmarken Antdorf und Habach im Landgericht Weilheim,

die 1704 ausgeplündert wurden – Habach wurde auch niedergebrannt, Antdorf 1707 noch einmal geplündert – liefern uns ein Beispiel für die Folgen, die sich in Zuwachs und Sterblichkeit der Bevölkerung niederschlugen. Dort war die Bevölkerung, wie allgemein in Bayern, bis 1703 gleichbleibend gewachsen. In den Jahren
nach der Katastrophe von 1704 starben vor allem Säuglinge und
Kleinkinder: gemessen an den Geburten waren es in Habach 1705
40 %, 1706 71 %, 1707 45 %, 1708 23 %, 1709 wohl durch eine Seu-
che 89 %, 1710, als sich die Lage allgemein gebessert hatte, 11 %
und 1711 10 %. Ab 1710 setzte eine hohe Sterblichkeit der Jugend-
lichen um das Pubertätsalter ein, die bis etwa 1720 anhielt und
darauf zurückgeführt werden kann, daß durch Ernährungsmängel,
körperliche Überanstrengung und sonstige Schäden in den zurück-
liegenden Krisenjahren die Widerstandskraft der heranwachsen-
den Kinder stark geschwächt worden war. Noch später sank die
Heiratsziffer, da die heiratsfähigen Jahrgänge aus den genannten
Ursachen stark dezimiert waren; sie sank z. B. in Antdorf 1717 auf
null. Bis etwa 1720 wurden weniger Menschen geboren als abstar-
ben.[121]

Doch kehren wir zum Kriegsgeschehen zurück! Am 13. Juli hatte
der Kurfürst ein Generalaufgebot aller Männer zwischen 20 und 45
Jahren erlassen, das jedoch in diesen allgemeinen Wirren nicht
mehr zur Ausführung kam. Einen Monat später, am 13. August
1704, fiel die Entscheidung auf dem süddeutschen Kriegsschauplatz:
In der Schlacht bei Höchstädt und Blindheim an der Donau zwischen Dillingen und Donauwörth wurde der bayerische Kurfürst
von den Alliierten vernichtend geschlagen. Der bayerisch-französischen Armee unter Max Emanuel und den Marschällen Tallard
und Marsin mit 78 Bataillonen, 143 Eskadronen und 90 Geschützen
von insgesamt 56 000 Mann stand eine alliierte Armee unter Prinz
Eugen und Marlborough gegenüber, die aus 64 Bataillonen, 166
Eskadronen und 52 Geschützen bestand – insgesamt 52 000 Mann,
Österreicher, Reichstruppen, Preußen, Engländer und Dänen. Die
Alliierten griffen die Bayern und Franzosen an. Die Franzosen
wurden zurückgeworfen, während sich Max Emanuel mit den
Bayern tapfer hielt, aber keinen Gegenangriff mehr durchführen
konnte, womit er in früheren Schlachten oft Erfolg gehabt hatte. Da
die Alliierten ihren Angriff immer heftiger vortrugen, wurde ein

geordneter Rückzug der Bayern und Franzosen unmöglich, die Flucht setzte ein, viele Soldaten versuchten über die Donau zu schwimmen, viele von ihnen ertranken. Max Emanuel erkannte, daß die Schlacht verloren war und schloß sich mit der bayerischen Reiterei den Flüchtenden an; Marschall Tallard wurde gefangen genommen. Die Verluste waren auf beiden Seiten hoch: Bayern und Franzosen verloren fast 30 000 Mann an Toten, Verwundeten und Gefangenen, also mehr als die Hälfte ihres Bestandes, die Alliierten über 12 000 Tote und Verwundete, etwa ein Viertel ihrer Armee.[122]

In den folgenden Tagen sammelte der Kurfürst die Trümmer seines Heeres in der Gegend von Ulm und zog sich, verfolgt von den Alliierten, nach dem Westen zurück. Am 1. September überschritt er bei Kehl den Rhein und marschierte in die Niederlande ab, deren Statthalter er dem Titel nach noch war. Noch vor seiner Flucht hat er am 17. August seiner Gemahlin, der Kurfürstin Therese Kunigunde, die Regentschaft in Bayern mit allen Vollmachten übertragen.[123]

Es begann jetzt das zehnjährige Exil Max Emanuels, während dessen er weiter an der Seite Frankreichs mit seinen Truppen in den Niederlanden Krieg führte, aber völlig von seinem großen Verbündeten abhängig und diesem mehr eine Last als eine Unterstützung war. Er und sein Bruder, der Erzbischof Joseph Clemens von Köln, wurden zu Pensionären Frankreichs. Auch in dieser Zeit ist Max Emanuel im Grunde nicht zur Einsicht gelangt, daß die Politik, die er vor und im Spanischen Erbfolgekrieg betrieben hat, sich auf falsche Voraussetzungen gründete und damit von Anfang an verfehlt und verhängnisvoll war. Weiter hing er seinen Träumen von einer wittelsbachischen Großmacht und der Königskrone nach. Im Spiel um das spanische Erbe hatte er Bayern eingesetzt, diesen Einsatz hatte er nun verloren.[124]

Als sich die Nachricht von der Katastrophe von Höchstädt verbreitete, wurde ganz Bayern vom Entsetzen gepackt. Die Kurfürstin reiste gleich mit den Prinzen nach Ulm ab, um das Land zu verlassen, kehrte aber auf Weisung ihres Gemahls wieder nach München zurück und übernahm die Regentschaft des Landes.

In der Haupt- und Residenzstadt München bereitete man sich auf den Endkampf vor. Der Feind drang verwüstend bis in die Umgebung der Stadt, so daß sich das Landvolk in den Schutz ihrer Mauern flüchtete. Weitere Wallfahrts- und Gnadenstätten brachten ihre Gnadenbilder und Reliquien dort in Sicherheit, so Altötting und Tuntenhausen. »Nach der Schlacht von Höchstätt«, so berichtet eine Chronik der bayerischen Franziskanerprovinz, »ist eine unbeschreibliche Menge Bauers-Volk in die statt mit ihren Kindern undt haußfahrnus hereingeflohen. Khüe – Vieh undt pferdt haben die Baurn vill 1000 stuck yber die Isar hinübergetrieben. Hat man aus der statt hinaufgesehen, so hat man gewis 10 bis 15 Dörffer brünnen sehen. Undt haben die anoch sich in der statt befündtente franzosen die garttenhäuser von der statt alle hinweggebrendt, Undt ist eine solche forcht entstanden, daß vill handwercksleuth nichts mehr gearbeithet haben, sondern alle Tag den feindt erwarthet.« Man führte Buß- und Bittprozessionen durch, bei denen die in die Stadt geflüchteten Gnadenbilder und Reliquien mitgetragen wurden, viele Büßer trugen wie sonst nur am Karfreitag schwere Kreuze, gingen mit ausgespannten Armen oder geißelten sich. – In der Stadt lagen vier Bataillone Infanterie und mehrere Eskadronen Kavallerie. Zur besseren Verteidigung wurden vor den Wällen stehende Häuser abgerissen, auf den Wällen die Geschütze aufgepflanzt. Die Bürger wurden zur Schanzarbeit befohlen und mußten ihre Häuser mit Proviant versehen. Die Bürgerwehr trat ins Gewehr und wurde auf ihre Verteidigungsposten verteilt. Unter ihren Offizieren erscheinen die späteren Planer und Führer des Oberländer Aufstandes, der Weingastgeb Johann Jäger und der Eisenhändler Sebastian Senser. Der Landfahnen Eggenfelden mußte 557 Mann zur Besatzung der Residenzstadt abstellen usw. Es kam jedoch nicht zur Belagerung Münchens.[125]

Der Krieg nahm in Bayern seinen Fortgang bis zum November. Verschiedene reguläre Einheiten, regulierte Truppen und Landfahnen führten ihn weiter. Besonders tapfer schlug sich, nachdem die Bayern Regensburg geräumt hatten, das oberpfälzische Landbataillon Berguere bei der Verteidigung von Stadtamhof. Es wurde beim Sturm durch die Truppen Herbevilles auf dessen Befehl gnadenlos zusammengehauen. Alle Welt, auch Kaiser Leopold, äußerte sich entrüstet über dieses sinnlose Blutbad, das die Erbitterung kennzeichnet, mit der in diesem Kriege gefochten wurde, und das ein trauriges Vorspiel für die Niedermetzelung der bayerischen

Aufständischen bei Sendling und Aidenbach darstellt. Auch einige Land- und Stadtfahnen erfüllten wacker ihre Aufgabe, vor allem bei der Verteidigung fester Plätze. Doch der Krieg war verloren, Bayern war nicht zu halten, seine Verteidigung brach zusammen. Ingolstadt blieb nach kurzer Belagerung noch in bayerischer Hand, Straubing aber wurde nach kurzer Belagerung übergeben, da die Befehlshaber der Entsatztruppen die Aussichtslosigkeit der Lage einsahen. Auch die von Bayern besetzten Reichs- und Bischofsstädte, Augsburg, Ulm, Memmingen, Regensburg und Passau waren bereits oder wurden bald geräumt. Im übrigen ging der Raub- und Brandkrieg im Lande weiter. Das Volk lebte in Angst und Schrecken vor den feindlichen und den eigenen Truppen, von denen die letzteren, da ihre Löhnung seit langem nicht mehr bezahlt wurde, auf den Raub geradezu angewiesen waren.[126]

Die Annalen des Kapuzinerkloster zu Wasserburg am Inn berichten: »Nach laider verlohrnen zu Hechstett feindlichen treffen haben sich die khayserliche troppen aller orthen in die gränzen des Bayern mit blindern, rauben, pressuren und brand-steuer hin und wider ausgethaildt und allenthalben sich feindlich erzeigt; seindt auch nach Wasserburg und dero Gegendt khommen. Der Pfahr-Hoff zu Berg negst Cling ist von den khayserlichen Hußären feindlich umbgeben, mit pressuren, hinwegnehmung des viehs und betrohung des Abbrennens hart bedrängt worden, doch so vill ist mit demüttiges bitten und öfteres fueßfallen vor denen H. H. Officieren ausgewürkht worden, das der Pfahrhoff ohne verlezung ainiges brandts ist erhalten worden. Eben dises ist auch mit viller bemühung, bitten und betten geschehen durch die P. P. Capuciner zu Heßlwang und Eißlfing. Bey disen feindlichen betrangnußen hat fast die ganze Statt und Gegendt als Eißlfing, Rosenhamb, Trudering, Zornetting und ander mehr ihr zueflucht und vertrauen zu denen P. P. Capucinern genommen und ihr bestes in das Closter herein geflichtet, so hin und wider in dem Closter, als kheller, gartten, under das Tach und ander orthen vergraben und verwahrt worden.«[127]

Die Kurfürstin aber war mit der Aufgabe, die Regentschaft zu führen, völlig überfordert. Die kurfürstlichen Räte waren unter sich uneins, nur die bayerischen Landstände forderten jetzt mit allem Nachdruck den Abschluß eines Waffenstillstandes um jeden Preis.

Sie wandten sich auch an Kaiser Leopold und seinen Sohn, König Joseph, und flehten sie und die gegnerischen Heerführer um Gnade für das geschundene Land an. Der Kurfürstin hielten sie vor, daß der vom Feinde noch nicht überzogene Teil des Landes von den eigenen Truppen in unglaublicher Weise verwüstet werde. Sie erklärten auch, daß die Untertanen durch die Drangsale, die sie nach wie vor ausstehen müßten, so schwierig geworden seien, daß nur ein geringer Anlaß genügen würde, eine Rebellion auszulösen.[128]

Nachdem im Lager der Alliierten schon länger verhandelt worden war, wurde endlich am 7. November 1704 im Hauptquartier der kaiserlichen Truppen zu Ilbesheim vor Landau in der Pfalz der Kapitulationsvertrag durch den Vertreter der Kurfürstin, den Hofkammerdirektor und Geheimsekretär Johann Sebald Neusönner, und die Vertreter des Römischen Kaisers unterzeichnet und damit die Kriegshandlungen in Süddeutschland beendet. Beendet wurde damit auch die Selbständigkeit Bayerns, das von den Siegern in Verwaltung genommen und von ihnen für die Fortsetzung des Krieges gegen Frankreich ausgebeutet wurde. Das bedeutete, daß, wenn auch im Lande selbst nicht mehr Krieg geführt wurde, für das Land trotzdem der Kriegszustand bestehen blieb: die Menschen mußten weiter ihr Geld und Gut und selbst ihre Söhne dem Kriege opfern, jetzt aber nicht mehr auf Willen und zum Nutzen des eigenen Landesherrn, sondern eben der Gegner, von denen sie zuletzt in so grausamer Weise gepeinigt worden waren.[129]

Im einzelnen erlegte der Vertrag von Ilbesheim der Kurfürstin und Bayern die folgenden Verpflichtungen auf: Alle Festungen, die noch von bayerischen Truppen besetzt waren, mußten mit ihren Arsenalen, Artillerie, Munition, Gewehren und sonstigem Kriegsmaterial den Alliierten übergeben werden; die bayerischen Truppen, Offiziere, Mannschaften und sonstigen Militärpersonen mußten entlassen werden und schwören, fürderhin »wider Ihre kaiserl. Majestät, das Römische Reich und Dero hohe Allirte nicht zu dienen«; alle Kriegsbeute aus Tirol und die Festung Kufstein waren zurückzugeben; beide Seiten verpflichteten sich, ihre Kriegsgefangenen freizulassen; die französischen Offiziere, die sich noch in Bayern aufhielten, erhielten freie Ausreise; die Kurfürstin behielt die Territorialobrigkeit über das Rentamt und die Residenzstadt München mit sämtlichen Erträgnissen und Einkünften; diese Hoheit wurde dergestalt eingeschränkt, daß die Festung Ingolstadt mit Arsenal usw. den Alliierten eingeräumt, die seit 1700 gebauten Verteidigungswerke der Stadt München geschleift und sämtliche Arsenalbestände, Artillerie, Munition und sonstiges Kriegsmaterial, die sich in den Zeughäusern der Stadt und des Rentamtes München befanden, auszuliefern waren; außer einer Garde der Kurfürstin von 400 Mann durfte keine Wehrmannschaft bestehen; der Kurfürstin wurde freigestellt, mit ihren Kindern und ihrem Hofstaat Bayern zu verlassen; die bayerischen Landstände erhielten ihre bisherigen Rechte in vollem Umfang bestätigt. Mit dieser letzten Bestimmung wollte sich der Kaiser die Mitarbeit der Stände sichern, die bekanntlich reichstreu gesinnt waren und stets die reichsfeindliche Politik ihres Landesherrn abgelehnt hatten. – In einem besonderen Nachsatz vom 21. Dezember 1704 verpflichtete sich die Kurfürstin für den ihr gebliebenen Landesteil ausdrücklich, sie werde »von Unseren Landesangehörigen und Unterthanen gegen Sr. kaiserl. Majestät und das heilige römische Reich nichts Nachtheiliges oder Schädliches gestatten, hegen und noch weniger vornehmen lassen«.

9. KAPITEL

Bayern in der Hand der Sieger

Der Reichstag des Heiligen Römischen Reiches Deutscher Nation erkannte nach der Flucht des Kurfürsten in die Niederlande dem Kaiser das Recht zu, Bayern politisch und militärisch zu verwalten. Der Vertrag von Ilbesheim räumte dem Kaiser die Herrschaft über die Rentämter Straubing, Landshut und Burghausen ein. In der Oberpfalz wurde sie von seinen Beamten bereits ausgeübt. Nur dem Rentamt München blieb eine beschränkte Selbständigkeit. Max Emanuel erkannte den Vertrag nicht an. Er wäre sogar bereit gewesen, für seine »ruhmvolle und vorteilhafte« Sache sein Land in noch größere Not zu stürzen, als es ohnehin schon geschehen war. Er glaubte, daß der 1703 ausgebrochene ungarische Aufstand unter Franz Rákóczi, der Erfolge erzielt hatte, den Sieg Frankreichs ankündige. Da sich die kaiserliche Armee in Oberitalien am Ende des Jahres 1704 in einer denkbar schlechten Lage befand und die Franzosen für das Jahr 1705 echte Aussichten auf einen Sieg ihrer Waffen auf diesem Kriegsschauplatz hatten, war der Optimismus des Kurfürsten keineswegs so unbegründet, wie es bei der Betrachtung der Lage in Bayern allein schien. Worüber Max Emanuel sich jedoch täuschte, das war seine eigene Lage. Nach dem Verlust seines Landes hatte er kein politisches Gewicht mehr und konnte an den großen Entscheidungen in der europäischen Politik nicht mehr mitwirken.[130]

Die Leiden, die das bayerische Volk in den Kriegsläuften bisher hatte ausstehen müssen, hörten freilich auch ohne Zutun des Kurfürsten nicht auf, sie gingen in anderer Art fast unvermindert weiter. Die kaiserliche Besatzungsmacht und ihre Truppen beuteten das Volk in unerhörtem Maße aus, bis die Menschen in ihrer Verzweiflung keinen anderen Ausweg mehr sahen als den des bewaffneten Aufstandes. Bevor wir aber jene Vorgänge genauer betrachten, müssen wir uns vor Augen halten, in welcher politischen, militärischen und wirtschaftlichen Lage sich der Kaiser, seine Regierung und seine Heeresleitung in dieser Zeit befanden, wie sie in dieser Lage entscheiden und handeln mußten und welche Aufgabe sie dem besetzten Bayern hierbei übertrugen. Erst hieraus werden wir die Entscheidungen der Wiener Regierung bezüglich Bayerns und das Vorgehen der Besatzungsmacht im Lande verstehen.[131]

Der glänzende Sieg der alliierten Waffen bei Höchstädt und Blindheim hatte das große Ringen um die spanische Erbfolge nicht entschieden. Frankreich war nicht entscheidend geschwächt, der Krieg nahm an der französischen Nordostgrenze, d. h. in den spanischen Niederlanden und am Rhein, in Oberitalien und in Spanien seinen unverminderten Fortgang. Auf keinem dieser Kriegsschauplätze war den Alliierten ein entscheidender Durchbruch gelungen. Österreich mußte die Last der Kriegsführung in Italien allein tragen, war am Rhein mit starken Kräften beteiligt und kämpfte außerdem gegen den Aufstand in Ungarn, der sich gefährlich ausgeweitet hatte.

Die österreichischen Erblande und ihre Bevölkerung hatten für den Krieg, der nun ins fünfte Jahr ging, schwerste Opfer an Menschen, Geld und Sachwerten bringen müssen, wobei Ungarn und die vorderösterreichischen Lande in Schwaben ganz ausfielen. Für die Rekrutierung, Pferdebeschaffung, Ausrüstung und Verpflegung der kaiserlichen Truppen waren für das Jahr 1705 mehr als 26 Millionen Gulden veranschlagt worden, von denen aber die Wiener Hofkammer aus den Erblanden bestenfalls 20 Millionen hoffte aufbringen zu können; diese aber waren keineswegs sicher und wurden dann auch im Lauf des Jahres nicht aufgebracht. Die Glieder des Reiches reagierten auf die dringenden Aufforderungen zur finanziellen Hilfeleistung in diesem Krieg, der ja auch ein Reichskrieg war, unwillig und saumselig. Von den Kriegsschauplätzen, wo kaiserliche Truppen kämpften, liefen ständig die bittersten Klagen ein über die drückende Not der Soldaten, Mangel an Mannschaften, Pferden, Waffen, Material und Verpflegung. Anfang 1705 fehlten z. B. den kaiserlichen Infanterieregimentern 30 253 Mann, während die Erblande zusammen nur 15 891 Rekruten zu stellen hatten. Bei der Kavallerie war es genauso. Allein den in Oberitalien stehenden Truppen fehlten 8068 Pferde, soviel wie etwa der Beritt von acht Kavallerieregimentern. Den Truppen in Ungarn, die aufgrund der Beschaffenheit des Landes und der Art der Kriegführung vor allem Kavallerie brauchten, fehlten 1850 Mann und 4460 Pferde. Die notwendigen Rekruten konnten während des Jahres nicht angeworben werden. Erst ab Mai, als die Feindseligkeiten längst wieder begonnen hatten, trafen z. B. auf dem italienischen Kriegsschauplatz in unregelmäßigen Abständen Trupps von 100 bis 400 Rekruten ein, die den Bedarf bei weitem nicht zu decken vermochten. Als sich die Geldverlegenheit bis zum Äußersten gesteigert hatte, wurde eine Notsteuer in den Erblanden ausgeschrieben, zu der auch Adel und Geistlichkeit verpflichtet wurden. Von dieser Steuer war aber noch Ende Mai kaum Geld eingegangen, weshalb man zur militärischen Exekution der Eintreibung schritt. Was aber diese für die Bevölkerung bedeutete, werden wir später bei den Vorgängen in Bayern sehen. Es ist klar, daß unter solchen Umständen auch die Bitte des Erzherzog Karl, des jüngeren Sohnes Kaiser Leopolds I., der in Spanien um die Anerkennung seines Königtums kämpfte, um finanzielle Hilfe rundweg abgeschlagen werden mußte.

Um den alles verzehrenden Krieg nicht in die Länge zu ziehen, mußten der Kaiser und Prinz Eugen versuchen, Frankreich wenigstens auf einem Kriegsschauplatz entscheidend zu schlagen. In den Verhandlungen mit den Bündnispartnern über die nächsten Kriegsziele zeigten sich verschiedene Schwierigkeiten, diesen Durchbruch am Rhein und in den Niederlanden zu erreichen. So mußte man ihn in Italien anstreben, wo außerdem verschiedene Staaten nur auf eine solche Entscheidung warteten, um dann die Partei des Siegers zu ergreifen. Weiter konnte man damit rechnen, daß ein Sieg in Oberitalien den Weg in das zur spanischen Krone gehörige Königreich Neapel-Sizilien öffnen und schließlich auch den Alliierten auf den anderen Kriegsschauplätzen, besonders in Spanien, zum Erfolg verhelfen würde.

Der Kaiser befand sich also in einer mehrfachen Zwangslage. Einerseits fehlten ihm die Geld- und Hilfsmittel für die notwendige Verstärkung der Armee, andererseits mußte er aus politischen und militärischen Gründen mit allen Mitteln danach trachten, in diesem Krieg eine Entscheidung herbeizuführen. In Prinz Eugen von Savoyen hatte er den fähigsten Mann, den man damals in Europa überhaupt finden konnte, um solche Schwierigkeiten zu meistern. Der Kaiser hat auch seine eigenen Länder und Untertanen nicht geschont, sondern ihnen das letzte abverlangt. Nun hatte ihm der Sieg von Höchstädt und Blindheim das Land des geschlagenen und vertriebenen Reichsfeindes in die Hand gegeben. Was lag näher, als dieses Land Bayern – von dem es hieß, daß sein Kurfürst aus ihm ebensoviel Einkünfte gezogen habe wie der Kaiser aus dem reichen Böhmen, und zwar ohne dabei die Liebe seiner Untertanen zu verlieren – für die Auffüllung der Kriegskasse und der dezimierten Truppenteile auszubeuten. Dies wurde denn auch mit der Besetzung des Landes sogleich mit allem Nachdruck begonnen. Es war vor allem Prinz Eugen, der – aus seiner Zwangslage verständlich – in unnachsichtiger Weise seine Forderungen in Bayern aufbringen ließ und es durchsetzte, daß Bayern ganz dem Krieg in Italien »gewidmet« wurde.

In Bayern herrschte um die Jahreswende von 1704 auf 1705 ein ziemliches Durcheinander. Das Land befand sich in der Gewalt der alliierten Truppen, doch standen neben diesen die verbliebenen bayerischen Truppenteile noch unter Waffen und warteten auf ihre Entlassung. Bis die zivile kaiserliche Administration in den Rentämtern Straubing, Landshut und Burghausen die Leitung des Landes übernahm, regierte das Militär. Die Oberaufsicht hatte eine vorläufige Militärbehörde, die Kriegskommissariats-Substitution in Landshut. Bis Ende Dezember hatte Prinz Eugen sein Hauptquartier in Landshut. Dann führten in den Rentämtern Landshut und Burghausen Generalfeldmarschall Johann Franz Graf von Gronsfeld, in Straubing und in der Oberpfalz General Ludwig Graf von Herbeville das Oberkommando über die Besatzungstruppen. Diese Oberbefehlshaber unterstanden direkt dem Hofkriegsrat in Wien.[132]

Die Abdankung der bayerischen Truppen verzögerte sich, da das Geld fehlte, den seit einem halben Jahr rückständigen Sold auszuzahlen. Die kaiserliche Heeresleitung versuchte, die bayerischen Soldaten für ihre Truppenteile anzuwerben, was jedoch nur in Ausnahmen gelang. So traten von der bayerischen Besatzung von Ulm bei der Übergabe 100 Mann gleich in kaiserliche Dienste über; das gleiche tat der Oberst Johann Alexander de Wendt mit dem größeren Teil des Dragonerregiments Santini bei der Abdankung der Truppe in Erding. – Dieser de Wendt ist von dem kaiserlichen Infanterieobersten Johann Baptist de Wendt zu unterscheiden, der nach der Besetzung des Rentamts München Stadtkommandant von München wurde und an der Bekämpfung und Niederschlagung des Volksaufstandes wesentlichen Anteil gehabt hat. – Auch Generalwachtmeister Graf Tattenbach, der Verteidiger Schärdings, trat in kaiserliche Dienste über und wurde Festungskommandant von Braunau. Während des Volksaufstandes verteidigte er die Stadt gegen die Rebellen, mußte sie ihnen übergeben und wurde von ihnen längere Zeit gefangen gehalten. Im übrigen weigerten sich die Soldaten entlassen zu werden, bevor sie ihren rückständigen Sold erhalten hatten. So zog sich ihre Abdankung bis in den März 1705 hinein. Teilweise mußten Offiziere und Privatleute das Geld vorstrecken. Kavalleriepferde wurden an die kaiserlichen Regimenter verkauft. Da die meisten bayerischen Soldaten nicht in kaiserliche Dienste treten wollten, gingen sie zum Teil in die Niederlande; das suchte aber die kaiserliche Heeresleitung zu verhindern, um dem Kurfürsten keine Verstärkung zukommen zu lassen. Der größere Teil blieb im Lande, zog umher, quartierte sich bei der Zivilbevölkerung ein, beschwerte diese mit Forderungen oder tat sich auch mit ihr zusammen, weshalb Prinz Eugen und seine Truppenführer schon damals befürchteten, es könne zu einer »sizilianischen Vesper«, also zu einem Aufstand gegen die verhaßte Besatzung kommen.[133]

Diese Befürchtung war nicht ohne Grund. Die sinnlose Verwüstung des Landes hatte aufgehört, dafür aber strömten im November und Dezember die alliierten Truppen ins Land, um bei Bürgern und Bauern Winter- und Erholungsquartiere zu beziehen und um durch Werbung unter der bayerischen Bevölkerung ihren Fehlbestand zu ergänzen. In ein Haus sollten nicht mehr als zwei Mann gelegt werden; jedem hatte der Quartiergeber täglich 1 Pfund Fleisch, 2 Pfund Brot und 1 Maß Wein, einem Pferd 6 Pfund Hafer und 8 Pfund Heu zu geben. Außerdem mußte der Hausvater wöchentlich $4^1/_2$ fl. an das Generalkriegskommissariat entrichten. Bedeutete dies für die seit Jahren ausgepowerte Bevölkerung eine schwere Belastung, so kam noch hinzu, daß die zuchtlose Soldateska die Menschen auf alle mögliche Weise schikanierte, mehr verlangte, als ihr zustand, und dies mittels Drohungen und Mißhandlungen auch den ärmsten Familien abpreßte. Das Rentamt München blieb hiervon verschont, doch streiften in dessen Gerichten Dachau, Aichach, Rain, Schrobenhausen und Pfaffenhofen wieder kaiserliche Husaren plündernd umher. Bald wurden die Truppenführer, das Generalkriegskommissariat, Prinz Eugen und selbst der Kaiser mit Beschwerden der Landstände und Einzelner überhäuft. Man mußte ein Formblatt drucken lassen, nach dem diese Beschwerden und Aufstellungen der Exzesse und Schäden übersichtlich abgefaßt werden sollten. Die Klagen über die Ausschreitungen durchmarschierender Truppen liefen übrigens auch aus Schwaben und Tirol ein. Aber selbst scharf abgefaßte Truppenbefehle und Strafandrohungen konnten dem Übel nicht steuern, da sich die Offiziere an diesem Treiben beteiligten oder doch ihre Untergebenen deckten und die Kommandeure klagende Hausväter einfach hinauswerfen ließen. Die Rekrutenwerbung wurde von Anfang an von Prinz Eugen nachdrücklich befohlen. Sie wurde auch nicht ohne Erfolg durchgeführt, doch desertierten viele der bayerischen Rekruten nach dem Abmarsch nach Italien und erhielten sogar von der Tiroler Bevölkerung Hilfe und Unterschlupf.[134]

Zur Quartiernahme des Militärs bei der Bevölkerung kam die finanzielle Ausschöpfung des Landes durch Kriegssteuern in unerhörter Höhe. Am 15. Dezember 1704 wurde der bayerischen Landschaft eröffnet, daß die Rentämter Straubing, Landshut und Burghausen eine Kontribution von 3,15 Millionen Gulden aufzubringen hätten, an der sich auch Adel und Geistlichkeit beteiligen müßten. Die Landstände protestierten mit allem Nachdruck dagegen und wiesen auf die schlechte Lage des Landes und die Gefahr eines allgemeinen Aufstandes des verzweifelten Volkes hin; schon jetzt würden sich vereinzelt Untertanen auflehnen; doch umsonst. Jeder ganze Hof mußte 43 fl. aufbringen, die kleineren Güter sowie Städte und Märkte wurden in entsprechender Höhe veranlagt. Waren die Untertanen zahlungsunfähig, so mußte der Grundherr die Steuer vorschießen. – Die Kontribution wurde durch militärische Exekution unter Anwendung aller möglichen Gewaltmittel nahezu vollständig aufgebracht, nachdem Prinz Eugen erklärt hatte: »Wo die Noth vorschlaget, da heißt es nach dem Sprichwort, daß solche das Eisen brechen müsse.«[135]

Es war Eugen klar, daß es in Bayern Schwierigkeiten geben würde. Er schrieb am 10. Januar 1705 an Feldmarschall Gronsfeld, er glaube gern, »daß der Landmann seinen eigenen Herrn, unter dem er von mehr als 100 Jahre gestanden, niemalen völlig abhold sein, sondern allezeit eine innerliche Affektion haben werde«.[136] Im Rentamt Burghausen setzten sich denn auch schon einzelne Bauern in ihrer Not gegen die einquartierten kaiserlichen Soldaten zur

Wehr und erschlugen einige der dreistesten Gäste. Auch auf den Straßen wurden bewaffnete Bauern beobachtet, worauf Gronsfeld im Februar die Entwaffnung der Bevölkerung befahl. In Ingolstadt kam es zu Studententumulten und Reibereien mit der kaiserlichen Besatzung. Auch in Reichenhall gab es Widerstand. Dort lag der Rest des bayerischen Infanterieregiments Walser mit 618 Mann, die im Januar tumultuarisch die Abdankung verweigerten und erst im März ausgezahlt und abgerüstet werden konnten. Als die Stadt dieser Gäste ledig war und kaiserliches Militär einrücken wollte, besetzten die Bürger alle Tore und verweigerten diesem den Einzug.[137]

Das bayerische Volk galt damals als behäbig und friedliebend und zu nichts weniger geeignet als zu Aufruhr und Rebellion. Es hatte die Kriegslasten seines Kurfürsten getragen, ohne sich gegen seinen Landesherrn zu empören. Doch die Unterdrückung und die Ausschreitungen von Seiten der landfremden Truppen im Winter 1704/05, die das Leben dieses Volkes ernsthaft bedrohten, mußten es dazu treiben, lieber gleich zu sterben, als unter der drückenden Faust der Sieger ein ständig bedrohtes elendes Leben zu führen. Im Folgenden seien jene Vorgänge mit einigen Beispielen ins Bild gesetzt. Wir wollen versuchen zu sehen, wie die Menschen sie damals selbst erlebt und erlitten haben.

Die Oberpfalz war bereits seit 1703 besetzt. Sie war der Landesteil, der in den Läuften jener Jahre wohl am meisten gelitten hat. Für die Grafschaft Cham, die zum Rentamt Straubing gehörte, aber das Schicksal der Oberpfalz teilen mußte, liegen uns sehr genaue Nachrichten vor.

Bei der Eroberung der Oberpfalz und der angrenzenden Teile des Bayerischen Waldes im Herbst 1703 war auch die Grafschaft Cham durch kaiserliches Militär und böhmischen Landsturm ausgeplündert worden. Die Oberpfalz und das Waldrevier mußten danach kaiserlichen, kurpfälzischen, fränkischen, preußischen, württembergischen und dänischen Truppen als Winter- und Erholungsquartier dienen. Im Winter 1704/05 mußte die Grafschaft Cham preußische Infanterie und Kavallerie in einer Stärke von 2094 Mann und 635 Pferden ins Quartier nehmen. Davon entfielen auf die Stadt Cham Stäbe und Mannschaften mit insgesamt 374 Mann, der Rest auf das Land. Die Anzahl der Höfe und sonstigen Anwesen auf dem Land betrug jedoch nur 654, wovon aber rund 150 als »totaliter ruiniert« gemeldet waren. Die vorgeschriebene Höchstbelegung eines Hauses mit zwei Mann mußte folglich überschritten werden; drei bis vier Mann und ein Pferd dürfte auf dem Lande die Regel gewesen sein. Die Preußen ließen kein gutes Andenken zurück. Sie blieben länger, als vereinbart worden war, bis zum Mai, und erpreßten über die vorgeschriebenen Verpflegungssätze hinaus von der Bevölkerung 16 528 fl. in Bar und Naturalien im Werte von weiteren 16 472 fl. Insgesamt kosteten die Winterquartiere die Bevölkerung dieses kleinen Gebietes 124 820 fl., was ungefähr dem Wert von 100 guten Häusern entsprach. Dazu kamen dreimal Quartiernahmen von durchmarschierenden Rekruten zwischen Januar und April, die neben den Preußen untergebracht und verpflegt werden mußten. Im Juni und Juli nahmen noch einmal drei dänische Regimenter ihren Durchmarsch durch die Grafschaft. Bei den Durchzügen mußten die Bauern Vorspanndienste mit jeweils etwa 50 Pferden leisten. Im Juli mußten sie alle ihre Pferde zur Musterung vorführen, aus denen die kaiserliche Reiterei Remonten einzog. Als schließlich die hohen Kriegssteuern eingefordert wurden, berichtete im April der Pfleger von Cham an die Administratiton in Amberg, daß weder von einer Herrschaft noch von den Untertanen auch nur ein Kreuzer Geld zu holen sei, da alle durch die preußische Einquartierung ausgesogen und in Armut gestürzt worden seien. Ähnliche Berichte liefen im Laufe des Jahres aus allen umliegenden Ämtern ein, aus Wetterfeld, Waldmünchen, Rötz, Nabburg, Neunburg usw. – In der Oberpfalz und im Waldrevier wurden damals auch zahlreiche Rekruten angeworben. Besonders eifrig warben die dänischen Regimenter; obwohl sie protestantisch waren, konnten sie aus der rein katholischen Bevölkerung 1200 Mann einstellen. Diese Männer sind, anscheinend von der herrschenden großen Not gedrungen, freiwillig gefolgt.[138]

An diesem Beispiel und in jenen einfachen Zahlenvergleichen wird das grelle Mißverständnis sichtbar, das einerseits zwischen einer relativ kleinen und schon lange wirtschaftlich geschwächten Bevölkerung und andererseits dem Umfang der unumgänglichen Leistungen bestand, die diese für die einquartierten Truppen täglich über viele Monate hin aufbringen mußte; dies führte zwangsläufig zu einer wirtschaftlichen Belastung der einzelnen Familien und Haushalte, die die Grenze des Erträglichen weit überschritt. Nun waren diese Belastungen vom Standpunkt der kaiserlichen Heeresleitung und der alliierten Truppenführer her gesehen vielleicht tatsächlich unumgänglich, diktiert von der harten Notwendigkeit des Krieges und für die Erhaltung der Soldaten, die ja auch hungerten und froren. Was aber dem Ganzen die Krone aufsetzte, das waren die Zuchtlosigkeit und die Willkür der Soldaten einschließlich ihrer Offiziere, denen die Bevölkerung recht- und hilflos preisgegeben war. Hierdurch schadete sich die Besatzungsmacht auch selbst, da von einem völlig zugrundegerichteten Land schließlich weder Steuer- noch Quartierleistungen mehr aufgebracht werden konnten – ein Argument, das die bayerischen Landstände in ihren zahlreichen Klageschriften mehrfach vortrugen.

Wir besitzen einen Bericht über die Exzesse, die von den im Rentamt Burghausen in Winter- und Erholungsquartieren liegenden kaiserlichen Truppen an der Bevölkerung verübt worden sind. Dieser Bericht ist enthalten in dem Remonstrationsschreiben, das der Landesdefensions-Kongreß zu Braunau am 30. Dezember 1705 an den Reichstag zu Regensburg gesandt hat, um Ursachen, Entstehung und Ziele des Volksaufstandes darzulegen. Das Schriftstück wurde von Johann Georg Hagen, dem Sekretär der Regierung des Rentamtes Burghausen, verfaßt. Die Berichte über die Truppenexzesse und die Bedrängnis der Bevölkerung hat Hagen von einem gewissen Dr. Schuester erhalten, der sie nach mündlichen Darstellungen aus der Bevölkerung und wohl von Augenzeugen niedergeschrieben hatte. Die gesamte Darstellung ist von der versammelten Regierung in Burghausen gebilligt und vom Braunauer Kongreß verabschiedet worden. Sie dürfte also im Großen und Ganzen als wahrheitsgetreu gelten.[139]

Nach diesem Bericht hat die im Rentamt Burghausen einquartierte Soldateska von der Bevölkerung etwa das Dreifache der offiziellen, gedruckt veröffentlichten Verpflegungsnorm unter Anwendung von Gewalt und Folter erpreßt. Die Art dieser Erpressungsmethoden und sonstigen Ausschreitungen wird in einer Reihe von erschütternden Beispielen beschrieben: »Es hat aber der unersättlichen geltbegürigkeit des Soldaten gegen uns armbseligist betrengten Unterthanen, hunger, feuer und khölte zu einem schmerzlichen Werkhzeug dienen müssen, theilsorten seindt unsere Weiber und kinder mit gewalt hingerissen, eingesperret und so lang und vill mit hunger geplagt wordten, bis wür zu ihrer erlesung bey barmherzigen leuthen entlich so viel gelt gesamblet und aufgebracht, als man von uns gefordert. – Zu Pirach, so ein Dorf des Pfleggerichts Neuötting eine kleine Stundt von Burghausen entlegen, wurden von einem Haubtmann des Graf Sinzendorfischen Dragoner-Regiments an die umbgelegene Paurnschaft für sein geführtes Commando gewise Recompens-Gelter anbegehrt, und die arme Leuth, so sich zu abfiehrung solcher unbillichen Zuemuettungen nit einverstehen wollen noch können, bei der allergrößten grimmigen Winterskälte in einen offenen Pauernhoff under haittern Himmel zusammen gespörrt, und solchergestalten durch den eintringenden frost, haben sie anderst das leben vor kälte nit verliehren wollen, angagiert yber 1000 fl. so intitulirte Recompensgelter ihme Hauptmann zubezahlen.«

Auf ähnliche Weise erpreßte Oberst Graf Sinzendorff, der Kommandeur dieses Regiments, von dem Städtchen Neuötting 1000 fl. Im Pflegegericht Braunau sperrten Soldaten vom Infanterieregiment des Obersten Johann Baptist de Wendt neun Männer und Frauen in eine Badstube, heizten den Ofen, bis die Leute fast erstickten und sich in ihrer Not mit Geld loskauften; eine Person starb an den Folgen dieser Tortur, die übrigen beklagten sich beim kaiserlichen Kriegskommissar, der sie jedoch mit Schimpf- und Spottreden davonjagte. Einen armen Bauern nagelten Soldaten mit dem Kinn an einen Tisch, andere spannten sie in schmerzhafter Weise auf den Bock, wieder anderen schnürten sie die Hände hinter dem Nacken zusammen und drehten sie aus den Gelenken, schlugen sie dann, »daß sye jämmerlich geschrien und zu gott umb hilff gerueffen«. Die Quartiergeber mußten zusätzlich zur vorgeschriebenen Verpflegung Wein, Bier, Met, gesottenes und gebratenes Fleisch, an Fasttagen beste Fische auftischen und ein Geldstück unter den Teller legen. Manche Offiziere verlangten neben der Verpflegung täglich bis zu 15 fl. Der Hausvater, seine Familie und Dienstboten mußten die Gäste bedienen, hatten sich dann aber aus Stube und Haus zu scheren, um ihr trockenes Stück Brot unter freiem Himmel zu essen. Über das Vieh im Stall verfügten Soldaten und Offiziere nach eigenem Gutdünken, schlachteten oder verkauften es; ebenso taten sie es mit den Feldfrüchten in den Scheunen; Obstbäume wurden mutwillig verschnitten und zerstört. Wollte der Soldat über Land reisen, so mußte der Bauer seine eigenen »abgematteten Rößl« einspannen, ihn herumfahren und nicht selten sogar seine Einkäufe in den Kramläden bezahlen.

»Ist es dem Officier oder Soldaten in kopff khommen, Gastereyen anzustöllen, und seine Cammeraden neben leichtfertigen s. v. Hurengeschmaiß hierzu einzuladen, ware dem Paur obgelegen, nach der ihme behendigten speißzöttl, alles auf seine Uncosten, mithin auch allerhand Confect von Zuckher, wan man schon etliche meill weegs hierumben lauffen miessen, herzuschaffen, und es ist bisweillen gleichwollen dahin ankommen, das alle auf dem Tisch gestandtne Speisen, samt schißl und Teller, aus Purer Boßheit dem Pauern zum Kopf und hinter die Thür geworffen, und an Statt denen de novo gelt erpreßt, ja sogar mannichsmal die beste speisen nit allein mit fiessen getretten, sondern welches erschröcklich zuhören, daryber den s. v. Unflath des Leibs gelassen, auch durch andere Unthatten noch mehr die Gaben Gottes entunehret und mißhandelt wordten, des fluechens, scramentirens und entsezlichen Gotteslästerungen warn hierbey und zwar sonderbar, wann der Paursmann zu dergleichen Gastereyen mit Herbeyschaffung einiger begehrten Delikatessen, so der orthen umb villes gelt nicht zu bekhommen, unmöglich folgen khönnen, kein maß noch Zihl, und mueste derselbe unter angedroheten feuer und schwerdt aus seiner aigenen Herberg flichtig werden. … Die leichtfertigkeit und fleischliche Schandthaten seint ohne Beleidigung züchtiger Ohren nit zubeschreiben oder zuerzöllen, doch ist in compendio gewiß, das maiste Soldaten fortan bestendig die s. v. Huren bei sich gehalten, oder da sie nit gleich bei der Stöll gewest, der Paur eilfertigst selbe herbeibringen, und dergleichen scorda für den Soldaten belohnen miessen, gestalten ihr schändtliches unzuchtvolles Leben hiebei kein Ziehl gefunden, sondern solche unmenschliche schandthaten degenerirt und ausgeschlagen, daß von ihnen sogar nit alleinig der Quartiersvätter Eheweiber nothgezüchtiget, und der Ehemann selbsten diese Unthaten Persönlich anzusehen gewalthätig gezwungen wordten, sondern auch von disen Unzichtigen Pockhgaillen vor Gott und der Ehrbaren Welt, ja bei den Barbaren selbst verfluechten abscheulichen brunst, sich sogar die Junge unmannbahre Mägdl, ja ein zweitägige Kindbötterin nit erwehren mögen.«

Nun kam noch die hohe Kriegssteuer dazu, die im Land rücksichtslos eingetrieben wurde. Berücksichtigen wir hier wieder, daß die kaiserliche Heeresleitung diese Gelder unbedingt brauchte, so war doch auch von ihrem Standpunkt aus gesehen die Unnachsichtigkeit bei der Aufbringung und die Art und Weise, wie dabei vor allem das Landvolk seiner letzten Habe, selbst des Hausrates und der Gerätschaften für ihre Arbeit beraubt wurde, kurzsichtig, denn man wußte, daß der Krieg noch länger dauern würde und daß man Bayern und seine Hilfsquellen auch fürderhin benötigte. In dem Remonstrationsschreiben des Braunauer Kongresses lesen wir hierüber: [140]

»Die Armueth und nott sahen Wür bei diesem allen unser einziger hausrath zu sein, also zwar, daß, wan die G(erich)tsdiener und Beamte, den g(erich)tlichen Gewalt zu einheischung dergleichen Anlagen yber uns verhenget, sie selbsten nichts anders, dann das wehmiettigiste Clagen neben Seufzer und Thränenvergiessung unserer an dem hungertuech nagenter Weiber und kindter gefundten ... (Wir haben) in diser unser eussersten betrüebniß nur all zu empfindlich fillen miessen, wie alles bitten und flehen der Elendt gemachten genzlich Banisirt, und sie hingegen ohne alle Barmherzigkheit mit der Militärischen Execution yberfallen, diesen das etwan noch ybrige Pöttlein unter den Leib, jenen das noch verbliebene schlechte rößl oder Vichel, andern aber die räder von denen wägen, und andere instrumenta rustica, neben dem schlechten Kuchelgeschür hinwekhgenommen, und wür zwar hierdurch in gebrechung deren – warmit auch die Veldtarbeith sich nothwendig spörren miessen – immer mehrers zu entrichtung der Praestationen incapaces gemacht: Ihro Kayserl. Majestät aber mindiste Nuezen geschafft, sondern mittels solcher Auspfendtungen endlich bloß der zu derley exactionen gebrauchten Soldaten deputata erpreßt wordten, worbey es manichsmahl nur umb 30 oder 40 gleichwollen unser Vermögen übersteigente Kreuzer zu thuen were.«

Man wundert sich, daß es unter solchen Umständen überhaupt möglich war, die riesige Summe von über 3 Millionen Gulden aufzubringen, mehr als das Doppelte des Steueraufkommens ganz Bayerns in einem Friedensjahr. Auch die Bürger in den Städten und Märkten der besetzten Rentämter mußten tief in die Tasche greifen, doch scheint unter ihnen ein gewisser Lastenausgleich möglich gewesen zu sein, wie es aus dem Kriegssteuerbuch der Stadt Straubing für das Jahr 1705 hervorgeht.

Die Stadt Straubing war noch in den letzten Kriegswochen nach der Schlacht von Höchstädt stark in Mitleidenschaft gezogen worden. Angesichts der drohenden Belagerung hatte man die Häuser vor der Mauer auf 100 Schritt abgebrochen oder niedergebrannt, wodurch zahlreiche Bürger ihrer Wohn -und Arbeitsstätte beraubt wurden. Der Schaden wurde auf 40000 Gulden geschätzt. Am 28. Oktober 1704 wurde die Stadt nach dreizehntägiger Belagerung den kaiserlichen Truppen übergeben. Als sie von der Besatzungsmacht zur Leistung der Kriegssteuer aufgefordert wurde, verteilte der Rat die Lasten dergestalt auf die Bürger, daß jeder auf das zehnfache der normalen Steuer veranschlagt wurde. Hatten die Steuersätze für den einzelnen Hausherrn und Familienvater ursprünglich etwa zwischen 40 kr. und 10, höchstens 25 fl. betragen, so betrugen sie jetzt zwischen 6 und 100, im Höchstfall 250 fl. Von den rund 1000 Veranlagten in Straubing hat ein gutes Viertel eine Kriegssteuer von 20 fl. und mehr bezahlt – vergleichsweise hatte auf dem Land der Vollbauer 43 fl. zu entrichten. Diese Bürger waren Bierbrauer, Gastwirte, Kaufleute, Metzger, Bäcker, Schuhmacher, Weißgerber, Riemer, Lederer, Tuchmacher, Huf-, Kupfer-, Messer- und Goldschmiede, Kanzlisten und Schreiber, Apotheker, Bader, der Stadtarzt, eine ganze Reihe von Bauern und einzelne Angehörige anderer Gewerbe. Sie scheinen diese hohe Kriegssteuer ohne allzugroße Schwierigkeiten aufgebracht zu haben, denn es wurde ihnen nur selten ein Nachlaß gewährt. Anders war es bei den kleinen Leuten, vor allem den Tagwerkern, Knechten, Gärtlern und kleinen Handwerkern, wie Schneidern, Schustern, Webern usw., deren Normalsteuer bis zu 2 fl. ging. Sie wurden jetzt häufig befreit, da ihre außerhalb der Mauern liegenden Anwesen größenteils niedergebrannt waren. Sie genossen sozusagen den Schutz des städtischen Gemeinwesens, das insgesamt die Kontribution aufbrachte und nach der Kenntnis des Einzelnen die Lasten verteilen konnte. Neben dieser gestaffelten Steuer wurde eine Rauchfangsteuer von jedem Haus in Höhe von 2 Gulden erhoben. Armen und solchen Bürgern, die ihr Haus vor und bei der Belagerung verloren hatten, konnte auch diese Abgabe erlassen werden.[141]

Die Stadt Burghausen erhielt am 29. Dezember 1704 eine kaiserliche Besatzung. Am 11. Januar 1705 wurde sie zu einer außerordentlichen Kriegssteuer nach dem Hoffuß verpflichtet, und zwar wurde die Stadt 35 Höfen zu je 15 fl. gleichgestellt, mußte also 525 fl. bezahlen. Danach wurde ein sogenannter Hybernalbeitrag von 1000 fl. von ihr gefordert usw. Dazu kamen die Kosten der Einquartierung; die gefreiten Stände, Adel und Geistlichkeit, mußten zwar keine Soldaten aufnehmen, aber doch Einquartierungsbeiträge bezahlen, so daß sie diese Last mittragen halfen, wenn auch auf eine relativ angenehme Weise.[142]

Die Hauptlast hatte das Landvolk zu tragen. Zwar sollte für einen verarmten Untertan der Grundherr einspringen, doch war auch dessen Leistungsfähigkeit begrenzt. Der Bürger lebte sicherer. Nicht nur ein gemeindlicher Lastenausgleich konnte ihn schützen, sein Gemeinwesen besaß als Landstand politische Rechte und war gewohnt, sie zu vertreten. So dürften auch die Quartierbelastung nicht so drückend und Exzesse der Soldaten nicht so hemmungslos gewesen sein wie auf dem Lande, wo ein Trupp Soldaten in einem Dorf oder gar auf Einödhöfen ganz unkontrolliert schalten und walten konnte. Die Anwesenheit höherer Kommandostäbe, bei denen Bürgermeister und Rat vorstellig werden konnten, mag auf die Truppe mäßigend gewirkt haben. Ausnahmen gab es freilich auch, wie das oben erwähnte Beispiel der Stadt Neuötting zeigt. Doch hatten z. B. im November 1705 die Beschwerden der Bürger von Moosburg und Landshut gegen die Überbelegung ihrer Häuser mit Soldaten Erfolg; die Einquartierung wurde auf mehrere Orte verteilt.[143] Das Verhalten der Siegertruppen im Markt Vohburg an der Donau, wo nacheinander verschiedene Stäbe lagen, und in den umliegenden Dörfern zeigt jenen Unterschied: der Markt wurde zwar mit Brandschatzung belegt und mußte Quartiere bereitstellen, aber es waren die Bauern der Umgebung, z. B. der Dörfer Menning, Mehring und Pföring, denen die Soldaten das Vieh aus den Ställen holten und die Pferde von den Pflügen spannten und denen sie dadurch die Lebensgrundlage zerstörten.[144]

Die ganze Verzweiflung des Landmanns drückt sich in einem Volksgedicht aus, das uns aus der Zeit der kaiserlichen Herrschaft in Bayern überliefert ist. Wie viele solcher Äußerungen des einfachen Volkes früherer Zeiten zu den politischen und sozialen Zuständen Umdichtungen von Gebeten oder Kirchengesängen waren, die das Volk auswendig konnte, so benützt auch dieses Gedicht das Vaterunser als Leitfaden für seine Klagen. So konnte es leicht mündlich verbreitet werden: [145]

»Bayrischer Baurn Vaterunser.

Sobald der Soldat kömmt herein,
So grüßt er uns im Friedensschein: ›Vater unser‹!
Wir Baurn denken uns im Sinn:
Der Teufel hol den Gast dahin, ›der du bist‹.
Das Fluchen ist ihm angeborn,
Kein Heiliger bleibt ungeschorn ›in dem Himmel‹.
Ich glaub nicht, daß man einen find,
Der unter diesem Lästerg'sind ›geheiligt werde‹.
Es ist ja kein Volk auf Erde,
Durch welches so gelästert werde ›Dein Name‹.
Sie quälen uns ohn' Ruhe und Rast
Und schreien stets »Bauer, was du hast, ›zukomme uns‹!«
Sie sengen und rauben in eim Jahr
Und wenn sie könnten auch sogar ›Dein Reich‹.
Herr! wenn du sie thätst all erschlagen,
Wir Bauren würden mit Freuden sagen: ›Dein Wille geschehe‹;
Denn, wenn man Nichts von ihnen hört,
So leben wir Bauern hier auf Erd ›wie im Himmel‹.
Ich weiß nicht, wo dieß Volk hing'hört!
Im Himmel zu wohnen sind's nicht werth, ›also auch auf Erden‹.
Sie wollen gar nicht warten lang
Und haben stündlich das Gesang: ›Gieb uns heunt‹!
Sie thuen uns erschrecklich plagen,
Dazu ist das verfluchte Schlagen ›unser täglich's Brod‹.
Und wenn sie auch uns Bauern schlagen,
So wird nach diesem Keiner sagen: ›vergieb uns‹.
Wir können uns gar nicht erholen,
Wenn wir dazu noch zahlen sollen ›unsere Schulden‹.
Sie wollen auch als wie die Affen
Sogar bei unsern Weibern schlafen ›als wie wir‹.
Trifft einer eine schöne Wirthin an

So wollt er lieber ihrem Mann ›vergeben‹.
Sie machten uns viel Kummer und Müh.
Ich wollt der Teufel holte sie ›sammt unsern Schuldigern‹.
Wenn einer nicht mehr gehen kann,
So heißt es »Bauer, spanne an ›und führe uns‹.«
Noch müssen wir mit Schmerz verspüren,
Daß sie alle Mädchen uns verführen, ›nicht in Versuchung‹!
»O Kaiser, lindre diese Pein,
Laß uns nicht so gequälet sein, ›sondern erlöse uns‹!
Führ' doch hinweg die Kriegesleut,
So seind wir hier und dort befreit ›von allem Uebel‹.«
Gott helfe, daß dieß werde wahr,
So woll'n wir singen immerdar: ›Amen‹!«

10. KAPITEL

Die Einsetzung der kaiserlichen Administration in Bayern und die Besetzung des Rentamts München

Willkür, Gewalt und Rechtlosigkeit regierten im Land. Die provisorische Militärverwaltung, die Kriegskommissariats-Substitution in Landshut, war nicht in der Lage und auch gar nicht befugt, die Ausschreitungen des Militärs zu unterbinden, denn die Oberbefehlshaber unterstanden direkt dem Hofkriegsrat in Wien. Dort aber erkannte man bald, daß ein geordnetes Leben in Bayern nur durch eine zivile Regierung, die mit umfassenden Vollmachten ausgestattet sein mußte, wieder hergestellt werden konnte.

Im April 1704 war Maximilian Karl Graf von Löwenstein-Wertheim zum Statthalter der Oberpfalz ernannt worden. Der bisherige Statthalter, Freiherr von Tastungen, wurde Vizestatthalter. Nachdem am Anfang des Jahres 1705 die Zustände in den drei besetzten altbayerischen Rentämtern höchst unbefriedigend waren und die Bevölkerung durch das Militär immer mehr in Not geriet, so daß sie die Steuerforderungen der kaiserlichen Kriegskasse bald nicht mehr erfüllen konnte, und nachdem weiter die Generale unfähig waren, die Exzesse der Truppen abzustellen, setzte Kaiser Leopold I. auf Empfehlung des Prinzen Eugen und des Hofkriegsrates im März 1705 eine oberste zivile Landesverwaltung ein, der auch das im Lande stehende Militär unterstellt wurde. Diese »Kaiserliche Administration in Bayern« sollte ihren Sitz in Landshut haben, zum Administrator wurde Graf Löwenstein ernannt. Tastungen blieb Vizestatthalter der Oberpfalz.[146]

Man war in Wien ernsthaft bemüht, in Bayern geordnete Zustände zu schaffen und die Bevölkerung vor den immer unerträglicher werdenden Übergriffen zu schützen. Dies zeigt die Instruktion für den Administrator vom 4. April. Graf Löwenstein wurde darin verpflichtet, die Huldigung, also das Treuegelöbnis des Volkes für den Kaiser als Landesherrn entgegenzunehmen. Er sollte Landstände und Untertanen »bei gutem Wesen« erhalten, die staatlichen Einkünfte gut verwalten, die Lasten der Kontributionen gerecht zumessen und verteilen sowie die Steuern ohne allzugroße

Bedrückung des Landes einbringen – was allerdings schwer zu verwirklichen war; er hatte im Lande gute Ordnung zu halten und die Exzesse des Kriegsvolkes zu unterbinden. Da man fand, daß die Verwaltung in Bayern gut eingerichtet war, sollten die ehemals kurfürstlichen Beamten in ihren Stellungen belassen und nur solche, die ausgesprochene Parteigänger des Kurfürsten oder der Kurfürstin waren, entlassen werden. Der Administrator sollte dafür sorgen, daß verborgene Vorräte an Waffen und Munition aufgespürt und das Volk entwaffnet würden. Dies hatte er auch im Rentamt München durchzuführen. Dieses damals nicht besetzte Rentamt sollte er durch getarnte Beobachter überwachen, weiter auch dessen Ständen und Einwohnern einen Treueid für den Kaiser abnehmen und schließlich jeden Verkehr von dort mit dem in den Niederlanden weilenden Kurfürsten unterbinden.[147]

Mit Graf Löwenstein hatte der Kaiser zweifellos einen guten Griff getan. Löwenstein entstammte dem fränkischen Adel; er stand seit Jahren als Diplomat in kaiserlichen Diensten. Für die bedrückte Bevölkerung Bayerns hatte er von Anfang an Verständnis und hat sich als Administrator vielfach für deren Belange sowohl gegen das Militär und seine Ausschreitungen, als auch gegenüber der Wiener Regierung und ihren hohen Kontributionsforderungen nachdrücklich eingesetzt. Er war ein Mann, der die Unterworfenen schonen wollte, was man weder von Kaiser Joseph I., der bald den Thron besteigen sollte, noch vom Hofkriegsrat und schon gar nicht vom Prinzen Eugen sagen kann, die durch ihre oft grausamen Forderungen die bayerische Bevölkerung zur Verzweiflung trieben. Die Bevölkerung wußte dies und hatte deshalb zu Löwenstein Vertrauen.[148]

Nach seiner Ernennung begab sich der Administrator nach Landshut und trat sein Amt an. Seine erste Amtshandlung war die Entgegennahme der Huldigung der Stände und Untertanen am 9. Mai in Landshut; auswärts wurde sie durch seine Bevollmächtigten entgegengenommen. Obwohl dieser Akt die Anerkennung der Fremdherrschaft durch das Volk bedeutete, hat sich anscheinend niemand der Huldigungsleistung entzogen. Die kurbayerischen Behörden wurden zu kaiserlichen Behörden, die kurbayerischen Städte und Festungen hießen jetzt ebenfalls kaiserlich usw., doch blieben die bayerischen Gesetze in Kraft, nach ihnen wurde weiterhin Recht gesprochen. So änderte sich also in der Verwaltung und in der Rechtspflege nichts Wesentliches.[149]

Der Administration stand Löwenstein als Behördenchef vor; sie hatte zwei Fachkommissäre als Ressortleiter und eine Kanzlei, die aus mehreren Kanzleibeamten bestand. Kriegskommissär wurde Franz Sigmund Graf von Lamberg, ein Vetter des Kardinals und Bischofs von Passau. Er hatte für die Unterbringung und Verpflegung der Besatzungstruppen sowie der durchmarschierenden und einquartierten Einheiten zu sorgen. Er mußte Aufsicht darüber führen, daß die Soldaten in guter Zucht gehalten wurden, hatte gegen Ausschreitungen vorzugehen und deren Bestrafung zu betreiben. Der Vollzug der Strafe oblag jedoch dem kommandierenden General. Lamberg hat oft Exzesse und Verbrechen der kaiserlichen Truppen im Lande sowie auch durchmarschierender verbündeter Truppen verfolgt und die Bestrafung beantragt; diese wurde jedoch von den Truppenkommandeuren häufig nicht durchgeführt, so daß es bald zu Reibereien zwischen der Administration und dem Militär kam. Er hat sich z. B. auch, um die Bevölkerung zu schonen, im Juli 1705 nachdrücklich gegen die Einquartierung des Husarenregiments Lehoczky in Bayern gewandt, da diese Truppe gewohnt sei, »aus dem Raub ihren Nutzen und Vortheil zu suchen«. Es ist Lamberg mit der Zeit auch gelungen, die Ausschreitungen der Soldaten bis auf eine geringe Zahl zu vermindern.[150]

Das Oberkommando über die in Bayern stationierten Truppen führte Feldmarschall Graf Gronsfeld. Sein Verhältnis zur Zivilbevölkerung war von Anfang an schlecht. Zudem widersetzte er sich verschiedenen Verfügungen der Administration bezüglich der Verlegung und Verpflegung von Truppenteilen. Dem zuchtlosen Treiben der Soldaten vermochte er nicht Einhalt zu gebieten und bestrafte diese Vergehen auch nicht angemessen. Die Administration beschwerte sich bald über ihn beim Hofkriegsrat in Wien, der den Feldmarschall Ende Juni 1705 von seinem Posten abrief. Neben Gronsfeld stand Feldmarschalleutnant Scipione Graf Bagni als Festungskommandant von Ingolstadt. Nachdem es dort bereits zu Unruhen der Studenten gekommen war, hatte er die besondere Instruktion, zwischen den Soldaten und der Bürger- und der Studentenschaft ein gutes Einvernehmen zu wahren, den näheren Verkehr zwischen diesen aber möglichst zu verhindern und die Zivilbevölkerung zu entwaffnen. Sollte es wieder zu Studententumulten kommen, so hatte er scharf gegen die Aufrührer vorzugehen, Rädelsführer aufzuhängen und die Universität zu schließen. Nach der Abberufung Gronsfelds wurde Bagni dessen Nachfolger im Oberkommando.[151]

Der zweite Fachkommissär war Johann Friedrich Graf von Seeau, der als Kameralkommissär das Finanz- und Steuerwesen leitete. Als oberster Steuerbeamter, der in einer solchen Zeit die ins Maßlose steigenden Steuerforderungen der Wiener Regierung im Lande zu erfüllen hatte, stand er natürlich beim Volke in denkbar schlechtem Ansehen. Er war bald der am meisten verhaßte Mann der Administrationsbehörde. Im Februar 1706 wurde ihm der Freiherr von Petschowitz zur Unterstützung zur Seite gestellt, der nach dem Volksaufstand im Mai die kurfürstlichen Prinzen bei ihrer Übersiedlung nach Klagenfurt begleitete.[152]

Löwenstein, Lamberg, Seeau und dann auch Petschowitz waren die Häupter der Administration. Die Geschäfte führte eine Kanzlei, der seit September 1705 der Administrationskanzleidirektor Johann Ignaz Hess vorstand und in der vier Sekretäre und ein Buchhalter arbeiteten. In der Administration war ohne besonderes Amt der Sohn Löwensteins, Max Karl Anton, tätig; er nahm an den Sitzungen teil und vertrat die Behörde in Sendungen, z. B. an deutschen Fürstenhöfen. Weiter gehörten ihr später noch verschiedene Persönlichkeiten als Räte, Rechtsberater usw. an.[153]

Von den Sekretären verdient einer noch eine besondere Beachtung: Franz Joseph Unertl. Er war unter dem Kurfürsten Hofrat und Geheimer Sekretär gewesen und trat nach der Besetzung des Rentamts München in den Dienst der Administration, wo er die ständischen Finanzen verwaltete und seine Behörde bei der bayerischen Landschaft vertrat. Er galt bald als der zuverlässigste der bayerischen Beamten, weshalb ihm der Administrator nach dem Volksaufstand die Leitung der Untersuchung gegen die Rädelsführer übertrug. Obwohl er sich bei der Bevölkerung verhaßt machte, bewahrte sich Unertl die Gunst Max Emanuels, da er bei der Besetzung Münchens dessen Geheimes Archiv in Sicherheit gebracht hatte, anscheinend weiter mit ihm in geheimer Verbindung stand und ihm Dienste geleistet hat. Als der Kurfürst nach Bayern zurückkehrte, übernahm er Unertl sofort wieder. Auch der Kaiser hatte diesem angeboten, er könne in seinen Diensten bleiben, doch zog Unertl den Dienst bei seinem alten Herrn vor.[154] Die Administration war zu dem Behufe eingesetzt worden, das Leben in Bayern wieder in geordnete Bahnen zu lenken und damit auch dem gequälten Volk zu einiger Ruhe zu verhelfen, selbstverständlich zu dem Zweck, die Hilfsquellen des Landes weniger verschwenderisch, damit aber umso gründlicher auszuschöpfen. An eine Schonung des Landes war dabei nicht gedacht; im Gegenteil, in Wien war man gesonnen, die Zügel straff anzuziehen.

Die Dienstinstruktion für den Grafen Seeau vom 20. April 1705 zeigt uns, wie man sich dort die planmäßige Ausnutzung Bayerns für den Krieg des Kaisers dachte. Die bayerische Verwaltung, insbesondere die Finanz- und Steuerverwaltung, war gut eingerichtet und arbeitete zuverlässig. Der Kurfürst hatte im Vergleich zu anderen Ländern hohe Einkünfte aus Steuern und Abgaben, Salzbergwerken, Manufakturen und Bräuhäusern gezogen. Über diese Einrichtungen und Einkünfte sollte sich Graf Seeau genau unterrichten, Aufstellungen anfertigen und diese Gefälle ausschließlich für die kaiserliche Kriegskasse einziehen. Er sollte prüfen, ob neben der Tabaksteuer auch eine Weizensteuer erhoben werden könnte. Ja, er sollte zudem untersuchen, ob die bayerischen Manufakturen als Musterbetriebe für die Einrichtung von Manufakturen in den kaiserlichen Erblanden dienen könnten. Alles Kriegsmaterial war einzuziehen, und die bayerischen Waffen- und Munitionsfabriken sollten für die kaiserliche Armee produzieren. Seeau sollte weiter feststellen, wie die kurfürstliche Armee im Lande verpflegt und in Quartieren untergebracht und wie die Landesdefension aufgestellt und unterhalten worden war, welche ordentlichen und außerordentlichen Kriegssteuern das Land unter dem Kurfürsten aufgebracht hatte usw. Auf der Grundlage aller dieser Einsichten sollte der Kameralkommissär das staatliche bayerische Finanz- und Steuerwesen führen und mit ihm die höchstmöglichen Leistungen erbringen. Damit er den Verwaltungsapparat fest in die Hand bekam, wurde ihm anheimgestellt, von allen Beamten die Zahlung von Amtskautionen zu verlangen. All dies bedeutete nicht Übergang zur Friedenswirtschaft, sondern die Anspannung aller wirtschaftlichen Kräfte ausschließlich nach den Bedürfnissen des Krieges.[155]

Am 5. Mai 1705 starb Kaiser Leopold I. nach einer Regierung

von 48 Jahren, in der er nicht nur tiefe Krisen der Habsburger Monarchie überwunden, sondern auch deren Macht beträchtlich erweitert und gefestigt hatte. Ihm folgte Kaiser Joseph I., sein ältester Sohn, ein energischer, selbstbewußter und ehrgeiziger Fürst, der – anders als sein Vater – ein geschworener Feind Bayerns war.[156] Er war es, der wenig später im Zusammenhang mit der zwangsweisen Rekrutenaushebung erklärte, auf Bayern sei »keine andere Reflexion zu machen, als selbiges in so weit genießen zu können, daß es hinkünftig dem Kurfürsten unnutz sein solle«.[157]

In Wien hat man bald festgestellt, daß man einen Fehler begangen hatte, als man im Kapitulationsvertrag von Ilbesheim der Kurfürstin das Rentamt München belassen hatte. Dieses Rentamt blieb ein Unruheherd, in dem sich die antikaiserlichen Aktivitäten kurfürstlicher Parteigänger nicht unterdrücken ließen, seine staatlichen Einkünfte gingen der kaiserlichen Kriegskasse verloren, und es begannen viele vermögendere Personen aus den besetzten Rentämtern dorthin abzuwandern, um sich den hohen Kontributionsforderungen zu entziehen. Die Administration drohte diesen Personen, ihre Güter zu enteignen, wenn sie nicht zurückkehrten, was jedoch keinen großen Eindruck gemacht zu haben scheint. Vor allem befürchtete man, daß von den zahlreichen abgedankten bayerischen Soldaten, die sich im Rentamt München aufhielten, und indirekt von den kurfürstlichen Prinzen ein Aufstand ausgehen und auf die anderen Rentämter übergreifen könnte. Die Unruhen unter den Bauern auf dem Land und den Studenten in Ingolstadt wurden ernstgenommen. Der kurfürstliche Geheimsekretär Neusönner schließlich hatte Verbindung mit den ungarischen Rebellen aufgenommen und soll auch versucht haben, in Böhmen durch Agenten einen Aufstand anzuzetteln. Aus diesen Gründen entschloß sich im April 1705 Kaiser Leopold, das Rentamt München besetzen zu lassen.[158]

Es war die Kurfürstin Therese Kunigunde selbst, die es den Kaiserlichen erleichterte, diesen Schritt zu vollziehen. Sie war ihrer Aufgabe als Regentin nicht gewachsen, fühlte dies auch selbst und hatte von ihrem Gemahl keinerlei Richtlinien erhalten. Eine Aussprache mit ihm war nicht möglich und von ihm selbst auch gar nicht erwünscht. Schließlich fand sie in der Residenz in München einen versteckten Koffer, voll mit Liebesbriefen an Max Emanuel, die ihr eine Reihe weiterer Liebschaften ihres Mannes enthüllten, über die sie nichts gewußt hatte. Nachdem sie ihren Beichtvater, den Jesuitenpater Smakers, nach Brüssel gesandt hatte, und dieser von Max Emanuel sowohl in den politischen als auch den privaten Fragen nur mit Vertröstungen zurückgekehrt war, reiste sie im Februar 1705 nach Venedig, um sich dort mit ihrer Mutter zu treffen, die in Rom im Exil lebte. Von ihr wollte sie sich Rat holen. Der Kurfürst war höchst verdrossen über die Handlungsweise seiner Gemahlin; er sah üble Folgen voraus, da der letzte freie Rest seines Landes von seiner Regentin und die kurfürstlichen Prinzen von ihrer Mutter verlassen waren. Er sollte Recht behalten. Als Therese Kunigunde im Mai wieder nach München zurückkehren wollte, wurde ihr an der österreichischen Grenze unter vielerlei Vorwänden die Durchreise verweigert. Sie fuhr wieder nach Venedig zurück, wo sie die nächsten zehn Jahre im Exil verbrachte.[159]

Die kaiserliche Heeresleitung aber hatte einen Überraschungsschlag gegen das Rentamt München vorbereitet. Am 15. Mai rückte Feldmarschall Gronsfeld mit 8000 Mann und Belagerungsgeschütz vor die Stadt München und forderte sie unter Androhung der Beschießung zur sofortigen Übergabe auf. Die Bürgerschaft war »mit großer Furia« bereit, sich zu verteidigen, und traf schon erste Anstalten dafür, doch waren die bewaffneten Kräfte in der Stadt schon an Zahl den Angreifern unterlegen. Die Bürgerwehr konnte ohne die Au in kurzer Zeit wohl etwas über 1000 Mann aufstellen, dazu kam die Garde der Kurfürstin mit ungefähr 500 Mann. Die Regierung und der Rat verhandelten zweimal mit Gronsfeld. Gleichzeitig beschwichtigte der Rat die Bürger und stellte ihnen die Folgen einer Belagerung vor Augen. Erst nachdem Gronsfeld schriftlich versichert hatte, daß den kurfürstlichen Prinzen nichts Nachteiliges widerfahren und den Bürgern ihre Privilegien erhalten bleiben würden, und nachdem versprochen worden war, daß die Quartierlasten gleichmäßig von Bürgern, Hofbedienten, Adel und Geistlichkeit getragen würden, beruhigten sich die Bürger und willigten in die Übergabe ein. Am 16. wurde die Stadt übergeben. 2816 Soldaten marschierten ein und bezogen als Besatzung Quartier.[160]

Die Bürgerschaft verhielt sich im allgemeinen ruhig, doch war sie über den Überfall empört, ihre Stimmung war sehr gereizt, so daß es beim Einzug der kaiserlichen Truppen zu einigen Zwischenfällen kam. Auch Denunzianten stellten sich sogleich ein. Einer von ihnen zeigte an, daß es in München eine starke Gruppe antikaiserlicher Bürger und Hofbediensteter gebe, die im Volk Stimmung gegen die neue Besatzung mache. Der Bader Daniel Wüst, der Eisenhändler und Hausbesitzer Wilhelm Floßmann, der Pfleger des Herzogspitals und drei Hofmusikanten, so hieß es in der Anzeige, hetzten auf dem Markt die Bürger auf, die kaiserlichen Soldaten anzugreifen und zu massakrieren. Wüst rühmte sich dabei, daß er unter den Bürgern einen festen Anhang von 200 Mann habe. Ein Weber namens Lidtel riß denn auch einen Artilleristen vom Pferd und verprügelte ihn unter Mithilfe zweier der Hofmusikanten. Während dieses Tumultes versuchte Wüst auf der Hauptwache durch einen Jungen eine Trommel stehlen zu lassen, um damit Alarm zu schlagen, was jedoch durch einen anderen Bürger verhindert wurde. Zu den Unzufriedenen, die zum Aufruhr geneigt waren, gehörten nach der Angabe des Denunzianten noch zahlreiche andere Bürger, darunter mehrere Geistliche, ein Advokat, ein französischer Hofschauspieler, Kaufleute, Handwerker usw. Auch seien viele Gewehre, Geschütze und viel Munition verborgen worden, auf dem Lande hielten sich zahlreiche alte bayerische Soldaten verkleidet auf, und die Treue zum Kurfürsten sei ungebrochen, weshalb man mit einem Aufstand rechnen müsse. – In diesem Sinne berichtete Feldmarschall Gronsfeld, daß sich die Kaiserlichen in München wohl nur mit dem Gewehr in der Hand würden halten können und stets auf Widerstand gefaßt sein müßten.[161]

Es geschah jedoch nichts dergleichen. Die Tumultuanten wurden offensichtlich nicht bestraft – wohl um kein Öl ins Feuer zu gießen –, und die Bürgerschaft befolgte den Befehl der kaiserlichen Administration, ihre Waffen, besonders die der Stadt gehörenden Stadtfahnenwaffen auf dem Rathaus abzuliefern. Die Ratsherren und die Schützen durften sogar ihre Zielrohre behalten. Die Leibwache der Kurfürstin wurde ohne jede Schwierigkeit abgedankt. Der größere Teil der Infanterie trat gleich in kaiserliche Dienste, vor allem in das Regiment de Wendt über, von den Reitern waren es nur ein Oberstwachtmeister und einige zwanzig Mann. Das Regiment de Wendt sollte später an vorderster Stelle den Volksaufstand bekämpfen – wohl unter Teilnahme der übergetretenen ehemaligen bayerischen Soldaten.[162]

Zugleich mit dem Einmarsch des Militärs übersiedelte die kaiserliche Administration nach München und bezog ihre Amtsräume in der Herzog-Max-Burg. In der Residenz hielten weiter die kurfürstlichen Prinzen Hof. Die kurbayerische Residenzstadt München wurde »kaiserliche Hauptstadt in Bayern«, die kurfürstlichen Beamten am Hof und im Rentamt wurden kaiserliche Hofräte, Hofkammerräte, Revisionsräte, Pflegskommissäre usw. Sie mußten am 6. Juni dem Kaiser ihren Treueid schwören. Am 8. leisteten der Magistrat und die Münchner Bürgerschaft im Großen Rathaussaal ihren Huldigungseid. Der Administrator Graf Löwenstein nahm ihn unter einem Baldachin auf einer fünf Stufen hohen Bühne sitzend entgegen. Am 1. Juli folgten die Landstände des Rentamts. Den Eidesleistungen ging jeweils ein Hochamt in der Frauenkirche voraus. Beamte, Bürger und Stände widersetzten sich der Huldigungsleistung nicht, nur der Obersthofmeister Max Ferdinand Graf Preysing entzog sich ihr unter dem Vorwand einer Krankheit, und der Oberststallmeister Ferdinand Graf von Tattenbach verweigerte sie.[163]

Die Besetzung der Stadt und des Rentamts München war nicht nur eine militärische Aufgabe gewesen, mit ihr hatten sich der Kaiser und seine Regierung vor aller Welt ins Unrecht gesetzt, denn sie stellte einen eindeutigen Bruch des Ilbesheimer Vertrages dar, so zwingend die politischen und militärischen Gründe hierfür auch gewesen sein mochten. Aus diesem Grunde beeilten sich Administration und Militär sogleich, Beweise dafür zu finden, daß die Kurfürstin es gewesen war, die den Vertrag zuerst gebrochen hatte. Es dauerte nicht lange, und man fand diese Beweise.

Feldmarschall Gronsfeld bestellte den Geheimsekretär Neusönner in die Wohnung des kaiserlich gesinnten Grafen Fugger, hielt ihn dort fest und ließ währenddessen Neusönners Wohnung durchsuchen. Dabei fand man Belege dafür, daß dieser mit dem Kurfürsten in Brüssel korrespondiert hatte. Man verhaftete ihn wegen Hochverrats, verhörte ihn, auf der Folter gestand er. Seine Verbindungen mit Ungarn und Böhmen kamen ans Licht, und es hieß, er habe auch die Unruhen in Ingolstadt angezettelt und die Flucht bayerischer Offiziere in die Niederlande unterstützt. Besser erging es dem Geheimsekretär Unertl, der das Geheimarchiv mit den Brüsseler Briefen rechtzeitig verschwinden ließ und in die Administration eintrat. Bei verschiedenen Damen des Adels, deren Männer sich beim Kurfürsten befanden, wurden Hausdurchsuchungen gemacht.[164] In den Zeughäusern suchte man nach verborgenem Kriegsmaterial und fand im Münchener Arsenal vergraben 39 Geschütze und Mörser sowie 171 Doppelhaken, in Wasserburg 14 Geschütze und 3000 Kugeln und auf dem Schloß von Markt Schwaben 400 Flinten, 400 Patrontaschen, 138 Zentner Pulver, 50 Zentner Salpeter und 210 Zentner Kugelblei. Nach dem Vertrag von Ilbesheim hätte all dies ausgeliefert werden müssen, doch hatte der Zeugskommandant Johann Heinrich Lier im Dezember 1704 das Material vergraben lassen; er wurde sofort verhaftet.[165] – Bei der Durchsicht der kurfürstlichen Kunst- und Schatzkammer, deren Bestände genau aufgenommen wurden, stellte man fest, daß von den im Jahre 1703 aus dem Schloß Ambras bei Innsbruck mitgenommenen Stücken ein Teil noch nicht zurückgegeben worden war, wie es der Vertrag verlangt hatte. Die kaiserlichen Beauftragten nahmen hierauf nicht nur die Ambraser Stücke, sondern plünderten die kurfürstlichen Sammlungen regelrecht aus, wobei sie vor allem Gemälde mitnahmen. – Schließlich stellte man fest, daß die neueren Befestigungsanlagen Münchens nicht geschleift worden waren und daß die Leibwache der Kurfürstin nicht 400, sondern zunächst 700 und bei der Besetzung Münchens 500 Mann stark gewesen sei.[166]

1713 hat die kaiserliche Regierung in Regensburg eine »Gründliche Reduction und Information, was es mit denen alsogenannten Ilbesheimbischen Tractaten, deren Schliess- und erfolgten Wiederaufhebung vor eine Bewandtnus habe« veröffentlicht. Darin wurde die Besetzung des Rentamts München mit diesen und einigen weiteren Gründen gerechtfertigt. Es hieß dort unter anderem noch, der Kurfürst hätte aus München ständig Berichte über Stärke und Bewegungen der alliierten Truppen in Bayern erhalten, oder auch: es wären im Rentamt München noch viele Waffen vorhanden gewesen, derer sich die Rebellen im Volksaufstand bemächtigt hätten. Natürlich wurde diese Rechtfertigung nachträglich konstruiert, aber die Tatsachen selbst stimmten großenteils, so daß am Ende auch rechtlich gegen die Besetzung nichts mehr eingewendet werden konnte.[167]

Vom Kaiser erhielt die Administration die Anweisung, daß das Rentamt München nunmehr wie die anderen Rentämter zu behandeln sei. Der Kurfürstin, die sich nach ihrer Zurückweisung an der Grenze an Löwenstein wandte und bat, wieder nach München zurückkehren zu dürfen, antwortete dieser, man müsse ihr die Rückkehr verweigern, »weil ihre schädlichen intentiones entdeckt worden wären«, und Prinz Eugen schrieb ihr im gleichen Sinne.[168]

Für die kurfürstlichen Prinzen hatte sich mit der Besetzung Münchens zunächst nicht viel geändert. Sie behielten ihren Hofstaat in der Residenz. Nur die Leute des Hofstaats wurden von der Administration überwacht. Es geschah jedoch schon am 24. Mai 1705, daß Graf Löwenstein in einem Brief dem Kaiser vorschlug, aus Gründen der Sicherheit und Ruhe im Lande die Prinzen aus Bayern zu entfernen und nach Österreich zu bringen: »Es wäre für des Kaisers Dienst vorteilhaft, wan die Prinzen ausser Landts und in Ihre kays. Mayest. Erblanden geführt und durch ihre Appanage honest verpflegt würden.« Als geeigneten Zeitpunkt nannte er den kommenden Winter. Diese Nachricht ist deshalb besonders wichtig, da der Aufstand der Oberländer im Dezember 1705 vor allem durch das Gerücht, die bayerischen Prinzen würden nach Österreich fortgeschafft, ausgelöst wurde. Dieses Gerücht war also keineswegs völlig aus der Luft gegriffen, wie der Kaiser und die Administration während und nach dem Aufstand erklärten und wie es die Geschichtsschreibung später übernommen hat.[169]

Dem Rentamt München wurde nun auch die Kontribution abgefordert, die den anderen Rentämtern bereits im Winter auferlegt worden war; ihre Gesamthöhe betrug jedoch hier nur 169 151 fl., das war der anderthalbfache normale Steuersatz. Außerdem waren die Untertanen jetzt auch hier zur Quartierleistung verpflichtet, die auf dem Lande jedoch nicht allzusehr ins Gewicht fiel, da die alliierten Truppen aus Bayern bis auf eine relativ kleine Besatzung auf den Kriegsschauplatz in Oberitalien abmarschierten. In München lagen zunächst 2816 Mann, später etwas weniger. Von ihnen konnte nur der kleinere Teil in den Kasernen untergebracht werden, die Max Emanuel zu bauen begonnen hatte; der größere Teil mußte von den Bürgern aufgenommen werden. Verpflegt wurden sie vorübergehend aus Magazinen, die aber bald leer waren, weshalb dann die Quartiergeber auch die Verpflegung stellen mußten. Überhaupt änderte sich das Leben in der Stadt. Tag und Nacht zogen durch die Straßen Militärpatrouillen, die verdächtige Gruppen von Bürgern zerstreuten und nach Hause schickten. Bei der Fronleichnamsprozession, die seit der Zeit Herzog Wilhelms V. mit großem Pomp als kirchliches Hof- und Stadtfest gefeiert wurde, durfte die Bürgerschaft nicht mehr mit dem Gewehr aufziehen. Da· für übernahm die kaiserliche Garnison auf dem Schrannen-, dem heutigen Marienplatz, Parade und Spalierung und feuerte zur Ehre des Allerheiligsten Altarsakraments die Salven ab. Die Wirtshäuser mußten geschlossen bleiben, und die übrige Garnison stand unter Waffen und durfte nicht in die Quartiere gehen.[170]

Zu der Last der Einquartierung kamen für die Münchner natürlich auch die zusätzlichen Forderungen der fremden Soldaten. Der Rat versuchte sich dagegen zu wehren, was jedoch nicht immer den erwünschten Erfolg hatte. Die Administration selbst suchte die Bürger soweit wie möglich von der Quartierlast und den damit verbundenen Unannehmlichkeiten zu befreien und schlug dem Oberkommandierenden Feldmarschalleutnant Bagni vor, die Soldaten der Münchner Garnison auf den Stadtwällen biwakieren zu lassen. Bagni wies dieses Ansinnen mit der berechtigten Begründung zurück, daß »die Leut, so ohnedem mit Baracken nit versehen, kein Service mehr geniessen, nur die Montierung umsonst abreissen, leicht erkranken und zu Grund gehen würden; da man doch bei diesen Conjuncturen viel mehr bedacht sein muss, den Stand der wenigen Mannschaft quovis modo zu conservieren«. So blieben denn die Soldaten in ihren Quartieren. – Bald entstand auch Unruhe unter dem Klerus und der Bevölkerung Münchens, da lutherische Truppen aus Franken in der Stadt lagen und für diese Soldaten evangelische Gottesdienste abgehalten wurden und da, wie Graf Lamberg versicherte, »ein ungemeines Abscheuen der Decatholicorum in diesem Land obwaltet«. Man brachte deshalb, um Provokationen zu vermeiden, einige hundert Mann von ihnen im Zeughaus der Stadt unter, das als Kaserne eingerichtet und mit einem Gottesdienstraum versehen wurde.[171]

Und dann kamen die Kontributionen, die von der Stadt aufgebracht werden mußten. Um sie an die kaiserliche Kriegskasse entrichten zu können, wurde die Stadtsteuer für das Jahr 1705 auf das Zweieinhalbfache erhöht – was im Vergleich mit Straubing, das auf das Zehnfache steigerte, relativ wenig war. Diese Stadtsteuer erbrachte damals 11911 fl., wovon nach Abzug der Auslagen der

Kommune 11 028 fl. nach Wien abgeliefert wurden. In dieser Höhe wurde die Stadtsteuer auch in den folgenden Jahren eingezogen. Für das Jahr 1704 mußte die Stadtkammer 15 600 fl. vierfache Prästations-Kriegs-Anlage-Steuer an die kaiserliche Kriegskasse zahlen. Die Extraauslagen für die kaiserliche Generalität und Soldateska beliefen sich 1705 auf 3251 fl.; davon wurden hauptsächlich Geschenke an die Truppenführer bezahlt, z. B. zwei Fäßchen Nekkarwein um 111 fl. für Feldmarschall Gronsfeld oder ein Geschirr Wein um 80 fl. für den Obristen de Wendt.[172] Im Übrigen wurde das Rentamt München zunächst im Vergleich mit den anderen Landesteilen glimpflich behandelt. Denn am 25. Mai schrieb die Administration für die Rentämter Straubing, Landshut und Burghausen eine außerordentliche Kriegssteuer aus, da die bisherigen Steuern von den im Lande liegenden Truppen verbraucht worden seien. Diese Steuer war von den Landständen und den Untertanen innerhalb von acht Tagen zu bezahlen, und zwar auch von jenen, die die letzte Steuer schon entrichtet hatten. Die eifrigen Steuerzahler wurden für ihre Gutwilligkeit noch besonders bestraft.[173]

Die kaiserliche Administration hatte die volle Regierungsgewalt in Bayern übernommen, sie war nun die oberste Verwaltungsspitze im ganzen Land. Die nachgeordneten Beamten traten fast ausnahmslos in den Dienst des Kaisers über, nur wenige wurden ihres Postens enthoben, da die eifrigsten Parteigänger Max Emanuels meist bereits aus dem Lande gegangen waren und im übrigen die reichsfeindliche Politik des Kurfürsten allgemein wenig Billigung gefunden hatte. Die überwiegende Mehrzahl der Beamten entschloß sich aus wirtschaftlichen und gesellschaftlichen Gründen dazu, auch unter dem Kaiser im Amt zu bleiben. Dies war eine verständliche Haltung, denn der Verlust des Beamtenpostens hätte für sie den Verlust ihrer gesellschaftlichen Stellung und ihres Einkommens bedeutet. Außerdem waren sie vielfach verschuldet, da sie in den letzten zwei Jahren unter Max Emanuel keinen Sold mehr erhalten hatten. So erhofften sie von der Administration nur eine Besserung der Lage.[174]

Die höheren Beamten mußten, wie es auch in den österreichischen Erblanden üblich war, einen hohen Geldbetrag als Kaution für ihr Amt hinterlegen, der verloren war, wenn sie sich etwas zuschulden kommen ließen. Diese Kautionen waren verschieden hoch, sie beliefen sich gewöhnlich auf 1500 bis 3000 fl. für Rentmeister, Kastner, Pfleger, Landrichter, Mautner, Salzbeamte, den Hofoberrichter, Oberststallmeister, Verwalter des Braunbierbrauamts usw. 148 hohe Beamte bezahlten insgesamt 203 850 fl. Neben diesem »Amtsdarlehen«, mit dem sie hafteten, hatten die bayerischen Beamten noch einen »gutwilligen Beitrag« zur Behebung der allgemeinen Geldnot des Kaisers zu leisten. Sie waren damit an den Kaiser und die Administration von vornherein besonders fest gebunden.[175]

Die Beamten der unteren Verwaltungsebene mußten von den Untertanen die Abgaben eintreiben. Dabei kamen immer häufiger Willkür und überhöhte Forderungen vor, die von den Rentmeistern, die ihre Umritte nur noch unregelmäßig oder gar nicht mehr vornahmen, nur unzulänglich geahndet werden konnten. Die kleinen und mittleren Beamten, durch rückständige Soldzahlungen verschuldet und in Not, zweigten von den Steuerzahlungen Gelder für sich ab, die nicht kontrolliert wurden. Es kam noch hinzu, daß der Kurfürst die im Jahre 1703 entrichteten Kriegssteuern als Steuervorauszahlung bei künftigen Steuerterminen anzurechnen versprochen hatte; doch die Administration erkannte Schulden des Kurfürsten grundsätzlich nicht an, und so konnten die Beamten diese Beträge auf die Steuerschuld der Untertanen nicht anrechnen. Es versteht sich von selbst, daß auf diese Weise die Kluft zwischen den Untertanen und den lokalen Verwaltungsbehörden nur immer größer wurde.[176]

Die Administration ging daran, sämtliche staatlichen Einkünfte im Lande auszuschöpfen, wie sie in der Dienstinstruktion für den Kameralkommissär Grafen Seeau aufgeführt waren. Wenigstens ein Gutes hatte die allgemeine Neuordnung des Finanzwesens für das Land: es wurde die Währung in Bayern saniert, die unter Max Emanuel durch Ausprägung schlechter Münzsorten durcheinander gebracht worden war. Das Geld wurde jetzt nach den in Österreich und dem Reich geltenden Normen geprägt und die abweichenden und minderen Münzen wurden aus dem Verkehr gezogen. Im Übrigen arbeitete die Administration gemäß den Vorschriften, die sie bei ihrer Einsetzung erhalten hatte, sehr sparsam. Da diese Sparsamkeit jedoch nur darauf zielte, möglichst große Geldbeträge für die Bedürfnisse der kaiserlichen Kriegführung aus dem Lande zu schaffen, wirkte sie sich auf die Wirtschaft im Lande schlecht aus.

Man zog durch hohe Steuern, Abgaben und sonstige Leistungen der Untertanen möglichst hohe Gewinne aus dem eroberten Land, legte das Geld aber nicht im Land an, so daß es hier dem Geldumlauf entzogen wurde. Die Erträge der menschlichen Arbeit, der Wirtschafts- und Finanzkraft des besetzten Landes wurden von einer fremden Macht ausgebeutet, die keinerlei Gegenleistung dafür gewährte.[177] Abgesehen von den Kontributionsleistungen, die direkt in die kaiserliche Kriegskasse flossen, wälzten die Wiener Behörden alle möglichen Lasten auf die Münchner Hofkammer ab: die Gehälter für kaiserliche Offiziere und Beamte, die Bezahlung von Munitionstransporten und Nahrungsmittellieferungen für die kaiserliche Armee usw. Die Ausgaben für bayerische Belange wurden gekürzt. Man begann bei den Almosen und milden Stiftungen, die regelmäßig ausgeschüttet wurden. Dann verkleinerte man den Hofstaat der kurfürstlichen Prinzen. Zuerst wurden französische Schauspieler, Musiker, Sänger und Tänzer entlassen, dann wurden die Hof- und Küchenbediensteten, Wäscherinnen usw. verringert, die Besoldung derer, die im Dienste blieben, wurde gekürzt. Durch solche Maßnahmen wurden nicht nur viele Menschen arbeitslos, es gingen auch der Konsum und die Aufträge an die bürgerlichen Gewerbe zurück. Die Städte und Märkte im Land waren teilweise durch die Kriegsläufte stark in Mitleidenschaft gezogen worden. Die Schäden wurden von niemandem ersetzt, vielmehr trugen die neuerlichen hohen Kriegssteuern dazu bei, daß die Gemeinden nicht in der Lage waren, Zuschüsse für den Wiederaufbau zu leisten. Sie konnten nur den Betroffenen die Kriegssteuern erlassen und sie auf andere abwälzen, wie es in Straubing geschah, was jedoch wiederum deren Wirtschaftskraft schwächte. Zum Teil wurden die zerstörten Häuser jahrelang nicht aufgebaut und die Grundstücke mehrfach verkauft. Von den Nöten der Bauern haben wir bereits ausführlich gehört. Zu allem Überfluß waren die Landstraßen voll von abgedankten Soldaten, Obdachlosen und Bettlern, die der Bevölkerung zur Last fielen.[178] Die bayerischen Landstände wurden nicht müde, bei der Administration und beim Kaiser den heruntergekommenen Zustand des Landes und die Armut der Bevölkerung zu schildern und um Nachlaß der überhöhten Steuern zu bitten. Im Januar 1705 hatten die

Landstände der Rentämter Straubing, Landshut und Burghausen bereits vergeblich in Wien um Minderung der riesigen Winterkontribution angesucht. Nachdem die Administration eingesetzt worden war, bestand zwischen ihr und den Ständen ein gutes Einvernehmen. Beide baten den Kaiser um Schonung des Landes und beide traten gegen die Exzesse der Soldaten an der Bevölkerung auf. Die Landschaft schickte zahlreiche Schreiben nach Wien und setzte sich darin für das bedrückte Volk ein. Sie wurde von der Administration zur Beratung über die Steuererhebungen beigezogen und trachtete auch hier, einen möglichst großen Nachlaß zu erreichen. Auf der anderen Seite begünstigte die Administration die Stände, indem sie den Adel von der Quartierleistung, Klöster und Hofmarksherren von der Stellung von Militärpferden befreite. Zweifellos sah der bayerische Adel auch auf seinen eigenen Nutzen, doch hat er sich in dieser Zeit sehr für die Belange seiner Untertanen und des ganzen Volkes eingesetzt.[179]

Der bayerische Adel, der das Hauptgewicht der Landstände ausmachte, war mit dem österreichischen Adel vielfach verwandt und durch wirtschaftliche Beziehungen eng verbunden. Er hatte die kaiserfeindliche Politik seines Kurfürsten stets abgelehnt, er war bereit, bei Erhaltung seiner Privilegien mit der kaiserlichen Administration zum Wohle des Landes zusammenzuarbeiten und hatte dies auch begonnen. So war denn die Enttäuschung groß, als der Kaiser deutlich zu verstehen gab, daß Bayern als besiegtes und erobertes Land keine Schonung zu erwarten habe, und als alle fußfälligen Bitten keine mildere Haltung bewirken konnten. Die Güter, die bayerische Adelige und Prälaten in den österreichischen Erblanden besaßen, waren beschlagnahmt worden und wurden nur auf besondere Fürsprache in Einzelfällen zurückgegeben; die Prälaten erhielten nichts mehr zurück.[180]

Den Klöstern und dem Weltklerus wurde im Sommer auch eine Kontribution auferlegt, die bei den wohlhabenderen Klöstern meist 1500 fl. betrug; zahlreiche Konvente baten wegen Kriegsschäden und Verschuldung um Befreiung. So hatte das Kloster Prüfening bereits den Kirchenschatz versetzen müssen, Frauenchiemsee war hoch verschuldet, Rohr hatte 1704 5000 fl. Brandschatzung zahlen und dafür eine verzinsliche Anleihe aufnehmen müssen. Am schlimmsten traf es das Chorherrnstift Diessen am Ammersee:

ihm war 1703 alles Vieh weggetrieben und die Anwesen der besten Untertanen niedergebrannt worden; um diesen zu helfen hatte das Kloster Schulden aufgenommen und hatte außerdem noch 900 fl. bayerische Kriegssteuer bezahlt; vier Monate waren kaiserliche Soldaten im Stift im Quartier gelegen und schließlich waren im Jahre 1705 schon einmal 3500 fl. Kontributionsgelder bezahlt worden. Trotz solcher Klagen wurde den Klöstern nichts erlassen. Zahlreiche von ihnen hatten freilich noch Ende 1706 die Steuer nicht bezahlt.[181]

Eins wurde nach der Besetzung des Rentamts München besser, nämlich die Belastung der Bevölkerung durch Einquartierung. Der größere Teil der Truppen zog, nachdem die Kriegshandlungen in Oberitalien wieder begonnen hatten, dorthin ab. In Bayern blieb nur eine Besatzung, die das Land sichern, Rekruten anwerben und Pferde ausheben sollte. Trotzdem wurde die Bevölkerung immer gereizter und unruhiger; im ganzen Lande wurde der Einmarsch ins Rentamt München als klarer Vertragsbruch des Kaisers empfunden und löste allenthalben Empörung aus. Das schlechte Verhältnis zwischen Militär und Administration, das sich auch nach der Übernahme des Oberkommandos durch Graf Bagni nicht wesentlich besserte, vermehrte die Unsicherheit.[182]

Es war zweifellos sehr unvorsichtig, Bayern mit einer so kleinen und zusammengewürfelten Streitmacht, wie es diese Besatzung war, gegen einen eventuellen Aufstand halten zu wollen, zumal es bereits zu Unruhen gekommen und Prinz Eugen sich dieser Gefahr wohl bewußt war. Doch es fehlten den in Italien und Ungarn kämpfenden Regimentern so viel Mannschaften, daß man um jeden einzelnen Mann feilschte, der nach Bayern kommandiert werden sollte. Vier Infanteriebataillone in der Stärke von zusammen 2000 Mann hatte sich der Kaiser vom Reichskreis Franken eigens zur Verstärkung der Besatzung zur Verfügung stellen lassen.[183]

So waren die Aussichten, die sich der kaiserlichen Administration in Bayern für ihre Sicherheit, die Erfüllung der hochgespannten Forderungen des Kaisers und die Ruhe des besetzten Landes stellten, alles andere als günstig.

11. KAPITEL

Die Aushebung bayerischer Rekruten
für die kaiserliche Armee.
Erster Widerstand an verschiedenen Orten

Am Ende des Jahres 1704 hatte sich in Oberitalien die allgemeine militärische Lage für den Kaiser und den mit ihm verbündeten Herzog von Savoyen sehr zum Schlechten gewandt. Sie sollte sich auch im Verlauf des Jahres 1705 nicht wesentlich ändern, und es war nur der überlegenen Feldherrnkunst des Prinzen Eugen, der in diesem Jahr dort den Oberbefehl wieder übernahm, zu danken, daß sich hieraus keine Katastrophe für die kaiserlichen Waffen entwikkelt hat.

Die kaiserlichen und savoyardischen Truppen waren den ihnen gegenüberstehenden französischen schon an Zahl deutlich unterlegen. Als Prinz Eugen im April den Oberbefehl übernahm, verfügte er einschließlich der preußischen und kurpfälzischen Hilfstruppen über eine tatsächliche Streitmacht von etwa 23 000 Infanteristen und 7900 Kavalleristen, dazu Artillerie, deren Mannschaftsstärke nicht mehr zu ermitteln ist. Hierbei fehlten jedoch den österreichischen Infanterieregimentern im Durchschnitt mehr als die Hälfte ihres Sollbestandes, den Kavallerieregimentern 20 % der Mannschaft und knapp 40 % der Pferde; bei den preußischen und kurpfälzischen Einheiten sah es ähnlich aus. Die französischen Truppen wurden, nachdem Prinz Eugen den Oberbefehl übernommen hatte, noch weiter verstärkt, während die kaiserlichen Einheiten die laufend von neuem angeforderte Auffüllung ihrer Fehlbestände durch Rekruten nur zum kleinsten Teil erhielten. Die geographisch-strategische Position der Kaiserlichen war erheblich ungünstiger als die der Franzosen. Die kaiserlichen Truppen konnten sich auch aus den von ihnen besetzten Gebieten nicht verpflegen und waren auf den Nachschub aus Österreich und Bayern angewiesen, der über die Tiroler Paßstraßen herangeschafft werden mußte. Die französischen Truppen dagegen hatten Gebiete mit reichen Hilfsquellen besetzt, die sie ohne Mühe ausschöpfen konnten. Insgesamt waren die kaiserliche und die savoyardische Armee durch die Erfolge der Franzosen im Vorjahr von Anfang an in die Verteidigung gedrängt; der französische Oberbefehlshaber, Herzog von Vendôme, konnte mit gutem Grunde auf eine baldige Entscheidung zu seinen Gunsten hoffen.[184]

Nach einer Reihe von wenig glücklichen Operationen des kaiserlichen Heeres kam es am 16. August zur Schlacht bei Cassano d'Adda, die unter großen Verlusten beider Seiten unentschieden ausging, nach der aber Prinz Eugen von Vendôme zum Rückzug gezwungen und dadurch eine Entscheidung zugunsten der kaiserlichen Waffen in diesem Jahr unmöglich wurde. Die kaiserliche Armee verlor in diesem Waffengang 3989 Mann, eine bei den geschilderten Verhältnissen sehr schwerwiegende Einbuße. Es ist Prinz Eugen zwar in den folgenden Monaten gelungen, den militärischen Besitzstand einigermaßen zu wahren, den Franzosen glückte der entscheidende Durchbruch nicht, doch schmolz bis zum Ende des Jahres die kaiserliche Armee von ursprünglich rund 31 000 auf 15 000 Mann dahin; die Franzosen verfügten bei Jahresende dagegen noch über rund 27 000 Mann.[185]

Es ist klar, daß man den Zustand der kaiserlichen Armee in Italien nur als katastrophal bezeichnen konnte. So begründen diese Verhältnisse und Zahlen wohl am besten die unnachgiebige Haltung des Kaisers, seines Hofkriegsrates und des Prinzen Eugen, wenn es um die Verstärkung und Versorgung dieser Armee ging. Vor diesem Hintergrund müssen wir die im Folgenden darzustellenden Ereignisse in Bayern sehen, damit wir beiden Seiten gerecht werden. Dem Prinzen Eugen gelang erst am 7. September 1706 in der Schlacht vor Turin der entscheidende Schlag gegen die Franzosen, in dessen Folge diese dann am Anfang des Jahres 1707 Italien räumten. Doch hiervon war man 1705 noch weit entfernt.[186]

Die alliierten Truppen, die im Winter 1704/05 in Bayern im Quartier gelegen hatten, hatten damals schon aus der Bevölkerung Rekruten geworben, um die Lücken in ihrem Mannschaftsbestand aufzufüllen. Nach der Einsetzung der Administration sollten die Rekrutierung ebenso wie die Ausschöpfung der materiellen Hilfsquellen des Landes zentral geleitet und planmäßig durchgeführt werden, damit die in Oberitalien kämpfenden Regimenter endlich die seit langem angeforderte und dringend notwendige Ergänzung erhielten. Als Grundlage für die Aushebung sollte der Fuß des früheren kurbayerischen Landfahnenaufgebotes der einzelnen Gerichte und Pflegämter gelten. Kameralkommissär Graf Seeau hatte den Auftrag, die Größe dieser Aufgebote festzustellen.[187] Die Administration sollte das wilde Werben und die damit verbundenen Ausschreitungen der Werbekommandos unterbinden und befahl durch ein Mandat vom 16. Juni 1705, daß binnen sechs Wochen von je vier Höfen des Landes ein Rekrut zu stellen sei. Auf diese Weise, so stellte man sich vor, seien ohne Schwierigkeiten und ohne Gewaltanwendung einige tausend Mann aufzubieten.[188] Es stellte sich jedoch bald heraus, daß die freiwillige und gewaltlose Rekrutierung so leicht nicht sein würde. Kurz vor Ablauf der sechs Wochen waren noch fast keine Rekruten aufgebracht worden, so daß die Administration sich gezwungen sah, am 24. Juli die Höhe des Aufgebotes stark herabzusetzen: je acht oder, wenn diese durch die Kriegsläufte zerstört waren, je zwölf Höfe sollten bis zum 10. August einen Rekruten stellen und, wo dieser nicht zu stellen war, 16 fl. für den Mann entrichten. Die Rekrutierung wurde nicht mehr den militärischen Werbekommandos, sondern den zivilen Behörden der Landgerichte, Pflegen und Hofmarken übertragen, die bisher die Landausschüsser ausgewählt und die Landfahnen aufgestellt hatten. Es fällt weiter auf, daß immer nur von Höfen, also nur von der Landbevölkerung die Rede ist, die zur Rekrutenstellung verpflichtet wurde, nicht aber von Städten und Märkten. Die Bürger blieben zwar nicht durchweg, aber in vielen Fällen verschont.[189] Mit der Minderung ihrer ursprünglichen Forderung auf die Hälfte verriet die Administration gegenüber der Bevölkerung ihre Schwäche. So zeitigte auch das zweite Mandat keine bessere Wirkung, abgesehen davon, daß viele Väter von der Möglichkeit des Freikaufs ihrer Söhne mit einer relativ niedrigen Summe Gebrauch machten. Doch davon erhielt das kaiserliche Heer keine Mannschaften. Deshalb erging am 4. August an die Behörden die Mitteilung, daß die Rekrutierung nach dem Ablauf der Gestellungsfrist mit militärischer Exekution, das hieß also unter Gewaltanwendung durchgeführt werden sollte.[190]

In Bayern begann es aber bereits im Juli zu gären. Abgedankte, stellungslose Soldaten, die im Land herumzogen, rotteten sich mit Burschen, die sich der Rekrutierung zu entziehen suchten, zusammen. Sie bildeten Banden, die sich tagsüber in den Wäldern versteckten. Nachts fielen sie in Einödhöfe und Dörfer ein, ließen sich von den Einwohnern versorgen, erpreßten Geld, wurden aber auch von der Bevölkerung unterstützt und versteckt.[191] Im August erschien dann in Schaffhausen ein Aufruf, in dem von einer Revolte in Bayern die Rede war. Es hieß darin, daß mehrere bayerische und französische Offiziere nach Bayern aufgebrochen seien, die die Aufständischen anführen sollten. Diese Meldung war zwar falsch, denn einen Aufstand gab es damals in Bayern noch nicht und jene Offiziere sind nie eingetroffen, doch wies sie offen auf die Gefahr hin, die heraufzog.[192]

Die Umstellung von der alten Werbung auf die Rekrutierung aus der Bevölkerung des Landes nach einem bestimmten Verteilungsschlüssel war keine Maßnahme, die sich auf das besetzte Bayern beschränkte. Am 31. Juli hatte der Hofkriegsrat in Wien verfügt, daß die neue Rekrutierung in allen Erblanden des Kaisers eingeführt und die alte Werbung eingestellt würde.[193] Da, wie man in der Administration annahm, dieses neue Verfahren nach den bisherigen Erfahrungen in Bayern voraussichtlich nur unter Anwendung von Zwangsmitteln Erfolg haben würde, beriet die Behörde am 17. August zusammen mit Feldmarschalleutnant Bagni, Oberst de Wendt, der Kriegskommissariats-Substitution und einigen höheren Offizieren und kam zu folgenden Ergebnissen: Die Erfahrung lehre, daß die bayerische Bevölkerung, die ohnehin gegen die kaiserlichen Truppen einen eingepflanzten Haß hege, durch Anwendung von Zwang zur Verzweiflung getrieben »losbrechen« und für ihren Kurfürsten zu den Waffen greifen, das hieß also rebellieren würde. Das Land suche sich ohnehin jedem Dienst für den Kaiser zu entziehen. Die Bewaffnung dieser dem Kaiser feindlich gesinnten Leute berge eine große Gefahr. Trotz aller Befehle seien bisher nur ganz wenige Rekruten gestellt worden, von diesen aber hätten viele als untauglich ausgeschieden werden müssen und viele der Gepreßten seien im Feld zum Feind übergelaufen. Aus diesen Gründen bat die Administration den Hofkriegsrat, von der Zwangsrekrutierung absehen und die Bestimmungen dergestalt mildern zu dürfen, daß ein Vater nicht den einzigen Sohn hergeben müsse.[194]

Daß nicht nur die Administration, sondern mit ihr offenbar auch die führenden Offiziere der Besatzungstruppen diese Ansichten vertraten, Männer, die sonst viel eher für ein hartes Vorgehen waren und dieses auch vielfach praktizierten, zeigt, wie gespannt damals bereits die Stimmung im bayerischen Volk gewesen sein muß. Der in solchen Äußerungen mehrfach vorkommende Hinweis auf den Kurfürsten, dem das Volk anhange oder für den es zu kämpfen bereit sei, zeigt weiter, daß sich der Volkszorn nicht nur gegen Unterdrückung und Ausbeutung richtete, sondern wesentliche Antriebe aus der Liebe zum Vaterland und zum angestammten Herrscherhaus, ja zu Max Emanuel, dem vertriebenen Kurfürsten selbst erhielt.

In Wien war man anderer Meinung als die Administration und ihre Offiziere. Wie der Hofkriegsrat am 26. August nach München schrieb, hatte man hier entschieden, »daß man keineswegs das Land Baiern glimpflicher als die kais. Erbländer halten« werde. Die Rekruten seien termingerecht zu stellen, die Administration solle sich keine Gedanken darüber machen, daß der Vater seinen Sohn oder Knecht nicht hergeben wolle, da man sich in den Erblanden darüber auch nicht den Kopf zerbreche. Widersetzliche Burschen würden von den Offizieren mit Zwang leicht zum Gehorsam gebracht werden usw. Der Wiener Standpunkt Bayern gegenüber war eindeutig und er wurde mit Argumenten der allgemeinen Kriegslage begründet, die schwer zu widerlegen waren, ja man gab zudem zu erwägen, ob Bayern nicht auch noch Militärpferde liefern solle: »Demnach wolle die Administration in allweg bedacht sein, daß I. K. Maj. Wille und des gemeinen Wesens Anliegenheit ohne weitere Consideration vollzogen werde, in Anbetracht daß gar zu viel daran gelegen, hiegegen auf Baiern keine andere Reflexion zu machen, als selbiges in so weit genießen zu können, daß es hinkünftig dem Kurfürsten unnutz sein solle, wobei auch wohl dahin zu gedenken, wie die kais. Erblande über allen anderen Praestationen und Contributionen, auch ausgestandenen feindlichen Einfällen dennoch neben den Rekruten auch 6000 Remonten in natura oder Geld geben müssen, ob nicht ein gleiches nach der Proportion auf Baiern in Barschaft angelegt werden könnte und sollte. Dies alles wird der Administration zur Erwägung überlassen, wobei die hohe Not, die gemeinsame Anliegenheit I. K. Maj. Interesse und Dienst zu beherzigen, da mit allen Mitteln dahin zu trachten ist, das man vor allem in Italien die Superiorität der Waffen erhalte.«[195]

Es war richtig, auch die kaiserlichen Erblande bluteten für diesen

Krieg und auch ihre Bewohner gaben ihre Söhne nur gezwungenermaßen für den Waffendienst her, auch hier wurden Zwangsrekrutierungen vorgenommen. Als in Bayern der Aufstand ausgebrochen war, kamen z. B. aus Böhmen Rekrutentransporte durch das Land. Ein großer Teil dieser Mannschaften mußte, um ihre Flucht zu verhindern, in eisernen Banden und Fesseln mitgeführt werden.[196] Auch nach der Entscheidung des Hofkriegsrates gab die Administration noch nicht auf. Sie bat den Prinzen Eugen persönlich, zu bedenken, daß man vom bayerischen Volk niemals erwarten könne, es werde für das Erzhaus Österreich ebenso Gut und Blut opfern, wie es das für seinen Kurfürsten getan habe. Sie wies auf drohende Zeichen des aufkeimenden Volkszorns hin und erinnerte daran, daß seit einigen Wochen in verschiedenen Landesteilen kaiserliche Soldaten umgebracht worden seien; schon ein unglücklicher Zufall würde genügen, um das Land zur offenen Empörung zu treiben. – Prinz Eugen jedoch wischte in seiner Antwort vom 18. September diese Überlegungen vom Tisch mit der Begründung, die Notwendigkeit sei das größte Gesetz, also müsse die Rekrutierung Tag und Nacht gefördert werden. Er befahl, daß je neun Höfe einen Rekruten mit guter Montur versehen stellen müßten. Da Bayern wenigstens 28 000 Höfe zähle, würde man etwa 3000 Mann zusammenbringen.[197] – Und dabei erwiesen sich gerade um diese Zeit die gepreßten Bayern in Eugens Heer als besonders unzuverlässig. Der Prinz hatte wenige Tage vor diesem Brief dem Kaiser geschrieben, daß von den bayerischen Landeskindern und den Leuten, die vorher in bayerischen Kriegsdiensten gestanden hätten, bis auf 50 Mann alle desertiert seien.[198]

Es wirft ein grelles Licht auf die Schwierigkeiten, in denen sich die Administration in Bayern befand, daß just damals, als die Rekrutierungs-Kampagne in vollem Gange war, auch den Kommandeuren der Besatzungstruppen die Leute davonliefen, obwohl sie Quartier und Verpflegung vorschriftsmäßig genossen, so daß es notwendig wurde, 10 fl. Belohnung für jeden eingefangenen Deserteur auszusetzen.[199]

Es war nun klar, daß die Rekrutierung ohne Anwendung einer scharfen militärischen Exekution sich nicht würde erfolgreich durchführen lassen. Die Administration lehnte gegenüber dem Hofkriegsrat die Verantwortung für die Folgen ab. Im Lande aber gab sie den Befehl, alle ledigen und herumziehenden Bauernburschen aufzugreifen und aus ihnen die geforderten 3000 Rekruten und noch zusätzliche 1000 Mann auszuheben, damit die notwendige Anzahl in jedem Fall an die Truppen in Italien in Marsch gesetzt werden könnte.[200] Dazu erging am 9. September an die Landrichter und Pfleger Bayerns in ihrer Eigenschaft als Landfahnen-Hauptleute der Befehl, in ihrem Bezirk von den Landausschüssern den dritten Teil auszuwählen und bis zum 24. dieses Monats zu den Rekruten-Sammelplätzen zu bringen.[201]

Jedoch wiederum lief diese Frist ab, ohne daß die Aufgebote erschienen. Die Beamten scheinen die Musterung nur nachlässig vorgenommen zu haben, anscheinend suchte ein Teil von ihnen die Sache zu hintertreiben, oder sie machten den Leuten Angst, daß sämtliche ledigen Burschen eingezogen werden sollten, so daß diese sich durch Flucht dem Gestellungsbefehl zu entziehen begannen. Sie machten sich ins Gebirge, nach Schwaben und ins pfalzneuburgische Gebiet davon. Die Administration ersuchte die benachbarten Reichsstände, die Flüchtigen festzunehmen und auszuliefern, was aber auch keine große Wirkung tat. Am 26. September setzte die Administration in einem scharf gehaltenen Schreiben den Landrichtern und Pflegern unter Androhung ihrer Entfernung aus dem Amte den 8. Oktober als letzten Termin für die Stellung der Mannschaft. Sie befahl, die Leute nicht scheu zu machen, vielmehr zuerst stellungslose und herumziehende Burschen, auch abgedankte Soldaten und sonstige unnütze Leute zu nehmen und, wo solche nicht zu haben seien oder nicht ausreichten, aus der übrigen Bevölkerung, und zwar nur aus den Dörfern, einige Burschen auszumustern und mit ihnen den eventuellen Fehlbestand des Rekrutenkontingents aufzufüllen. Widersetzliche aber und solche, die zur Flucht geneigt seien, müßten ohne Nachsicht unter Gewaltanwendung und mit Ketten auf Wagen geschlossen zu den Sammelplätzen geschafft werden.[202]

Neben der Rekrutierung, die die Administration leitete, hatte der ehemalige bayerische Oberstleutnant Johann Heinrich von Barthels, der in des Kaisers Dienste getreten war, von Wien den Auftrag erhalten, in Landshut ein Kürassierregiment aufzustellen und hierzu die Mannschaft selbst anzuwerben. Die vorschriftsmäßige Stärke eines Kürassierregiments betrug 1000 Reiter. Die Pferde sollten die Pfarrer der vier altbayerischen Rentämter auf ihre

Kosten liefern. Die Ausrüstung hatten die landständischen Klöster dieses Gebietes zu stellen bzw. die Kosten dafür zu tragen.[203]

Als ein Rekrutierungskommando dieses Regiments im September ins Gericht Eggenfelden an der Rott ging, um durch die Ausmusterung von Landfahnenmannschaften 186 Rekruten auszuheben, fanden sich die Burschen zur Musterung nicht ein. Ein Kornett wollte darauf in die Dörfer gehen, um dort die Wehrpflichtigen aufzusuchen, doch weigerten sich die Soldaten des Kommandos mitzugehen, weil sie weder Montur noch Waffen hatten; die Bürger von Eggenfelden aber wiesen die Aufforderung zurück, ihnen Waffen zu geben. Darauf ging der Kornett nur von zwei Amtleuten des Gerichts begleitet auf die Dörfer. Die drei trafen auf den Bauernhöfen keinen einzigen Burschen oder Knecht mehr an. In einem Stadel und in einem Wirtshaus fanden sie dann die jungen Männer, die sich zusammengerottet hatten und gleich eine drohende Haltung einnahmen. Sie erfuhren weiter, daß sich in der Gegend 200 bis 300 Mann zusammengetan und eine Schanze aufgeworfen hätten, zu ihnen hätten sich einige abgedankte Soldaten gesellt und der Haufe habe bereits einen Offizier, der ihn kommandiere. Dies geschah zwischen dem 24. September und dem 5. Oktober.

Gleichzeitig begannen die zusammengerotteten Leute im Markt Eggenfelden und auf den Hofmarken Schönau und Gern die Beamten zu bedrohen. Sie erklärten, daß sie sich lieber im Land massakrieren lassen und sterben wollten, als daß sie sich außer Landes brauchen ließen. – Dies war der eigentliche Sinn der Losung des Volksaufstandes: »Lieber bayrisch sterben als in des Kaisers Unfug verderben!« – Die Bauern aber waren verzweifelt und in höchster Erregung, weil ihnen gerade in der Erntezeit die Söhne und Knechte davongelaufen waren. Sie erklärten, sie wollten nichts mehr anbauen, nicht mehr arbeiten und auch keine Abgaben und Steuern mehr zahlen. Auch sie bedrohten die Beamten, wenn sie irgendwelche Leistungen, wie Vorspanndienste, verlangten. Sogar die Bürger des Marktes Eggenfelden leisteten keinen Gehorsam mehr. Die Erregung breitete sich weiter aus. Im benachbarten Gericht Neumarkt, das zum Landfahnenbezirk Eggenfelden gehörte, wurde die Bevölkerung von der gleichen Unruhe ergriffen.[204]

Als diese Vorgänge bekannt wurden, wandten sich sogleich die niederbayerischen Landstände an die Administration und baten, die Musterungen für diesmal einzustellen, da, wenn man gewaltsam einschreite, dem rasenden Bauers- und Bürgersvolk nur Anlaß gegeben würde, in weitere Verwilderung zu verfallen, und eine allgemeine Revolte zu befürchten wäre. Sollte aber mit der Musterung fortgefahren werden, so würde es den Untertanen auch unmöglich werden, irgendwelche Abgaben zu leisten, da Knechte und Söhne wegliefen und die Hausväter allein nicht in der Lage seien, das Getreide auszudreschen. Die Administration ging hierauf insofern ein, als sie versuchte, das aufgebrachte Volk nicht durch Härte, sondern durch gütliches Verhandeln wieder zu beruhigen. Die Rekrutierung konnte sie allerdings nicht einstellen.[205]

Nach diesen ersten Unruhen im Rottal wurden auch Zusammenrottungen im Isarwinkel in und um Tölz gemeldet. Die Administration schickte am 14. Oktober Oberst de Wendt mit einer Abteilung Kavallerie nach Tölz, der noch eine Abteilung Infanterie folgte. Der Oberst traf in Tölz jedoch am 15. keine Zusammenrottung mehr an und schickte, um die Lage genau auszukundschaften, eine Patrouille von 20 Reitern und einem Wachtmeister nach Lenggries. Diese trafen auch dort nur friedliche Leute, doch als einige von ihnen in die Häuser gingen und anfingen zu plündern, tauchten plötzlich von den Höhen mehrere hundert bewaffnete Bauern auf, die das Feuer eröffneten und einen Reiter verwundeten. Die Patrouille zog sich nach Tölz zurück, um Verstärkung zu holen, worauf de Wendt selbst mit einer starken Abteilung nach Lenggries ritt. Als ihm nun die Bauern durch Abgesandte ihre Unterwerfung anbieten ließen, unternahm er nichts weiter, da seine Infanterie noch nicht eingetroffen war und er mit Kavallerie allein in dem bergigen Gebiet nichts unternehmen konnte. Die Bauern hatten erklärt, sie wollten dem Kaiser treu dienen, wenn man sie nur nicht zum Kriegsdienst außer Landes führen würde. Diese Vorgänge wurden nach München gemeldet, und da die Administration nicht gewillt war, durch einen militärischen Gewaltakt die Bevölkerung zu reizen, schickte sie den Grafen Herwart, den Hofmarksherrn von Hohenburg hinaus, damit er die Gemüter beruhigte. Das gelang ihm auch; die Bauern lieferten die Gewehre, die sie aus dem Schloß Hohenburg geholt hatten, wieder ab und gingen auseinander.[206]

Zu größeren bewaffneten Zusammenrottungen und gewaltsamen Rekrutenbefreiungen war es schon Anfang des Monats Oktober in der östlichen Oberpfalz gekommen. Da in der Gegend nur einige Werbekommandos und in Cham ein hannöverscher Rittmeister mit 40 Reitern lag, war diese Bewegung nur sehr schwer in Grenzen zu halten. Wir werden hierauf unten zurückkommen.[207] So waren inzwischen aus allen Rentämtern Nachrichten von Unruhen der Bevölkerung eingetroffen, zuletzt aus der Traunsteiner Gegend im Rentamt Burghausen.[208] Diese ersten Aufstandsbewegungen, die ohne Zusammenhang untereinander in ganz verschiedenen Landesteilen fast gleichzeitig ausbrachen und bei denen die Menschen übereinstimmend erklärten, sie wollten lieber in der Heimat sterben, denn als gezwungene Soldaten eines fremden und eigentlich feindlichen Herrn im Ausland umkommen, rechtfertigten die Warnungen und düsteren Voraussagen der Administration und der bayerischen Landstände. Doch jene mußten mit der Rekrutenaushebung fortfahren oder vielmehr sie mit Einsetzen von Militär erst richtig beginnen.

Es ist hier noch eines zu beachten: Die Landfahnen waren seit ihrem Bestehen die Einheiten des Volkes zur Verteidigung der Heimat, die grundsätzlich nicht außerhalb der Landesgrenzen eingesetzt werden durften. Freilich hatte hiergegen schon Max Emanuel verstoßen, als er Landausschüsser in seine regulären Regimenter steckte. Doch die planmäßige allgemeine Aushebung von Landausschüssern für landfremde Regimenter, die noch dazu im fernen Ausland gegen den vertriebenen Landesherrn fochten, trat ein altes Recht des Volkes mit Füßen.

Am 16. Oktober meldete die Administration der Reichskanzlei in Wien den Fehlschlag der Rekrutenaushebung: aus den Rentämtern Landshut und Burghausen sei kein einziger Mann, aus Straubing seien ganze 19 aufgebracht worden. Die Beamten erklärten, die Burschen hätten sich alle in die Wälder verlaufen. – Es hat den Anschein, daß ein nicht unbeträchtlicher Teil der bayerischen Beamten die Rekrutenaushebung hintertrieb oder doch sehr nachlässig durchführte, jedenfalls traute ihnen die Administration nicht ganz. – Das einzige, so schrieb man nach Wien, was noch helfen könne, sei die gewaltsame Aushebung mit Hilfe von Militär. Da aber die notwendige Streitmacht nicht vorhanden sei, bestehe die Gefahr, daß noch an mehreren Orten ein Aufstand ausbreche. In einem Brief, der wenige Tage später an den Prinzen Eugen abging, hieß es, das ganze Land murre und lehne sich gegen die Stellung der Rekruten auf, so daß die gewünschte Anzahl von Mannschaften sicher nicht aufzubringen sei, wenn man nicht mit ernstlicher Gewalt vorgehe, wozu es aber der Administration an Truppen fehle.[209] Aus Wien antwortete man am 22. und erklärte: »Unser Dienst läßt nicht zu, daß wir das Land wegen bezeigter Widersessigkeit und verübten Aufruhrs von der Rekrutenstellung befreien, da eine große Anzahl an dem Rekrutenquantum fehlt und solches den benachbarten Erbländern Anlaß geben dürfte, um sich mit gleichmäßigem Ungehorsam des Vollzuges unserer Befehle zu entschlagen.« Zur Durchsetzung erhielt die Administration die Vollmacht, durch Bayern nach Italien marschierende Regimenter für die Zwangsrekrutierung und zur Aufrechterhaltung von Ruhe und Ordnung heranzuziehen.[210]

Hierauf nun entschloß sich die Administration zur Anwendung des äußersten Mittels, der zwangsweisen Rekrutenaushebung mittels militärischer Exekution. Sie war dazu nun jedoch auf ihre eigenen Besatzungstruppen angewiesen, da die drei durchmarschierenden Regimenter, ein Castellisches, ein Bayreuther und eines des Bischofs von Hildesheim, Bayern bereits wieder verlassen hatten. Sie stellte einer Reihe von Pflegern und Pflegskommissären militärische Kommandos zur Verfügung, die nun anfingen, auf die Jungmannschaft regelrecht Jagd zu machen.

Es kam nun zu jenen erschütternden Szenen, in denen die jungen Burschen aus den Häusern und von der Feldarbeit mit Gewalt weggeschleppt wurden, da man Kirchen während des sonntäglichen Gottesdienstes mit Soldaten umstellte und die Rekruten gefesselt wegführte, Einödhöfe nachts überfiel und die jungen Männer unbekleidet aus den Betten riß, da die berüchtigten Kettenwagen – Fuhrwerke, auf denen die Ausgehobenen angekettet saßen, damit sie nicht fliehen konnten – übers Land zu den Rekrutensammelstellen rasselten. Die Eltern und Dienstherren der Burschen mußten weinenden Auges in ohnmächtigem Zorn zusehen, wie dies geschah. Auch bei den Knechten handelte es sich ja nicht, wie wir wissen, um fremde Leute, die mit der Familie nichts Näheres zu tun hatten, sondern um die Söhne von Nachbarn und Freunden, die aus demselben oder einem nahen Dorf stammten und gewissermaßen zur Familie des Dienstherrn gehörten. Die Wut der Menschen richtete sich nicht nur gegen die Soldaten der Rekrutierungskommandos, sondern vor allem gegen die eigenen bayerischen Beamten, die diese führten und von denen sich einige durch besonderen Eifer hervortaten – wenn auch oft nur gezwungen durch die drohende Amtsentlassung. Besonders verhaßt machten sich die Beamten der Bezirke Teisbach, Vilsbiburg, Eggenfelden, Reichenberg und Griesbach, wo unter anderem Burschen, die sich versteckt hatten, als Rebellen verfolgt und von kaiserlichen Reitern niedergehauen wurden. Einen besonders traurigen Ruhm erntete der Pflegskommissär von Wolfratshausen, der, wie später Georg Sebastian Plinganser, einer der Anführer des Aufstands im Unterland, berichtet hat, sich hierbei mehr als andere hervorgetan hat und die jungen Burschen »aus denen Schlaf-Cämmern ungekleidet herausreissen, sondern bey einbrechenten Wünter also blos uf die wägen schmidten und in das Tyroll abführen lassen«. – Was aber dem Ganzen die Krone aufsetzte, war, daß vielen Vätern, die ihre Söhne bereits von der Rekrutierung um die vorgeschriebene Summe losgekauft hatten, diese dennoch weggeführt wurden, obwohl sie den Freikauf durch Quittung belegen konnten.[211]

Bewegend ist der Bericht über diese Vorgänge in dem bereits erwähnten Remonstrationsschreiben des Landesdefensionskongresses in Braunau an den Reichstag in Regensburg:[212] »Es waren aber nit genueg solchergestalten allenthalben von der Kayerl. Miliz entweders öffentlich undertrukhet oder mittels allerhand ersunnen Vortheilhaftigkeit getruckht mithin ihrem yblen Verfahren auf underschidliche Arth und Manier yberlassen zu werdten, sondern es miessen auch anderseits under wehrentem Aestival, damit uns das Elendt allenthalben yber dem Haupt zusammen schlagete, von denen an underschidlichen Orthen aufgestölte Werbungen allerhandt Ungemach, angst und Verdriessligkeiten zu Vermehrfachung unsers condecretirten Undergangs darzuekhommen, indem dergleichen Werber da und dort unsere Söhn und Dienstknecht ohne Underschidt zu Kriegsdiensten gezwungen, und sie thails auf dem Veldt, theils bei Haus, theils nächtlicher Weyll aus dem Pött, ja sogar aus den Gottshäusern selbsten und wehrent Sonn- und feurtäglich Sacrificien, mit Beisetzung alles christlichen Respekts und ehrerbiettung gegen der Kürch und heil. Mössopfer auf eine höchstärgerliche sowohl die in der Kirchen versamblete andechtige gemain, als dem von dem altar in lesung der heyl. Mess begriffen und solche gottlos gewaltsambigkeit öffentlich dehortierenten Priester contribuirenter weiß hinwekhgenommen, auch volgents, obschon nach der handt von der Keys. Administration sothannen Werbungen und gewaltthetige hinwekhnemmungen der Leuth inhibirt, hingegen aber und an Statt dessen ein gewiser impost geschlagen wordten, auch eben darumben anseithen des Keys. Veldt-Kriegs-Commissario zu Burghausen ihnen Werbern die sogenannte Assentierung denegirt, gleichwollen und dessen ungehindert ermeldt unsere Söhn und Dienstknecht auf einen Wagen zusammen geschmidtet und entweder nacher Ungern und Italien zu der Armee mit gewalt fortgeschleppt, oder fremden Völkhern verkhaufft wordten. – Obig von hochgedacht Keys. Administration in München geschlagner impost hat die g(erich)ts- und hofmarkhsgemeindten obligirt, für jeden Mann, so ausser dessen gedachte Gemeindten der gemachten Eintheilung gemess hätten selbst aufwerben und stöllen miessen, 16 fl. werbgelt zu bezahlen. Man ist aber hochen orths gar bald hievon wider abgewichen und, uneracht von villen orthen solch anbegehrtes werbgelt würkhlich erlegt, auch hievon nichts mehr zurückh gegeben wordten, de novo unsere liebe Söhn und Dienstknecht, umb sie mit aller gewaltthetigkeit zu kriegsdienste zuziegen, angetrungen gekommn, deren etwelche bereits da und dorten gefangen, hinwekgenommen, andere aber, die sich der natürlichen Nottwöhr bedienet und solchen gewaltthätigkeiten widersezt, durch den Scharfrichter durch Schwert und Strikh zum gehorsamb zubringen gesuecht worden. – Dieses ist, welches der Natur selbsten gewalt anleget und der Eltern Herzen durchschneidet.«

Diese Gewaltmaßnahmen hatten einen gewissen, wenn auch keinen überzeugenden Erfolg. Man brachte auf diese Weise bis Ende Oktober etwa 750 Rekruten auf, 500 aus dem Rentamt München auf den Sammelplätzen Schongau und Wasserburg und 250 aus der Oberpfalz in Deggendorf, von denen die ersten Anfang November nach Italien in Marsch gesetzt wurden. Der Administrator Graf Löwenstein hoffte, daß nach der glücklichen Stillung des Aufstandes im Isarwinkel wieder Ruhe im Land einziehen würde. Er machte sich zwar große Sorgen über die weitere Rekrutenaushebung, die seiner Ansicht nach nur unter Fortsetzung der äußersten Gewaltanwendung Erfolg haben würde. Doch glaubte Löwenstein, daß diese Gewalt im Winter weniger Gegenwehr bei der Bevölkerung hervorrufen würde als im Sommer. In der Oberpfalz schwelte der Aufruhr jedoch weiter.[213]

Die Erfolglosigkeit der Rekrutenaushebung ohne militärische Exekution, die Löwenstein voraussagte, trat Anfang November im Rentamt Burghausen noch einmal in aller Deutlichkeit zutage; an verschiedenen Orten hintertrieben anscheinend wieder die Beamten die Aushebung durch nachlässiges Vorgehen: In Uttendorf im Pflegamt Braunau trafen die Amtleute, denen unter Androhung ihrer Entlassung und Landesverweisung aufgetragen war, die Gestellungspflichtigen notfalls mit Gewalt zur Musterung vorzuführen, keinen einzigen Burschen in den Dörfern an. Neuötting, das fünf Rekruten zu stellen hatte, meldete, daß keine ledigen Burschen vorhanden seien. Der Pfleger von Wildshut beorderte durch seine Amtleute 25 Burschen nach Burghausen, aus denen 15 ausgewählt werden sollten, doch erklärten diese, sie würden nicht gehen, weil sie nicht die ersten sein wollten. In der Pflege Mattighofen verließen Söhne und Knechte beim ersten Gerücht von einer Musterung die Höfe. In Mörmoosen sagten die jungen Männer, sie wollten, bevor sie sich stellten, die Gewalt abwarten. Der Pflegskommissär von Kraiburg wollte die flüchtigen Burschen gefänglich einziehen lassen, doch verfügte er nur über einen Amtmann, der mit seinem Buben nichts ausrichten konnte, weshalb gar nichts unternommen wurde. In der Hofmark Tüssling im Pflegegericht Neuötting folgten die Bauernsöhne und Knechte einfach nicht der Einberufung; der Schreiber wußte angeblich nicht, aus welchen Gründen sie fernblieben. Aus den Hofmarken Stein im Gericht Trostberg und Mühlheim im Gericht Mauerkirchen wurde gemeldet, die Burschen seien über die Grenzen gegangen und Landstreicher seien keine vorhanden.[214]

Mittlerweile war es dem Prinzen Eugen klar geworden, daß er mit der geforderten Anzahl von bayerischen Rekruten nicht mehr rechnen konnte. So bewilligte er am 30. Oktober unter nachdrücklichem Protest und Hinweis auf den schlechten Mannschaftsbestand seiner Regimenter, »wenn ja mit der Naturalstellung der Recruten nicht aufzukommen wäre, dass man auf die Erlegung des baaren Geldes antragen« solle. Die Regimenter sollten jetzt selber wieder werben – womit er das neue Rekrutierungsverfahren durch die Zivilbehörden wieder durch die alte Werbung durch die Truppenteile ersetzte. Die aufgebrachten Rekruten aber sollten so rasch wie möglich und unter starker Bedeckung, damit niemand fliehen könne, nach Italien geschickt werden.²¹⁵ Diese Einsicht kam jedoch zu spät. Wie Graf Löwenstein und seine Mitarbeiter vorausgesagt hatten, erzeugte die Gewalt Gegengewalt, und die Lawine des Volkszorns kam in Bayern langsam aber unaufhaltsam ins Rollen. Die abgedankten bayerischen Soldaten, die sich im Lande aufhielten, vermehrten die Zahl der Unzufriedenen und schürten das Feuer noch mehr. Die Gewaltakte der Bevölkerung, besonders der Gestellungspflichtigen und oft in Verbindung mit abgedankten Soldaten, die man durch vorsichtige Nachsicht gedämpft zu haben glaubte, begannen von neuem. Schon im August hatten z. B. bei einer Musterung im Markt Grafing bei Ebersberg ehemalige bayerische Soldaten einen kaiserlichen Werbehauptmann überwältigt und fünf Rekruten, die er mit sich führte, befreit.²¹⁶

Es wird unsere Einsicht in die Aufeinanderfolge der Vorgänge, die damit begannen, daß sich die Jungmannschaft der Rekrutierung entzog, und die im allgemeinen Volksaufstand endeten, vertiefen, wenn wir diesen Ablauf am Beispiel von einigen Gerichtsbezirken und Ämtern in der Oberpfalz genauer verfolgen. Für die Oberpfalz und besonders ihre östlichen Amtsbezirke, die wir hier behandeln wollen, sowie die angrenzenden Bezirke des Rentamts Straubing bedeutete die befohlene Aushebung der Jungmannschaft zum fremden Kriegsdienst nach den Zerstörungen des Krieges, den Truppendurchzügen, Plünderungen und Einquartierungen, die seit dem Jahre 1703 in anhaltender Aufeinanderfolge dieses Gebiet heimgesucht und in große Not gestürzt hatten, die letze und äußerste Peinigung der Menschen.

Nachdem die Administration am 9. September das bayerische Rekrutenkontingent auf den dritten Teil des Landfahnenaufgebotes festgesetzt hatte, wurde für die Oberpfalz, deren Landfahnen zusammen rund 2000 Mann stark gewesen waren, das Kontingent auf 600 Mann festgelegt, die von den Gerichten und Ämtern bis zum 8. Oktober nach Amberg zu stellen waren. Außerdem wurden hier auch Städte und Märkte zur Mannschaftsstellung verpflichtet. Jeder zum Kriegsdienst angenommene Mann sollte eine vollständige Montur, 4 fl. Handgeld und im voraus den Sold für zwei Monate erhalten; desertierte er, so drohte ihm der Galgen.

Als das Pflegamt Rötz gegen Ende September seine Rekruten nach Amberg abgeliefert hatte, rotteten sich in der Nähe des Marktes Rötz 50 bis 60 Mann zur Gegenwehr zusammen. Sie waren mit Gewehren und Stangen bewaffnet und einige trugen blaue Uniformröcke und Seitenwaffen; bei diesen handelte es sich wohl um abgedankte bayerische Soldaten. Dieser Haufen hielt einen Rekrutentransport aus dem Pflegamt Murach auf und befreite die Ausgehobenen, die sogleich flüchteten. Die Nachricht hiervon verbreitete sich rasch. Am 3. Oktober wollte der Pfleger von Waldmünchen auf zwei Wagen 18 Mann, die er in seinem Bezirk ausgewählt hatte, nach Amberg bringen. Bei Neunburg wurde der Zug von 200 Mann, die mit Gewehren, Wolfsspießen und Stangen bewaffnet waren, überfallen; die Aufrührer befreiten die Rekruten, schossen auf den Pfleger, allerdings ohne ihn zu treffen, verprügelten einen der vier begleitenden Beamten und nahmen ihm seine Flinte ab; die Beamten flohen sofort. Kurz danach, etwa am 8. Oktober, wurde auch im Pflegamt Bruck ein Amtsknecht, der mit einem Trupp Rekruten nach Amberg unterwegs war, von Bauern überfallen, und die Rekruten wurden befreit. Im Landgericht Neunburg vorm Wald war zum Musterungstermin am 27. September keiner der aufgerufenen Jungmänner, aus denen 56 Mann ausgewählt werden sollten, erschienen. Zum 5. Oktober wurde erneut einberufen, worauf die Mehrzahl kam, eine große Anzahl aber flüchtig war; einzelne Hofmarken des Gerichtsbezirkes konnten deshalb überhaupt keinen Mann schicken. So wurde nur ein Teil der geforderten Rekruten gestellt.

Bereits am 15. Oktober hatte der Pflegskommissär Rumpel in Roding, ein erklärter Parteigänger der kaiserlichen Sache, an die Administration in München geschrieben und in übertreibender Weise diese Unruhen als planmäßig angezettelte Rebellion dargestellt, die von Franzosen geschürt würde, deren Agenten auch im benachbarten Böhmen das Volk aufzuwiegeln versuchten. Rumpel hatte deshalb in seinem Amtsbezirk gedroht, es wären bereits Husaren und Infanterie im Anmarsch, um die Unruhe zu dämpfen. Er bat die Administration denn auch um Entsendung von 300 bis 400 Mann Kavallerie. Die Zusammenrottungen hatten sich jedoch nach den Rekrutenbefreiungen und vielleicht auch durch Rumpels Drohungen zunächst wieder verlaufen, doch taten sich Anfang November die Leute von Neunburg und anderen Ämtern wieder zusammen. Die Administration hatte aber bereits den Obersten d'Arnan mit einer Abteilung von etlichen hundert Mann zu Fuß und zu Pferd in die Oberpfalz beordert, damit er dort Ruhe und Ordnung wiederherstellte. Dieser traf am 8. November in Neunburg ein, verteilte einige kleinere Infanterieabteilungen auf die verschiedenen Ämter und marschierte in den nächsten Tagen mit der Kavallerie nach Bruck. Es kennzeichnet den allgemein heruntergekommenen Zustand dieses ganzen Gebietes, daß ein Rittmeister dieser Abteilung äußerte, er hätte nicht geglaubt, wenn er es nicht selbst gesehen hätte, daß der Landmann so schlecht stünde und so von seinen Kräften gekommen sei. Der Oberst hatte den Auftrag, zusammen mit zwei Zivilkommissären die Unruhen gütlich zu stillen. Dies gelang zunächst auch. Außerdem wurde eine Untersuchung der Unruhen und der Rekrutenbefreiungen befohlen, die die Kommissäre Mitte November durchführten. Sie ermittelten eine Reihe von Rädelsführern, die zum Teil verhaftet, nach Amberg gebracht und unter die Rekruten gesteckt wurden. Zum Teil aber waren sie geflohen, weshalb man ihre Väter in Neunburg einsperrte und erst nach zehn Tagen auf flehentliche Bitten wieder freiließ; sie mußten versprechen, binnen 14 Tagen ihre Söhne einzuliefern. Die Militärkommandos führten jetzt in den Ämtern die Rekrutenaushebung unter Anwendung von Zwangsmaßnahmen durch. Hiermit und durch Androhung härtester Strafen wurde die Bevölkerung eingeschüchtert und es erschien ein weiterer Teil der Einberufenen zur Musterung.

So lieferten schließlich diese östlichen Ämter der Oberpfalz bis zum 23. November 449 Rekruten nach Amberg ein, von denen allerdings 131 Mann wieder ausrissen, da die Übernahmeoffiziere nicht rechtzeitig erschienen. So hatten gerade diese Ämter, in denen der erste Aufstand ausgebrochen war, die geforderte Mannschaft zum größeren Teil gestellt. Die Rekruten wurden bereits am 23. November zum Abtransport nach Donaustauf in Marsch gesetzt. Insgesamt dürfte die Oberpfalz den größten Teil ihres Rekrutenkontingents aufgebracht haben. Die Unruhe, die in der Bevölkerung ausgebrochen war, war einigermaßen gedämpft worden. Am 28. November teilte der Vizestatthalter, Freiherr von Tastungen, der Administration mit, daß die Bevölkerung sich seither ruhig verhielte. Er und seine Regierung in Amberg hofften, daß der Aufstand nach dem Abschluß der Rekrutenaushebung wieder ganz erlöschen würde, worin sie sich jedoch gründlich irren sollten.[217] Anders verlief die Rekrutenaushebung im Gericht Cham. Dieses gehörte zum Rentamt Straubing, war aber mit der benachbarten Oberpfalz durch den Krieg und seine Folgen ebenso stark wie diese geschädigt worden. Hier wurde die Stadt Cham von der Rekrutenstellung befreit, und von den Höfen wurde zunächst eine umgelegte Ablösesumme von je 2 fl. verlangt. Doch am 12. September wurde wegen der dringenden Forderungen der kaiserlichen Truppen von der Regierung in Straubing befohlen, daß das Gericht 53 Rekruten in »Naturalstellung« zu schicken habe, das war ein Drittel der Landfahnenpflichtigen. Das Gericht hatte 654 Höfe, von denen etwa 150 zerstört waren; so traf auf etwa zwölf Höfe ein Rekrut. Die Rekruten sollten am 24. September aus den Landfahnenpflichtigen ausgewählt, am 1. Oktober nach Straubing gebracht und den Übernahmeoffizieren des Regiments Dalbon übergeben werden. Deserteuren wurde der Strang, vollziehbar im Heimatdorf, angedroht. Mittlerweile griff die Aufstandsbewegung von den benachbarten oberpfälzischen Ämtern auf dieses Gericht über, doch kam es hier zu keinen Gewaltakten gegen die Beamten, da der Pfleger Franz Achaz Freiherr von Tannberg die Bevölkerung seines Gerichtes so weit wie möglich zu schonen versuchte und anscheinend die Rekrutierung sehr nachlässig vornehmen ließ. So stellten die Beamten am 10. Oktober auch nur sechs Mann nach Straubing, die sie wiederum nur gegen ein Handgeld von 30, 40 und mehr Gulden – vorgeschrieben waren 4 fl. – zur Gestellung hatten veranlassen können; von diesen wurden dann noch zwei als untauglich wieder fortgeschickt. Daraufhin drohte am 25. Oktober die Administration mit der militärischen Exekution und setzte als neue Frist den 8. November. Da selbst die hohen Handgelder niemanden verlocken konnten, wurde schließlich im Zusammenhang mit der Befriedung der Oberpfalz durch Oberst d'Arnan Militär eingesetzt, doch brachte das Gericht bis zum 24. November nicht mehr als weitere sechs taugliche Männer auf, was darauf schließen läßt, daß die Beamten, die ja die Soldaten führen mußten, wieder durch die Finger sahen.

Allerdings wurde hierbei ein Müllerssohn aus Rößwärting, der flüchtig ging, erschossen.²¹⁸ Wenn jene ersten Unruhen auch offensichtlich als spontane Reaktionen der Bevölkerung auf die Rekrutenaushebungen ausgebrochen sind, so lag natürlich für die Administration der Verdacht nahe, daß sie geplant waren und letztlich von Kurfürst Max Emanuel und seinen Anhängern ausgingen. Jener französische Aufruf vom August aus Schaffhausen schien dies zu beweisen. Weiter hatte dies der Pflegskommissär Rumpel in Roding durch die Meldung von französischen Agenten und Agitation in Böhmen indirekt ausgedrückt. Nun entdeckte die Administration am Anfang des Oktober eine Nachrichtenverbindung zwischen dem Gerichtsschreiber Wolfgang Schmidt von Abensberg, Rentamt Straubing, den Benediktinerklöstern Scheyern und Benediktbeuern und dem Kurfürsten bzw. seiner Umgebung in Brüssel.

Schmidt war ein entschiedener Parteigänger des Kurfürsten. Ihm war im August 1705 der Boden in Abensberg zu heiß geworden, so daß er fliehen mußte. Er war der Schwager des Gerichtsschreibers Hans Georg Wendenschlegel von Pfaffenhofen und dessen Bruders Joseph Bernhard, der uns bereits als Hofrichter und Landfahnenhauptmann von Benediktbeuern bekannt ist. Schmidt begab sich zunächst ins Kloster Scheyern im Gericht Pfaffenhofen, wo er von gleichgesinnten Patres aufgenommen, mit einem Ordenshabit versehen und nach Benediktbeuern geleitet wurde. Der dortige Prior, Pater Angelus, ebenfalls ein überzeugter Anhänger Max Emanuels, nahm ihn mit Wissen des Abtes auf und begleitete ihn über Schwaben in die Schweiz ins Kloster St. Gallen, von wo Schmidt nach Frankreich entwich. Der Prior wechselte danach von Benediktbeuern aus mit Schmidt noch Briefe, die von den Agenten der Administration abgefangen wurden. So erfuhr diese den ganzen Vorgang, und, da Schmidt nach seiner plötzlichen Flucht in dieser Zeit, da man »aller Orten von verborgenen Aufstandsconzepten« redete, bereits in den Geruch gekommen war, »einer der ärgsten Erzschelme, Landaufwiegler und Bösewichter« zu sein, fiel dieser Verdacht auch auf die Klöster Scheyern und Benediktbeuern. Die Administration untersuchte den Fall und zitierte die Äbte nach München. Man sprach bereits von der Schleifung der Klöster und der Vertreibung der Konvente oder doch wenigstens einer Strafzahlung von je 80000 fl. Die Äbte flehten demütig um Gnade und beteuerten die Unschuld ihrer Klöster; es sei jeweils nur ein Pater gewesen, der Schmidt geholfen habe. Schließlich entschied der Administrator am 15. Oktober, daß jedes Kloster 20000 fl. zahlen müsse. Davon hat Benediktbeuern im November die Hälfte entrichtet, der Rest wurde ihm erlassen.

Es ist klar, daß die Administration ärgsten Verdacht hatte schöpfen müssen, da gerade damals fast gleichzeitig an verschiedenen Orten Unruhen ausgebrochen waren. Doch ließen sich keine Beweise für eine Anstiftung der Unruhen im Auftrag des Kurfürsten durch Schmidt, die beiden Klöster oder einzelner ihrer Patres finden. Im Gegenteil, die Administration bat sogar am 16. Oktober den Abt von Benediktbeuern, ihr zu helfen, die Zusammenrottungen, die just in diesen Tagen aus dem Isarwinkel gemeldet wurden, zu zerstreuen, was sich jedoch erübrigte, da nur die Hofmark Hohenburg betroffen war. So kamen schließlich die beiden Klöster mit einem blauen Auge davon. Die Angelegenheit war sogar vor dem Reichstag in Regensburg behandelt worden, wo sich der preußische Gesandte und Prinz Alexander von Württemberg für Benediktbeuern einsetzten, »weil deren Truppen nirgends so große Höflichkeit als in Benediktbeuern empfangen« hätten. Das einlenkende Verhalten der Administration zeigt aber auch deren Willen, nichts auf die Spitze zu treiben, sondern vielmehr sich der Landstände zu versichern, um die Aufstandsbewegungen gütlich zu befrieden. Ein hartes Vorgehen z. B. gegen Benediktbeuern, wie etwa das Schleifen des Klosters und die Vertreibung des Konvents, hätte wohl auch in dessen großem Herrschaftsgebiet eine heftige Unruhe unter der Bevölkerung ausgelöst.[219]

12. KAPITEL

Der Beginn des Aufstandes im Unterland
bis zur Einnahme Burghausens

Die bayerische Bevölkerung war im Sommer 1705 von Truppenexzessen einigermaßen verschont geblieben, da die meisten Regimenter nach Italien abgezogen waren. Im Herbst marschierten wieder Hilfstruppen der deutschen Reichsstände nach Süden, die wieder brandschatzten, Geld eintrieben und durch sonstige Ausschreitungen die Bevölkerung an den Durchzugsstraßen ausplünderten und schikanierten. Hierbei verhielten sich nicht nur die Mannschaften zuchtlos, sondern vor allem auch die Offiziere erpreßten Leistungen, die über die Verpflegungsnorm, zu deren Lieferung die Bevölkerung verpflichtet war, weit hinausgingen. Dies geschah nicht nur im besiegten und besetzten Bayern, sondern auch in Schwaben und Tirol. In Wien liefen vor allem über ein Regiment des Markgrafen von Bayreuth und eines des Bischofs von Hildesheim Klagen ein. In Bayern war die Herrschaft Hohenaschau besonders stark betroffen. Die Tiroler Regierung wandte sich an den Kaiser und verlangte, daß, um derlei Schäden in Zukunft vom Lande abzuwenden, durchmarschierende Truppen Kautionen oder einige Offiziere als Geiseln zu stellen hätten. Auch die Administration in Bayern forderte vom Hofkriegsrat Vorbeugen und energisches Einschreiten gegen solche Truppenexzesse; andernfalls wäre es besser, bald »alles bunt über Eck gehen zu lassen«.[220]

Waren diese Bedrängnisse der Bevölkerung örtlich und zeitlich begrenzt, so ging die allgemeine Ausbeutung Bayerns durch Kriegssteuern, Getreideaufschlag und andere Abgaben weiter. Auch die Rekrutenaushebung wurde trotz all dessen, was mittlerweile vorgefallen war, fortgesetzt. So kam es schließlich am Anfang des Monats November im Rott- und Vilstal, im Innviertel und im Chiemgau zu einem allgemeinen Aufstand, der von Haufen zusammengerotteter Burschen und abgedankter Soldaten begonnen wurde, bald aber weite Kreise der Bevölkerung ergriff, so daß sich in kurzer Zeit Heerhaufen von mehreren tausend Mann bildeten.

Bevor wir in die Darstellung des beginnenden Volksaufstandes eintreten, wollen wir uns noch einmal vergegenwärtigen, welche Truppen um diese Zeit im Lande standen, an welche Orte sie über das Land verteilt waren und welche Stärke sie besaßen: [221] An Infanterie lagen in München ein Bataillon des Regiments de Wendt mit 400, zwei Bataillone der fränkischen Kreisregimenter Dalberg und Janus von Eberstädt mit zusammen 1000 sowie Rekrutierungskommandos und Rekruten in einer Höhe von 400, also zusammen 1800 Mann. In Ingolstadt lagen ein Bataillon de Wendt mit 400, zwei Bataillone der fränkischen Kreisregimenter Hohenzollern und Tucher mit 1000 und sechs Kompanien des in der Aufstellung begriffenen Regiments des ehemaligen bayerischen Generalwachtmeisters Georg Ignaz von Tattenbach mit 500, also zusammen 1900 Mann. In Landsberg und Friedberg lagen zusammen 200 Mann, in Wasserburg 100 Mann vom Regiment Harrach. Somit war die Infanterie im Rentamt München 4000 Mann stark.

Im Gebiet des sogenannten Unterlandaufstandes lagen die folgenden Infanterieeinheiten: In Burghausen eine Kompanie vom Regiment Zum Jungen und Rekrutierungskommandos mit 150, in Braunau Teile vom Regiment Jung Daun und Kommandos mit 550, in Schärding 80 Mann; also im Rentamt Burghausen 780 Mann Infanterie. In Landshut lag eine Kompanie Jung Daun mit 100 Mann. In Straubing lagen zwei Kompanien des Regiments d'Arnan mit 200 Mann. Bei den ersten Unruhen in der Oberpfalz war Anfang November Oberst d'Arnan mit einem Teil seines Regiments aus Straubing dorthin abgerückt, so daß sich in diesem Landesteil jetzt einschließlich dort stationierter Kommandos 400 Mann Infanterie befanden. Somit hatte die Infanterie, die als Besatzung in Bayern stand, eine Gesamtstärke von 5480 Mann. – Die Feldartillerie bildete damals keine eigenen Einheiten, sondern gehörte zur Infanterie.

An Kavallerie befanden sich insgesamt 1750 Mann in Bayern. Diese verteilten sich folgendermaßen: Das in der Aufstellung begriffene Kürassierregiment Barthels hatte einen Stand von 400 Mann erreicht, war aber wegen Mangels an Pferden und Sattelzeug noch nicht felddienstfähig; sein Stab lag in Landshut, je eine Kompanie auf dem Lande verteilt in den Ämtern Vilsbiburg, Neumarkt, Eggenfelden, Mainburg und Abensberg. Mitte August war das Husarenregiment Lehoczky vom Oberrhein trotz der dringenden Einwände der Administration nach Bayern in Erholungsquartiere gelegt worden; es hatte 350 Mann; ein Teil lag im Gericht Griesbach, ein anderer Teil in München. Außerdem lagen Rekrutierungs- und Remontierungskommandos von acht Kürassier- und zwei Dragonerregimentern im Lande zerstreut, die zusammen 1000 Mann ausmachten. Unter diesen befanden sich viele Rekruten, und ein großer Teil der Mannschaften war unberitten. Die Reiterei war wegen der leichteren Unterkunft und Verpflegung in dieser Weise über das Land, vor allem auf Niederbayern verteilt. So stand in Bayern zu der Zeit, da der Volksaufstand ausbrach, eine kaiserliche Besatzung mit einer Stärke von insgesamt 7230 Mann, doch war diese Streitmacht in sich uneinheitlich zusammengesetzt und teilweise in kleine und kleinste Abteilungen über das Land verstreut.

Seit Ende Oktober hatten sich im Innviertel und im Rott- und Vilstal ledige Burschen und abgedankte Soldaten zusammengerottet, die sich jetzt nicht mehr verbargen, sondern mit aufrührerischen Reden durchs Land zogen, Beamte bedrohten, überfielen und ausplünderten. Bald suchten sie Pfarrhöfe und Adelssitze auf, um sich dort Waffen und Munition zu holen; dabei ließen sie auch allerlei Gebrauchs- und Wertgegenstände mitgehen. Von Anfang an erschienen Aufwiegler und Rädelsführer dieser Zusammenrottungen, und in kurzer Zeit entstand aus diesen Raubzügen eine regelrechte Volksbewegung. Allem Anschein nach ist diese Bewegung von selbst im Volke aufgebrochen und hat sich während dieses Aufbrechens selbst ihre Führer gesucht. Eine planmäßige Vorbereitung ist wohl auszuschließen, dazu tragen die ersten Bewegungen zu sehr den Stempel des Zufälligen und Ungeordneten. Eine verstärkte Agitation unter dem Volk ist aber dem Ausbruch sicher vorausgegangen; das haben die Behörden bis hinauf zur Administration gemerkt. Außerdem wurden gerade um diese Zeit die jungen Männer in diesen Gegenden erneut zur Musterung einberufen. Diese beiden Ursachen dürften den gleichzeitigen Ausbruch des Volkszorns in jenen benachbarten Gebieten erklären.

Wir beginnen mit den Vorgängen in den Gerichtsbezirken an Rott und Vils im Rentamt Landshut. Über deren Ablauf können wir uns aus den Quellen das genaueste Bild machen. Die Anführer, die sich hier besonders hervortaten, waren der Pfeifer Jackl von Birnbach und die beiden Kagerlsöhne aus dem Gericht Reichenberg, die Brüder Großschopf aus dem Gericht Griesbach, der Weißgerber

Sedlmayr von Kößlarn, der sich selbst nach dem Führer des Ungarnaufstandes »junger Rákóczy« nannte, der Bräu Christoph Seppenhofer von Kößlarn, der Lebzelter Brunner von Griesbach, der Kramer Brunner und der Schusterwirt von Rottalmünster, Bernhard Gerstenbrand, Hausknecht beim Wirt in Stubenberg, und Hans Hasenberger, ein Weber und Häusler auf der Freyung bei Griesbach, der als einer der ersten in Erscheinung trat. – Wie diese Beispiele zeigen, gehörten die Aufwiegler und Anführer den verschiedenen Schichten der Land- und Marktbevölkerung an.[222]

Am 6. November drang der genannte Hasenberger mit einigen Genossen in einen Pfarrhof nahe Pfarrkirchen in die Wohnstube ein, packte den dort sitzenden Pfarrer beim Hals und forderte ihn auf, mit ihnen zu gehen. Als dieser das ablehnte, stieß ihn Hasenberger gegen die Wand, daß er am Kopf Schrammen davontrug, und verlangte Waffen, worauf die verängstigte Pfarrersköchin den aufgebrachten Burschen zwei Gewehre und zwei Pistolen brachte. Darauf zog der Haufe wieder ab, doch schoß einer der Burschen zum Abschied ins Haus und tötete dabei ums Haar die Köchin.[223]

Im Gericht Reichenberg hatte der Pflegskommissär Ignaz Hormayr, nachdem die erste Rekrutenmusterung keinen Erfolg gehabt hatte, zum 6. November von neuem alle ledigen Burschen in den Markt Pfarrkirchen einberufen. Diesmal erschienen etwa 600 Mann, doch diese kamen bewaffnet und marschierten in militärischer Ordnung in den Markt ein. Sie trugen Büchsen, Seitenwaffen, Hellebarden, Ländlerkolben, Schweinsspieße, Hacken und große Stecken und wurden geführt von den Brüdern Kagerl, von denen der eine Kürassier und der andere Dragoner im bayerischen Heer gewesen war. Beim Einmarsch lief ihnen der Eisenamtmann, das war der Gefängnisaufseher, in die Hände, den sie auf der Stelle niederschlugen, erschossen und ausraubten. Vor dem Pflegamt angekommen riefen sie auf den Hinweis, sie seien auf Befehl des Kaisers zur Musterung einberufen worden, der Kaiser sei tot, es gäbe nur einen König und der habe ihnen nichts anzuschaffen. Dann verlangten sie die Gelder der Rekrutenfreikäufe zurück und dazu weitere Zahlungen in einer Gesamthöhe von 6000 fl. und erklärten schließlich, keine Steuern und Anlagen mehr zahlen zu wollen. Hormayr lag krank zu Bett und wurde von seinem ältesten Sohn vertreten. Da dieser kein Geld herausgeben wollte, brachen die Burschen in das Pflegamt ein, worauf man ihnen, um sie zu beschwichtigen, 673 fl. aushändigte. Als man ihnen die Landfahnengewehre, die sie verlangten, nicht aushändigen konnte, da sie angeblich nach Braunau abtransportiert worden waren, wurden sie wütend und warfen Steine in die Wohnung Hormayrs, rissen eiserne Gitter und Fensterbalken heraus und erbrachen Truhen und Kästen. Hormayr wurde von seinem Sohn in Sicherheit gebracht. Danach zogen die Burschen zum Pflegschloß Reichenberg, holten sich die dort lagernden Landfahnenmonturen und trieben das Vieh Hormayrs fort. Die Amtskasse fanden sie nicht, sie wurde gerettet. Es war bezeichnend für die Stimmung im Volk, daß die Bürger von Pfarrkirchen keinen Finger gegen die gewalttätigen Aufrührer krumm machten, ja zum Teil sogar offene Zustimmung zeigten. Das im Markt liegende Kommando des Kürassierregiments Barthels, das von einem Leutnant geführt wurde, wagte nicht, einzugreifen, obwohl es gerade vorbeiritt, als der Aufruhr im vollen Gange war; andererseits ließen die Aufrührer die Soldaten in Ruhe vorbeiziehen und machten ihnen sogar den Weg frei. Die Burschen verließen danach Pfarrkirchen und Schloß Reichenberg. Sie vermehrten sich laufend und hatten am 7. November eine Stärke von etwa 1000 Mann erreicht, als sie sich auf der Kindbetter Au versammelten und planten, von hier nach Kößlarn, Rottalmünster und Griesbach zu ziehen.[224] Ebenfalls am 6. November brach eine Gruppe von etwa 150 bis 200 Mann in der gräflich Ortenburgischen Hofmark Neudeck im Amt Griesbach ins Schloß ein. Der dortige Verwalter hatte sich bei der Eintreibung von Kriegssteuern unbeliebt gemacht. Zwar konnte dieser beim Nahen des Bauernhaufens flüchten, doch schlugen die Burschen aus Wut hierüber sein schwangeres Eheweib blutig und trieben seine Kinder mit Steinwürfen den Schloßberg hinunter. Danach schlugen sie im Schloß Möbel, Fenster, Türen und Öfen kurz und klein, luden den Hausrat auf Wagen und nahmen die Wertsachen mit. Zuletzt verbrannten sie die Akten der Kanzlei. In einer Stunde war der Herrensitz verwüstet und der Verwalter ein armer Mann.[225]

Am 7. November zog der Reichenberger Haufen nach Kößlarn und Triftern. Dort lagen Rekrutenabteilungen des Regiments Barthels, die ausgeplündert wurden; die Rekruten gingen zu den Aufständischen über, nur ein Korporal floh nach Pfarrkirchen und meldete dem dort liegenden Leutnant die Vorfälle, worauf dieser mit seiner Abteilung nach Eggenfelden floh. Die Bürger von Kößlarn schlugen den Aufständischen zu. Sie erhielten just zu diesem Zeitpunkt einen Hilferuf der Bürger des Marktes Rottalmünster gegen die Lehoczky-Husaren, die sich an diesem Tage aus dem Gericht Griesbach nach Rottalmünster zurückzogen und dort Quartier nahmen. So zog der Rebellenhaufe dorthin. Er drang in den Markt, als die Husaren gerade in ihre Quartiere gingen. Die Aufständischen wurden jetzt von Hans Hasenberger angeführt, unter dem der Pfeifer Jackl, die Kagerlsöhne und der Leithmayrsohn von Karpfham kommandierten. Sie besetzten das Amtshaus, plünderten es aus und holten aus dem Rathaus die Landfahnenmonturen. Die Bürger scheinen sich zunächst neutral verhalten zu haben, gingen aber bald zu den Aufständischen über, ausgenommen Bürgermeister und Rat. Dem Marktschreiber, dem die Rebellen vergeblich Geld abverlangten, wurde der ganze Hausrat zertrümmert. Die Husaren versuchten sich durch Flucht zu retten, es kam aber zu einer Schießerei, bei der zwei Husaren verwundet zurückblieben und 16 gefangen genommen wurden. Danach gingen die siegreichen Burschen in die Wirtshäuser und begossen den Sieg.

Am 8. November ging der Marsch weiter über Karpfham und Weng, wo man wieder die Amtleute ausraubte, nach Griesbach. Der Kommandant Hasenberger ritt stolz auf einem erbeuteten Husarenpferd in seinen Heimatort ein. Der dortige Pflegskommissär Johann Dietrich Reindl hatte sich bei Steuereintreibungen und bei der Rekrutierung verhaßt gemacht; er und seine Beamten hatten sich deshalb bereits nach Vilshofen in Sicherheit gebracht, nur der Kastner war geblieben. Auch hier verlangten die Burschen 6000 fl., doch der Kastner hatte die Zugbrücke vor dem Schloß aufgezogen, und sie bekamen nichts. Darauf überfielen am folgenden Tag einige hundert Mann des Haufens unter der Führung des Pfeifer Jackl einen Hauptmann vom Infanterieregiment Kriechbaum, der mit einem Rekrutierungskommando von 24 Mann in Birnbach lag. Sie nahmen ihm die ganze Bagage und 8000 fl. Werbegelder ab und führten ihn mit seinen Soldaten gefangen fort, nachdem sie vorher einige der Leute ausgezogen und mit Streichen traktiert hatten. Am selben Tag marschierte der Haupthaufen wieder ins Gericht Reichenberg zurück und erschien zum zweiten Mal in Pfarrkirchen, von wo der Zug drei Tage vorher seinen Ausgang genommen hatte.

Hier sollten die Aufständischen nun einen begabten und entschlossenen Führer finden.[226]

Inzwischen war auch Eggenfelden an die Reihe gekommen. Auch hier hatte sich der Pfleger, ein Graf von Königsfeld, bei der Rekrutenaushebung besonders eifrig gezeigt und damit den Haß seiner Gerichtsuntertanen auf sich gezogen. Zum 10. November hatte er die Jungmannschaft zu einer erneuten Musterung einberufen, diese aber nach den Vorgängen in den Gerichten Reichenberg und Griesbach schleunigst abgesagt und sich in böser Vorahnung am 8. nach Gangkofen geflüchtet. In der Nacht zum 9. fielen 900 Bauernburschen und Knechte in Eggenfelden ein, griffen die dort liegenden Husaren und Kürassiere in den Quartieren an, erschossen 13 und nahmen sieben gefangen, der Rest konnte entkommen und nahm dabei noch vier der Aufrührer gefangen mit. Dann stürmten die Burschen das Pfleghaus, schossen einen Amtsknecht tot und befreiten die dort im Gefängnis eingesperrten Rekruten, plünderten und holten sich die dort aufbewahrten Monturen und Gewehre des Landfahnens. Einige Ratsmitglieder, die im Geruch standen kaiserlich gesinnt zu sein, wurden mißhandelt. Dem besonders verhaßten Pflegegerichtsschreiber gelang es zu entkommen; er wurde von einem Bürger unter einem Fuder Stroh versteckt aus dem Marktflecken gefahren. Die Bürger sahen dem gewalttätigen Treiben verängstigt zu. Die Aufrührer zogen danach wieder ab, und anscheinend kehrten die geflohenen Soldaten vorübergehend wieder zurück, um am 10. nach Braunau abzumarschieren; nur ein Rittmeister blieb. Als in der folgenden Nacht die Burschen wiederkamen, wurde er als Geisel für die vier von den Husaren mitgenommenen Genossen gefangengesetzt, am 12. aber wieder freigelassen. Dieser Haufe sollte am 12. von Oberst de Wendt, den die Administration zur Stillung der Unruhen ausgeschickt hatte, blutig auseinandergesprengt werden.[227]

In diesen wenigen Tagen bis zum 9. November waren die Scharen der Aufständischen, die nunmehr die Gerichte Reichenberg, Griesbach und Eggenfelden beherrschten, auf 3000 Mann angewachsen.[228] Die Bewohner dieser Gerichte wurden damals »Taschnerbauern«, die des Innviertels »Weilharter« genannt. Diese Namen bezeichneten auch die Heerhaufen dieser am Volksaufstand am stärksten beteiligten Gebiete.

Am 9. November kam es im Gericht Vilshofen zu den ersten Unruhen. Auf diesen Tag waren die ledigen Burschen zur Musterung
bestellt. Sie erschienen zu etwa 50 Mann auf dem Musterungsplatz
vor der Stadt, doch als 18 von ihnen ausgewählt werden sollten,
erklärten sie, sie hätten keine Lust zum Soldatenleben. Dann stürmten sie alle unter Juh- und Huigeschrei in die Stadt vor das Pfleghaus und warfen die Fenster ein. Es waren auch einige Väter dabei,
die riefen dem Pflegskommissär zu: »Du Schelm, gib uns das Geld
wieder, mit dem wir unsere Söhne losgekauft haben, so wollen wir
sie als Soldaten fortschicken.« Danach zogen sie ohne weitere Gewalttätigkeiten wieder ab. Den Beamten erklärten sie, sie würden
ihnen den Hals brechen, wenn sie sie draußen auf dem Land erwischten und sie wollten sich mit den Aufständischen der anderen
Gerichte vereinigen. Die Beamten wagten sich darauf nicht mehr
aufs Land hinaus, flohen aber auch nicht aus ihrem Pflegamt.[229]
Es werden wohl dieselben Burschen gewesen sein, die am 14. abends
auf etwa 200 Mann verstärkt wieder nach Vilshofen kamen. Viel
Waffen hatten sie inzwischen nicht auftreiben können, denn sie trugen meist nur Stecken. Der Rat ließ die Stadttore schließen, und so
zogen sie wieder ab. Sie hatten sich zur Landesdefension erklärt und
Offiziere gewählt. Sie durchstreiften noch einige Tage das Gericht
auf der Suche nach Waffen und Munition und wurden am 19. von
kaiserlichen Soldaten auseinandergetrieben. Diese gingen nicht
glimpflich mit ihnen um: einen gefangenen Burschen folterten sie
und schnitten ihm den Mund auf beiden Seiten auf.[230]
   Bei diesem Streifzug dürfte sich jene Episode mit dem Grafen
Franz Anton von Lamberg ereignet haben, die damals allgemeines
Aufsehen erregt hat. Der Graf war ein Verwandter des Kriegs-
kommissärs der Administration und des Bischofs von Passau, er war
Oberstleutnant beim Regiment Barthels. Auf einer Reise wurde er
in der Nähe von Vilshofen von Aufständischen angehalten, um
seine Barschaft in Höhe von 700 fl. erleichtert und in eine Bauern-
hütte gesperrt. Die Bauern sagten ihm höhnisch, er solle die Holz-
birnen fressen, die in der Hütte lagerten, ihnen hätte man auch
nichts anderes zum Leben übrig gelassen. Als er erklärte, er sei auf
einer Wallfahrt nach Altötting unterwegs, ließen sie ihn frei und
gaben ihm einen Paß, in dem es hieß: »Ihr Hrn. Schützen auf denen
strassen, sollet gegenwärtigen vorbey passiren lassen.«[231]

Auf die Kunde von diesen ganzen Vorgängen befahl am 8. November Oberst Barthels den in dem vom Aufstand bedrohten Gebiet verstreut liegenden Kommandos seines Regiments, sich in Landshut zu versammeln; dies gelang schon nicht mehr ohne Schwierigkeiten. Eine dieser Abteilungen wurde am 11. bei Vilsbiburg von einem Bauernhaufen von 200 Mann, der zwar schlecht bewaffnet war, aber aus lauter jungen, starken Leuten bestand, umstellt und entwaffnet. Die berittene Mannschaft durfte weiterziehen, die noch unberittenen Rekruten gingen zu den Aufständischen über. Diese zogen darauf nach Vilsbiburg und stießen an der Vilsbrücke auf eine weitere Kompanie des Regiments. Der verschüchterte Rittmeister bat die Bauern um freien Durchzug, doch drängten sich diese zwischen die Kürassiere und nahmen ihnen die Waffen ab; sie wurden ihnen ohne Gegenwehr ausgehändigt. Im Markt lag noch ein Trupp Kürassiere, deren Rittmeister sich jedoch durchschlagen konnte; ein Fahnensattler wurde erschossen. Die Aufständischen erbeuteten von diesen nur das Kompaniegepäck. Sie gingen danach zum Amtshaus. Der Pflegskommissär war geflohen, so bedrohten sie den Gerichtsschreiber, verwüsteten die Amtsräume, nahmen zwei Pferde mit und befreiten aus dem Gefängnis einen Schweinedieb und einen anderen Übeltäter. Die Mauttafel rissen sie herunter und trampelten wütend darauf herum. Schließlich zogen sie in die Bräuhäuser. Bei der Verteilung der Beute gerieten sie so sehr in Streit, daß sie die Waffen gegeneinander richteten und einige ihrer eigenen Gefährten töteten. Dieser Haufe wurde von de Wendt am 13. auseinandergetrieben.[232]

Im Chiemgau, in der Herrschaft Hohenaschau, überfiel Anfang November zusammengerottetes Landvolk die Verwalter in Hohenaschau und Prien, raubte sie aus und bedrohte sie, so daß sie sich nur durch die Flucht retten konnten. In der Nacht vom 5. zum 6. überfielen etwa 300 Untertanen des Amtes Eggstädt den dortigen Amtmann, raubten 400 fl. und zerschlugen die ganze Wohnungseinrichtung. Der Amtmann und sein Eheweib mußten im Hemd entspringen. Das aufgebrachte Landvolk sammelte darauf noch weitere Unzufriedene und plante bereits am 7. einen Zug gegen Wasserburg, der jedoch nicht zustande kam. Diese Zusammenrottungen scheinen sich zunächst wieder verlaufen zu haben.[233]

Im Innviertel begann der Aufstand ebenfalls am Anfang des

Monats November in der Gegend von Mauerkirchen, Mattighofen, Henhart, Altheim und Ried. Als Anführer zeichnete sich von Anfang an Johann Georg Meindl aus. Er war der Sohn eines Wirtes in Altheim, damals 23 Jahre alt und studierte Philosophie in Salzburg. Innerhalb kurzer Zeit schwang er sich zu einem der wichtigsten Führer des Unterlandaufstandes auf. Meindl hat wahrscheinlich seit Anfang November begonnen, die Bauern um Altheim und Mauerkirchen zum Widerstand aufzurufen. Mit ihm zusammen agitierte in den Orten Aspach und Henhart der Wirt von Schweickersreith, bei Henhart gelegen. Der Anführer der Bauernburschen des Gerichts Ried war der Bildhauer Bonaventura Schwanthaler.

Aus dem Gericht Braunau kennen wir mehrere Anführer: der alte Hofbauer von Wuerlach, der rotbartete Schwaiger, der Schienkhueber zu Mitterndorf, der Neuhauser zu Hochburg, der Meindlsberger im Amt Egglsberg, der Wirt von Ibm und ein Freiherr von Taufkirchen, der dort Beamter war. Auch hier kamen die Anführer aus verschiedenen Schichten, einer sogar aus Adel und Beamtenschaft. Die Bauern verjagten die in verstreuten Quartieren liegenden kaiserlichen Reiter, erstürmten Amts- und Stockhäuser, befreiten die Rekruten, vertrieben die Beamten, brachen auch in die Adelsschlösser ein und bemächtigten sich der Gewehre.[234]

Die Rekrutenaushebung war auch in dieser Gegend der Anlaß, und die Jungmannschaft der erste Träger des Aufstandes. In Altheim hatte sich diese wohl schon unter der Führung Meindls vor der Rekrutierung versteckt. Schließlich wurden Anfang November drei Burschen ergriffen, von denen einer wieder entfloh, die beiden anderen aber in Eisen geschlagen und ins Gefängnis gesteckt wurden. Als dies bekannt wurde, überfielen mehr als 100 ledige Bauernburschen das Amtshaus, plünderten es und befreiten die beiden Rekruten. Der Amtmann floh.[235] – Am 6. November marschierten über 100 bewaffnete Burschen durch den Markt Mauerkirchen – vielleicht wurden auch sie von Meindl angeführt. Das dort liegende Dragonerkommando setzte ihnen nach, an einem Waldrand stellten sich die Burschen gefechtsmäßig auf, und es entspann sich ein Feuergefecht, das jedoch anscheinend ohne größere Schäden auf beiden Seiten abging. 30 von den Burschen erschienen noch am Abend desselben Tages vor den Obleuten des Gerichts und befahlen ihnen, alle Bauernsöhne und Knechte für den folgenden Tag ins Wirtshaus von St. Georgen, etwa 4 km nordwestlich von Mauerkirchen, zu beordern. Weiter befahlen sie den Obleuten bei Strafe des Abbrennens ihrer Anwesen, keine Steuern mehr anzusagen und einzubringen, sowie keine Leute mehr nach Braunau und Schärding gehen zu lassen, wo das Landvolk bei der Schleifung der Befestigungen Scharwerksdienste zu leisten hatte. Die Burschen gingen auch in die benachbarten Gerichte Uttendorf und Friedburg, um dort die Jungmannschaft zur Rebellion aufzurufen.[236] Im Landgericht Ried sammelten sich zunächst 200 Burschen unter dem Bildhauer Schwanthaler. Sie geboten der übrigen Bauernschaft, sich in Tumeltsham und Auroldsmünster einzufinden, und drohten solchen, die sich diesem Aufgebot widersetzten, mit Leib- und Lebensstrafe und Niederbrennen ihrer Höfe. – Im Landgericht Schärding ging es weniger tumultuarisch zu. Nachdem dort die Behörden die eingefangenen Rekruten freiwillig losgelassen hatten, verhielt sich das Landvolk zunächst abwartend.[237]

Uns liegen über den Ausbruch der Volkserhebung im Innviertel nur verhältnismäßig wenige, bruchstückhafte Nachrichten vor, so daß wir hier das Anschwellen zur vollen Stärke nicht genauer verfolgen können. Es hat jedoch den Anschein, daß man hier am ehesten damit begann, die Männer planmäßig zu den Waffen zu rufen und solchen, die sich weigerten zu folgen, mit harten Strafen drohte, insbesondere, Haus und Hof abzubrennen. Weiter hat hier bald Johann Georg Meindl, der sich von Anfang an als ein entschlossener, fähiger und tapferer Führer erwies, als »Oberoffizier der zusammenrotteten Bauernschaft« die Leitung der ganzen Aufstandsbewegung übernommen. Es waren keine zwei Wochen seit dem Ausbruch vergangen, da kommandierte er bereits eine Streitmacht von 6000 »Weilhartern«, die sich am 12. November mit den Scharen aus den Gerichten um Rott und Vils, den sogenannten »Taschnerbauern«, zu gemeinsamen Operationen vereinigten.[238]

Die bewaffneten Haufen der Taschnerbauern hatten am 9. November auch einen fähigen und entschlossenen Führer gefunden: den Mitterschreiber des Gerichts Reichenberg, Georg Sebastian Plinganser. Dieser war der Sohn eines Wirtes in Pfarrkirchen; er war 1680 zu Thurnstein im Innviertel geboren worden, war in Burghausen auf die Lateinschule gegangen, wo er Meindl als jüngeren Mitschüler kennengelernt hat. Danach hatte er in Ingolstadt Rechte studiert. Er war beim Ausbruch des Aufstandes 25 Jahre alt. Wir besitzen aus seiner Feder zwei Darstellungen des Volksaufstandes und seiner eigenen Beteiligung, ein Gnadengesuch an Kaiser Joseph I. und eine Rechtfertigungsschrift an Kurfürst Max Emanuel, die zwar in ihrem Inhalt stark voneinander abweichen, doch bei einem Vergleich ihrer Aussagen auf den tatsächlichen Ablauf der Ereignisse und die Rolle Plingansers schließen lassen.[239] Als die Aufständischen am 9. November wieder in Pfarrkirchen erschienen, war der Pflegskommissär nicht mehr da. Sie fanden aber den Mitterschreiber Plinganser, der beim Aufruhr am 6. offenbar nicht in Erscheinung getreten war. Jetzt wurde er gezwungen, Waffen aus der Rüstkammer herauszugeben. Nachdem dies geschehen war, so hat er selbst später in den beiden genannten Darstellungen berichtet, hätten ihn die Aufständischen umringt und unter der Drohung, sie wollten ihn auf der Stelle erschießen, gezwungen, sich auf ihre Seite zu stellen und das Amt eines Hauptmanns über den Reichenberger Landfahnen zu übernehmen. Wir wissen nicht, ob diese spätere Aussage eine Schutzbehauptung war, da eine Darstellung von anderer Seite fehlt. Wenn es aber so gewesen ist, wie er schreibt, so hat sich Plinganser sehr rasch in seine Lage gefunden und sein Amt sogleich mit Umsicht und Energie angepackt.[240]

Er begann sofort seine Führertätigkeit, indem er den Haufen zusammengerotteten Landvolks in Abteilungen gliederte und ehemalige bayerische Soldaten als Führer einsetzte. Sodann gab er den Befehl, die im Rott- und Inntal verstreuten Haufen zu sammeln, und marschierte selbst mit seiner Truppe noch in der Nacht nach Pocking ab. Dort stieß ein Haufen aus der Griesbacher Gegend unter der Führung des Lebzelters Brunner von Griesbach zu ihm. Am 11. vereinigte sich Plinganser in Ering am Inn mit den Mannschaften aus Kößlarn unter dem Bierbrauer Seppenhofer und von Rottalmünster unter dem Kramer Brunner, die sich ihm unterstellten. Am 12. war der Heerhaufen auf 5000 Mann angewachsen. An diesem Tag stieß bei Eggenfelden zum ersten Mal Oberst de Wendt mit einem Rebellenhaufen zusammen. In der Zwischenzeit hatte man auch mit den Aufständischen im Innviertel Verbindung aufgenommen und ein gemeinsames weiteres Vorgehen verabredet. So setzte Plinganser am selben Tag mit seinen Scharen beim Schloß

Frauenhofen über den Inn und zog zu dem dem Bischof von Passau gehörenden Städtchen Obernberg. Dort lag Meindl mit seinen 6000 Weilhartern. In Obernberg hoffte man Gewehre und Geschütze zu finden, mit denen man die zum größeren Teil nur mit gerade geschmiedeten Sensen, Spießen, spitzen Stöcken und Prügeln bewaffneten Leute besser ausrüsten wollte. Man fand aber die Waffen, die man brauchte, nicht. Darauf faßten die Führer den Entschluß, jetzt die Festung Braunau anzugreifen. Schwierigkeiten und Sorgen bereiteten nicht nur der Mangel an Feuerwaffen, sondern auch die Versorgung dieses großen Heeres, das zudem größtenteils aus ungeübten und wenig disziplinierten Leuten bestand. In Braunau aber lagerten große Vorräte an Waffen, Munition und Lebensmitteln. So ging Plinganser am 13. mit seinen Taschnerbauern wieder über den Inn, marschierte am 14. nach Simbach, das direkt gegenüber von Braunau liegt, und schlug dort sein Hauptquartier auf. Meindl rückte zur gleichen Zeit am rechten Innufer gegen Braunau vor. Seine Haufen plünderten auf diesem Marsch die am Wege liegenden Hofmarkschlösser Neuhaus, Katzenberg und Gurten. Die Verwalter zu Aurolzmünster und St. Martin wurden mißhandelt; das Landvolk riß ihnen die Perücken vom Kopf und setzte ihnen Bauernhüte auf usw. Am 14. schloß Meindl Braunau auf der rechten Innseite ein und legte sein Hauptquartier nach Haselbach, 1,5 km östlich der Stadt.[241]

Die Administration in München hatte schon bald nach den ersten Unruhen aus den verschiedenen Gerichten Nachrichten über den beginnenden Aufstand erhalten. Ihr und ihren militärischen Führern war es klar, daß diese Bewegung nur durch Waffengewalt zu bändigen sein würde. Auf einem Kriegsrat mit dem Landeskommandanten Feldmarschalleutnant Graf Bagni und dem Stadtkommandanten von München, Oberst Johann Baptist Freiherrn de Wendt, wurde beschlossen, de Wendt mit einer Truppenabteilung, einem sogenannten Corpeto, ins Unterland zu schicken. Viel Soldaten standen dem Obersten freilich nicht zur Verfügung, da die befestigten Städte besetzt bleiben mußten, die Kavallerie zum großen Teil nicht beritten war usw. So rückte er am 10. November mit seinem Corpeto von München nach Osten, meldete am Abend aus Haag, daß in der Wasserburger Gegend alles ruhig sei, und erreichte am 11. Neuötting, wo Verstärkung aus Braunau zu ihm stieß.

Er verfügte jetzt über eine kleine Streitmacht von etwas mehr als 600 Mann: 100 Kürassiere, 100 Husaren, die Grenadierkompanie seines Regiments mit etwa 100 Mann, 300 Rekruten verschiedener Regimenter und fünf Regimentsstücke, also Feldgeschütze, mit Bedienungsmannschaften. Er hatte den Befehl, sofort scharf durchzugreifen, Haufen von Aufständischen zu zersprengen und zusammenzuhauen, Rädelsführer aber zur allgemeinen Abschreckung aufzuhängen.[242]

Nachdem ihm Kundschafter gemeldet hatten, daß sich die Aufständischen in Eggenfelden, Pfarrkirchen und Griesbach befänden, marschierte de Wendt am 12. nach Eggenfelden. Er ritt mit der Kavallerie voraus, stellte aber bei seiner Ankunft fest, daß der dort liegende Haufe von 500 Mann den Markt bereits verlassen hatte, ritt ihm spornstreichs nach und holte ihn bei Herbertsfelden ein. Die Aufständischen trugen teilweise blaue Landfahnenröcke und an den Hüten sämtlich ein weißes Papier als Kokarde, das als französisches Feldzeichen galt. Sie führten als Bewaffnung Flinten, gezogene Büchsen und Schweinsspieße. De Wendt ließ die Husaren zur Attacke reiten. Die Bauern wurden geworfen, über 50 wurden niedergehauen und elf gefangen, der Rest flüchtete in die Wälder. De Wendt ließ seine Soldaten in Eggenfelden übernachten und am nächsten Morgen einige Gefangene aufhängen.[243] Außerdem erließ er ein Patent, d. h. einen Aufruf an die Bevölkerung, in dem es in unmißverständlicher Sprache hieß: »Da Ihro Kais. Majestät Dienst erfordert, daß die rebellischen Bauern und anderes lose Gesindel gestillt und auseinander getrieben werden, bin ich hiezu mit einigen Truppen beordert worden. Ich werde dieses lose Gesindel aufsuchen, da es Ihro Kais. Majestät Willen auf keine Weise ist, daß das Land durch dieses Gesindel verderbt werden soll.« Bei Androhung von Feuer und Schwert befahl er Bürgern und Landvolk, sich nicht nur von diesem »Gesindel« fernzuhalten, sondern auch niemanden davon aufzunehmen, vielmehr solche gefangen zu nehmen und es ihm, de Wendt, anzuzeigen, wenn sich irgendwo Aufrührer zeigten.[244]

Es war für die Administration ein großer Vorteil, in de Wendt einen entschlossenen, intelligenten, wenn auch grausamen Truppenführer zur Verfügung zu haben, der nicht viel Federlesens machte. Sein Patent drohte mit einem harten und rücksichtslosen Vorgehen, und die Taten des Obersten zeigten, daß es ihm ernst war. –

Am 13. November rückte er gegen Vilsbiburg. Über den dort stehenden Rebellenhaufen, der mehrere hundert Mann stark war, hatte er durch Kundschafter Nachricht erhalten. Er ließ die Husaren über die Vils setzen und die Stadt im Norden umgehen, während Kürassiere und Infanterie auf der Straße von Süden her auf die Stadt vorgingen. Als die Aufständischen von de Wendts Nahen erfuhren, verließen sie die Stadt nach Norden, trafen dort auf die Husaren, die sie im Geplänkel so lange aufhielten, bis die Kürassiere nachkamen, attackierten und den Haufen auseinandersprengten. Etwa 50 Bauern wurden getötet und 20 gefangen genommen, darunter verschiedene Rädelsführer. Die Soldaten plünderten Gefangene und Tote aus. »Die Toten liegen noch auf der Straße und den Feldern herum, die meisten bis aufs Hemd ausgezogen. Es ist niemand da, der sich um sie annehmen will.« So berichtete der Gerichtsschreiber von Vilsbiburg zwei Tage später an die Regierung in Landshut und frug an, wer die Bestattungskosten tragen solle. Die Gefangenen wurden verhört und nannten drei Gründe, deretwegen sie gegen die Obrigkeit zu den Waffen gegriffen hätten: die zwangsweise Rekrutenaushebung, die Ausschreitungen der Truppen gegen die Bevölkerung, die nicht abgestellt worden wären, und die übermäßigen Kriegssteuern. Diese Äußerungen der ersten gefangenen Aufständischen, kleiner Leute, deren Namen wir nicht kennen, bestätigten nachträglich die Warnungen, die sowohl die Landstände als auch die Administration monatelang ausgesprochen hatten.[245]

Als de Wendt am 15. November erfuhr, daß in Frontenhausen an der Vils 400 Aufständische lagen, brach er dorthin auf. Er traf aber keine mehr an und ließ dafür die Behausungen zweier Rädelsführer plündern und verwüsten. Von den Gefangenen, die er mitgenommen hatte, ließ er je einen an den drei Hauptstraßen aufhängen.[246] – Um die Macht der kaiserlichen Waffen zur Schau zu stellen, marschierte er am 16. November bis Arnstorf. Dort erreichte ihn der Befehl des Landeskommandanten Bagni, sich Braunau zu nähern und dort die Aufständischen anzugreifen, bei Gefahr jedoch sich nach Neumarkt an der Rott zurückzuziehen und von hier aus das Unterland zu decken.[247]

Die ersten Schläge, die de Wendt gegen den Aufstand geführt hatte, hatten bereits die große Überlegenheit des regulären Militärs gegenüber den Haufen des Landvolks gezeigt. Diese versuchten zwar, die Ausrüstung und die Organisation der Landesdefension zu übernehmen, doch fehlten ihnen nicht nur tüchtige Führer und Unterführer, sondern es war auch die Landesdefension vor dem Beginn des Spanischen Erbfolgekrieges so lange vernachlässigt worden, daß keine geübten Mannschaften als Kader vorhanden waren und man sich im Grunde nur mit ihrem Namen, ihren Uniformen und Waffen schmücken konnte.[248] Dieser Anfang des Volkskrieges wies bereits auf den künftigen Verlauf hin. Die Zuversicht, die de Wendt und die Administration äußerten, war auf die Länge gesehen berechtigt.[249]

Aber nicht nur die Administration in Bayern, sondern auch die Landesherren der benachbarten Territorien wurden unruhig, als sie sahen, wie rasch sich der Aufstand ausbreitete und auch ihre Lande bedrohte. Nachdem Meindls Scharen das passauische Obernberg heimgesucht hatten und der dortige Pfleger auf dem Weg nach Passau ausgeplündert und mißhandelt worden war, befahl der Bischof von Passau, die Landfahnen des Bistums einzuberufen und zu exerzieren, um die Grenzen gegen die bayerischen Aufrührer zu sichern.[250] Durch den Bischof, der auf dem Reichstag zu Regensburg als sogenannter Prinzipalkommissär den Kaiser vertrat, kamen schon jetzt recht genaue Nachrichten über die Vorgänge in Bayern vor den Reichstag, wo der Aufstand bald aufs schärfste mißbilligt werden sollte.[251]

Trotz der Schläge de Wendts breitete sich die Erhebung in der folgenden Zeit weiter aus, je mehr sich die Kunde von echten oder angeblichen Erfolgen der Aufständischen verbreitete. Auch Wundergeschichten wurden im Volk erzählt; so hieß es z. B., daß die Aufrührer zum größten Teil kugelfest seien und dies dadurch bewiesen, daß sie gegenseitig aufeinander schössen, ohne Schaden zu nehmen. Dies berichtete der Gerichtsschreiber von Neumarkt an der Rott und fügte hinzu: »In unserem Gericht kriechen dergleichen Schnecken auch schon hervor ...«[252] Einzelne bewaffnete Volkshaufen zogen jetzt auch schon weiter herum, forderten die Bevölkerung zum Mitmachen auf und versorgten sich mehr oder weniger gewaltsam mit Waffen und Verpflegung. So drangen Burschen aus den Ämtern Reichenberg und Eggenfelden bis ins Pflegamt Landau an der Isar vor.[253]

Im Gericht Neuötting besetzten am 14. November Rebellen den Flecken Marktl am Inn. Sie warfen die Brücke ab und fingen die Post aus Wien und einen Heerestransport mit Ausrüstungsmaterial ab, wobei sie die Begleitmannschaften zum Teil niedermachten. Am 16. marschierten 1000 Aufständische in Neuötting ein. Ihr Führer war ein Metzger aus dem etwa 10 km südöstlich Neuöttings gelegenen Dorf Hohenwart. Da alle anderen Beamten geflohen waren, zwangen sie den allein zurückgebliebenen Oberschreiber des Gerichts, sämtliche Gerichtsuntertanen zur Landesdefension aufzubieten. Sollten sich die Untertanen weigern, so drohte man, daß ein Rebellenoffizier mit einem Trupp Feuerschützen die Bauern und Burschen gewaltsam abholen und ihre Heimstätten plündern und niederbrennen würde. – Man hatte von der Besatzungsmacht schon gut gelernt! – Weiter nahm der Anführer dem Bürgermeister die Stadtschlüssel ab und ließ seine Leute in der Stadt unterbringen und verpflegen. Die Innbrücke wurde besetzt und für den Verkehr gesperrt. Angesichts dieser Vorgänge sah sich der Dechant von Altötting veranlaßt, bei einer großen Prozession mit dem Gnadenbild, an der mehrere tausend Menschen teilnahmen, die Bevölkerung ernsthaft zu vermahnen, von der »unsinnigen Grausamkeit« des Aufstandes abzulassen.[254]

Weit entfernt von den Herden des Volksaufstandes versuchten am 15. November in der Stadt Kelheim an der Donau im Rentamt Straubing eine Reihe von Bürgern, Bürgersöhnen und ehemaligen bayerischen Soldaten eine Erhebung auszulösen; unter ihnen waren auch zwei Knaben im Alter von zehn und zwölf Jahren. Anführer war Matthias Kraus, Metzgermeister und Bürger der Stadt. Mit 38 Bewaffneten besetzten sie die Stadt, in der nur ein österreichischer Hauptmann mit einer Handvoll Soldaten lag. Sie ließen zwei inhaftierte Missetäter frei – diese hatten ihnen versprochen mitzumachen, machten sich aber bald aus dem Staub. Danach veranstalteten die Rebellanten zunächst mit auf dem Bräuamt beschlagnahmtem Weißbier ein Zechgelage und ritten dann auf die umliegenden Dörfer, um die Bauern aufzuwiegeln. Sie erklärten, der Kurfürst habe das Land verspielt, die Landschaft habe es vergeben, jetzt müßten sie es wiedergewinnen. Kraus selbst erschien betrunken vor dem Pfleger, Georg Wolf Freiherrn von Leoprechting, der ihn vergeblich zu beschwichtigen suchte. Nachdem sich jedoch weder das Landvolk, noch die Bürger zu Kraus und seinen Mannen schlagen wollten, gelang es bereits am folgenden Tag dem Pfleger zusammen mit seinen Beamten, dem Kammerer und dem Rat der Stadt, die Aufrührer zu überreden, die Waffen niederzulegen. Kraus befand sich währenddessen noch auf dem Land. Als er erfuhr, daß sich in Kelheim der Aufstand aufgelöst hatte, kehrte er nicht dorthin zurück, versteckte sich bei Elias Rabel in Schaltdorf, einem der beiden Männer, die man aus dem Gefängnis befreit hatte, eine Woche lang und begab sich dann mit Rabel und dessen Vater zu den Aufständischen nach Braunau. In Kelheim wurden die Stadttore von zuverlässigen Bürgern besetzt. Krausens erster Handstreich auf die Stadt war somit fehlgeschlagen; vier Wochen später sollte der Metzgermeister mehr Erfolg haben.[255]

Als der November in seine zweite Hälfte ging, waren weite Gebiete der Rentämter Landshut und Burghausen von der Aufstandsbewegung ergriffen. Diese konzentrierte sich um den Inn und äußerte sich in den weiter westlich gelegenen Gebieten in einzelnen, eher planlosen Unternehmungen, die mitunter den Charakter von bloßen Raubzügen hatten. Von diesen konnten hier nur die wichtigsten genannt werden. Diese Zusammenrottungen verliefen sich oft von selbst wieder, einige waren bereits durch Militär blutig auseinandergetrieben worden. Im Isarwinkel und in der Oberpfalz war die Bewegung mit Hilfe von Militär, aber doch im wesentlichen friedlich gestillt worden. In Kelheim war sie über einen Krawall mit anschließendem Trinkgelage nicht hinausgekommen.

Da die Aufständischen sich fast überall zur Landesdefension erklärten, fühlten sie sich dazu berechtigt, die wehrfähige Bevölkerung gegen die Besatzungsmacht zu den Waffen zu rufen und in diesen Aufrufen den Säumigen und Widerspenstigen mit harten Strafen zu drohen. Diese Drohungen haben jedoch anscheinend keine große Wirkung gehabt, und es sind auch keine Fälle bekannt, bei denen auf die Worte Taten folgten. Im allgemeinen gingen die Leute freiwillig mit. Die Teilnehmer kamen zum überwiegenden Teil aus der Landbevölkerung, dazu aber auch aus dem Bürgertum der Marktflecken; die Stadtbürger verhielten sich in der Regel ablehnend. Doch scheint sich auch unter ihnen Unruhe bemerkbar gemacht zu haben, denn in Landshut befürchtete die dort liegende Garnison, »daß die Bürgerschafft allda ohnvermutheter Dinge gegen selbe aufstehen und sie massacriren dörffte«, zog sich deshalb auf das Schloß zurück und versah sich mit Proviant.²⁵⁶ Um die Mitte des Monats errang die Aufstandsbewegung ihren ersten großen Erfolg: Stadt und Schloß Burghausen fielen in ihre Hand. Von den zwölf Männern, die dieses Unternehmen leiteten und den Kapitulationsvertrag unterschrieben, kamen zehn aus dem südlichen Innviertel und einer aus dem Gericht Neuötting; es waren alles einfache Leute, wohl Bauern, Handwerker und abgedankte Soldaten. Die Mannschaften, die unter ihnen kämpften, dürften aus denselben Gegenden gekommen sein.²⁵⁷ In seinem Rechtfertigungsschreiben an den Kurfürsten hat Plinganser den Plan, Burghausen zu erobern, für sich und Meindl in Anspruch genommen. Zur Belagerung Braunaus hätte es an schwerem Geschütz gefehlt; deshalb hätten die Anführer der Belagerer beschlossen, Burghausen, wo schweres Geschütz lagerte, zu überrumpeln. Sie hätten eine starke Abteilung abgeschickt, die den Auftrag ausgeführt habe.²⁵⁸ Da die Scharen Plingansers und Meindls jedoch erst am 14. November vor Braunau erschienen, der Angriff auf Burghausen aber schon am 13. begann und außerdem in den Tagen davor das aufständische Landvolk begonnen hatte, die Stadt einzuschließen und ihr die Lebensmittelzufuhr abzuschneiden, muß dieses Unternehmen schon früher vorbereitet worden sein. Auf der anderen Seite standen die Eroberer von Burghausen mit den Belagerern von Braunau in Verbindung und erhielten von diesen Instruktionen. Es hat eher den Anschein, daß die Aufständischen auf Verabredung gleichzeitig an verschiedenen Orten zuschlagen wollten. Dafür spricht der Ablauf der Belagerung von Braunau, an deren Anfang man die Besatzung durch eine List zu überrumpeln suchte und erst, als diese fehlgeschlagen war, zur Beschießung überging,²⁵⁹ sowie der Ablauf der Einnahme von Burghausen, wo man auch zuerst einen überraschenden Handstreich versuchte, der gleichfalls nicht auf Anhieb gelang.

Am 13. November abends um acht Uhr drangen mehrere Hundert mit Gabeln, Spießen und nur zum geringen Teil mit Feuergewehren bewaffnete Landleute durch das Griestor in Burghausen ein, nachdem sie die Wache überwältigt und zwei Mann getötet hatten. Unter lautem Geschrei stürmten sie durch die Kapuzinervorstadt und den langen schmalen Straßenzug der Grüben auf den Stadtplatz zu. Dort war gerade die Garnison vor der Wohnung des Stadtkommandanten Hauptmann Freiherrn von Kirchstetter angetreten. Sie empfing die Eindringlinge gleich mit starkem Feuer und drängte sie in einem längeren Gefecht zu einem Teil wieder aus der Stadt. Hierbei wurden etwa 20 Bauern erschossen, einige gefangen genommen, 350 aber zogen sich in Klöster und die Pfarrkirche zurück, wo sie Asyl genossen, oder versteckten sich in Häusern und Gärten der Bürger. Bei dem allgemeinen Durcheinander wurde der Stadtkommandant von eigenen Leuten erschossen, als er zum Schloß hinauf lief und atemlos den Anruf der Schildwache nicht beantworten konnte. Drei Offiziere, die beim Kampf in der Stadt von ihren Leuten abgeschnitten worden waren, flüchteten auf einem Kahn, so daß die Besatzung keine Offiziere mehr hatte. Sie wurde jetzt von einem Feldwebel namens Drexelmayr geführt.

Die Soldaten drohten nun, vom Schloß aus die ganze Stadt in Brand zu stecken, wenn sie von den restlichen Bauern nicht sofort verlassen würde, doch konnte sie der Stadtkaplan beschwichtigen, und die Bauern blieben in ihren Asylen und Verstecken, sicherlich begünstigt von einem Teil der Bürger. Die Rentamts-Regierung und die Bürgerschaft hatten sich während des Tumultes völlig zurückgehalten. Am nächsten Tag beschlossen die Regierungsbeamten und zwei noch vorhandene Fähnriche, daß die Stadt von Garnison und Bürgerschaft gemeinsam verteidigt werden sollte. Die Bürgermeister überzeugten die Bürger von der Notwendigkeit der Verteidigung, der Stadtfahnen wurde vereidigt und erhielt Gewehre. Soldaten und Bürger bezogen ihre Verteidigungsposten auf Stadt- und Burgwällen.

Den 14. und 15. über blieb es ruhig, wiewohl die vor der Stadt liegenden Aufständischen mit Plünderung, Mord und Brand drohten. Die Bürger aber stellten fest, daß von den Musketen, die sie bekommen hatten, kaum 100 brauchbar waren. Die Garnison umfaßte kaum noch 100 Mann. Die zahlreichen Wachtfeuer, die die Belagerer rings um die Stadt angezündet hatten, ließen auf ihre große Übermacht schließen, die sich zudem laufend verstärkte; man schätzte ihre Anzahl auf mehrere Tausend. Sie ließen jetzt kein Mehl mehr in die Stadt kommen, unterbrachen die Wasserleitung und drohten, sie wollten die Stadel an der Salzach, in denen Brennholz lagerte, anstecken, von wo das Feuer leicht auf Stadt und

Schloß übergreifen konnte. So schwang die Stimmung der Bürger in Angst um, und die Bürgermeister und der Rat forderten die Regierung auf, mit den Belagerern Verhandlungen aufzunehmen. Auch bei der Regierung und der Garnison schwand die Zuversicht, und so schickte jene am 15. den Stadtpfarrer mit zwei Bürgern und zwei gefangenen Bauern ins Lager der Aufständischen. Es wurde ein Waffenstillstand bis zum nächsten Tag vereinbart, währenddessen die Belagerer eine Entscheidung im Hauptquartier der Landesdefension in Simbach einholten.

Am 16. November überbrachte ein Abgesandter der Bauern die Bedingungen der Belagerer: Übergabe der Stadt und des Schlosses, Abzug der Besatzung ohne Ober- und Untergewehr, Freilassung der gefangenen Bauern. Die Regierungsräte berieten mit dem Kriegskommissär des Rentamts, den Bürgermeistern und den beiden Fähnrichen und überlegten noch einmal die Möglichkeiten der Verteidigung. Schließlich erklärte die Regierung, sie habe dem Kriegskommissär und der Garnison keine Vorschriften zu machen, vielmehr sollten diese mit den Bauern verhandeln. Sie versuchte damit die Verantwortung von sich abzuwälzen. Darauf beauftragte die Besatzung den Feldwebel Drexelmayr, mit den Aufständischen einen Kapitulationsvertrag abzuschließen. Dieser wurde noch am selben Tag unterschrieben, worauf sofort um sieben Uhr abends Bürger und Bauern die Stadttore besetzten und die Besatzung die Waffen niederlegte. Am 17. in der Frühe marschierten 700 Bauern mit Trommelschlag und Pfeifenklang als neue Besatzung in die Stadt ein. Am Nachmittag zog die alte Besatzung, die noch aus 82 Mann bestand, ohne Waffen mit Sack und Pack ab; nur die Fähnriche und Unteroffiziere durften Waffen führen. Die Soldaten wurden von 200 Schützen und 100 Bürgern in das salzburgische Städtchen Tittmoning geführt und dort freigelassen. Ein Hauptmann und vier Gemeine waren gefallen, zehn verwundet worden; zu den Aufständischen waren 22 Mann übergegangen, »weil ihnen die Bürgerschaft zugeredet und sie voll gemacht hat«, nämlich drei Korporale, drei Tamboure, drei Fourierschützen, ein Gefreiter und zwölf Gemeine. Die Garnison verlor an die Aufständischen eine Menge Ausrüstungsgegenstände und Waffen, z. B. 122 Flinten.[260]

Die Rentamts-Regierung von Burghausen, die sich im Ablauf dieser Ereignisse nicht gerade entschlossen und standhaft gezeigt hatte, schrieb einen Bericht an die kaiserliche Administration, der mit den klagenden Worten schloß: »Es gereicht uns zu nicht geringer, empfindlichster Gemütsbeschmerzung, daß es unmöglich war, diesem unverhofften Zufall zu steuern; wir trösten uns damit, daß wir nicht das mindeste zugelassen haben, was die Euer Kais. Majestät geschworene Treue beleidigen könnte, in der wir auch in Zukunft nach äußersten Kräften verharren werden.«[261]

Die Bürgerschaft, die sich zwar zögernd aber dann doch eindeutig auf die Seite der Bauern geschlagen hatte, mußte sich bereits am 18. November bei der Regierung über die Bauernbesatzung beschweren, die mit der Verpflegung nicht zufrieden sei und höhere Quartierlasten fordere als die Soldaten. Die Bauern verlangten täglich ein Pfund Fleisch, für 2 Kreuzer Brot und ein Viertel Bier. Die Regierung entschied, daß der einquartierte Mann täglich nicht mehr als zwei Pfund Kommißbrot fordern dürfte.[262]

Wir besitzen aus den Verhandlungen um die Übergabe der Stadt ein Aktenstück, ein sogenanntes Akkordsprojekt der »sämmtlichen Bauernschaft«, die um die Stadt lag, in dem die Beweggründe des Landvolkes zum Aufstand und die Ziele, die der kleine Mann durch seine Teilnahme an der bewaffneten Erhebung erreichen wollte, angegeben werden. In diesem Schriftstück heißt es: »Es wird verlangt, daß der Landmann bei seinen alten Privilegien verbleibe, daß man von ihm nicht mehr fordere als unter dem Kurfürsten geschehen, damit die Bauern bei häuslichen Ehren verbleiben und ihre schuldigen Abgaben entrichten können; alle Bauernsöhne und Knechte sollen zu Hause verbleiben und allein zur Verteidigung des Landes dienen; sie versprechen dann, sich im Land wider jede auswärtige Gewalt bis auf den letzten Blutstropfen zu verteidigen und sie verlangen, daß jeder nach Belieben das zur Verteidigung nötige Gewehr haben möge.«[263] Was das Landvolk hier forderte, war nicht mehr als die Wiederherstellung des guten alten Rechts, wie es unter dem angestammten Landesherrn gegolten hatte. Die Abgaben und Leistungen der Untertanen an die Obrigkeiten wurden ausdrücklich als rechtens anerkannt, desgleichen die Wehrpflicht zur Verteidigung der Heimat. Das einzige, was über diesen Rahmen hinausging, war das Verlangen des einfachen Mannes nach dem Recht, Waffen zu führen. Insgesamt aber drücken diese Forderungen eine konservative Grundhaltung aus.

Die Organisierung des Aufstandes als kurbayerische Landesdefension, die Einnahme von Braunau und Vilshofen, die Gefechte von Wasserburg und Neuötting und die Haltung der Regierung von Burghausen

»Zu vernehmen, welchermassen nach so grossen und den Lands-Unterthanen unerschwinglich immerwährend ausschreibenden Kriegs-Anlagen abgeforderten Portions-Geldern, dann kontinuirenden Steuer-Contributionen neben andern durch die bisherige sowohl Winter- als Sommerquartier, vielfältige Durchmärsche unverantwortlich auf keine Weise mehr zu refundirende Geld-Pressungen überall vorgeschützte Unmöglichkeit gleichwohlen auf kein End zu gedenken wäre, daß mit diesem so unerhört und in keinem kaiserlichen Lande jemahlen practicirenden Prästationen einstens hin das völlig erarmte und in ihrer Extremität erleidende Vaterland in etwas sublevirt und verschont werden möchte, sondern im Wiederspiel die alten Bedrängnissen mit neuen Mühseligkeiten gehäuffet und die kaiserliche Intention nur dahin abgerichtet wurde, die auf das Mark ausgesaugte und an Mitteln erschöpfte Unterthanen sogar mit Wegnehmung ihrer zur Bestreitung der Haus- und Feldarbeit höchstnöthigen Söhnen und Knechten durch eine ungerechtsame Musterung (massen dieses Ende willen und anstatt der ausgemusterten Mannschaft schon vorhin eine ergiebige Geldanlage anbegehrt, mithin den armen Landsmann mit zweyfacher Ruthe mehrmalen abgezielet worden) des noch übrigen Trostes zu berauben. Weil dann zu Ab- und Hindanwerfung dieses unerträglichen Joches kein anderes Expediens mehr übrig verblieben, als daß das gesammte Vaterland die Landschützende Waffen zu ergreifen und mit vereinbarten Kräften auf die Feinde loszugehen, solche aus dem Lande völlig zu vertreiben, nächstdem die alt Churbaierische Libertät empor zu heben. Dann den erwünschten Ruhestand, dessen Mittel der Krieg ist, herbeyzuschlagen, eine einhellige Resolution abfassen thun und zumalen durch die Gnade Gottes die Kriegsoperationen schon in so weit angefangen worden, daß der feste Ort Burghausen mit all darin vorhandener Munition nach weniger Gegenwehr wirklich in unsere Hände gefallen, auch die Festung Braunau nunmehr in Zügen liegt, vonentwegen an glückseligen Progreßen der geringste Zweifel um so weniger zu tragen, indem der gerechtsame Landschutz jedermänniglich mehreres, als vorgetragen werden kann, bekannt und Gottes Beystand unzweiflend dero löbliche Intention bestens seccundiren wird.

Als ist demnach an Städt, Märkt, Hofmarken und all und jede getreue bestgesinnte Churbaierische Unterthanen, denen dieses offene Patent zu lesen vorkömmt oder in andre Weeg hievon Wissenschaft ertheilt werden kann, hiemit dieser unser gnädig und zugleich ernstlich und geschärfter Befehl, daß sich dieselbe außerhalb Adels und deren, so mit Weib und Kind versehen, nebenbey aber vor Schützen niemals beschrieben worden (denn sonst sie keineswegs befreyt seyn sollen), allsogleich nach Notification dieses sich sammt ihren habenden Gewehren zu unser dießseits des Inns kommandirenden Landschützenden Armee gewiß und unfehlbar verfügen sollen, in widrigem, ganz nicht verhoffendem Fall die aller Orten auszugehen beorderte und würklicher im Land herumschweifende Kommando der Schärfe nach befehlt seind, gegen die Renitenten oder welche allerhand Weege dieses unser Mandat nicht eilfertigst vollziehen sollen oder wollen, auch in einigerleiweiß einige Hinderniß erzeugen, mit Feuer und Schwerdt auf das schärfeste zu verfahren, ist sich auch keine Hofnung zu machen, daß man von dieser Bedrohung und einhellig gefaßten Resolution abstehen, sondern in Effectu alsobald erzeigen lassen werden, welcher gestalten durch statuirte Exempel andere sich vor Schaden zu hüten haben.

Actum Hauptquartier Simbach, den 22sten November 1705. Chur-bayerisch Land-Defensions-Kriegs-Commissarius J. H. Wormbs.«[264]

Dieses Mandat hat Georg Sebastian Plinganser im Auftrag der Führer des Belagerungsheeres vor Braunau unter dem Eindruck der raschen Erfolge des Aufstandes verfaßt. Da er es jedoch nicht mit seinem eigenen, sondern mit einem Decknamen unterzeichnet hat, scheint er selbst damals im Gegensatz zu den anderen Anführern an einem endgültigen Erfolg der Sache noch gewisse Zweifel gehegt zu haben. Wie dem auch sei – durch die Einnahme von Burghausen hatte die Aufstandsbewegung stark an Selbstbewußtsein gewonnen und einen mächtigen Antrieb erhalten, und das vor allem in den Lagern vor Braunau. Dort hatte man nach einigen anfänglichen Mißerfolgen begonnen, mit Nachdruck die ungeordneten Haufen der Aufständischen in überschaubare Einheiten zu gliedern und militärisch zu ordnen sowie auch die wirtschaftlichen und finanziellen Grundlagen für die Stärkung und Unterhaltung eines Landesdefensionsheeres zu schaffen.

Das Mandat Plingansers enthält eine ausführliche Rechtfertigung des Aufstandes, die als Gründe wiederum die maßlosen Kriegssteuern, die Quartiernahmen und Truppendurchmärsche mit ihren unrechtmäßigen Gelderpressungen und die das herkömmliche Recht verletzende Rekrutenaushebung anführt und schließlich die Lage der Bevölkerung als eine Notwehrsituation beschreibt. In dieser Lage müsse die nach altem Recht zur Landesverteidigung verpflichtete Bevölkerung zum Schutz des Vaterlandes zu den Waffen greifen und die »alt Churbaierische Libertät« – das hieß: die altverbrieften Rechte Bayerns und seines Volkes – wiederherstellen. Diese Rechtfertigungserklärung richtete sich hier an die Bevölkerung und sollte die Gesetzmäßigkeit der Einberufung zu den Waffen deutlich machen. Diese Einberufung hielt sich denn auch an das Gesetz, welches nur nichtadelige und unverheiratete Männer zur Landesdefension verpflichtete.

Mit der Ausbreitung der Erhebung und ihren ersten größeren Erfolgen zeigten sich die Aufständischen und vor allem ihre Führer immer mehr bemüht, die Bewegung als ein gesetzmäßiges Werk darzustellen, das sich nicht nur auf die rechtmäßige bayerische Obrigkeit berief, sondern zudem auch keine Feindschaft gegen Kaiser und Reich wollte. Die Organisierung des Aufstandes als kurbayerische Landesdefension verfolgte nicht nur ein militärisches, sondern auch ein rechtliches Ziel, nämlich die Anerkennung der Aufständischen als rechtmäßige Vertreter des Landes Bayern, seiner Stände und seines Kurfürsten vor dem Kaiser, dem Reichstag und den einzelnen Reichsständen. Die Forderungen, die man aufstellte, waren mitnichten revolutionär, sondern vielmehr konservativ, denn sie zielten auf die Wiederherstellung des alten Rechtszustandes; die Beschwerden richteten sich nicht gegen sogenannte alte Mißstände, sondern gegen revolutionäre Neuerungen, wie überhöhte Steuern und die Aushebung der Untertanen zum Kriegsdienst außer Landes.

Besonders bemühte sich das in und um Burghausen liegende Aufständischenheer, dem sich die Bürger der Stadt angeschlossen hatten, um die allgemeinen Belange des Landes und um die Legitimierung der Volkserhebung. Es nannte sich »eine ganze Gemein der Kurlande Baiern und besonders des Rentamtes Burghausen«. Dieses Bestreben wurde den Aufständischen nicht von Beamten oder Adeligen eingeredet und aufgepfropft, sondern es wurde von den kleinen Leuten und ihren Führern, die gerade hier durchweg aus dem einfachen Volk stammten, getragen. Und das Bemühen dieser »Gemein«, die Regierung des Rentamts in die Bewegung einzugliedern, ja, ihr die Führung aufzudrängen, zielte auf diese Legitimierung. Wir werden hierauf am Ende dieses Kapitels zurückkommen.

Bevor Plinganser am 22. November jenes Mandat hinausgehen ließ, hatten sich vor Braunau, das seit dem 14. eingeschlossen war, wichtige Dinge ereignet. Die Verhältnisse in der Stadt waren für die Verteidigung ungünstig. Die Befestigung war zwar noch vorhanden, doch hatte man mit ihrer Schleifung, die der Vertrag von Ilbesheim verlangte, bereits begonnen. Hierzu waren 100 Bergknappen aus Hall in Tirol in die Stadt geholt worden. Der Festungskommandant Generalwachtmeister Graf Tattenbach hatte von seiner Besatzung am 11. November drei Kompanien Infanterie-Rekruten und fünf Regimentsstücke an den Obersten de Wendt abgegeben. Er verfügte beim Beginn der Belagerung noch über 263 Mann Infanterie sowie 100 Kürassiere des Regiments Barthels und je ein Kommando Husaren und Dragoner. Taten die Kavalleristen nur unwillig Dienst auf den Wällen, so zeigten die Bürger gar keine Neigung, die Stadt zu verteidigen; sie sympathisierten mit den Aufständischen. Als Tattenbach am 14. die erste Aufforderung zur Übergabe erhielt, wies er sie mit den Worten zurück, es sei nicht gebräuchlich, eine Festung mit Prügeln, Stangen und Spießen zu belagern.[265]

Am 15. versuchten die Belagerer, die Besatzung zu einem Ausfall aus der Stadt zu locken. Sie ließen – für diese gut sichtbar – einen großen Teil der Bauern scheinbar abmarschieren und legten sich in einen Hinterhalt. Tatsächlich rückte eine Abteilung Infanterie über die Brücke gegen Simbach, doch ging einem der in den Simbacher Bräustadeln versteckten Bauern vorzeitig die Büchse los, so daß die Soldaten gewarnt wurden und sich in die Stadt zurückzogen. So geschah zunächst außer kleinerem Geplänkel nichts mehr. Die Einschließung blieb, die Belagerer bauten ihre Stellungen aus und legten flußabwärts von Braunau eine Verbindungsbrücke zwischen den beiden Lagern der Taschnerbauern und der Weilharter an. Weiter sperrten sie der Stadt nicht nur die Lebensmittel-, sondern auch die Wasserzufuhr ab, worauf in der Stadt die Stimmung rasch sank. Am 16. erklärte die Bürgerschaft dem Kommandanten frei heraus, daß eine längere Verteidigung unmöglich sei. Es seien keine Lebensmittel mehr vorhanden, da die Metzger wegen der überraschenden Einschließung keine Fleischvorräte hätten anlegen können; wegen der Absperrung des Wassers sei kein reines Trinkwasser vorhanden und da die Mühlen das Getreide nicht mahlen könnten, fehle es auch an Mehl und Brot; an Schmalz und Salz, Braun- und Weißbier herrsche größter Mangel; die Besatzung sei abgemattet und, würde gar Feuer in die Stadt geworfen, so könne man wegen des Wassermangels nicht löschen. Die Kunde von der bevorstehenden oder erfolgten Übergabe Burghausens war bereits zu diesem Zeitpunkt in die Stadt gedrungen, weshalb die Bürger Tattenbach aufforderten, auch Braunau zu übergeben. Der Kommandant lehnte dieses Verlangen schroff ab und zerriß das Schreiben der Bürgervertreter vor deren Augen. Er erklärte, er wolle den Platz bis zum äußersten verteidigen. Am folgenden Tag erschienen die Bürger wieder vor Tattenbach; sie forderten jetzt Mehl aus dem Armeedepot und Befreiung von der Einquartierung der Soldaten und deren Weibern, die sie mit ihren Forderungen belästigten.[266]

Um diese Zeit versuchte Oberst de Wendt mit seiner kleinen Streitmacht der Festung Hilfe zu bringen. Er hatte am 16. November in Arnstorf von Feldmarschalleutnant Bagni den entsprechenden Befehl erhalten und marschierte am folgenden Tag nach Süden. Seine auf Erkundung ausgesandten Reiter stellten bald nach der Überschreitung des Rottales fest, daß in der Gegend von Triftern und Neukirchen Straßen und Waldränder mit Verhauen gesperrt waren, hinter denen Schützen lauerten. De Wendt wich nach Westen aus, traf aber bei Wurmansquick dieselben Verhältnisse an. Als er versuchte, gewaltsam durchzubrechen, kam es zu einem Feuergefecht, bei dem er 15 Mann verlor. Die Aufständischen wandten hier die ihnen angemessene Taktik der Guerilla, des kleinen Krieges an; sie ließen sich nicht auf das freie Feld locken, sondern feuerten aus sicheren Verstecken auf die Soldaten, die sie nicht zu sehen und zu packen bekamen. Auf die Nachricht, daß Braunau von einem sehr großen Bauernheer eingeschlossen und ein Entsatz unmöglich sei, zog de Wendt am 18. nach Westen und blieb in Neumarkt an der Rott stehen.[267]

Trotz dieser für die Belagerer günstigen Ereignisse lag das Aufständischenheer ohne durchschlagende Erfolge vor der Stadt. Deshalb erschien, nachdem Burghausen gefallen war, am 19. November eine Abordnung der Belagerer unter der Führung des Bauernhauptmanns Johann Andreas Prindl vor der Rentamtsregierung und verlangte die Herausgabe des Geschützparks. Die Regierung erklärte, daß sie hierfür nicht zuständig sei, worauf Prindl und seine Leute die Geschütze mit der dazugehörigen Munition selbst holten, auf Innplätten verladen und vor Braunau fahren ließen. Drei Konstabler, also Büchsenmeister, kamen zur fachgerechten Bedienung mit. Beim Lager von Simbach wurde eine Batteriestellung angelegt, aus der die Geschütze bald zur Verwunderung der Besatzung das Feuer auf die Stadt eröffneten. Da die Geschütze zu klein waren, um mit ihnen die Wälle einzuschießen, schossen die Bauern glühende Kugeln in die Stadt, um sie in Brand zu setzen und so die Übergabe zu erzwingen. Damit hatte man aber zunächst keinen Erfolg; vielmehr antwortete die Besatzung so wacker aus ihren Geschützen, daß es ihr am 23. gelang, die Batterie der Belagerer so zusammenzuschießen, daß sie einen halben Tag schweigen mußte. Während dieser ganzen Zeit gingen Verhandlungen um die Übergabe der Stadt und um die allgemeinen Forderungen des aufgestandenen Volkes weiter.[268]

Während der Belagerung waren die Anführer der Aufständischen darangegangen, ihr Heer besser zu gliedern und zu organisieren. Es dürfte in den ersten Tagen nach der Einschließung gewesen sein, daß sie sich in Simbach zu einem Kriegsrat versammelten, auf dem die weiteren Vorhaben der Bewegung, ihre Vorbereitung und Durchführung sowie die Organisierung als kurbayerische Landesdefension im großen Stile besprochen und hierüber Beschlüsse gefaßt wurden. Man schuf Kommando- und Offiziersstellen und besetzte sie, wenn möglich, mit ehemaligen Soldaten. Das Kommando über das ganze Heer wurde einem früheren Wachtmeister des Kürassierregiments Weickel, Johannes Hoffmann, übertragen, der den umständlichen Titel »kurbairischer oder Seiner kurfürstlichen Durchlaucht in Baiern löblicher Landesdefension bestellter Oberst« führte. Es gab Obristen, Oberstleutnants, Oberstwachtmeister, Hauptleute usw. Meindl kommandierte als Hauptmann die Schützen, er wurde aber auch als Schützenoberst, später sogar als »Feldmarschall und General über ein Regiment Reiter« bezeichnet. Auch Unteroffiziere wurden eingesetzt. Plinganser erhielt das Amt eines obersten Militärverwaltungsbeamten und nannte sich »kurbayerischer Landesdefensions-Kriegskommissär« und hatte sich vor allem um Verpflegung, Nachschub und Rekrutierung zu kümmern. Man gliederte die Haufen in überschaubare Einheiten mit den verschiedenen militärischen Kommandostellen und begann auch verschiedene Waffengattungen zu unterscheiden: Schützen, Spießler und Stängler, Dragoner usw. Die Ausrüstung mit Feuerwaffen war nach wie vor mangelhaft. Erst durch die Übergabe von Braunau fielen große Mengen von Gewehren in die Hände der Landesverteidiger. Uniformen waren nur für den kleineren Teil vorhanden; sie wurden vor allem an Offiziere und Unteroffiziere ausgegeben, um diese in den Heerhaufen deutlich zu kennzeichnen; hier beschränkte man sich nicht auf Landfahnenröcke, sondern nahm alle Uniformen, die man bekommen konnte.[269]

Die Anzahl der vor Braunau liegenden Männer war sehr hoch. Die Zahlenangaben schwanken zwischen 12 000 und 24 000 Mann. Die letzte stammt aus Plingansers Schrift für den Kurfürsten und ist wohl wie die meisten seiner Zahlenangaben übertrieben. Wir dürfen wohl annehmen, daß das Belagerungsheer eine Stärke von bestenfalls 16 000 erreicht hat. Im übrigen schwankte die Zahl, da ständig neue Leute kamen und andere wieder nach Hause gingen. – Wie die beiden Feldlager von Simbach und Haselbach aussahen, wissen wir nicht genau. Die Leute werden sich in Häusern und Stadeln einquartiert, teilweise aber auch in notdürftig hergerichteten Feldhütten und unter freiem Himmel kampiert haben. Gegen die Festung wurden Schanzen aufgeworfen, für die Geschütze waren Batteriestellungen gebaut worden. Es gab Feldkanzleien; in Haselbach war die Kanzlei in einem Weberhaus untergebracht, wo neben einem Webstuhl ein Tisch stand, an dem vier Leute die laufenden Schreibarbeiten durchführten, also Briefe, Patente, Aufgebotsbefehle, Proviantforderungen usw. schrieben. – Bei den Aufständischenheeren sowohl von Burghausen als auch von Braunau befanden sich nicht nur ledige, also landfahnenpflichtige, sondern auch viele verheiratete Männer und Familienväter, was auf eine breite Resonanz auf die Gestellungsaufrufe schließen läßt. Aus Burghausen berichtete ein unbeteiligter Beobachter, er habe unter den Bauern, die dort unter Waffen standen, viele eisgraue Männer gesehen. – Die Mannschaften wählten in der Regel ihre Offiziere, sie wurden auch bei wichtigen Entscheidungen von diesen in Versammlungen um ihre Meinung befragt und faßten Beschlüsse. Das geschah wohl weniger durch Abstimmungen, als vielmehr in der althergebrachten Weise von Zuruf und Beifall. Bei bestimmten Fragen waren es lediglich Vertrauensleute der Mannschaften, die mit den Offizieren berieten und entschieden, so z. B. bei der Festlegung der Kapitulationsbedingungen von Braunau. Diese Vertrauensleute unterzeichneten auch den Kapitulationsvertrag, der neben den Unterschriften von Hoffmann, Plinganser und dem Dragonerhauptmann Joseph Grinelloway noch die von zwei einfachen Bauern namens Matthias Schalt und Matthias Schlör trug.[270]

Solch ein Ausschuß von Vertrauensleuten wird es gewesen sein, der am 19. November in Haselbach vor einer Gesandtschaft aus Braunau, bestehend aus zwei Offizieren und dem Bürgermeister Dürnhardt, die Ziele des Aufstandes erklärte: Die ledigen Burschen wollten nicht zum Kriegsdienst eingezogen werden; die haushabige Bevölkerung wolle für ein Jahr von allen Steuern befreit sein, damit sie sich von den Lasten der letzten Jahre erholen könne; die Besatzungstruppen sollten das Land verlassen, und die Bevölkerung solle das Recht haben, sollte sich eine fremde Truppe dem Land wieder nähern, sich mit Waffengewalt zu verteidigen; man wolle mit den anderen Rentämtern zur Absprache eines gemeinsamen Vorgehens ungehindert Verbindung aufnehmen; diese Punkte sollten der Administration zur Entscheidung vorgelegt werden.[271] – Die Forderungen des Volkes gingen hier schon über die ursprünglichen Ziele, nämlich Einstellung der Rekrutenaushebung, Minderung der Steuerlast und Abstellung der Truppenexzesse, erheblich hinaus. Sie verlangten im Grunde die Wiederherstellung der Selbständigkeit Bayerns, was dann auch die Mandate der Landesdefension taten, z. B. das oben wiedergegebene Mandat Plingansers.

Dieses Mandat des Landesdefensions-Kriegskommissärs hat uns

bereits gezeigt, daß die waffenfähigen Männer jetzt mit dem offiziellen Anspruch auf Legalität einberufen wurden. Von den Lagern vor Braunau wurden nunmehr nicht nur die ohnehin schon beteiligten Gerichte um die Rott und im Innviertel, sondern auch weiter entfernt liegende aufgefordert, ihre Mannschaft aufzubieten. Vom Lager Simbach sandte Plinganser die Mandate hinaus, vom Lager Haselbach taten dies die »sämtlichen kommandierenden Offiziere«. Der Bauernhauptmann Prindl erschien um den 20. November in Neuötting und in der Umgebung von Wasserburg und bot die Untertanen der Gerichte Kling, Rosenheim und Trostberg auf Befehl seiner vor Braunau liegenden Oberbefehlshaber auf. In einem besonderen Patent befahl Plinganser dazu alle im Land befindlichen Offiziere und Gemeine, die in kurbayerischen und französischen Diensten gestanden hatten, zu den Waffen der Landesdefension.

Wenn diese Mandate und Befehle den Säumigen mit harten Strafen drohten, so haben sie zweifellos eine gewisse Furcht unter der Bevölkerung verbreitet und manchen dazu getrieben, sich dem Heer der Aufständischen anzuschließen. So berichtete am Ende des Monats der Kaplan von Oberestenberg im nördlichen Innviertel, daß in seiner und den umliegenden Pfarreien alle Bauernsöhne und Knechte und, wo keine solchen vorhanden, die Bauern selbst bei Androhung des Brands hätten mitgehen müssen und daß bei den zurückgebliebenen Weibern und Kindern nichts als Weinen und Schreien zu hören sei. Auf der anderen Seite müssen wir annehmen, daß nicht diese Drohungen den eigentlichen und entscheidenden Anstoß gaben, daß das Volk zu den Waffen griff und sich dem Aufstand anschloß, sondern es waren echte Zustimmung zu der Erhebung und der Wunsch, die Unterdrückung durch die landfremde Besatzung zu beenden. Wie sonst wäre es zu erklären, daß die Bevölkerung in so großen Scharen den Aufrufen gefolgt ist, nachdem sie in den Wochen davor sich mit aller Kraft und allen Mitteln gegen die Aushebung einer viel kleineren Anzahl von Rekruten durch die Besatzungsmacht gewehrt hatte, und daß auch, wie oben erwähnt, verheiratete und alte Männer, die in der Regel von den Aufgeboten ausgenommen waren, gefolgt sind. Schließlich aber ist zu bedenken, daß sich um diese Zeit weite Landstriche, insbesondere das Innviertel ganz in der Hand der Aufständischen befanden, die die Straßen und Wege überwachten, in alle Ortschaften ihre Leute schickten, um Aufrufe zu verbreiten, Proviant zu holen usw., und die durch ihre zahlreiche Anhängerschaft die öffentliche Meinung bestimmten und damit auch einen erheblichen moralischen Druck auf die Bevölkerung ausgeübt haben dürften. Diesem konnten sich viele nicht entziehen.[272]

Um die Versorgung des großen Heerhaufens zu sichern, reiste Plinganser im Auftrag der kommandierenden Offiziere zweimal in die umliegenden Gerichte und Ortschaften und forderte von dort die Lieferung von Nahrungsmitteln an die Lager von Simbach und Haselbach. Am 16. November erschien er z. B. in Griesbach und forderte die Gerichtsbeamten auf, das in dem dortigen kaiserlichen Magazin liegende Getreide ausmahlen zu lassen und in den folgenden acht Tagen täglich 16000 Pfund Brot an das Belagerungsheer zu liefern. Prindl forderte am 19. in Burghausen in gleicher Weise die tägliche Lieferung von 10000 Portionen Brot zu je 4 Pfund. Auch Lieferungen von Bier und Fleisch wurden angefordert, doch scheinen diese nicht ausgereicht zu haben, denn die Landesverteidiger gingen dazu über, bei ihren eigenen Landsleuten das Vieh abzuholen und zu schlachten. Die Bauern der Gegend um Braunau waren hiervon besonders betroffen. So forderte der Aufstand vom Landvolk wieder die Opfer, die schon der Krieg gefordert hatte. Es wurde auch geplündert, so daß die Anführer scharfe Befehle und Strafandrohungen zur Unterbindung dieser neuerlichen Bedrückung der Bevölkerung erlassen mußten. Andererseits verhielten sich die Aufständischen in der Gegend von Wasserburg und Neuötting gegen ihre Landsleute ausgesprochen diszipliniert und bezahlten alles, was sie zur Verpflegung erhielten.[273]

Nicht zuletzt benötigte die Landesdefension auch Geld. Aus diesem Grunde wurde eine Kriegssteuer ausgeschrieben, die Plinganser einziehen sollte. Hoffmann richtete eine Kriegskasse ein. Zur Zahlung sollten Städte, Märkte, Höfe, Klöster und Pfarrer herangezogen werden, wobei man z. B. für einen ganzen Hof 10 fl. rechnete, die Klöster mit ein oder mehreren tausend, die Pfarrer mit ein oder mehreren hundert Gulden zuzüglich Getreidelieferungen veranschlagen wollte. Außerdem sollten die Kassenbestände der Gerichte und Pflegen, der Maut- und Brauämter und anderer Behörden der Kriegskasse zufließen. Auf Plingansers Vorstellungen, die Richtzahlen seien viel zu hoch, wurden diese vermindert. Am 23.

November begab sich Plinganser wieder in die Gerichte um die Rott, um die Gelder einzuziehen. Hoffmann hatte ihm ein Ermächtigungspatent ausgestellt:[274]

»Nachdem aus göttlicher Providenz die löbliche bayerische Mannschaft das unerträgliche kaiserliche Joch von sich zu werfen und die alte churbayerische Tranquilität und Ruhe wiederum einzuführen, in die das Land schützende Waffen gerathen, auch mit Daraufsetzung von Leib und Leben von dieser ihrer führenden sehr tapferen und heldenmüthigen Intention nicht ehender abstehen wird, bis dieselbe ihren Zweck erreicht, die kaiserlichen Soldaten aus dem Lande getrieben und das Land in einen glückseligen Stand gesetzt sein wird; herentgegen zur Bestreitung von unumgänglichen Kriegs-Ausgaben die grösste Nothdurft erfordert, an alle geehrten Städte, Märkte und Höfe eine allgemeine Kriegsauflage auszuschreiben und einzubringen, also haben wir von obhabendem Landschutz wegen unseren Herrn Kriegscommissär Georg Sebastian Plinganser dahin instruirt und bevollmächtigt, in Kraft dieses eingehändigten und vorgezeigten Patentes solche Belegung zu thun, dass nicht allein die von demselben auswerfende und leichtlich abführende Quantität dargereicht, sondern auch in allen anderen Anforderungen die schuldigste Folge, ohne einige Tergiversation oder mora geleistet werde; im widrigen, nicht ganz zu verhoffenden Fall bemeldeter Kriegscommissär alsogleich den Ungehorsam uns berichten, dem wir dann durch erklärliche aus- und zuschickende Commandos solchergestalt unsere Assistenz bezeigen wollen, dass man hienach, jedoch mit zu später Reue den Weigernissfall bedauern und sich zur Abführung der anbegehrten Prästationen in momento bequemen sollte. Gleichwie wir aber dies letztere gleichjetzo gewärtig sind, also versehen wir uns auch, dass es gewiss und unfehlbar geschehe.
(L. S.) Johann Hoffmann m. p.«

Vom Markt Eggenfelden z. B. verlangte Plinganser eine Kriegsanlage von 100 fl. und die Lieferung von Bier. Die Anlage wurde bezahlt, und die Brauer lieferten das Bier. In Pfarrkirchen holte er sich aus der Kasse der Pfarrei 200 fl. Von den Bauernhöfen scheint er nicht viel erhalten zu haben. Am 26. November kam er wieder ins Lager zurück und brachte von der vorgesehenen Geldsumme nur einen relativ kleinen Teil mit.[275]

An eben diesem Tag gelang es der Belagerungsbatterie von Simbach, die die ganzen Tage mit glühenden Kugeln geschossen hatte, in der Stadt eine große Feuersbrunst auszulösen. Sieben Häuser neben der Spitalkirche, fünf Stadel und die Kaserne gerieten in Brand. Da gleichzeitig ein starker Wind aufgekommen war, bestand die Gefahr, daß die ganze Stadt in Flammen aufging; Löschwasser aber war nur in geringer Menge vorhanden. Der Kommandant Graf Tattenbach begab sich selbst zur Brandstätte, um die Löscharbeiten zu beaufsichtigen. Er fand dort einen Haufen höchst aufgebrachter Bürger vor, von denen ihn zwei ergriffen und ins Feuer zu werfen suchten. Er wurde von zwei Lakaien befreit und suchte zu entkommen, wurde aber von mehreren Bürgern wieder festgehalten; diese schrien »Schlagt tot den Hund!« und wollten ihn mit Hacken erschlagen. Ein Rittmeister mit fünf Reitern befreite ihn wieder, doch vermehrte sich die tobende Menge zusehends. Da verließen auch die Kürassiere vom Regiment Barthels ihre Posten auf den Wällen, steckten sich die weißen Feldzeichen der Aufständischen an und schlugen sich zu den aufgebrachten Bürgern. Schließlich kam Bürgermeister Dürnhardt mit dem Postmeister von Braunau dazu und beschwor Tattenbach, um Gottes Willen zu kapitulieren, wenn er und die Garnison am Leben bleiben wollten; er könne die rasende Bürgerschaft nicht mehr bändigen. Einige Offiziere, die dazukamen, rieten das gleiche. Darauf sah sich Tattenbach außerstande, sich noch weiter zu widersetzen und willigte ein. Er schickte einen Tambour vor die Stadt und ließ Chamade schlagen, das Trommelsignal, das dem Gegner die Kapitulation ankündigt. Dann ließ er die Belagerer bitten, das Wasser wieder in die Stadt zu lassen, damit man löschen könnte. Dies geschah auch gleich, und der Brand konnte unter Mithilfe der Tiroler Bergknappen rasch gelöscht werden. Die Bürger aber verjagten die Posten vor dem Pulverturm und dem Zeughaus und zwangen die Soldaten, die Wachtfeuer in den Gassen zu löschen. So wurde die Besatzung entmachtet, bevor noch die Kapitulation abgeschlossen war.[276]

Am nächsten Morgen begannen in Tattenbachs Wohnung die Kapitulationsverhandlungen. Die Landesdefension wurde von einer Kommission vertreten, die von Plinganser geführt wurde. Ihm war von den Bauern aufgetragen worden, daß die Garnison ohne Obergewehr, also ohne Schußwaffen, auszuziehen habe, daß die Soldaten, die früher in bayerischen Kriegsdiensten gestanden hatten, zur Landesdefension übertreten sollten und die anderen nicht mehr gegen die Landesdefension kämpfen dürften. Tattenbach legte seinerseits Bedingungen vor, wie Auszug der gesamten Garnison mit allen Waffen, allem Gepäck und allen Pferden einschließlich der Remonten. Plinganser bestand auf der Erfüllung seiner harten Forderungen. Tattenbach begehrte auf und rief, er solle nicht so hoch hinaus streben, der Kaiser habe noch eine lange Hand, worauf Plinganser höhnte, die würden sie ihm schon stutzen. Es blieb Tattenbach nichts anderes übrig, als die Bedingungen Plingansers anzunehmen: Auslieferung der Gewehre und Patrontaschen, der neuen kaiserlichen Uniformröcke der Besatzung sowie der Remonten an die Landesdefension – hier sprach der für die Materialbeschaffung verantwortliche Kriegskommissär –, Internierung des Oberstleutnants von den Mineuren als Geisel, da man geheim angelegte Minen fürchtete, Übertritt der ehemals bayerischen Soldaten und Verpflichtung der übrigen, in den Wintermonaten nicht mehr gegen die Landesdefension zu kämpfen. – Gleich darauf besetzten die Belagerer das Inntor.[277]

Am 28. November morgens begann der Einzug der Sieger in die Stadt, er dauerte bis 14 Uhr. Die kaiserliche Besatzung wurde in vertragswidriger Weise in einem Winkel der Stadt zusammengetrieben, die Barthelsschen Kürassiere und einige weitere Soldaten bayerischer Herkunft, vor allem Rekruten, gingen zu den Landesverteidigern über. Bald kam es jedoch zwischen diesen und den Bürgern zu einer ernsten Auseinandersetzung. Als die einziehenden Bauern in der Stadt plündern wollten, taten sich die Bürger zusammen, fuhren Geschütze auf, richteten sie auf die Bauern und drohten sie zu lösen und sich bis zum letzten Blutstropfen zu verteidigen. Darauf standen die Bauern von ihrem Vorhaben ab. Die Landesdefension ernannte den ehemaligen kurbayerischen Hauptmann Alois Jehle zum Kommandanten von Braunau. Jehle war als Sohn eines Schusters in der zum Hochstift Augsburg gehörenden Stadt Dillingen geboren worden, hatte sich im bayerischen Heer vom Mannschafts- in den Offiziersstand hochgedient und sich nach der Auflösung der Armee in Braunau als Getreidehändler niedergelassen. Ihm gelang es, zwischen den Bürgern und den Landesverteidigern die Eintracht herzustellen.[278]

Am 29. November zog die kaiserliche Garnison ohne Gewehre, Patrontaschen und Uniformröcke ab. Sie wurde von 300 Schützen über die Grenze nach Oberösterreich bis nach Haag geleitet und zog dann nach Wels weiter. Am folgenden Tag stürmten in Braunau etwa 200 Landesverteidiger die Wohnung des Grafen Tattenbach und plünderten sie. Sie bedrohten den Grafen und wurden durch dessen Frau mit 1000 fl. vorübergehend besänftigt. Doch erst einige Bauernoffiziere, die zu Hilfe kamen, konnten Tattenbach aus ihrer Gewalt befreien und das Treiben beenden. Tattenbach aber wurde auf Wunsch der Bürgerschaft in der Stadt unter Hausarrest gesetzt und sollte so lange festgehalten werden, bis der Schaden der Feuersbrunst ersetzt wäre.[279]

Der 27. November war für die Aufstandsbewegung ein Tag der Erfolge. Nicht nur Braunau, sondern auch Vilshofen an der Donau fiel in die Hand der Landesverteidiger. Bei Tagesgrauen war der ehemalige bayerische Leutnant Johann Georg Inzinger an der Spitze eines Haufens von 100 Mann Landvolks in das Städtchen eingedrungen und hatte sich zum Herrn des Platzes gemacht.[280] Inzinger war in Kirchham im Gericht Griesbach geboren, war verheiratet und hatte drei Kinder; zur Zeit des Volksaufstandes war er 50 Jahre alt; er hatte 29 Jahre lang im bayerischen Heere gedient. Im Lager von Simbach wurde er von Hoffmann als Offizier der Aufständischen angeworben. Als aus Vilshofen die Nachricht eintraf, daß die dort liegende kaiserliche Besatzung – es wird sich nur um ein kleines Kommando gehandelt haben – die Stadt verlassen würde, schickte ihn Hoffmann mit 50 Mann dorthin. Er warb unterwegs noch weitere 50 Mann an und zog, ohne Widerstand zu finden, in Vilshofen ein. Seine Mannschaft war schlecht bewaffnet, etwa die Hälfte trug nur Stecken. Inzinger hat in den folgenden Wochen seine Mannschaft durch Werbung und Aushebung vergrößert und sie besser bewaffnet, indem er in der Stadt und ihrer Umgebung Waffen beschlagnahmen ließ. Er hat Vilshofen zu einem weiteren Zentrum des Volksaufstandes ausgebaut, das die nähere und weitere Umgebung mehr und mehr kontrollierte und das später die wichtige Aufgabe der Verbindung zu anderen Aufstandsherden übernehmen sollte, insbesondere in den Bayerischen Wald und die Oberpfalz.[281]

In Braunau waren die Landesverteidiger und ihre Anführer bester Stimmung, denn sie hatten nicht nur einen militärisch wichtigen Platz gewonnen, sondern zur besseren Ausrüstung ihrer Scharen eine große Menge Waffen und zahlreiche Pferde erbeutet. An Waffen fielen den Siegern in die Hände: 65 Geschütze verschiedener Art und Kaliber, 130 Doppelhaken, 3948 Luntenschloßnusketen, 181 Flinten, 205 Karabiner, an Munition 30 000 Kanonenkugeln, 7927 Bomben und Granaten, 20 462 Handgranaten, 425 Zentner Pulver, 244 Zentner Blei und 509 Zentner Lunten. Man entließ eine größere Anzahl von Leuten, die nur mit Stecken und Gabeln versehen waren, nach Hause und bewaffnete die neu ankommenden Mannschaften mit Gewehren. Dann stellte man zwei Kompanien Dragoner auf, die mit den erbeuteten Pferden beritten gemacht wurden. Außerdem konnten mehrere Feldgeschütze bespannt werden. Eine Abteilung von 500 Mann wurde zur Unterstützung der gegen den Obersten de Wendt stehenden Gerichte abgeschickt.[282]

In der zweiten Hälfte des Monats November hatte die Aufstandsbewegung auch in den Gerichten zwischen Salzach und Inn bis in den Chiemgau erhebliche Fortschritte gemacht, gefördert und unterstützt von den Landesverteidigern von Braunau und Burghausen. Bald jedoch mußte sie dort schwere Schläge durch den Oberst de Wendt und sein Corpeto einstecken.

Am 14. November hatten die Aufständischen Marktl, am 16. Neuötting besetzt und begonnen, die wehrfähige Mannschaft der umliegenden Gerichte zu den Waffen zu rufen. Bei Neuötting richteten sie ein Heerlager ein, das sich zusehends vergrößerte. Abgesehen davon, daß sie das Pflegschloß von Neuötting geplündert hatten, verhielten sie sich in dieser Gegend diszipliniert, bezahlten alles, selbst den Vorspann für ihr Gepäck. Am 19. erschienen sie vor der damals zum Erzbistum Salzburg gehörigen Stadt Mühldorf und rückten noch am selben Tag mit 3000 Mann in Kraiburg ein. Am 21. in der Frühe schließlich kamen sie jenseits des Inns vor Wasserburg auf dem Magdalenenberge an und bereiteten den Sturm auf die Stadt vor. Von Marktl an hatten sie die Innübergänge besetzt, teilweise die Brücken abgeworfen, so daß die Verbindung vom Rentamt Burghausen nach München unterbrochen war.[283]

Die Landesdefension von Braunau übernahm die Führung in diesem Aufstandsgebiet und schickte den Bauernhauptmann Johann

Andreas Prindl, den wir am 19. November als Beauftragten in Burghausen getroffen haben, wo er Geschütze, Verpflegung und Uniformen für das Belagerungsheer vor Braunau angefordert hatte. Prindl war Goldschmied und stammte aus Braunau. Er übernahm das Oberkommando und bezog sein Hauptquartier in Neuötting. Am 21. erschien er vor Wasserburg. Er kümmerte sich besonders um die Einberufung der Aufgebote aus den verschiedenen Gerichtsbezirken. Vor Wasserburg waren vor allem Leute aus den Gerichten Kling und Rosenheim eingetroffen; das Gericht Trostberg schützte eine Bedrohung vom Salzburger Gebiet her vor und schickte trotz mehrfach wiederholter ernster Verwarnung Prindls mit Androhung von Feuer, Schwert und Plünderung keine Mannschaft. Diese Einberufungen griffen bereits auf das Rentamt München über: nach dem Gericht Rosenheim wurde am 23. auch der Grafschaft Haag befohlen, ihre Jungmannschaft zur Landesdefension aufzubieten. Dieses Aufgebot erging von den kommandierenden Oberoffizieren und der gesamten Gemein der Landesdefension aus dem Kloster Gars am Inn, einem Hauptquartier oder Lager, das anscheinend nur ganz kurz bestanden hat. Nach Süden richteten sich die Einberufungen bis in die Gerichte Traunstein und Marquartstein und die Herrschaften Hohenaschau und Wildenwart. Alle diese Bezirke schickten jedoch keine Mannschaften mit der Begründung, daß die Tiroler bereits in den bayerischen Grenzgebieten einzufallen und zu plündern begännen.[284]

Die Landesdefension hatte sich also auch hier, im westlichen Teil des Rentamts Burghausen zwischen Salzach und Inn organisiert. Ihr Hauptstoß richtete sich zunächst gegen Wasserburg, wo sie bis zum 23. November etwa 3000 Mann auf dem Magdalenenberg zusammenzog. Dieses Heer stand zwar jenseits des Inns, doch versuchte es schon am 22. sich der Innbrücke zu bemächtigen. In Wasserburg lagen nur 100 Infanteristen und etliche Reiter, Lebensmittel waren nur in unzureichender Menge vorhanden, so daß die Stadt in ernster Gefahr schwebte. Zudem weigerte sich die Bürgerschaft, gegen das Landvolk zu kämpfen, angeblich, weil sie bei einer Belagerung zum Schutz vor einer Feuersbrunst schon genug zu tun haben würde. Die Sympathien der Bürger lagen wohl auf seiten der Bauern, bei denen sich auch der Schleifermeister Matthias Degen von Wasserburg als Anführer von 100 Feuerschützen befand.[285]

Zu diesem Zeitpunkt trat Oberst de Wendt auf den Plan dieses Aufstandsgebietes und führte einige entschlossene, harte Schläge gegen die Landesverteidiger. Der Oberst war am 18. November nach seinem erfolglosen Versuch gegen Braunau vorzustoßen in Neuburg an der Rott stehengeblieben und hatte dort am 20. erfahren, daß die Aufständischen die Innbrücken bei Neuötting, Mühldorf und Kraiburg besetzt hatten. Obwohl er von Feldmarschallleutnant Bagni den Befehl hatte, nicht über den Inn zu gehen – Bagni war über die Lage nur ungenau unterrichtet –, marschierte de Wendt am 21. nach Mühldorf, griff die besetzte Innbrücke an, nahm sie und vertrieb die hinter der Brücke lagernden 300 Landesverteidiger, die völlig überrascht und verwirrt in den nahegelegenen Wald flüchteten. Er lagerte darauf bei der Brücke und schickte zur Aufklärung Husaren nach Neuötting, die das dortige große Aufständischenlager ausmachten. Außerdem erhielt er Nachricht von der Versammlung der Landesverteidiger vor Wasserburg. Am folgenden Tag marschierte er weiter bis Kraiburg, wo er wieder bei der Brücke lagerte und an den Heerhaufen vor Wasserburg ein Schreiben schickte, in dem er die Aufständischen aufforderte, sofort die Waffen niederzulegen. Am 23. trat er in der Frühe den Marsch dorthin an. Eine Stunde vor der Stadt stieß er auf die Feldwache der Landesverteidiger, die Feuer gab, sich aber dann in den mit Verhauen befestigten Wald zurückzog. De Wendts Truppen durchbrachen die Verhaue und griffen das auf dem Magdalenenberg stehende Landvolk an. Gleichzeitig ließ der Kommandant von Wasserburg einen Ausfall tun, der die Landesverteidiger im Rükken angriff. So wurden diese geschlagen und durch ihre eigenen Verhaue getrieben. Sie ließen Waffen und Lebensmittel in größerer Menge zurück. Die Soldaten aber gaben keinen Pardon und machten 300 Bauern nieder, darunter auch den Anführer, einen Wirt, dessen Name und Heimatort uns nicht bekannt ist. 300 wurden gefangen genommen; unter ihnen befand sich auch Matthias Degen. Die Flüchtlinge stoben in verschiedene Richtungen auseinander, viele suchten im Wasserburger Kapuzinerkloster Asyl, das jedoch von de Wendt nicht anerkannt wurde.[286]

Der Chronist der Kapuziner berichtet uns hierüber: »Die khayserlichen seindt mit einer großen Manschaft der Husaren negst unsern Closter in den Hoff khommen, haben die khürchen mit ihren waffen ungestimm wider alles Geistliches Recht durchsuechet, wen sye gefunden, mit schlägen ybel tractieret und mit sich in die gfangenschaft genohmen und die Capuciner ausgefordert mit grosser betrohung der ausblinderung und des brandts, antwortt zu geben, wer sich alhier in der flucht aufhalte: endlich mit etliche verwögne Soldaten aus befelch des Obristen in das Closter mit gewaffneter Handt sich herein getrungen, das Closter durchsuechet, absonderlich under dem dach und ober der khürchen, alwo sye vill pretter aufgehebt, in die khluften der pretter, in das stroh und ander orthen geschauet und gestochen, wo sye vermainten, daß sich die flüchtige möchten verstöckht oder verborgen haben, wie auch etliche gefunden und mit sich in der Caserma geführt.«²⁸⁷

De Wendt beauftragte die Kapuziner, den Verwundeten und Sterbenden den geistlichen Trost zu spenden. Die Patres begaben sich auf das Schlachtfeld, fanden dort die »thyrannisch und unchristlich plesirten und schon halb todten Bauern«, hörten ihnen die Beichte und waren beflissen, sie auf den Weg der Seligkeit zu bringen. Die Soldaten brachten viele Verwundete in die Stadt in die Krankenhäuser und aufs Rathaus; aber noch am folgenden Tag fanden die Leute hinter Hecken und Gräben Verwundete, die durch die Kälte der Nacht ganz starr waren, kein Glied mehr rühren und kaum noch sprechen konnten. Die Gefangenen wurden in die Kaserne und aufs Rathaus geführt und dort bewacht, am nächsten Tag aber bereits von de Wendt mit der scharfen Vermahnung, sich künftig der Rebellion zu enthalten, freigelassen. Nur einige Anführer, darunter auch Degen, nahm der Oberst mit und ließ sie wahrscheinlich aufhängen. »Ich hoffe,« schrieb er am 24. an den Prinzen Eugen, »daß dieser Streich dem schelmischen Gesindel die Augen öffnen wird«²⁸⁸

Ebenfalls am selben Tag schrieb der Gerichtsschreiber von Wasserburg, Johann Veit Kornreuther, an den Pfleger Johann Albrecht Freiherrn von Pienzenau nach München: »Ich habe mich nach dem Scharmützel in das Lager begeben und auf der Walstatt ein solches Miserere gefunden, daß es einem christlichen Herzen unmöglich gewesen, sich der Vergiessung der Tränen zu enthalten, indem die massacrirten Tropfen recht wie das wilde Vieh zerfetzt und zerhaut worden; bald lag einer da ohne Hand oder Arm, dem andern war der Kopf zerspalten, wieder einem andern der Hals oder Bauch dermaßen entzwei gehaut, daß die Gedärme klafterweise heraushingen; einigen war die Hirnschale zerschossen, während das Gehirn neben dem Kopf ellenweit davon lag, mit einem Wort, die abscheuliche Tötung und Zerschmetterung dieser toten Körper ist leider dem ganzen Land ein Spectakel zu nennen. Morgen wird man die Toten begraben. Oberst de Wendt hat den Scharfrichter von Burghausen mit hieher gebracht und ich fürchte, daß unter den Gefangenen noch ein und andere abscheuliche Execution vorgenommen werde. O Jammer und Elend des armen Vaterlands!«[289]

Die Toten wurden auf den Friedhöfen von St. Achaz und Eiselfing zur letzten Ruhe bestattet.[290] Die Führer der Landesdefension versuchten die Schwere der Niederlage herunterzuspielen, ja sie sogar als einen Sieg auszugeben. In der Gegend von Wasserburg war jedoch die Wahrheit offenbar, da viele hundert Männer entmutigt nach Hause zurückkehrten und sagten, man habe sie in frevelhafter Weise auf die Schlachtbank geführt. Von dort erhielt der Aufstand keinen Zulauf mehr. Auch aus dem Lager von Neuötting verließen gegen 400 Mann das Aufständischenheer.[291]

De Wendt ließ seine Soldaten, die von den andauernden Märschen erschöpft waren, einen Tag rasten und brach am 25. November wieder auf. Sein Ziel war, die Innübergänge zu besetzen, Braunau zu entsetzen und Burghausen zurückzuerobern. Zu diesem Zwecke forderte er in München dringend Truppen an. In Wasserburg hatte seine Truppe durch Einquartierung, Erpressungen und Plündern einen Schaden in Höhe von 4000 fl. verursacht. Am 25. übernachtete de Wendt wieder in Kraiburg. Die Kosten, die diesem Markt hierdurch am 22. und 25. erwuchsen, betrugen: Quartier und Bargeld für die Offiziere 1150 fl. 25 kr. – davon bekam der Oberst 300 fl. vom Markt dafür verehrt, daß er die Mannschaften im Freien kampieren und nicht bei den Bürgern Quartier nehmen ließ –, Lebensmittel an das Lager der Mannschaften für 423 fl. 23 1/4 kr., Zerstörung von Zäunen usw. durch die kampierenden Soldaten 374 fl. 20 kr.; das machte insgesamt 1948 fl. 8 1/4 kr. Vom 26. bis zum 28. war das Corpeto im salzburgischen Mühldorf und hinterließ einen Schaden von 1894 fl. 20 kr.; vor allem die Kürassiere und Husaren hatten dort geplündert. Hier stieß eine Verstärkung von einem Bataillon Infanterie und 100 Kürassieren zu de Wendt, der damit über etwa 1100 Mann verfügte; er hatte zudem in Wasserburg

noch sieben versteckte Geschütze gefunden und mitgenommen.[292]
Am 28. richtete er seinen Angriff auf das Lager der Landesdefension bei Neuötting, wo, wie ihm gemeldet war, 2000 Aufständische standen. Vor Altötting stießen die an der Spitze reiten-
den Husaren auf eine Feldwache von 40 Mann; diese gaben sofort
Feuer, wurden aber überritten und sämtlich niedergehauen; die
Soldaten erbeuteten von ihnen eine Menge guter Gewehre. Altötting selbst war nicht besetzt. Darauf ging de Wendt gegen Neuötting vor. Auf dem Feld vor der Stadt stand eine größere Abteilung Landesverteidiger. De Wendt versuchte ihr den Rückzug in
die Stadt durch seine Reiter abzuschneiden, doch zog sie sich, sobald
sie der Kavallerie ansichtig wurde, in Eile hinter deren Mauern
zurück. Die Husaren attackierten sofort und erwischten noch etwa
100 Mann, die sie niederhieben. Anschließend umringte die Kavallerie die Stadt, während die Infanterie vor dem Tor Stellung bezog,
dann wurde die Stadt zur Übergabe aufgefordert und gedroht, daß
widrigenfalls alles massakriert würde. Darauf ergaben sich die
Landesverteidiger und legten die Waffen nieder. Es waren 600
Mann, davon 30 abgedankte Soldaten. Sie waren meist nur mit
Spießen und Stangen bewaffnet. Ein größerer Teil, besonders die
Schützen, hatte sich schon in der vorhergehenden Nacht aus Neuötting zurückgezogen. Es ist nicht auszuschließen, daß die Führer
der Landesdefension jenen schlecht bewaffneten Haufen als Rük-
kendeckung zurückließen und dabei einplanten, daß er von de
Wendt zerschlagen werden, den Oberst aber doch solange aufhalten
würde, daß sie mit ihren besser bewaffneten Scharen davonkä-
men.[293]
  Nach seinem neuerlichen Sieg erreichte den Obersten in Neuötting
die Nachricht von der Übergabe Braunaus an die Aufständischen.
Dieses Ereignis stellte die Erfolge gänzlich in Frage, die de Wendt
in seinem nunmehr 18 Tage dauernden, geschickt geführten Zug
kreuz und quer durch das Land errungen und auf dem er seinen
Soldaten wie auch sich selbst das letzte abverlangt hatte. Er äußerte
sich sehr besorgt in einem Brief an die Administration und forderte
eine weitere Verstärkung von 300 Mann sowie Belagerungsgeschütze
an. Die Gefangenen, die er gemacht hatte, ließ er verhören und
dabei insbesondere Nachforschungen darüber anstellen, ob der Aufstand durch irgendwelche höhere Persönlichkeiten vorbereitet und

unterstützt worden sei. Die Leute konnten aber keine solchen Personen angeben. Als Aufwiegler seien nur abgedankte Soldaten und einfache Leute, wie Schlächter, Bader, Kürschner und dergleichen aufgetreten. – Dieses Untersuchungsergebnis de Wendts bestätigt den spontanen Charakter des Volksaufstandes in diesem Landesteil.[294]

Wir müssen uns an dieser Stelle einer Erscheinung des Aufstandes zuwenden, die aus dem Rahmen dieser Bewegung herausfällt: Im Chiemgau war es schon am Anfang des Monats November zu Unruhen gekommen, die in den folgenden Wochen vor allem in den Herrschaften Hohenaschau und Wildenwart weiter schwelten. In dieser Zeit wurden in Wildenwart elf Rekruten gewaltsam befreit, bis es dort am 22. zu einer überaus heftigen Empörung kam. An diesem Tag hatte Christoph Dismas Freiherr von Schurff seine Untertanen zu einer gütlichen Schlichtung auf das Schloß einberufen, denn die Aufsässigkeiten der Bevölkerung hatten zugenommen. Sie wurden geschürt durch eine gezielte Agitation, in der es hieß, daß die Weissagungen der Sibylle über den allgemeinen Umsturz der Weltordnung nunmehr erfüllt werden müßten und das Volk alle Herrschaft und Obrigkeit totschlagen müsse. Als die Versammlung anberaumt war, drangen die Leute wutentbrannt in das herrschaftliche Schloß ein und schrien, sie wollten die Amtleute und Rechtsitzer erschlagen. Sie fielen über den Gerichtsverwalter Johann Gebrach her, rissen ihm die Kleider vom Leibe, schlugen ihn mit Stöcken und zerrten ihn im Kot herum. Sie bedrohten jeden, der sie zur Ruhe und Besonnenheit rufen wollte. Als sie schließlich Freiherr von Schurff selbst zu besänftigen versuchte, wurde sogar er verprügelt. Die Leute forderten die Rückzahlung verschiedener Abgaben. Schurff gab ihnen 1700 fl., um sie zu beruhigen, und versuchte dann mit seiner Familie zu fliehen und sich nach München in Sicherheit zu bringen. Er wurde jedoch von seinen tobenden Untertanen festgehalten. Diese versuchten sodann auch die Gerichte Traunstein und Marquartstein aufzuhetzen, der Pflegsverwalter von Traunstein wurde verjagt, der von Marquartstein von seinen Gerichtsuntertanen zu allerlei Zugeständnissen gezwungen. Allerdings blieben die chiliastischen und anarchistischen Umtriebe auf Wildenwart beschränkt. In Hohenaschau, wo schon Anfang November der Verwalter überfallen worden war, blieb es jetzt einigermaßen ruhig. Die Rebellen von Wildenwart waren wohl mit ihren Ideen ziemlich isoliert. Dies zeigt z. B. die Tatsache, daß sie trotz des zweimal an sie ergangenen Aufgebotes der Landesdefension von Neuötting keine Mannschaften dorthin schickten. Die Landesdefension trat ja auch mit dem Anspruch einer Obrigkeit auf.[295] Es hat vor allem beim Ausbruch des Aufstandes und bei den ersten Bewegungen und Gewalttaten der Jungmannschaft verschiedene Äußerungen gegen Obrigkeit und Grundherrschaft gegeben, die anarchistische Züge aufwiesen. So rissen aufständische Bauern den Beamten von Aurolzmünster und St. Martin im Innviertel die Perücken vom Kopf und setzten ihnen Bauernhüte auf, um zu zeigen, daß es keine Herren mehr gäbe; die Burschen von Vilsbiburg befreiten eingesperrte Verbrecher, rissen die Mauttafel herunter und trampelten darauf herum; bei Vilshofen wurde der Graf Lamberg gedemütigt, und vielerorts kühlten die Leute an verhaßten Beamten ihr Mütchen und erklärten, keine Steuern mehr bezahlen zu wollen usw. Alle diese Wutausbrüche der Bevölkerung geschahen aber in der ersten Aufregung, sicher auch oft nach reichlichem Biergenuß, sie wurden aber nicht ideologisch begründet. Sowie sich die erste Erregung etwas legte, nannten die Menschen, wie wir bereits mehrfach gesehen haben, ganz begrenzte Ziele, wie die Abstellung der Rekrutierung und der Kriegssteuern oder die Wiederherstellung des alten Rechtszustandes, wie er 30 Jahre vorher gegolten hatte. Mit ihren religiös-schwärmerischen Ideen, die sich auf die Weltuntergangsbilder, Bußpredigten und Endzeiterwartungen der Sibyllinischen Orakel bezogen, die ihrerseits aus der Zeit der zusammenbrechenden antiken Welt stammen und gerade in der Zeit des Barock eine neue Verbreitung erfuhren, standen die Wildenwarter allein da.[296]

Wir kehren zurück nach Burghausen. Dort hat der Volksaufstand, wie am Beginn dieses Kapitels angedeutet wurde, nach der Einnahme der Stadt eine gegensätzliche Tendenz entwickelt, als die eben geschilderte, nämlich die Tendenz zur Legitimierung im Rahmen der staatlichen Ordnung. Dies geschah zur gleichen Zeit und im Zusammenhang mit der oben geschilderten Organisierung der Landesdefension vor und in Braunau.

Am 18. November, also einen Tag nach dem siegreichen Einzug in die Stadt, erschienen die Abgeordneten der »ganzen Gemein der

Kurlande Baiern und besonders des Rentamtes Burghausen«, wie sich das Heer der Aufständischen dort bekanntlich nannte, vor der Rentamtsregierung und baten darum, daß das kaiserliche Amtssiegel wieder mit dem kurbayerischen vertauscht, die in Bayern nicht übliche Getreidesteuer sowie die sonstigen außergewöhnlichen Abgaben und Lasten, wie Kriegssteuern, Quartier usw., wieder abgeschafft und schließlich die in der Stadt liegende Bauernbesatzung aus dem Getreidekasten des kaiserlichen Militärs verpflegt würden. Die Abgeordneten ließen durchblicken, daß die Gemein diese Begehren notfalls mit Gewalt durchzusetzen gedenke, denn die Geduld des Volkes sei erschöpft, nachdem die kaiserlichen Truppen und Behörden nie ihre Versprechungen gehalten hätten. Die Regierung sah sich außerstande, sich dem Begehren nachdrücklich zu widersetzen und genehmigte die Anträge in ihren wesentlichen Punkten.[297]

Der Gebrauch des bayerischen Wappensiegels als Zeichen kurbayerischer Souveränität war von der Regierung nur zögernd zugestanden worden, da er eine demonstrative Auflehnung gegen die kaiserliche Administration darstellte. Die Regierung suchte denn auch nach Gelegenheiten, hiervon wieder abgehen zu können, da sie sich einer offenen Parteinahme für den Aufstand zu entziehen suchte. Auf der anderen Seite strebte die Gemein stets danach, sich in ihrem Kampf durch die Zusammenarbeit mit der Rentamtsregierung den Schild der Legalität zu geben. So forderte sie am 22. November, daß die Regierung einen Direktor ernenne, der sich der bayerischen Lande im Namen des Kurfürsten annehmen solle, d. h. eigentlich einen Statthalter des Kurfürsten. Damit erhob die Gemein für sich und die Regierung von Burghausen den Anspruch, für das gesamte Bayern und den vertriebenen Kurfürsten entscheiden zu können. Zu dieser Ernennung kam es nicht. Die Regierung machte eben nur gezwungenermaßen mit den Aufständischen gemeinsame Sache.[298]

Dieses Ringen der gegensätzlichen Interessen wird am besten in der Auseinandersetzung zwischen der Gemein und der Regierung um die Ernennung eines Kommandanten der Landesdefension sichtbar: Am 20. November forderte die Gemein die Regierung auf, einen Kommandanten und Offiziere zu ernennen und die Stärke der Garnison in der Stadt zu bestimmen. Als Kommandant wurde der

Regierungsrat und Kastner Franz Bernhard von Prielmayr, der Sohn des kurfürstlichen Staatsministers Korbinian von Prielmayr, vorgeschlagen. Der Regierungsrat war damals 30 Jahre alt; er hatte an einigen Türkenfeldzügen teilgenommen und war seit dem Jahre 1700 Kastner des Rentamts, also Leiter des Finanzwesens. Außerdem war er Hauptmann des Burghauser Landfahnens gewesen und stand bei der Bevölkerung in gutem Ansehen. Die Mitglieder der Regierung erkannten, daß sie, wenn sie die Forderung der Gemein erfüllten, offen auf die Seite des Aufstandes übertreten würden, und suchten sich der Entscheidung zu entziehen. Prielmayr selbst erklärte seinen Kollegen, daß die Regierung wider ihre geschworenen Pflichten handeln würde, sollte sie den Kommandanten ernennen. Also wich man aus und schlug der Gemein vor, einen ehemaligen bayerischen Fähnrich, der sich schon bei den Aufständischen befand, zum Kommandanten zu machen; außerdem, so sagte man, wisse man nicht, ob die Aufstellung eines Kommandanten der Landesdefension vor Braunau recht sei.

Als am 23. immer noch keine Entscheidung gefallen war, machte die Gemein ihre Drohung, Gewalt anzuwenden, wahr. An diesem Tage war eine Sitzung der Regierung anberaumt. In der Frühe zwischen 7 und 8 Uhr ließ die Gemein der Bauern- und Bürgerschaft Brigatta schlagen und stellte sich mit Ober- und Untergewehr auf dem Stadtplatz vor dem Regierungsgebäude auf. Dann drangen die Leute in den Sitzungssaal der Regierung ein, begannen zu toben und schrien, sie wollten einen Kommandanten haben; wenn die Regierung ihn jetzt nicht ernenne, wollten sie Gewalt gebrauchen, 30 000 Mann hierher ziehen und sich selbst einen wählen. Sie nannten die Regierungsräte »Paruckenhansel« und drohten ihnen, sie aus ihrer Kanzlei zu reißen, ihnen die Muskete auf die Achsel zu geben und, wenn sie nicht folgten, die Köpfe zu spalten. Was beide Seiten insgeheim dachten, sprach der im Namen der Bürger und Bauern redende Prokurator Sallinger offen aus: die Regierung müsse mit ihrer Ernennung der Bürger- und Bauernschaft vorangehen, damit sie sich später nicht aushalftern und den Kopf aus der Schlinge ziehen könne. Die Regierung versuchte noch allerlei Einwände vorzubringen, z. B., daß militärische Angelegenheiten nie hier sondern stets nur in München geregelt worden seien, doch »der ganz erwildete Bauer« war nicht zu besänftigen und verlangte

Prielmayr zum Kommandanten. Prielmayr und seine Kollegen versuchten noch eine Ausflucht und trugen Bedenken gegen den Titel »Kommandant« vor, worauf die Leute von der Gemein wieder zu toben begannen. Nun gab die Regierung nach und ernannte – »die Todesgefahr vor Augen« und da »Gewalt vor Recht ging« – Prielmayr zum »Kriegskommissär« mit den Befugnissen eines Kommandanten. Sie behielt sich aber vor, die wichtigen Entscheidungen selbst zu treffen, was von der Gemein auch zugestanden wurde.[299]

Im weiteren Verlauf der Sitzung wurden elf Anträge der Gemein zur Verbesserung der Verteidigung des Rentamts verhandelt, wie Beschaffung von Geldern, Nahrungs- und Futtermitteln für die Landesverteidiger, Geldanleihen bei Klöstern, Anwerbung von Mannschaften, Ausbesserung der Stadtbefestigung usw. Hierbei trafen die Regierungsräte Entscheidungen, die den Interessen der Gemein durchaus gerecht wurden. Außerdem wurden bald die Landesverteidiger von der Regierung besoldet.[300]

Obwohl die Regierung der Gemein in den wesentlichen Dingen willfährig gewesen war, blieb das Verhältnis zwischen den beiden gespannt. Die Anträge, die die Gemein an die Räte richtete, wurden weiter meist von einer Gewaltdrohung begleitet, und am 26. November erklärte die Gemein fünf Räten ihr offenes Mißtrauen, da sie zu kaiserlich gesinnt seien. Der Prokurator Sallinger erklärte bei dieser Gelegenheit, daß die Gemein wohl spüre, daß von der Regierung kein rechter Zug geschehe. »Wir verlangen aber, daß die Herren Führer der Bauern sein sollen; wenn sie nicht mittun, werden wir sie bei den Haaren packen und aus der Regierung herausziehen.« Von nun an saßen bei jeder Sitzung zwei Bauern und zwei Bürger dabei, die verhindern sollten, daß zu Gunsten des Kaisers gehandelt werde.[301]

Diese Begebenheiten zeigen uns, daß das aufgestandene Volk nicht nur auf dem Boden des überkommenen und von seinem Landesherrn gesetzten Rechtes stehen und sich dies durch die Teilnahme der bayerischen Behörden sichtbar bestätigen lassen wollte, sondern daß es auch von den Männern, deren Amt es war, zu führen und zu befehlen, verlangte, daß sie das Volk auch jetzt führten und ihm Befehle gäben, wo es der einfache Mann in die Hand genommen hatte, das Vaterland zu retten. Die Menschen suchten Legitimierung und Autorität im Rahmen der altgewohnten Staats- und

Ständeordnung. Da die Regierungsräte sich aus Angst vor der Fremdherrschaft sträubten, mußte man sie eben beim Schopf nehmen und zwingen, ihre Pflicht zu tun.

Bei all dem war es freilich nach wie vor unklar, wem die Führung des gesamten Aufstandes zukam. Schon die Belagerer von Braunau wurden zur Hälfte von Simbach, zur anderen Hälfte von Haselbach aus geführt. Die Gemein von Burghausen erhob zwar den Anspruch, für ganz Bayern entscheiden zu können, doch holte sie sich auch aus Braunau Instruktionen, und die Regierung von Burghausen hätte zunächst die Entscheidungen nur zu gern denen von Braunau überlassen; später hat sie dann ein eigenes Konzept gehabt, nach dem sie entschied und befahl. Prindl und die Landesdefension von Neuötting hörten auf Simbach. Der Gegensatz zwischen Burghausen und Braunau sollte bis zum Ende des Volksaufstandes bestehen bleiben.

Die kaiserliche Administration und die bayerische Ständevertretung zwischen Rüstung und Verhandlung

Nachdem sich im November 1705 in wenigen Wochen der Aufstand unaufhaltsam ausgebreitet und organisiert hatte und auch durch die harten und geschickt geführten Schläge des Oberst de Wendt nicht entscheidend geschwächt worden war, entfaltete die kaiserliche Administration von München aus eine rege Tätigkeit, um das aufgestandene Volk zu befrieden. Zunächst suchte sie ihre Truppenmacht um jeden Preis zu verstärken und faßte zwei verschiedene Ziele ins Auge: die friedliche Beilegung des Konfliktes durch Verhandlung und Drohung und, falls dies nicht gelingen sollte, die militärische Unterdrückung. Im Isarwinkel, in der Oberpfalz und in Kelheim war die unblutige Befriedung – vorläufig – gelungen. Im Unterland, wo man gleich begonnen hatte, hart durchzugreifen, hatten sowohl de Wendt als auch die Rentamtsregierung in Landshut drohende Patente veröffentlicht, die die Untertanen zur Unterwerfung bringen sollten, doch hatte dies die Aufständischen nicht beeindruckt.[302] Für eine gütliche Beilegung setzte sich vor allem die Vertretung der bayerischen Landstände, die Landschaftsverordnung, ein. Sie suchte eng mit der kaiserlichen Administration zusammenzuwirken, verstand sich dabei aber als ehrlicher Vermittler, der in erster Linie der Wohlfahrt des Landes und der Untertanen zu dienen hatte, andererseits freilich den Aufstand selbst als landeszerstörerischen Ungehorsam und Friedensbruch scharf verurteilte.

Schon früh waren die Nachrichtenverbindungen aus dem Aufstandsgebiet nach München durch die Besetzung der Innübergänge, die Bewachung der Straßen und das Verhauen der Wälder unterbrochen worden, so daß man sich in der Hauptstadt oft ein falsches Bild von den Verhältnissen machte und von wichtigen Ereignissen erst spät erfuhr; z. B. wurde die Einnahme von Burghausen in München erst am 20. November gerüchteweise und am 21. sicher, die von Braunau erst am 1. Dezember, also jeweils mit viertägiger Verspätung bekannt. Außerdem kam die Post von und nach Wien auf diesem direkten Wege nicht mehr durch.[303]

Von Anfang an war sich die Administration bewußt, daß ihre Truppen viel zu schwach waren, um das Land wieder fest in die Hand zu bekommen. Sie bemühte sich deshalb schon bald um militärische Verstärkung, so am 13. November in einem Brief an den Prinzen Eugen; hier meinte Graf Löwenstein allerdings noch, der Rebellion bald Herr werden zu können, vorausgesetzt, die Rekrutenaushebung würde eingestellt. Daneben gingen die Militärs der Besatzungsmacht in fieberhafter Eile daran, die Soldaten und Rekruten, die im Land standen, einsatzfähig zu machen. Anfang Dezember hatte Oberst Barthels mit Müh und Not 430 Mann seines Regiments, also knapp die Hälfte des Sollbestandes beritten gemacht. Dabei hatten sich seine neugeworbenen Leute als so unzuverlässig nicht erwiesen, wie es anfangs geschienen hatte, denn eine Reihe von denen, die bei den ersten Unruhen im Rott- und Vilstal von den Bauern zum Überlaufen veranlaßt worden waren, waren wieder zum Regiment nach Landshut zurückgekehrt.[304]

Nach den Erfolgen de Wendts bei Eggenfelden und Vilsbiburg glaubte sich die Administration gute Hoffnungen machen zu dürfen, zumal auch aus der Oberpfalz um diese Zeit beruhigende Nachrichten kamen. Als jedoch bald bekannt wurde, daß Burghausen und Braunau durch Tausende von Aufständischen berannt wurden, wurde man sich des vollen Ernstes der Lage bewußt. Am 18. November ersuchte Löwenstein über den Erzbischof von Mainz den Reichskreis Franken um Truppenhilfe, desgleichen richtete er ein solches Ersuchen an den Reichskreis Schwaben und am 21. befahl er dem in des Kaisers Diensten stehenden osnabrückischen Infanterieregiment von Latermann, das in Memmingen im Quartier lag, in Eilmärschen nach Bayern zu kommen. Das Regiment traf bereits am 24. und 26. in München ein, hatte aber nur 845 Mann, das heißt, es fehlte ihm mehr als die Hälfte des Sollbestandes; das erste Bataillon, das eintraf, wurde sogleich als Verstärkung zu de Wendt geschickt.

Da dieses Regiment eigentlich für Italien bestimmt war, wollte man dorthin die zu erwartenden böhmischen Rekruten schicken, die, da sie ebenso wie die bayerischen gepreßt waren, für den Einsatz hier zu unzuverlässig zu sein schienen. Auch preußische Kavallerie, die unberitten auf dem Marsch nach Italien war, wollte man möglichst bald wieder aus dem Land haben, da »von ihr kein

Dienst zu hoffen, wohl aber zu glauben, daß sie mit aller Zaumlosigkeit die Landeseinwohner plagen wird«.[305] Die schlimmste Not der kaiserlichen Heeresleitung war bekanntlich der Mangel an Soldaten. So war es für sie sehr schwer, nun auch noch Truppen nach Bayern zu entsenden. Die Einheiten, die Prinz Eugen dafür ausersehen hatte, waren dementsprechend nur als jämmerlich zu bezeichnen: 120 Mann des Dragonerregiments Castell, die nur zum Teil beritten waren, und 1000 kranke Infanteristen, die in Tirol in Erholungsquartieren lagen. Die um Bayern liegenden sowie auch entferntere Reichsstände sahen den Aufstand als gefährlich an, sei es, daß sie befürchteten, er würde auf ihre Lande übergreifen, sei es, daß sie die Kriegsführung des Reiches gegen Frankreich bedroht glaubten. Die schwäbischen Reichsstände erklärten noch im November, sie wollten nicht nur ihre Kreisregimenter, also ihre regulären Truppen schicken, sondern auch ihren Landausschuß aufbieten. Über die Stellungnahmen und Entschließungen der Reichsstände auf dem Reichstag in Regensburg wird noch zu berichten sein. Weiter bat Administrator Graf Löwenstein den Herzog von Württemberg um zwei Infanterieregimenter und ein Kavallerieregiment, den Markgrafen von Ansbach um ein Bataillon Grenadiere und die Reichsstadt Nürnberg um 200 bis 300 Reiter. Drei Bataillone Preußen, die im Anmarsch waren, wollten in Erholungsquartiere gehen und waren nicht gewillt, an den Kämpfen teilzunehmen. Anfang Dezember hatten der Kurfürst Johann Wilhelm von der Pfalz, bekanntlich ein Wittelsbacher, je ein Regiment Infanterie und Dragoner, der Herzog von Württemberg 1500 Mann und der Markgraf von Ansbach ein Bataillon Grenadiere nach Bayern in Marsch gesetzt. Nürnberg hatte erklärt, es habe zur Zeit keine geworbene Mannschaft zur Verfügung.[306]

Der Administration fehlten aber auch Offiziere und Truppenführer. Insbesondere war Oberst de Wendt unersetzlich. Am 3. Dezember schrieb der Landeskommandant Graf Bagni an Prinz Eugen: »Im übrigen darf ich nicht verhalten, daß an oberen Stabsoffizieren hier in Baiern ein solcher Mangel ist, daß bei der Infanterie und besonders bei der Cavallerie niemand vorhanden ist, der sie commandire, da Oberst von Hochberg wegen seiner im Treffen zu Höchstädt empfangenen und noch nicht curirten Blessuren auf kein Pferd kommen und keinen Dienst tun kann; bei dem einen Regiment ist nur ein Rittmeister, bei dem andern ein Leutnant, bei dem dritten nur ein Cornet vorhanden. Da der Oberst d'Arnan das Commando in der oberen Pfalz hat, so befindet sich hier in Baiern niemand außer dem einzigen Obersten de Wendt, der das formirte Corpo commandire. Wenn ihn eine Unbässlichkeit oder sonst ein Zufall ergreifen würde, wäre niemand vorhanden, ihn zu vertreten.« Die Administration bat deshalb darum, den Generalwachtmeister von Kriechbaum zu schicken. Dies tat Prinz Eugen, und Kriechbaum traf am 11. Dezember in München ein.[307]

In Wien hatte man zunächst von den Fortschritten und Erfolgen des Aufstandes noch gar keine Ahnung. Die Reichskanzlei sagte der Administration am 21. November Truppenhilfe zu, befahl aber gleichzeitig, zuerst einmal das Volk, das sich zusammengerottet habe, durch gütliche Überredung dazu zu bewegen, auseinanderzugehen. Auch gab sie freie Hand, die Rekrutenaushebungen vorerst einzustellen, da sie zur Zeit ohnehin keinen Nutzen brächten.[308]

Zu beidem war es natürlich längst zu spät. Der Bericht, den Löwenstein am selben Tag an den Kaiser schrieb, stand ganz unter dem Eindruck der Hiobsbotschaften vom Fall Burghausens, der Sperrung der Innlinie und dem Vorrücken der Aufständischen gegen Wasserburg. Der Administrator war jetzt davon überzeugt, daß »diesem Unwesen ... nur mit sattsamer Gewalt gesteuert werden« könne. Im übrigen ginge an Abgaben und Steuern seit geraumer Zeit kein Kreuzer mehr ein, und auch die Landstände wüßten keine Mittel mehr zu beschaffen. Dann erklärte er seinem Monarchen in aller Schärfe: »Wir haben den gegenwärtigen Zustand als unvermeidliche Folge der Rekrutenstellung vorhergesagt und bitten den Aufstand für kein leichtes Ding zu nehmen; die Verbitterung der Bauern ist so groß, daß auch nach Aufhebung der Rekrutenstellung, wenn der Bauer keine Linderung in den Contributionen und keinen Schutz gegen die Excesse der Soldaten wahrnimmt, das Winterquartier nur mit dem Degen in der Hand behauptet werden kann.«[309]

Die Administration befürchtete damals überdies, daß sich der Aufstand über Bayerns Grenzen hinaus ausweiten könnte. In den vergangenen Monaten hatten Tiroler Bauern desertierte bayerische Rekruten versteckt und unterstützt; weiter waren die Tiroler durch die nach Italien marschierenden Truppen fast ebenso geschädigt

worden wie die Bayern, so daß sich dort eine erhebliche Unzufrie-
denheit breit gemacht hatte. So vermutete man eine Tiroler Beteiligung an den Unruhen im Isarwinkel im Oktober, und Mitte November kam das Gerücht auf, daß die Aufständischen in der Wasserburger Gegend eine Hilfstruppe von 700 Tiroler Schützen erwarteten. Ebenso munkelte man von Sympathisanten für die bayerischen Bauern in Oberösterreich, wo anscheinend von den Bayern agitiert wurde. In diesem Sinne ist die Aufforderung des Obersten de Wendt zu verstehen, die dieser in einem Feldzugsbericht am 24. November an den Prinzen Eugen richtete, nämlich, daß die Regierung in Wien auf alle Weise darauf achten solle, »daß die Tiroler und das Land ob der Enns sich nicht einmische, widrigenfalls die Sache ein weiteres Aussehen bekommen möchte«. Die Behörden dieser beiden österreichischen Erblande forschten daraufhin nach solchen verschwörerischen Verbindungen ihrer Untertanen, konnten aber keine feststellen. Vielmehr machten die Tiroler einige Raubzüge gegen die Bayern in den Chiemgau.[310]

Noch bevor jenes Schreiben der Wiener Reichskanzlei vom 21. November in München eintraf, sah sich die Administration, deren Standpunkt sich immer mehr verhärtet hatte, nun doch veranlaßt, dem Drängen der bayerischen Landschaftsverordnung nachzugeben und wenigstens noch einen Versuch zu machen, die Volkserhebung auf dem Verhandlungswege gütlich beizulegen. Sie forderte die Landschaftsverordnung auf, mit den Aufständischen Verhandlungen aufzunehmen.

Die Landschaftsverordnung hatte schon Max Emanuel vor der übermäßigen Ausbeutung von Land und Volk gewarnt. Sie war seit der Besetzung des Landes beim Prinzen Eugen vielmals, dann bei der Administration ständig vorstellig geworden und hatte um eine Erleichterung der verschiedenen Lasten für die Bevölkerung gebeten. Seit dem Frühjahr 1705 befand sich eine Deputation der Landstände, bestehend aus einem Prälaten, einem Adeligen und einem Bürgermeister, in Wien. Diese hatte damals in Audienzen und Denkschriften Kaiser Leopold und König Joseph von den verheerenden Folgen der rücksichtslosen Ausbeutung gewarnt. Als es Anfang Oktober im Gericht Eggenfelden gegen die Rekrutenaushebung zu den ersten Zusammenrottungen gekommen war, hatten die Landschaftsverordnung vor der Administration und ihre Delegation am Kaiserhof erneut interveniert, und beide setzten ihre Bitten und Gesuche, für Bayern Erleichterungen zu erwirken, weiter fort.[311]

Jetzt beauftragte die Administration einen Angehörigen der bayerischen Landstände, den Hofkammerrat Wolf Heinrich Freiherrn von Gemmel, sich ins Lager de Wendts zu begeben und von dort aus erste Verbindungen anzuknüpfen. Gemmel weigerte sich zunächst, wurde aber mit der Einziehung seiner Güter bedroht und unterzog sich darauf seiner schwierigen Sendung. Die Administration trug ihm auf, die Aufständischen dadurch gefügig zu machen, daß er ihnen mit dem Anmarsch größerer Truppenverbände aus dem übrigen Reich und deren Winterquartieren drohte. Seine Frage, ob er den Untertanen den Nachlaß der Rekrutenstellung versprechen dürfe, wurde barsch verneint. Auch die Landschaftsverordnung gab Gemmel Anweisungen mit. Von ihr sollte er den Aufrührern versprechen, daß eine Herabsetzung der Rekrutenstellung und der Kriegssteuern zu erhoffen sei, wenn sie sich unterwerfen würden.

So reiste Gemmel am 26. November von München ab und traf am 28. bei den Truppen de Wendts ein, als diese gerade Neuötting einnahmen. Am gleichen Tag hatte die Landschaftsverordnung durch inständiges Bitten von der Administration endlich die Zusage erhalten, daß die gewaltsame Rekruteneinziehung unterbleiben sollte, wenn sich die Aufständischen unterwerfen und ihre Rädelsführer ausliefern würden. Wahrscheinlich war inzwischen der Brief der Wiener Reichskanzlei vom 21. eingetroffen, der der Administration diese Zusage gestattete.[312]

In Neuötting erließ Gemmel am 29. November im Auftrag der Administration und der Landschaft von Ober- und Niederbayern ein Abmahnungspatent, also einen vermahnenden Aufruf an die Aufrührer und die ganze Bevölkerung, vom Aufstand abzulassen. In ihm versprach er, daß die Kriegssteuern und Winterquartiere herabgesetzt und die Rekrutenaushebung verringert, wenn nicht gar eingestellt würden, vorausgesetzt, die Revoltanten legten das Gewehr nieder. Im übrigen seien je zwei fränkische Infanterie- und Kavallerieregimenter im Anmarsch. »Es wird alsdann auf den gänzlichen Ruin des Landes ankommen; sie werden dann allzu spät Reue wegen des unausbleiblichen Blutvergießens, von dem sie zu

Wasserburg und hier ein Beispiel gehabt, und des Weheklagens, Trauerns und Seufzens von Weib und Kindern verspüren.«³¹³ Mit diesem Patent schickte er zwei Franziskanerpatres nach Burghausen. Diese wurden jedoch an der Alzbrücke bei Hohenwart von dem dort stehenden Bauernposten bedroht und zurückgewiesen. Am 30. schickte Gemmel vier gefangene Bauern mit dem Patent nach Braunau mit dem Auftrag, eine Antwort der dortigen Anführer zurückzubringen. Noch am selben Tag kamen die Vier zurück und brachten zwei Briefe mit. Die kommandierenden Offiziere in Braunau schrieben an Gemmel, man habe die Bauernschaft nur zum Teil versammeln und ihr das Patent vorlesen können; man wolle aber alle befragen und bis in zwei Tagen eine eindeutige Erklärung schicken. Bürgermeister Dürnhardt schrieb, daß er schon einmal einen Vermittlungsversuch unternommen habe, der von den Bauern und einem Teil der Bürger übel aufgenommen worden sei; er hoffe aber, daß die Aufständischen einlenken würden, wenn, wie gemeldet worden sei, aus Salzburg und Böhmen Truppen anrückten – letzteres war ein falsches Gerücht.³¹⁴ Während dies vor sich ging, bereitete Oberst de Wendt, der auf den Erfolg der Verhandlungen Gemmels kein großes Vertrauen setzte, weitere Schläge vor. Am 29. schickte er, da die Nachricht von der Übergabe Braunaus noch immer nicht gesichert war, je 100 Infanteristen, Kürassiere und gefangene Bauern über den Inn, damit sie die Wege durch Berge und Wälder, die durch Verhaue verschlossen waren, öffneten. Die Soldaten nahmen die Verhaue, die meist besetzt waren, im Kampf ein, machten viele Aufständische nieder und drangen so »mit continuirlichem Scharmuziren« bis Marktl vor, wo sie noch eine feindliche Wache antrafen, die sie überwältigten und zum Teil gefangen nahmen. Am Abend kehrten sie nach Neuötting zurück. Am 30. kam ein Tambour der Landesverteidiger mit einem Brief von Generalwachtmeister Tattenbach, in dem dieser mitteilte, daß er Braunau hätte übergeben müssen und selbst gefangen gehalten würde. An diesem Tag traf auch noch eine Verstärkung ein, die de Wendt am 28. bei der Administration angefordert hatte: 200 Infanteristen vom fränkischen Kreisregiment Janus von Eberstädt und 100 Kürassiere, mit denen das Corpeto auf nunmehr etwa 1400 Mann anwuchs. Der Oberst beriet sich mit seinen Offizieren über die weiteren Operationen: Der Weg nach Braunau war ihm rechts des Inns nicht möglich, da die Brücken bei Hohenwart und Marktl zerstört waren, links des Inns aber waren Berge, Wälder und Hohlwege sämtlich verhaut; außerdem war Braunau ja bereits übergeben worden. So entschloß er sich, Burghausen zurückzuerobern und forderte die Administration auf, ihm hierfür einige 60-pfündige Mörser mit 200 bis 300 Bomben zu schicken.[315]

Am 1. Dezember trat er den Marsch gegen die Alz an. Da die Brücke von Hohenwart, in dieser Gegend der einzige Flußübergang, abgeworfen war und die Landesverteidiger dort starke Haufen stehen hatten – in Hohenwart befand sich zudem ein Hauptquartier, von dem aus eben an diesem Tag Aufgebotsbefehle an die umliegenden Gerichte hinausgingen –, entschloß sich de Wendt, die Alz bei der Hartermühle in der Nähe von Margarethenberg über eine Furt zu durchqueren. Dort standen jedoch auch stärkere Abteilungen von Landesverteidigern, und die Ufer waren ziemlich hoch und steil. So täuschte de Wendt seine Gegner, indem er eine Abteilung gegen Hohenwart schickte, die scheinbar den Übergang an der Brücke erzwingen wollte, worauf die Landesverteidiger ihre Haufen dorthin zusammenzogen. De Wendt aber zog mit seiner Hauptmacht zur Hartermühle, ließ jeden seiner Reiter einen Grenadier mit aufs Pferd nehmen und den Fluß durchreiten. Reiter und Grenadiere stürmten die Böschung und die Verhaue und vertrieben die dort stehenden Landesverteidiger; der Rest der Infanterie überquerte die Alz auf einer Notbrücke, die man rasch aus Bauernwagen zusammengestellt hatte. Da die Landesverteidiger heftig schossen, verlor de Wendt einige Leute und Pferde, doch der Übergang war geglückt. Wie gefährlich dieses Unternehmen war, zeigt der Bericht, daß mehrere Pferde und Reiter vom Fluß abgetrieben wurden und beim Brückenschlag zwei Bauern ertranken. Mit der Abenddämmerung erschien die Kavallerie und nach Einbruch der Dunkelheit die Infanterie vor Burghausen, von der Besatzung mit heftigem Geschützfeuer begrüßt. De Wendt schlug vor der Stadt sein Lager auf und richtete in Badhöring, etwa 2 km nördlich der Stadt, sein Hauptquartier ein. Am folgenden Tag ließ er Hohenwart, das von den Landesverteidigern geräumt worden war, besetzen, die Alzbrücke wiederherstellen und forderte die Stadt Burghausen zur Übergabe auf.[316]

Die Truppe de Wendts hatte auf ihrem Zuge natürlich nicht nur in den Gefechten, die sie den Aufständischen geliefert hatte, grausam gewütet, auch die Bevölkerung der Gebiete und Ortschaften, die sie berührten, hatte arg zu leiden. Über die Kosten, die in den Städten Wasserburg, Kraiburg und Mühldorf durch Quartiernahme, Erpressung, Plündern und Zerstören entstanden, wurde oben berichtet. Jetzt, da die Truppe vor Burghausen Quartier bezogen hatte, in dem sie länger verweilte, machte das Landvolk der Umgebung bittere Erfahrungen mit der kaiserlichen Soldateska. Bei den Waffenstillstandsverhandlungen in Anzing berichteten die Abgesandten von Burghausen aus jüngsten Erlebnissen:

»So haben sie die nächst ihrem Lager stehende Pfarrkirche von Mehring nicht nur geplündert, sondern auch die Heiligkeit verunehrt, die silbernen Kapseln, bei denen das heilige Oel und die Tauf aufbewahrt war, hinweggenommen, die heiligen unguenta ausgeschüttet und die Altäre gänzlich entblößt. Sie sind ferner mit Notzwingung der Bauerntöchter, besonders auf dem sogenannten Debra- und Arztengut mehr als viehisch verfahren, so daß die Bauerntochter völlig zu Schanden gerichtet worden ist. Durch gänzliche Plünderungen, Abnehmung des Viehes, Ruinirung des Getreides, Abreißung der Häuser und Städel ist der ganze Strich zwischen Inn, Alz und Salzach auf erbärmliche Weise verheert und verderbt worden, so daß er in langen Jahren nicht mehr wird zu Würden kommen können, obwohl die Zufuhr alles Notwendigen aus anderen Gerichten zur Genüge geschehen ist.«[317]

Die Bauern, die als Besatzung in Burghausen lagen, wurden durch diese Ausschreitungen so erbittert, daß sie, während die Waffenstillstandsverhandlungen geführt wurden, drohten, sie würden die Stadt plündern, wenn man mit den Kaiserlichen Vereinbarungen träfe, die sie nicht billigten.[318]

Nachdem de Wendt vor Burghausen das Lager bezogen hatte, endete vorläufig sein Feldzug gegen die bayerischen Aufständischen oder Landesverteidiger, und es begann eine Zeit der Verhandlungen, während der sich die beiden feindlichen Parteien Gewehr bei Fuß gegenüberstanden. Das Verhalten der Truppe de Wendts gegen die Bevölkerung war ohne Zweifel schamlos zu nennen; freilich unterschied es sich nicht von den üblichen militärischen Unsitten, die wir bereits zur Genüge kennengelernt haben. Auf einem anderen Blatt steht die militärische Leistung dieser Truppe und ihres Führers. Im Jahre 1937 hat der Oberstleutnant Gustav Baumann über diese ein Urteil gefällt, das ein unparteiischer Betrachter der Dinge als gerecht und zutreffend bezeichnen muß:

»Eine unbefangene Beurteilung wird dem Oberst de Wendt und seinen Truppen die Anerkennung für ihre militärischen Leistungen nicht versagen. Die Aufgabe, mit einer kleinen Heeresabteilung den in einem weiten Landstrich gleichzeitig ausgebrochenen Aufstand niederzuwerfen, war schwierig, angesichts der großen Überlegenheit des Gegners, bei dem unübersichtlichen und unwegsamen Gelände und der feindseligen Haltung der Bevölkerung wohl überhaupt unlösbar. Wenn sich de Wendt trotzdem drei Wochen lang mitten im Aufstandsgebiet siegreich behauptet hat, so verdankt er dies dem guten militärischen Blick, mit dem er jeweils die Lage überschaute, und der Klugheit, die ihn seine schwachen Kräfte sparsam einsetzen ließ. Auch seine Angriffslust und die Raschheit seiner Bewegungen verdienen uneingeschränktes Lob. ... Seine Maßnahmen zur Niederschlagung des Aufstands waren, dem Geist der damaligen Kriegführung entsprechend, grausam und roh. Sie mußten es sein, denn Milde wäre von den Bauernführern sofort als Schwäche erkannt und ausgenützt worden.«[319]

Soldaten requirieren auf den Feldern das noch unreife Korn

Die Sendlinger Mordweihnacht

...rlag vnd Entsezliche vergiessung so villen menshen Blueth welche gescherhen im Jahr 1705. an den
...des wunderthetigen Marianishen Trost vnd güden Sitts in Egern sonderbar heruor geblicket vnd
...rliches verdrauen vnd Zueflucht genomen, dise grosse von Maria der Trostreichen Muetter Zu Egern
...Vermögente vorbitt Maria noch bei den leben erhatteneals die an statt derru so vnshuttig vmb das
...us vor den Marianishen gnaden sitt Zu Egern aufrichten lassen.

...utainer Michel Liechet franz Mair Benedict Hagn Tomas shitter Ignetius Reidter
...r Roth Joseph shmerott Conra shöfman Benedict Krai andreas ött Martin händtl
...ster hanns Fetterer georg Kitzurämer hanns Widtman georg Mair antion Kirming
...eonhard Hös hanns Francek Michael ött Sebastian shmidt Calsar Flosman
...horsacher Tomas Mair andre strollmeister Vetter Snöserer georg Linsinger

...enz auer Mattheis Härshl Jacob datter hanns Berger georg dasenriedterer
...rlacher Joseph francek Veicht Erhart Sebastian millbacher georg Riedterer
...shneider Loreng Vierbichter Tmo Erhart hanns saurlacher hanns
...iekster Quirin oberl Erishngsshwändter. Blasius Widtman

Satirische Flugschrift auf die Niederlage und Besetzung Bayerns 1704:
»Offentliche Bayerische Beicht-Bekanntnus vor den Füssen der Kayserlichen
Soldateska«

15. KAPITEL

Die Einnahme Schärdings durch die Landesdefension und die Beschlüsse des Reichstags zu Regensburg zur Niederwerfung des Aufstandes

In der Zeit, da Oberst de Wendt von Wasserburg über Neuötting bis vor Burghausen vorstieß und Freiherr von Gemmel die ersten Fäden der Verhandlung zu den Aufständischen knüpfte, bahnte sich im Innviertel der dritte große Erfolg der Landesverteidiger an. Noch bevor diese Braunau besetzt hatten, begannen ihre Genossen mit der Einschließung der Festung Schärding.

An dieser letzten der Innfestungen waren die Schleifungsarbeiten an den Befestigungen um diese Zeit schon weit fortgeschritten. Die äußeren, modernen Wälle und Schanzen waren bereits zerstört; es war nur noch die alte Stadtmauer aus Ziegelwerk vorhanden. Die Festung wurde von Oberstwachtmeister J. A. Büttner kommandiert. Die Besatzung bestand zunächst aus etwa 80 Mann; diese wurden im letzten Augenblick, am 26. November, durch 319 Rekruten des Infanterieregiments Kriechbaum, die auf dem Marsch nach Italien waren, und sechs Büchsenmeister der Linzer Bürgerschaft verstärkt. So kommandierte Büttner jetzt zwei Hauptleute, einen Ingenieurhauptmann, zwei Leutnante, zwei Proviantoffiziere, einen Zeugwart, acht Büchsenmeister und 400 Unteroffiziere und Mannschaften. Es waren wohl ausreichend Geschütze vorhanden, doch gebrach es an Munition, so daß Büttner von Passau solche erbat; er erhielt jedoch aus dem dortigen Zeughaus nur einen Teil der erbetenen Menge mit der Begründung, daß, wenn sich Schärding ergeben müßte, die Munition nur in die Hände des Feindes fallen würde. Der Kommandant war zwar zuversichtlich, doch der Landeskommandant Bagni beurteilte von München aus die Lage dieser Festung als wenig hoffnungsvoll, womit er auch recht behalten sollte.[320]

Am 27. November wurde die Festung von den Landesverteidigern eingeschlossen. Die Mannschaften des Belagerungsheeres versammelten sich schon einige Tage vorher. Der Aufstand selbst hatte im Gericht Schärding erst spät begonnen; am 17. z. B. hatten sich die Bauern um Reichersberg zusammengerottet und sich Waffen beschafft. Später wurden die waffenfähigen Männer der nördlichen Gerichte des Innviertels einberufen. Sie versammelten sich um den 25. in St. Marienkirchen, 7 km südlich von Schärding. Dort bestand ein Hauptquartier der Landesdefension, in dem der ehemalige bayerische Fähnrich Wolf Heumann das Kommando führte. Er war von Braunau mit Schützen dorthin geschickt worden. Ein weiterer Sammelplatz war in Münzkirchen, 11 km nordöstlich der Festung. Die Einberufenen mußten für drei Tage Verpflegung mitbringen. Sie marschierten in größeren und kleineren Trupps an, meist geführt von Offizieren, die sich durch irgendwelche Uniformen kenntlich gemacht hatten und meist beritten waren. Die Mannschaften waren nur zum geringeren Teil mit Feuerwaffen versehen, z. B. trugen von einer Abteilung des Gerichtes Ried, die 400 Mann stark war, nur 30 Mann Gewehre. Die Feuerwaffen holte man sich aus Schlössern und vor allem aus den Rüstkammern der Kollegiatsherren von Suben und der Chorherren von Reichersberg. Bald wurde das Hauptquartier der Belagerer in St. Florian am Inn, etwa 2 km oberhalb Schärdings eingerichtet. Später kamen noch mehr Mannschaften aus Braunau, darunter zwei Dragonerkompanien, die zu Fuß eingesetzt wurden, sowie neun Geschütze. Das Belagerungsheer erreichte eine Stärke von 5000 Mann, wovon 1000 »Taschnerbauern« links des Inns bei Neuhaus der Festung gegenüber lagen. Die führenden Offiziere waren neben Heumann der Schützenhauptmann Johann Ferdinand Leonhard Rainer von und zu Hackenbuch, der kurbayerische Hauptmann Johann Michael Hartmann, der kurbayerische Adjutant Christian Ziegler, Schützenkorporal Wolf Andesner – anscheinend der Vertrauensmann der Mannschaften –, der Maier von Rainting bei Ortenburg und der Bildhauer Bonaventura Schwanthaler.[321]

Die Landesverteidiger begnügten sich zunächst damit, Schärding einzuschließen. Die Geschütze kamen erst später. Die Mannschaften wurden mit dem Binden von Faschinen und Schanzkörben und dem Aufwerfen von Schanzen und einer Batteriestellung beschäftigt. Währenddessen schoß die Besatzung aus der Festung eifrig und nicht ohne Erfolg auf die Belagerer. – Zur Versorgung der Landesdefensionsmannschaften wurden die umliegenden Klöster und Höfe herangezogen. Stift Reichersberg wurde verpflichtet, vom 28. bis zum 30. November täglich 6000 Portionen Brot und 3 Zentner

Fleisch zu liefern; außerdem mußte es 1000 fl. Kriegssteuer zahlen. Die Höfe der umliegenden Gebiete mußten Futter, je ein Klafter Holz und vier Laib Brot liefern. Von den Stiften Reichersberg und Suben verlangten die Offiziere der Landesdefension 2 Eimer Wein, 4 Eimer Bier und 2 Eimer Branntwein, die an die Mannschaften vor einem Sturmangriff ausgegeben werden sollten.[322]

Erst am 3. Dezember begann die Beschießung. Die Belagerer beschossen die Stadtmauer und warfen glühende Kugeln in die Stadt. Es gelang ihnen in kurzer Zeit, in die Stadtmauer nahe dem Kapuzinerkloster eine Bresche zu schießen und im Innern einen Brand auszulösen. Oberstwachtmeister Büttner hielt die Lage keineswegs für ernst, doch erging es ihm ähnlich wie Tattenbach in Braunau. Die Bürgerschaft erklärte, sie wäre nicht gesinnt, sich verbrennen zu lassen und forderte ihn auf, Kapitulationsverhandlungen einzuleiten, widrigenfalls sie die Waffen gegen die Garnison ergreifen würde. Büttner erbat sich eine Stunde Bedenkzeit, um »nach Kriegsbrauch« mit seinen Offizieren und Soldaten zu beraten. Offiziere und Soldaten erklärten, daß von den Bürgern mehr Gefahr drohe als von den Belagerern, und beschlossen einstimmig, jetzt eine annehmbare Kapitulation zu schließen, bevor es zum Äußersten komme und man dann nackt und bloß und ohne Gewehr abziehen müßte, wie es den Garnisonen von Burghausen und Braunau geschehen sei. So wurde am 4. Dezember der Kapitulationsvertrag abgeschlossen.[323]

Dieser Vertrag war denn auch viel günstiger für die Besatzung als der, den die von Braunau erhalten hatte; außerdem wurde die Stadt mit ihrer Bürgerschaft und den sonstigen Einwohnern, wenn sie auch nicht als eigener Vertragspartner auftrat, ausdrücklich berücksichtigt; die Bürger trauten anscheinend den Landesverteidigern nicht ganz über den Weg:[324] »1. Soll dem Commandanten, allen Oberoffizieren und der völligen Garnison mit Ober- und Untergewehr, völliger Montur, klingendem Spiel, brennenden Lunten, Kugel im Mund, auch mit Sack und Pack freier Abzug nach Passau verstattet und sie dahin convoyirt werden. – 2. Der Ingenieur, der Zeugwart, die Büchsenmeister, der Proviantcommissarius mit seinen Rechnungen und der Bagage, der Feldpater, der Commissfleischhacker und ein Dragoner vom Herbevillischen Regiment sind befugt, in gleicher Weise abzuziehen. – 3. Alles schwere Geschütz mit der dazugehörigen Munition, Kugeln und Granaten, auch in Summa alles, was zur Artillierie gehört, soll passiren. – 4. Aller hier vorhandene Proviant soll abgefolgt werden. – 5. Die völlige Bagage und die Pferde der Oberoffiziere mit ihren Knechten und Gesinde, so wie alle hier befindliche kais. Montur soll passiren.«

In fünf weiteren Punkten wurde der abziehenden Garnison die Stellung der nötigen Transportmittel, Pferde und Wagen, zugesagt; es sollten keine Mannschaften abgeworben werden; dafür sollte die Garnison eventuell geraubtes Gut ersetzen, sie sollte in den nächsten sechs Monaten nicht gegen Bayern kämpfen und eventuell noch vorhandene Sprengminen angeben. Den in der Stadt befindlichen Zivilpersonen, der Bürgerschaft und der Geistlichkeit, Beamten und geflüchtetem Landvolk versprachen die Belagerer volle Sicherheit; weiter bestätigten sie die Privilegien der Stadt und garantierten insbesondere ungehindert freien Handel und Warenverkehr.

So wurde nun Schärding in der üblichen Form des allgemeinen Kriegsbrauchs von den kaiserlichen Truppen an die bayerischen Landesverteidiger übergeben. Diese taten noch ein Übriges und meldeten in aller Höflichkeit dem Bischof von Passau die Ankunft der ausziehenden kaiserlichen Besatzung an, baten ihn, diese aufzunehmen, und versicherten ihn schließlich ihrer gutnachbarlichen und freundlichen Absichten. Am 6. Dezember sollte die Besatzung aus Schärding nach Passau marschieren. Statthalter und Räte von Passau – der Bischof weilte auf dem Reichstag in Regensburg – schrieben zurück, daß man gegen Bayern keine feindlichen Absichten hege und die kaiserliche Garnison von Schärding aufnehmen werde. Dann bereitete man die Aufnahme der kaiserlichen Soldaten vor; diese sollten einquartiert und etappenmäßig verpflegt werden. Außerdem aber traute man offensichtlich den guten Absichten der bayerischen Landesdefension nicht ganz und richtete sich vorsichtshalber zur Abwehr unvorhergesehener Zwischenfälle ein.[325]

Ganz unbegründet war solches Mißtrauen nicht. Am 6. Dezember zog die Garnison aus Schärding aus; nur etwa 20 Mann waren zu den Aufständischen übergelaufen, diese hatten jedoch nur bayerische Untertanen angenommen. Als die Kaiserlichen die Stadt verlassen hatten und ihre Bagage auf Innlastkähne verladen zur Abfahrt bereit war, drangen die Landesverteidiger, die am linken

Innufer standen und noch nicht einmarschiert waren, gewaltsam über die Brücke, stürzten sich auf die Bagage, überwältigten die Wachmannschaften, warfen einige ins Wasser und begannen zu plündern. Es waren die Offiziere der Landesdefension, die mit bloßem Degen gegen ihre eigenen Leute vorgingen, einen niederstachen, andere ins Wasser trieben, zum Teil auch selbst verletzt wurden und schließlich den tobenden Haufen wieder zu Vernunft und Gehorsam brachten. Gegen 15 Uhr trafen die kaiserlichen Soldaten vor Passau ein. Sie wurden von Schützenhauptmann von Hackenbuch, der sich als Geisel gestellt hatte, und sechs einfachen Landesverteidigern begleitet. Da erreichte sie die Nachricht von jenem eklatanten Vertragsbruch durch die Leute der Landesdefension. Oberstwachtmeister Büttner ließ sofort Hackenbuch und seine Begleiter als Geiseln festnehmen und beschlagnahmte Vorspann und Wagen als Pfand für den entstandenen Schaden. Die Offiziere der Landesdefension in Schärding erklärten jedoch sofort von sich aus, daß der Schaden selbstverständlich wiedergutgemacht würde; der größte Teil des geplünderten Gutes sei bereits sichergestellt worden. Die Regierung von Passau, die einen Rachezug der Aufständischen und einen Überfall auf die wenig geschützte Innstadt befürchtete, drang in Büttner, Geiseln und Pfänder möglichst bald freizugeben und auch mit seinen Soldaten das Bistum in absehbarer Zeit zu verlassen.[326]

Die Haltung der Passauer Regierung gegenüber den bayerischen Aufständischen mißfiel, als er davon unterrichtet wurde, dem Landeskommandanten Bagni, der sich beim Bischof von Passau, Kardinal Graf Lamberg, in Regensburg beschwerte und erklärte, Passau hätte sich herabgelassen und sei »mit dem aufrührerischen bairischen Bauernvolk die Neutralität eingegangen«. Von seiten des Kaisers habe man sich mit diesen »Canaillen« nicht soweit in einen Krieg eingelassen, als daß man gesinnt sei, ihnen gegenüber irgendeine Abmachung einzuhalten. Dem Oberstwachtmeister Büttner befahl Bagni in diesem Sinne, mit seiner Truppe sofort nach Straubing zu marschieren. – Mit dieser Auffassung rannte er freilich bei Kardinal Lamberg offene Türen ein, denn dieser hatte ihm die Berichte der Passauer Regierung und den Brief der bayerischen Landesverteidiger geschickt und dazu erklärt, hieraus gehe hervor, »wie weit sich nunmehr die rebellischen bairischen Bauern vermes-

sen und wie imperios die sogenannte bairische Landesdefension ...
geschrieben« habe. Im gleichen Sinne wirkte er auf dem Reichstag.
Die Zusagen seiner Räte an die Aufständischen wertete er nicht als
Neutralitätserklärung, sondern als Zusagen, die in einer Notlage
gegeben worden seien. – Es wird hieraus klar, daß die bayerische
Aufstandsbewegung bzw. die Landesdefension weit davon entfernt
war, die reichsrechtliche Anerkennung zu erhalten, die sie anstrebte.
Dies wird auch aus dem Beschluß des Reichstags gegen sie deutlich
werden, der im Anschluß zu behandeln ist.[327]

Die bayerische Landesdefension legte nach Schärding eine Besatzung von 400 Mann unter dem Kommando des ehemaligen
bayerischen Adjutanten Christian Ziegler. Die Spießler und Stang-
ler des Belagerungsheeres wurden nach Hause geschickt, die Schützen und Dragoner gingen nach Braunau und Marktl, wo man sich
zu neuen Unternehmungen rüstete.[328]

Das Heilige Römische Reich Deutscher Nation, sein Haupt, der
Kaiser, und alle seine Glieder von den Kur- und Reichsfürsten bis
hinunter zu den Reichsstädten und kleinen Herrschaften befanden
sich im Krieg mit Frankreich und dessen Verbündeten. Der Kurfürst
von Bayern war zum Reichsfeind erklärt, mit vereinten Kräften
besiegt und aus dem Reich vertrieben worden. Auf dem Reichstag
hatten die Reichsstände dem Kaiser die Verwaltung des verwaisten
Bayern übertragen und das Recht eingeräumt, die Hilfsquellen dieses Landes für die Führung des Reichskrieges auszubeuten. Die
Verhältnisse in Bayern waren nicht nur eine Angelegenheit des
Kaisers und seiner Administration, sondern sie gingen auch das
Reich an.

Aus diesem Grunde war der bayerische Volksaufstand eine Sache,
die nicht nur den Kaiser, sondern auch das Reich betraf. Es kam hinzu, daß der Prinzipalkommissär, also der Vertreter des Kaisers auf
dem Reichstag, Kardinal Johann Philipp Graf von Lamberg, als
Fürstbischof von Passau von Anfang an genaue Berichte erhalten
hatte. Als die Aufständischen Schärding eingenommen, die kaiserliche Besatzung auf Passauer Gebiet geleitet und mit den Passauer
Behörden in direkte Verbindung getreten waren, war er als Landesherr, wie wir gesehen haben, in das Aufstandsgeschehen direkt
verwickelt worden.

Der Reichstag, der in Regensburg dem Geschehen sehr nahe war, hatte aber auch ohnedies bald von den Ereignissen in Bayern Kenntnis genommen, und die Hilferufe des Administrators Löwenstein an verschiedene Reichskreise und Reichsfürsten um militärische Unterstützung gegen den Aufstand hatten diese Aufmerksamkeit noch vermehrt. Man nahm die Angelegenheit in Regensburg sehr ernst. Der Reichstag beriet über die Maßnahmen, die von Reichs wegen zu ergreifen waren, und faßte am 29. November einen Beschluß, der nicht nur die Haltung der Reichsstände gegenüber dem Volksaufstand deutlich macht, sondern auch zeigt, für wie gefährlich sie diesen für das Reich und seine Kriegsführung ansahen:

An verschiedenen Orten in Bayern hätten sich die Bauern in ziemlicher Zahl zusammengerottet, sich gegen ihre Grundherrschaft und die Beamten empört, das Land durchstreift, Schlösser geplündert, sich bewaffnet, als Kriegsheer zusammengestellt, das sich von Offizieren kommandieren läßt, rebellische Aufrufe an die Gerichte unter Androhung von Feuer und Schwert geschickt, ganze Dorfschaften mit Gewalt ausgehoben, geraubt, geplündert und gemordet. Sie hätten Bayern so sehr in Unruhe versetzt, daß viel herrenloses Zigeuner- und Gaunergesindel sowie abgedankte bayerische Soldaten zu ihnen gestoßen seien und das Aufständischenheer auf etliche tausend Mann gebracht hätten. Das rebellische Volk habe die Städte Burghausen, Braunau und Vilshofen gewaltsam genommen, dann mit einem Teil Schärding angegriffen und sei mit einem anderen auf die kaiserlichen Truppen im Land losgegangen. »All dieses wurde bei dem Reichsconvent zur Beratung vorgestellt und überlegt, was gegen diese höchst verpönte Rebellion und Landfriedensbruch zu des gemeinen Wesens Besten für Mittel zu ergreifen wären.« Man habe beschlossen, daß »diese friedbrüchige Frechheit« zu unterbinden sei, damit nicht die Kriegsführung am Oberrhein und in Italien gehemmt, ein Bündnis mit den ungarischen Rebellen gemacht und die benachbarten Fürsten und Stände überfallen und gezwungen würden, ihre Truppen vom Rhein abzurufen, und hierdurch dem französischen Feind Tür und Tor ins Innere des Reiches geöffnet würden. Da die Reichssatzungen und die Gesetze über den Landfrieden bestimmten, daß die Reichskreise einander gegen solche »rebellischen Rottierungen« zu Hilfe kommen sollten, hätten die drei Reichskollegien – also die Vertreter der Kurfürsten, der geistlichen und weltlichen Reichsfürsten und der Reichsstädte – einmütig beschlossen, der Kaiser möge die Reichskreise Österreich, Obersachsen, Franken und Schwaben – das waren außer Obersachsen die direkt an Bayern grenzenden Kreise – aufmahnen, Militär und Landausschuß auf Kosten Bayerns aufzubieten und zur Unterdrückung der Rebellion in Bayern einmarschieren zu lassen. Da größte Gefahr bestünde, habe der Reichstag von sich aus diese Kreise bereits um Hilfe ersucht. Endlich wurden noch verschiedene Einzelmaßnahmen beschlossen, z. B. die Besetzung von Regensburg mit 1000 Mann usw.[329]

Hiermit hatte der Reichstag die bayerischen Aufständischen zu Reichsfeinden erklärt und gegen sie die Reichsexekution beschlossen. Der Kaiser betrachtete die bayerischen Ereignisse nicht so aufgeregt wie der Reichstag; er machte diesem, nachdem ihm der Beschluß durch Eilboten zugegangen war, eine schöne Danksagung und vertröstete ihn mit dem Hinweis, er habe der Administration in München schon Anordnungen zur Dämpfung der Unruhen gegeben. Den Beschluß zur Reichsexekution vollzog er nicht. Die Entsendung von schwäbischen, kurpfälzischen und ansbachischen Truppen, über die oben berichtet wurde, erfolgte als Hilfeleistung an die kaiserliche Administration in Bayern und nicht als Reichsexekution.[330]

Die Nachrichten über die Ausbreitung und die Erfolge des Aufstandes, die den Reichstag weiter erreichten, veranlaßten die in Regensburg versammelten Räte und Gesandtschaften, ihren Herren am 3. Dezember nochmals die Gefährlichkeit der Bewegung vor Augen zu halten und um beschleunigte Absendung der Truppen zu bitten. »Nachdem eine so große, vermessene Widersetzung unablässig mit Verwerfung der kaiserlichen Gnade von diesen Leuten verspürt wird, so hat Kaiserliche Majestät und das Reich bei verspürender hartnäckiger Beharrung um so weniger Ursache, ihrer zu schonen, vielmehr alle Schärfe zu gebrauchen.«[331]

Inzwischen befanden sich die Truppen im Anmarsch auf Bayern. Prinzipalkommissär Kardinal Lamberg setzte sich nachdrücklich für eine enge Zusammenarbeit mit der Administration ein. Er war zutiefst davon überzeugt, daß das gegen Kaiser und Reich aufgestandene »Bauerngesindel« rasch und hart niedergeschlagen werden müßte. Er scheint die treibende Kraft gewesen zu sein, die den Reichstag zu seiner entschiedenen Stellungnahme veranlaßt hat; dabei bleibt offen, ob er aus echter Überzeugung oder aus Ehrgeiz, hier eine gewichtige Rolle zu spielen, so gehandelt hat; am Wiener Hof hatte er jedenfalls damit keine große Resonanz. Doch es war nicht nur Lamberg, der in Regensburg die Stimmung machte. Die Stadt und die Reichstags-Gesandten fühlten sich durch die Ereignisse in Bayern, besonders nach der Einnahme von Vilshofen und Schärding, ernsthaft bedroht. Einige der Gesandtschaften machten bereits Anstalten, die Stadt zu verlassen, um einer Einnahme Regensburgs, wo kaum Militär lag, durch die Aufständischen zu entgehen.[332]

Auf der anderen Seite war der Reichstag nicht blind in seiner Verurteilung des Aufstandes. Zwar standen in seinen Beschlüssen die Maßnahmen zur militärischen Unterdrückung vornean, doch sah er, daß die Volkserhebung bestimmte Ursachen hatte, und suchte nach Möglichkeiten, sie mit friedlichen Mitteln zu beenden. Am 7. Dezember beauftragte er den Prinzipalkommissär unter anderem damit, die bayerischen Landstände als Friedensvermittler einzuschalten, und bot auch sich selbst zu diesem Dienste an. Die bayerische Landschaft sollte »dem rebellischen Bauersmann ohne Zeitverlust bedeuten, sich zur Ruhe zu begeben und sein Hauswesen abzuwarten; das Reich werde sich dann beim Kaiser interponiren, daß ihnen in ihrem Begehren billigen Dingen nach väterlich geholfen und die Beschwerden nach Befinden abgetan werden«.[333]

Solche Verhandlungen durch die bayerischen Landstände hatte nun freilich die Administration schon zwei Wochen vorher eingeleitet. Sie teilte dies Kardinal Lamberg mit, worauf dieser sich befriedigt, aber doch skeptisch äußerte, daß die Bauern vielleicht nur abzulenken versuchten.[334] Als Lamberg dies am 12. Dezember schrieb, hatten die Beauftragten der bayerischen Landstände gerade lange und schwierige Verhandlungen mit den Führern der Aufständischen von Burghausen hinter sich gebracht und im Einvernehmen mit der Administration einen Waffenstillstand vereinbart. Diesen Verhandlungen müssen wir uns jetzt zuwenden.

16. KAPITEL

Die Waffenstillstandsverhandlungen
bis zum Abschluß von Anzing

Wir haben Oberst de Wendt verlassen, nachdem er vor Burghausen bei Badhöring das Lager bezogen und am 2. Dezember die Stadt zur Übergabe aufgefordert hatte. Es begannen jetzt die Verhandlungen um einen Waffenstillstand, die Freiherr von Gemmel im Auftrag der kaiserlichen Administration und der bayerischen Landschaftsverordnung führte. Am 30. November hatte Gemmel sein Patent nach Braunau geschickt; die Offiziere der Landesdefension hatten ihm mitgeteilt, daß sie dieses der gesamten Mannschaft zum Beschluß vorlegen müßten.[335]

In Wirklichkeit befand sich um diese Zeit die Landesdefension in Braunau in einem heillosen Durcheinander. Am 29. November hatten die dortigen Offiziere nach Burghausen geschrieben und gebeten, daß Kastner von Prielmayr, der Kriegskommissär der Burghauser Gemein, kommen und Ordnung schaffen sollte. Das gleiche galt für die Zivilverwaltung, weshalb die Offiziere baten, den Pflegskommissär und den Gerichtsschreiber von Braunau aus ihren Ämtern zu entfernen und dafür den Freiherrn von Taufkirchen. der ein begüterter Landsasse sei, als Pfleger und Matthias Heitzer, einen verdienten kurbayerischen Zahlamtsoffizier, als Gerichtsschreiber einzusetzen. – Die Benennung dieser Personen und ihre Begründung ist ein weiterer Beweis dafür, wie sehr die Aufständischen an den Normen und den Personen der alten Ordnung festhielten.[336]

In Burghausen hatte in der Zwischenzeit die Regierung auf die Gemein der Bürger und Bauern eingewirkt, um sie auf »mildere Gedanken« zu bringen, womit sie Erfolg hatte und sogar erreichte, daß die Gemein selbst verlangte, man solle auch die Braunauer im gleichen Sinne umstimmen und zu einer friedlichen Beilegung des Konfliktes geneigt machen. Dem kam der Hilferuf der Braunauer entgegen, so daß die Regierung im Einvernehmen mit der Gemein am 30. November Prielmayr zusammen mit Vertretern der Gemein nach Braunau schickte.[337]

Prielmayr fand dort eine unbeschreibliche Verwirrung vor. Es gebe kein Kommando und keinen Gehorsam. »Der Ruin des Vaterlandes und absonderlich der des Rentamts Burghausen steht vor Augen; der Grund liegt hauptsächlich darin, daß unter den commandirenden Offizieren kein Haupt vorhanden ist und hiezu sich kein ehrlicher Mann kann und wird brauchen lassen. Die commandirenden Offiziere suchen nichts anderes als Beute zu machen, was die Gemeinleute und die gescheiteren Bauern wohl begreifen; dies wird sie veranlassen, andere und mildere Gedanken zu schöpfen.« Am 1. Dezember fand dann die Versammlung statt, auf der das Patent des Freiherrn von Gemmel verlesen und besprochen wurde. Prielmayr hat hierbei im Sinne eines Friedensschlusses gesprochen. Die Versammlung beschloß, sie wolle die Vermittlung der bayerischen Landschaft zur friedlichen Beilegung des Konfliktes annehmen. Sie ließ dies durch Prielmayr schriftlich aufsetzen und durch den Gerichtsprokurator Andreas Diller als Brief an Gemmel ausfertigen.[338]

Als sich Gemmel am 2. Dezember ins Hauptquartier de Wendts nach Badhöring begab, erreichten ihn dort dieser Brief der Braunauer Versammlung und ein Schreiben Prielmayrs, in dem dieser die Beschwichtigungsbemühungen der Burghauser Regierung schilderte und Gemmel aufforderte, an einem neutralen Ort mit den Untertanen in Verhandlungen zu treten. Gemmel teilte dies sofort de Wendt mit und erreichte, daß dieser für die Zeit der Verhandlungen Waffenruhe gewährte. Dann lud er die Vertreter der Untertanen zu einer Unterredung für den nächsten Morgen ein und sicherte freies Geleit zu. Gleichzeitig schrieb er an die Regierung in Burghausen, sie solle die aufgestandenen Untertanen mit allem Ernst auffordern, sich alsbald zu unterwerfen, denn es seien schon Truppen aus Böhmen, Schwaben, Franken und anderen Orten im Anmarsch.[339]

Am 3. Dezember morgens traf Gemmel in einem Landhaus, das bei der Kümmerniskapelle, also auf halbem Wege zwischen Burghausen und Badhöring, vor dem Lager de Wendts lag, mit den Abgesandten der Regierung und der Gemein zusammen. Diese erklärten, sie wären bereit, sich dem Kaiser zu unterwerfen, müßten dazu aber erst das Einverständnis ihrer Genossen von Braunau und Schärding einholen. Dann wurde Gemmel gebeten, selbst nach

Burghausen zu kommen und dort weiter zu verhandeln. Nach Rücksprache mit de Wendt willigte Gemmel ein und begab sich mit seinem Sekretär Glasmann, nachdem aus der Stadt Geiseln gestellt waren, am Abend nach Burghausen. Er wurde von Prielmayr, einigen Stadträten und Bauernvertretern empfangen und unter starker Bewachung zum Verhandlungsort geleitet, wo die Aussprache gleich begann. Da die Vertreter der Gemein immer wieder auf die Braunauer und die unteren Gerichte verwiesen, wurden auf Gemmels Verlangen noch in der Nacht Eilboten nach Braunau und Schärding geschickt. Am Morgen des 4. begann die Aussprache von neuem. Gemmel redete den Vertretern der Bürger und Bauern mit allem Ernst zu, von ihrem üblen Unternehmen abzustehen; er wurde dabei von Prielmayr unterstützt und fand auch bei einem Teil Gehör, während die Mehrzahl ablehnend blieb. Endlich kamen die Eilboten aus Braunau und dem Lager vor Schärding zurück und meldeten, daß Schärding übergeben worden und jetzt dort niemand mehr zur Unterwerfung bereit sei.[340]

Zudem hatten aber schon am 3. die Bürger und Bauern in Braunau gegen die Beschickung der Verhandlungen protestiert und ihren Beschluß vom 1. umgestoßen, worauf Bürgermeister und Rat sich gezwungen sahen, keine Vertreter nach Burghausen zu schicken. Es wird bei dieser Gelegenheit gewesen sein, daß die dort stehende Landesdefension auf den Kurfürsten Max Emanuel vereidigt wurde. Es waren vor allem Plinganser und Hoffmann, die sich in Braunau gegen die Verhandlungen einsetzten, da die Aufstandsbewegung jetzt deutliche Erfolge aufweisen konnte und auch ein beachtliches Landesdefensionsheer unter Waffen hatte, das durch neue Aufgebotsbefehle weiter verstärkt werden sollte. In diesen Tagen schlug Johannes Hoffmann in Stammham am Inn, 3 km östlich von Marktl, sein Hauptquartier auf und ließ am 5. Dezember von dort seine Einberufungspatente an die Gerichte ausgehen, die die Schützen und die junge Mannschaft bei Androhung von Feuer und Schwert zu den Waffen der Landesdefension riefen. Plinganser befürchtete, daß durch die Verhandlungen und einen Waffenstillstand die Administration Zeit finden würde, noch mehr Truppen ins Land zu holen und auf der anderen Seite der Eifer des bewaffneten Landvolks erkalte. Er und Hoffmann wollten möglichst rasch ihre zahlenmäßige Übermacht ausnützen und de Wendt angreifen.

Man sprach davon, daß die Landesdefension bereits eine Stärke von 20000 Mann erreiche. Auch in der Nähe Burghausens selbst versammelte sich in diesen Tagen ein Haufen bewaffneten Landvolks, der mit den kaiserlichen Soldaten eine Schießerei hatte und für den der Kooperator von Haiming in Lahneck am 6. Dezember eine Feldmesse las.[341]

Nachdem also in Burghausen jene Nachricht von Schärding und Braunau eingetroffen war, schien sich für Gemmel alle Hoffnung auf einen Erfolg seiner Sendung, d. h. auf eine Unterwerfung der Aufständischen zu zerschlagen. Da erhielten die Dinge wieder eine unerwartete Wendung. Die Gemein von Burghausen hatte an einem der vorhergehenden Tage ein untertäniges Schreiben an den Erzbischof von Salzburg gerichtet, in dem sie um ein gutes nachbarschaftliches Verhältnis, also um Neutralität gebeten hatte. Der Burghausener Regierungsadvokat Dr. Matthias Ludwig Mayer hatte dieses Schreiben überbracht und kehrte am Abend des 4. Dezember mit einer Antwort des Erzbischofs zurück, gerade als Gemmel die Verhandlungen abbrechen wollte. Mayer eröffnete der Versammlung, »daß Ihro hochfürstliche Gnaden als ordinarius und hohe geistliche Obrigkeit ungern vernommen haben, daß ihre anvertrauten Schäfl in derlei gefährlichen Aufruhr sich eingelassen haben und daher selbige väterlich hiemit dehortiren wollen«. Der Erzbischof bot aber auch seine Vermittlung für eventuelle gerechte Beschwerden der Untertanen beim Kaiser an. Diese bestimmte, aber doch verständnisvolle Antwort des geistlichen Oberhirten, dessen Haltung sich von der verständnislos harten des Kardinals Lamberg deutlich unterschied, verfehlte ihre Wirkung auf die Vertreter der Aufständischen nicht, so daß sie noch einmal miteinander berieten. Prielmayr machte ihnen dringende Vorstellungen von den Gefahren, die heraufzögen, wenn man nicht zu einem Waffenstillstand käme; die verheerenden Eindrücke, die er von der Landesdefension in Braunau mitgebracht hatte, dürfte er in die Waagschale geworfen haben. Zudem erhielt er unerwartete Unterstützung von Johann Georg Meindl, der von den Sorgen seiner Bauern um ihre Höfe wußte. Auch hatte sich in Burghausen schon deutliche Wehrverdrossenheit unter den Landesverteidigern bemerkbar gemacht; es hatten sich Bauern vom Wachtdienst gedrückt, waren dann von Bürgern aus ihren Verstecken aufgestöbert und mit Gewalt auf ihre

Posten getrieben worden. So erklärten sich schließlich die »Principalen der Revoltanten« nach langem Ringen am späten Abend einstimmig für einen Waffenstillstand.[342]

Während dieser sich immer länger hinziehenden Verhandlungen hatte de Wendt ungeduldig auf eine Entscheidung gewartet und schließlich ultimativ den Abschluß gefordert. Am 5. Dezember kam Gemmel gegen Mittag endlich aus der Stadt. Inzwischen hatte die Administration geschrieben, daß man sich in ernsthafte Waffenstillstandsverhandlungen nur dann einlassen solle, wenn es den Aufständischen ernst damit wäre, andernfalls aber könne man die Verhandlungen hinziehen, daß sie Zeit fände, weitere Truppen ins Land zu ziehen; dabei sei darauf zu achten, daß sich der Aufstand nicht über die Grenzen des Rentamts Burghausen hinaus ausbreite. De Wendt rief nun alle Stabsoffiziere einschließlich der Hauptleute und Rittmeister zu einem Kriegsrat zusammen, an dem auch Gemmel und sein Sekretär Glasmann teilnahmen. Darin kamen die Offiziere zu dem Schluß: Nachdem Schärding übergegangen sei, die Aufständischen sich auf etwa 18–20000 Mann verstärkt hätten, sie selbst jedoch auch mit dem anrückenden osnabrückischen Bataillon nur über 2000 Mann, jedoch keine Belagerungsartillerie verfügten, während sich die Besatzung Burghausens während der Waffenruhe um etliche tausend Mann verstärkt hätte, sei es besser, den Waffenstillstand weiter zu halten und von der Administration weitere Befehle abzuwarten, als das ganze Corps aufs Spiel zu setzen. De Wendt, der eigentlich auf eine Entscheidung der Waffen drängte, hat schweren Herzens diesen Überlegungen rechtgegeben.[343]

Inzwischen erschien wieder ein Tambour mit einem Brief der »gesamten in Waffen stehenden Gemein in Burghausen« an de Wendt. In dem Brief hieß es, daß die Braunauer einige Deputierte geschickt hätten, die noch einmal wegen des Waffenstillstands verhandeln wollten. Die Gemein bat, die Waffenruhe zu verlängern und schlug vor, daß sie selbst eine Delegation nach München zu direkten Verhandlungen mit der Administration absenden wollte. De Wendt willigte ein und schickte ein Patent nach Burghausen, in dem er den Waffenstillstand garantierte, vorausgesetzt, die »aufgestandene Bauerngemein in Burghausen, Braunau und Schärding« würde ihn ebenfalls halten. Am folgenden Tag, den 6. Dezember, baten einige Abgesandte der Stadt um Zeit, »damit sie ihre Punkte, in denen sie die Gnade Ihrer Majestät begehren und sich dieser unterwerfen wollten, zu Papier bringen könnten«. De Wendt gewährte ihnen hierzu zwei Tage. Ebenfalls am 6. traf das angekündigte osnabrückische Bataillon mit zwei Mörsern und Bomben im Lager ein.³⁴⁴

In Burghausen beriet man über die Bedingungen für einen Friedensschluß. Die Braunauer Abgesandten erklärten hierzu, sie seien nur als Beobachter gekommen, bis am 7. Dezember ein Eilbote den Beschluß der Braunauer Landesdefension brachte:»Wir wollen von einem Vergleich nichts wissen; auch mit einer Abordnung an die Landschaft sind wir nicht einverstanden.« – Hierauf beschloß die Gemein von Burghausen einstimmig, ohne die Braunauer zu handeln und ihre Abordnung nach München abzuschicken. Noch am selben Tag benannten die Regierung, die Stadt und die Gemein die Vertreter für die Verhandlungen in München und stellten ihnen ein Beglaubigungsschreiben aus. Die Vertreter sollten durch Vermittlung der bayerischen Landschaft einen Waffenstillstand erwirken. Während dieses Waffenstillstandes sollten der Landschaft und dem Erzbischof von Salzburg, als der politischen Landesvertretung und dem geistlichen Oberhirten, die Beschwerden der Untertanen vorgebracht werden, damit sie sich beim Kaiser für Abhilfe einsetzten und den Untertanen zu ihren Rechten verhülfen. Als Mitglieder der Gesandtschaft waren von der Regierung benannt Kastner von Prielmayr und Stadtpfarrer Johann Karl Mayr, vom Inneren Rat der Stadt Bürgermeister Georg Mayer und Steuerschreiber Matthias Zeller, von der Bürgerschaft der Lederer Franz Nobl und der Sattler Martin Hochstetter, von der Bauernschaft Prokurator Joseph Sallinger und die Bauern Franz Naglstätter und Philipp Schwaiger, beide von Narnham. Diese Abgesandten kamen am 8. Dezember ins Lager de Wendts und reisten von dort in Begleitung des Freiherrn von Gemmel und zweier Offiziere in Richtung München ab.³⁴⁵

Die Administration hatte dem Freiherrn von Gemmel mitgeteilt, daß sie den Waffenstillstand billige. Die Verhandlungen mit den Vertretern der Aufständischen sollten die Landschaftsverordneten im Auftrag der Administration nicht in München, sondern an einem dritten Ort führen. Graf Löwenstein wollte offenbar vermeiden, daß jene Vertreter ihn selbst aufsuchten; die bayerischen Landesverteidiger waren eben kein gleichwertiger Kriegsgegner, sondern nur ein »rebellisches Bauerngesindel«, mit dem die kaiserliche Regierungsbehörde nicht verhandeln konnte, wenn sie sie nicht aufwerten wollte. Um so verbindlicher schrieb die Landschaftsverordnung, die sich sogar von sich aus bereit erklärte, diejenigen Vertreter zu schicken, zu denen die Abgesandten der Aufständischen das beste Vertrauen hätten. – Gemmel bestimmte nun das Högerschlößchen in Anzing als Verhandlungsort. Dort traf die Burghausener Abordnung am 9. Dezember ein.[346]

Am 10. erschien dort die Abordnung der Landschaft. Ihre Mitglieder waren: Hofratsvizepräsident und Landsteurer der Landschaft Georg Anton Freiherr von Hegnenberg, genannt Dux, der Landschaftskanzler Johann Rudolf Freiherr von Wämpl, der Münchner Bürgermeister Ossinger sowie der bereits anwesende Freiherr von Gemmel. Außerdem befand sich bei dieser Vertretung der Landschaftssekretär Parucker. Nach deren Ankunft begann man gleich mit den Verhandlungen.[347]

Landschaftskanzler von Wämpl eröffnete die Aussprache, indem er erklärte, die Vertreter der Landschaft wollten die Beschwerden der Bauernschaft entgegennehmen und durch Vermittlung bei der Administration Abhilfe derselben erwirken. Prokurator Sallinger beantragte als Sprecher der Burghausener Delegation einen Waffenstillstand, währenddessen die Abgeordneten die Beschwerden der Untertanen schriftlich abfassen würden; während dieses Waffenstillstandes müsse Oberst de Wendt mit seinem Korps das Rentamt Burghausen verlassen; andererseits würden auch die meisten Bauern auseinandergehen und das Korps unter dem Oberst der Landesdefension Hoffmann, das bei Marktl stehe, über den Inn zurückgehen. Wämpl entgegnete darauf, daß ein Rückzug der kaiserlichen Truppen undenkbar sei, da die Administration die errungenen Erfolge nicht preisgeben werde und auch nicht den Eindruck der Schwäche erwecken wolle; vielmehr müßten sich die Aufständischen unterwerfen, Burghausen, Braunau und Schärding räumen und könnten dann ihre Beschwerden über die Landschaft der Administration einreichen; die Landschaft würde sich für die Untertanen einsetzen, wie es bereits vorher geschehen sei; im übrigen seien viele kaiserliche und Reichsregimenter bereits an Bayerns Grenzen gerückt, um die Unruhen zu dämpfen. Wämpl hatte damit nur die

Bedingungen der Administration vorgetragen, was von der Gegenseite wohl erkannt wurde. So bestand Sallinger fest auf seinen Forderungen, auf die die Abgesandten verpflichtet worden seien; gingen sie von diesen ab, so würden sie bei der Rückkehr von ihren Leuten totgeschlagen werden, und der Aufruhr würde sich um so schneller über das ganze Land ausbreiten; so bestünden z. B. bereits Verbindungen der Aufständischen bis ins Gebirge nach Tölz. Als darauf die Vertreter der Landschaft einen Brief der Kurfürstin vorlasen, in dem diese ihren Schmerz über den Aufstand äußerte, und hinzufügten, daß die Aufständischen auch dem Kurfürsten, sollte er in einem allgemeinen Friedensschluß wieder eingesetzt werden, keinen guten Dienst erwiesen, da er sein Land dann »in einem so erbarmungswürdigen Stand haben müßte und es vielleicht lange nicht genießen könnte«, machte dies auf die Burghausener Abgesandten keinen großen Eindruck. Sie beschwerten sich vielmehr über die grausamen Exzesse der Truppen de Wendts im Lande. Hierüber begehrten nun die Vertreter der Landschaft eine schriftliche Aufstellung, die die Burghausener Abgesandten auch gleich abfaßten. Damit endeten an diesem Tag die Verhandlungen.[348]

Am folgenden Tag in der Früh reisten Bürgermeister Ossinger und Landschaftssekretär Parucker mit jener Aufstellung der Burghausener Abgesandten und versehen mit einem kurzen Protokoll über die bisherigen Verhandlungen nach München zur Administration, um deren Stellungnahme einzuholen. Sie verhandelten vier Stunden lang mit Löwenstein und rangen ihm durch inständiges Bitten die Einwilligung in einen zehntägigen Waffenstillstand ab. Löwenstein willigte sogar in einen Rückzug des Korps de Wendt, allerdings nur bis Neuötting, »wo es in guter Order und Mannszucht stehen wird«; die Ausschreitungen dieser Truppe sollten untersucht und scharf abgestraft werden. Während dieses Waffenstillstandes sollten sich die Aufständischen nicht nur aller Feindseligkeiten sondern auch der weiteren Ausbreitung der Rebellion und der Einberufung von Mannschaften enthalten. Sie sollten in dieser Zeit ihre Klageschrift abfassen und über die Landschaftsverordnung der Administration zugehen lassen. Von einer bedingungslosen Niederlegung der Waffen und der Übergabe der Festungen war keine Rede mehr; nur die Stadt Vilshofen sollte sofort geräumt werden, damit der Verkehr auf der Donau nicht gestört würde. – Mit diesen weitgehenden Zugeständnissen kehrten Ossinger und Parucker am Abend nach Anzing zurück.[349] Am 12. Dezember vormittags wurden die Verhandlungen wieder aufgenommen. Den Burghausener Abgesandten wurde die Entschließung des Administrators mitgeteilt. Auf eindringliches Zureden nahmen sie die Bedingungen an, sagten aber gleich, daß die Räumung Vilshofens nicht in ihrer Macht stünde. Die Vertreter der Landschaft beharrten hierauf auch nicht, da sie unter der Hand einen Hinweis erhalten hatten, daß man an diesem Punkt den Waffenstillstand nicht scheitern lassen sollte. Daraufhin wurde den Burghausener Abgesandten eine beglaubigte Abschrift der Entschließung des Administrators ausgehändigt. Sie bedankten sich bei den Landschafts-Vertretern für die Bemühungen und wurden dann auf Kosten der Landschaft zu einem gemeinsamen Mahl im Gasthof zur Post eingeladen. Die Vertreter der Landschaft nutzten diesen Anlaß zu nochmaligen väterlichen Vermahnungen und haben »ihnen bei dieser Gelegenheit die Gefahr ihres und des ganzen Landes bevorstehenden erbärmlichen Ruins noch mehrers imprimirt«. Insgesamt war man wohl zuversichtlich, und die Vertreter der Landschaft, die zweifellos Verständnis für die Anliegen der aufgestandenen Untertanen gezeigt hatten, forderten deren Abgesandte auf: »Sie sollen, was ihnen bisher Widriges begegnet, in Vergessenheit setzen und gedenken, daß es eine verdiente Strafe von Gott gewesen und es ihm befehlen; sie sollen in allweg vermeiden, daß sie nicht selbst die Ursache und das Instrument zu ferneren, entsetzlich schwer fallenden Geißelungen abgeben.« – Um 16 Uhr traten die Burghausener Abgesandten die Heimreise an.[350]

In Wirklichkeit war diese Zuversicht nicht berechtigt. Zwar gingen wohl die beiden Verhandlungspartner mit den besten Absichten auseinander, doch wurde der Waffenstillstand auf seiten der Aufständischen von der starken Partei der Braunauer von Anfang an als ungültig erklärt und ihm zuwider gehandelt, auf seiten der Obrigkeit von der Administration nur als Atempause vor der militärischen Entscheidung betrachtet.

Während der Vorverhandlungen Gemmels in Burghausen und Badhöring hatte Hoffmann bei Marktl eine neue Heerschar zu versammeln begonnen, die um den 8. Dezember bereits 600 Reiter und 3000 Schützen und regulierte Leute umfaßte. Seine Aufgebotsbefehle ergingen bis weit ins Rentamt Landshut, sogar in die Gerichte links der Isar. Gleichzeitig setzte Plinganser seine Arbeit als Landesdefensions-Kriegskommissär zur Ausrüstung und Verpflegung des Aufständischenheeres verstärkt fort und ließ entsprechende Befehle hinausgehen.[351]

Nach dem Abschluß von Anzing hat Plinganser nicht nur in Braunau sondern auch in Burghausen bei der Regierung gegen den Waffenstillstand protestiert und bei der Gemein agitiert. Seine Argumente waren: Die Administration suche durch die Waffenruhe nur Zeit zu gewinnen, um mehr Truppen ins Land zu führen und sie suche weiter das vereinigte Landesdefensions-Korps zu spalten, um mit der Niederschlagung der Bewegung leichtes Spiel zu haben. Da der Abschluß von Anzing aber ohne die Mitwirkung und Zustimmung der Braunauer Gemein erfolgt sei, sei er von Anfang an null und nichtig.[352]

Sowohl Plinganser als auch Hoffmann hatten spätestens, seit sie ihre hohen Ämter in der Landesdefension übernommen hatten, eine radikale Zielsetzung der Aufstandsbewegung vertreten, nämlich nicht nur die Abstellung der Bedrückung der bayerischen Bevölkerung durch die Besatzung einschließlich der Rekrutenaushebung, sondern vielmehr die Vertreibung der kaiserlichen Besatzung aus dem Land, die Wiederherstellung der bayerischen Souveränität und die Rückkehr des Kurfürsten. Die Bürger und Bauern zu Braunau waren ihnen darin gefolgt. Aber auch die Gemein zu Burghausen hatte diese Ziele verfolgt, und z. B. durch die Wiedereinführung des kurbayerischen Wappensiegels sichtbar zum Ausdruck gebracht. Sie war während der Waffenstillstandsverhandlungen mit diesen Forderungen zurückgetreten, um sie dann am 12. Dezember mit aller Radikalität wieder auf ihr Programm zu setzen.

An diesem Tag erschienen der Oberkommandierende Hoffmann, Meindl und der ehemalige kurbayerische Oberstwachtmeister Johann Jakob von Lechner in Burghausen, riefen die Gemein zusammen und machten ihr klar, ein Waffenstillstand würde der Landesdefension nur schaden, man müsse ihn brechen, de Wendt aus dem Land treiben und im ganzen Land das Rebellionsfeuer anblasen. Hoffmann setzte Lechner als Kommandanten von Burghausen ein und ließ durch ihn die Regierung und den Magistrat auffordern, einen Treueid auf den Kurfürsten und die Landesdefension zu schwören. Die Regierung, an der Spitze Viztum Johann Joseph Wiguleus Freiherr von Weichs, suchte sich dieser Aufforderung zu widersetzen, der Magistrat erklärte, erst nach der Regierung den Eid ablegen zu wollen. Darauf drangen die Bauern der Gemein bewaffnet in das Regierungsgebäude ein und zwangen der Regierung mit Androhung von Totschlagen und -schießen den Eid ab. Der Magistrat schwor am folgenden Tag. Damit war die Burghausener Gemein wieder auf den radikalen Kurs eingeschwenkt, der einen gütlichen Ausgleich mit der Administration ausschloß. – Es bezeichnet die unglückliche Situation, daß sich Lechner schon zwei Tage später, als er seine Streitschar und ihren geringen Kampfwert kennengelernt hatte, heimlich aus dem Staube machte. Er begab sich ins Lager de Wendts und berichtete diesem von den Angriffsplänen der Landesdefension.[353]

Die Radikalen, vor allem Plinganser, hatten mit ihren Argumenten von ihrem Standpunkt aus zu recht, nur verkannten sie die Ungunst ihrer militärischen Lage auf längere Sicht. Dies zeigen das Verhalten und die Korrespondenz des Administrators nach dem Anzinger Abschluß. Löwenstein hat seine Bemühungen, kaiserliche und Reichstruppen ins Land zu ziehen, keineswegs unterbrochen, sondern unvermindert fortgesetzt. Auch wurde schon am 12. Dezember in München beschlossen, die Truppen de Wendts nicht ganz nach Neuötting zurückzuziehen, sondern auch Hohenwart und den Alzübergang besetzt zu halten, was ein klarer Verstoß gegen die Abmachungen war.[354] Löwenstein glaubte ebensowenig wie die radikalen Aufständischenführer, daß eine friedliche Lösung möglich wäre; so schrieb er am 12. an die Reichskanzlei in Wien:

»Man kann aber nicht glauben, daß die Sachen durch einen gütlichen Vergleich gestillt werden können, da nur zu gut bekannt ist, was für impertinente conditiones dieses Gesindel auf die Bahn bringen wird; es folgt keiner dem andern, sondern was eines jeden Mutwille ist oder was er sich einfallen läßt, bricht los, so daß sie auch die Ihrigen selbst mit Massacriren, Brand und Spolirung bedrohen und hunderterlei Leichtfertigkeiten ausüben, wie sie sich denn nicht entblödet, zu prätendiren, daß man die kais. Truppen aus dem Rentamt Burghausen zurückziehen solle. Die Remedirung dieses Aufruhrs besteht allein darin, daß man die nötigen Truppen zusammenzieht ... Man ist versichert, daß, wenn die Rebellanten diese Verfassung sehen und einmal einen rechtschaffenen Streich bekommen würden, so würde auf einmal ein jeder zu seinem Haus laufen und die Ruhe suchen, die von ihnen occupirten Plätze aber außer den Bürgern und Inwohnern nur wenige Besatzung behalten und mithin auf einmal der Kehraus unmittelbar erfolgen.«[355]

Noch deutlicher wurde der Administrator in einem Brief an den kaiserlichen Generalleutnant Markgrafen Ludwig von Baden in Rastatt:»Da man nun ex parte militari dermalen nicht im Stand ist, mit der force die leges submissionis dem rebellischen Gesindel vorzuschreiben, so sind diese Tractate ein Mittel, Zeit zu gewinnen, um inzwischen mehr Truppen zur Hand zu bringen und demnächst mit besserem Success das aufrührerische Volk bändigen zu können.« Wenn man auch einen zehntägigen Waffenstillstand eingegangen sei, währenddessen das Bauernvolk seine vermeintlichen Beschwerden über die Landschaft einreichen solle, so sei schon jetzt vorauszusehen, daß aus diesen Traktaten nichts werde, weil sie doch nur solche Forderungen enthalten dürften, die man nicht erfüllen könne. In diesem Sinne bat Löwenstein den Markgrafen, so rasch wie möglich Truppen zu schicken.[356]

So kann man sagen, daß der Waffenstillstand von Anzing von vornherein zum Scheitern verurteilt war. Die abschließenden Parteien waren im Grunde bloße Vermittler und nicht die eigentlich Handelnden im Geschehen des Konfliktes. Die Landschaftsverordnung konnte ohnehin für die Administration weder verbindliche Abmachungen treffen, noch ihr irgendwelche Weisungen erteilen. Die Abgesandten von Burghausen aber hatten, wie die Verhältnisse in Braunau und Burghausen zeigten, über die Scharen und die Führer der Aufständischen weder eine klare Befehlsgewalt, noch besaßen sie die Macht, die politischen Ziele der Aufstandsbewegung zu bestimmen. Schließlich aber war gar kein förmlicher Waffenstillstandsvertrag geschlossen worden, da die Aufständischen als Gesetzesbrecher galten, die nicht vertragsfähig waren.

Gewisse Erfolge haben aber die ständigen Klagen der Landstände und die Waffenstillstandsverhandlungen gezeigt. Am 14. Dezember veröffentlichte die Administration eine Verpflegungsvorschrift für die im Quartier liegenden Truppen, in der genau festgelegt wurde, welche und wieviel Verpflegung die Quartierwirte zu liefern hatten: einem Mann standen demnach täglich ein Pfund Fleisch, zwei Pfund Brot und eine Maß Bier zu, an deren Stelle der Quartierwirt auch täglich drei Groschen oder monatlich drei Reichstaler zahlen konnte; einem Pferd standen täglich drei Strich Hafer und zehn Pfund Heu zu. Wichtig war, daß diese Verpflegungsleistung von der Kriegssteuer abgezogen werden konnte, also die Doppelbelastung fortfiel. Wenn Soldaten oder Offiziere mehr forderten, so sollte der Quartierwirt dies den Gerichtsbeamten, dem Kriegskommissär des Rentamts oder gleich der Administration anzeigen.[357]

Auch gegen Exzesse der Soldaten de Wendts wurde eingeschritten. Offenbar auf Befehl der Administration, die die Beschwerdeschrift der Burghausener Gesandten erhalten hatte, wurden die Soldaten, die die Kirche und den Pfarrhof von Mehring geplündert hatten – sie hatten unter anderem den Tabernakel aufgebrochen und das Ziborium entwendet –, am 17. Dezember bestraft. Einer wurde gehängt, drei mußten spießrutenlaufen, d. h. sie wurden durch eine Gasse von 600 ihrer Kameraden getrieben, die sie mit Spießruten schlugen, was der Todesstrafe wohl gleichgekommen ist. Der Pfarrer von Mehring wurde mit 200 fl. und seine Köchin mit 30 fl. entschädigt.[358]

17. KAPITEL

Der Aufstand von Kelheim.
Weitere Aufstandsbewegungen in den Rentämtern Landshut und Straubing

Wir haben gesehen, daß die Anführer der Landesdefension im Rentamt Burghausen schon während der Waffenstillstandsverhandlungen nicht gesinnt waren, klein beizugeben und den Aufstand zu beenden. Ihre militärischen Erfolge waren zu groß, als daß sie sie freiwillig wieder hätten aufgeben können, die Versprechungen der Administration zu dürftig und ihre Glaubwürdigkeit zu gering, als daß man sich den Befehlen dieser landfremden Herrschaft wieder unterworfen hätte – wurde doch verlangt, zu kapitulieren, also das ganze Aufstandswerk zu annulieren, und die Anführer zur Bestrafung auszuliefern, bevor über die Klagen des Volkes überhaupt verhandelt werden sollte.

So war es von der Sicht der Landesdefension her verständlich, daß man die Aushebungen und Rüstungen unvermindert fortsetzte und bald, noch während der Waffenstillstand von Anzing Geltung hatte, zum Angriff auf de Wendt überging. Bevor aber dieses geschah, loderten die Flammen des Aufruhrs unverhofft in den Rentämtern Straubing und Landshut von neuem auf. Am 13. Dezember glückte dem Kelheimer Metzgermeister Matthias Kraus ein Überfall auf seine Vaterstadt, der diesen Ort zu einem neuen Herd des Volksaufstandes machte.

Kraus war 1671 als Sohn des Kelheimer Gastwirts und Bürgers Philibert Kraus geboren worden, hatte das Metzgerhandwerk erlernt und 1695 das Bürgerrecht seiner Vaterstadt erhalten. Er heiratete, und seine Frau gebar ihm 1698 einen Sohn und 1701 eine Tochter.[359]

Wie wir gehört haben, hatte Kraus am 15. und 16. November ohne Erfolg versucht, in Kelheim einen Aufstand anzuzetteln, hatte sich danach versteckt und war schließlich mit zwei Gefährten, Vater und Sohn Rabel aus Schaltdorf, zu den vor Braunau liegenden Aufständischen gegangen. Er war dort am 27. November kurz vor der Kapitulation Tattenbachs eingetroffen und war am folgenden Tag mit den Landesverteidigern in die Stadt eingezogen. Er hat hierauf sogleich Verbindung zu den Führern der Landesdefension aufgenommen und angeboten, erneut einen Aufstand in Kelheim und dessen Umgebung anzufachen. Die kommandierenden Offiziere zu Braunau stellten ihm ein Patent aus, das ihn ermächtigte, im Pflegegericht Kelheim und den benachbarten Gerichtsbezirken für die Landesdefension Mannschaften auszuheben, Waffen und Munition zu beschlagnahmen, notfalls mit Anwendung von Gewalt.[360]

Mit diesem Patent machte sich Kraus wieder auf den Weg nach Kelheim und nahm etwa am 4. Dezember bei den Rabels, die ihn weiter begleitet hatten, in Schaltdorf, etwa 24 km südöstlich Kelheims, Quartier. In den Gerichten südöstlich Kelheims begann er mit seiner Aufstandswerbung. Er hatte damit wechselnden Erfolg. Im Markt Pfaffenberg z. B. weigerten sich Bürgermeister und Rat, dem Patent Folge zu leisten, doch liefen den dreien aus dem Markt und den umliegenden Dörfern einige Burschen und Männer zu, darunter ein ehemaliger bayerischer Leutnant mit seinem Sohn. Dieser Trupp zog herum, besuchte vor allem auch die Wirtshäuser. Die Leute liefen zum Teil wieder weg, darunter auch der Leutnant, dafür kamen andere hinzu und so vermehrte sich die Zahl in einigen Tagen stetig und erreichte bis zum 11. Dezember etwa 100 Mann, die vornehmlich aus Bauernburschen und abgedankten Soldaten bestanden. Die Leute brachten teils selbst Waffen mit, teils wurden solche beschlagnahmt. Etwa die Hälfte der Männer war mit Gewehren versehen.

Am 11. besetzten sie den Markt Eggmühl und forderten den Pfleger Christoph Wilhelm von Widmann auf, sofort alle Waffen, Munition, Fahnen und Trommeln des Landfahnens herauszugeben. Diese waren jedoch schon früher nach München gebracht worden, worauf Krausens Leute dem Pfleger vier Gewehre und zwei Paar Pistolen abnahmen und anschließend in Zaitzkofen dem Grafen von Königsfeld die Waffenkammer ausräumten. Bei dieser Gelegenheit zwangen sie den 15-jährigen Sohn des gräflichen Jägers, sich ihnen anzuschließen. Als sie die alten Landfahnenleute ausheben wollten, weigerte sich der Pfleger nicht nur, diese einzuberufen, sondern forderte sie zudem auf, der Aushebung nicht zu folgen. Am 12. fiel der Haufe im Markt Lanquaid ein und versorgte sich mit mehreren Gewehren. Von den 100 Mann, die Kraus in Eggmühl beisammen hatte, scheint wieder ein Teil weggelaufen zu sein, denn, als er in der Nacht vom 12. auf den 13. Kelheim besetzte, hatte er nach eigenen Angaben nur etwa 60 Mann.[361] Zwei Tage bevor dies geschah, kam aus Kelheim einer der Aufstandsgefährten vom 15. November zu ihnen, einer der beiden Brüder Pixl, deren Vater Bürger und Metzgermeister in Kelheim war. Er teilte Kraus mit, in der Stadt sei alles für den Aufstand vorbereitet, man werde keinen Widerstand finden, die Bürgerschaft werde mitmachen und die Garnison sei leicht zu entwaffnen. – In der Stadt lag nämlich seit dem 27. November eine Kompanie des Infanterieregiments Tattenbach mit 70 Mann, geführt von Hauptmann Georg Anton Freiherr von Gillani. Sie war jedoch weniger zum Schutz der Stadt, die man nicht mehr bedroht glaubte, als vielmehr zur Verpflegung der Soldaten dorthin zu den Bürgern ins Quartier gelegt worden. Der Magistrat hatte noch am 3. Dezember bei der Administration dagegen protestiert, da dem erschöpften Bürgersmann und der Stadt große Unkosten entstünden, doch die Soldaten blieben. Besondere Schutzmaßnahmen gegen einen Überfall aber wurden nicht getroffen. Offenbar nahm man Krausens Werbezug durch die benachbarten Gerichte, der etwa eine Woche gedauert hat, nicht zur Kenntnis. – Pixl kehrte danach wieder nach Kelheim zurück.[362]

Am späten Abend des 12. Dezember näherte sich nun Kraus mit seinen Mannen der Stadt Kelheim. Er fand die Donaubrücke unbewacht, überschritt sie und zog vor das Fleischtor, von dem Pixl gesagt hatte, es würde geöffnet werden. Kraus fand es aber verschlossen; er und seine Leute wurden von einem Fischer bemerkt, der sie anrief. Sie forderten ihn auf, sie einzulassen, worauf er sagte, sie sollten es bei dem nahe gelegenen Weißbierbrauhaus versuchen. Kraus, der die örtlichen Verhältnisse natürlich sehr genau kannte, führte darauf seine Schar durch den am Südrand der Stadt nur knietief fließenden Altmühlarm dorthin und durch eine Öffnung, durch die die Bierbanzen auf Kähne verladen wurden, in das Brauhaus hinein und besetzte es. Hier stieß nun auch Pixl dazu. Kraus ließ seine Leute rasten, hieß sie sich abtrocknen und durch einen Trunk Bieres stärken. Er selbst ging zunächst in sein Haus zu seiner Frau, die vor Schreck in Ohnmacht fiel, als er ihr sein Vorhaben eröffnete. Dann ließ er den Stadtkämmerer rufen, wies ihm das Patent der Landesdefension von Braunau vor und erklärte ihm, daß er, Kraus, nun Kommandant der Stadt sei.

Unterdessen, es war gegen 4 Uhr morgens, führte Pixl die Mannschaft aus dem Brauhaus in die Stadt und ließ die Leute in kleinen Gruppen in die Straßen ausschwärmen. Die schlaftrunkenen Wachen wurden ohne nennenswerte Gegenwehr überwältigt und entwaffnet. Durch Schüsse und Lärmen erwachte Hauptmann von Gillani und lief durch die Gassen, um seine Leute zur Gegenwehr zu versammeln, doch die Soldaten machten keinerlei Anstrengungen, sich den Eindringlingen zu widersetzen, sie wurden sämtlich entwaffnet. Damit war Krausens Handstreich auf Kelheim schneidig durchgeführt und glänzend gelungen. Die Landesverteidiger machten sich auch gleich ans Plündern, raubten den Hauptmann aus und stöberten das Gasthaus durch, wo dieser einquartiert war. Kraus selbst griff ein, um diese Übergriffe zu unterbinden. Inzwischen strömten Bürger und Bürgersöhne zusammen. Vor allem die letzteren sympathisierten mit den Landesverteidigern und halfen diesen, die überwältigten Soldaten in das Wirtshaus des Hauptmanns zu bringen, wo sie eingesperrt und bewacht wurden.[363]

Am folgenden Morgen versammelten sich Rat und Beamte auf dem Rathaus und ließen Kraus rufen. Er erschien, wies wieder das Patent der Landesdefension vor und forderte den Rat auf, ihm, der nun das Kommando über die Stadt führe, in allem, was die Verteidigung der Stadt und die Förderung des Aufstandes im Lande betreffe, zur Hand zu gehen. Der Rat nannte zwar das Patent einen »liederlichen Zettel« und meinte, daß die ganze Sache nur Unheil bringen würde, doch fügte er sich den Anweisungen Krausens und trug der Bürgerschaft vor, daß sie bis auf weiteres unter dem Befehl von Kraus den Wachtdienst zu versehen hätte. Schließlich wurde auch der Pfleger, Freiherr von Leoprechting, festgenommen.[364]

Dann begab sich Kraus mit Nachdruck an seine Aufgaben als Führer der Landesdefension im Gebiet von und um Kelheim. Er hat sie mit Überlegung und Energie angegriffen, und man kann sagen, daß er sich sowohl bei dem geschickt durchgeführten Überfall auf die Stadt, als auch bei dem Versuch, die Macht des Aufstandes zu festigen und auszubauen, als guter Führer erwies.[365] Aus den Gemeinden des Gerichts Kelheim zitierte er Vertreter zu sich und befahl, daß jeder Hof einen Mann zu stellen habe. An die umliegenden Gerichte bis in das Rentamt München hinein, z. B. nach Mainburg, ließ er Aufgebotsbefehle hinausgehen, in denen es hieß, daß alle wehrhaften Leute, ledige und verheiratete, zur Vermehrung der Landesdefension nach Kelheim geschickt werden sollten, wo ein Teil von ihnen ausgemustert und eingezogen würde. Die Männer sollten alle Gewehre, die sie auffinden könnten, und, wo solche nicht vorhanden, Spieße und dergleichen Waffen mitbringen. Zur Legitimation fügte er jeweils eine Abschrift seines Braunauer Patentes bei und drohte bei Nichtbefolgung des Befehls mit strengen Strafen. Kelheim wurde zum Hauptquartier der Landesdefension erklärt. Kraus unterzeichnete als Kommandant.[366]

Wie in den anderen Aufstandsgebieten bemühte man sich in Kelheim, benachbarte Reichsstände zu beruhigen und sie der friedlichen Absichten der Landesdefension zu versichern. Hier war es die Reichsstadt Regensburg, der man mitteilte, man wolle nur das Land Bayern von den unerträglichen Unterdrückungen der Besatzung befreien und seinem rechtmäßigen Landesherrn wieder zuführen. Zum Beweis dieser Absichten habe man ein Regensburger Marktschiff, das den Landesverteidigern in die Hände gefallen sei, ohne jegliche Schädigung und ohne Zoll weiterfahren lassen.[367]

Wiewohl sich die Beamten der umliegenden Gerichte weigerten, dem Aufgebotsbefehl Krausens Folge zu leisten, wie z. B. der Pfleger von Abensberg, Johann Baptist Freiherr von Beccaria, der gleich der Administration darüber Meldung erstattete, folgten viele Männer aus dem Volk dem Aufruf. Nach Krausens späterer Aussage, die insgesamt glaubwürdig zu sein scheint, kamen gegen 1500 Mann nach Kelheim. Von diesen wurden 200 ausgemustert und zur Landesdefension eingezogen, der Rest wurde wieder nach Hause geschickt. Bei diesen Leuten vom Land handelte es sich vornehmlich um junge Burschen, Knechte und Dienstleute sowie abgedankte Soldaten. Aus den südöstlich Kelheims liegenden Gebieten kam der stärkste Zustrom, das Landvolk in der Hallertau dagegen leistete keine Folge.[368]

Während, wie wir sahen, der Rat von Kelheim den Aufstand ablehnte und, sich nur dem Zwang der Umstände fügend, Kraus als Stadtkommandanten anerkannte, scheint sich von der Bevölkerung der Stadt doch ein größerer Teil beteiligt zu haben. Andernfalls hätte Kraus schon mit der Einnahme der Stadt kein so leichtes Spiel gehabt. Die, die sich dann zu den Landesverteidigern gesellten, kamen aus verschiedenen Schichten. Es waren Wirte, Handwerker, vor allem die Söhne von Bürgern, Handwerksgesellen und, nach den Angaben von Kraus selbst, vor allem die Tagwerker, die sich selbst bewaffneten. Ein großer Teil von ihnen hatte früher als Soldaten im kurfürstlichen Heere bei verschiedenen Waffengattungen Dienst getan, hatte Kriegserfahrung, und viele hatten anscheinend nach der Auflösung des Heeres noch nicht den Weg in eine bürgerliche Existenz gefunden. In diesem Sinne klagte z. B. später bei der Vernehmung der Vater der Brüder Pixl, daß er seine Söhne gut erzogen habe, aber, nachdem sie mit dem Kurfürsten in den Krieg gezogen wären, sich gegen seinen Willen in die Rebellion eingemischt hätten. Insgesamt waren es vor allem junge Leute und Männer aus den ärmeren Schichten der Stadtbevölkerung, die sich freiwillig beteiligten. Täglich aber mußten die Bürger 30 Mann zum Wachtdienst stellen, wovon auch die Ratsherren nicht ausgenommen wurden.[369]

Die Angaben über die Anzahl der Landesverteidiger, die unter Kraus in Kelheim gestanden haben, gehen auseinander. Sicher schwankte sie durch laufende Zu- und Abgänge. Die Stärke dürfte etwa bis 500 Mann betragen haben. Die Bewaffnung war – wie allgemein bei den Aufständischen – sehr unterschiedlich. Nur der kleinere Teil besaß Feuerwaffen. Der Vater Pixl z. B. berichtete, daß eine Wache, die aus einem Ratsherrn, drei Bürgern und fünf Buben bestanden habe, nur eine Vogelflinte gehabt hätte, die allzeit der, der Schildwacht stand, bekommen habe. Kraus ließ durch ausgeschickte Kommandos auf dem Land Waffen und Munition beschlagnahmen. Eines dieser Kommandos kam sogar bis nach Au, etwa 18 km nördlich von Freising und nahm von dort vier Gewehre, zwei Paar Pistolen und zwei Pfund Pulver mit. Typisch für das Vorgehen solcher Kommandos war es, daß man mit dem Einmarsch starker Landesdefensionsverbände drohte; in Au sagten die Männer, 500 Mann stünden bereits außerhalb des Marktes und demnächst würden 4000 in diese Gegend kommen.[370]

Natürlich wurde auch die Beschaffung von Geld und Verpflegung eifrig betrieben. Zunächst wurden dem fiskalischen Weißbierbrauhaus 1000 fl. abverlangt, die auch ausbezahlt wurden. Das Salzamt mußte bei 350 fl. auszahlen, mit denen Kraus seinen Leuten Sold zahlte. Jeder Mann erhielt 10 kr. als tägliche Löhnung. Pflegamt und Stadt mußten in ihre Kassen greifen, um das Aufstandsunternehmen zu unterstützen; Weltgeistlichkeit und Klöster wurden veranlagt und die Brauerzunft sollte gar 4000 fl. entrichten. Schließlich wurden die benachbarten Pflegämter aufgefordert, 16 000 Mundportionen zur Verpflegung der Landesdefensionsmannschaft zu liefern. – Da die Herrschaft Krausens und seiner Landesverteidiger in Kelheim nur kurz währte, sind diese Abgaben, wenn überhaupt, so nur zu einem ganz geringen Teil geleistet worden. Jedoch kann man Kraus nicht absprechen, daß er die wirtschaftlich-finanzielle Sicherung seines Unternehmens in einem großen Rahmen früh geplant und in Angriff genommen hat.[371]

Die Sache des Aufstands hätte nun verlangt, daß man von Kelheim aus in weitere Gerichte vorstieß und sie besetzte. Hierüber wurde auch verhandelt, doch gingen die Meinungen über das nächste Ziel auseinander, und Kraus selbst scheint noch keinen klaren Plan gehabt zu haben. Man sprach von einem Vorstoß gegen Cham und einem anschließenden Zug nach Deggendorf und Vilshofen, doch waren diese Ziele viel zu weit gesteckt und wurden von Kraus verworfen. Der sinnvollere Plan, in die im Süden und Westen benachbarten Gerichte Neustadt a. d. Donau, Abensberg und Riedenburg zu ziehen, mußte aufgegeben werden, als bekannt wurde, daß aus diesen Richtungen bereits kaiserliche Truppen gegen Kelheim rückten. Da die Truppen der Administration sehr rasch zum Schlag gegen diese Stadt ausholten, hatte der Aufstand hier nicht mehr die Zeit, größere Unternehmungen zu seiner Ausweitung in Angriff zu nehmen.[372]

Im Gegensatz zu früheren Ereignissen des Volksaufstands erfuhr die Administration in München bereits am 13. Dezember abends die Nachricht von der Überrumpelung Kelheims. Löwenstein sparte nicht mit bitteren Vorwürfen gegen Hauptmann von Gillani und seine Kompanie: »Wann die Offiziere die ihnen anvertrauten Posten auf eine so üble Art beobachten wollen, so wird endlich nach und nach alles verloren gehen.« Umgehend sandte er dem Landeskommandanten Grafen Bagni nach Ingolstadt den Befehl, ohne Zeitverlust Kelheim zurückzuerobern. Bagni schickte am 15. den Obersten J. Eitel Truchseß von Wetzhausen mit 300 Infanteristen der in Ingolstadt liegenden fränkischen Kreistruppen gegen Kelheim. Zudem wurden 50 Kavalleristen dorthin beordert. Dazu erhielt das im Bistum Eichstädt stehende ansbachische Grenadierbataillon, das als Hilfskontingent seit dem 9. Dezember in kaiserlichem Solde stand, den Befehl, nach Kelheim aufzubrechen. Die Truppen führten mehrere Geschütze mit. Schon am 16. gegen Abend trafen sie vor Kelheim ein. Die Landesverteidiger warfen, als sie die Soldaten kommen hörten, ein Joch der Donaubrücke ab; etwa 100 von ihnen verließen die Stadt und flohen. Oberst von Truchseß forderte sogleich die Stadt auf, sich zu ergeben und die Rädelsführer auszuliefern.[373]

Kraus antwortete am folgenden Tag in einer merkwürdigen Weise: Er bedankte sich zunächst für die an die Stadt ergangene Aufforderung und erklärte dann, daß man ihr nicht nachkommen könne, so gerne Bürgerschaft und Beamte dies täten, da der Kommandant es nicht zuließe und die Stadt gemäß den Anweisungen, die er von der Landesdefension bekommen habe, halten müsse. Auf die erneute Übergabeaufforderung von Truchseß schlug Kraus vor, er werde die Stadt am 20. Dezember gegen freien Abzug übergeben, die noch gefangen gehaltene kaiserliche Kompanie aber den Bürgern zur Verwahrung überstellen. Nehme der Oberst diese Bedingungen nicht an, so wolle die Besatzung den Angriff erwarten. Am 18. Dezember schickte Truchseß, der sein Quartier in dem vor der Stadt gelegenen Franziskanerkloster eingerichtet hatte, nachmittags einige Franziskaner in die Stadt, die Kraus und die Bürgerschaft noch einmal zur gütlichen Unterwerfung aufforderten. Die Bürgerschaft wollte einwilligen, aber Kraus lehnte ab. Nun stellte Truchseß die Truppe nördlich und westlich der Stadt zum Sturmangriff auf.[374]

Als die Dunkelheit hereingebrochen war, befahl der Oberst den Angriff. Die Soldaten stürmten mehrere Tore gleichzeitig, hieben sie ein und drangen in die Stadt. Ein Teil der Landesverteidiger suchte sein Heil in der Flucht und verließ die Stadt; die Leute liefen aber der Kavallerie in die Klingen und wurden zum großen Teil niedergemacht. In der Stadt selbst herrschte großes Durcheinander, so daß die Landesverteidiger keinen nennenswerten Widerstand leisteten. Die Soldaten gingen gnadenlos gegen sie vor, und es begann ein Massaker, bei dem etwa 60 Landesverteidiger getö-

Gefangennahme des Matthias Kraus

tet wurden. Ein Teil wurde aus der Stadt in die Altmühl getrieben, wo viele ertranken. Ein Rest von 31 Mann flüchtete sich in eine Kirche und wurde dort gefangen genommen. Die Soldaten begannen, obwohl ihnen dies ausdrücklich verboten worden war, in zuchtloser Weise die Stadt zu plündern, wobei der Bräumeister des Brauhauses erschossen wurde. Nach etwa einer Stunde war die Stadt fest in der Hand der kaiserlichen Truppen, von denen nur ein Soldat verwundet worden war. Vom Kommandanten Matthias Kraus aber fehlte jede Spur.[375]

Am folgenden Tag wurde Kraus von einem ansbachischen Grenadier, der ihn nicht kannte, aus einem Versteck aufgestöbert. Er gab vor, ein armer Tagwerker zu sein, worauf ihn der Soldat laufen ließ. Wenig später beobachtete ein kaiserlicher Hauptmann, wie er durch ein Fensterloch in den Keller eines Bürgerhauses kroch. Der Hauptmann suchte in dem Keller nach, fand ihn hinter einem Faß versteckt und trieb ihn mit dem blanken Degen heraus. Kraus gab wieder an, er sei nur ein armer Tagwerker, doch wurde er von einem Feldwebel erkannt und mußte sich auf die scharfe Befragung des Hauptmanns zu erkennen geben. Er wurde darauf ins Gefängnis gebracht. Am 21. Dezember wurde er vor Oberst von Truchseß und vier weiteren Offizieren verhört und antwortete bereitwillig auf die ihm gestellten Fragen. – Die Gefangennahme von Kraus wurde zu einer der bekanntesten Episoden des Aufstandes. Auf Flugblättern beschrieben und bildhaft dargestellt wurde sie im Volk verbreitet.[376]

Bereits am 20. Dezember veröffentlichte die Administration das Urteil über die Kelheimer Rebellen. Kraus sollte geviertelt, sein Haus niedergerissen und auf dem Grund ein Galgen errichtet werden. Von denen, die am Überfall auf die Stadt teilgenommen hatten, sollten je 15, von den Bürgern, die mitgemacht hatten je 10 um ihr Leben würfeln, wobei der, der die geringste Zahl warf, gehängt werden sollte. Die übrigen sollten zum Kriegsdienst eingezogen werden und, wenn sie hierzu nicht tauglich seien, Zwangsarbeit bei der Schleifung der Kelheimer Mauern leisten bzw. des Landes verwiesen werden. Desertierte kaiserliche Soldaten aber sollten durchweg gehängt werden. Noch am selben Tag entschied die Administration, daß die Vollstreckung dieses Urteils zurückzustellen sei; alle Gefangenen seien zur weiteren Untersuchung nach Ingolstadt zu bringen. Dies wurde von Oberst von Truchseß auch durchgeführt. Matthias Kraus wurde in eiserne Ketten geschmiedet, auf einen Leiterwagen geworfen, nach Ingolstadt gefahren und dort im Bürgerturm gefangengesetzt. Er schlug den Offizieren vor, man solle ihn gegen Generalwachtmeister von Tattenbach in Braunau austauschen, was jedoch zurückgewiesen wurde. Mit ihm wurden 43 Gefangene in diese Festung transportiert. Dort begann am 20. Januar 1706 das Untersuchungsverfahren mit ausgedehnten Verhören. Wir werden hierauf später im Zusammenhang mit den Verfahren gegen die anderen Führer des Aufstandes zurückkommen.[377]

Hatte der Kelheimer Aufstand somit ein rasches Ende gefunden, so war es doch im Rentamt Landshut, wo es nach den ersten Unruhen im November und den Schlägen de Wendts bei Eggenfelden und Vilsbiburg etwas ruhiger geworden war, zu neuen Bewegungen gekommen, deren Wogen bis in die Gerichte links der Isar und ins Rentamt Straubing schlugen.

Etwa zur gleichen Zeit, als Kraus seine Mannschaft sammelte, um sich Kelheims zu bemächtigen, bildete sich in der Gegend der unteren Isar und der Vils ein Heerhaufen von etwa 2300 Mann, der von dem Arzt und Landmesser Kaspar Dörfl von Vilshofen, dem Stadtschreiber von Osterhofen Karl Männinger, einem ehemaligen Landleutnant, einem desertierten kaiserlichen Soldaten und zwei Bauern angeführt wurde. Dörfl und Männinger sollten im Auftrag der Landesdefension von Braunau diese Gegend in die Gewalt des Aufstandes bringen und wiesen allerorten entsprechende Patente vor. Ihre Kommandos riefen die wehrfähigen Männer zu den Waffen, holten aus Schlössern und Pfarrhöfen Waffen und Geld und plünderten Beamte aus.

Von der Mannschaft dieses Haufens waren nur etwa 300 mit Gewehren, der Rest mit Spießen, Gabeln und Stecken ausgerüstet. Sie führten zudem vier Feldgeschütze und zwei Mörser mit. Dieser Haufen rückte am 13. oder 14. Dezember in Eichendorf an der Vils, etwa 13 km östlich von Landau an der Isar, ein. Die Kompanien des Kürassierregiments Barthels, die in dieser Gegend lagen, sahen sich gezwungen, sich nach Dingolfing zurückzuziehen. Am 15. marschierten die Landesverteidiger in Landau ein, besetzten die Stadt und nahmen von den dort liegenden Barthels-Kürassieren noch 19 Mann gefangen. Die Führer richteten dort ihren Standort ein und legten ihre Leute ins Quartier. Die Bürgerschaft, die hierdurch nicht wenig beschwert wurde, stand nicht auf der Seite der Aufständischen, fügte sich aber den Umständen. Man rüstete sich schon, Dingolfing anzugreifen, wohin Oberst Barthels noch weitere Kompanien seines Regiments verlegte, da brach am 17. plötzlich das ganze Unternehmen in sich zusammen.[378]

Nach dem Bericht eines Augenzeugen ereignete sich an diesem Tag in Landau Folgendes: Der Augenzeuge war vom Regierungskanzler von Landshut, Ferdinand Franz von Stromer, als Kundschafter nach Landau geschickt worden und war, als er am 16. mit dem dortigen Amtskämmerer Verbindung aufnahm, von den Landesverteidigern, die anscheinend die Beamten überwachten, als Spion festgenommen und ins Gefängnis gesperrt worden. Dort saß er mit den 19 Kürassieren, die sich geweigert hatten, zu den Rebellen überzugehen. Am 17. fing ein Bauer, der bei den Schützen stand, mit dem Kastner von Landau wegen einer Strafe von 6 fl., die er diesem früher einmal hatte bezahlen müssen, einen Streit an. Dieser artete so aus, daß der Bauer von den Landesdefensions-Offizieren in Arrest gesetzt wurde. Als dies unter den Mannschaften bekannt wurde, wurden Proteste laut, man besprach diesen Vorgang und kam schließlich zu der Entscheidung, daß die Männer erklärten, sie sähen wohl, daß dieser ganze Handel – gemeint war der Aufstand – übel ausgehen werde, sie wollten sich hieran nicht weiter beteiligen, sondern auseinandergehen und ein jeder nach Hause zurückkehren. Hierauf verließen sie die Stadt, zogen heim und zerstreuten sich. Allgemein ging unter ihnen die Rede, sie wären froh, auf diese Weise dieses so übel angefangenen Handels wieder ledig zu sein; sie wollten sich gewiß nicht mehr dazu hergeben, wenn man sie auch dazu nötigen sollte. Hierauf beeilten sich auch die Anführer, die Stadt zu verlassen. Zwei von ihnen, der Stadtschreiber Männinger und der Landleutnant, verspäteten sich jedoch, sie wurden von den Bürgern von ihren Pferden gerissen und gefänglich eingetan. Die einsitzenden Kürassiere und der Kundschafter wurden befreit, und die Stadt wurde von einer Abteilung des Regiments Barthels wieder besetzt. Auch Kaspar Dörfl und einige weitere leitende Männer des Unternehmens wurden bald gefangengenommen. Sie wurden nach München verfrachtet.[379]

Im Rentamt Landshut war es aber noch über die Ereignisse von

Landau hinaus allgemein wieder unruhig geworden. Dies kam vor allem von den Aufgebotsbefehlen, die aus dem Landesdefensions-Hauptquartier in Marktl von Johannes Hoffmann in dieses Gebiet gesandt wurden. Diese Patente wurden von kleinen Kommandos den Behörden überbracht. So erschien am 15. Dezember ein Kommando von drei berittenen und bewaffneten Landesverteidigern beim Pflegskommissär von Neumarkt an der Rott und übergab ihm ein Patent, in dem »mit Ernst angedeutet« wurde, daß von jedem Hof sich jeder Mann, der nur irgendwie tauglich sei, in Marktl bei Androhung der Plünderung und des Niederbrennens einfinden solle. Außerdem sollte das Gericht 6000 Kommißlaibl zu je 4 Pfund backen lassen und den ausziehenden Leuten mitgeben. Obwohl die Gerichtsbeamten den strikten Befehl hatten, solche Aufgebots-kommandos sogleich festzunehmen und einzusperren, wagte der Pflegskommissär nicht, dies zu tun, weil das Gerücht ging, es stünden unweit 500 Rebellen. Er konnte aber das Kommando damit zum Abziehen bewegen, daß er vorgab, daß in Vilsbiburg einige hundert Mann Militär lägen, die die zum Aufbruch bereite Mannschaft sogleich überfallen würden.[380]

Die Landesverteidiger, die seit dem 27. November Vilshofen besetzt hielten, machten ebenfalls ihre Requisitionszüge in die Umgebung. Auch sie brauchten neben Waffen, Munition und Verpflegung vor allem Geld. So erschien z. B. am 14. Dezember eine stärkere Abteilung von ihnen, die von einem Leutnant kommandiert wurde, in Schönberg im Bayerischen Wald beim dortigen Bräuverwaltungsamt und verlangte die Herausgabe des gesamten Kassenbestandes. Da kein Widerstand möglich war, wurden die Gelder dem Leutnant ausgehändigt.[381]

Dies sind nur wenige Beispiele von vielen solchen Ereignissen. Die Aufgebots- und Requisitionskommandos der Landesdefension durchzogen das Land und verlangten von den Beamten die sofortige Erfüllung ihrer Befehle und Forderungen. Gleichzeitig ließen Administration und Rentamtsregierungen strikte Befehle hinausgehen, solche Kommandos dingfest zu machen, doch fehlten den Beamten die nötigen Machtmittel. Sie waren in einer wenig beneidenswerten Lage: vor ihnen standen die Landesverteidiger mit gespannten Büchsen und auf ihren Schreibtischen lag die Androhung ihrer Amtsenthebung und Strafverfolgung durch die vorgesetzten

Behörden, für den Fall, daß sie die Aufständischen begünstigten. Die Bevölkerung schwankte zwischen Sympathie für die Rebellen und Angst vor deren Rache, so daß sie nicht selten Beamte und andere Personen nötigte, Waffen und Geld auszuhändigen.[382] Für die Administration, die laufend solche Nachrichten erhielt, zeigte sich, daß sich nicht nur zwischen Inn und Isar eine neue Unruhe erhoben hatte, sondern nun auch »sich das Rentamt Straubing in gleicher Weise anflammt«. Am 17. Dezember hatte zudem das Landesdefensionskorps unter Hoffmann bei Neuötting das Korps de Wendt angegriffen und begonnen, es zurückzudrängen. Die angeforderten und auch versprochenen Hilfstruppen aber ließen immer noch auf sich warten. So schrieb Löwenstein am 18. an den Prinzen Eugen: »Aus allem dem erhellt, daß das, was wir vorhergesehen haben und zu dessen Remedierung wir von Anfang an bis auf diesen Augenblick beflissen waren, eingetreten ist; wir haben niemals glauben können, daß dieser obschwebende und tobende Mutwillen der Bauern durch eine gütliche Composition zu stillen und beiseits zu legen möglich wäre.«[383]

Für die Administration stellte sich also die Lage immer gefährlicher dar. Die Aussichten, der Aufstandsbewegung in absehbarer Zeit Herr zu werden, wurden immer ungewisser. Auf der anderen Seite bedeuteten die Mißerfolge von Kelheim und Landau für die Führer der Landesdefension im Rentamt Burghausen, die rasch Nachricht hiervon erhielten, schwere Rückschläge. Vor allem die Tatsache, daß sich der zahlenmäßig starke Haufe von Landau so undiszipliniert zerstreut hatte, war ein böses Vorzeichen, das neben der Wehrverdrossenheit der Bevölkerung auch die Wirkungslosigkeit der von der Führung mit dem Anspruch, die rechtmäßige Landesobrigkeit zu vertreten, veröffentlichten Aufgebotspatente und ihrer Strafdrohungen deutlich machte.[384]

18. KAPITEL

Die Vorbereitung des Oberland-Aufstandes in München und Tölz

Der bayerische Volksaufstand hatte, wie wir gesehen haben, an verschiedenen Orten spontan und weitgehend planlos begonnen. Er war dann im Rentamt Burghausen durch energische Führer zusammengefaßt worden und hatte auf dem begrenzten Raum dieses Rentamts mit der Eroberung Burghausens und der Innfestungen beachtliche strategische Erfolge errungen. Die spontanen Aufstandsbewegungen waren durch den Obersten de Wendt bei Eggenfelden und Vilsbiburg gedämpft, und die Versuche der Landesdefension, weitere Gebiete in ihre Gewalt zu bringen, bei Wasserburg und Neuötting ebenfalls von de Wendt unterdrückt worden. Die Besetzung von Vilshofen war ein Erfolg der Braunauer Gruppe der Landesverteidiger. Die Eroberung von Kelheim, die von der Braunauer Landesdefension abgesehen vom Legitimationspatent für Kraus nicht unterstützt wurde, war allein das Werk von Kraus und seinen Gefährten. Mit der Sammlung eines Landesdefensionsheeres durch Hoffmann in Marktl bereiteten die Braunauer Führer einen größeren Schlag vor. Die Versammlung von Aufständischen an der unteren Isar und ihr Zug bis Landau geschahen auch in ihrem Auftrag.

Alle diese Unternehmungen waren jedoch nicht geeignet, einen entscheidenden Schlag gegen die Fremdherrschaft im Lande zu führen. Das war den Radikalen unter den Anführern der Bewegung, die sich das Ziel gesetzt hatten, Bayern zu befreien und den angestammten Herrscher wieder ins Land zu holen, auch wohl bewußt, und sie suchten nach einem Weg, der sie zu diesem Ziel bringen sollte. Dieser Weg konnte nach den damaligen Umständen nur über die Entfesselung des Aufstandes in weiteren Teilen Bayerns und im gemeinsamen und gleichzeitigen Angriff auf die Besatzungsmacht an verschiedenen Orten führen. Auf diese Weise war es z. B. auch den Tirolern im Jahre 1703 gelungen, das bayerisch-französische Invasionsheer zum Abzug aus dem Lande zu zwingen.

Ein solcher Operationsplan ist für den bayerischen Volksaufstand entworfen worden und man hat auch versucht, ihn durchzuführen.

Wir besitzen zwar keine Aufzeichnungen über ihn, doch hat der königlich bayerische Oberst a. D. Karl von Wallmenich im Jahre 1906 anhand der Abfolge bestimmter Ereignisse überzeugend nachweisen können, daß am Anfang des Monats Dezember 1705 im Kreis der Führer des Aufstandes ein großangelegter strategischer Plan entworfen worden sein muß, der unter anderem die Eroberung Münchens zum Ziel hatte.[385]

Eine zentrale Persönlichkeit dieses Unternehmens, die uns hier zum ersten Mal begegnet, war der ehemalige kurbayerische Kriegskommissär Matthias Ägidius Fuchs. Dieser Mann stammte wahrscheinlich aus der Oberpfalz oder aus Cham. Er war zur Zeit des Aufstandes etwa 45 Jahre alt und hatte ein bewegtes Leben beim bayerischen Heere hinter sich, das ihn in der Welt weit herumgeführt hatte. Fuchs hatte als Feldkriegskonzipist, d. h. als Angehöriger des militärischen Verwaltungs- und Versorgungsapparates, die Türkenkriege, die Feldzüge in Piemont von 1691 bis 1696 und in Süddeutschland von 1702 bis 1703 mitgemacht und wurde 1704 zum Kriegskommissär beim Oberkriegskommissariat in München ernannt. Er blieb nach der Besetzung Bayerns durch die kaiserlichen Truppen im Amt und begleitete z. B. im März 1705 ein kaiserliches Infanterieregiment auf seinem Durchmarsch nach Italien von Erding über Ebersberg, Valley und Tölz bis Mittenwald. Nach der Besetzung des Rentamts München leistete er den Treueid auf den Kaiser. Im August begleitete er Reichstruppen auf ihrem Marsch durch Bayern nach Italien. Zweifellos hatte er in militärischen Dingen eine große Erfahrung gesammelt, kannte sich im ganzen Land aus und besaß an vielen Orten vor allem unter der Beamtenschaft viele Bekannte. Im Herbst entschloß er sich, die kaiserlichen Dienste zu verlassen und sich zum Kurfürsten in die Niederlande zu begeben, wie es damals viele ehemalige bayerische Militärpersonen taten. Er machte sich im November auf den Weg, zunächst in die Schweiz.

Fuchs reiste nicht allein. Mit ihm gingen der ehemalige bayerische Hauptmann Matthias Mayer sowie ein junger Mann, dessen Vater als Leutnant beim Kurfürsten in den Niederlanden diente, und ein Wagenmeister. Mayer wird uns beim Oberlandaufstand als gezwungener Führer begegnen. Er war 1666 als Sohn eines Bauern in Zolling im Hochstift Freising geboren, hatte sich vom einfachen Soldaten zum Hauptmann im Infanterieregiment Tattenbach hochgedient und zuletzt in der Stellung eines Leutnants bei der Garde der Kurfürstin gestanden. Mit der Auflösung der Garde war er brotlos geworden. Er hatte Frau und Kinder, die er nun in München zurückließ.

Die vier Männer kamen bis Pfronten im Allgäu, das damals zum Hochstift Augsburg gehörte. Dort wurden sie, wohl weil sie keine Pässe hatten, festgenommen. In der Haft erfuhren sie von der Einnahme Burghausens durch die Aufständischen und konnten etwa um den 25. November entfliehen. Sie hatten sich offensichtlich entschlossen, am Aufstand teilzunehmen, denn sie kehrten nach Bayern zurück.

Während Mayer in den Augustinerchorherren-Stiften Rottenbuch und Polling für längere Zeit unterschlüpfte, verlieren sich die Spuren des jungen Mannes und des Wagenmeisters. Fuchs hingegen begab sich in die Oberpfalz nach Oberviechtach zu dem dortigen Pfarrer Florian Sigmund Maximilian Miller von Altammertal und Frohnhofen, mit dem er gut bekannt war. Dieser Pfarrer hat im Dezember in der Oberpfalz und im Bayerischen Wald die Führung eines Aufstandes übernommen und am 31. Dezember die Stadt Cham erobert. Fuchs traf einige Tage vor dem 4. Dezember bei ihm ein und besprach offenbar mit ihm den Plan, im bayerischen Wald und in der Oberpfalz einen Aufstand auszulösen. Am 4. reiste Pfarrer von Miller nach Vilshofen und knüpfte von hier Verbindungen nach Braunau. Dann begann er im Bayerischen Wald Leute für die Erhebung zu werben.

Fuchs ging nach Braunau, wo er etwa am 4. Dezember angekommen sein dürfte. Er traf dort mit den Führern der Landesdefension zusammen, die er wohl zum Teil schon von früher her gekannt hat, so Hauptmann Jehle und Plinganser. Um diese Zeit hatten vor und in Burghausen die Waffenstillstandsverhandlungen begonnen, die von den Braunauern, insbesondere Plinganser, abgelehnt wurden. Am 4. hatte Schärding kapituliert, und Johannes Hoffmann begann sein Landesdefensionsheer bei Marktl zu versammeln.

In Braunau wurde nun allem Anscheine nach von Fuchs und den dortigen Führern der Plan für einen koordinierten Aufstand in verschiedenen Landesteilen entworfen. Wichtigstes Ziel dieser Operationen war die Einnahme von München. Zu diesem Zwecke sollten im Rentamt München das Landgericht Tölz und die ihm benachbarten Gebiete sowie die nördlich der Hauptstadt liegenden Gerichte Landesdefensionskorps aufstellen, die München von Süden und Norden anzugreifen hatten, während das Korps Hoffmanns die kaiserlichen Truppen unter de Wendt angreifen und von Osten auf München vorstoßen sollte. Es sieht so aus, als ob die Feldzugsplaner in Braunau damit rechneten, daß ein Aufstand im Bayerischen Wald und in der Oberpfalz und möglicherweise auch der Heerhaufen an der unteren Isar bei Landau die Aufgabe übernähmen, einen Teil der kaiserlichen Truppen zu binden, und daß man von Matthias Kraus, der schon um den 1. Dezember nach Kelheim aufgebrochen war, nachträglich eine gleiche Wirkung erwartete. Daß ein solcher Plan einer sogenannten »Diversion«, d. h. einer Entsendung von Truppenkörpern, die feindliche Kräfte an sich ziehen und dadurch von der Entscheidung ablenken sollten, bestanden hat, liegt nahe, wenn man bedenkt, daß man versucht hat, jene Aufstandsbewegungen ungefähr um die gleiche Zeit auszulösen. Ob Fuchs der Vater dieses strategischen Planes war, ist ungewiß; seine vorangegangene Absprache mit Pfarrer von Miller spricht dafür; auch war er mit seiner langjährigen Kriegserfahrung ein Mann, dem man die Idee eines solchen Planes zutrauen kann.[386]

Etwa am 7. Dezember hat Fuchs Braunau wieder verlassen, um sich ins Oberland nach Tölz zu begeben. Mit dem dortigen Pflegskommissär Joseph Ferdinand Dänkel, den er als ehrgeizigen und unternehmungsfreudigen Mann wohl gekannt hat, besprach er die Möglichkeiten eines Aufstandes in diesem Gebiet. Er gewann Dänkel für den Plan und überzeugte sich davon, daß die benachbarten Beamten die Erhebung fördern würden und die Stimmung in der Bevölkerung hierfür ebenfalls günstig war. Hierüber sandte er eine Botschaft nach Braunau, die etwa am 15. dort eingetroffen sein muß.

Von diesem Plan müssen auch die Abgesandten von Burghausen auf dem Waffenstillstandskongreß in Anzing gewußt haben. In den Verhandlungen erklärte nämlich am 10. Dezember der Prokurator Sallinger, daß, wenn die Forderungen der Aufständischen durch die Administration nicht erfüllt würden, das Feuer des Aufruhrs, das schon weit und breit im Land glimme, bald in volle Flammen ausbrechen würde. Die in Waffen stehenden Aufständischen hätten von halber zu halber Stunde ihre Verbindung bis an das Gebirge nach Tölz gesichert und sie würden sich des Beistandes dieser und noch anderer Orte bedienen. Es ist möglich, daß die Braunauer ihre Ablehnung der Waffenstillstandsverhandlungen unter anderem mit einer Andeutung ihres Operationsplanes gegenüber den Burghausern begründet oder gar versucht haben, diese hierdurch überhaupt von den Verhandlungen abzuhalten.[387]

Wir wenden uns jetzt der Vorbereitung des Aufstandes in München und im Oberland zu, die von Fuchs in die Wege geleitet worden ist: Es ist zunächst anzunehmen, daß außer Fuchs noch ein zweiter Mann aus Braunau ins Rentamt München abging, der eine Erhebung in den Gerichten nördlich Münchens und in München selbst vorbereiten sollte. Dieser gewann den Postmeister Franz Kaspar Hierner von Anzing – eben den, in dessen Gasthaus der Waffenstillstandskongreß getafelt hat – als Mittelsmann, der es übernahm, die Gerichte Haag, Erding und Schwaben sowie die Bürgerschaft Münchens zum Anschluß an die Aufstandsbewegung zu veranlassen. Hierner nahm zunächst Verbindung mit jenen Gerichten auf und scheint dort Zusagen erhalten zu haben. Als die Unterländer später auf München vorrückten, wurden sie von Aufständischenhaufen aus jenen Gebieten verstärkt.

Am 15. Dezember kam Hierner mit einer Depesche an die Administration nach München und traf sich abends mit den ihm befreundeten Münchner Bürgern Johann Jäger, Weinwirt in der Löwengrube, Johann Georg Küttler, Weinwirt im Tal, und Georg Hallmayr, Bierbrauer im Tal. Er eröffnete ihnen, daß die Gerichte Haag, Erding und Schwaben aufstehen und 3–4000 Mann aufbringen wollten, in Tölz werde die Erhebung ebenfalls vorbereitet. Die Aufständischen wollten vor die Stadt ziehen, ihr das Wasser absperren und die Garnison zwingen, die Waffen niederzulegen. Doch es müßten auch die Münchner Bürger mitwirken. Jäger, Küttler und Hallmayr erklärten sich bereit, in der Stadt den Aufstand vorzubereiten, und man entwarf den Plan, daß, wenn das Landvolk vor die Stadt rücken würde, sich die Bürger beim Franziskanerkloster – am Platz des heutigen Nationaltheaters –, die Hofbedienten an der Residenz, die Studenten und Bräuknechte am Weißbierbrauhaus – am Platz des heutigen Hofbräuhauses – versammeln und dem Landvolk das Kosttor öffnen sollten. Die Bürgerschaft würde dann eine Abordnung zur Administration schicken und die Übergabe der Stadt fordern.[388]

Es kam den Plänen der Verschwörer damals zugute, daß gerade um diese Zeit in München das Gerücht aufgetaucht war, die kaiserliche Administration beabsichtige, die kurfürstlichen Prinzen, die nach wie vor in der Residenz Hof hielten und von der Bevölkerung gewissermaßen als die letzten Garanten kurbayerischer Eigenständigkeit und Freiheit angesehen wurden, aus München und Bayern zu entfernen und an einen Ort der kaiserlichen Erblande in Gewahrsam zu bringen. Wir wissen, daß dieses Gerücht keineswegs grundlos war, wie es später die Administration dargestellt hat, denn schon am 24. Mai 1705, kurz nach der Besetzung des Rentamts München, hatte Administrator Graf Löwenstein selbst dem Kaiser die Überführung der Prinzen nach Österreich für den kommenden Winter vorgeschlagen.[389] Der Winter war inzwischen gekommen, und der Volksaufstand, der unter anderem die Treue zum angestammten Herrscherhaus aufs Panier geschrieben hatte, war durchaus geeignet, die Administration in dieser Absicht von neuem zu bestärken. Es ist also keineswegs unwahrscheinlich, daß im Kreise der Administration die Wegführung der Prinzen als eine von verschiedenen Maßnahmen, die dem Aufstand den Boden entziehen sollten, um diese Zeit wieder in Erwägung gezogen worden ist. Auch Prinz Eugen schlug ganz unabhängig hiervon in einem Brief an den Kaiser vom 26. Dezember vor, man solle sich an die Prinzen halten und dadurch versuchen, den tobenden Pöbel wieder zu Ruhe und Gehorsam zu bringen.[390] Auch der Brief Kaiser Josephs I. an Graf Löwenstein vom 31. Dezember, in dem der Kaiser die Nachrichten von der Entfernung der Prinzen aus Bayern als »boshafte Lügen« bezeichnet, ist kein Gegenbeweis, da solche Erwägungen, solange sie theoretisch blieben, dem Kaiser gar nicht mitgeteilt worden sein müssen. Und schließlich hatte die Administration auch nachträglich Grund genug zu verschweigen, daß solche Pläne geschmiedet worden waren, denn man hätte ihr mit Fug vorwerfen können, daß sie dadurch Öl ins Feuer gegossen habe.[391]

Wie dem auch sei, durch irgendeine Indiskretion gelangte die Kunde in die Bevölkerung. Auf welch verschlungenem Wege dies geschehen sein kann, gab der Haushofmeister der Prinzen, der junge Graf Philipp Joseph von Törring-Seefeld, der in die Verschwörung verwickelt wurde, später in seinem Verhör zu Protokoll: Er habe von dem Gerücht erst am 14. Dezember gehört, doch sei schon vorher in der Residenz davon gesprochen worden. Ein Franziskaner hätte eines Abends während der Litanei in der Kirche den Grafen Seeau, den Kameralkommissär der Administration, beobachtet und gehört, wie er mit einem Offizier darüber sprach, daß man die Prinzen wegführen wollte. Der Franziskaner habe dies einer Kammerdienerin aus der Residenz namens Däubler erzählt, die es auf dem Heimweg wiederum dem Trabanten, der gerade vor der Residenz auf Schildwache stand, weitergesagt hätte. Der Trabant habe die Nachricht unter die übrigen Hofbedienten gebracht, von denen sie dann anscheinend unter die Bevölkerung der Stadt gelangte. – Am 14. Dezember speiste Graf Törring mittags beim Administrator, wobei über diese Sache kein Wort verlautete. Am Nachmittag suchte ein Kammerdiener aus der Residenz namens Dulac den Grafen auf und fragte ihn, ob ihm nicht bekannt sei, daß man die Prinzen wegführen wolle; man rede in der ganzen Residenz davon. Törring verneinte und sagte, er habe auch vom Administrator nicht die mindeste Andeutung davon erhalten.[392]

Wenn eine solche Absicht bei der Administration bestanden hat, so hatte der Administrator Grund genug, gegenüber Graf Törring zu schweigen. Hier war strengste Geheimhaltung unbedingt notwendig, denn es war vorauszusehen, daß die Bevölkerung in höchste Erregung geraten würde, wenn eine solche Nachricht bekannt würde. Es ist auch glaubhaft, daß die Hofbedienten die Nachricht besonders schnell und aufgeregt verbreiteten, da sie durch den Wegzug der Prinzen ihre ganze Existenz bedroht sehen mußten. Die Bürger der Residenzstadt, die, wenn jetzt auch nur noch zu einem geringen Teil, am Hofstaat verdienten, wurden durch dessen Auflösung nicht nur in ihren dynastischen Gefühlen verletzt, sondern auch um eine Einnahmequelle gebracht, und ihre Hoffnungen, daß München über kurz oder lang wieder zu einer glänzenden Residenzstadt würde, in der man gut leben konnte, mußten sich zusehends verflüchtigen. So war es nicht abwegig, anzunehmen, daß die Münchner sich notfalls bereit finden würden, die Wegführung der Prinzen zu verhindern und sich zum Aufstand zu schlagen. Dies kam, wie gesagt, den Verschwörern bei ihrem Vorhaben zu Hilfe.

Wir wollen uns nun die drei Münchner Bürger genauer ansehen, die sich auf die Aufforderung des Postmeisters Hierner von Anzing verschworen und den Oberlandaufstand an erster Stelle mitvorbereiteten: Johann Jäger war etwa im Jahre 1667 in Tölz als Sohn eines Gastgebs und Bürgermeisters geboren worden; sein Geburtshaus ist das heute noch bestehende Weinhaus Höckh. Er ging als Kellner nach München, wo er 1691 das Bürgerrecht und eine Weinwirtschaft erwarb. Er war verheiratet und hatte sechs Kinder. 1700 beantragte er die Aufnahme in den Äußeren Rat der Stadt, was vom Magistrat zunächst abgelehnt wurde. Er scheint gute Verbindungen zum Hof gehabt zu haben, denn drei Monate danach befahl der Kurfürst dem Rat die Aufnahme Jägers, die dann gleich erfolgte. Als Mitglied des Äußeren Rates wurden Jäger bald verschiedene Aufgaben, Referate und Geschäfte übertragen. Er war ein ehrgeiziger Mann und neigte etwas zur Großsprecherei; er scheint auch nicht gut gewirtschaftet zu haben, denn er hinterließ bei seinem Tode hohe Schulden.[393] Johann Georg Küttler (auch Khidler) stammte aus Thanning, östlich von Wolfratshausen. Er hatte im Jahre 1700 das Münchner Bürgerrecht erworben und eine Witwe mit sieben Kindern geheiratet, die ihm ein Weinhaus in die Ehe mitgebracht hatte. Er war ein wohlhabender und angesehener Bürger; mit Jäger war er eng befreundet.[394] Vom Bierbrauer Georg Hallmayr ist nichts Genaueres überliefert, als daß er im Tal ein Haus besessen hat.[395]

Noch am 15. Dezember abends, nachdem Hierner die drei für den Aufstand gewonnen hatte, weihte Jäger den Regierungsadjunkten Ignaz Haid in die Verschwörung ein. Am 16. nahmen die drei Wirte Verbindung nach Tölz auf. Sie ritten nach Königsdorf, das 12 km nordwestlich von Tölz liegt. Jäger bestellte seinen Bruder Franz, der in Tölz Weinwirt war, den Bierbrauer Hans Michael Schaindl und den Jäger Adam Schöttl in das Wirtshaus von Königsdorf. Diese kamen und brachten noch Anton Fichtner, den Maierbräu, mit. In der folgenden Besprechung eröffneten die Münchner den Tölzern die Botschaft von Hierner über den zu erwartenden Aufstand der nördlichen Gerichte und erklärten, daß in München Bürger und Studenten den Angreifern das Kosttor öffnen würden usw. In Tölz waren Kriegskommissär Fuchs und Pflegskommissär Dänkel bereits tätig geworden. Adam Schöttl, allgemein der Jäger-Adam genannt, war offenbar in deren Auftrag bereits in der Umgebung herumgeritten und erklärte, daß aus Valley, Benediktbeuern und Lenggries 1500 oder mehr wohlbewehrte Männer zu erwarten seien. Man schied im Einvernehmen, gemeinsam den Aufstand zu wagen. Noch in der Nacht kehrten die Tölzer und die Münchner nach Hause zurück.[396] In München redete das Volk bereits davon, daß aufständisches Landvolk die Stadt berennen wolle, als sich am Abend des 17. Dezember verschiedene Wirte beim Weinwirt Staudacher zur gegenseitigen Abrechnung trafen und auch über den Aufstand sprachen. Jäger erzählte von den Verhandlungen in Königsdorf. Er ließ den Regierungsadjunkten Ignaz Haid holen und forderte ihn auf, ein Manifest der Aufständischen an die Administration zu verfassen, in dem der Aufstand als Maßnahme zum Schutz der kurfürstlichen Prinzen, des zu Unrecht besetzten Rentamts München sowie des unrechtmäßig abtransportierten kurfürstlichen Schatzes begründet und die Bedingungen zur Übergabe der Stadt gestellt werden sollten. – Es ist bezeichnend für die Verhältnisse in München, daß gewissermaßen unter den Augen der Administration in einem Wirtshaus, wenn auch in einem geschlossenen Kreis, solche Pläne geschmiedet werden konnten. Das Netz der Überwachung war offenbar sehr weitmaschig, vor Denunzianten brauchte man offenbar keine Angst zu haben. – Haid erklärte sich sofort dazu bereit, das Manifest aufzusetzen und machte sich am folgenden Morgen an die Arbeit, wozu er den Geheimen Kanzleisekretär Urban Heckenstaller, wie er selbst Regierungsbeamter, um Unterstützung bat. Seine jüngeren Brüder, Johann Ulrich und Anton Kajetan Haid, die auch Regierungsbeamte waren, schrieben den Text noch einmal ab, dann holte Jäger die Reinschrift ab und ließ sie nach Tölz bringen.[397]

Das umfangreiche Manifest, dessen Inhalt von Jäger in groben Zügen Haid vorgegeben worden war und das von Jäger und den Anführern des Aufstandes in Tölz gebilligt und übernommen wurde, kennzeichnet die Motive und Ziele des Oberlandaufstands. Sein Inhalt soll deshalb kurz dargestellt werden.[398]

Die »kurbayerische Landesdefension Oberlands« wendet sich darin an die kaiserliche Administration und versucht zunächst die Rechtmäßigkeit des Aufstandes nachzuweisen: Das Rentamt München sei militärisch überfallen worden und werde von der kaiserlichen Regierung »im unbefugten Besitz« gehalten, der Treueid sei den Ständen, Städten und Märkten gewaltsam abgezwungen worden und deshalb ungültig. Die Administration habe sich im Lande

»als öffentlicher Feind aufgeführt«; dies zeige sich vor allem darin, daß man die Kurfürstin widerrechtlich und gegen die Zusagen des Kaisers von ihren Kindern fernhalte, den kurfürstlichen Schatz ausgeraubt habe und nun, wie verdächtige Vorbereitungen wahrscheinlich machten, einige Prinzen heimlich wegführen wolle. Was die Klagen der Untertanen angeht, so beruft sich das Manifest auf das Beschwerdeschreiben der Landschaftsverordnung des Oberlandes an die Administration vom 12. November, in dem die Ausbeutung der Bevölkerung durch Quartiernahmen, Truppendurchmärsche, Ausschreitungen des Militärs, überhöhte Steuern und Zwangsrekrutierung dargestellt, ihre Minderung bzw. Abstellung gefordert und auf die Gefahr einer »Universalrevolte« hingewiesen worden waren.[399] Die Administration, so fährt das Manifest fort, habe hierauf nichts unternommen. Aber auch die Landschaftsverordnung habe sich nur in scheinheiliger Weise für die Sache des »rechtmäßig angebornen Landesfürsten« und die Wohlfahrt der Untertanen und des Vaterlandes eingesetzt, in Wirklichkeit aber nichts getan. Deshalb vertraue man ihr nicht mehr und werde auf eine Vermittlung von ihrer Seite nicht mehr eingehen. Nun erwiesen die Erfolge der verbündeten Unterländer, daß Gott »sonder Zweifel aus Vorbitte der jungfräulichen Himmelskönigin und von Alters her erwählten Landesschutzfrau« die Aufstandsbewegung fördere. Deshalb schöpften die Oberländer ihre Zuversicht, er werde auch sie »bis zur Wiederherstellung unserer Freiheit und eines beständigen Friedens« mit seinem Segen begünstigen. Die Landesdefension des Oberlandes erklärte weiter, daß sich ihr Angriff nicht gegen die geheiligte Person des Kaisers und das Heilige Römische Reich richte, auch wolle sie sich nicht in den Streit mischen, der zwischen dem Kurhaus Bayern und dem Erzhaus Österreich »privatim obschwebt«; sie verpflichtete sich vielmehr, sich streng an die Grenzen der »Notwehr« zu halten. Das Ziel dieser Notwehr sei aber, »daß diese unrechtmäßiger Dinge eingedrungenen fremden Regierungsgäste ... wieder dahin, woher sie gekommen sind, zurückgewiesen, im Fall eines unverhofften Widerstandes mit Gewalt abgetrieben und zur Wiedererstattung der ... weggeführten Sachen sowie der causierten Schäden und Excesse wirklich angehalten werden«. Das Manifest schließt mit den Forderungen an die Administration: Übergabe der Stadt und des Rentamts München an die Landesverteidiger, die

Garnison erhalte freien Abzug nach Augsburg, jedoch ohne Obergewehr, auch müsse sie alles, was sie sich widerrechtlich angeeignet habe, zurücklassen und Offiziere und Gemeine hätten sich zu verpflichten, in diesem Krieg nie mehr gegen Bayern zu kämpfen. Die Festung Ingolstadt wird nicht erwähnt. Hofkammerdirektor von Neusönner und Hofkammerrat Lier, die nach der Besetzung des Rentamts verhaftet und außer Landes gebracht worden waren, seien auf freien Fuß zu setzen. Bis alle diese Forderungen erfüllt seien, müßten die Mitglieder der Administration und die Generalität als Geiseln in München verbleiben.

Selbstverständlich waren die Einschätzung der eigenen Macht und die Forderungen der Landesverteidiger überzogen. Doch muß man andererseits auch fragen: Wenn man schon den Zug vor München wagte, um sich der Stadt zu bemächtigen, war es dann sinnvoll, weniger zu verlangen? Sicher nicht, vor allem dann nicht, wenn man wußte, welche Kapitulationsbedingungen von den kaiserlichen Besatzungen von Burghausen, Braunau und Schärding erfüllt worden waren. Den Abzug der Garnison von München mußte man verlangen, und die übrigen Forderungen waren bewußt hoch geschraubt, um in den Verhandlungen Zugeständnisse machen zu können.[400]

Aus dem Manifest geht aber noch mehr hervor: Der Hinweis auf die »mitconföderierten Unterländer« zeigt erneut die Absicht einer gemeinsamen Kriegführung. Die Ziele und Forderungen, die hier dargelegt werden, weisen die Führer des Oberländeraufstandes als Vertreter des radikalen Flügels der Bewegung aus, d. h. sie strebten nicht nur die Verbesserung der Lage des Volkes, sondern vielmehr die Befreiung des Landes an und machten sich zum Anwalt der Rechte ihres angestammten Herrscherhauses. Wie sich im Unterland Hoffmann und Plinganser die Wiederherstellung der »alt Curbaierischen Libertät« zum Ziele setzten, so die Führer der Oberländer »die Wiederherstellung unserer Freiheit«, was im gleichen Sinne zu deuten ist.[401] Wie die Aufständischen des Unterlandes so betonten auch die Führer der Oberländer, daß sie auf dem Boden der gültigen allgemeinen Rechtsordnung, insbesondere des Reichsrechts stünden; die Erhebung sei ein Akt der Notwehr gegen den fortwährenden Rechtsbruch durch die kaiserliche Administration. So beriefen sie sich auf die Abmachungen des Ilbesheimer Vertrages, und so erklärten sie, nicht gegen Kaiser und Reich kämpfen zu wollen.

Neu und eigentlich revolutionär ist an diesem Manifest, in dem die Landesverteidiger von »uns unschuldige(n) Untertanen« sprechen, die scharfe Kritik dieser Untertanen an der Ständevertretung, der Landschaftsverordnung. Diese wird offen der Scheinheiligkeit und der Kollaboration mit der Besatzungsmacht geziehen; ihr wird das Vertrauen der Untertanen entzogen und damit der Gehorsam aufgesagt. Hiermit traten die Untertanen ausdrücklich als politisch Handelnde auf, sprachen den Landständen das Recht ab, ihre Interessen zu vertreten und verlangten, indem sie sie als obrigkeitliche Zwischeninstanz beiseiteschoben, daß ein direktes politisches Verhältnis zwischen ihnen und dem Landesherrn hergestellt würde. Da die Verfasser und die Führer in Tölz Regierungsbeamte waren, mußte ihnen diese Konsequenz bewußt sein. Andererseits wäre es übertrieben, darin auch ein Aufbegehren gegen die adelige und geistliche Grundherrschaft zu sehen, auf der die politische Führungsrolle der Stände beruhte. Insgesamt drückt sich in dieser Absage die Enttäuschung darüber aus, daß die Ständevertretung von Anfang an den Aufstand abgelehnt und sich in ihren Aufrufen an die Bevölkerung gewissermaßen zum Sachwalter der Administration gemacht hatte.

Inzwischen erweiterte sich der Kreis der Personen, die in München in die Verschwörung eingeweiht wurden. Am 18. Dezember in der Früh ging Georg Hallmayr zum Grafen Joseph Philipp von Törring-Seefeld, um ihn vom Aufstandsplan zu unterrichten. Der Graf, er war damals 25 Jahre alt, war noch vom Kurfürsten und der Kurfürstin zum Haushofmeister der Prinzen ernannt worden. Sein Vater war kurfürstlicher Oberstkämmerer gewesen; sein Bruder Max Kajetan befand sich als Obersthofmarschall beim Kurfürsten in den Niederlanden. Ignaz Haid kannte den Grafen persönlich sehr gut, denn er hatte früher in den Diensten der Familie gestanden; er führte noch jetzt öfters mit ihm Gespräche über die politische Lage und hatte während der Verhandlungen in Anzing für ihn an den Kastner von Prielmayr geschrieben und ihn aufgefordert, die Interessen der Kurfürstin zu vertreten. So erschien der junge Graf den Verschwörern als die geeignete Persönlichkeit aus dem Adel und dem Kreis, der der kurfürstlichen Familie nahestand, die man einweihen konnte. Noch am gleichen Tage gegen Mittag kam auch Haid zu ihm und zeigte ihm das Manifest. Am frühen Nachmittag erschien er noch einmal, diesmal in Begleitung von Johann Jäger, der dem Grafen den ganzen Aufstandsplan auseinandersetzte. Graf Törring wandte zwar ein, daß es besser sei, die Angelegenheit der Prinzen vor den Reichstag in Regensburg zu bringen, doch hat er sich nicht grundsätzlich gegen den Aufstand ausgesprochen, so daß Jäger und Haid sich bestärkt fühlten. Erst am folgenden Tag scheinen ihm Bedenken gekommen zu sein, denn er ließ Ignaz Haid ausrichten, der Kurfürst billige den Aufstand nicht und er, Haid, solle nicht mehr zu ihm kommen. Diese Nachricht scheint Haid für sich behalten zu haben.[402]

Inzwischen versuchte Jäger den Aufstand der Münchner Bürger durch weitere Kontaktpersonen vorzubereiten. Der kurfürstliche Mundpastetenkoch Kaspar Eckart, ein Freund Jägers, wurde beauftragt, die Hofbedienten zu gewinnen und in ihre Aufgaben beim bevorstehenden Sturm einzuweisen; Eckart erklärte sich hierzu bereit. Als weiterer Verbindungsmann bot sich der Eisenhändler Sebastian Senser an. Er war wie Jäger Mitglied des Äußeren Rates und bekleidete bei der Bürgerwehr den Rang eines Fähnrichs. Er lieferte Jäger je einen Zentner Pulver und Blei, die dieser nach Tölz verfrachten ließ. Er schickte ihm noch einen ehemaligen Leutnant, da man aus Tölz auch Offiziere angefordert hatte, doch dieser lehnte es ab, sich an dem Unternehmen zu beteiligen. Weiter erklärte sich Senser dazu bereit, die Münchner Studenten – d. h. die Schüler des Jesuitengymnasiums, die Universität befand sich in Ingolstadt – aufzubieten, wobei ihm ein Student, der bei ihm wohnte, als Verbindungsmann dienen sollte. Schließlich besaß Senser Schlüssel zu Einlässen der Stadtbefestigung, die er dem anrückenden Landvolk aushändigen wollte.[403]

Weder Eckart noch Senser scheinen großen Erfolg mit ihrer Werbung gehabt zu haben. Der einzige Hofbediente, der sich zunächst für die Sache einsetzte, war der Kavalierskoch Sebastian Engelhart, der sich bei Senser eine Flinte und ein Paar Pistolen lieh, aber die Stadt verlassen und sich zum Landvolk schlagen wollte. Senser gab ihm deshalb noch einen Schanzenschlüssel mit. Von den Schülern erfolgte offenbar auch keine Reaktion, und von einem größeren Bürgeraufgebot, das sich im Geheimen gebildet hätte, erfahren wir ebenfalls nichts. Bei Jäger befand sich lediglich noch Anton Passauer, ein junger Mann, der in Ingolstadt Rechte studierte oder studiert hatte, der Sohn des jüngst verstorbenen Gerichtsschreibers von Rauhenlechsberg; er wohnte damals gerade mit seinem Schwager, der sich in München um eine Beamtenstelle bewarb, in Jägers Gasthaus. Er wird als ein langer, schwarzhaariger, hübscher und etwas großsprecherischer Mensch geschildert. Jäger hatte ihn für den Aufstand gewonnen, nicht dagegen den Schwager. Passauer hatte sich in eine der Töchter Jägers verliebt.[404]

Auf der Suche nach Unterstützung durch Leute in und vor der Stadt ging Jäger am 21. Dezember mit Engelhart und Passauer zum Aumeister Franz Daiser in den Lehel. Dieser hatte eine Anzahl seiner Jäger und Jägerjungen bei sich. Es scheint Johann Jäger gelungen zu sein, ihn und seine Leute für die Sache zu begeistern; Daiser selbst und einige seiner Leute fielen vor dem Isartor. Daisers Sohn Max versprach, die Wasserzufuhr zur Stadt, zu der er offenbar leichten Zugang hatte, an verschiedenen Stellen zu unterbrechen, wenn das Landvolk vor die Stadt käme; das hat er auch getan. Danach traf sich Jäger noch einmal mit Senser und Küttler, um mit ihnen noch einmal alles durchzusprechen, und beauftragte Senser, sich Raketen zu besorgen, mit denen er den Bauern vor der Stadt das Zeichen zum Angriff geben sollte. Am frühen Nachmittag ritt er zusammen mit Engelhart und Passauer aus München fort nach Tölz, um mit den Oberländern eine feste Absprache über deren Angriff zu treffen. Als Grund seiner Reise gab er an, er habe Wein bestellt, der über Tölz käme und den er dort in Empfang nehmen müsse.[405]

Betrachten wir die Ergebnisse der Aufstandsverschwörung Johann Jägers und seiner Genossen und der Agitation dieses Kreises in den verschiedenen Gruppen der Münchner Bevölkerung, so kann man diese nur als kläglich und das ganze Unternehmen, soweit es die Stadt betraf, als um diese Zeit bereits gescheitert bezeichnen. Der Kreis der Parteigänger des Aufstandes war über ein Dutzend nicht weit hinausgekommen. Die Stadt aber zählte zu dieser Zeit über 30000 Einwohner, ihre Bürgerwehr hatte zwei Jahre vorher eine Stärke von 1510 Mann gehabt. Es waren zur Zeit der Verschwörung auch noch viele Waffen vorhanden, teils in Privatbesitz und vor allem im kurfürstlichen und im bürgerlichen Zeughaus, deren sich die Bürger hätten bemächtigen können, wenn sie zum Aufstand entschlossen gewesen wären.

Dies aber waren sie allem Anschein nach nicht. Hierfür lassen sich verschiedene Gründe anführen: Zunächst hatte gerade die Bevölkerung Münchens unter der Besatzung wesentlich weniger zu leiden als die Menschen im übrigen Bayern und besonders das Landvolk. Dann lag auch nach dem Abzug verschiedener Truppenteile eine Besatzung von immerhin noch 2000 Mann in der Stadt, und zwar in der Mehrzahl geschlossene Einheiten – ein Bataillon des osnabrückischen Regiments mit 400, ein Bataillon des fränkischen Regiments Dalberg mit 500, ein halbes Bataillon des fränkischen Regiments Janus von Eberstädt mit 200 Mann, 600 Rekruten des Regiments Herberstein, Werbekommandos mit zusammen 100 Mann und 200 berittene und unberittene Kürassiere und Dragoner. Dann haben die Verschwörer offenbar auch in höchst unzulänglicher Weise für den Aufstand geworben, rechneten von vornherein mit der spontanen Beteiligung größerer Bevölkerungsgruppen, z. B. der Studenten, zu denen sie keine rechte Verbindung besaßen, und schätzten insgesamt, geblendet von den eigenen Gefühlen und vom eigenen Wunschdenken, die Stimmung in der Bevölkerung falsch ein.[406]

Ganz anders sahen die Verhältnisse auf dem Land aus. Wir wenden uns jetzt den Vorbereitungen des Aufstandes zu, die vom Markt Tölz aus betrieben wurden: Wir haben bereits gehört, daß Kriegskommissär Fuchs aus Braunau kommend, das er am 7. Dezember verlassen hatte, in Tölz Pflegskommissär Dänkel für den Aufstand gewonnen hatte. Joseph Ferdinand Dänkel hatte Jura studiert, war Lizentiat der Rechte und hatte 1703 anscheinend in relativ jungem Alter wohl durch die Gunst des Kurfürsten sein Amt in Tölz erhalten. Er war dem Kurfürsten treu ergeben und ehrgeizig. Fuchs hatte einen scharfen Aufruf der Führer der Braunauer Landesdefension mitgebracht, dessen Text uns nicht überliefert ist. Weiter kündigte er ein Mandat des Kurfürsten Max Emanuel an, das die Bevölkerung Bayerns zum Aufstand gegen die kaiserliche Besatzung aufrief und die baldige Rückkehr des Landesherrn mit starker Heeresmacht in Aussicht stellte. Dieses Mandat war gefälscht. Es stammte aus der Feder des Geheimen Kanzleisekretärs Urban Heckenstaller, der Ignaz Haid auch bei der Abfassung des Manifestes der Landesdefension des Oberlandes geholfen hatte. Er hat das Mandat wohl im Auftrag der Planer des Oberlandaufstandes verfaßt. Obwohl man bei der Vorbereitung dieses Aufstandes stets auf dieses Mandat Bezug nahm, wurde es nie vorgelegt, vielmehr erklärt, es befände sich in München in den Händen eines Kavaliers und werde nach der Einnahme der Stadt veröffentlicht werden. Vielleicht hat es München nie verlassen.[407]

Zur Durchführung des in Braunau entworfenen Planes zur Eroberung Münchens begann man gleich mit den Vorbereitungen. Fuchs bestellte hierzu aus München die ehemaligen bayerischen Leutnante Johann Georg Aberle und Johann Houis nach Tölz. Aberle war ein gebürtiger Reichsstädter aus Eßlingen, Houis stammte aus Koblenz im Erzstift und Kurfürstentum Trier. Beide hatten viele Jahre im bayerischen Heer gedient und zuletzt Unteroffizierschargen in der Leibgarde der Kurfürstin bekleidet. Wie Hauptmann Matthias Mayer hatten sie ihre Stellungen mit der Auflösung der Leibgarde verloren. Aberle war verheiratet und hatte zwei Kinder. Zu diesem engen Kreis gehörte noch Adam Schöttl; er war 1658 als Sohn des Jägerbauern von Fall geboren worden und stand zur Zeit des Aufstandes als Jäger der Hofmark Iffeldorf, südlich des Würmsees, im Dienst des Klosters Wessobrunn.[408]

Diese Männer fingen nun an, die Bevölkerung im Pflegegericht Tölz und den benachbarten Gerichtsbezirken zum Aufstand aufzurufen und mit den Beamten über die Organisierung der Landesdefension zu verhandeln. Dänkel ritt mit den beiden Offizieren in seinem Gerichtsbezirk umher und rief das Landvolk auf, Schöttl tat dies hier und in den benachbarten Bezirken. Dänkel nahm zu den Beamten der benachbarten Bezirke Verbindung auf. Auch die Bürgerschaft von Tölz wurde in die Vorbereitungen mit einbezogen, wie die Beratung von Königsdorf gezeigt hat. Man traf sich zu Besprechungen im Franziskanerkloster von Tölz. Dorthin kamen u. a. der Klosterrichter von Dietramszell, der Pfleger der gräflich Tattenbachschen Grafschaft Valley bei Holzkirchen, Maximilian Alram, und der Richter der gräflich Preysingschen Hofmark Reichersbeuern bei Tölz, Eder. Fuchs hielt sich in der Öffentlichkeit zurück und wirkte mehr im Verborgenen.[409]

Einer besonderen Aufwiegelungspropaganda bedurfte es beim

Landvolk allem Anschein nach jedoch nicht mehr. In der Bevölkerung gärte es schon länger, was sich in der Zusammenrottung bei Lenggries im Oktober gezeigt hatte. Die Nachrichten vom Unterlandaufstand verbreiteten sich rasch in der Bevölkerung und erregten die Gemüter noch mehr, die durch überhöhte Abgaben, Rekrutenaushebung usw. in Rebellionsstimmung gebracht worden waren. So berichtet z. B. aus dem Klostergericht Benediktbeuern Pater Karl Meichelbeck in seinen Tagebüchern, daß es dort im November in verschiedenen Ortschaften zu Aufsässigkeiten der Untertanen kam. Diese beschwerten sich beim Abt, ihnen würden alle Lebensgrundlagen entzogen. Bei einer Zusammenrottung ohrfeigte ein Schmied den Oberschreiber, der Richter Wendenschlegel wurde beschimpft. Diese Unruhen hielten mehrere Tage an. Es kam das Gerücht auf, die Tiroler würden wieder einfallen, worauf sich am 9. und 10. Dezember etwa 400 Untertanen zusammentaten und – wie in den Jahren 1703 und 1704 – begannen, die Grenzen zu befestigen und mit Bewaffneten zu besetzen.[410]

In der Nacht vom 13. zum 14. verschworen sich die Bauern des Klostergebietes zu einem Bund zur Abwehr der Tiroler. Sie drangen in zwei Haufen ins Kloster ein und forderten vom Abt Waffen. Sie holten auch den Klosterrichter ab und nahmen ihn mit zum Stallauer Weiher, wo an der Grenze des Klostergebietes und des Landgerichts Tölz eine Besprechung zwischen den Benediktbeurern und den Isarwinklern stattfand. Der Klosterrichter, der bekanntlich auch Landesdefensionskommandant war, mußte am folgenden Tag die Verhaue inspizieren, die die Bauern im Walchenseegebiet angelegt hatten. Am 16. erschien Dänkel mit einem Offizier beim Abt, berichtete ihm von Erfolgen der Aufstandsbewegung, von der bevorstehenden Prinzenentführung durch die Administration und weihte ihn dann wohl in den Plan der Erhebung des Oberlandes ein. Gleichzeitig hatten die Bauern versucht, auch die Bevölkerung der benachbarten Gerichtsbezirke Weilheim und Wolfratshausen aufzuwiegeln, was ihnen jedoch anscheinend nicht gelang. Inzwischen kam auch die Kunde, daß die Tiroler keinen Überfall im Schilde führten.[411]

Im Oberland war also die Bevölkerung in Aufruhrstimmung. Sie wurde von ihrer Obrigkeit darin bestärkt, wie in Tölz, oder jedenfalls nicht nachdrücklich beschwichtigt und gehindert, wie in Benediktbeuern. In der Hofmark Valley erhoben sich die Untertanen ebenfalls spontan. Sie erschienen in diesen Tagen plötzlich zu über 200 Mann auf dem Schloß und verlangten die kurz vorher erhobene Steuer zurück mit den Worten: »Wir erkhennen den Keyser vor unnseren Herrn nit und werden deme auch nichts mehr geben und wollen die jungst aufgelegte Steuer heunt noch und zwar ohnne Verzug wider zeruckh haben!« Pfleger Alram sah sich gezwungen, sie ihnen auch gleich auszubezahlen.[412]

Etwa am 18. Dezember fand in Tölz eine größere Versammlung statt, auf der in offizieller Weise der Zug gegen München beschlossen wurde. Wir besitzen hierüber einen Bericht des Pflegers Alram, der um die Wende des Jahres 1707 auf 1708 niedergeschrieben sein dürfte. Alram hat selbst an der Versammlung teilgenommen. Er berichtet, daß er in diesen Tagen zu einer wichtigen Konferenz in Angelegenheiten des Landes nach Tölz zitiert wurde. Er begab sich umgehend dorthin und nahm einige seiner Untertanen mit, wohl Obleute bzw. Dorfhauptleute, wozu er anscheinend auch aufgefordert worden war. Auf der Konferenz traf er eine Reihe von Beamten dieser Gegend, einige Offiziere, den Kriegskommissär Fuchs und eine größere Menge Bauern. Der Versammlung wurde – wohl von Dänkel und Fuchs – mitgeteilt, daß die Administration beabsichtige, die kurfürstlichen Prinzen zu entführen. Dies aber wollten einige Herren vom Adel, besonders der Obersthofmeister Graf Preysing und der Haushofmeister der Prinzen, Graf Törring-Seefeld, sowie die Münchner Bürgerschaft verhindern. Man beabsichtige deshalb, die kaiserliche Besatzung aus München und dem ganzen Land zu vertreiben. Hierzu stehe die Münchner Bürgerschaft schon bereit, sie werde sich der Waffen der Zeughäuser bemächtigen und die Garnison überrumpeln. Da die Garnison zum größten Teil aus gepreßten Leuten bestünde, würde dies wohl ohne Verluste und ohne einen Schuß möglich sein, wenn das Landvolk aus dem Rentamt München die Stadt von außen angreifen würde. Aus dem Rentamt seien etwa 20000 Mann zu erwarten, die sich vor München mit einem Korps der Unterländer von etwa 8000 Mann vereinigen sollten. Die Scharen des Oberlandes sollten aus dem Schloß Hohenburg 8000 Flinten und Musketen erhalten. Dieser Aufstand geschehe auch auf Wunsch des Kurfürsten; dies bewiesen seine Dekrete, die er eigenhändig unterschrieben habe, die man aber hier noch nicht vorzeigen könne, da man noch nicht wisse, wem man vertrauen dürfe. Der Administrator Graf Löwenstein habe Befehle erhalten, deren Durchführung den Totalruin des Landes zur Folge haben würde, und die er selbst, wie er dem Grafen Preysing gegenüber geäußert habe, mißbillige und deretwegen er sich von seinem Amt entbinden lassen wolle. Im übrigen sei es die Pflicht und Schuldigkeit eines jeden Untertanen gegenüber dem Kurfürsten als dem rechtmäßigen Landesherrn, zu verhindern, daß die Prinzen entführt würden, und sich, sobald die Aufgebotspatente ergehen würden, auf den dort angegebenen Sammel- und Musterungsplätzen einzufinden. Beamte und Offiziere, die sich an diesem Unternehmen beteiligten, dürften mit Gnadenerweisen und Beförderungen durch den Kurfürsten rechnen; die Mannschaften bekämen nach der Einnahme Münchens eine neue Montur und dürften dann nach Hause zurückkehren, da man dann genug Geld und regulierte Miliz besäße. Gegen Treulose aber würde man mit Feuer und Schwert vorgehen. Hierauf erklärte Alram, »wann es umb nichts anders, als die junge gnedigiste Herrschaft zethuen seye und die entfierung deren zu besorgen were, so ists unnser höchste schuldigkheit, nach all unnsern Cräfften daran zesein, damit dise alles ybl nach sich ziechente Beraubung verhindert werde.« Nun erklärten sich alle anwesenden Beamten bereit, nach Kräften zu dem Werk beizutragen, sobald man die angekündigten Aufgebotspatente erhalten habe. Damit endete die Versammlung, und die Beamten begaben sich nach Hause, um ihren Untertanen diesen Beschluß mitzuteilen und sie zur Landesdefension aufzubieten.[413]

Nach dem, was wir über die Vorbereitung des Aufstandes in München wissen, wird klar, daß die Angaben, die Dänkel und Fuchs hierüber machten, nicht den Tatsachen entsprachen. Wir müssen den beiden jedoch zugute halten, daß sie nach den Versprechungen, die Jäger, Küttler und Hallmayr den Tölzern am 16. Dezember in Königsdorf gemacht hatten, selbst mit einer Beteiligung der Münchner Bürger rechnen zu können glaubten. Jedoch mußte ihnen klar sein, daß weder in so kurzer Zeit im Rentamt München 20000 Mann aufzubringen waren noch auf Schloß Hohenburg 8000 Gewehre lagen. Richtig war, daß die Unterländer mit einem starken Korps zu Hilfe kommen wollten. Insgesamt bleibt, daß Dänkel und Fuchs offensichtlich bewußt übertriebene Hoffnungen bei Beamten und Untertanen erweckten, um diese für den Aufstand zu gewinnen. Daß dies gerade von seiten eines in Militär- und Kriegssachen so erfahrenen Mannes, wie es der Kriegskommissär Fuchs war, geschah, der zudem auch die Verhältnisse in München gut kannte, war eine bewußte Irreführung, die nur zu rechtfertigen war, wenn mit einer starken Hilfe der Unterländer sicher gerechnet werden konnte. Es ist schließlich noch möglich, daß Fuchs und Dänkel Nachrichten vom erfolgreichen Vormarsch der Unterländer erhalten haben. Diese griffen, wie noch ausführlich darzustellen ist, am 17. Dezember de Wendt bei Neuötting an und zwangen ihn zum Rückzug. Betrügerisch aber war es, den teilnehmenden Beamten und Offizieren besondere Förderung durch den Kurfürsten zu versprechen, der doch von all dem nichts wußte. Fuchs spielte von Anfang an ein gewagtes Spiel mit hohem Einsatz; sicherlich aber hat er selber an den Erfolg geglaubt.

Aus dem Verlauf der Versammlung in Tölz geht aber noch etwas hervor: Es war bezeichnend für die Aufstandsagitation im Oberland, daß in ihr die Notwendigkeit, die Entführung der Prinzen zu verhindern, sowie die Treue zum Kurfürsten und zum Hause Wittelsbach an die erste Stelle traten, wogegen die angeblich bevorstehenden neuen Ausbeutungs- und Unterdrückungsmaßnahmen durch die kaiserliche Besatzung nur nebenher erwähnt wurden. Dies geschah nicht nur gegenüber den Beamten, die das Volk aufbieten sollten, sondern auch gegenüber den Untertanen selbst, denn diese waren auf der Versammlung in großer Zahl vertreten. Auch sollten die Beamten die Bevölkerung in ihren Amtsbezirken eben mit dieser Begründung zur Landesdefension rufen – was sie dann auch mit Erfolg taten.

Die Bevölkerung hatte ein offenes Ohr für den Aufruf. So berichtet wieder Pfleger Alram, daß in der Hofmark Valley die waffenfähigen Männer bei der allgemeinen Unzufriedenheit der Untertanen, von der wir gehört haben, bereitwillig folgten. Als er ihnen von der Versammlung und dem geplanten Aufstand berichtete, »ware ihnen dises die angenembste Zeitung«. Alram ließ für das Valleysche Kontingent auch sogleich eine Fahne mit gemalten Emblemen herstellen, auf deren einer Seite die Mutter Gottes das kurbayerische Wappen haltend und die Inschrift zu sehen waren: »zu dir hoffen wür«; auf der anderen Seite war die Inschrift aufgemalt: »Churbayrische Oberlandsdefension«. Diese Fahne wurde vor dem

Auszug vom Pfarrvikar von Valley, dem Subdekan des Augustiner-chorherrenstiftes Weyarn, Florentinianus Haspieder, feierlich geweiht. Haspieder rief außerdem in drei Predigten die Bevölkerung von der Kanzel zur Beteiligung am Aufstand auf, in denen er erklärte: Gott würde den Landesverteidigern beistehen, man dürfe die Münchner selbst bei Lebensgefahr nicht im Stiche lassen, man sei bei Verlust der Seelen Seligkeit schuldig, mit den Tölzern und den anderen Landesdefensoren zu halten; die einreißenden Bosheiten und Ketzereien müßten ausgerottet und die, die das Land Bayern zu Unrecht besäßen, vertrieben werden.[414]

Haspieder ist eine Ausnahme im bayerischen Volksaufstand. Wir kennen sonst keine Beispiele dafür, daß Priester die Menschen kraft ihres Amtes zum bewaffneten Widerstand aufriefen. Im Gegenteil, auf Anweisungen der Oberhirten, z. B. des Bischofs von Freising, mahnten die Geistlichen ihre Gemeinden, sich des Aufruhrs zu enthalten. Haspieder war sicher von Alram instruiert worden. Wenn er seine Pfarrkinder aufforderte, zu den Waffen zu greifen, und widrigenfalls mit dem Verlust der ewigen Seligkeit drohte, so steht er in einer Reihe mit den Priestern, die in anderen Volkskriegen das gleiche taten, z. B. im Tiroler Volksaufstand von 1809. Im spanischen Volkskrieg gegen Napoleon von 1808 bis 1814 kämpften Geistliche selbst mit der Waffe in der Hand gegen die französischen Eindringlinge, wie es in Bayern 1705/06 in der Oberpfalz Pfarrer von Miller tat. Mit den »einreißenden Ketzereien« meinte Haspieder anscheinend die Anwesenheit protestantischer Truppen und die Ausübung des protestantischen Gottesdienstes durch sie in Bayern.[415]

Dies war die Vorbereitung zum Aufstand im Oberland, der seinen Mittelpunkt in Tölz hatte. Über entsprechende Vorgänge in den nördlich Münchens gelegenen Gerichten, insbesondere Haag, Erding und Schwaben, aus denen Postmeister Hierner bereits am 15. Dezember 3–4000 Mann zugesagt hatte, erfahren wir zwar nichts Genaueres, doch stießen von dort geschlossene Einheiten und kleinere Gruppen zu den anrückenden Unterländern.

Wir fassen die Ergebnisse unserer Darstellung der Aufstandsvorbereitung in München und im Oberland zusammen: Die Vorbereitungen wurden eingeleitet und getragen von Beamten und Bürgern der Stadt München und des Marktes Tölz. Die Motive dieser Männer waren einesteils zweifellos persönlicher Ehrgeiz; andernteils wurde der Wunsch, sich für den Kurfürsten und die Dynastie hervorzutun, von einem echten patriotischen Gefühl getragen, das sich gegen die kaiserliche Fremdherrschaft im bayerischen Vaterland und die Ausbeutung der Heimat für fremde Zwecke auflehnte. Dem Landesherrn hingen Beamte, Bürger und Landvolk nach wie vor und trotz der großen Unbilden, die er über Land und Volk gebracht hatte, in Treue an. Jene Führer konnten somit bei ihren Vorbereitungen auf die Teilnahme des einfachen Volkes zählen, in dem es schon seit geraumer Zeit gärte und das für einen Aufstand nur die Billigung und Führung seiner örtlichen Obrigkeiten brauchte. Die Landstände und die Grundherrschaften selbst wurden bei diesen Vorbereitungen übergangen.

Die Vorbereitungen wurden weitgehend von Wunschdenken und Illusionen getragen, von den Schlüsselpersonen mit Hilfe bewußter Täuschung und Vorspiegelung falscher Hoffnungen vorangetrieben. Sie brachten in den Gerichten nördlich Münchens einiges Volk auf die Beine, in der Hauptstadt erreichten sie nichts, in den Gerichten südlich Münchens hatten sie beachtliche Erfolge. Der Aufstand im Rentamt München sollte die Entscheidung im Kampf der bayerischen Volkserhebung gegen die Fremdherrschaft herbeiführen – dies hat er auch getan. Bereits am 19. Dezember erging von Tölz der Aufruf zur Versammlung der Landesdefension des Oberlandes.

19. KAPITEL

Der Bruch des Waffenstillstandes von Anzing und der Vorstoß der Unterländer gegen München

Im Rentamt Burghausen hatte Oberst de Wendt, der mit seinem Korps während der Waffenstillstandsverhandlungen noch vor der Stadt Burghausen lag, am 13. Dezember von der Administration den Befehl erhalten, sich für die Zeit der zehntägigen Waffenruhe nach Alt- und Neuötting zurückzuziehen. Am gleichen Tag erschien in seinem Lager Generalwachtmeister Georg Friedrich Freiherr von Kriechbaum, der den Oberbefehl über dieses Korps übernehmen sollte, und inspizierte die Truppe. Die Administration war mit de Wendts Operationen nicht zufrieden, da der Oberst den Fall der Innfestungen nicht verhindert hatte, und hatte den Führungswechsel bei der kaiserlichen Heeresleitung durchgesetzt. De Wendt hat dies mit Recht als eine unbillige Demütigung empfunden, denn er hatte sich, wie wir gesehen haben, als äußerst befähigter Truppenführer erwiesen. Kriechbaum kehrte zunächst wieder nach München zurück, um später endgültig das Kommando zu übernehmen.[416]

Entgegen seiner Überzeugung, denn er mißtraute den Aufständischen und dem Waffenstillstand, brach de Wendt mit seinem Korps am 14. aus dem Lager von Badhöring auf und marschierte nach Alt- und Neuötting, wo er noch am selben Tag die Quartiere beziehen ließ. Sein Mißtrauen wurde rasch bestätigt. Es kam zu Berührungen mit dem Heerhaufen, den Johannes Hoffmann in Marktl versammelte, wobei de Wendt die Aufständischen mehrfach aufforderte, von ihrem »sträflichen Beginnen« abzustehen, und jedesmal die Antwort erhielt, die Landesverteidiger betrachteten sich nicht als Untertanen des Kaisers, sie wollten unter keiner Bedingung auseinandergehen und zögen den Tod der Unterwerfung vor – »Lieber bayrisch sterben als in des Kaisers Unfug verderben!«[417]

Nachdem die Landesdefension von Braunau, an der Spitze Plinganser und Hoffmann, im Zusammenwirken mit Kriegskommissär Fuchs einen Großangriff vorbereitete und es jenen bereits am 12. Dezember gelungen war, auch die Burghauser Gemein auf ihre, die radikale Seite zu bringen, war es nur eine Frage der Zeit, daß die Aufständischen den Waffenstillstand brechen und de Wendt angreifen würden. Plinganser agitierte denn auch in diesen Tagen in Burghausen für einen sofortigen Angriff. Die Rentamtsregierung suchte ihn daran zu hindern, doch hatte sie damit keinen Erfolg. Vielmehr gelang es Plinganser, auch Meindl, der für den Waffenstillstand eingetreten war, wieder auf seine Seite zu bringen und davon zu überzeugen, daß man so bald wie möglich losschlagen müsse. Am 16. Dezember, wohl nachdem er aus Tölz von Fuchs eine Nachricht von der Vorbereitung des Oberlandaufstandes erhalten hatte, erreichte Plinganser, daß die Burghauser Gemein ihre Vereinigung mit Hoffmanns Heerhaufen beschloß. Noch am selben Tag abends um 19 Uhr brachen unter Meindls Führung 3700 Mann bei heftigem Regenwetter von Burghausen auf. Dieses Korps bestand aus Schützen, Dragonern, Pikenieren und Spießlern. Es führte eine Fahne und fünf Geschütze sowie Proviant, Schanzzeug, Karren und andere Kriegsgerätschaften mit. Die Zugpferde wurden beim Adel und den Bürger requiriert. Das Korps traf noch vor Tagesanbruch am 17. mit den von Marktl aufgebrochenen Landesverteidigern unter Hoffmann am Ostrand des östlich von Alt- und Neuötting liegenden Öttinger Forstes zusammen. Dieses vereinigte Landesdefensionsheer war über 8000 Mann stark. Das Oberkommando führte Hoffmann, als weitere Kommandoführende werden genannt: Hartmann, Brunner, Heumann und Grempelbeck; außerdem gab es zahlreiche Hauptleute und Leutnante. Das Heer lagerte zunächst bei Hohenwart. Burghausen mußte zur Verpflegung am 17. und 18. Dezember je zwölf Schlachtrinder und 7000 Portionen Brot, dann täglich sechs Rinder und die gleiche Menge Brot liefern.[418]

Dieser beachtlichen Schar hatte de Wendt – nach einer weiteren Verstärkung seines Korps durch ein Bataillon des osnabrückischen Infanterieregiments – 2000 Mann entgegenzustellen: 1500 Infanteristen sowie Geschützbedienungsmannschaften, 360 Kürassiere und 140 Husaren. Noch am 17. Dezember drang Hoffmann mit seinen Scharen durch den Öttinger Forst vor, um die kaiserlichen Truppen in ihrem Lager anzugreifen. De Wendt hatte von der Annäherung des Gegners Kundschaft erhalten und seine Soldaten vor den Ortschaften in Schlachtordnung aufgestellt. Mittags eröffneten die Landesverteidiger, die im Forst Stellung bezogen, aus acht Geschützen ein heftiges Feuer auf die kaiserlichen Stellungen und brachen damit in voller Absicht das Waffenstillstandsabkommen von Anzing am fünften Tage seiner Gültigkeit. De Wendt versuchte sie aus dem Wald zu locken und zur Schlacht zu stellen, was jedoch nicht gelang. In der Zwischenzeit umging ein Teil der Landesverteidiger de Wendts rechten Flügel im Süden und zog über Tüssling in Richtung Mühldorf, um dort den Innübergang zu gewinnen und dem Oberst die Verbindung nach München abzuschneiden. Dies wurde de Wendt gemeldet, der hierauf sofort den Rückzug in Richtung Mühldorf befahl. Den Proviant und eine kleine Truppeneinheit mußte er dabei in Neuötting zurücklassen. Bei Tüssling stieß er auf die Aufständischen, die er sofort angriff und zurückwarf. So erreichte er den Inn bei Mühldorf, doch mußte er während der Nacht die zerstörte Brücke erst wiederherstellen lassen, bevor er den Fluß überschreiten und in Altmühldorf seine Soldaten lagern lassen konnte.[419]

Hier erwartete ihn jedoch eine neue Überraschung. Auf einer Anhöhe jenseits von Mühldorf hatte eine Abteilung von etwa 1000 Landesverteidigern Stellung bezogen. Diese kam allem Anschein nach aus einem der nördlichen Gerichte des Rentamts München und wollte sich mit den heranziehenden Unterländern vereinigen. Es dürfte sich um Landvolk gehandelt haben, das durch die Aufstandsagitation des Postmeisters Hierner von Anzing versammelt worden war. – Im Bericht de Wendts ist von Aufständischen aus dem Gebirge die Rede. Diese haben sich jedoch erst am 22. und 23. Dezember bei Schäftlarn südlich von München versammelt. Es liegt nahe, anzunehmen, daß de Wendt Aufständische aus dem Rentamt München meinte. – Dieser Haufe bedrohte wieder de Wendts Verbindung nach München. Deshalb befahl der Oberst bei Tagesanbruch des 19. Dezember den Angriff auf ihre Stellung mit starken Kräften. Dieser wurde mit Nachdruck vorgetragen, die Landesverteidiger wurden nach kurzem Feuergefecht zurückgeworfen und zogen sich in die nahen Wälder zurück.[420]

Hoffmann hatte sein Heer anscheinend in zwei Haufen geteilt, von denen der eine mit etwa 5–6000 Mann und vier Geschützen Neuötting und die umgebenden Wälder besetzte, während der andere, der de Wendt im Süden umgangen hatte, jetzt am rechten Innufer bei Mühldorf den Kaiserlichen gegenüberstand. Dieser

Haufe setzte sich am 20. gegen Kraiburg in Bewegung. Dies beobachtete de Wendt und schickte auf dem linken Innufer ein Detachement von 200 Kürassieren und 100 Infanteristen dorthin und ließ die Brücke besetzen, womit er den Landesverteidigern zuvorkam. Diese nisteten sich nun zunächst am rechten Innufer bis über die Klöster Au und Gars hinaus ein und begannen dort über den Fluß zu setzen. Dann griffen sie mit starken Kräften den kaiserlichen Posten an der Brücke an, eröffneten ein heftiges Geschützfeuer, so daß sich dieser schließlich noch am selben Tage unter Hinterlassung von zehn Toten zurückziehen mußte. De Wendt, der durch Husarenstreifen von den Positionen und Bewegungen der Landesverteidiger in der Neuöttinger und Kraiburger Gegend genau unterrichtet wurde, sah von neuem die Gefahr der Umklammerung durch einen zahlenmäßig vielfach überlegenen Gegner auf sich zukommen, zumal auch nördlich Mühldorfs noch jene Abteilung der Aufständischen stand, und trat am 21. den Rückzug nach Haag an. Da ein starker Schneefall eingesetzt hatte und die Landesverteidiger die Truppe ständig von verschiedenen Seiten bedrängten, ohne sich allerdings einer Schlacht auszusetzen, wurde der Rückzug für die Soldaten äußerst schwierig und beschwerlich. Mehrfach mußte sich die Truppe zum Gefecht formieren, bis de Wendt sie um Mitternacht eine Stunde vor Haag auf freiem Felde ein Lager aufschlagen ließ. Dort traf am Morgen des 22. das Detachement von der Kraiburger Brücke ein. De Wendt marschierte weiter bis Haag, wo Generalwachtmeister von Kriechbaum wieder zu ihm stieß und das Oberkommando übernahm.[421]

Die Landesverteidiger gelangten auf ihrem Vormarsch bis in die Nähe von Wasserburg, so daß auch diese Stadt von ihnen wieder bedroht wurde. Möglicherweise war die Überrumpelung Wasserburgs Bestandteil des Operationsplanes, den die Braunauer Führer und Kriegskommissär Fuchs entworfen hatten, denn bereits am 16. Dezember, also einen Tag vor dem Angriff auf de Wendt bei Neuötting, sagte der Tölzer Pflegskommissär Dänkel dem Abt von Benediktbeuern in ihrer Unterredung, daß die Landesverteidiger Wasserburg angreifen wollten. Die dortige Garnison richtete sich auch am 19. auf eine Belagerung ein, und de Wendt schickte ihr am 20. eine Verstärkung von 100 Mann und zwei Geschützen vom osnabrückischen Regiment unter einem Oberstwachtmeister, der das Kommando in der Stadt übernahm. Wasserburg blieb jedoch in diesen Tagen unbehelligt.[422]

Die Landesverteidiger feierten ihre Erfolge vom 17. Dezember bei Neuötting und vom 20. bei Kraiburg als Siege. In Alt- und Neuötting waren sie mit klingendem Spiel einmarschiert, hatten die Amtswohnungen des Pflegskommissärs, des Eisenamtmanns und des Propsteiverwalters ausgeplündert und ebenso wie reguläres Militär Verpflegung, Quartier und Bargeld von der Bevölkerung verlangt. Am 17. wurden 300 neuaufgestellte Schützen und Spießler von Burghausen zur kämpfenden Truppe nach Neuötting nachgeschickt. Um den 20. haben sich dann anscheinend die beiden Teile des Landesdefensionsheeres wieder vereinigt. An diesem Tage wurde das Hauptquartier in Kraiburg eingerichtet. – Da de Wendt den Inn bei Mühldorf überschritten und damit das Rentamt Burghausen verlassen hatte, feierte man in Burghausen dieses Ereignis mit einem Hochamt mit Tedeum und anschließendem Viktoriaschießen und großem Umtrunk.[423]

Nach ihren Erfolgen und dem siegreichen Vormarsch waren die Führer bemüht, ihre Mannschaft weiter zu verstärken. In den Gerichten Wald, Mörmoosen und Kraiburg ließen sie die wehrfähigen Untertanen durch herumreitende Boten zu den Waffen rufen. Am 20. erging von Kraiburg aus ein Aufgebotspatent an die umliegenden Gerichte Haag, Neumarkt, Eggenfelden und Vilsbiburg. In ihm wiesen die Führer der kurbayerischen Landesdefension stolz auf ihre bisherigen Erfolge hin und gaben der Hoffnung Ausdruck, daß sie die kaiserlichen Truppen demnächst mit der Hilfe Gottes ganz aus dem Vaterland vertreiben würden. Sie riefen die treuen Landesuntertanen, zu deren Nutzen das große Werk der Landesverteidigung begonnen worden sei, zur Unterstützung auf. Alle waffenfähigen Männer zwischen 20 und 40 Jahren sollten sich umgehend mit Gewehren und Munition, wo solche nicht vorhanden, mit guten Spießen und geradegerichteten Sensen versehen und zu den bei Kraiburg stehenden Landesdefensionstruppen stoßen. Diese bestünden aus vielen tausend Mann zu Fuß und zu Pferd. Trotz der angedrohten Strafen folgten die Gerichte diesem Aufruf zunächst nicht oder nur unzulänglich. Dies ist verständlich, da gerade diese Landstriche bei Eggenfelden, Vilsbiburg und Wasserburg die härtesten Schläge de Wendts gegen die Aufständischen erlebt hatten.

So mußte die Landesdefension, die ihr Hauptquartier am 21. nach Gars verlegte, den Befehl am 22. wiederholen. Das Heer vergrößerte sich trotz solcher Hindernisse mehr und mehr und soll um diese Zeit eine Stärke von etwa 12 000 Mann erreicht haben. Am 23. mußte die Regierung von Burghausen drei schwere Geschütze zum Heer in Marsch setzen.[424]

Am 21. Dezember blieb Hoffmann bei Gars stehen und gönnte den Leuten einen Ruhetag. Am 22. nahm er die Verfolgnug des kaiserlichen Korps wieder auf und marschierte gegen Haag. Kriechbaum sah, daß das Gelände mit zahlreichen Waldparzellen die Aufständischen begünstigte. Diese hatten inzwischen gelernt, die Vorteile, die die Landschaft für einen Volkskrieg bot, auszunützen und vorzugsweise aus der Deckung von Wäldern zu kämpfen. Aus diesem Grund ließ Kriechbaum die völlig erschöpften Truppen nach Anzing weitermarschieren. Die Landesverteidiger gelangten mit ihrer Vorhut bis Haag und blieben dort wieder stehen, ohne Anstalten zu machen, den kaiserlichen General weiter zu verfolgen. Damit verloren sie die Verbindung mit ihrem Gegner, dem sie nun den Weg nach München nicht mehr abschneiden konnten. Außerdem erreichte Hoffmann die Meldung, daß sich von Landshut her ein kaiserliches Korps München näherte; es handelte sich um fünf Kompanien des Kürassierregiments Barthels, die einige Geschütze mit sich führten. Gleichzeitig blieben die erwarteten Nachrichten von den Verschwörern in München und Tölz aus. Unter diesen Umständen wagte Hoffmann nicht direkt über Hohenlinden auf München zu marschieren, vor dessen Toren er sich mit den Oberländern vereinigen wollte, sondern er suchte zuerst mit diesen eine Verbindung herzustellen und warnte sie vor einem voreiligen Angriff. Am 23. Dezember rückte sein Heer vorsichtig in zwei Gruppen von Haag nach Ebersberg und von Gars nach Edling vor. Es erhielt in diesen Tagen noch eine Verstärkung von Leuten, die in den Gerichten Ebersberg, Schwaben und Erding aufgeboten worden waren. Am 24. zog Hoffmann seine Hauptmacht bei Ebersberg zusammen. Die Zahl seiner gesamten Streitmacht wurde nun auf 16 000 geschätzt. Sein Hauptquartier legte er nach Steinhöring, 5 km östlich von Ebersberg. Die Vorhut stieß an diesem Tag bis Zorneding vor. Auch an diesem Tag gelang es nicht, die Verbindung mit den Oberländern herzustellen, die sich am 22. und 23. bei Schäftlarn versammelt hatten und jetzt gegen München vorrückten. Gegen die Oberländer wurde am Abend des 24. um 23 Uhr Kriechbaum mit seinem Korps von der Administration dringend von Anzing nach München gerufen.[425] Die Administration hatte den Rückzug de Wendts von Neuötting über Mühldorf nach Haag mißbilligt und dem Obersten Schwäche gegenüber dem »Bauernschwarm« vorgeworfen. Sie hat ihm damit erneut Unrecht getan und seine Lage beurteilt, ohne sie recht zu kennen. In Wirklichkeit hat de Wendt das Beste getan, um die ohnehin äußerst schwache kaiserliche Militärmacht in Bayern nicht durch unnötige Verluste noch mehr zu verringern. Kriechbaum tat, nachdem er das Kommando über das Korps übernommen hatte, mit seinem Rückzug von Haag nach Anzing das gleiche – und die Administration billigte es. Der k.k. Oberstleutnant und Militärhistoriker Josef Rechberger Ritter von Rechkron konnte bei seiner Beurteilung im Jahre 1881 die Entscheidungen de Wendts nur loben und nannte dessen Rückzug von Neuötting bis Haag »äußerst lehrreich und auch rühmlich«.[426]

Insgesamt wurde die Lage für die kaiserliche Administration in Bayern nun von Tag zu Tag bedrohlicher. Sie mußte in der Tat damit rechnen, daß das Land an die Aufständischen verloren ging. Die Vorbereitungen der Erhebung im Oberland waren ihr nicht verborgen geblieben, wurden sie doch ziemlich offen durchgeführt. Sie rechnete bereits mit der Einschließung Münchens durch die vereinigten Unter- und Oberländer und hegte nur die schwache Hoffnung, die Unterländer würden ihre Operationen zunächst gegen die Rentämter Landshut und Straubing richten und München noch etliche Tage Luft lassen. Noch immer aber waren die 1000 rekonvaleszenten Infanteristen, die Prinz Eugen aus Tirol zu schicken versprochen hatte, nicht eingetroffen. Das gleiche galt für die Hilfstruppen, die Württemberg, Baden und die Pfalz zugesagt hatten. Die württembergischen Truppen mußten die Schwarzwaldpässe decken, bis sie von schwäbischen Kreistruppen abgelöst wurden, die pfälzischen standen immer noch bei Mannheim. Der Sohn des Administrators, Max Karl Anton Graf Löwenstein, war bereits Anfang Dezember an den württembergischen Hof geschickt worden, um die Entsendung der Hilfstruppen zu beschleunigen, hatte aber nichts Entscheidendes erreicht. Als am 18. Dezember die Nachricht vom Angriff der Aufständischen auf das Korps de Wendt in München eintraf, sandte der Administrator einen Eilkurier an den schwäbischen Kreiskonvent nach Memmingen und bat, daß man ihm 300 Soldaten, die man seinem Sohn schon versprochen hatte, eiligst, am besten auf Pferdewagen in Tag- und Nachtfahrten nach München schaffe. Am 19. schrieb Löwenstein einen beschwörenden Brief an die Reichskanzlei in Wien, in dem er die Folgen jener Saumseligkeit für die ganze kaiserliche Kriegsführung sowie auch die kaiserlichen Finanzen deutlich machte. Am 20. sandte er erneut einen dringenden Hilferuf an den Markgrafen von Baden, dieser solle »so viele Truppen als möglich aufs allerschleunigste anrücken lassen«. Am 21. schließlich schrieb Löwenstein an den fränkischen Kreiskonvent in Nürnberg und an den Bischof von Würzburg, daß man befürchten müsse, daß sich das Bauernvolk in wenigen Tagen auf 30 bis 40000 Mann verstärke und ganz Bayern verloren gehe, und bat dringend um zwei fränkische Kreisregimenter und das würzburgische Regiment Fechenbach.[427]

Der Administration stand das Wasser am Halse. Nun versuchte sie die Flucht nach vorn. Wir wissen, daß sie den Waffenstillstand von Anzing nie ernst gemeint und nur als Verschnaufpause zur Sammlung ihrer Kräfte betrachtet hat. Diese Absicht wurde ihr durch den mehrfachen Bruch der Waffenruhe von seiten der Aufständischen – Kelheim, Unterländer, Oberländer –, die ihr mit ihren Angriffen zuvorkamen, durchkreuzt. Sie reagierte hierauf mit der Miene des betrogenen Vertragspartners und veröffentlichte am 19. Dezember ein Mandat, das die schärfsten Gegenmaßnahmen androhte und alle Brücken zu einem friedlichen Ausgleich abbrach; dieser war freilich ohnehin schon längst unerreichbar geworden.

Dieses Mandat, das im Land gedruckt verbreitet wurde, entrüstete sich über den leichtfertigen Bruch des Waffenstillstands durch die Aufgebotspatente an die Bevölkerung der Rentämter Landshut und Straubing, durch den Angriff der Unterländer auf das Korps de Wendt und durch Krausens Überfall auf Kelheim. Nicht erwähnt wird der zu dem Zeitpunkt in der Vorbereitung befindliche Oberlandaufstand, über den man anscheinend noch zu wenig Nachrichten hatte. Die Aufständischen hätten damit »die ihnen anerbottene Kayserl. Gnad verächtlich ausgeschlagen und nichts unterlassen, was sie nach ihrem bösen Gemüth außzuüben sich fähig zu seyn erachtet«. Die Administration sehe sich hierdurch veranlaßt, die Mittel der Schärfe, Feuer, Schwert und Plünderung, anzuwenden, um den »unbesonnenen Land-Mann … wiederumb zum schuldigen Gehorsamb und Unterthänigkeit zu bringen«. Und dann drohte die Administration drakonische Unterdrückungsmaßnahmen an: Dörfer, Höfe und Häuser, deren Männer abwesend seien, würden gnadenlos niedergebrannt, Männer, die in Wehr und Waffen ertappt würden, sollten mit Galgen und Schwert gerichtet, ihre Frauen und Kinder ausgetrieben, ihr Hab und Gut eingezogen und denjenigen übereignet werden, die sich dem Aufstand nicht angeschlossen hätten; wo sich der Vater nach Hause begebe, der Sohn aber weiterkämpfe, da würden die Eltern dennoch mit Brand und Plünderung bestraft werden. Die Entschuldigung, man sei zum Mitmachen gezwungen worden, würde nicht mehr akzeptiert werden; die Rädelsführer seien vogelfrei.[428]

Das Mandat war ein letzter verzweifelter Versuch, die Bevölkerung einzuschüchtern. Tatsächlich reichten die Machtmittel, d. h. die Truppen nicht im Entferntesten aus, um diese Drohungen wahr zu machen. So waren z. B. im Oberland keinerlei Einheiten vorhanden gewesen, die die offene Aufstandsagitation von Fuchs, Dänkel und ihren Genossen auch nur hätten hindern können. Weiter bedurfte es einer gewissen Zeit, bis ein Mandat im Lande verbreitet wurde. Im Oberland begann die Verbreitung nicht vor dem 22. Dezember; da aber versammelten sich die Landesverteidiger bereits bei Schäftlarn. Immerhin hat es noch eine gewisse Wirkung entfalten können. Der Abt von Tegernsee erhielt es an diesem Tag, doch waren die Männer aus seiner Herrschaft bereits abmarschiert; den Pfleger von Weilheim erreichte es, als er gerade die Mannschaft seines Gerichtes zum Auszug versammelte, er hat darauf die Leute wieder nach Hause geschickt.[429]

Nicht nur der Administration, sondern auch der Landschaftsverordnung von Oberbayern waren die Vorbereitungen der Erhebung in den Gerichten vor dem Gebirge nicht verborgen geblieben. Sie wandte sich im Auftrag der Administration am 22. Dezember an den Bischof von Freising mit der Bitte, er solle den Seelsorgern auftragen, durch Predigten das Volk von der Rebellion abzuhalten. Der Bischof, Johann Franz Freiherr von Eckher, der ohnehin ein geschworener Feind des Aufstandes war, kam dieser Bitte umgehend nach und befahl am 23. den Pfarrern seiner Diözese, »ihren Pfarrkindern öfters, sowohl von der Kanzel als in andern Wegen den ihren geistlichen und weltlichen Obern und Herrschaften schuldigen Gehorsam sowie die schwere Verantwortung eines allgemeinen Aufstandes und die daraus unausbleiblich erfolgende Strafe Gottes vorzutragen.« Für die ausziehenden Oberländer kam diese Vermahnung zwar zu spät, doch wurde auch in den übrigen Diözesen, Salzburg, Eichstätt, Regensburg und Passau, der Landklerus beauftragt, von der Kanzel und im Beichtstuhl das Volk von aufständischen Tätlichkeiten abzuhalten und auf friedsame Gedanken zu bringen. Ob alle Pfarrer diesen Auftrag ausführten, ist fraglich.[430]

20. KAPITEL

Kriegsrüstung im Rentamt Burghausen

Nachdem die Landesverteidiger des Unterlandes den Waffenstillstand von Anzing gebrochen hatten und dann das kaiserliche Korps vor sich her treibend auf München vorrückten, war man in Burghausen und Braunau, den Hauptorten im nunmehrigen Hinterland des Volksaufstandes nicht untätig geblieben. Der Gegensatz zwischen der radikalen und der gemäßigten Partei der Bewegung bestand unvermindert fort, obwohl die Radikalen mit Plinganser an der Spitze am 16. Dezember die Gemäßigten rücksichtslos beiseite geschoben und das Volk von neuem in den bewaffneten Kampf geführt hatten. Plinganser war als »Oberkriegskommissär« nicht beim Heerhaufen, sondern leitete von seinem Amtssitz in Braunau aus das Versorgungs- und Nachschubwesen sowie die Rüstung und die Mannschaftsaufgebote.

Am 17. Dezember legte er der »hochlöblichen churbayrischen Regierung« und den Landesdefensionsoffizieren in Burghausen ein Requisitionsschreiben vor, in dem er folgende Forderungen stellte: 1) Die Regierung solle sich in die Angelegenheit des Waffenstillstandsbruches nicht mehr einmischen. 2) Der Adel des Rentamts solle bis Ende Dezember 500 berittene und bewaffnete Dragoner aufstellen. 3) Jeder Pfarrer habe 2 Scheffel Korn und 50 fl., 4) jeder Hof 1 Zentner Heu und 4 Schäb Stroh und 5) 4 fl. Landesdefensions-Kriegsanlage zu entrichten. 6) Die Regierung solle alle im Rentamt befindlichen bayerischen und französischen Offiziere zum Korps Hoffmann einberufen. 7) Nachdem sie selbst den Treueid auf den Kurfürsten abgelegt habe, solle sie nun auch dem Adel und den Beamten diesen Eid abnehmen. 8) Die Einkünfte der Maut- und Brauämter seien an das Kriegszahlamt abzuführen. 9) Die von der kaiserlichen Administration neu eingeführten Bier- und Getreidesteuern seien unverzüglich aufzuheben. 10) Die Regierung habe eine Aufstellung der Höfe, die sich im Rentamt in jedem Gerichtsbezirk befänden, dem Oberkriegskommissariat in Braunau auszuhändigen.[431]

Plinganser zeigte in diesem Schreiben nicht nur seine Erfahrungen im staatlichen Finanz- und Verwaltungswesen, vielmehr bewies der Ton, in dem er es abgefaßt hatte, daß er beabsichtigte, als Oberkriegskommissär der Landesdefension auch die politische Leitung des Rentamts Burghausen an sich zu reißen und die Regierung zu einer bloßen Handlangerin für die Erreichung seiner politischen und militärischen Ziele zu machen. Doch hatte er anscheinend nach dem Abmarsch des größten Teils der Burghausener Landesverteidiger zum Korps von Johannes Hoffmann auch den größten Teil seiner Parteigänger in dieser Stadt verloren. Die Regierung war nicht mehr bereit, sich seinen Forderungen zu beugen. Ihr kam dabei zugute, daß die Burghausener Gemein in der Person des Regierungskastners von Prielmayr einen eigenen Kriegskommissär besaß; außerdem standen die in der Stadt zurückgebliebenen Offiziere der Landesdefension auf ihrer Seite, da der Eindruck entstand, Burghausen müsse allein für die Versorgung des Heeres aufkommen. So nahm man Plinganser kurzerhand in Arrest und fragte bei der Landesdefension von Braunau an, ob diese sein Auftreten und seine Forderungen billige. Was die Braunauer antworteten, ist nicht bekannt, Plinganser wurde auch nicht lange festgehalten, so daß er seine Tätigkeit von Braunau aus bald fortsetzen konnte. Doch ihm waren die Grenzen deutlich gemacht worden, an die er sich in Zukunft zu halten hatte.[432]

Die Burghausener Regierung konnte natürlich nicht an ihrer Verhandlungs- und Waffenstillstandspolitik gegenüber der Administration anknüpfen. Die Feindseligkeiten hatten wieder begonnen, Burghausen schickte Nachschub und Verstärkung an die Front, und die Bevölkerung nahm an dem erfolgreichen Fortschritt der Operationen Hoffmanns lebhaften und begeisterten Anteil. Die Gemein und ihre Führer, die die Regierung von Anfang an nur unter Gewaltandrohung zur Mitarbeit an der Sache des Aufstands hatten zwingen können, begegneten dieser nach wie vor mißtrauisch. So mußten die Räte, insbesondere Prielmayr, von neuem gegen ihren eigentlichen Willen leitende Aufgaben an der Organisierung des Kampfes gegen die kaiserliche Besatzung übernehmen. Sie haben dabei versucht, gegenüber der Gemein den Anschein eifriger Tätigkeit zu erwecken, aber in Wirklichkeit den Aufstand eher zu hemmen, um einerseits neuen Gewalttätigkeiten aus dem Wege zu gehen, andererseits aber sich gegenüber der Administration nicht zu sehr ins Unrecht zu setzen. Die Führer der Gemein trieben in Burghausen Gelder für die Unterhaltung der Landesdefension ein. Sie nahmen unter dem Titel »Vorschuß zur Landesdefension« wohlhabenden Bürgern und Beamten höhere Geldsummen ab, beschlagnahmten Salz- und Weinfrachten, die aus dem Salzburgischen kamen und ließen sie verkaufen. Den Erlös zogen sie ein. Doch diese Gelder wurden zu einem nicht unbeträchtlichen Teil veruntreut. Die Anführer der Gemein, darunter auch der Prokurator Sallinger, bereichertern sich daran, verschwendeten die Gelder bei Eß- und Trinkgelagen und unterhöhlten dadurch das Ansehen der Landesdefension bei der Bevölkerung.[433]

Zur Verstärkung der kämpfenden und der Reserveeinheiten mußten auch Mannschaften ausgehoben werden. Schon seit November waren die umliegenden Gerichte gehalten, regelmäßig Mannschaften nach Burghausen abzustellen. So mußte z. B. der Markt Mattighofen im Innviertel 20 Mann stellen, die alle sechs Tage ausgewechselt wurden. Die Bürger, die dazu vom Markt aufgerufen wurden, konnten sich dieser Pflicht entledigen, wenn sie einen Ersatzmann stellten oder sich mit Geld freikauften. Sie waren dieser Wehrdienstpflicht bald überdrüssig, doch übte die Gemein von Burghausen durch die üblichen Drohungen den nötigen Druck aus, und die regelmäßigen Aufgebote wurden in die Stadt geschickt. Schon vor der Wiederaufnahme der Kampfhandlungen am 17. Dezember war das wehrfähige Landvolk vermehrt nach Burghausen zusammengerufen worden, während gleichzeitig die Braunauer Landesdefension ihr Heer bei Marktl versammelte. Jetzt, da wieder gekämpft wurde, mußte auch die Regierung die Einberufungen unterstützen. Geleitet wurden die Aushebungen anscheinend von Meindl, während Prielmayr in seiner Eigenschaft als Kriegskommissär die Aufstellung der einzelnen Einheiten vornahm.[434]

Regierung und Gemein schickten Landschergen und Landesverteidiger in die Gerichte und Ortschaften, die Gelder einzogen und Mannschaften aufboten. Von jedem Hof sollte ein Mann, von den Märkten eine der jeweiligen Größe entsprechende Anzahl einberufen werden. So erschienen am 21. Dezember in Mattighofen zwei Landschergen und ein Bauer, die zuerst von den Amtskassen Gelder abhoben und dann die Marktbürger zu den Waffen nach Burghausen riefen. Der Kammerer des Gerichts gab ihnen einige Bedienstete des Pflegers und Amtleute mit, wie den Gärtner, Hoffi-scher, Überreiter, Weißbierbraumeister, sowie einen 70-jährigen ehemaligen Soldaten. Von diesen wurden einige als Ausländer bzw. weil sie sich freikaufen konnten wieder entlassen. Die Ausgehobe-nen trafen in Burghausen bei der Landesdefension ein und fanden dort bereits Bürger aus ihrem Markt vor: ein Kramer tat als Leut-nant Dienst, er hatte sich, wie berichtet wird, »mit einer Perücke, einem Offiziershut mit weiß und blauen Bändern hiezu ausstaffiert; er war beritten und marschierte bei den Bauernburschen in Burg-hausen, sowie auf dem Land und in Sonderheit auf Oetting mit um-her«; ein armer Tuchmacher war ebenfalls Leutnant, er stand bei den Schützen und zog auch im Land herum, möglicherweise zum Heer Hoffmanns.[435]

In Burghausen wurden die neu ausgehobenen Mannschaften nach ihrer Ankunft auf die verschiedenen Einheiten verteilt. Dies nahm Prielmayr vor. Es dauerte dabei mitunter längere Zeit, bis diese Einheiten aufgefüllt waren. Darüber wurden die Leute ungeduldig und mußten beruhigt werden. Insgesamt machte sich unter den Mannschaften Unwille breit, teils über die Einberufung überhaupt, teils über die Zuteilung zu bestimmten Einheiten. Prielmayr be-schwichtigte die Leute, sprach ihnen zu und sagte, sie sollten sich über ihre Einstellung in die Landesdefension keine Gedanken ma-chen, sich wohl verhalten und nicht davonlaufen. Er selbst könne ohne den Willen der Gemein nichts entscheiden und keinen nach Hause entlassen; er dürfe nicht tun was er wolle. Sie sollten sich nur den einen oder anderen Monat gedulden, dann würde dieser Handel, d. h. der ganze Aufstand, ohnehin zu Ende gehen.[436]

Die Reserveeinheiten, die man im Rentamt, vornehmlich in den Städten stehen hatte und laufend neu aufstellte, waren beträchtlich. Es ist uns eine Liste dieser Landesdefensionstruppen überliefert, die um den 20. Dezember 1705 zusammengestellt worden ist. Aus dieser Liste lernen wir nicht nur die verschiedenen Einheiten, ihre Kommandanten und Mannschaftsstärken kennen, sondern wir er-halten auch Einblick in die soziale Zusammensetzung der Mann-schaften. Es ist dies die einzige genauere Aufstellung von Streit-kräften der Aufständischen, die wir besitzen; deshalb sei diese Liste im Wortlaut wiedergegeben:[437]

»Lista Deren theils angeworbenen, theils aufgestandenen Bayrischen Rebellen:
Georg Mainl, Feld-Marschall und G(ene)ral über ein Regiment Reutter:
Regulirte Mannschafft.
Comp. 60 Mann stark, so lautter Santinische abgedanckte Dragoner seind, mit pferd wohl versehen, aber alle leiden mangel an pistollen.
Comp. 100 Mann stark, davon 30 gantz grüne montur haben, die übrigen seynd lautter Baurnknecht.
Comp. 46 Mann stark, so theils überblibene Reutter, theils Baurn Knecht, haben ungleiche montur.
Comp. 68 Mann stark, seind erst geworben, ganz neu weiß montirt, mit allem wohl versehen.
Comp. 100 Mann stark, davon noch 20 übrig, so lautter Baurn-Söhne, die andern seind hinweggangen oder gefangen worden.
Comp. 30 Mann stark, haben weiße röck mit blauen aufschlägen, so lautter ausgerissene oder überblibene Bayr. und alte leuthe seind.
Comp. 41 Mann stark, ganz weiß neu montirt, wackere Kerl, und seind auf der Werbung zu Braunau.
Comp. 56 Mann stark, junge Leuthe, haben noch ihre alte blaue Kleydung an und seind lauter abgedanckte Officiers Knecht.
Xaverius Ortl, Obrister über 4 Compag. Dragoner:
Comp. 55 Mann stark, junge Leuth, so erst angeworben worden, mit gewöhr und pferden wohl versehen, aber ungleiche montur.
Comp. 42 Mann stark, davon 28 beritten, haben rothe montur, die übrigen thun noch Fußdienste.
Comp. 51 Mann stark, ganz roth neu montirt, so lautter angeworbene Baurn Knecht, haben noch keine pistollen.
Comp. 39 Mann stark, ganz roth neu montirt, mit gewöhr und pferdt wohl versehen, und werben noch immer zu Braunau.
Dalmay, Obrister über 2 Compagnien Hußaren:
Comp. 170 Mann starck, teutsch montirt, schlimme Leuthe, und seind lautter Schinder und Schergen Knecht.
Comp. 98 Mann starck, alle teutsch montirt, und haben die mehriste schon unter Ihro Churfrtl. Durchl. in Bayrn als Husarn Dienste gethan.

Die beschützende Gemein genannt, so ein ganzer Schwarm zu Pferdt, aber lautter freywillige Leuthe, deren bey die 3000 gezehlet werden, so theils Burger, theils Baurn, theils Jäger, ihre Officier erwöhlen sie ihnen selbst.

Ant. Wormbs, Oberstleutnant und General über ein Regiment Infanterie:

Regulirte Mannschafft.

Comp. 102 Mann starck, haben alte blaue montur, davon seind noch 60 übrig, die andern seynd in der Belagerung Braunau umbkommen.

Comp. 92 Mann starck, alle blau montirt, mit rothen aufschlägen, so lautter Bursch, welche unter dem Bayr. Landfahnen gestanden.

Comp. 80 Mann starck, alte leuthe, haben weisse Röck mit gelben aufschlägen.

Comp. 100 Mann starck, lautter alte Bayrische Soldaten, davon noch 32 übrig, die andern seind umbkommen.

Comp. 88 Mann starck, lautter ausgerissene Soldaten, haben unterschiedl. montirung.

Comp. 104 Mann starck, ganz blau neu montirt, seynd junge Leuthe und erst angeworben worden.

Comp. 42 Mann starck, ganz blau neu montirt, so erst angeworben worden, und haben noch kein gewöhr.

Wird zu Schärding.

Christian Jaeger, Obrister über 4 Compagn. Regulirte:

Comp. 66 Mann starck, haben allerhand montur und seind mit gezogenen Kuglbüchsen wohl versehen.

Comp. 93 Mann starck, haben allerhand montur, so lautter Handwerchsbursch.

Comp. 99 Mann starck, so lautter Baurn Knecht, werden täglich exercirt, und haben noch ihre Baurn Kleyder an.

Comp. 46 Mann starck, ganz neu blau montirt, und seind noch auf der Werbung zu Braunau.

Bey diesen Regulirten Leuthen befinden sich noch zu fueß bisweilen bey 2000, dann 3000, darnach sie etwas unternemmen wollen, und seynd die mehriste mit gezogenen Kuglbüchsen versehen, wie denn wohl bey 1000 gezehlet werden, so lautter Jäger, welche in der Pfalz und in dem Wald Dienste gethan, und kommen deren noch täglich 5 und 6 herunter, die übrigen muthmasset man, seynd

Burger und Baurn, unter disen letzteren reden gar vill Schwäbisch. Eben disen augenblick ist auf morgen ein march anbefohlen worden; wohin? stehet zu erwartten.«

Diese Aufstellung zeigt einmal zwei Hauptgruppen der Landesdefensionstruppen: regulierte, also militärisch in Kompanien gegliederte Einheiten mit festen Offizieren und nicht regulierte Haufen oder Schwärme Bewaffneter ohne klare Gliederung und Befehlsgewalt, mit Offizieren, die von den Mannschaften gewählt wurden; beide Gruppen hatten Fußvolk und Reiter. Die regulierten Einheiten umfaßten ein Infanterie- und ein Reiterregiment und je eine kleinere Dragoner-, Husaren- und Infanterieeinheit mit insgesamt 1658 Mann in 25 Kompanien; die nichtregulierten Haufen bestanden aus einem »Schwarm zu Pferd« mit 3000 Mann, der sogen. »beschützenden Gemein«, und Fußvolk in der wechselnden Stärke von 2–3000 Mann. Die regulierten Mannschaften machten von der ganzen Streitschar etwa ein knappes Viertel aus.

Da allgemein ein großer Mangel an Pferden herrschte – auch bei den kaiserlichen Truppen – war von den Reitereinheiten nur der geringere Teil beritten: vom Reiterregiment Meindl, das 401 Mann in acht Kompanien umfaßte, waren zwei Kompanien mit zusammen 128 Mann beritten; bei den Örtl-Dragonern hatten von den 187 Mann in vier Kompanien zweieinhalb Kompanien zusammen 122 Pferde; die zwei Kompanien Dalmay-Husaren gingen noch sämtlich zu Fuß. Unter diesen Umständen ist es unwahrscheinlich, daß die nicht regulierte »beschützende Gemein« 3000 Pferde gehabt hat; auch hier wird der größte Teil unberitten gewesen sein. Die Angaben über die Montierung zeigen, daß man versucht hat, die regulierten Einheiten kompanieweise zu uniformieren, wobei man alle möglichen Uniformen nahm, die man bekommen konnte, blaue bayerische Militär- und Landfahnenmonturen, rote bayerische Dragonerröcke, weiße kaiserliche Uniformen oder grüne Jägerröcke; viele Männer steckten noch in ihrer Bauerntracht. Die Husaren hatten gewöhnliche deutsche Uniformen, also nicht die für diese Waffengattung übliche ungarische Tracht; verschiedene Kompanien waren noch uneinheitlich gekleidet. Bei der Bewaffnung war man in gleicher Weise bestrebt, die einzelnen Kompanien einheitlich auszurüsten. Es gab Reiterkompanien, die einheitlich uniformiert und mit Waffen und Pferden wohl versehen waren, andere hatten Uniformen, Pallasche und Pferde, aber es fehlten ihnen Pistolen, wieder andere hatten alles, nur keine einheitliche Montur usw. Das regulierte Fußvolk war wohl durchweg mit Gewehren bewaffnet, eine der elf Kompanien war einheitlich mit gezogenen Kugelbüchsen versehen, eine hatte noch keine Gewehre. Bei den nicht regulierten Haufen befanden sich viele Jäger, die mit gezogenen Kugelbüchsen bewaffnet waren; beim Fußvolk zählte man ihrer 1000, eine verhältnismäßig sehr hohe Zahl. Die übrigen haben wohl Spieße, Stangen, geradegeschmiedete Sensen, Morgensterne und ähnliche Waffen geführt. Insgesamt waren jedoch diese Aufständischeneinheiten, wenn die Angaben dieser Liste stimmen, im Vergleich mit anderen reichlich mit Feuerwaffen versehen.

Diese Liste gibt einen eindrucksvollen Aufschluß über die gesellschaftliche Herkunft der Landesverteidiger, die in diesen Einheiten ihren Waffendienst taten. Zunächst ist festzustellen, daß die Kriegskommissäre und die Offiziere, die die Kompanien zusammenstellten, bemüht waren, Leute vom gleichen militärischen Erfahrungsstand und gleicher sozialer Herkunft zusammenzufassen. So bestand im Reiterregiment Meindl die erste Kompanie aus lauter ehemaligen Dragonern, die sechste aus desertierten kaiserlichen und abgedankten bayerischen Soldaten und Veteranen; in der fünften hatte man lauter Bauernsöhne zusammengefaßt, und in der achten standen lauter ehemalige Offiziersdiener. Bei den Örtl-Dragonern standen in der ersten Kompanie neugeworbene junge Leute, in der dritten Bauernknechte. Die Husaren waren die leichte Kavallerie, die vornehmlich zu Aufklärungs- und Raubzügen Verwendung fand und auch in den regulären Armeen ein schlechtes Ansehen genoß; so waren auch hier bei der Landesdefension in der einen Kompanie Leute von geringem sozialen Ansehen, Schergenknechte und die unehrlichen Schinder, in der anderen abgedankte bayerische Husaren.

Beim regulierten Fußvolk waren die Mannschaften für die einzelnen Kompanien noch genauer sortiert. Im Regiment Wormbs standen in der ersten Kompanie Aufständische der ersten Stunde, die an der Belagerung von Braunau teilgenommen hatten, in der zweiten lauter ehemalige Landausschüsser, in der dritten Veteranen, in der vierten abgedankte bayerische, in der fünften desertierte kaiserliche Soldaten, in der sechsten und siebten neuangeworbene Leute. Bei den vier Jaegerschen Kompanien standen in der ersten Scharfschützen, wohl hauptsächlich Berufsjäger, in der zweiten Handwerksburschen, in der dritten Bauernknechte und in der vierten Verschiedene. Die Angehörigen der regulierten Einheiten waren offenbar die aufgebotenen Leute, denn bei der »beschützenden Gemein« standen lauter Freiwillige, ebenso wohl auch beim nichtregulierten Fußvolk, dessen Stärke hohen Schwankungen unterworfen war. Der sozialen Herkunft nach bestanden die nichtregulierten Haufen aus Bauern, Bürgern und Jägern, bei ihnen waren viele Leute aus der Oberpfalz und dem Bayerischen Wald und angeblich eine größere Anzahl schwäbischer Bauern. Wo diese herkamen, ist ungewiß; daß sie sich aus ihrer Heimat zu den bayerischen Aufständischen geschlagen haben, ist wenig wahrscheinlich, richtiger ist wohl die Annahme, daß es sich um ehemalige bayerische, vielleicht auch kaiserliche Soldaten schwäbischer Zunge gehandelt hat.

Von den 1658 regulierten Landesverteidigern waren mindestens 417 ehemalige Soldaten, mit den 92 ehemaligen Landausschüssern erhöht sich dieser Anteil auf 509, das heißt, wir dürfen hier mit einem Anteil von ehemaligen Militärpersonen von etwa einem Drittel rechnen. Unterstellen wir, daß die nichtregulierten Landesverteidiger Freiwillige waren, und zählen wir diesen noch die ehemaligen Militärpersonen zu, die wohl auch zum größten Teil freiwillig mitgegangen sind, so bleiben von dieser ganzen Streitschar, deren Stärke um 7000 schwankte, nur etwas mehr als 1000 Mann, die nicht freiwillig, möglicherweise unter Zwang zur Landesdefension gegangen waren, also ein ziemlich kleiner Teil.

Schließlich können wir bei den regulierten Mannschaften mehrere soziale Gruppen auch in ihrem zahlenmäßigen Anteil unterscheiden. Dabei besteht jedoch ein erheblicher Unsicherheitsfaktor, da die Kennzeichnung der sozialen Stellung der Leute nicht genau durchgeführt ist und Überschneidungen bestehen. Es lassen sich somit nur grobe Verhältniswerte ablesen. Klar gekennzeichnet sind 243 Bauernknechte, 100 Bauernsöhne – von denen jedoch 80 ihre Truppe verlassen hatten –, 93 Handwerksburschen, 170 Schinder und Schergenknechte; 310 werden als neu geworbene Leute bezeichnet, unter denen sich Angehörige aller möglichen sozialen Gruppen verbergen können. Jedenfalls stellten die Bauernknechte in diesem Verhältnis das größte Kontingent; unter ihnen konnten freilich, wie wir wissen, auch Bauernsöhne sein.[438] Die Bauernsöhne, wohl vor allem Hoferben, waren ursprünglich ebenfalls stark vertreten, doch erwiesen sie sich als besonders unzuverlässige Landesverteidiger; ihre Väter bestachen die Offiziere, daß sie ihre Söhne nach Hause gehen ließen. Aus diesem Grund beschloß am 23. Dezember der Landesdefensionskongreß zu Braunau unter anderem: »Und soll sich kein Officierer, wer er auch sey, Macht und Gewalt nehmen, einen gestelten Mann von seiner Compagnie, wohin er gestellet worden, zu entlassen, damit nicht geschehe, wie man vormahls gethan, daß nemlich die Officierer von denen reichen Bauren-Söhnen das Geld nehmen, die Armen alsdann stehen bleiben.«[439]

21. KAPITEL

Der Landesdefensionskongreß zu Braunau

Das Rentamt Burghausen befand sich nun seit über sechs Wochen im Aufstand. Hier war die Organisierung der Bewegung in militärischer, administrativer und politischer Hinsicht am weitesten vorangetrieben worden, und doch empfand jedermann, daß es an einer straffen und zielbewußten Führung fehlte. Die Regierung des Rentamts hatte sich der Führungsaufgabe entzogen, sie hatte nicht selbständig gehandelt, sondern nur reagiert. Die Gemein von Braunau oder genauer Plinganser hatte zwar den Anspruch auf die Führung erhoben, doch war dieser von Regierung und Gemein von Burghausen zurückgewiesen worden. Der Gegensatz zwischen Braunau und Burghausen wurde dadurch noch stärker und lähmte die Bewegung immer mehr. Die Führer und Offiziere der Landesdefension waren faktisch niemandem verantwortlich und zeigten sich immer anfälliger für Korruption und Bestechung; das Land lieferte nicht die ausgeschriebenen Abgaben, die zur weiteren Kriegführung gegen die Besatzungsmacht notwendig waren. Schließlich kam es jetzt auch wieder vermehrt zu Ausschreitungen von Aufständischen und umherstreifendem Gesindel, die sich das allgemeine Durcheinander zunutze machten und Adelige und Beamte überfielen, ausplünderten und mißhandelten. So wurde der Ruf nach einer straffen Führung immer lauter.

Wir wissen nicht, wer zuerst auf den Gedanken gekommen ist, zu diesem Zwecke eine Versammlung einzuberufen, in der neben den drei Landständen zum ersten Mal in der Geschichte Bayerns auch das Landvolk als vierter Stand vertreten sein sollte. Die Administration hat nach dem Ende des Aufstands hierüber genaue Nachforschungen angestellt, aus denen hervorgeht, daß der Regierungskastner Franz Bernhard von Prielmayr eine Anregung aus der Burghausener Gemein aufgegriffen hat.

Am 18. Dezember wurde Prielmayr in Burghausen auf offener Straße von einem größeren Haufen Bauern angehalten. Die Leute verlangten, daß zwischen der Burghausener und der Braunauer Gemein die Einigkeit wiederhergestellt und vereinbart würde, daß

295

nicht nur die Burghausener sondern in gleichem Maße auch die Braunauer zu Geldzahlungen und Proviantlieferungen für das Landesdefensionsheer herangezogen werden sollten. Es handelte sich anscheinend um Vertreter der Burghausener Gemein, die einerseits in den tags zuvor erhobenen Forderungen Plingansers eine Anmaßung sahen, andererseits aber einen Konflikt mit Braunau verhindern wollten, der durch die Ablehnung dieser Forderung und die Festnahme Plingansers drohte. Die Leute schlugen vor, Prielmayr solle mit ihnen nach Braunau gehen und dort eine Versammlung von Deputierten aus allen Gerichten einberufen, auf der die Leistungen aller Teile des Rentamts verbindlich festgelegt werden sollten.[440]

Prielmayr und die Regierung griffen diesen Vorschlag auf. Sie erkannten anscheinend hier eine neue Chance, dem drohenden Chaos steuern und vielleicht auch den abgerissenen Faden ihrer Politik des friedlichen Ausgleichs mit der Administration wieder aufnehmen zu können. Jedenfalls erhielt Prielmayr für diese Versammlung die Instruktion, nicht nur eine Einigung zwischen Braunau und Burghausen herbeizuführen, sondern auch »die große Verwirrung beizulegen und sich zu bemühen, die Bauern wieder zur Raison zu bringen«, die »Tranquilität« wiederherzustellen und »einen guten Frieden zu stiften«. Dem Rentmeister von Widmann erklärte der Vizedom von Weichs, die Teilnahme von Regierungsvertretern an dieser Versammlung werde »zur Konservation des cameralis und dem Land zum Guten wohl nötig sein, ... damit nicht alles unter und über sich gehe«.[441]

Nun schrieb jedoch nicht die Regierung die Versammlung aus, sondern der Kommandant von Braunau, Landesdefensionsoberst Aloys Jehle. Anscheinend scheute sich die Regierung wieder, eine Führungsrolle in der Aufstandsbewegung zu übernehmen und sich damit gegenüber der Administration ins Unrecht zu setzen. Jehle traf zufällig am 18. Dezember auf der Rückkehr vom Korps Hoffmann aus Neuötting in Burghausen ein und suchte Prielmayr auf. Dieser beauftragte ihn, aus jedem Gericht des Rentamts je einen Abgeordneten des Adels, der Geistlichkeit, der Bürgerschaften und des Landvolks zu einer Versammlung nach Braunau einzuberufen. Dies tat Jehle auch mit folgendem Rundschreiben:[442]

»Sonders vielgeehrter Herr.

Demnach das bisher zu Alt- und Neu-Öettingen gestandene und dem Lieben Vatterland mit villen geüebeten grausambkeiten und eingebrachten unerschwingl. anlaagen sehr schädlich gewesenen Kays. Corpo unter dem Obristen de Wend vermittels göttl. verfüegung über den Yhnnfluß, mithin aus diesem untern Rent-Ambt Burghausen völlig vertrieben, Und nun hierauf auf morgen ein großer Kriegs-Rath über einig gewisse Umbständ resolvirt und angesetzt worden, daß bey selbigem aus einem Jeden Gricht dises Rent Ampts auch ein Begütterter von Adl, ein Pfarrherr, ein Burger und ein Baurs-Mann, und zwar ieder anstatt und in Namen der übrigen im Gricht, Statt oder Marck, sesshafften Edelleuthen, Pfarrherrn, Burgern und Unterthannen erscheinen und disen zu deß Vatterlandts, mithin ihren selbst aigenen nutzen angewendeten Kriegs-Rath (bei Welchem einige Deputirte HHr. Räth von der Regierung Burghausen erscheinen werden) ebenfalls beywohnen solle.

Geben Braunau, den 18. Xbr. 1705.

P. S. Die erscheinung ist bey hoher straff auf den 21. dises gestellt.

Johann Aloysius Jelli
Obrister und Commendant zu Braunau.«

Diese Einladung wurde sogleich im ganzen Rentamt verbreitet. Sie erreichte z. B. den Pfleger von Mauerkirchen, Graf Joseph Franz von Aham, auf seinem Schloß Neuhaus am Inn, das wenige Wochen zuvor während der Belagerung Schärdings von Landesverteidigern völlig ausgeplündert worden war. Graf Aham folgte der Einladung widerwillig und nur aus Furcht vor den angedrohten Repressalien. Ähnlich ging es seinen Standesgenossen; von ihnen erschienen noch Johann Marian von Leyden, Landrichter von Schärding, und Franz Freiherr von Paumgarten, Pfleger von Neumarkt. Auch die Regierung von Burghausen wurde geladen und schickte auf ausdrücklichen Wunsch der Gemein Kastner von Prielmayr und Rentmeister von Widmann. Die Geistlichkeit hielt sich zurück und schickte keine Vertreter, und außer jenen Beamten erschien auch niemand mehr vom Adel. Stark vertreten waren die Städte und Märkte, die meisten Abgeordneten aber sandte das Landvolk; diese beiden Gruppen zusammen stellten etwa 100 Deputierte.[443]

Am 21. Dezember versammelten sich die Abgeordneten in Braunau zum sogenannten »Landesdefensions-Kongreß« oder »Parlament«, wie man die Versammlung auch nannte, im Stadtquartier des Freiherrn von Paumgarten im Gasthof Breuninger. Die adeligen Herren saßen an einem Tisch, die Vertreter der Bürger und Bauern standen gleichsam als »Unterparlament«, wie Plinganser es später beschrieb, ihnen gegenüber. Die erste Sitzungsperiode dauerte bis zum 24. Dezember.[444]

Die Verhandlungen begannen in einer ziemlich hitzigen Stimmung. Zunächst erklärte ein Vertreter der Bauern, daß sie auf den Kongreß, der sich des lieben Vaterlandes annehmen wolle, großes Vertrauen setzten. Dann ergriff Prielmayr das Wort und sagte, daß man die zwischen Burghausen und Braunau obschwebende Uneinigkeit beheben und eine bessere Ordnung der in Waffen stehenden Gemein einführen müsse. Hierauf erklärten auch die Bevollmächtigten der Bürger und des Landvolks, die Aufsässigkeiten gegen die Beamten und die Plünderungen hätten bedauerlicherweise wieder zugenommen; sie wollten, daß »die alten guten Statuta und Landesgewohnheiten künftighin observirt und aller Orten der notwendige Gehorsam und die nötige Sicherheit gehalten werde, wie dann auch künftighin die Regierung, die Beamten, die Geistlichen und Weltlichen, wess Standes sie immer sein mögen, in Ruhe und Sicherheit leben und auch andere sonst übliche Herrschaftsschuldigkeiten abgestattet werden müßten«. Man habe den Aufstand gemacht, um das Land bei der bestehenden großen Not vor den andauernden vom Kaiser gemachten Auflagen und unerträglichen Beschwernissen zu schützen.

Danach sagte Prielmayr vornehmlich an die Adresse der Braunauer gerichtet: Das Volk habe sich mit Recht gegen die Exzesse der kaiserlichen Truppen aufgelehnt, doch habe man zuviel des Guten getan, als man den Waffenstillstand gebrochen und sich unterwunden habe, gegen den Kaiser Krieg zu führen. Dieser werde nun noch mehr Truppen ins Land ziehen. Man müsse sich jetzt die Sache reiflich überlegen und die Mittel aufzeigen, durch die man einen langwierigen Krieg führen könne. Eine Kriegskasse sei nicht vorhanden, und der Bauersmann sei völlig entkräftet; weiter fehle es z. B. besonders an Handfeuerwaffen. Darauf erhoben sich die Stimmen, daß man bereit und willig sei, um das Wohl des Vaterlandes nicht nur Vermögen, sondern auch Blut daranzusetzen. Paumgarten erklärte, man hätte in wenigen Tagen das Land von kaiserlichen Truppen gesäubert, wenn man sich nicht hätte einschüchtern lassen, sondern die Landesdefensionsarmee rascher gegen München geführt hätte.

Es waren nun die Vertreter der Braunauer Gemein, die forderten, man müsse verständige Leute haben, die die Sache führten. Diese Forderung nahm Prielmayr geschickt auf und griff, ohne Namen zu nennen, Plinganser und Hoffmann an, indem er sagte: Man müsse die Leitung der Landesdefension erfahrenen Leuten, d. h. Adeligen übergeben. Das Volk könne sich den derzeitigen Führern nicht länger anvertrauen, ohne den Ruin des ganzen Landes zu riskieren; diese Leute genössen ein geringes Ansehen und würden bei schlechtem Ausgang der Dinge sich als erste unsichtbar machen. Hierauf gab es wieder eine allgemeine Debatte, in der die Vertreter aus Mauerkirchen ihren Pfleger Grafen Aham, die von Schärding ihren Landrichter von Leyden, die Braunauer den Freiherrn von Paumgarten und die Burghauser Prielmayr und Widmann vorschlugen. Jeder wollte also seine ihm vertraute Obrigkeit an der Spitze der Bewegung sehen.

Nun wurde den adeligen Herrn wieder angst und sie suchten nach Ausflüchten, doch die Vertreter von Bürgern und Landvolk bestanden nachdrücklich darauf – wenn die Herrn vom Adel nicht wollten, könne man es sie schon lehren –, so daß man schließlich Paumgarten zum Leiter des Kongresses bestimmte. Zum Oberkommandierenden schlugen die Bauern den ehemaligen bayerischen Brigadier Ludwig Karl d'Ocfort zu Schedling vor, der 1702 den Oberbefehl über die Landesdefensionslinien im Süden des Kurfürstentums geführt hatte und beim Volk ein gutes Ansehen genoß. – Brigadier war ein Dienstgrad bei der Kavallerie zwischen dem Obersten und dem Generalwachtmeister, der mit besonderen Verwaltungsaufgaben verbunden war.[445] – Plinganser aber setzte man als Oberkriegskommissär und Hoffmann als Oberkommandierenden ab; diesem ließ man das Kommando über das gegen München vorrückende Heer, jenen machte man zum Sekretär des Kongresses.

Damit hatte die Friedenspartei unter der Führung Prielmayrs einen vorläufigen Sieg errungen. Doch gleich forderten die Deputierten den Ausbau des Schutzes für das Rentamt und die Aufstellung einer Truppe von einigen tausend Mann. Hierzu äußerte sich wieder Prielmayr und kritisierte die bisherigen Maßnahmen. Man hätte z. B. eine hohe Kriegssteuer erheben müssen, um die Truppen unterhalten zu können. Das Rentamt Burghausen sei jedoch ziemlich ruiniert und könne eine solche Last unmöglich allein tragen, und von den anderen Rentämtern könne man keinen Beitrag hierzu einfordern. Wenn man mit der Landesdefensionsarmee vor München rücken und die Stadt belagern sollte, so würde sich der Feind nicht so bald ergeben, sondern im Land herumziehen und dieses mit Feuer und Schwert verwüsten, so daß auch die Landesdefension bald keine Hilfsquellen mehr habe und auseinandergehen müsse.

Plinganser, der verspätet auf der Versammlung erschienen war, ergriff hierauf das Wort und erklärte im Namen der Bauernschaft: Man habe bisher ohne Bedenken die kaiserlichen Gefälle eingezogen, ohne daß die Regierungen von Landshut oder Burghausen dagegen Einspruch erhoben hätten. Wenn also der Kongreß die Leitung des Landesdefensionswesens zu übernehmen gedenke, sei es seine Sache, auf welche Weise er die notwendigen Gelder für die Kriegführung aufbringe. Hierzu müsse ihm zunächst die Regierung von Burghausen untergeordnet werden. Im übrigen solle man die Organisation der Abgaben und der Versorgung so lassen, wie sie bisher geführt worden sei, und unverweilt mit der Belagerung Münchens beginnen. Prielmayr fühlte seinen Plan einer allgemeinen Abwiegelung gefährdet und fuhr Plinganser an, man habe ihn nicht zu reden geheißen, ob er denn der Anwalt der Bauern sei, in wessen Auftrag er eigentlich rede. Plinganser entgegnete, daß man die bisherigen Erfolge der Landesdefension allein seinem Einsatz zu verdanken habe. Wenn aber der Adel an seine Stelle treten und sich zum Vorteil des Kurfürsten und des ganzen Vaterlandes Ruhm erwerben wolle, trete er ohne Eifersucht zurück. Prielmayr glaubte, hier einhaken zu können und sagte, wenn er versichern könne, daß der Kurfürst diesen Aufstand billige, wollten sie ihn mit allen Kräften fortsetzen; doch sollten die Bauern hierzu erst eine Gesandtschaft nach Brüssel schicken und die Ansichten vom Kurfürsten direkt erfragen.

Dieser Vorschlag war denn doch zu durchsichtig. Die Vertreter der Bürger und Bauern erhoben heftigen Widerspruch und sagten, sie hätten gemeint, der Adel, der sich hier eingefunden habe, wolle das Band der vereinigten Bauernschaft, die bisher so glücklich operiert habe, nicht auflösen, sondern festigen. Ein solcher Vorschlag führe aber dazu, daß viele Tage ungenutzt verstreichen und das Volk durch die erstarkende kaiserliche Macht immer mehr eingeschüchtert würden. In dieser Zeit aber könne man mit der großen bewaffneten Macht, die man auf den Beinen habe, das Kriegsziel erreichen. Sie setzten ihre Stellungnahme zu diesem Problem in einer Adresse schriftlich auf, die sie am 24. Dezember den adeligen Kongreßmitgliedern vorlegten. Die hier vorgebrachten Argumente gehören jedoch zu der Debatte des 21., in der über Fug und Unfug der Fortsetzung des Krieges verhandelt wurde; deshalb sollen sie hier folgen.

In dieser Adresse, die wohl von Plinganser abgefaßt wurde, nahmen die Vertreter der Bürger und des Landvolks in scharfer Weise Stellung gegen die Bemühungen der adeligen Friedenspartei und warfen ihren Patriotismus und ihre Treue zum angestammten Herrscherhaus in die Waagschale: Man zweifle nicht daran, daß der löbliche Adel getreu gegen den Kurfürsten zum allgemeinen Besten alle seine Kraft einsetzen wolle, damit nach den bisherigen Anstrengungen und Erfolgen kein trügerischer Friede gemacht wird, der den Landmann, anstatt ihm Erleichterung zu bringen, ins Elend und schließlich in die Sklaverei stoße. Doch müsse man leider feststellen, daß der Adel anscheinend die treuen Patrioten von der Landesdefension abspenstig machen und ihren Eifer durch hergesuchte Schwierigkeiten abkühlen wolle. Der Kurfürst könne doch gar nichts dagegen haben, wenn sie, die Landesverteidiger, die feindliche Besatzung vertreiben und ihm als ihrem rechtmäßigen Herrn das Land wiedergeben wollten. Zudem seien sie bereit, für die kurfürstlichen Prinzen Gut und Blut einzusetzen. Sie seien nicht auf ihre eigene Rettung, sondern auf die Rettung des Landes bedacht, und sie könnten es auch gegenüber dem Kurfürsten nicht verantworten, ihre Söhne zum Kampf gegen diesen ihren von Gott eingesetzten Landesherrn herzugeben, was doch die kaiserlichen Rekrutenaushebungen bezweckt hätten. Aus diesen Gründen sollten die anwesenden Vertreter der Regierung und des Adels den Kongreß fortsetzen und ihm keine Hindernisse in den Weg legen, vielmehr Mittel und Rat schaffen, das Wohl des Kurfürsten und des ganzen Landes zu befördern.

In dieser Adresse und der ganzen Debatte haben wir eine Parallele zu der Adelsschelte in dem von Ignaz Haid aufgesetzten Manifest der Landesdefension des Oberlandes.[446] Hier wie dort wurde dem Adel bzw. der Landschaftsverordnung indirekt oder direkt Verrat am Landesherrn und am Vaterland vorgeworfen. Hier wie dort erhoben die Untertanen den Anspruch, als eigenständige politische Kraft zu handeln und nicht nur die Interessen des Landes, sondern auch des angestammten Landesherrn zu vertreten.

In der Auseinandersetzung, in der »verschiedene Hitzigkeiten« wider die Regierung hervorbrachen, gewann schließlich die Kriegspartei die Oberhand. Prielmayr konnte mit seinem zu diplomatisch eingefädelten und doch wieder zu durchsichtigen Versuch, die Vertreter des einfachen Volkes von der Fortsetzung des Aufstandes abzuschrecken, nicht durchdringen. Im Grunde siegte der am Anfang gedemütigte Plinganser, dessen radikale Partei noch am selben Tag eine Reihe von Beschlüssen zur Fortsetzung des Krieges durchsetzte.

Diese sogenannte »vorläufige Eventualabrede« richtete sich an die Regierung und trug ihr auf: 1) Die ehemaligen bayerischen Offiziere zur Führung der aufzustellenden Einheiten zu den Fahnen zu rufen; 2) von den übrigen drei Rentämtern so bald wie möglich einen Beitrag für die Kriegsrüstungen einzufordern; 3) die Erklärung abzugeben, daß sie das Rentamt wie vormals im Gehorsam gegen den Kurfürsten jetzt im Gehorsam gegen den Landesdefensionskongreß verwalten wolle; 4) als Leiter des Landesdefensionswesens Graf Paumgarten sowie die Herren von Widmann, von Prielmayr und von Leyden und als kommandierenden General den Brigadier d'Ocfort einzusetzen.

Am 22. Dezember tagte der Kongreß nicht. Dafür beriet die Regierung in Burghausen über die Beschlüsse des Kongresses, von denen Prielmayr meinte, daß sie »mehr zum üblen als zum guten ausschlagen dürften«. Die Regierung kapitulierte vor dem Kongreß und beschloß die Durchführung seiner Entscheidungen bis auf die zweite, die sie nicht erfüllen könne, da keine Rentamtsregierung einer anderen untergeordnet sei. Dem Kongreß teilte sie mit, sie sei bereit, ihm »in allem bestens an die Hand zu gehen«, und erklärte in etwas verschlüsselter Form ihre Unterwerfung unter seine Entscheidungen, »so viel ihr immer möglich ist und ihre Function mit sich bringt«. Noch am selben Tag beauftragte sie Paumgarten, Widmann, Prielmayr und Leyden mit der Leitung des Landesdefensionswesens und teilte dem Brigadier d'Ocfort seine Ernennung zum kommandierenden General mit. Außerdem ging an diesem Tag das Patent hinaus, das die Offiziere zur Gestellung aufforderte.[447]

Es entbehrt nicht der persönlichen und allgemeinen Tragik in diesem Aufstand, daß just an dem Tag, da die Regierung dem Freiherrn d'Ocfort seine Ernennung mitteilte, dieser in seinem Schloß Schedling, $1/2$ km nördlich von Trostberg, durch einen Haufen bewaffneten Landvolks überfallen wurde. Diese zuchtlose Schar plünderte das Schloß, zerschlug den Hausrat, nahm alle Waffen mit und traktierte d'Ocfort, seine Frau und seine Kinder in übler Weise mit Schlägen. Der Haufe wandte sich danach gegen Trostberg, fand aber das Pflegschloß versperrt und verübte am folgenden Tag gegen einige Beamte der Gegend verschiedene Gewalttaten. In der Nacht nach diesem Überfall kam ein Kommissär mit einem Kommando aus Braunau, um d'Ocfort abzuholen. Als dieser am 24. vor dem Kongreß erschien, waren sein Kopf und sein Gesicht mit Beulen und Blutergüssen, den Spuren jener Mißhandlungen, bedeckt.[448]

Als am 23. Dezember der Kongreß wieder zusammentrat, ging es nur noch darum, die notwendigen Kriegsrüstungen zu beschließen. Hierzu wurde eine ganze Reihe von Anträgen gestellt, die in einem »einhelligen Schluß« niedergelegt wurden.[449] In diesen Entscheidungen, in denen der Kongreß, wie man feststellen muß, zielbewußt und planmäßig vorging und die die Forderungen Plingansers vom 17. Dezember deutlich übertrafen, wurde die Regierung aufgefordert, umgehend alle Beamte, die seit dem Beginn des Aufstandes aus Furcht vor den Gewalttaten der Rebellen geflohen waren, zurückzurufen und ihre Amtsabrechnungen einzufordern. Die Beamten wurden unter den besonderen Schutz des Kongresses gestellt und Gewalttaten gegen sie streng verboten; ihnen wurde dabei jedoch auch auferlegt, die Bevölkerung bei der Einbringung der Anlagen nicht zu bedrücken und nicht – zur persönlichen Bereicherung – mehr einzutreiben, als ausdrücklich vorgeschrieben war. Um bei der Ausschreibung der Anlagen Ungerechtigkeiten zu vermeiden, sollte jedes Gericht einen oder zwei Beisitzer zur Regierung abstellen, die die Ausschreibung und Einbringung der Abgaben kontrollieren sollten. – Dann ging man daran, die Stärke der aufzustellenden Truppen und die Aushebung der Mannschaften festzulegen. Jeder Hof des Rentamts – man zählte etwa 4300 – sollte einen ledigen Mann mit der notwendigen Bewaffnung stellen, die Städte und Märkte sollten ihre ledigen Burschen zur Musterung schicken. Hieraus wollte man vier Infanterieregimenter zu je 1000 Mann formieren. Der Adel und die Geistlichkeit wurden verpflichtet, für ein Dragonerregiment aufzukommen, wobei die Hofmarken und Klöster für je zehn Höfe ihrer Herrschaftsgebiete einen berittenen, uniformierten und bewaffneten Dragoner und jeder Pfarrer ein Pferd stellen sollten. Auszuheben seien zunächst ehemalige Landausschüsser und dann die übrigen ledigen Bauern- und Handwerksburschen. Solche, die aus Furcht vor dem Waffendienst »ohne einig habendes Eigenthum« heiraten sollten, seien von der Gestellung nicht zu befreien; auch der Freikauf von Rekruten wurde verboten. Die Ausgemusterten seien nach Braunau und Burghausen zu bringen, wo sie den verschiedenen Einheiten zugeteilt würden. Neben der Rekrutenaushebung sollte die Werbung – wohl von ehemaligen Soldaten – fortgesetzt werden. – Da, wie schon am 21. Prielmayr festgestellt hatte, ein großer Mangel an Handfeuerwaffen bestand, wurden die Bauern in aller Schärfe aufgefordert, sämtliche Flinten und Musketen, die sie im Laufe des Aufstandes aus Zeughäusern, kurfürstlichen und Adelsschlössern geraubt hatten, unverzüglich den ausgehobenen Rekruten zu übergeben. Mit den übrigbleibenden Gewehren sollten sich alle Männer vorsorglich für den Fall eines Generalaufgebotes bewaffnen. – Zur Verpflegung und Uniformierung der Mannschaft wurden jedem Hof monatlich 4 fl., den Städten und Märkten entsprechende Summen auferlegt. An Futtermitteln sollte jeder Hof je einen Münchner Scheffel Korn und Hafer, vier Fuder Heu und 20 Schub Stroh, jeder Pfarrer die gleiche Menge wie unter dem Kurfürsten an die Magazine liefern. Es wurde beschlossen, eine Kriegskasse mit einem Zahlmeister einzurichten, an die jene Verpflegungsgelder sowie alle eingehenden Amtseinkünfte von den verschiedenen Ämtern abzuliefern waren. Aus dieser Kriegskasse sollten die Offiziere und Kommissäre besoldet und alle sonstigen Ausgaben, z. B. für die Artillerie, bestritten werden. – Man war jetzt nicht mehr bereit, den Weg einer friedlichen Verständigung zu gehen. Der Vorschlag Paumgartens, den Erzbischof von Salzburg um Friedensvermittlung zu bitten, wurde abgelehnt. Man beschloß lediglich, vor dem Reichstag den Aufstand zu rechtfertigen und seine Notwendigkeit in einer Beschwerdeschrift darzulegen.

Es ist erstaunlich zu sehen, welche Lasten die Deputierten des Kongresses, d. h. die Vertreter des einfachen Volkes, dem entkräfteten Land aufzuerlegen bereit waren. Diese Lasten gingen, vor allem in der Mannschaftsgestellung, um ein vielfaches über das hinaus, was die kaiserliche Administration dem Land hatte zumuten wollen und dessentwegen der Aufstand überhaupt ausgebrochen war. Der Regierungskanzler Ferdinand Franz von Stromer in Landshut hatte zweifellos recht, wenn er Anfang Januar 1706, als er den »einhelligen Schluß« zu Gesicht bekam, hierzu bemerkte: »Wenn die unverständigen Leute dem seligen Kaiser das Drittel von dem hätten verreichen sollen, was sie sich jetzt selbst unter einander aufgelegt, so wäre es zu praestiren unmöglich gewesen.«[450]

Der »einhellige Schluß« wurde umgehend an die Regierung nach Burghausen gegeben mit dem Auftrag, ihn in Kopien an die Gerichte zu verteilen und, soweit es die Regierung betraf, sogleich zu vollziehen. Die Kopien gingen am 24. Dezember hinaus, und zwar auch in andere Rentämter. Am gleichen Tag erging auch ein Patent der Regierung, das die geflohenen Beamten und Amtleute in ihre Ämter zurückbeorderte und ihnen Schutz gegen Gewalttaten zusagte.[451]

Der Kongreß setzte für die vier aufzustellenden Infanterieregimenter als Kommandeure Leyden, Prielmayr, Jehle und den ehemaligen bayerischen Oberstleutnant von Kilburg, den früheren Landesdefensions-Linien-Grenz-Fortifikationskommissär ein;[452] das Dragonerregiment sollte d'Ocfort erhalten. Die Regimenter bekamen auch Namen, die ihre Treuebindung an den Kurfürsten und sein Haus ausdrücken sollten: Leibregiment, Regiment Kurprinz, Regiment Prinz Philipp, und es wurden ihnen bestimmte Gerichtsbezirke zur Rekrutierung zugewiesen, und zwar auch solche im Rentamt Landshut, wie Griesbach und Reichenberg.[453]

Die adelige Friedenspartei, die sich übrigens bei den Vertretern des einfachen Volkes öfter dadurch verdächtig gemacht hatte, daß sie unter sich französisch und lateinisch sprach, versuchte noch ein-

mal einen Vorstoß, als sie am 24. Dezember das Abmahnungspatent der Administration vom 19. in die Hände bekam. Prielmayr
legte es dem Kongreß vor und verlangte, daß es der Bevölkerung
bekannt gemacht würde. Dies wurde jedoch von den Bürger- und
Bauernvertretern energisch zurückgewiesen. Wohl im Zusammenhang mit der Debatte hierüber wurde auch die Adresse dieser Deputierten über die patriotischen und dynastischen Motive und Ziele
des Volkskriegs vorgelegt, und man sprach auch von Briefen des
Kurfürsten, in denen dieser den Aufstand gutheiße. Gemeint war
hier wohl die bekannte Fälschung, auf die Kriegskommissär Fuchs
in Tölz immer wieder hinwies und die wie dort so auch hier aus
guten Gründen nicht vorgelegt wurde.[454]
   Auf die schriftliche Adresse von Bürgern und Landvolk gaben
die adeligen Kongreßmitglieder eine kurze mündliche Antwort: Sie
seien in der Absicht zum Kongreß zusammengetreten, sich als treue
Vasallen des Kurfürsten zu erweisen und dem bedrängten Vaterland zu helfen; hierzu trügen sie mit all ihren Kräften bei. Dann
vertagten sie den Kongreß bis nach den Weihnachtsferien, worauf,
wie Plinganser berichtet, »nicht ohne confusion und grosse bestür-
zung der wollgesinnten alles auseinander gangen«.[455]
   Die Regierung beeilte sich weiter, die Beschlüsse des Kongresses
auszuführen. Am 25. Dezember nahm sie d'Ocfort als kommandie-
rendem General den Eid ab und ernannte die vom Kongreß gewählten Regimentskommandeure zu Obersten zu Fuß.[456]

22. KAPITEL

Der Zug der Oberländer vor München

»Patent.

Yber das jungst von unsern Landts-Beschüzern Underlandts Bayrn ausgangene Patent hat man seithero weithers in versicherte Erfahrung gebracht, wie das zwar die zu München subsistierente Kheys. Administration verwichener Täg die 3 ältisten Prinzen von da abweckh und, wie man vermuthet, nacher Tyrol führen, mithin unser liebes Vaterlandt dessen noch habenten ybrigen Trostes völlig berauben wollen, so aber wider durch Gottes Hilf und Beystandt auf eine Zeit verschoben worden. Wan nun dan dies grosse Ybl und Unhaill, zum Fahl es khonfftig hin, wie nit zu zweiflen, noch zum Effect khommen, einem jeden gethreuen Landts-Patrioten billich ins Herz tringen solte, indeme zu besorgen stundte, das diese Unschuld, da solche aus ihrer Residenz abweckh und in frembte Landten, wo sye niemand khönen, sondern unter lauter Feindt stehen, transferiret wurdte, blos durch eine zustossente khleine Alteration als noch junge und zarte Herrn eine schwhere Khrankheit ausstehen, womit gar, wie leichtlich geschehen khonte, das Leben verliehren derfften, wardurch dem lieben Vatterlandt ein solch grosser Schaden zuwachsen thete, der in Ewigkheit nit mehr zu refundiren were; Ihre Churfürstl. Durchlaucht, unser allerseiths gnädigster Herr, auch wenn man also still sizete und ersagte 3 ältiste Prinzen bey so wenig im Landt sich befindtenter Kheysl. Miliz entfiehren liessen, disen Saumbsal höchstens empfindten und es uns seiner Zeit bey Recuperierung dero Landten in grössten Ungnaden vermörkhen wurdten. Negst deme yber dises so gleichfahls in wichtige Consideration zu ziechen, die diser Orthen eingeloffne sichere Khundtschaft gibt, das von dem Kheyser an vorgedacht dero Administration solch ernstliche Bevelch ausgefertiget worden, zum Fahl wider alles Verhoffen anscheinen solte, das dieselbe das Landt lengershin nit mehr behaubten khundten, solches durch Feur und Schwerdt, wie sye khönen und mögen, dergestalten zu ruiniren, das auch des Kindts in Muetterleib nit verschont werdten solle. Als ist man disem so grossen Unhail in tempore abzuhelffen wirkhlichen

307

resolvirt, denen Landts-Beschizern Underlandts Bayrn in ihrer
bisherig erwiesenen Threu und Dapferkheit auch Oberlandts nach-
zuvolgen und die landtschuzente Waffen gegen denen noch wenig
im Landt stehenten Kheysl. Trouppen ebenfahls zu ergreiffen, dieselbe aus dem Landt zu verjagen und hierdurch unser liebes Vaterlandt in einen sicheren Rhuestandt zu sezen, also zwar, daß alle und
jede getreue Landts-Patrioten unsers herobigen Chur-Bayerischen
Districts, welchen dieses unser offne Patent zu lesen vorkhombt,
sich alsogleich in Angesicht dies, nach Möglichkeit bewaffneter zu-
samben ziechen und ohnne einzige Tergiversation sich nacher Ho-
henschäfftlarn in unser alda habendes Campement Erchtag, den 22.
dies lauffenten Monats, bey anbrechenten Tag nebst aller Artigleri
und Munition, wo eine zu haben und aufzutreiben, gwis und un-
fehlbahr begeben, auch sich auff 4 Tag mit Fourage und Brod versechen und mithin verfiegen sollen, da eine beritne Manschafft mit
aller nothirfftigen Bewöhrung verhandten, damit solche ingleichen
an den determinirten Orth sich stölle, die jenige zu Fuess aber, so
mit genugsamber oder kheiner Bewöhrung versechen, haben ihnen
gerade Sturmb-Sänsen zuverschaffen. Im widrigen Fahl man gegen
denen renitenten aller Schörffe nach mit Feur und Schwerdt zu
ihrem grössten Undergang sowohl Haus und Hoffs, als auch
Leib und Leben verfahren werdte, wie man dan vor solch einhellig
gefasster Resolution kheinesweegs mehr abzuwaichen gedenkhet,
sondern sich gleichwollen ein jeder vor Schaden zu hietten wais.
Actum den 19. Decembris anno 1705
(S.) Chur-Bayrische Landts-Defension Oberlandts.«[456a]
Dieses von Kriegskommissär Fuchs verfaßte Patent wurde hand-
schriftlich vervielfältigt und von Tölz aus an die umliegenden Gerichte und Herrschaften verbreitet. Wie schon bei der vorbereitenden Agitation wurde die bevorstehende Wegführung der kurfürstlichen Prinzen als erster Grund für den bewaffneten Aufstand,
als zweiter eine von der Besatzungsmacht zu erwartende Verwüstung des Landes angegeben und die Untertanen aufgerufen, ihre
Treue zum angestammten Herrscherhaus zu beweisen und dem
tapferen Vorbild der Unterländer zu folgen. – Wir können Wege
und Wirkung dieses Aufgebotspatentes genau verfolgen.
Am 19. nachts um 23 Uhr brachten zwei reitende Boten dem
Klosterrichter von Tegernsee, Jakob Oberhammer, das Patent mit

einem Brief von Pflegskommissär Dänkel, in dem Oberhammer den Auftrag erhielt, die ehemalige Landfahnenmannschaft sofort nach Tölz zu schicken. Wohl mit Zustimmung des Abtes befahl Oberhammer noch in der Nacht schriftlich den Amtleuten von Gmund und Holzkirchen – diese Gebiete gehörten zur Herrschaft Tegernsee –, die waffenfähigen Männer ihrer Amtsbezirke umgehend aufzubieten. Am 21. kamen die Schützen und die jungen Burschen in Tegernsee zusammen, wo ihnen der Klosterrichter das Tölzer Patent vorlas und sie fragte, ob sie mitgehen wollten. Die Männer erklärten, sie wollten hinter den Isarwinklern nicht zurückstehen, die mit ihnen schon beim Einfall der Tiroler 1703 nicht zufrieden gewesen seien. Nur die Waakirchner weigerten sich anfangs, erschienen aber dann doch, als ein Kommando aus Tölz kam, das zwei Bauernhöfe anzünden wollte. Am 22. marschierte Oberhammer mit etwa 150 Mann, zwei kleinen Kanonen des Klosters und einer bayerischen Kriegsfahne, die in der Klosterkirche aufbewahrt worden war, ab, übernachtete in Thanning und erreichte den Sammelplatz Hohenschäftlarn am folgenden Tag.[456b]

In gleicher Weise wurde das Aufgebot des Klostergerichts Benediktbeuern aufgebracht. Der Klosterrichter Wendenschlegel ließ die Leute durch Dorfhauptleute und Schergen für den 21. zum Wirtshaus von Benediktbeuern einberufen. Die Untertanen warteten bereits auf diesen Befehl und erschienen gerüstet und mit Proviant für vier Tage. Wendenschlegel las ihnen das Patent vor und marschierte noch am selben Tag mit einer Schar von wenigstens 200 Mann nach Königsdorf, wo er sich am 22. mit den Tölzern vereinigte. Die Benediktbeurer Truppe hatte eine berittene Abteilung, verfügte über zwei Trompeter und führte ebenfalls zwei kleine Kanonen mit. Wenn ihre Stärke, die auf einer Schätzung beruht, auch größer gewesen sein kann, so war sie doch sicher wesentlich geringer als die der klösterlichen Landesdefension von 1703, die 520 Mann umfaßt hat. Von Meichelbeck wissen wir, daß ein Teil der Mannschaft zurückblieb, um die Grenzen gegen Tirol zu decken, doch zogen selbst aus der Jachenau Männer mit vor München.[457]

Die beiden Äbte gerieten mit Beginn des Aufstandes in eine schwierige Lage. Das Kloster Benediktbeuern war erst im Oktober wegen Konspiration von der Administration zur Verantwortung gezogen worden und mit knapper Not einer scharfen Exekution entgangen. Aus diesem Grund mußte Abt Eliand II., obwohl er kurbayerisch gesinnt war, sehr vorsichtig sein. Er hatte bereits von den Unruhen seiner Untertanen am 13. und 14. Dezember der Administration berichtet, doch traute man ihm in München nicht mehr. Am 19. weilte von neuem ein Pater in München, um der Administration die Zwangslage des Klosters zu schildern; ob dieser von dem bevorstehenden Aufstand berichtet hat, ist ungewiß. Am gleichen Tag erschienen in Benediktbeuern zwei ehemalige bayerische Offiziere, die angeblich von München nach Italien reisen wollten: Hauptmann Jean Philippe Gauthier, ein Franzose, und Oberleutnant Johann Clanze, aus dem Herzogtum Jülich gebürtig. Clanze diente Gauthier, der kaum deutsch sprach, als Dolmetscher; beide wollten sich wohl zu den Aufständischen des Unterlands schlagen. Sie besprachen sich mit dem Abt und dem Klosterrichter, wurden von diesen an Pflegskommissär Dänkel verwiesen und fuhren am 20. zusammen mit ihm nach Tölz. – Abt Quirin Millon von Tegernsee erhielt bekanntlich am 22. das scharfe Abmahnungspatent der Administration, als seine Untertanen bereits aufgebrochen waren. Er schrieb darauf zurück, daß »um das Gebirg« alles in Bewegung sei, und legte eine Abschrift des Tölzer Aufgebotspatentes bei, verschwieg aber das Klosteraufgebot. Die Sendung erreichte die Administration nicht, da sie von den Aufständischen abgefangen wurde. – Beide Äbte haben wohl unter einem gewissen Druck ihrer Untertanen und Beamten deren Teilnahme am Aufstand geduldet, Eliand von Benediktbeuern hat sich von Dänkel und den Offizieren direkt in die Verschwörung hineinziehen lassen. Daß man darüber in den Konventen nicht glücklich war, berichten Meichelbeck und Pater Romanus Krinner, der Chronist von Tegernsee. Der Abt von Tegernsee hat sogar versucht, seinem Konvent diese ganzen Vorgänge zu verheimlichen. Es galt jetzt, die Klöster vor der Administration zu entschuldigen.[458]

Adam Schöttl, der Jäger-Adam, verbreitete das Tölzer Patent in den westlichen Bezirken. Zunächst, noch am 19. Dezember, ritt er in Begleitung eines Offiziers nach Wackersberg und in die Hofmark Hohenburg nach Lenggries und bestellte die Wehrmannschaft zum 21. nach Tölz. Von hier ist eine größere Anzahl dem Aufruf gefolgt. Am 20. ritt er, begleitet von seinem Sohn und einem Tölzer Kupferschmied nach Murnau, das der Abtei Ettal gehörte und übergab dem Pfleger Johann Christian von Santern das Patent. Der Pfleger bot jedoch keine Mannschaft auf; aus dem ganzen Klostergebiet erschien kein Mann auf dem Sammelplatz von Hohenschäftlarn. Am 21. ritt Schöttl nach Weilheim. Er kam über Polling, wo sich der Hauptmann Matthias Mayer im Chorherrnstift aufhielt. Schöttl gab hier ein Patent ab und unterrichtete offenbar Mayer von dem bevorstehenden Aufstand.[459]

In Weilheim eingetroffen begab er sich sogleich aufs kurfürstliche Schloß zum Pfleger Ferdinand Karl Freiherrn von Berndorf und übergab ihm das Patent. Berndorf versprach 2000 Mann aufzubieten und erließ sofort einen Aufruf an die Untertanen seines Gerichtsbezirkes einschließlich die der Hofmarken, sich als »getreue Landespatrioten« zu bewaffnen und sich unter seiner Führung nach Hohenschäftlarn »in das alda habende kurbayerische Feldlager« zu verfügen. Die Stadt Weilheim erklärte sich bereit, ein Schützenkontingent zu stellen. Doch als sich die Mannschaft am 22. versammelte, war das Abmahnungspatent der Administration eingetroffen, und Berndorf zog es vor, die Leute wieder nach Hause zu schicken.[460]

Von Weilheim ritt Schöttl weiter nach Starnberg, wo er wahrscheinlich noch am 21. eintraf. Der dortige Pflegskommissär, Johann Joseph Öttlinger, war bei den Untertanen verhaßt, da er sich auf deren Kosten rücksichtslos bereicherte; er war ein offener Parteigänger der Kaiserlichen und hatte wiederholt erklärt, vom Kurfürsten »werde seiner Lebtag kein Bein mehr ins Land kommen«. Umso merkwürdiger ist es, daß ihn Schöttl zur Teilnahme am Aufstand gewinnen konnte. Es ist wahrscheinlich, daß Schöttl die baldige Rückkehr des Kurfürsten mit französischer Hilfe ankündigte und die Aussichten des Aufstandes als sehr günstig darstellte. Öttlinger erschien selbst mit dem Starnberger Aufgebot, das etwa 200 Mann umfaßt hat, in Hohenschäftlarn. – Am 22. ritt Schöttl selbst dorthin und stieß zu den sich versammelnden Landesverteidigern.[461]

In den östlich von Tölz gelegenen Gerichtsbezirken verteilte der Oberschreiber des Gerichts Tölz, Johann Adam Prindl, am 20. Dezember das Patent. Er ritt zuerst nach Miesbach, das damals zur reichsunmittelbaren Grafschaft Hohenwaldeck gehörte, deren Herren die Reichsgrafen von Maxlrain waren. Vorbehaltlich der Zustimmung des Grafen Johann Joseph sagte der Pflegsverwalter von

Miesbach, Johann Adam Weinzierl, die Gestellung eines Aufgebotes zu. Er fragte auch beim Grafen, der auf Schloß Maxlrain bei Aibling saß, an; dieser verbot seinen Beamten und Untertanen kategorisch die Teilnahme am Aufstand. Weinzierl wurde jedoch, noch bevor diese Antwort eintraf, von einem aus Hohenschäftlarn abgesandten Fähnrich mit 10 Berittenen durch Androhung der Brandlegung genötigt, mit etwa 100 Mann, ohne die Erlaubnis seines Herrn auszurücken.[462]

Von Miesbach ritt Prindl weiter nach Aibling. Dort erklärte sich der Pfleger Franz Xaver Freiherr von Schmidt gleich bereit, ein Generalaufgebot zu erlassen. Die Mannschaft seines Gerichts wollte er selber in den Kampf führen. Er brachte auch mit über 900 Mann das stärkste Aufgebot des Oberlandes auf die Beine. Davon wiederum stellte die in diesem Gericht gelegene Grafschaft Valley unter Anführung des Pflegers Alram die beachtliche Anzahl von 400 Mann. – Noch am Abend des 20. kam Prindl nach Rosenheim. Der dortige Pflegsverwalter, Franz Benedikt Gresbeck, gab sogleich seinen vier Amtleuten den Befehl, die Mannschaft aufzubieten, doch kamen nur etwa 70 Mann aus dem Kolberamt; in den anderen Ämtern folgten die Leute dem Aufruf nicht – anscheinend saß ihnen der Schrecken noch in den Gliedern, den das Massaker von Wasserburg am 23. November in dieser ganzen Gegend verbreitet hatte. Auch der Magistrat des Marktes Rosenheim weigerte sich entschieden, ein Aufgebot zu stellen; von hier gingen nur einige abgedankte Soldaten mit. Die Leute aus dem Gericht Rosenheim schlossen sich dem Aufgebot von Aibling an, das damit auf rund 1000 Mann verstärkt wurde.[463]

Auch das Landgericht Tölz bot auf gleiche Weise in diesen Tagen seine Untertanen auf. Den Tölzer Bürgermeistern Johann Jäger, Adam Reiffenstuel, Hans Christoph Kyrein und Franz Nikolaus Hörmann befahl Pflegskommissär Dänkel, daß der Markt 200 Mann zu stellen habe; Bürgermeister und Rat riefen darauf ihre Leute bei Androhung des Verlustes des Bürgerrechts zu den Waffen. Am 21. trafen die Landleute der verschiedenen Gebiete und Dörfer des Gerichts in Tölz ein, z. B. schickte die Hofmark Reichersbeuern etwa 100 Mann unter Führung des Hofmarkrichters Jakob Eder, es kamen die Leute der Hofmark Sachsenkam, geführt vom dortigen Wirt Franz Mayer, die Lenggrieser, die aus Schloß Hohenburg zwei Geschütze mitbrachten, die Wackersberger und Arzbacher usw. An die Mannschaft wurde reichlich Bier ausgeschenkt. Mittags brach der Haufe auf; er zählte etwa 600 Mann. Unter diesen waren etwa 150 Reiter, zum großen Teil Tölzer Bürger, und 100 bis 150 Tölzer Schützen. Geführt wurde der Zug von Dänkel. Außerdem zogen weitere Beamte, der Kriegskommissär Fuchs und die Offiziere Huis, Aberle, Clanze und Gauthier mit. Die beiden letzteren hatten sich, nachdem sie am 20. von Benediktbeuern nach Tölz gekommen waren, zu Dänkel begeben. Gauthier hatte sich als Abgesandter des Königs von Frankreich ausgegeben und zur Beglaubigung ein wohl nachgemachtes königliches Petschaft vorgezeigt; seine Angaben waren glatt erlogen, da wir sicher wissen, daß er wenigstens über einige Jahre bis zur Auflösung der Leibgarde der Kurfürstin als Infanterieoffizier in bayerischen Diensten gestanden hatte.[464]

Das Aufgebot des Gerichts Tölz marschierte zunächst über Königsdorf, wo es sich mit den Benediktbeurern vereinigte, nach Wolfratshausen. Auf dem Marsch ging es ziemlich durcheinander. Dänkel war seiner Führungsaufgabe wohl nicht ganz gewachsen; er ritt hin und her, schrie auf die Leute ein und schlug sogar mitunter zu. Am Abend erreichte man Wolfratshausen und quartierte sich im Markt und den umliegenden Dörfern ein. In dem sehr großen Gericht Wolfratshausen führte der Pflegskommissär Johann Michael von Reichwein das Regiment. Da er von der Administration nach München berufen worden war, wurde er vom Gerichtsschreiber Johann Kaspar Gemmel vertreten; beide Männer standen ganz auf kaiserlicher Seite. Dänkel und Fuchs begaben sich nach ihrer Ankunft sogleich zu Gemmel und forderten ihn auf, umgehend Mannschaften zu stellen und Proviant zu liefern. Als Gemmel sich weigerte, wurde er und der Gerichtsprokurator Johann Pader festgenommen und eingesperrt. Dänkel erließ selbst an die Gerichtsuntertanen den Aufgebotsbefehl und rief von jedem Haus einen Mann zu den Waffen. Am Morgen des 22. Dezember riefen Fuchs und Leutnant Houis die Bürger des Marktes aufs Rathaus, lasen ihnen das Tölzer Patent vor und fragten sie, ob sie kaiserlich oder kurbayerisch sein wollten. Die Leute schrien, sie wollten kurbayerisch sein. Der Markt mußte nun 100 Mann stellen, zu denen jedoch die Handwerker, die die Versorgung des Heerhaufens übernehmen sollten, mitgerechnet wurden: 68 Bewaffnete unter dem Marktleutnant und

32 Müller, Bäcker, Metzger und Flößer. Insgesamt brachte das Gericht Wolfratshausen etwa 600 Mann auf; darunter war auch die Mannschaft des Chorherrnstiftes Dietramszell unter ihrem Klosterrichter.[465]

Der Aufgebotsbefehl wurde im Gericht Wolfratshausen durch Amtsboten und Aushebungskommandos den Amtleuten in den verschiedenen Ortschaften überbracht. Dabei ging es mitunter recht gewalttätig zu. So erhielt ihn am 22. der Verwalter und Richter der Hofmark Eurasburg, deren Herrschaft, der Freiherr von Bessoli, sich in Straubing aufhielt. Der Verwalter, der kränklich war, wagte aus Furcht vor der angedrohten Brandlegung nicht, sich zu widersetzen, und ließ seine Untertanen ausheben. In Thanning erschien am gleichen Tag ein Kommando des Klosterrichters von Dietramszell bei den dortigen Amtleuten. Die Männer des Kommandos trugen Fackeln, drohten mit sofortiger Brandlegung, nannten die Amtleute »kaiserliche Hunde«, schlugen die Frau und die Dienstmagd des Oberamtmanns und schossen in sein Haus, worauf die Amtleute ihre Untertanen aufboten und nach Schäftlarn führten.[466]

Am Nachmittag des 22. ließ Dänkel seinen Heerhaufen zusammenrufen und marschierte mit ihm nach Hohenschäftlarn ab. An der Spitze marschierten die Mannschaften von Reichersbeuern, Dietramszell und Sachsenkam. Diese stießen in Hohenschäftlarn auf eine kaiserliche Patrouille von zehn Kürassieren unter einem Korporal, die von der Administration ausgeschickt worden war, nachdem Meldungen von der beginnenden Zusammenrottung des Landvolks im Tölzer Gebiet eingegangen waren. Die Reiter hatten dem Abt von Schäftlarn gerade eine Briefsendung überbracht – wohl die Abmahnungspatente der Administration – und waren im Dorf einquartiert worden. Sie versorgten gerade ihre Pferde, als sie von den Landesverteidigern überrascht wurden. Sie wurden gefangengenommen, ausgeplündert und nach Wolfratshausen in Gewahrsam gebracht. – Obwohl die Aufgebote der verschiedenen Gerichte am 22. in Hohenschäftlarn hätten eintreffen sollen, waren am Abend dieses Tages die Tölzer die ersten. Erst am folgenden Tag trafen die übrigen Haufen ein. Die Mannschaften wurden im Dorf und den umliegenden Ortschaften einquartiert, das Hauptquartier wurde im Kloster Schäftlarn eingerichtet. Hier wurden die Mannschaften aufgestellt, in Einheiten eingeteilt und die Offiziere ernannt.[467]

Als man nun das ganze versammelte Landesdefensionskorps des Oberlandes aufstellte und eine Musterungsliste anfertigte, stellte man fest, daß man insgesamt nur über 2769 Mann verfügte. Von diesen war ein Drittel, also gut 900 Mann mit Feuerwaffen versehen, knapp 300 waren beritten, der Rest, also zwischen 1500 und 1600 Mann, trug Spieße, Hellebarden, geradegeschmiedete Sensen, Morgensterne oder nur Mistgabeln und spitzige Stecken. Ein Teil war mit blauen Landfahnenröcken, von den Schützen viele mit grünen Röcken uniformiert. Über einen Troß, Schanzzeug und ähnliches Kriegsmaterial verfügte man nicht. Lebensmittel und Bier wurden in Tölz und Wolfratshausen auf Flöße verladen und von dort die Isar hinunter bis Thalkirchen verfrachtet. Lediglich sechs kleine Kanonen und fünf Munitionswagen führte man mit. Die verschiedenen Kontingente hatten Fahnen mitgebracht, insgesamt waren es sieben; es handelte sich teils um alte Militär-, teils um Landesdefensionsfahnen. Pfleger Alram von Valley hatte für den Zug eine Fahne anfertigen lassen.[468]

Das Ergebnis der Musterung war für die Führer enttäuschend. Für Einsichtige mußten die Angaben von Fuchs und Dänkel auf der Tölzer Versammlung am 18. Dezember, die eine Streitschar allein der Oberländer von 20000 Mann und aus der Waffenkammer von Hohenburg 8000 Gewehre versprochen hatten, schon damals als unmöglich erscheinen, doch die Anzahl, die die Musterungsliste auswies, blieb sicher hinter den Erwartungen aller Beteiligten zurück, die wohl mit wenigstens 6000 Mann hätten rechnen können. Schuld daran war einmal, daß die Gerichte, die Kontingente entsandt hatten, weniger Leute aufgebracht hatten, als erwartet worden war, zum anderen waren die Gerichte Ettal-Murnau, Weilheim, zum großen Teil Rosenheim und, wie wir noch sehen werden, auch Dachau ausgefallen; von diesen hatte allein Weilheim 2000 Mann zugesagt. Verschiedene Beamte argwöhnten bereits jetzt, daß sie betrogen worden wären, und von den Mannschaften versuchten schon einige, sich heimlich davonzumachen.

Am Nachmittag des 23. Dezember traten die Anführer im Kloster Schäftlarn zur Beratung zusammen. Tags zuvor waren der Jägerwirt, der Student Passauer und der Hofkoch Engelhart, die am 21. München verlassen und in Bairawies übernachtet hatten, in Wolfratshausen zu den vereinigten Kontingenten von Tölz und Benedikt-

beuern gestoßen. Bei der Beratung waren anwesend: Pflegskommissär Dänkel mit seinem Oberschreiber Prindl, Kriegskommissär
Fuchs, der Jägerwirt mit Passauer und Engelhart, der Jäger Schöttl,
einer der Bürgermeister von Tölz, Pfleger von Schmidt von Aibling,
Verwalter Alram von Valley, Pflegskommissär Öttlinger von Starnberg, die Klosterrichter Oberhammer von Tegernsee, Wendenschlegel von Benediktbeuern und der Klosterrichter von Dietramszell, Pflegsverwalter Weinzierl von Miesbach, Hofmarksrichter Eder
von Reichersbeuern, die Tegernseer Amtleute Floß von Gmund und
Eberl von Holzkirchen, der Wirt Mayer von Sachsenkam, Hauptmann Gauthier, Oberleutnant Clanze, die Leutnante Aberle und
Houis sowie Vertreter der Mannschaften, insbesondere der Schützen. Passauer wurde den Beamten als Abgesandter eines Kavaliers
in München und Gauthier als Agent des Königs von Frankreich
vorgestellt. Das Kloster wurde umstellt und die Isarbrücke mit 200
Mann besetzt, damit niemand desertieren konnte.[469]

Der Abt von Schäftlarn war bestürzt, als sein Kloster besetzt und
er von dem Vorhaben der Aufständischen unterrichtet wurde. Er
bekam einen Gichtanfall und legte sich zu Bett. Auf der Versammlung der Beamten und übrigen Führer wurden nun deutliche Zweifel an dem ganzen Unternehmen geäußert, da die Streitmacht der
Oberländer wesentlich kleiner war, als man erwartet hatte, und von
den Unterländern, mit denen man gemeinsam operieren wollte,
noch keinerlei Nachrichten eingelaufen waren. Auch hatte Dänkel
das Abmahnungsmandat der Administration vom 19. und noch ein
zweites vom 21. Dezember erhalten, das für das Oberland bestimmt
war und in dem die Gerüchte von der Wegführung der Prinzen als
»unwahre und boßhaffte Erfind- und Erdichtungen« hingestellt
wurden.[470] Beide hielt er jedoch geheim. Nicht geheim gehalten
wurden zwei Briefsendungen, die die Aufständischen auffingen,
nämlich ein Schreiben des Prinzen Eugen an die Administration
und eines der Administration an den Prinzen. Aus dem ersteren
ging hervor, daß die kaiserliche Armee an einem empfindlichen
Mangel an Truppen litt und insgesamt in einem sehr schlechten
Stand war, aus dem anderen konnten die Leser ersehen, daß sich
die Administration gegenüber dem Volksaufstand in einer verzweifelten Lage befand. Beide Briefe waren geeignet, die Zuversicht der
Landesverteidiger zu stärken.[471]

Die Anführer der Landesdefension sahen wohl ein, daß ihre Truppe für den Angriff auf München doch etwas zu schwach war, und bemühten sich, jetzt noch Verstärkungen aufzubringen. Sie sandten dem Pfleger von Weilheim einen scharfen Befehl, umgehend das versprochene Kontingent nach Schäftlarn zu führen. Gleichzeitig schrieben sie an das Landgericht Dachau, alle wehrhafte Mannschaft sofort aufzubieten, mit gutem Gewehr und Proviant auf drei oder vier Tage zu versehen und in Marsch zu setzen. Der Landrichter Johann Sebastian Steinheil sowie Bürgermeister und Rat des Marktes Dachau antworteten mündlich und behaupteten, daß drei brandenburgische Regimenter an der Gerichtsgrenze stünden, die auf dieses Aufgebot hin Gericht und Markt mit Brand und Plünderung verheeren würden. Zur gleichen Zeit schrieben sie an die Administration und baten um Hilfe gegen die angedrohten Sanktionen der Landesverteidiger. Die Administration befahl dem Landrichter postwendend, vorläufig selbst für den Schutz seines Gebietes zu sorgen, und drohte für den Fall, daß sich Leute des Gerichts zu den Aufständischen schlügen, mit Feuer und Schwert. Etwa gleichzeitig, es war bereits der 24. Dezember, lief ein erneuter Aufgebotsbefehl der »kurbayerischen Landesdefension« in Dachau ein, dem auf dem Fuße noch ein dritter folgte, der jetzt bereits im Hauptquartier Sendling ausgefertigt worden war. Der Landrichter fühlte sich in äußerster Bedrängnis: das Landesdefensionskorps rückte immer näher, und die Administration konnte ihm nicht helfen, verlangte aber unbedingten Gehorsam. So bereitete er in seiner Not schließlich doch die Aufstellung des Aufgebotes vor und zögerte sie lediglich etwas hinaus. Dies war am 25. Dezember, an dem die Entscheidung in Sendling fiel.[472]

Auf ihrer Beratung am 23. im Kloster Schäftlarn mußten die Beamten und Offiziere noch eine Entscheidung treffen, nämlich, wer den Oberbefehl über das Korps führen sollte. Es wurden verschiedene Vorschläge gemacht, doch konnte man sich nicht einigen. Es ging hoch her, der Jägerwirt und Passauer führten das große Wort und das Bier floß in Strömen, als plötzlich Hauptmann Matthias Mayer im Kloster erschien. Er ging zuerst zum Abt, dem er von den Prälaten von Polling und Bernried ausrichtete, daß sie keine Mannschaften schicken würden. Darauf wurde er zu der Versammlung geholt und aufgefordert, das Oberkommando zu übernehmen. Er weigerte sich, worauf es eine längere Debatte gab, in der Mayer erklärte, das ganze Unternehmen sei zum Scheitern verurteilt, da die Streitmacht der Aufständischen viel zu schwach, zu schlecht bewaffnet und ohne hinreichenden Proviant sei; die Leute würden nur auf die Fleischbank geliefert. Man drang aber immer wieder in ihn, bis man um 21 Uhr, »wo alles voll war«, wie Mayer später aussagte, auseinanderging. Am nächsten Tag in der Früh drang man wieder in ihn, und als ihm die Schützen schließlich drohten, sie würden ihn erschießen, gab er nach und nahm das Amt des Oberbefehlshabers an. Leutnant Houis wurde Unterkommandant, Adam Schöttl führte die Schützen, Dänkel die Reiter.[473]

Das vergebliche Bemühen um Verstärkung und die Auseinandersetzung um den Oberbefehl waren bezeichnend für die Lage der Oberländer-Streitschar und ihrer Führer. Inzwischen war auch eine Nachricht vom Posthalter Hierner von Anzing eingetroffen, der mitteilte, daß am 22. das Korps des Generals von Kriechbaum dort eingerückt sei und daß die Unterländer unter Hoffmann noch bei Kraiburg stünden – sie standen in Wirklichkeit bei Ebersberg und Edling – und man sich auf ihre Ankunft nicht verlassen dürfe. Aus München kamen keine Nachrichten von den Verschwörern, obwohl, wie man von aus- und einreitenden Metzgern wußte, die Stadttore offen und frei passierbar waren. Und weiter wurde der Inhalt der Abmahnungsmandate der Administration mit ihren scharfen Drohungen unter den Beamten bekannt. Es kam deshalb wohl schon am 23. Dezember zu einer längeren Aussprache darüber, was jetzt zu tun sei. Hierbei erklärten die meisten der Beamten und Offiziere, es wäre besser, wenn man jetzt zurückginge. Pfleger Alram von Valley hieb in diese Kerbe und erklärte, daß all das, was Fuchs und Dänkel auf der Versammlung in Tölz und im Aufgebotspatent versprochen hätten, unwahr gewesen sei, und daß man somit die Beamten und die Untertanen angeführt und in eine üble Lage gebracht habe. Die Unterländer seien noch fern, und auf die Münchner könne man sich ganz und gar nicht verlassen. Allein sei man nicht imstande die Kaiserlichen zu vertreiben oder die Entführung der Prinzen zu verhindern, vielmehr müsse man mit einer totalen Niederlage rechnen. Alram schlug deshalb vor, man solle sich mit dem ganzen Korps in die Grafschaft Valley zurückziehen und dort auf den Anmarsch der Unterländer warten; für die Verpflegung der Mannschaften werde er sorgen. Nach der Vereinigung mit den Unterländern könne man dann München angreifen.[474] Während die meisten Beamten und Offiziere dem sehr vernünftigen Vorschlag Alrams zustimmten, protestierten der Jägerwirt und Passauer lauthals dagegen, drohten mit der Ungnade des Kurfürsten und beteuerten, daß sich die Münchner Bürgerschaft in der Heiligen Nacht bewaffnet bereithalten würde. Die Auseinandersetzung ging am Vormittag des 24. Dezember weiter. Der Jägerwirt und Passauer verloren immer mehr an Glaubwürdigkeit. Jäger schickte an diesem Morgen einen Boten mit einem Brief nach München an die Mitverschworenen, in dem er für die Heilige Nacht den Angriff ankündigte und sie aufforderte, das bewaffnete Stadtvolk um 1 Uhr am Weißbierbrauhaus zusammenzuziehen und als Zeichen drei Raketen steigen zu lassen. Der Brief gelangte zu Küttler und den anderen Eingeweihten. Diese waren bestürzt, als sie sahen, daß es jetzt ernst wurde. Küttler und Haid schrieben zurück, die kaiserlichen Truppen stünden vor den Toren und würden den anrückenden Oberländern in den Rücken fallen; doch wenn diese auf eigene Gefahr vorrücken wollten, so würde man versuchen, ihnen beizustehen. Diesen Brief brachte Max Daiser, der Sohn des Aumeisters, nach Solln, wo ihn der Jägerwirt am Abend erhielt.[475]

Bei den Beratungen in Schäftlarn ging es immer lauter her. Es taten sich schließlich Jäger und Passauer mit Adam Schöttl, der die Schützen kommandierte, zusammen und erzwangen durch Gewaltdrohungen der, wie Alram später schrieb, »gar zu brutall und furiosen Tölzer Schüzen« schließlich am Mittag des 24. den Aufbruch des Heerhaufens in Richtung München. Die Isarbrücke bei Schäftlarn blieb besetzt, damit sich niemand aus dem Staube machen konnte. Kurz vor dem Aufbruch hatte Jäger noch eine Botschaft nach München geschickt. Küttler erhielt sie um 16 Uhr. Sie lautete: »In Gottes Namen und unter dem Schutze Marias wollen wir unsere Arbeit vollziehen. Thut das Eurige in der Stadt.« Die Münchner Verschworenen erschraken zutiefst. Sie konnten keine Botschaft mehr aus der Stadt schicken, da die Tore wie üblich beim Einbruch der Dunkelheit gesperrt wurden. Senser und Haid stahlen sich davon und gingen nach Hause; sie wollten jetzt mit der ganzen Sache nichts mehr zu tun haben.[476]

Im Zug der Oberländer marschierten an der Spitze die Schützen unter Schöttl und Leutnant Houis, in einem größeren Abstand folgten die Spießler, Stängler und Sensenmänner mit den sechs Kanonen, die Nachhut bildeten die Reiter unter Dänkel. Gegen 16 Uhr erreichte der Zug Baierbrunn, 15 km südlich von München. Dort hielt man an, und die Führer traten im Wirtshaus zu einer Beratung zusammen. Es kam noch einmal zu heftigen Debatten darüber, ob man weiter vorrücken oder doch besser zurückgehen sollte. Wieder protestierten Jäger, Passauer und Schöttl, und die Vertrauensleute der Schützen drohten Hauptmann Mayer und Leutnant Houis, sie wollten sie in Stücke hauen, wenn sie noch einmal vom Rückzug sprächen. Sie, die Schützen, würden notfalls auch allein, ohne die Münchner und die Unterländer, die Kaiserlichen aus der Hauptstadt und dem ganzen Land jagen. Alram schlug vor, wenigstens die Mandate der Administration den Mannschaften vorzulesen, doch verhinderten dies Jäger, Passauer und Schöttl, indem sie die Schützen abmarschieren ließen. Dies war etwa um 18 Uhr.[477]

Ungefähr um 19.30 Uhr erreichte der Zug Solln, 9 km südlich Münchens. Hier erhielten die Führer den Brief der Münchner Verschworenen, der sie zwar vor dem Angriff warnte, aber doch nicht deutlich erklärte, daß sie mit einer Unterstützung von seiten der Münchner Bürger nicht rechnen konnten. Wieder wurde die Kolonne angehalten, wieder berieten die Führer im Wirtshaus. Da kam es zwischen den Schützen und einer kaiserlichen Reiterpatrouille vor dem Dorf zu einem kleinen Gefecht. Die Administration hatte vom Anmarsch der Oberländer längst Kundschaft, die durch das Ausbleiben der in Hohenschäftlarn gefangengenommenen Reiterpatrouille noch bestätigt worden war; sie hatte auf den Rat des Obersten de Wendt, der sich seit dem 23. in der Stadt befand, eine weitere Patrouille von 80 Kavalleristen unter einem Rittmeister ausgeschickt, die vor Solln auf die Schützenvorhut stieß. Die Schützen schossen zwei der Reiter vom Pferd, und die Patrouille zog sich wieder nach München zurück, wo sie der Administration melden konnte, daß der Angriff der Aufständischen auf die Hauptstadt unmittelbar bevorstünde. Die Gebirgsschützen glaubten, da sie keinen Mann verloren hatten, sie hätten einen Sieg errungen. Der kriegserfahrene Hauptmann Mayer aber erkannte, daß ein Überraschungsschlag gegen die Stadt jetzt völlig ausgeschlossen war; der gleichen Ansicht waren auch die Beamten. So ordnete

Von Soldaten überfallenes Ehepaar

FOR · TITER · IVS · TE

SUPRA METVS

IUDICAT AD SOLEM

BELLO

PACE

CLEMENTER

TIMERI SATIS EST

SAPIENTER

SPLENDORE REGIT

Illustrissimus & Excellentissimus
Dominus Dominus
MAXIMILIANVS
CAROLVS
S. R. Imp. Comes in Löwenstein Wertheim,
Rochefort & Montaigu, Princeps absolutus in Chasse
Pierre, Dominus in Scharffenegg, Breyberg, Korpen, Cassetbourg, Herbimont,
Neufchateau, Sacræ Cæs.ᵃᵉ Mᵗⁱˢ Consiliarius Intimus, nec non pro tempore
Superioris & Inferioris Bavariæ Administrator

F. J. Spätt Sculpsit. A: 1710

Administrator Graf Löwenstein

Mayer den Rückzug an und befahl den Schützen, diesen zu decken. Doch war man gerade eine halbe Stunde zurückmarschiert, als die Tölzer Schützen, von Jäger und Passauer getrieben, den Haupthaufen einholten und drohten, sie würden augenblicklich schießen, wenn man nicht sofort wieder umkehrte. Hauptmann Mayer zerrten sie vom Pferd, rissen ihm die Perücke vom Kopf, erklärten ihn für abgesetzt, da er keinen Mut habe und ließen ihn als Gefangenen zu Fuß weiter mitgehen. Sie wollten Alram den Oberbefehl übertragen, doch dieser lehnte ab. So marschierte der Heerhaufen ohne Oberkommandierenden wieder gegen München und erreichte um 21 Uhr zum zweiten Male Solln.[478]

Alles, was sich in Schäftlarn und auf dem Zug von dort ereignet hatte – das Fernbleiben der Kontingente ganzer Gerichte, die Nachrichten aus Anzing und München, die Mandate der Administration, die Unsicherheit der Führer und ihre Zwistigkeiten, zuletzt das Feuergefecht mit den kaiserlichen Reitern, der Rückzug und der erzwungene neuerliche Vormarsch –, war von den Mannschaften wohl bemerkt worden und hatte deren Mut und Zuversicht nicht gerade gehoben. Schon in Schäftlarn hatten sich einzelne davongemacht, darunter der Tölzer Bierbrauer Schaindl, einer von den Königsdorfer Verschworenen. Jetzt, da man zum zweiten Male auf Solln vorrückte, nützten viele das Dunkel der Nacht, um sich davonzustehlen; unter ihnen war der Bruder des Jägerwirts, der Weinwirt Franz Jäger von Tölz, der ebenfalls in Königsdorf dabeigewesen war. Schließlich verließ auch der, der die Hauptverantwortung für den Zug der Oberländer trug, feige seinen Posten, da er offenbar sah, daß das ganze Unternehmen verfehlt war und in einer Katastrophe zu enden drohte: der Kriegskommissär Matthias Ägidius Fuchs. Er verschwand und schlug sich nach Braunau durch.[479]

Man hat später die Schuld an der Niederlage der Oberländer vor München dem Verrat des Pflegskommissärs Öttlinger von Starnberg zugeschrieben. Es ist richtig, daß dieser ebenfalls jetzt sein Heil in der Flucht suchte und seine 200 Gerichtsuntertanen, die er aufgeboten hatte, allein ins Verderben ziehen ließ. Er ist auch nicht nach Hause, sondern nach München zur Administration geritten und hat ihr über den Stand, die Stärke und die Absichten der Aufständischen berichtet. Über die Münchner Verschwörer hat er nichts ausgesagt, da er offenbar über sie nichts wußte. Er wurde zum Verräter, um für sich Straffreiheit zu erwirken. Diese hat er auch erlangt, doch war sein Verrat nicht die Ursache für die Sendlinger Mordweihnacht. Vielmehr war die Administration schon vorher über den Anmarsch der Oberländer unterrichtet und hatte bereits begonnen, ihre Gegenmaßnahmen zu ergreifen. Auch einen Aufstand der Münchner Bürger hat Öttlinger durch seinen Verrat nicht vereitelt, da dieser zwar geplant, aber nicht vorbereitet war.[480]

Die Landesverteidiger marschierten jetzt über Solln hinaus und kamen gegen 22 Uhr nach Thalkirchen. Dort hielten sie wieder an. Proviant und Bier, die auf Flößen hier angelangt waren, wurden an die Mannschaften verteilt. Dann traten die Führer wieder zum Kriegsrat zusammen, um nun endlich den Überfall auf die Stadt planmäßig vorzubereiten und den einzelnen Einheiten oder Haufen und ihren Führern ihre Aufgaben hieran zuzuweisen.[481]

Es ist hier der Ort, die Frage zu stellen, welche Gruppen der Bevölkerung sich überhaupt an diesem Aufstand des Oberlandes beteiligt haben. Die Führer – Beamte, Wirte und Offiziere – haben wir bereits kennengelernt. Aus welchen Schichten und Berufsgruppen aber kamen die Mannschaften dieser Streitschar? Welchen Altersklassen gehörten sie an? Gingen sie freiwillig mit, taten sie es aus Liebe zum bayerischen Vaterland und zum angestammten Herrscherhaus oder gedrungen von wirtschaftlicher und sozialer Not, oder aber gingen sie nur mit, weil sie von ihren Beamten unter Androhung scharfer Repressalien dazu gezwungen wurden?

Wir sind in der glücklichen Lage, zum Oberlandaufstand auf diese Fragen recht genaue Antworten geben zu können. Als nach der Sendlinger Schlacht die Verwundeten und Gefangenen nach München gebracht und auf verschiedene Spitäler verteilt worden waren, wurden sie im Auftrag der Administration verhört. Aus den Verhörprotokollen wissen wir von 637 Landesverteidigern Namen, Alter, Familienstand und Beruf, das sind von den 2769 in Schäftlarn Gemusterten 23 %, also ein recht hoher Prozentsatz, der als repräsentativ angesehen werden kann. Eine Einschränkung ist zu machen: die etwa 300 Reiter, unter denen viele Tölzer Bürger waren, entkamen während der Schlacht; aus diesem Grund war die bürgerliche Bevölkerung unter jenen Gefangenen nicht angemessen vertreten. Ludwig Hüttl hat die Angaben jener Männer statistisch ausgewertet und in Tabellen zusammengefaßt, die ein genaues Bild über die Zusammensetzung der Landesdefension des Oberlandes geben.[482] Nach Hüttls Statistik hatten von dieser Gruppe 501 (78,65 %) bäuerliche und 131 (20,56 %) handwerkliche Berufe; dazu kamen ein abgedankter Soldat, ein Amtsknecht, ein Schreiber und zwei Bettler (0,79 %). Von den 501 (im Folgenden 100 %) Vertretern der Landwirtschaft gehörten 141 (28 %) der bäuerlichen Oberschicht an – Vollbauern, halbe Bauern oder Huber und deren Söhne –; 177 (35 %) waren der Mittelschicht – Drittel-, Viertel-, Fünftel- und Sechstelbauern, Lehner, Söldner und Häusler und deren Söhne – und 183 (37 %) der Unterschicht zuzuzählen – Tagwerker, Bauernknechte, Eierträger, Kuhhirten usw. Relativ hoch war der Anteil der Bauernsöhne mit 79 (16 %), alle ledig, und der Bauernknechte und -jungen mit 138 (28 %), davon drei verheiratet. Die Vollbauern und Halbbauern bzw. Huber waren immerhin mit zusammen 62 (12 %), die Lehner mit 80 (16 %), die Söldner mit 58 (12 %) und die Tagwerker mit 40 (8 %) vertreten. Bei den Angehörigen der landwirtschaftlichen Berufe überwogen stark die Ledigen mit 318 (63 %), verheiratet waren 183 (37 %). Dies lag einmal daran, daß grundsätzlich nur die ledigen Burschen landfahnenpflichtig waren, zum anderen lag es auch im Interesse eines Hofes und der darauf sitzenden Familie einschließlich des Gesindes, daß nicht der Hausvater, sondern ein Sohn oder Knecht ausrückte. So ist die große Anzahl der fast durchweg ledigen Bauernsöhne und Knechte zu erklären. Diese beiden Gruppen gehörten bekanntlich zur selben Altersklasse, und sie überschnitten sich auch. Den insgesamt 206 Lehnern, Söldnern, Häuslern und Tagwerkern standen nur drei Söhne aus diesen Gruppen gegenüber; die Söhne dieser Mittel- und Kleinlandwirte dürften unter den Bauernknechten zu suchen sein. Von den 62 Voll- und Halbbauern waren 33 verheiratet und 29 ledig, von den 80 Lehnern waren es 51 und 29, von den 58 Söldnern 39 und 19 und von den 40 Tagwerkern 32 und 8; die Anzahl der Verheirateten war unter den ärmeren Aufstandsteilnehmern relativ größer als unter den wohlhabenderen.

Die 131 Handwerker setzten sich aus den Angehörigen vieler verschiedener Berufe zusammen. Am stärksten vertreten waren die Maurer mit 22, es folgten die Weber und die Zimmerleute mit je 18, die Müller mit 10, die Schuhmacher mit 9, die Schmiede und

Schneider mit je 6 und dann kamen die Flößer, Kistler, Saliterer, Glaser, Bäcker, Fischer, Wagner usw. Unter den Handwerkern waren Meister, Gesellen, Lehrbuben und Söhne, doch waren die Meister bzw. die fertigen Handwerker in der Mehrzahl. 62 (47 %) der Handwerker waren verheiratet, 69 (53 %) ledig. Manche Gewerbe traten in dieser Gruppe gar nicht in Erscheinung, z. B. die Wirte, die anscheinend, wie die Beispiele der Tölzer Schaindl und Franz Jäger zeigen, bei den Reitern waren und rechtzeitig fliehen konnten. Weiter fällt auf, daß sich unter den 637 Teilnehmern nur ein abgedankter Soldat befand; es ist jedoch möglich, daß ehemalige Soldaten bei der Vernehmung ihren ursprünglichen bürgerlichen Beruf angegeben haben. – Die soziale Gliederung jener repräsentativen Gruppe der Aufständischen sowie unsere Kenntnis von der Teilnahme der Marktbürger von Tölz, Wolfratshausen, Miesbach und Aibling[483] zeigen uns, daß sich alle Kreise der Bevölkerung in einem angemessenen Verhältnis am Aufstand beteiligt haben.

Gliedern wir diese Gruppe von 637 Aufständischen nach dem Lebensalter, so ergibt sich folgendes Bild: 12 bis 20 Jahre alt waren 161 Personen (25,27 %), 21 bis 30 waren 208 (32,66 %), 31 bis 40 waren 174 (27,32 %), 41 bis 50 waren 69 (10,83 %), 51 bis 60 waren 17 (2,67 %) und 61 bis 80 waren 8 (1,25 %). Die jüngsten Teilnehmer waren zwei zwölfjährige, sechs dreizehnjährige und vier vierzehnjährige Buben, die ältesten zwei Männer von 76 und 80 Jahren. Die Altersgruppen zwischen 12 und 40 Jahren waren mit über 85 % diejenigen, die den Aufstand eigentlich trugen. Diese Altersgliederung zeigt neben dem Überwiegen der unverheirateten Männer (61 %), daß man versucht hat, die Mannschaft nach den überkommenen, die Bevölkerung schonenden Grundsätzen des Landausschusses aufzubieten.

Die Frage, ob die Männer des Oberlandes sich freiwillig oder gezwungen am Zug gegen die Fremdherrschaft beteiligt haben, ist nicht leicht zu beantworten. Ohne Zweifel wurde der Oberlandaufstand in erster Linie von Beamten vorbereitet und ausgelöst. Diese Beamten glaubten auf Befehl des Kurfürsten zu handeln und boten ihre Untertanen in der üblichen Weise zur Landesdefension auf; die Aufgebotspatente enthielten wie im Unterland die üblichen Drohungen an die Säumigen und Widersetzlichen. Weiter sagten die Gefangenen bei den Verhören übereinstimmend aus, sie seien zum Mitgehen gezwungen worden. Auch die Pfarrer, die die Gefallenen ihrer Gemeinden in die Kirchenbücher eintrugen, bemerkten häufig, die Männer seien unter Zwang aufgeboten worden. Schließlich hat auch Hauptmann Mayer bei seiner Gefangennahme bei Sendling den kaiserlichen Offizieren erklärt, die einfachen Leute seien unschuldig, denn man habe sie zur Teilnahme am Aufstand genötigt; man solle sie deshalb schonen.[484]

Es sprechen jedoch verschiedene Dinge gegen die Annahme eines erzwungenen Aufstandes. Wie wir oben gesehen haben, war in der Bevölkerung eine Aufstandsbereitschaft vorhanden. Nachdem die Administration mit allen Mitteln bis hin zur gewaltsamen Einziehung durch militärische Kommandos nur einen Bruchteil der benötigten Rekruten aus der bayerischen Bevölkerung hatte ausheben können, wäre es undenkbar, daß die Beamten durch ihre Aufgebotspatente innerhalb von drei Tagen nahezu 3000 Mann auf die Beine hätten bringen können, wenn die Bevölkerung nicht bereit und willens gewesen wäre zu folgen; das gilt für das Oberland so gut wie für das Unterland. Die Äußerungen und das Verhalten der Bauern von Benediktbeuern, Tegernsee und der Grafschaft Valley vor und bei Beginn des Aufstandes und das ausgesprochen aggressive Verhalten der Tölzer Schützen beim Zug von Schäftlarn nach München zeigen, daß erhebliche Teile der Untertanen den Aufstand wünschten und willig mitzogen. Ähnliches gilt für die Untertanen des Gerichts Wolfratshausen, die dem Aufruf gerichtsfremder Beamter folgten, nachdem ihre eigene Obrigkeit wegen Weigerung eingesperrt worden war, und besonders für die Marktbürger von Wolfratshausen. Im Gericht Starnberg folgten die Untertanen sogar dem verhaßten Pflegskommissär Öttlinger, der, da er auf kaiserlicher Seite stand, sicher keine Zwangsmaßnahmen angewandt hat.

Auf der anderen Seite folgten die meisten Aufgerufenen des Gerichts Rosenheim nicht, ohne daß darauf Zwangsmaßnahmen gegen sie eingeleitet wurden. Auch gegen Obrigkeiten und Untertanen der aufgerufenen Klostergebiete Ettal-Murnau, Polling und Bernried wurden keine Repressalien angewandt. Das gewaltsame Vorgehen der Aufgebotskommandos in Miesbach, Thanning und der Hofmark Eurasburg richtete sich in erster Linie gegen die Beamten. Die Untertanen selbst wurden zum Beispiel in Waakirchen unter Druck gesetzt. Sicher kam es in Einzelfällen häufiger vor, daß Unwillige von Willigen gezwungen wurden mitzugehen, daß mit Niederbrennen des Hofes gedroht wurde oder daß auch ein Bauer seinen Sohn oder Knecht zur Gestellung nötigte; die Tölzer Bürgermeister, nicht die Beamten drohten mit Entzug des Bürgerrechtes. Doch damit dies überhaupt möglich war, war es notwendig, daß größere Kreise der Bevölkerung willens waren aufzustehen und dem Ruf der Beamten gern folgten. Weiter nahmen an der vorbereitenden Versammlung in Tölz und an den Beratungen der Anführer während des Zuges die Vertreter der Untertanen bzw. Mannschaften teil. Auf dem Zug von Schäftlarn bis vor München waren weder die Beamten noch die Offiziere die treibenden Kräfte, vielmehr war diesen die Führung vom Jägerwirt, von Passauer und von Schöttl sowie den Tölzer Schützen, also von Leuten aus dem Volke aus der Hand genommen worden, die gegen den erklärten Willen der Mehrzahl der Beamten den Kampf um jeden Preis suchten.

Wenn die Gefangenen bei den Verhören fast übereinstimmend aussagten, sie seien gezwungen worden mitzugehen, so dürfte dies in den meisten Fällen als eine Schutzbehauptung zu verstehen sein, durch die die Leute versuchten der Strafe zu entgehen. Umgekehrt erklärten auch die Beamten, daß sie ihrerseits von den entfesselten Bauern gezwungen worden seien, die Führung zu übernehmen, und die Prälaten der Klöster beteuerten, sie hätten sich ihren aufgebrachten Untertanen nicht widersetzen können. Auch die Eintragungen in die Kirchenbücher, die vom Zwang gegen die Untertanen sprechen, sind allem Anscheine nach als Schutzbehauptungen aufzufassen, denn die Administration hatte in ihren Mandaten mit Kollektivstrafen gedroht und zog die beteiligten Marktflecken auch sehr rasch zur Verantwortung. Aus diesen Gründen sind auch an einigen Orten die Toten von Sendling überhaupt nicht eingetragen worden, z. B. in Tölz. In Egern dagegen schrieb der Pfarrvikar ins Kirchenbuch, daß die Männer »pro iustissima defensione Patriae nostrae« – für die bestens gerechtfertigte Verteidigung unseres Vaterlandes – gefallen seien, was auch der Auffassung weiter Kreise der Bevölkerung entsprochen haben dürfte.[485]

Damit sind wir bei der Frage nach den Motiven, die den kleinen Mann bewegt haben. Zweifellos hatte in erster Linie die Ausbeutung durch die Besatzungsmacht die Bevölkerung aufgebracht; das

zeigen die Äußerungen der Untertanen von Hohenburg, Benediktbeuern und Valley, die sich schon, bevor der Aufstand ausgelöst
wurde, zusammengerottet hatten. Den Zündfunken lieferte aber
erst der Aufruf der Beamten, in dem die Kunde von der bevorstehenden Prinzenentführung verbreitet wurde. Die Beamten, die
ihre Untertanen kannten, werden wohl gewußt haben, warum sie
diese in der Aufstandsagitation so in den Vordergrund stellten.
Und aus Äußerungen des Paters Karl Meichelbeck und des Pflegskommissärs Öttlinger wissen wir, daß das Landvolk nach wie vor
sehr am Kurfürsten hing und, wenn nicht allein, so doch auch für
das angestammte Herrscherhaus zu den Waffen griff. Bei den Ver-
nehmungen sagten verschiedene der Anführer aus, daß die Mehrzahl der Aufständischen wegen der Prinzen mitgelaufen sei. Schließlich beriefen sich während des Zuges die treibenden Jäger, Passauer, Schöttl und die Tölzer Schützen auf den Kurfürsten. – Diese
und weitere Zeugnisse weisen eindeutig darauf hin, daß neben der
wirtschaftlichen Not und den Ausbeutungsmaßnahmen durch eine
landfremde Herrschaft zu einem wesentlichen Anteil patriotische
und dynastische Motive den kleinen Mann zum Aufstand getrieben
haben.[486]

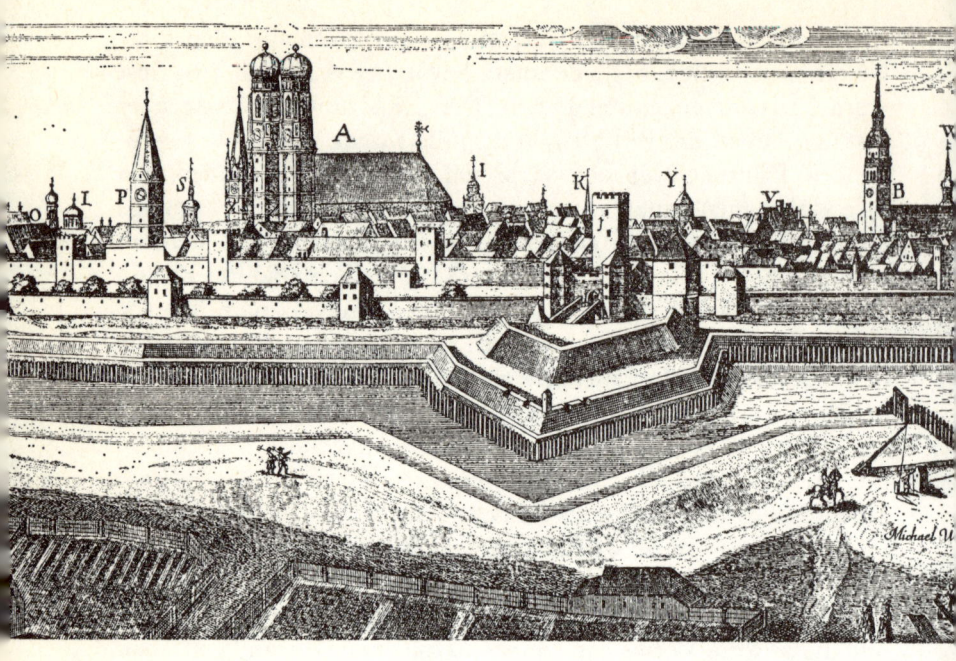

23. KAPITEL

Die Sendlinger Mordweihnacht

Mit dem Marsch der Landesverteidiger des Oberlandes vor München erreichte der bayerische Volksaufstand seinen Höhepunkt. Wir verlassen zunächst den Heerhaufen der Aufständischen, der am Heiligen Abend um 22 Uhr Thalkirchen erreicht hatte und den Angriff auf die Hauptstadt vorbereitete, und betrachten die bedrohliche Lage, in die jetzt die kaiserliche Administration geriet, sowie die Gefahr, in der sich der Kaiser in seinem Kampf um das spanische Erbe um diese Zeit befand und die durch den Aufstand in Bayern noch ernster wurde.

Am 23. Dezember hatte Oberst de Wendt sein Korps, das er an Generalwachtmeister von Kriechbaum übergeben hatte und das jetzt in Anzing stand, verlassen und war nach München geeilt, um die Unterbringung und Verpflegung dieser Truppe in der Stadt

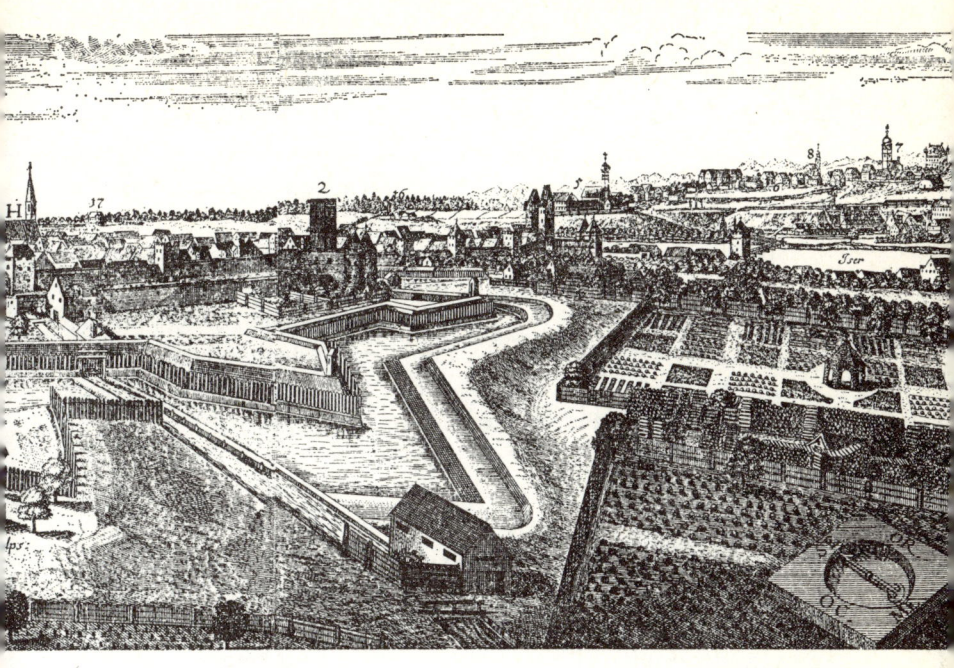

vorzubereiten. Die Administration wußte bereits von der Versammlung der Oberländer in Schäftlarn, und de Wendt verlangte, als man ihn darüber unterrichtete, das Korps von Anzing unverzüglich nach München zu rufen und am 25. mit ihm und der Garnison die Aufständischen bei Schäftlarn anzugreifen. Die Administration ging hierauf nicht ein, und de Wendt konnte nur Vorbereitungen für die Verteidigung der Stadt treffen, an die man bisher nicht gedacht hatte. Er war es auch, der es durchsetzte, daß am 24. wenigstens jene Reiterpatrouille von 80 Mann zur Aufklärung ausgeschickt wurde, die vor Solln auf die Gebirgsschützen stieß.[487]

Natürlich lag nicht nur der Gedanke nahe, daß bei der Annäherung des Landvolks auch in der Stadt ein Aufstand ausbrechen könnte, durch den die Bürger die Angreifer unterstützen würden, sondern es war der Administration auch bekannt geworden, »wie durch übelgesinnte Gemüter allerhand Unwahrheiten und falsche, böse und unbesonnene Zeitungen erfunden und bereits ausgesprengt worden sind, die nur allein dahin angesehen sind, den gemeinen Mann irre zu machen und in eine widrige Apprehension zu setzen«. Auf ihre Anordnung mußte deshalb der Hofrat noch am 24. Dezember in der Stadt öffentlich ausrufen lassen, daß jeder, der solche Nachrichten verbreiten würde, mit einer Leibes- und Lebensstrafe zu rechnen habe und jeder, der einen solchen Gerüchteverbreiter anzeigen würde, eine Belohnung von 100 fl. empfangen solle.[488]

Als am Abend die Reiterpatrouille von Solln zurückkehrte und den Anmarsch der Aufständischen meldete, wurde die Garnison alarmiert; sie rückte zu Fuß und zu Pferd aus und besetzte Straßen und Plätze sowie die Wälle der Stadt. Außerdem ließ der Administrator die vier Bürgermeister zu sich kommen und befahl ihnen, von Haus zu Haus der Bürgerschaft ansagen zu lassen, sie solle sich, wenn es in der Nacht zu einem Angriff der Aufständischen auf die Stadt käme, nicht in die Sache einmischen, sondern ruhig in ihren Häusern bleiben. Dies geschah auch. An eine Entwaffnung der Bürger war zu dieser Zeit und unter diesen Umständen nicht zu denken; sie erfolgte erst am 29. Dezember. Auch Verhaftungen sind nicht erfolgt; dies beweist, daß die Administration von der Münchner Verschwörung nichts wußte, daß aber auch keine Zusammenrottungen von Bürgern vorkamen.[489]

Ebenfalls auf die Meldung der Patrouille entschloß man sich, Generalwachtmeister von Kriechbaum zu befehlen, umgehend, das heißt noch in der Nacht, mit seinem Korps nach München zu marschieren. Der General erhielt die Order um 23 Uhr. Er ließ seine Truppe umgehend alarmieren und trat den Marsch auf die Hauptstadt an.[490]

Für die Administration stellte sich an diesem Abend die Lage wie folgt dar: Etwa 30 km im Osten Münchens stand ein Aufständischenkorps von etwa 16000 Mann, das das kaiserliche Korps seit dem 17. von Neuötting bis Anzing getrieben hatte und zu jeder Stunde die Hauptstadt angreifen konnte. Von Süden hatte sich ein zweiter Heerhaufen der Rebellen München bis auf zwei Stunden genähert, der nach den Aussagen des Pflegskommissärs Öttlinger, der gerade bei der Administration eingetroffen war, 4500 Mann stark war und neben schlechter Bewaffneten über 500 Gebirgsschützen, 1000 weitere gut bewaffnete Männer zu Fuß und 250 wohlbewehrte Reiter verfügte. Die Verbindung nach Tirol und Norditalien zum Prinzen Eugen war durch dieses Korps unterbrochen.

Es ergab sich eine Heerschar von über 20 000 Aufständischen, die die Hauptstadt bedrohte und bereits am folgenden Tage einschließen konnte – wir wissen, daß diese Zahl zu hoch gegriffen war, doch mußte der Administrator von ihr ausgehen. Diese Aufständischen hatten weiter in den vergangenen Wochen nicht nur beachtliche militärische Erfolge errungen, sondern auch begonnen, sich militärisch und politisch zu organisieren. In München aber lagen demgegenüber nur 2000 Mann Besatzung, und das Korps Kriechbaum umfaßte ebensoviel. Hilfstruppen aus Franken, Schwaben oder Oberitalien waren in absehbarer Zeit nicht zu erwarten, lediglich fünf Kompanien des Kürassierregiments Barthels, die noch nicht felddiensttauglich waren, und etwas Artillerie sollten noch in dieser Nacht in der Stadt eintreffen. Zudem mußte man die Münchner Bürgerschaft überwachen und notfalls Bewegungen von ihrer Seite gewaltsam niederhalten. So war natürlich an eine militärische Hilfe für den verzweifelten Landrichter von Dachau überhaupt nicht zu denken. Nach dem Rentamt Burghausen befand sich jetzt auch der Süden des Rentamts München im Aufruhr; dieser konnte jederzeit auf den Rest des Landes übergreifen, und im Bayerischen Wald wurde bereits eifrig agitiert. Die düstersten Prophezeiungen der Administration schienen jetzt wahr zu werden. Sie rechnete schon damit, daß der Brief, in dem sie am Abend des 24. dem Prinzen Eugen diese Lage schilderte, der letzte sein würde, der München vor der Einschließung verließ.[491]

Für den Kaiser und die kaiserliche Heeresleitung waren zudem gerade zu dieser Zeit, abgesehen von der Lage in Bayern, die Aussichten in dem nun fünf Jahre dauernden großen Krieg alles andere als hoffnungsvoll. In dem großen Bündnis gegen Frankreich waren der Kaiser und England die eigentlich treibenden Kräfte, die Vereinigten Niederlande beteiligten sich zwar auch an den Hauptlasten, mußten aber immer wieder zu einem beherzten Einsatz gewonnen werden. Das Römische Reich war mehr leidender Zuschauer der Ereignisse, und die Reichsfürsten suchten für jede ihrer Leistungen vom Kaiser ein Zugeständnis in der Frage eines Reichslehens, einer Erbschaftsangelegenheit usw. zu erhalten, so vor allem König Friedrich I. in Preußen und König Friedrich August von Polen, der Kurfürst von Sachsen. Der Herzog von Savoyen hielt zuverlässig am Bündnis mit dem Kaiser fest, obwohl er von den Franzosen arg bedrängt wurde, während die übrigen italienischen Staaten einschließlich des Papstes sowie die Schweiz Frankreich heimlich oder offen unterstützten. Portugal verlangte für möglichst geringe militärische Leistungen in Spanien vom Kaiser und den Seemächten möglichst hohe Zahlungen an Hilfsgeldern. Die Alliierten hatten weder auf dem niederländischen, noch dem deutschen, noch dem italienischen Kriegsschauplatz Erfolge erzielt. Die spanischen Niederlande waren zum großen Teil im Besitz Frankreichs, ebenso das kurtriersche Moseltal und Homburg; bis Basel bildete der Rhein die Grenze zwischen den Heeren, und dort befürchtete man gerade gegen Ende des Jahres 1705 einen Einbruch der Franzosen über den Schwarzwald. In Italien war dem Prinzen Eugen ein Durchbruch nach Piemont zur Entlastung Savoyens nicht gelungen, vielmehr vermochte er nur mit Mühe die Pforten der Alpenübergänge zur oberitalienischen Ebene am Gardasee gegen das überlegene französische Heer, das der Herzog von Vendôme kommandierte, zu halten. Nur in Spanien hatten die Alliierten mit Barcelona ganz Katalonien und Valencia für den habsburgischen Gegenkönig Karl gewinnen und damit den Einfluß des Bourbonenkönigs Philipp zurückdrängen können. Dem Kaiser gewissermaßen im Rücken standen die ungarischen Rebellen, die bereits weite Teile Ungarns beherrschten, die meisten kaiserlichen Festungen eingeschlossen hatten und verwüstende Einfälle nach Schlesien, Mähren, Niederösterreich und der Steiermark machten. Lediglich Siebenbürgen war im November durch einen Sieg der kaiserlichen Truppen wieder zurückgewonnen worden. Der Ungarnaufstand band erhebliche kaiserliche Streitkräfte, und hier drohte noch eine weitere Gefahr dadurch, daß sowohl der Rebellenführer Franz Rákóczy, als auch Ludwig XIV. versuchten, die Türkei, die sich bisher neutral verhalten hatte, zum Eingreifen gegen Habsburg zu bewegen.[492]

In Oberitalien waren sich die kaiserliche und die französische Armee bis gegen Ende Dezember auf freiem Feld gegenübergestanden und erst dann in die Winterquartiere gegangen. Für das kommende Jahr aber bereitete Prinz Eugen eine Offensive vor. Dieses Unternehmen war notwendig, da es aufgrund verschiedener Umstände nur auf diesem Kriegsschauplatz möglich war, den Franzosen einen entscheidenden Schlag zu versetzen. Und doch war es ein ungeheures Wagnis, da sich die Armee Eugens in einem geradezu erbärmlichen Zustand befand. Sie litt seit geraumer Zeit an einem starken Mangel an Nahrungsmitteln, und zwar vor allem an Brot, so daß die Soldaten sich nur noch mit rohem Kukuruz, Krautstengeln und dem Fleisch verendeter Pferde ernährten. Es fehlte an Kleidung, Schuhwerk, Decken und Zelten, so daß täglich hundert und mehr Mann ernsthaft erkrankten. Der Sold war seit Monaten gar nicht mehr oder nur teilweise ausbezahlt worden. Die Leute desertierten in großer Zahl, sie verließen das Lager, oder es liefen ganze Vorposten von sieben und acht Mann auf einmal davon. Am Ende des Jahres waren von ursprünglich 31 000 Mann nur noch 15 000 dienstfähig. Von 17 000 Pferden, die den Sollstand der Armee in Italien bildeten, waren kaum noch 3000 einsatzbereit. Die Futtermittel waren äußerst knapp, Hafer war gar nicht mehr zu haben. Beim Reichsheer am Rhein und bei den in Ungarn und Siebenbürgen stehenden Truppen stand es nicht besser; hier und dort mußte man sogar mit Meutereien der darbenden Soldaten rechnen.[493]

Unter diesen Umständen war es verständlich, daß Prinz Eugen der Administration keine größeren Truppeneinheiten zur Unterdrückung des Aufstandes in Bayern schicken konnte. Am 18. Dezember gab er nach langem Widerstreben endlich den Befehl, die angeforderten 1000 rekonvaleszenten Infanteristen, die in Tirol im Quartier lagen, nach Bayern in Marsch zu setzen. Er befahl jedoch ausdrücklich, sie schon Mitte Januar zusammen mit dem Osnabrückischen Infanterieregiment und den noch in Bayern stehenden Rekruten, die die Administration so dringend für die Bekämpfung des Aufstands brauchte, wieder nach Italien zu schicken. So blieben dieser etwa drei Wochen Zeit, mit der Rebellion fertig zu werden. Dies war in der oben geschilderten Lage in Bayern eine fast unerfüllbare Aufgabe, und das war dem Prinzen auch bewußt. Doch hätte er mit einem größeren und länger dauernden Truppenabzug nach Bayern sich selbst in Italien handlungsunfähig gemacht und den für 1706 geplanten Feldzug schon im Ansatz scheitern lassen. So drohte für die kaiserliche Heeresleitung zu diesem Zeitpunkt der bayerische Volksaufstand in der Tat eine für den weiteren Verlauf des Krieges einschneidende, wenn nicht sogar entscheidende Auswirkung zu zeitigen, wenn nicht Prinz Eugen in seiner – man muß sagen mutigen – Entscheidung die Administration und ihre Truppenführer gezwungen hätte, das scheinbar Unmögliche zu versuchen. Aus diesem Grunde wird auch klar, daß diese jetzt mit ihren Mitteln nicht mehr wählerisch sein konnten, sondern gezwungen waren, den Aufstand so rasch wie möglich und vor allem endgültig niederzuschlagen. Solche Überlegungen dürften die rücksichtslose und grausame Niedermetzelung der Aufständischen bei Sendling und Aidenbach durch die kaiserlichen Truppen erklären, ein Vorgehen, das vom Prinzen Eugen ausdrücklich gebilligt wurde.[494]

Wir wenden uns wieder den Vorgängen zu, die sich in der Heiligen Nacht vor München ereigneten: Als wir den Oberländer Heerhaufen verlassen haben, hatte er am 24. Dezember um 22 Uhr in Thalkirchen haltgemacht; die Leute faßten Proviant, und die Führer berieten über den Angriff auf München. Es kam wieder zu Meinungsverschiedenheiten, wobei Leutnant Houis, der jetzt als militärischer Sachverständiger den Ton angab, vorschlug, die Landesverteidiger in zwei Linien aufzustellen und stürmen zu lassen. Auch Hauptmann Mayer ließ man wieder zu Wort kommen, doch dieser riet von neuem dringend vom Angriff ab, worauf er von Passauer als »alte Hure« beschimpft wurde. Die ganze Streitschar dürfte jetzt etwa noch 2100 bis 2200 Mann stark gewesen sein, nachdem man in Schäftlarn eine starke Brückenwache zurückgelassen hatte und bereits nicht wenige Männer im Dunkel der Nacht sich davongemacht hatten. Man einigte sich schließlich darauf, den Haufen in drei etwa gleich starke Abteilungen zu jeweils ungefähr 700 Mann zu gliedern. Die erste sollte aus dem größeren Teil der Schützen und einer Anzahl von Spießlern und Stänglern bestehen; ihre Führung übernahm Houis, Unterführer waren Adam Schöttl und der Hofkoch Engelhart. Diese Abteilung sollte den Hauptangriff gegen das Kosttor und den Hofgartenzwinger, also die Ostseite der Stadt führen; das Kosttor sollte ihr angeblich von den Bürgern geöffnet werden. Zu diesem Zwecke mußte sie zunächst den Roten Turm besetzen, der etwa 250 m außerhalb der Isartorbefestigung stand und die Isarbrücke beherrschte. Die zweite Abteilung aus dem Rest der Schützen und dem Hauptteil der Spießler und Stängler sollte unter Führung von Leutnant Aberle, um das Vorgehen der ersten zu dekken, gegenüber dem an der Südspitze der Stadt gelegenen Angertor am Glockenbach – in der Gegend des heutigen Südfriedhofs – Aufstellung nehmen. Die dritte Abteilung, bestehend aus den Reitern

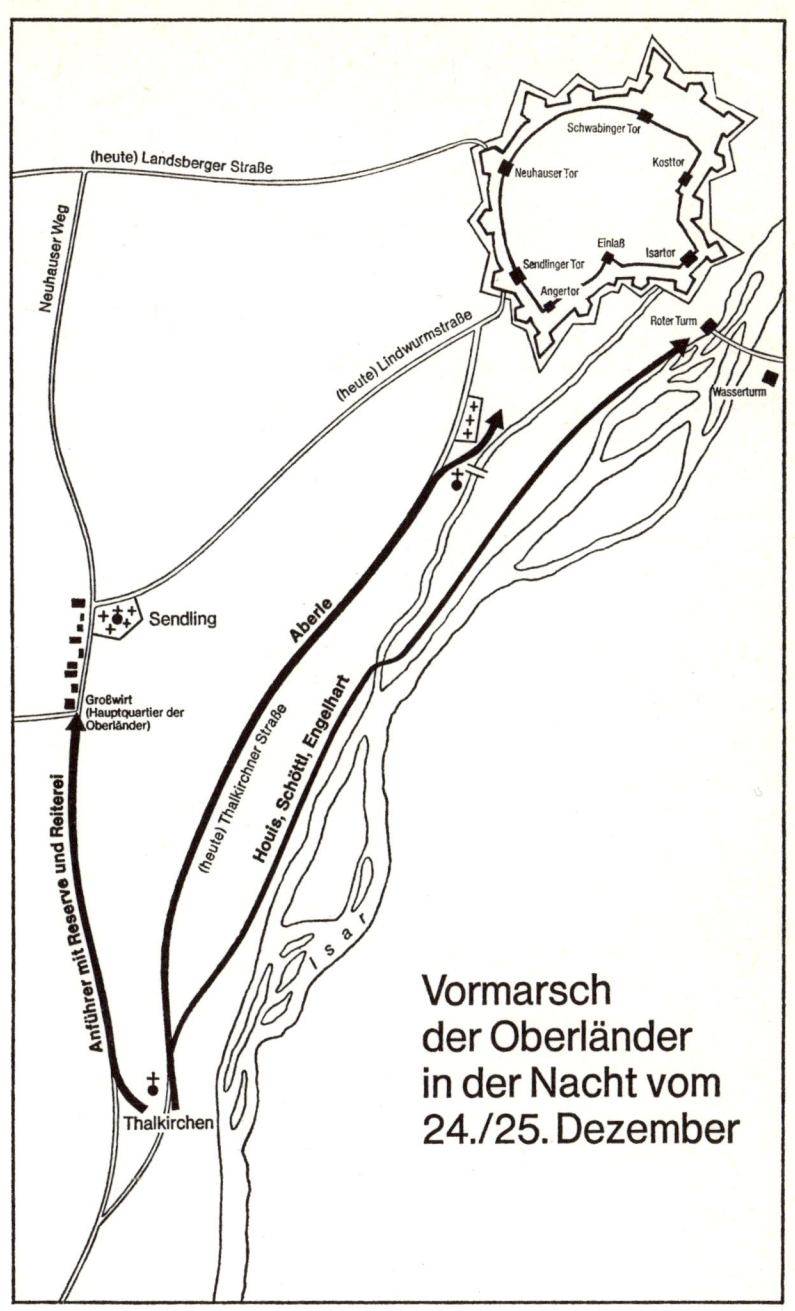

(heute) Landsberger Straße

Neuhauser Weg

Schwabinger Tor

Neuhauser Tor

Kosttor

Einlaß

Sendlinger Tor

Isartor

Angertor

Roter Turm

(heute) Lindwurmstraße

Wasserturm

Sendling

Aberle

Großwirt
(Hauptquartier der
Oberländer)

(heute) Thalkirchner Straße

Houls, Schöttl, Engelhart

Anführer mit Reserve und Reiterei

I s a r

Thalkirchen

Vormarsch
der Oberländer
in der Nacht vom
24./25. Dezember

und dem am schlechtesten bewaffneten Fußvolk, sollte als Reserve das hochgelegene Dorf Sendling – genauer Untersendling – besetzen; sie behielt auch die Geschütze.[495]

Gegen Mitternacht begann der Vormarsch der drei Abteilungen zu den genannten Zielen. Das Hauptquartier wurde im Wirtshaus von Sendling aufgeschlagen. Dort versammelten sich die Führer. An dem gegen die Stadt gekehrten Ostrand des Dorfes wurden Verhaue errichtet; die Leute zündeten Feuer an, um sich zu wärmen. Die erste Abteilung stieß auf ihrem Vormarsch auf eine kaiserliche Feldwache, die ohne Widerstand zurückging. Der Rote Turm war von 45 Mann unter einem Kornett besetzt, die ihre Stellung, um nicht abgeschnitten zu werden, ebenfalls ohne Widerstand räumten und sich in die Stadt zurückzogen. 50 Schützen unter dem Kommando Engelharts besetzten zwischen 1 und 2 Uhr den Turm und eröffneten aus zwei leichten Geschützen, die die Soldaten dort zurückgelassen hatten, das Feuer auf die Stadt. Gleichzeitig bezog die übrige Abteilung gegenüber dem Isar- und dem Kosttor hinter Holzstößen, Baumstämmen und Zäunen Stellung und richtete aus relativ kurzer Entfernung ein heftiges Gewehrfeuer gegen die auf den Wällen postierten Soldaten, das mehrere Stunden dauerte, bei dem aber nur zwei Soldaten verwundet wurden. In der Stadt saßen im Weißbierbräuhaus noch einige Gäste beim Bier; sie stiegen, als sie das Schießen hörten, auf den Getreidespeicher, um von dort hinauszusehen; darunter waren auch zwei der Verschworenen. Die Soldaten auf den Wällen erwiderten das Feuer nur schwach, ab und zu wurde ein Kanonenschuß abgegeben. Gegen 4 Uhr griffen die Schützen den vor dem Wall am Isartor gelegenen Ravelin an, wurden jedoch blutig zurückgeschlagen.[496]

So vergingen mehrere Stunden, während deren die Aufständischen auf das Raketenzeichen aus der Stadt warteten und hofften, daß ihnen die Münchner Bürger das Kosttor oder die Pforte am Weißbierbräuhaus öffnen würden. Aber nichts dergleichen geschah. Die in Sendling versammelten Führer wußten nicht, was sie tun sollten. Schließlich schickten sie einen Tambour vor das Sendlinger Tor, der dort das von Haid verfaßte Manifest der Landesdefension zusammen mit den in Schäftlarn abgefangenen Briefen aus Italien und einem weiteren Schreiben der Anführer abgeben sollte, in dem der Kampf bis zur Vertreibung der kaiserlichen Besatzung ange-

Conspiratio Bavarorum ... punitur.

Parcere subjectis et
debellare superbos.

Rebellion wird hart gestrafft, Und, waß sie fördert, weggeschafft.

Allegorie auf die Niederwerfung des Volksaufstandes

droht wurde. Der Tambour kam um 6 Uhr vor das Tor, seine Briefsendung wurde jedoch zurückgewiesen, dafür erhielt er das Abmahnungsmandat der Administration für das Oberland vom 21. Dezember.[497]
Langsam zog der Weihnachtstag herauf, das Geschützfeuer vcn
den Wällen der Stadt wurde heftiger, als plötzlich etwa um 7 Uhr
vom Gasteig am rechten Isarufer heftiges Geschützfeuer erscholl –
Generalwachtmeister von Kriechbaum kündigte an, daß er mit seinem Korps von Anzing der Hauptstadt zu Hilfe kam. Er ließ den
Roten Turm beschießen, dessen Besatzung den Übergang über die
Isarbrücke verhinderte. Als die Anführer in Sendling dessen Ge-
wahr wurden, ergriff sie ein tiefer Schreck, denn sie erkannten, daß
jetzt alles verloren war. Ohne sich weiter um ihre Mannschaften zu
kümmern, saßen sie auf und ritten davon; die Reiterei folgte ihnen.
Auch Hauptmann Gauthier machte sich davon. Einige wenige blieben: Pfleger Alram von Valley, Melchior Hofberger, der Hofmarkgerichtsschreiber von Reichersbeuern, der Jägerwirt, Passauer,
Hauptmann Mayer und Leutnant Clanze. Als der Morgen graute,
glaubte Jäger auf den Frauentürmen eine weiße Fahne zu sehen als
Zeichen der Kapitulation. Doch es kam anders.[498]
Kriechbaum befahl seiner Kavallerie, die der Oberst Johann Graf
von Eckh befehligte, südlich der Brücke die Isar zu durchreiten und
der ersten Abteilung der Landesverteidiger den Weg nach Süden
abzuschneiden. Dies gelang jedoch zunächst nicht, da Eckh keine
Furt fand und mehrere Pferde vom Fluß fortgerissen wurden, wobei ein Husar ertrank. Oberst de Wendt, der in der Stadt das Kommen Kriechbaums beobachtete, befahl dem Oberstleutnant von Lüttig vom fränkischen Kreisregiment Janus von Eberstädt, mit zwei
seiner Kompanien durch das Isartor auszufallen. Die 200 Franken
griffen die Oberländer mit gefälltem Bajonett an und warfen sie
aus ihren Stellungen und aus dem Roten Turm. Die Landesverteidiger flohen in alle Richtungen; sie wurden nun auch im Rücken von
Kriechbaums Infanterie beschossen. Die Soldaten gaben kein »Quartier«, d. h. keinen Pardon, und machten nieder, was ihnen vor Lauf
oder Klinge kam: »... und wurde darumben eine so lustige Hötz,
weilen vil der flüchtigen Bauren sich gegen der Stadt und gar in den
Graben salvirt und auff unsere Musquetirer umb Quartier geruffen,
die sie aber wie die Hasen in Graben hinunter geschossen.« – Es hat

Erschießung von Deserteuren nach Auslosung

den Anschein, daß sich einige Männer aus dem Lehel dem aufgestandenen Landvolk angeschlossen haben, denn von dort wurden
sieben Männer von kaiserlichen Soldaten erschossen, die die Leute
offenbar auch bis in die Häuser verfolgten und dabei noch eine Frau
töteten. Auch der Aumeister Franz Daiser fiel durch eine kaiserliche Kugel. Sein Sohn Max hatte, wie er dem Jägerwirt versprochen hatte, die Wasserzufuhr zur Stadt unterbrochen, indem er an
der Zuleitung zu den in die Stadt laufenden Bächen den Ablaß gezogen und damit das Wasser abgeleitet hatte. – Von den 700 Landesverteidigern, die an dieser Stelle die Stadt angegriffen hatten,
fielen 400, viele wurden gefangen, und ein Teil entkam; unversehrt
fliehen konnten auch Leutnant Houis, Adam Schöttl und Hofkoch
Engelhart, die Anführer, die sich anscheinend rechtzeitig aus dem
Staub gemacht hatten.[499]

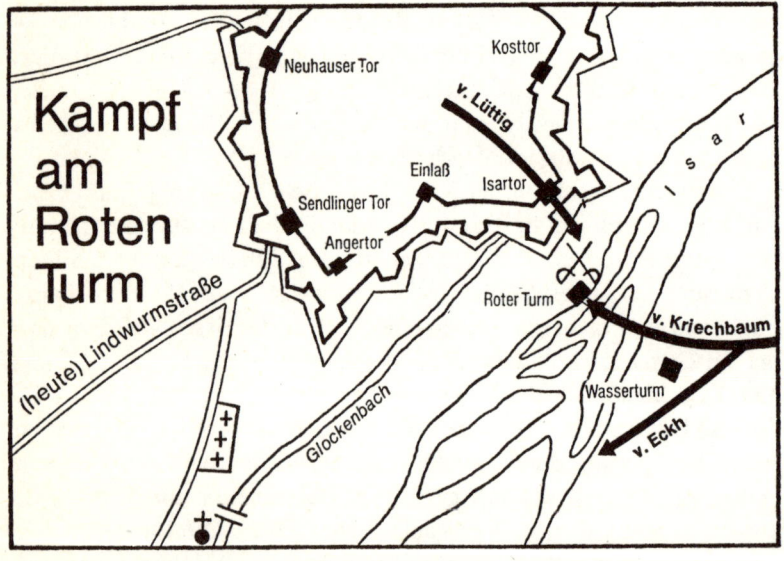

Einige der Leute warfen sich in die Isar, um sich zu retten. Hierüber berichtet eines der Verlöbnisse, die zu Ehren der Mutter Gottes von Egern in dem dortigen Mirakelbuch »Marianischer Wunderbaum« aufgezeichnet wurden: »... Michael Püechl, sonst Egerer
Pfarr, anjetzo aber in Tegernseeischer Pfarr in Diensten, mußte
gleich andern zu der traurigen Niederlag nacher München abrei-

sen, und da er sich samt andern in die Flucht begab, wurde er in die Iser gesprengt, allwo er nit ohne größter Lebensgefahr durchsetzte, aber in Mitte des reißenden Wassers zweimal um und um getrieben. Er ruefte in dieser seiner augenscheinlichen Todsgefahr Mariam zu Egern an, verlobte mit kindlichem Vertrauen allhero eine hl. Messe und wurde augenblicklich zu dem Gestade hinaus getrieben, hat sich auch nochmals unter einer Stauden solange verborgen gehalten, bis er nachmals durch den Schutz Mariä durch sichere Flucht dervon kommen.«[500]

Nach der Einnahme des Roten Turms ließen die fränkischen Infanteristen die Schlagbrücke an der Isarbrücke herunter, und Kriechbaum, der von den beiden anderen Abteilungen der Aufständischen nichts wußte, zog mit seinem Korps um 8 Uhr in die Stadt ein. Ein kleiner Teil der Landesverteidiger suchte sich nach Thalkirchen durchzuschlagen, wurde aber von den Franken weiter verfolgt. In der Zwischenzeit schickte de Wendt die ihm in der Stadt verfügbaren 150 Kavalleristen durch das Sendlinger Tor hinaus, damit sie die am Glockenbach stehende Abteilung der Oberländer angriffen. Die Reiter und die fränkische Infanterie trafen etwa gleichzeitig auf diese Abteilung, die sich plötzlich von zwei Seiten angegriffen sah und keinen nennenswerten Widerstand leistete. Das Gemetzel begann von neuem. Etwa 200 wurden niedergemacht, ebensoviele wurden verwundet oder gefangen abgeführt, einige sprangen in den Glockenbach. Anscheinend begannen die Soldaten gleich auf dem Gefechtsfeld zu plündern und den überwältigten Bauern die Kleider abzunehmen, bevor sie sie abführten oder umbrachten. Einem größeren Teil des Landvolks gelang jedoch die Flucht nach Sendling, darunter auch Leutnant Aberle. Dieses Gefecht am Glockenbach ist auf den Votivbildern von Egern und Hohenburg dargestellt.[501]

Die Kavallerie des Obersten von Eckh hatte ihren Flußübergang erst nach dem Abschluß dieses Gefechtes beendet. Sie vereinigte sich mit den Reitern aus der Stadt, während die fränkische Infanterie die Gefangenen in die Stadt brachte. Sie verfolgte die Flüchtigen und hieb viele von ihnen nieder. Als Eckh sich dem Dorf Sendling näherte, stellte er fest, daß es durch Verhaue befestigt war, aus denen die Landesverteidiger auf die Reiter schossen. So griff er das Dorf nicht an, da er die Stärke der dort stehenden Aufständischen

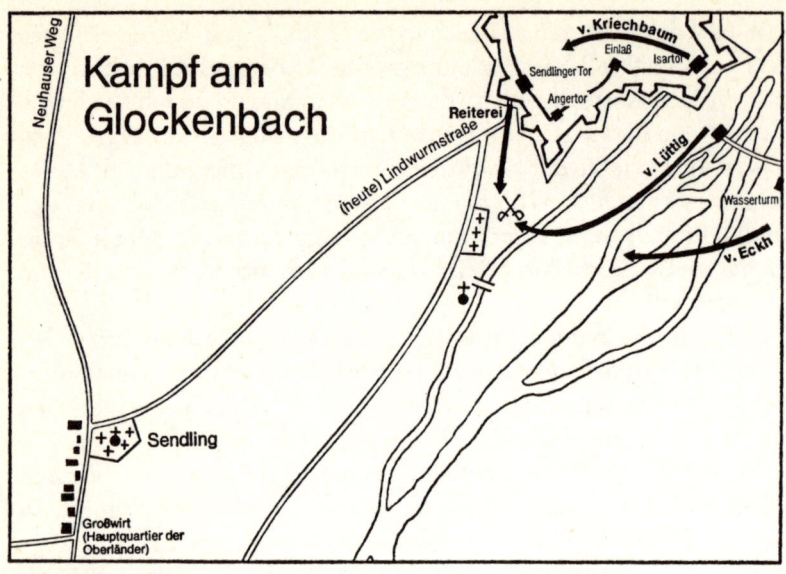

Kampf am
Glockenbach

Neuhauser Weg

(heute) Lindwurmstraße

Reiterei

Sendlinger Tor
Angertor
Einlaß
Isartor
v. Kriechbaum

v. Lüttig

Wasserturm

v. Eckh

Sendling

Großwirt
(Hauptquartier der
Oberländer)

nicht kannte, umstellte es aber und schickte eine Meldung in die Stadt.[502]

Als die Ankunft Kriechbaums in Sendling bekannt geworden war, hatte Pfleger Alram noch einmal darauf gedrungen, jetzt im allerletzten Augenblick mit den Leuten zurückzugehen; dies war aber wiederum von Jäger und Passauer abgelehnt worden. Nun, da die feindliche Kavallerie anritt, um das Dorf zu umzingeln, warf er sich wohl mit einigen noch verbliebenen Reitern auf die Pferde, griff die im Süden auftauchende Husarenspitze an, daß sie zurückwich, brach durch und entkam den ihn verfolgenden Reitern. Auch der Student Passauer sah jetzt ein, daß man sich nur noch durch die Flucht retten konnte: »... zu der Zeit, da ich die Ausflucht mit und auf dem Pferde gesuecht, das Dorf, worinnen wür gestandten sein, schon völlig von der kaiserl. Kavallerie umbrungen gewest,« so schrieb er später aus seinem Versteck an Ignaz Haid, »... erwöckhte mithin in mir die Noth eine Tugendt, daß ich unerschrocken es gewaget, durch die antringendte Feindt zu tringen, massen ich ganz wolbehertzt, doch ser ergrimmt mit entblösten und kreutzweis in dem Lufft geführten Säbl auf ettliche feindtliche, mir entgegen stehendte und meine Flucht zu verwöhren gedachte losgegangen und zugejagt, welche zwar all auf mich Feuer gegeben, doch ohne

340

mein geringste Verletzung. Weilen nun ihr auf mich gethanes Feuern weder mir noch meinem Pferdt geschadet, bin ich ohngehindert durch alle mich aufzuhalten gesinte getrungen und hab die Flucht in aller Eill weither fortgesetzt; es ist mir aber von einem Husarn nachgeeilt, und bin ich bei einem mir in dem Weg gestandtenen Zaun, an welchem mein Pferdt anfenglich gestutzet und nit daryber springen wolen, schier gar von selbigem erdappet und eingeholt worden; wie aber den von Ruckhen annahendten Feind vermerckht, hab ich mich ungesäumt zurückh gewendt, und ehe er mir mit seinem Gewöhr auf den Hals khommen, ihm mit einem Pistolenschuß aus dem Sattl gehebt, sogleich das Pferdt mit aller Force angesprengt, yber den Zaun gesetzt, mithin dem Feindt und aller weithern Gefahr für dismal entgangen.«[503]

Für die restlichen Oberländer, die sich jetzt noch in Sendling befanden – es werden nach Ankunft Flüchtiger vom Glockenbach und nach der Flucht der Reiter vielleicht noch 500 bis 600 gewesen sein – nahm das Schicksal seinen Lauf. Kriechbaum und de Wendt versammelten, als sie die Meldung Eckhs erhalten hatten, die verfügbare Infanterie, nämlich das Osnabrückische Regiment und je ein Bataillon der Regimenter de Wendt, Dalberg und Janus von Eberstädt sowie vier Feldgeschütze und führten sie gegen 9 Uhr durch das Sendlinger Tor gegen Sendling. Da der Ostrand des Dorfes durch den Kirchhof und seine Mauer sowie die Verhaue der Landesverteidiger gut befestigt war, ließ man die Infanterie etwa 300 m nördlich des Dorfes in breiter Front Aufstellung nehmen; der Aufmarsch war etwa um 10 Uhr abgeschlossen. Die kaiserliche Streitmacht, die jetzt Sendling eingeschlossen hatte, umfaßte ungefähr 2000 Infanteristen, vier Feldgeschütze und 650 Kavalleristen.[504]

Nun erkannte auch Jäger, daß die Sache verloren war. Er ritt zum Wirtshaus, legte sich dort ins Bett und stellte sich krank. Nur die drei bayerischen Offiziere, Mayer, Clanze und Aberle, hielten bei den Mannschaften aus. Während die Truppen zum Angriff auf das Dorf antraten, ließ Mayer »Chamade« schlagen, das Trommelsignal, das anzeigte, daß man sich ergeben wolle. Dann schickte er einen Tambour hinaus zu Generalwachtmeister von Kriechbaum und ließ ihm sagen, sie, die Offiziere, ergäben sich auf Gnade und Ungnade, sie bäten nur, die armen Leute, die zum Aufstand ge-

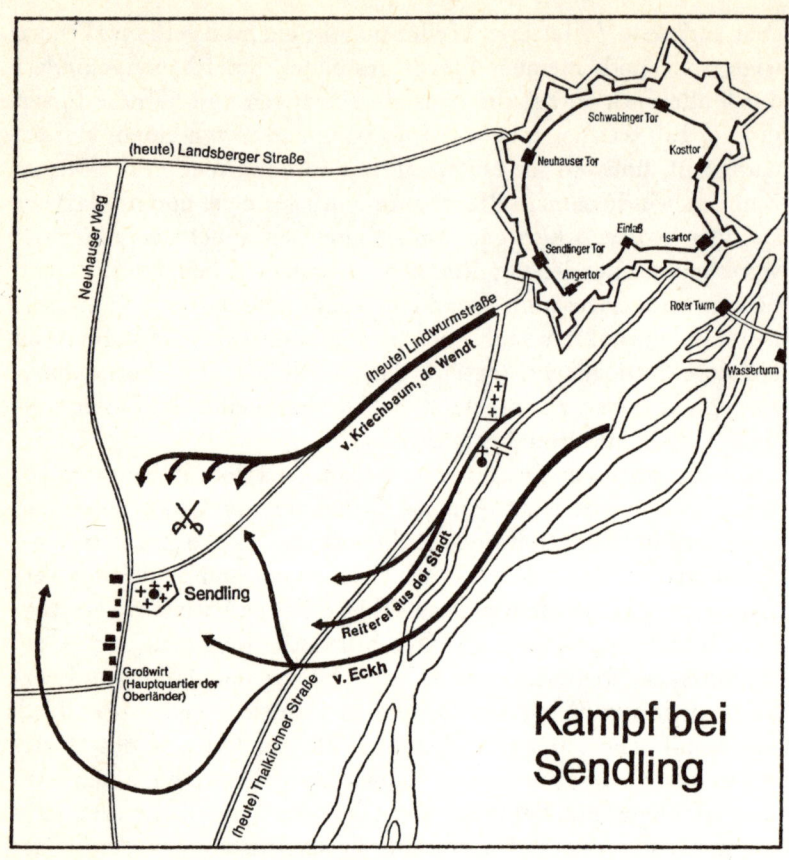

Kampf bei Sendling

Labels within the map:
(heute) Landsberger Straße — Neuhauser Weg — Schwabinger Tor — Neuhauser Tor — Kosttor — Einlaß — Isartor — Sendlinger Tor — Angertor — Roter Turm — Wasserturm — (heute) Lindwurmstraße — v. Kriechbaum, de Wendt — Reiterei aus der Stadt — Sendling — GroßWirt (Hauptquartier der Oberländer) — v. Eckh — (heute) Thalkirchner Straße

zwungen worden und alle unschuldig seien, zu schonen. Kriechbaum ließ Mayer bestellen, er solle mit den übrigen Offizieren ohne Waffen herauskommen. Dies taten sie auch und begaben sich zum Stab des Generals.[505]

Über das, was folgte, gehen die Aussagen der Beteiligten auseinander. Hauptmann Mayer sagte bei seinem ersten Verhör am 28. Dezember aus, er habe dreimal Chamade schlagen lassen, und Kriechbaum habe den einfachen Leuten Pardon versprochen, wenn sie auf den Knien herauskämen; dies hätten sie auch getan, seien aber dann von den Reitern umringt und massakriert worden; Kriechbaum aber habe, als das Massaker begonnen habe, sein Mißfallen hierüber geäußert. Alle Aussagen Mayers sind im großen und ganzen glaubwürdig, so daß wir ihm wohl auch hier vertrauen dürfen. Seine Aussage wird durch weitere Zeugen bestätigt: In zweien der Gelöbnisse von Überlebenden im »Marianischen Wunderbaum« von Egern heißt es, daß die Kaiserlichen Pardon versprochen hätten, bevor sie die wehrlosen Bauern niedermetzeln ließen. Das gleiche steht in mehreren Sterbebüchern bei den Eintragungen der Gefallenen von Sendling, z. B. in Lenggries und Beuerberg. Verschiedene Zeitgenossen berichten sogar von einem mehrfachen Pardonbruch der Kaiserlichen, darunter Meichelbeck und Plinganser. Freiherr von Schmidt, der Pfleger von Aibling, der den Zug mitgemacht, sich aber zu diesem Zeitpunkt mit den anderen Beamten bereits entfernt hatte, berichtet, daß die Kaiserlichen dreimal hintereinander Pardon versprochen und jeweils von neuem über das wehrlose Landvolk hergefallen seien; Kriechbaum habe dies mißbilligt und sei darüber mit de Wendt in einen heftigen Streit geraten.[506]

Demgegenüber stehen die Aussagen der kaiserlichen Truppenführer. Kriechbaum, de Wendt, der fränkische Oberst Franz Anton Freiherr von Dalberg, Oberstleutnant von Lüttig und Administrator Graf Löwenstein, der jedoch anscheinend seine Informationen von Kriechbaum und de Wendt hatte, berichten übereinstimmend, daß die Aufständischen aus dem befestigten Sendling hinausgelaufen seien und um Gnade gebeten hätten, doch wäre die »verbitterte Miliz« nicht mehr zurückzuhalten gewesen und hätte sich keinem Befehl mehr gehorchend auf die Bauern gestürzt, die ihre Waffen weggeworfen und auf den Knien liegend mit erhobenen Händen um Gnade geschrien hätten. Dabei berichtet Dalberg, Kriechbaum habe, nachdem die Bauern dreimal um Pardon gebeten hätten, diese aufgefordert, sie sollten die Waffen niederlegen und aus dem Dorf herausmarschieren, eine Aussage, die sich mit derjenigen Mayers nahezu deckt. – Es fällt auf, daß in einer wenig später im Druck erschienenen amtlichen Darstellung dieser Version hinzugefügt wurde, Kriechbaum habe auf die Bitte um Pardon sofort erklärt, »daß er keinen Rebellen kein Parola gebe«; er habe aber auch, als die Soldaten über die Bauern hergefallen seien, versucht, sie zurückzuhalten, das sei ihm aber nicht gelungen.[507]

Man kann sich des Eindrucks nicht erwehren, daß die Aussagen Mayers und der sehr unterschiedlichen Zeugen, die den kaiserlichen

Truppenführern den Bruch des Pardonversprechens vorwerfen, recht haben und daß die Aussagen der Truppenführer und des Administrators auf einer Absprache beruhen, die getroffen wurde, um die Schuld an dem abscheulichen Gemetzel von sich abzuwälzen. Jene amtliche Darstellung in der »Relation über die Münchnerische Metten« sieht wie eine nachträgliche Beschönigung aus. – So geht aus diesen Berichten hervor, daß allem Anschein nach der von Hauptmann Mayer erbetene Pardon für die eingeschlossenen Aufständischen von Kriechbaum direkt oder wenigstens indirekt durch die Aufforderung, die Waffen niederzulegen und aus dem Dorf herauszukommen, versprochen worden ist. Freilich ist es auch glaubhaft, daß die Soldaten, die einen sechswöchigen überaus anstrengenden und entbehrungsreichen Winterfeldzug mit ununterbrochenen Eilmärschen kreuz und quer durch das Land hinter sich hatten, gegen das aufständische Landvolk einen unstillbaren Groll angestaut hatten und deshalb jetzt, wo sie es wehrlos vor sich sahen, wutentbrannt über die Leute herfielen. Sie haben dies aber sicher nicht ohne Aufforderung oder wenigstens ohne die Billigung ihrer Offiziere getan. De Wendt hatte ja nie viel Federlesens gemacht, und am 1. Januar 1706 schrieb er dem Prinzen Eugen: »Ich versichere, daß ich meines Orts keine Güte mit ihnen brauche, sondern ich lasse massakriren, was mir unter die Hände kommt.«[508] Auch die nachträgliche unbarmherzige Behandlung der Verwundeten paßt in das Bild von der vorsätzlichen Täuschung und Hinmordung der Landesverteidiger, die sich bereits ergeben hatten. – So können wir sagen, daß die kaiserlichen Truppenführer hier ohne Zweifel die Landesverteidiger, die sich in einer verzweifelten Lage befanden, glauben gemacht haben, sie würden sie schonen, wenn sie sich ergäben, um dann trotzdem ein grausames Blutbad unter den Wehrlosen zu veranstalten. Zweifellos verfolgten sie aber auch den Zweck, mit den Aufständischen ein Exempel zu statuieren, damit das ganze Land einzuschüchtern und die Administration und ihre Besatzungstruppen aus der großen Gefahr, in die sie durch den Aufstand geraten waren, zu befreien. Wir dürfen weiter dabei nicht vergessen, daß den Kaiserlichen, als sie die Oberländer bei Sendling vernichteten, das große Unterländerkorps im Rücken saß und sie die drohende Einschließung Münchens mit allen Mitteln verhindern mußten.

Nach diesen Überlegungen zu schließen, ereignete sich also das Folgende: Hauptmann Mayer verließ zusammen mit den Leutnanten Clanze und Aberle das verschanzte Dorf, und die drei begaben sich zu den kaiserlichen Truppenführern, wo sie anscheinend noch einmal um Schonung des einfachen Volkes baten. Kriechbaum ließ dann die Aufständischen, die sich im Dorf befanden, auffordern, die Waffen niederzulegen, herauszukommen und niederzuknien. Ob er ihnen dabei ausdrücklich Pardon versprechen ließ oder nicht, ist ungeklärt, doch war auch jene Aufforderung allein in diesem Sinne zu verstehen. Die Leute warfen darauf ihre Waffen weg, drängten hinaus aufs freie Feld, zogen ihre Rosenkränze heraus und knieten nieder. Noch bevor alle das Dorf verlassen hatten, stürzten sich die kaiserlichen Reiter mit der blanken Klinge auf die Wehrlosen und hieben auf sie ein. Dann ging die Infanterie vor und schoß und stach die mit erhobenen Händen gellend um Gnade schreienden Männer nieder. Wenn Kriechbaum dieses Vorgehen der Soldaten nicht gebilligt hat, so hat er jedoch nur schwache Anstrengungen unternommen, diesem Treiben Einhalt zu gebieten. Während die einen Soldaten noch töteten, zogen die anderen bereits den Toten und Verwundeten die Kleider aus und beraubten sie ihrer Habe. Ein Teil der Aufständischen lief wieder ins Dorf zurück und suchte sich dort in Häusern, Scheunen und allen möglichen Winkeln sowie auf dem Friedhof und in der Kirche zu verstecken. Doch die Soldaten setzten ihnen nach und machten sie nieder. Selbst in der Kirche wurde getötet. Die Soldaten plünderten auch das Dorf und kamen in das Wirtshaus, wo der Jägerwirt im Bett lag und sich krank stellte. Die Soldaten, die ihn aufstöberten, taten ihm nichts, sie nahmen ihm nur seine Kleider weg. Endlich wurde dem Morden Einhalt geboten und den Überlebenden das Leben geschenkt. Viele wurden abgeführt, viele Schwerverletzte ließ man zunächst einfach liegen. Zum Schluß suchte eine Kompanie das Dorf noch einmal ab und brachte 36 Gefangene, die sechs Kanonen und 150 Pferde zum Vorschein; die Pferde dürften größtenteils den Dorfbewohnern gehört haben, da die Reiter der Aufständischen geflohen waren.[509]

Wie der kleine Mann dieses grauenvolle Gemetzel leidend miterlebte, schildern uns die Verlöbnisse der Überlebenden im »Marianischen Wunderbaum« von Egern:[510]

»Hanns Fellerer von Oberpoint befand sich ebenfalls samt seinen

Gespänen bei obgesagt sehr traurigem Scharmützel. Es wurden neben seiner unterschiedliche zu Tod geschossen und gehauet, also daß einer seiner besten Bekannten ihm auf seinem linken Arm gestorben. Er lag samt andern auf der Erden und wartete alle Augenblick einen tödlichen Schuß, verlobte sich doch seiner wertisten Mutter nacher Egern mit 2 hl. Messen. Sehet Wunder! Unverhofft, da er vorher unterschiedliche malen seiner Kleider beraubt worden, kam einer und befahl, daß er aufstehen und des Perdons gewiß sein solle. Er folgte und wurde nachmals ohne einzigen Schaden und Wunden mit absonderlicher Freud und Trost seiner lieben betrübten Eltern nachher Haus gelassen.«

»Gabriel Hürsch von Oberwarngau gebürtig, wohnte auch diesem Mordgefecht bei, lag bei 9 Stunden als Toter zur Erden. In diesen seinen Ängsten verlobte er sich allhero zu dem wundertätigen Gnadenbild nachher Egern mit 3 hl. Rosenkränz und 3 Kreuzer in Stock zu legen. Und sehet, unversehens kam ein Reiter zu ihm, nahm ihn bei der Hand, sprechend: Steh auf Gabriel, du hast Perdon, führte ihn bei der Hand hinaus und kam also Gabriel durch die Fürbitt Mariä frisch und gesund ohne einigen Schaden nach Haus.«

»Antonius Sürth aus Tegernseer Pfarr, mußte auch als ein unschuldiger Schütz diesem Blutbad beiwohnen. Er verlobte in dieser seiner Hinwegreise, wann er frisch und gesund nach Haus kommen sollt, gleich anfangs 1 hl. Meß. Als er mit andern zu Anfang der traurigen Niederlag niederkniete, verlobte er sich abermal mit 1 hl. Meß mit demütigster kindlicher Bitt, Maria solle nur von ihm die Kugeln abwenden und ihme von einem Schuß bewahren. Und da er also glücklich das erste Salve überstanden, fiel er mit andern auf die Erden nieder, wurde alsdann auf unterschiedliche mal seiner Kleider beraubt, auch nachmals gehaut und gestochen, aber doch allezeit ohne absonderliche Lebensgefahr. Lestlich kam einer, ließ ihn aufstehen und mit andern darvon gehen, kam also nachher Haus und schrieb nach Gott niemand anderem sein Leben zu, als Mariä, der wunderbarlichen Mutter in Egern.«

»Petrus Mittermäur von Rottach mußte auch ganz unschuldig bei dieser Begebenheit dem erbitterten Kriegsgott Marti über die Klingen springen. Er verlobte sich gleich anfangs dieser unserer trostreichen Mutter mit einer hl. Meß, überstund ganz glücklich das vielfältige Schießen und unchristliche Hauen und Ummetzgern. Er lage eine lange Zeit unter denen toten und halb lebenden Leibern und als er vermeinte, dem falschen Versprechen nach getanen Perdon zu genießen, machte er sich unter dem Haufen hervor, sah aber um sich nichts anders als Schießen, Hauen und Umbringen. Petrus vertraute auf die starke Vorbitt seiner jungfräulichen Nothelferin Mariä, ergriff die Flucht und salvierte sich auf einen in nächsten Haus gestandenen Bachofen, wurde zwar auf solchem ein und das andermal von einem Soldaten ertappet, aber ganz frei hinweg gelassen. ...«

»Veicht Rainer aus dem Tirol. Dieser war auch bei dieser traurigen Niederlag. Er wurde sehr gefährlich durch das Diech (Oberschenkel; d. Verf.) geschossen, auch hin und her gleich einem Toten gerissen. Weilen er sich aber vorhero der trostreichisten in ihr unbefleckte junge fräuliche Empfängnis mit 3 Vaterunser und Av-Maria verlobte und auch nachmal einen wächsernen Fuß zu opfern und 1 hl. Rosenkranz zu beten versprochen, wann er sollte mit Leben davon kommen und an seinem so gefährlichen Schuß geheilet werden, hat er auch alles, was er von der hilfreichen jungfräulichen Mutter gebeten, erlanget und erhalten.«

»Simon Erhard von Rottach mußte auch wider seinen Willen in dieses Gefecht. Sowohl zur rechten als linken Seiten, vor und unter ihm sah er nichts anders als Tote und Bleschierte in ihrem Blut daliegen. Er aber wurde wunderbarlich ohne einzige Wunden bei dem Leben erhalten. Dann als er gleich andern auf die Erden niedergefallen, verlobte er sich allhero nacher Egern mit 1 hl. Meß, 3 Rosenkränz zu beten, ein Groschen in Stock zu legen und diese Guttat verkünden zu lassen, erhielte auch dadurch, daß er von aller Gefahr des Tods befreiet, gesund ohne aller Wunden nacher Haus gelanget.«

»Benediktus Hagn am Weg, war auch bei dieser sehr blutigen und unchristlichen Niederlag gegenwärtig. Er bekam 2 gefährliche Wunden, einen Schuß in die Hand und einen entsetzlichen Hieb auf den Kopf, hatte bei 4–5 Löcher und Schüß in sein Joppen bekommen, aber diese ohne einzigen Schaden. Er lag 3 ganzer Stund unter denen Toten und wurde gleich diesen aller seiner Kleider beraubet und entblösset, doch wunderbarlich bei den Leben erhalten, dann er verlobte sich gleich anfangs allhero zu der miraculosen Bildnus Mariä ...«

»Andreas Soyer, sonst aus dem Achental gebürtig, dermalen in

Diensten auf der Sag. Dieser befande sich auch bei dem entsetzlichen Blutbad. Ehe dieses angegangen, befalche er sich seiner jungfräulichen Mutter Mariä in Egern und verlobte sich derselben mit einem hl. Rosenkranz und ein Landmünz in Stock. Nachmals legte er sich auf sein Angesicht nieder, und als das dritte Mal Perdon oder vielmehr das Zeichen zum Aufmetzgern und Umbringen gegeben worden, wendete er sich ein wenig um, bekam aber anstatt des Perdon ein erschrecklichen Schuß, welcher ihm erstlich durch den Arm und nachmals durch den ganzen Hals und Maul gegangen und wiewohlen er ganze 14 Wochen in der Kur gelegen und 8 ganze Wochen nit reden können, hatte er doch ganz und gar von Erlangung seiner Gesundheit nit verzweiflet, schickte auch nach Haus allhero die verlobte Landmünz mit Bitt, daß man auch den von ihm verlobten Rosenkranz vor dem Gnadenbild für ihm beten wolle, welches auch geschehen, und ist darauf der gute Andrä nit allein alsobald zu seiner Red und Sprach kommen, sondern hat auch in kurzen sein völlige Gesundheit erlanget, von welcher doch männiglich schon gleichsam verzweifelte.«

Es ist an dieser Stelle über eine Figur der Aufständischen des Oberlandes zu sprechen, die wie keine andere in die Erinnerung des Volkes eingegangen ist und um die sich im Laufe der Zeit mannigfache Sagen gerankt haben: der Schmiedbalthes oder auch Schmied von Kochel. Der wesentliche Teil dieser Sagen, die über ihn erzählt werden, besagt, daß dieser Schmied ein Greis von etwa 70 Jahren, von hünenhafter Gestalt und riesigen Körperkräften gewesen sei. Er sei einer der Anführer der Oberländer gewesen und habe sich als besonders tapferer Kämpfer, mit der Rechten einen Morgenstern schwingend, in der Linken eine Fahne haltend, hervorgetan. In heldenhafter Verteidigung habe er mehrere gegnerische Reiter vom Pferd geschlagen und sei als einer der Letzten auf dem Friedhof von Sendling gefallen.

Auch dieser Kern der Geschichte ist zum größten Teil Volkssage, denn in keinem der zeitgenössischen Berichte, gleich von welcher Seite sie stammen, hören wir etwas von diesem »Schmiedbalthes«. Auch ist ein Mann, der mit ihm identisch sein könnte, unter den Anführern nicht bekannt, die ja im übrigen ihre Mannschaften beim Beginn der Gefechte verlassen haben und durchweg unversehrt blieben. Weiter hieß der damalige Schmied von Kochel Georg Heinrici; er starb erst im Jahre 1720 und hat wahrscheinlich am Zug der Oberländer gar nicht teilgenommen. Dann wissen wir, daß sich auch bei Sendling gar kein Kampf mehr abgespielt hat, was freilich nicht ausschließt, daß sich einige der Männer noch verzweifelt gewehrt haben. Allerdings verlegt eine andere Version der Sage die Kampfestaten des Schmiedbalthes an den Roten Turm vor dem Isartor.

Es gibt ein einziges Zeugnis für die Existenz des »Schmiedbalthes«: Im Sterbebuch der Pfarrei Neukirchen ist unter den 52 am Weihnachtstag 1705 Gefallenen ein Balthasar Riesenberger, Schmied im Weiler Bach in der Grafschaft Valley, eingetragen. Riesenberger war verheiratet, er war kein Greis, sondern erst etwas über vierzig Jahre alt; als Schmied gehörte er wohl zur ländlichen Oberschicht. Den Zug vor München hat er mit Sicherheit im Kontingent von Valley mitgemacht, in dem er möglicherweise ein Unterführer oder auch der Fahnenträger war; vielleicht hat er sich auch in einem der Gefechte vor München durch Tapferkeit hervorgetan. Das letztere sind Vermutungen, doch wissen wir, daß unter den vor München gefallenen Oberländern ein »Schmiedbalthes« war, um dessen Figur sich anscheinend die Volkssage eines »Helden des Aufstandes, in dem man Mut und Kraft, Vaterlands- und Fürstenliebe verkörpert sehen wollte« (Riezler) gerankt hat. Erst im 19. Jahrhundert wurde die Sage verbreitet und ausgeschmückt, und zwar weniger durch das Volk als durch Literaten und Kunstmaler der Zeit König Ludwigs I.[511]

Mit dem Massaker von Sendling war der Aufstand der Oberländer zu Ende. Er hatte, abgesehen von der Vorbereitung, nur sieben Tage gedauert. Die Zahl der Opfer war erschreckend hoch: Vor dem Isartor, am Glockenbach und bei Sendling starben nach den pfarramtlichen Aufzeichnungen über die Beerdigten und die, die in den Spitälern ihren Verletzungen erlagen, 1034 Männer; dazu kommen noch Tote, die in ihren Heimatgemeinden bestattet wurden, so daß wir mit rund 1100 Toten rechnen müssen. Das waren von den 2769 bei Schäftlarn Gemusterten 40%. 609 wurden verwundet, 107 unverletzt gefangengenommen. Von den Verletzten starb etwa noch der zehnte Teil. Etwa 400 bis 500 Mann entkamen: auch unter ihnen waren Verletzte, von denen einzelne unterwegs starben. Die Verluste auf der Seite der Kaiserlichen betrugen 40

Tote und Verwundete, ein Oberstwachtmeister wurde verletzt, ein Leutnant erschossen. Erst nach einigen Tagen wurden die Toten beerdigt, und zwar auf dem Friedhof von Sendling 204, auf dem äußeren, dem heutigen Südfriedhof 682 und auf dem Friedhof Unserer Lieben Frau 90.[512]

In der Stadt war in der Früh während der Gefechte vor dem Isartor und am Glockenbach auf Befehl des Administrators die Bürgerschaft noch einmal durch Ansagen von Haus zu Haus zu absoluter Ruhe vermahnt worden. Die Leute hörten das Schießen und sahen, wie die verschiedenen Truppenteile hin- und hermarschierten. Am Vormittag kamen die Bürgermeister zum Administrator, und während ihrer Anwesenheit erschien zwischen 11 und 12 Uhr Generalwachtmeister von Kriechbaum und berichtete von dem schrecklichen Geschehen, das soeben vor Sendling sein Ende gefunden hatte. Mittags und Nachmittags erfolgte der Einzug der Truppen mit den Gefangenen und den Beutestücken: An der Spitze marschierte eine Abteilung Infanterie, ihr folgte der größere Teil der Gefangenen, von denen viele Verwundete auf Bahren getragen wurden, dann kam wieder eine Abteilung Infanterie mit drei erbeuteten Fahnen. Einige Stunden später zogen wieder Infanterie in mehreren Abteilungen mit erbeuteten Fahnen und zwei Abteilungen unversehrter und verletzter Gefangener sowie die sechs erbeuteten Rebellengeschütze ein. Den Einzug beschlossen Kommandierte der kaiserlichen Kavallerie. Nach der grausamen Niedermetzelung der Aufständigen glaubten Administration und Militär anscheinend, noch immer nicht genug abschreckende Exempel statuiert zu haben. So ließ man die Verwundeten, die ja von der Soldateska zum großen Teil bis aufs Hemd ausgezogen worden waren, an dem kalten Wintertag auf den Straßen und Plätzen liegen und stehen – »pro terrore« aller Bürger, die dieses traurige Schauspiel mitansehen mußten. Dann wurden die Verwundeten in die verschiedenen Spitäler der Stadt und in Klöster gebracht, wo sie wundärztlich versorgt wurden. Die unverletzten Gefangenen wurden im Tegernseer Hof untergebracht. – Am Abend des Weihnachtstages trafen auch die erwarteten Barthels-Kürassiere in der Stadt ein und brachten noch 32 versprengte Aufständische mit, die sie eingefangen hatten.[513]

Mittlerweile stellte man in der Stadt fest, daß die Wasserversorgung gestört war und die Bäche in der Stadt nicht mehr liefen. Dieser Schaden ließ sich jedoch rasch und ohne Mühe wieder beheben. – Die Soldaten begannen, die Kleider zu verkaufen, die sie den gefangenen, verwundeten und toten Aufständischen ausgezogen hatten. Dabei erkannte man die Kleider des Jägerwirts wieder, die diesem im Wirtshaus von Sendling abgenommen worden waren, und es verbreitete sich das Gerücht, daß auch er gefallen sei.[514]

Die Bürgermeister und der Rat der Stadt versammelten sich noch am 25. Dezember im Auftrag des Administrators und berieten über die befohlene Entwaffnung der Bürger und über Maßnahmen, die im Fall einer eventuell noch drohenden Einschließung, eines Aufstandes von Bürgern und einer Feuersbrunst zu ergreifen seien. Die Lage galt auch jetzt noch als sehr unsicher. Am nächsten Tag hielt der Rat wieder eine außerordentliche Sitzung. Der Stadtkommandant hatte befohlen, daß die Stadt vor dem Kosttor, also dort, wo die Oberländer angegriffen hatten, Palisaden zu setzen habe. Auch hatte der Administrator verlangt, daß der Rat an diesem Tag dem Kaiser die alljährlich übliche Huldigung, also die Erneuerung des Treueides leisten solle; dieser erklärte jedoch, der Eid sei erst in diesem Jahr geleistet worden. Der Administrator entgegnete darauf, daß sich die Bürger der Stadt während des Angriffs des aufständischen Landvolks in lobenswerter Weise ruhig verhalten hätten. Den Soldaten, die in der Stadt einquartiert wurden, wurde, um Reibereien mit der Bürgerschaft und Unruhen von vornherein zu vermeiden, strengste Disziplin befohlen und nachdrücklich verboten, von den Quartierwirten mehr als die allgemein vorgeschriebene Verpflegung zu verlangen oder die Quartiergeber durch Bedrohungen zu belästigen. Die Eidesleistung des Rates aber wurde auf den 29. Dezember befohlen, auf den Tag, da auch die Entwaffung der Bürgerschaft vorgenommen wurde – die Administration suchte sich auch in der Hauptstadt auf jede mögliche Weise abzusichern.[515]

24. KAPITEL

Die Folgen der Zerschlagung des Oberland-Aufstandes

Als die Kunde von der vernichtenden Niederlage des Landvolks vor München bekannt wurde, wurde jedermann von Schrecken und Trauer erfaßt. Noch am 25. Dezember kehrten die Tölzer und Benediktbeurer Reiter zurück und brachten die Trauerpost heim. An den folgenden Tagen erreichten die Flüchtigen des Fußvolks ihre Heimat. Die Anzahl der Gefallenen wurde zunächst von den meisten zu hoch geschätzt; die Angaben reichten bis zu 3500 Toten.[516]

Die Totenklage um die 1100 Gefallenen erscholl im ganzen Oberland von der Jachenau bis Alling bei Fürstenfeldbruck und zum Lehel vor München, vom Würmsee bis zum Inn. In den verschiedenen Pfarreien und Gemeinden wird noch heute die Erinnerung an diese Männer gepflegt, deren Tod die Familien in Trauer und Unglück riß. Im Miesbacher Land fielen aus dem Markt Miesbach zehn Handwerker, aus der Pfarrei Neukirchen 52 Männer, von denen 28 verheiratet und 24 ledig waren; die Pfarrei Wahl mit dem Dorf Gotzing hatte elf Tote zu beklagen, die Pfarrei Osterwarngau 24, davon 13 verheiratete und elf ledige, die Pfarrei Hartpenning drei und die Pfarrei Oberwarngau neun. In der Klosterherrschaft Tegernsee waren aus der Pfarrei Egern 50 Mann ausgezogen, von denen 31 gefallen waren, aus der Pfarrei Tegernsee waren 35 ausgezogen und 15 gefallen; die Pfarrei Gmund am Tegernsee verlor 27 Männer, 15 verheiratete und 12 ledige, Waakirchen mit Schaftlach 34, je zur Hälfte verheiratete und ledige. Die Pfarrei Dietramszell hatte 22 Gefallene. Aus dem Landgericht Tölz blieben 144 vor München; in Tölz selbst wurden wenigstens 13 Handwerkerfrauen zu Witwen, die übrigen Toten des Marktes und der Pfarrei wurden nicht aktenkundig, da der Eintrag ins Kirchenbuch unterblieb; weiter beklagte die Pfarrei Lenggries 31 Tote; die Pfarrei Reichersbeuern mit dem Dorf Greiling verlor 13 Männer, darunter den Hofmarkgerichtsschreiber, zwei verheiratete Maurer, fünf Bauern-, drei Handwerkersöhne und zwei unbekannten Standes. Aus der Pfarrei Königsdorf waren es 28, zehn Verheiratete und 18 Ledige, in der Pfarrei Deining, die zu Schäftlarn ge-

hörte, 17, ein Witwer, drei Ehemänner, von denen einer sechs unmündige Kinder hinterließ, und 13 Ledige, und in der Pfarrei Hel-
fendorf am Hofoldinger Forst neun Männer. In der Hofmark
Eurasburg vermißte man 17 oder 18 Mann als tot, die nicht weniger
als 60 bis 70 Kinder hinterließen. Von den Bewohnern des Lehel
und der Au vor München waren acht Männer und eine Frau umgekommen. Schließlich kehrten in die zum Gericht Starnberg gehörige
Pfarrei Alling bei Fürstenfeldbruck drei Ehemänner und neun
Jünglinge nicht mehr heim; die Leiber von fünfen holten die Verwandten nach Hause und begruben sie auf dem Heimatfriedhof, die
anderen liegen in Sendling.[517]

Dies sind einige Beispiele dafür, wie verheerend dieses Ereignis
in der Bevölkerung gewirkt hat. Paradoxerweise waren unter den
Toten auch einige Tiroler, die als Dienstknechte im Bayerischen gearbeitet hatten und mit gegen München gezogen waren. Das Landvolk sah ein, daß es in ein aussichtsloses Abenteuer geführt worden
war. Der Klosterrichter von Dietramszell erkannte seine Mitverant-
wortung und weinte nach seiner Heimkunft tagelang. In Tölz versuchten am 28. Dezember 16 bis 20 Bauern den Pflegskommissär
Dänkel, weil sie alle ins Unglück geführt habe, zu lynchen; doch
Dänkel hatte sich rechtzeitig in Sicherheit gebracht und entzog sich
später seiner Verhaftung durch die Flucht. Aus dem Versteck schrieb
er drei Briefe an die Administration, in denen er seine Unschuld
an dem ganzen Aufstand beteuerte. Abgeordnete des Unterlandes
hätten die Bauern seines Gerichtes aufgehetzt, dann seien noch zwei
französische Offiziere und der Student Passauer als Aufwiegler erschienen; den Jägerwirt, der gebürtiger Tölzer war, erwähnte er
mit keinem Wort, wohl um dessen Familie nicht gegen sich aufzubringen. Die verführten Bauern hätten ihn und ebenso Klosterrichter Wendenschlegel von Benediktbeuern gewaltsam gezwungen,
mitzugehen. Er habe sie vergeblich von ihrem Vorhaben abzubrin-
gen versucht. Im letzten Brief bat er um freies Geleit, um sich in
München rechtfertigen zu können, und erklärte, die in München im
Spital liegenden Tölzer könnten seine Unschuld bezeugen. – Diese
Darstellung war zu unglaubwürdig, als daß die Administration sie
hätte ernstnehmen können.[518]

Die Männer, die dem Gemetzel lebend entronnen waren, stifte-
ten später Votivgaben, so die beiden großen Votivtafeln auf dem

Kalvarienberg von Hohenburg und in der Pfarrkirche von Egern. Tölzer Zimmerleute gelobten für ihre Rettung den Bau einer Kapelle zu Ehren der Schmerzhaften Muttergottes und der Heiligen Joseph, Johann Baptist und Leonhard, den sie im Jahre 1718 ausführten – es ist die heutige Leonhardikapelle auf dem Kalvarienberg zu Tölz. Am Eingang des Dorfes Wackersberg bei Tölz wurde im Jahre 1706 zu Ehren der Auferstehung Christi die »Urständkapelle« errichtet. Über den Anlaß ist nichts bekannt, doch lassen der Zeitpunkt der Errichtung und das Patrozinium die Vermutung zu, daß die Kapelle für gefallene Dorfbewohner gestiftet worden ist. In der Kirche von Holzhausen bei Fürstenfeldbruck berichtet eine Votivtafel von einem Söldner, der bei Sendling bis zur Dunkelheit unter den Toten gelegen habe; zu Hause sei am Abend bereits die Botschaft von der Niederlage eingetroffen, so daß die Söldnerfamilie um ihren »Nährer« geweint hätte; als am folgenden Morgen der Mann nach Hause gekommen sei, seien sein Weib und seine Kinder im ganzen Dorf herumgelaufen und hätten voll Freude verkündet, ihr Nährer sei wieder da![519]

Die Administration aber begann unverzüglich damit, die Entstehung des Aufstandes zu untersuchen, nach den Schuldigen zu forschen und die Rädelsführer aufzuspüren. Im Gegensatz zu den Anweisungen, die sie vom Kaiser und vom Prinzen Eugen erhielt und in denen ihr strenges Vorgehen nicht nur gegen die Anführer, sondern auch gegen den gemeinen Mann, der sich am Aufstand beteiligt hatte, anempfohlen wurde – wie die Hinrichtung jedes zehnten Mannes, der beim Würfeln um das Leben die niedrigste Zahl geworfen hat, und das Einziehen der ledigen Burschen zu den Rekruten für Italien –, ließ die Administration nach dem Blutbad vor München jetzt Milde walten. Löwenstein wußte wohl, daß eine scharfe Exekution, wie er sie am 18. und 21. Dezember angedroht hatte, die Bevölkerung nur noch einmal zu verzweifeltem Widerstand hätte reizen können. So veröffentlichte er bereits am 28. ein Mandat, in dem er eine Generalamnestie für die einfachen Mannschaften des Aufstandes im Oberland verkündete und die Leute aufforderte, sich unverzüglich wieder nach Hause zu begeben, ihrer Arbeit nachzugehen und lediglich ihre Waffen, Monturen sowie die den kaiserlichen Reitern abgenommenen Pferde als Zeichen der Unterwerfung beim Landgericht Wolfratshausen abzuliefern. Bereits am folgenden Tage wurden die ersten Gefangenen freigelassen. Die Aufwiegler und Rädelsführer wurden von dieser Amnestie ausgenommen.[520]

Schonte die Administration den gemeinen Mann, so war sie gesonnen, sich um so mehr an die Grundherrschaften und die Marktgemeinden zu halten. Schon am 26. Dezember erlegte sie den Klöstern Benediktbeuern und Tegernsee je 12 000 fl., Schäftlarn 8000 fl., den Märkten Tölz 8000 fl., Wolfratshausen und Rosenheim je 6000 fl., Aibling und Erding je 4000 fl. und Schwaben 2000 fl. Kontribution auf, die innerhalb von acht Tagen bezahlt werden sollten, andernfalls ihre »Gebäu und Unterkommen verbrannt, rasirt und der Erde gleich gemacht würden«. Die Märkte Schwaben und Erding wurden für diejenigen ihrer Bürger bestraft, die sich dem Unterländerkorps Hoffmanns angeschlossen hatten. Die Klöster und Märkte wehrten sich sogleich gegen diese Strafen mit der Begründung, sie seien unschuldig, denn die Bauern hätten sie gezwungen, Waffen herauszugeben bzw. ihre Bürger genötigt mitzugehen; den Tölzern wurde die Hauptschuld zugeschoben usw.; außerdem seien sie schlechthin zahlungsunfähig. Trotzdem brachten einige erhebliche Summen auf, z. B. Tölz 6000 fl., Benediktbeuern 3000 fl. und Aibling 2000 fl. Die Administration befreite auf ihren Einspruch Schäftlarn und Rosenheim von der Strafe wegen erwiesener Unschuld, Tegernsee auf Grund der Protektion von Geheimsekretär Unertl, dessen Bruder im dortigen Konvent saß, und erließ den anderen bedeutende Restsummen.[521]

Da aus den Verhören der Gefangenen und den Entschuldigungsschreiben von Klöstern und Märkten bald klar wurde, daß Tölz der Mittel- und Ausgangspunkt des Aufstands gewesen war, ging man gegen diesen Markt am schärfsten vor. Er mußte mit 6000 fl. nicht nur die höchste Kontribution aufbringen, sondern es erschien dort am 29. Dezember ein kaiserliches Kommando, das die vier Bürgermeister verhaftete und nach München in den Falkenturm brachte. Außerdem plünderten die Soldaten 25 Bürger aus und richteten einen Schaden von 3000 fl. an. Der kommandierende Offizier ließ sich 300 fl. auszahlen. Auch die Kasse des Pflegegerichts wurde erbrochen und außer den Amtsgefällen 800 fl. Waisengelder geraubt.[522]

Vor allem die Aufwiegler und Rädelsführer sollten scharf abgestraft werden. Der Hauptmann Mayer und die Leutnante Clanze und Aberle waren vor Sendling gefangengenommen und in den Falkenturm gebracht worden. In diesem Stadtturm befand sich seit alters das Gefängnis für Verbrecher, die der Rechtsprechung des Landesherrn vorbehalten waren. Für die Durchführung der Untersuchungsverfahren setzte die Administration eine Kommission ein, der der Hofrat und Geheime Sekretär Franz Joseph Unertl als Vorsitzender sowie der Revisionsrat Johann Ignaz Heß und der Feldkriegssekretär von Wettstein angehörten; die Untersuchungen wurden meist von Heß geführt. Die Verhöre begannen am 28. Dezember. An diesem Tage wurde auch Ignaz Haid verhaftet. An den nächsten Tagen folgten auf Grund der Aussagen Haids, der auf das Versprechen Löwensteins, er würde ihm das Leben schenken, alles gestand, der Eisenhändler Senser, der Weißbierbraumeister Spät, der Maderbräu, der Koch Eckart, die beiden Brüder Haids, der Kaiserwirt und der Posthalter Brix. Franz Mayr, den Wirt von Sachsenkam, ließ am 29. der Wolfratshauser Pflegskommissär von Reichwein verhaften; Mayr blieb bis zur Rückgabe der von ihm bei Schäftlarn erbeuteten kaiserlichen Kavalleriepferde in Wolfratshausen in Gewahrsam und wurde am 18. Januar auf Geheiß der Administration entlassen. Heckenstaller floh nach Freising ins Franziskanerkloster, wo er bis zur Rückkehr des Kurfürsten blieb; auch Hallmayer und der Hofkoch Engelhart entkamen. Pflegskommissär Dänkel, Pfleger Alram von Valley, Hofmarksrichter Eder von Reichersbeuern und der Klosterrichter von Dietramszell entzogen sich ebenfalls der Verhaftung durch ihre Flucht. Als man nach dem Postmeister Hierner von Anzing fahndete, war dieser nicht nur verschwunden, sondern hatte auch seine fahrende Habe in Sicherheit gebracht. Adam Schöttl war seit dem Gefecht am Roten Turm verschwunden und tauchte nicht auf. Kriegskommissär Fuchs und Hauptmann Gauthier erschienen kurz nach der Katastrophe von Sendling in Braunau.[523]

Der Weinwirt Küttler hatte im Münchner Franziskanerkloster Asyl gesucht. Seine Verhaftung führte zu einem Konflikt zwischen der Administration und der Kirche, vertreten durch den Bischof von Freising. Die Administration ließ am 29. Dezember das Kloster umstellen; einige Soldaten drangen ein und bewachten Küttler. Nachdem der Bischof von Freising das Asyl erst nach eigener Untersuchung des Falles aufheben wollte, wurde Küttler gewaltsam aus dem Kloster geholt. Der Bischof protestierte heftig hiergegen, verlangte die Rückführung Küttlers ins Kloster und drohte, den Heiligen Stuhl anzurufen, doch die Administration blieb hart und machte Küttler den Prozeß.[524]

Durch die Aussagen von Hauptmann Mayer und Ignaz Haid war vor allem Johann Jäger schwer belastet worden. Dieser war, nachdem er im Wirtshaus von Sendling glücklich der Gefangennahme entgangen war, noch am 25. Dezember in den Pfarrhof von Mittersendling und am folgenden Tag nach Dießen in das dortige Chorherrnstift geflüchtet. Unterwegs traf er seinen Gefährten Passauer, mit dem er sich zu dessen Mutter nach Rauhenlechsberg begab. Von Dießen und Rauhenlechsberg schrieb er mehrere Briefe nach München, unter anderem an seine Frau, aus denen hervorgeht, daß er sich zum Kurfürsten in die Niederlande durchschlagen wollte. Auch Passauer schrieb nach München an Ignaz Haid. Die Briefe wurden aufgefangen, und der Schlupfwinkel Jägers wurde bekannt. Jäger wurde ausgehoben und am 7. Januar 1706 in den Falkenturm gebracht. Passauer konnte entwischen; von seinem weiteren Schicksal ist nichts mehr bekannt. Bereits am 29. Dezember hatte der Rat von München Jäger auf Grund der schweren Beschuldigungen, die gegen ihn erhoben wurden, aus dem Äußeren Rat der Stadt ausgestoßen.[525]

Jäger wurde nach seiner Einlieferung sofort verhört. Auf seine Aussagen hin wurde nun auch Graf Törring, der Haushofmeister der kurfürstlichen Prinzen, den Haid bereits belastet hatte, gefänglich eingetan und geheimerweise nach Ingolstadt gebracht, damit von vornherein ein Verkehr zwischen ihm und seinen einflußreichen Verwandten unterbunden würde.[526]

Am 16. Januar erhielt der Pfleger von Aibling, Freiherr von Schmidt, den Befehl, sich der Administration zu stellen, der Pflegsverwalter Franz Benedikt Greschbeck von Rosenheim wurde von zwei Hartschieren abgeholt und auch der Pfleger von Weilheim, Freiherr von Berndorf, wurde nach München gebracht. Sie wurden alle im Falkenturm inhaftiert. – In Tölz war inzwischen Dänkel seines Postens enthoben und ein neuer Pflegskommissär, Johann Jakob Molitor, eingesetzt worden. Dieser erhielt am 19. den Befehl, die Tölzer Wirte Fichtner, Schaindl und Franz Jäger, den Bruder

Johann Jägers, verhaften zu lassen. Dies geschah auch, nur Jäger war bereits geflohen.[527]

Die Verwundeten, die in den verschiedenen Spitälern untergebracht und behandelt wurden, lagen zum Teil noch mehrere Wochen dort, bis sie entlassen werden konnten. Graf Seeau, der Kameralkommissär der Administration, beauftragte Wundärzte aus der Stadt, die Behandlung eines Teils der Blessierten auf Kosten der Administration durchzuführen. Die Behandlungskosten einschließlich der Arzneimittel beliefen sich für einen Mann auf 1 fl. Für die Behandlung von elf Männern aus Holzkirchen stellte ein Bader dem Kloster Tegernsee als dem Grundherrn 37 fl. 45 kr. in Rechnung; der Betrag wurde vom Kloster auf 30 fl. heruntergehandelt. Die letzten Männer, die in den Spitälern ihren Verletzungen erlagen, starben im Februar und März 1706.[528]

Die Tragödie von Sendling konnte aber auch mitunter Folgen haben, die einer gewissen Komik nicht entbehren: Der ledige Söldnersohn Jakob Schalch aus Arzbach bei Tölz war von seinem Dienstherrn, einem Bauern in Leizing, zur Landesdefension geschickt worden und hatte bei Sendling seinen Rock verloren. Knapp drei Monate nach dem mißglückten Aufstand verklagte er seinen Dienstherrn beim Landgericht Tölz, da dieser ihm den Rock nicht ersetzen wollte.[529]

Die oberbayerische Landschaftsverordnung nahm die Vernichtung der oberbayerischen Landesdefension vor München zum Anlaß, am 25. Dezember den Aufständischen des Rentamts Burghausen ein ausführliches Schreiben zu übersenden, in dem sie von neuem den Aufstand als ein landverderbliches Unternehmen anprangerte, durch das kein Friede, sondern nur die völlige Zerstörung Bayerns herbeigeführt werden würde, da der Kaiser, das Heilige Römische Reich und deren Alliierte diese Beleidigung nicht hinnehmen, sondern das werte Vaterland mit Krieg überziehen würden. Hierdurch würde auch der Kurfürst schwer geschädigt, sollte er in einem allgemeinen Frieden sein – in solchem Falle ruiniertes – Land wiedererhalten. Die Aufständischen würden zudem nicht nur sich selbst, sondern auch viele Unschuldige und ihre eigenen Weiber und Kinder ins Unglück stürzen. Die bayerische Landschaft erklärte weiter, sie habe immer versucht, die Untertanen vom Aufstand abzuhalten, sie lehne deshalb jede Verantwortung für alles bereits entstandene und künftige Unheil ab, wie jenes vor München, wo man 2500 Tote und viele schrecklich Verwundete, zum Aufstand teils verhetzte und teils gezwungene bayerische Landesuntertanen mit betrübten Augen habe ansehen müssen. Sie erbot sich noch einmal, alles zu unternehmen, um bei der Administration und beim Kaiser selbst zu erwirken, daß die Gründe für die Beschwerden der Bevölkerung abgetan und die Teilnehmer am Aufstand begnadigt werden würden. – Dieses Abmahnungsschreiben ging an den Kongreß von Braunau. Es wurde mit etwas verändertem Text am 2. Januar gedruckt und im Lande verbreitet.[530]

Wie die bayerische Ständevertretung keine entscheidende Einwirkung auf die Regierung des Landes hatte, so hatte sie auch keine direkte Verbindung zum Volk. Die Führer der oberbayerischen Landesdefension hatten ihr ohnehin das Mißtrauen ausgesprochen. So blieb ihr nichts anderes übrig, als solche vermahnenden Worte an die Führer des Aufstands und ans Volk zu richten. Zur Amnestie des kleinen Mitläufers beim Aufstand hatte sich die Administration aus eigener Einsicht entschieden. Die Landschaftsverordnung aber hielt es in ihrem Aufruf vom 2. Januar nicht für nötig, auf dieses Entgegenkommen der kaiserlichen Seite hinzuweisen.

Wir haben gesehen, daß der Aufstand im Oberland und der Zug vor München sowie der gleichzeitige Anmarsch des großen Unterländerkorps auf die Hauptstadt die Administration und damit die ganze kaiserliche Herrschaft in Bayern in höchste Gefahr gebracht hatten – so haben alle Beteiligten damals die Lage eingeschätzt. Der bayerische Volksaufstand erreichte seinen Höhepunkt, auf dem die Entscheidung fallen mußte. Der Weihnachtstag des Jahres 1705 hat diese Entscheidung gebracht. Die Sendlinger Mordweihnacht hat die Wendung im gesamten Geschehen dieses Aufstandes herbeigeführt. Die Gefahr, die München drohte, wurde gebannt. Jetzt sollten die Administration und ihre Truppenführer die Entscheidungen wieder in die Hand nehmen und das Geschehen bis zum bitteren Ende leiten.

Am Abend des 25. Dezember hatte die Kunde von der Vernichtung der Oberländer das Hauptquartier Hoffmanns in Steinhöring bei Ebersberg erreicht. Dem Oberbefehlshaber des Unterländerkorps war damit klar geworden, daß der große Plan eines Angriffs der vereinigten Heerhaufen gescheitert war und der weitere Vormarsch seiner Truppe gegen München diese ebenfalls in die Gefahr einer vernichtenden Niederlage bringen würde. Aus diesem Grund hat er den Befehl zum Rückzug gegeben. Am 26. trat das Heer der Unterländer den Rückmarsch auf den Inn zu an. Auf die Schreckenspost von Sendling machte sich unter den Landesverteidigern bis hinauf zu ihren Offizieren tiefe Niedergeschlagenheit breit, so daß sich sofort deutliche Zersetzungserscheinungen zeigten und zuerst die Leute aus den Gerichten westlich des Inns, dann auch die übrigen sich zu Tausenden davonmachten und nach Hause liefen. Gleichzeitig gingen noch zahlreiche Aufgebotsbefehle an die umliegenden Gerichte hinaus.[531]

Am 26. marschierte das Korps in Haag ein, wo es erst drei Tage vorher auf siegreichem Vormarsch durchgezogen war, Mannschaften aufgeboten und Waffen requiriert hatte. Von dem großen Heerhaufen waren ganze 4000 Mann übrig geblieben. Das Heer kam um 19 Uhr hastig in den Markt, um dort Quartiere zu nehmen. Ein Augenzeuge berichtet uns über die Gliederung und die Verfassung der Truppe: Unter Oberst Hoffmann kommandierten zwei Oberstleutnante, zwei Oberstwachtmeister, ein Generaladjutant, zwei Regimentsquartiermeister, zwölf Hauptleute, 13 Leutnante und vier Fähnriche. Weiter waren dabei ein Feldpater, ein Proviant- und ein Artilleriewagenmeister. Neben den Schützen und Spießlern, die die Hauptmacht ausmachten, hatte das Korps 300 Dragoner, davon waren aber nur 60 beritten, und 40 Husaren, von denen 20 beritten waren. Es führte fünf Kanonen, zwei Mörser und 17 Proviantwagen mit. – Anscheinend war dies der Kern des Heeres, das Hoffmann in Marktl aufgestellt hatte. – In dieser Landesdefensionstruppe herrschte auf dem Rückzug ein allgemeines Durcheinander, keiner hörte mehr auf ein Kommando, so daß bei der Verteilung der Quartiere und der Verpflegung eine vollständige Verwirrung entstand, die die ganze Nacht währte, bis der Heerhaufe am folgenden Morgen zum Inn aufbrach.[532]

Am 27. überschritt er bei Kraiburg den Inn und erreichte am 28. Schnaitsee, 10 km östlich von Wasserburg, wo Hoffmann das Hauptlager aufschlug. Er wollte jetzt versuchen, wenigstens Wasserburg zu erobern und forderte am 28. den Bürgermeister auf, Stadt und Schloß zu übergeben, damit »die vorige altkurbair. Libertät in Empor« gebracht werde. Hoffmann unternahm jedoch keinerlei

Versuch, seinen Worten Taten folgen zu lassen, sondern setzte noch am selben Tag den Rückzug nach Osten fort. Die Manneszucht ließ jetzt erschreckend nach: Die Landesverteidiger plünderten und trieben Vieh und Pferde weg. Sie schädigten nicht nur die Herrschaften, sondern auch den einfachen Landmann. Hoffmann und seine Offiziere versuchten, die Ausschreitungen einzudämmen und ließen einen Teil der geraubten Tiere zurückgeben. Hoffmann ließ schließlich eine Abteilung bei Kraiburg stehen, beorderte an die anderen Innübergänge Posten und marschierte mit dem Rest weiter.[533]

Am 29. erreichte das Heer Trostberg. Es hatte jetzt noch 2000 Mann. Hoffmann ließ seine Leute hier zwei Nächte im Quartier rasten. Als er am 31. nach Neuötting aufbrach, waren ganze 1100 Mann übriggeblieben, der Rest war durchgegangen. Dieser verbliebene kümmerliche Heerhaufe wurde noch einmal geteilt, Hoffmann ging mit dem einen Teil nach Braunau, Hartmann, der den Titel eines Oberstleutnants führte, kehrte am 2. Januar nach Trostberg zurück. Er hatte noch zehn Offiziere, zehn Dragoner und Husaren zu Pferd, 191 Schützen einschließlich unberittener Dragoner und Husaren, die Gewehre führten, 83 Spießler, drei Geschütze, einen Kugelwagen und 140 Säcke Korn, die sie unterwegs mitgenommen hatten. Unter der Drohung zu plündern zogen sie von den Beamten Geld ein, drei Hofmarken, die kein Geld gaben, wurden geplündert. Erst am 12. verließen sie Trostberg und marschierten nach Burghausen.[534]

25. KAPITEL

Der Aufstand im Bayerischen Wald und in der südöstlichen Oberpfalz und die Eroberung von Cham

Die ersten Unruhen, die in der Oberpfalz im Oktober 1705 stattgefunden hatten, waren durch das Eingreifen des Obersten d'Arnan weitgehend gestillt worden. Eine Untersuchungskommission hatte versucht, die Schuldigen ausfindig zu machen, eine nicht unbeträchtliche Anzahl von Rekruten war nach Italien in Marsch gesetzt worden, und ein Rest wartete noch auf seinen Abtransport. Noch immer wurden Klagen über einquartierte Soldaten und ihre Übergriffe laut, auch die Durchzüge von Truppeneinheiten gingen weiter. Doch der Vizestatthalter der Oberpfalz, Freiherr von Tastungen, war zuversichtlich, und die Administration hatte ihn am 8. Dezember angewiesen, für die Teilnehmer an den Oktober-Unruhen eine Generalamnestie zu verkünden. – Da wurde der scheinbare Friede jäh unterbrochen, als 14 der Rekruten, die auf dem Schloß in Amberg eingesperrt waren, in der Nacht zum 15. Dezember die Tür ihres Gefängnisses aufbrachen, über die Mauern stiegen, durch die Vils schwammen und flohen.[535]

Der Ausbruch der Rekruten war jedoch nur eine zufällige Episode. In Wirklichkeit wurde schon seit Anfang des Monats ein Anschlag auf die kaiserliche Herrschaft in der Oberpfalz vorbereitet. Wie wir gehört haben, war der Kriegskommissär Fuchs nach seiner Flucht aus dem Gewahrsam in Pfronten im Allgäu zuerst nach Oberviechtach in der Oberpfalz gegangen, wo er den dortigen Pfarrer, Florian Sigismund Maximilian Miller von Altammerthal und Fronhofen, aufsuchte und dafür gewann, im Bayerischen Wald und in der Oberpfalz einen Aufstand zu entfachen, der Teil des allgemeinen koordinierten Volksaufstandes sein sollte.[536]

Pfarrer von Miller stammte aus einer bürgerlichen Beamtenfamilie der Oberpfalz. Sein Vater, Dr.utr.iur. Johann Jakob Müller, hatte es bis zum Regierungskanzler in Amberg gebracht und war 1660 in den erblichen Ritterstand mit dem Titel »Ritter Miller Edler von Altammerthal und Fronhofen« erhoben worden. Die Familie war im Gegensatz zu dem seit dem Dreißigjährigen Kriege durchweg verarmten oberpfälzischen Adel recht wohlhabend. Florian Sigismund Maximilian war 1666 oder 1668 geboren worden; er hatte acht ältere Geschwister. Zur Zeit des Volksaufstandes war er 39 oder 37 Jahre alt. Einer seiner älteren Brüder war damals Vizerentmeister in Amberg.[537]

In seinem Pfarrhaus in Oberviechtach hat anscheinend die Haushälterin, Jungfer Justina Hasenhör, ein strenges Regiment geführt. Während der geheimen Besprechungen zwischen dem Pfarrer und Fuchs hat sie wohl gestört oder versucht, sich einzumischen, so daß Fuchs verärgert nach Braunau abreiste. Doch er hatte Pfarrer von Miller für seinen Plan gewonnen. Dieser folgte ihm am 4. Dezember und ritt nach Vilshofen. Er wurde von seinem Diener, Hans Hugler, einem Bauernsohn aus der Gegend von Oberviechtach, und dem Landleutnant von Oberviechtach, Christoph Albrecht, begleitet. In Vilshofen kehrten die drei beim Ochsenwirt ein; Miller verhandelte mit den dortigen Offizieren der Rebellen und schickte einen Boten nach Braunau. In der Stadt und ihrer Umgebung begann er mit Albrecht Mannschaften für das Aufstandsunternehmen anzuwerben, Landvolk, ehemalige Offiziere und Soldaten. Inzwischen kam als Abgesandter der Landesdefension von Braunau ein ehemaliger kurbayerischer Offizier, Freiherr von Thumb, der mit Pfarrer von Miller und Landleutnant Albrecht über deren Aufstandsoperationen verhandelte und dann wieder nach Braunau zurückkehrte.[538]

Am 11. Dezember brach Miller mit den Leuten, die er inzwischen angeworben hatte, von Vilshofen auf und zog weiter werbend die Donau hinauf bis Oberaltaich und dann in den Bayerischen Wald. Freiherr von Thumb kam danach noch einmal nach Vilshofen und brachte ein Patent der Landesdefension von Braunau mit, das er Miller nachschickte. Es war offenbar das Ziel vereinbart worden, daß Miller, wenn er genug Mannschaften geworben hatte, als erstes die von einer schwachen kaiserlichen Besatzung gehaltene Stadt Cham überrumpeln und von dort den Aufstand auf die Oberpfalz ausdehnen sollte. Die Werbung ging dergestalt vor sich, daß Miller, der als Oberst der Landesdefension auftrat und seinen Namen und Stand geheim hielt, in den Orten die Bevölkerung zusammenrufen, ihr das Patent von Braunau vorlesen ließ und weniger mit den üblichen Vergeltungsmaßnahmen gegen die Widersetzlichen drohte, als vielmehr denen, die bereit waren, sich zu ihm zu schlagen, Steuerfreiheit für ein Jahr versprach. Er gab auch vor, im Auftrag des Kurfürsten zu handeln.[539]

Aus dem Gericht Mitterfels kam der Trupp über St. Engelmar am 17. Dezember etwa 30 Mann stark nach (Unter-)Viechtach und nahm dort Quartier. Von der Bürgerschaft wurden die Stellung der Jungmannschaft und die Aushändigung von Gewehren verlangt, es wurden Beamte bedroht, doch gingen aus dem Markt nur drei Mann und einige Bauernburschen aus der Umgebung mit, so daß der Haufe auf etwa 50 Mann anwuchs. Nach einem Tag zog Miller mit seinen Mannen über Linden nach Regen.[540]

Dort angelangt, forderte er den Markt auf, eine Mannschaft, insbesondere Schützen zu seiner Truppe zu stellen. Die Bürgerschaft weigerte sich, dem Befehl nachzukommen. Hier stieß der Bierbrauer und Wirt »Zum blauen Fürtuch« in Cham, Adam Schmidt, zu Miller. Schmidt war in Cham von kaiserlichen Soldaten, die in seinem Haus einquartiert waren, mit Schlägen übel traktiert und auf den hölzernen Esel gesetzt worden – eine Militärstrafe der damaligen Zeit; als er sich beim Ortskommandanten beschweren wollte, hatte man ihn die Treppe hinuntergeworfen. Er hatte hierauf Cham mit der Drohung verlassen, er werde die bayerischen Rebellen in die Stadt holen. Dieser Mann sann auf Rache und bestimmte Miller zu einem härteren Vorgehen bei der Werbung. Er nahm in dieser Aufständischentruppe bald den Rang eines Adjutanten Millers, dann den eines Hauptmanns ein. Es wurde nun das Landvolk des Gerichts Regen und der umliegenden Gerichte Zwiesel und Mitterfels zur Gestellung aufgefordert. Es kamen auch etwa 500 Mann zusammen, aus denen die Tauglichen ausgemustert wurden; die ehemaligen Landfahnenleute erhielten Unteroffizierposten, es wurden Leutnante eingesetzt usw. Der Markt Regen, der nach wie vor die Stellung von Mannschaften ablehnte und den man keineswegs durch Gewaltdrohungen dazu zu zwingen suchte, mußte Geld und Verpflegung für die Truppe liefern. An Weihnachten zog die auf etwa 400 Mann angewachsene Streitschar nach Linden, wo sie sich für einige Tage einquartierte.[541]

Am 27. Dezember marschierte die Truppe weiter nach Kötzing, ein Teil nach Stachesried. In und um Kötzing wurden 300 Mann einquartiert; die Truppe verfügte über etwa 12 Offiziere, sie führte sich diszipliniert auf und zog am 28. weiter nach Neukirchen. Hier verhandelte Miller mit Adeligen und Geistlichen, dann vereinigte er sich wieder mit der Abteilung, die nach Stachesried gegangen war und zog weiter nach Furth im Wald. Dort wurden von den Müllern Hebeeisen requiriert, also Werkzeuge, mit denen man in Cham die Stadttore oder andere Einlaßpforten aufzubrechen gedachte. Dann bereitete man den Überfall auf diese Stadt vor.[542]

An den Vorbereitungen beteiligten sich auch verschiedene Adelige: Ein Herr von Hauzenberg wollte eine eigene Kompanie aufstellen; er war auch beim Überfall auf Cham bei dem Vortrupp, der als erster in die Stadt eindrang. Franz Wilhelm Freiherr von Pelkofen und dessen Frau, eine geborene Freiin von Ow, empfingen Miller auf ihrem Schloß Stachesried, wurden in die Pläne eingeweiht und unterstützten sie, indem sie geheime Verbindungen nach Cham anknüpften. Pelkofen soll auch etwa 90 Mann aufgeboten haben. Weiter wird ein Adeliger namens von Ränkam genannt, der die Aufständischen unterstützt hat. Auch Geistliche begünstigten das Unternehmen: Im Franziskanerkloster von Neukirchen fanden Besprechungen statt, der dortige Guardian, der Pfarrer von Stachesried und ein unbekannter Karmeliterpater übernahmen es ebenfalls, gewisse Verbindungen herzustellen, die anscheinend Sympathisanten im benachbarten Böhmen um Unterstützung ansprechen sollten.[543] Die Aufstandswerbung wurde von Miller und seinen Leuten so offen durchgeführt, daß sie nicht verborgen bleiben konnte. Insbesondere im nahen Regensburg bemerkte man die Bewegungen und dachte schon daran, in Franken Landesdefensionsverbände aufzustellen und in die Oberpfalz zu schicken. Die Bewegungen im Bayerischen Wald erschienen umso gefährlicher, als sie sich gleichzeitig mit der Besetzung Kelheims durch Kraus und mit Requisitionszügen der Aufständischen-Besatzung Vilshofens ereigneten. Der Wald war, wie der völlig ungehinderte Werbungszug des Pfarrers zeigte, von kaiserlichen Truppen ganz entblößt.[544]

Schon mehrere Tage vor Sylvester wurde es der Besatzung von Cham klar, daß sie in Kürze mit einem Überfall rechnen mußte. Die Stadt war von 68 Mann besetzt, die von einem Hauptmann kommandiert wurden. Die Bürgerschaft versah mit den Soldaten Wachtdienste, doch setzte der Kommandant kein großes Vertrauen in sie; er forderte deshalb aus Straubing Verstärkung an. Durch einen

Metzger, den man auf Kundschaft ausgeschickt hatte, erhielt man Nachrichten über die Stärke der Aufständischen und erfuhr, daß sich Adam Schmidt, allgemein nur das »blaue Fürtuch« genannt, bei ihnen befand. Von den Bürgern standen täglich etwa 80 bis 100 Mann unter Waffen, darunter auch die Ratsmitglieder. Obwohl die Bedrohung der Stadt mit Händen zu greifen war, war man mit den Schutzmaßnahmen nachlässig: Man sperrte nachts nur die äußeren Stadttore zu, nicht aber die inneren. In der Nacht zum 31. bedankte sich der Kommandant bei den Bürgern für ihren Eifer und schickte sie nach Hause mit der Bemerkung, daß sich in dieser Nacht hoffentlich nichts Gefährliches ereignen würde. Trotzdem blieb eine Abteilung der Bürger in Bereitschaft, während sich die Soldaten und ihre Offiziere außer einigen Wachtposten in die Quartiere begaben und schlafen legten.[545]

Eben in dieser Nacht führten Pfarrer von Miller und Adam Schmidt ihre Leute gegen Cham. Schmidt, der sich in seiner Heimatstadt natürlich gut auskannte, führte einen Trupp von etwa 100 Mann zum Weißbierbräuhaus, das einen Teil der Stadtmauer einnahm und direkt am Stadtgraben stand. Dort ließ er ein Fenstergitter herausbrechen und stieg mit seinen Leuten ein. Einige Bräuknechte, die dort schliefen, erwachten, wurden aber in Schach gehalten; dann drangen die Landesverteidiger aus dem Bräuhaus in die Stadt. Sie stießen auf die Bürger, die die Wache versahen und sich ihnen entgegenstellten. Die Eindringlinge eröffneten das Feuer, erschossen einen Bürger und verwundeten zehn. Von den Soldaten war zunächst keiner zu sehen, da die, die auch Wache gestanden hatten, ihre Posten verließen und sich versteckten. Schmidt nahm den Kommandanten im Schlaf gefangen und forderte ihm den Torschlüssel ab, öffnete das Stadttor und ließ den draußen wartenden Hauptteil der Landesverteidiger in die Stadt. Diese wurde besetzt und die Garnison gefangengenommen.[546]

Als der letzte Tag des Jahres 1705 anbrach, war die Stadt fest in der Hand der Aufständischen. Pfarrer von Miller ernannte sich zum Stadtkommandanten, er trat jetzt als kurbayerischer Brigadier auf. Schmidt wurde Vizekommandant; er war es, der eigentlich in der Stadt regierte. Die Landesverteidiger wurden bei den Bürgern einquartiert, die sie auch zu versorgen hatten. Miller schrieb noch an diesem Tag an den Pfleger des Gerichts Nabburg: Nachdem das

Land Bayern durch die kurbayerischen Waffen ziemlich befreit und alle Festungen von bayerischen Truppen besetzt worden seien, habe er auch die Stadt Cham ohne Verlust eines einzigen Mannes in kurbayerische Gewalt gebracht und die Garnison zu Kriegsgefangenen gemacht. Er forderte dann den Pfleger auf, umgehend den Nabburger Landfahnen zu den Waffen zu rufen und bis zum 2. Januar nach Cham zu schicken.[547]

Die Nachricht von der Einnahme Chams gelangte bald nach Amberg zum Vizestatthalter und an die Administration in München, wo man sich der Gefahr, die von diesem neuen und unerwarteten Erfolg der Aufständischen ausgehen konnte, bewußt war; insbesondere befürchtete man ein Übergreifen der Aufstandsbewegung auf Böhmen, also auf die kaiserlichen Erblande. Am meisten fürchtete man einen Verlust der ganzen Oberpfalz einschließlich ihrer Hauptstadt Amberg, die über eine Garnison von nur 250 Mann verfügte. Deshalb mußte so rasch wie möglich Oberst d'Arnan zu Hilfe geholt werden. Gleichzeitig rief man fränkische Kreistruppen nach Amberg.[548]

Wie Pfarrer von Miller und seine Leute die Oberpfalz ganz in ihre Hand bringen wollten, zeigen deren Anstrengungen um Verstärkung ihrer Landesdefensionsmannschaft, um bessere Bewaffnung, die Sicherung ihrer Verpflegung einschließlich der Anlage von Vorräten usw. Am 4. Januar 1706 ließ Miller ein Patent an sechs Gerichte im Südosten der Oberpfalz, an sämtliche elf Gerichte und zehn Bräuämter im Bayerischen Wald ergehen. Die nahegelegenen Gerichte wurden aufgefordert, von jedem Hof 1 fl. in Geld, je ½ Strich Korn und Hafer, ½ Zentner Heu, 4 Schütt Stroh und ½ Klafter Holz einzufordern und nach Cham zu liefern. Die weiter entfernt liegenden Gerichte sollten dafür Geld entrichten, und zwar für jeden Hof 3 fl. 42 kr. Alle Bräu-, Maut- und sonstigen Kameralämter sollten sofort ihre Kassenbestände und in der Folgezeit alle eingehenden Einkünfte abliefern. Diese Veranlagung galt selbstverständlich im gleichen Maße für die in den Gerichten liegenden Städte, Märkte und Hofmarken. Schließlich wurden die Gerichte und Hofmarken aufgefordert, täglich jeweils ein Drittel ihrer Untertanen mit Hauen, Pickeln und Schaufeln nach Cham zu schicken, die die schadhaften Außenwerke der Stadtbefestigung, die mehr schaden als nützen würden, abtragen sollten. – Miller mutete also der Bevölkerung ganz erhebliche Lasten zu; er rechtfertigte das mit dem Hinweis, diese Lasten seien gering zu schätzen gegeüber den bisherigen Anlagen und Pressuren der Besatzungsmacht.[549]

Gleichzeitig waren Werbekommandos in diesen Gebieten unterwegs, die unter den jungen Burschen Mannschaften anzuwerben versuchten. Sie taten dies ohne Drohungen oder gar Zwangsmaßnahmen, sondern nahmen nur Leute mit, die sich freiwillig meldeten. In der Oberpfalz befanden sich noch französische Kriegsgefangene, die sich relativ frei bewegen konnten, darunter auch Offiziere. Zwei Adelssöhne aus dem Gericht Nabburg, ein Herr von Leopart und ein Herr von Reitzenstein, die sich zu den Landesverteidigern schlagen wollten, überredeten einen französischen Offizier und einen Trupp in Nabburg einquartierter französischer Soldaten zur Flucht nach Cham, wo sie mit offenen Armen aufgenommen wurden. Bald erschienen dort noch mehr Franzosen. Überhaupt war der Zulauf zu Millers Truppe sehr rege, viele abgedankte Soldaten und Offiziere, junge Burschen von 15 bis 16 Jahren, die Söhne aus bürgerlichen und adeligen Häusern usw. stellten sich zur Verfügung, die Beamten sympathisierten mit der Bewegung und unterstützten sie. Auch Soldaten der kaiserlichen Truppen desertierten und suchten sich nach Cham durchzuschlagen. Miller ließ das Gerücht ausstreuen, daß München und Ingolstadt von den Landesverteidigern eingeschlossen wären.[550]

In den ersten Januartagen zog ein Haufe von Landesverteidigern nach Waldmünchen, plünderte das Pflegschloß und nahm den Pflegskommissär, dessen Frau und den Bürgermeister gefänglich mit nach Cham. Am 4. Januar schickte Miller eine Truppe von 300 Mann aus, die die Stadt Nabburg besetzte. Widerstand fand sie offenbar überhaupt nicht. Die Aufständischen standen damit nur noch 25 km von Amberg entfernt. Sie verließen jedoch am folgenden Tag diese Stadt wieder, nachdem sie reichlich Nahrungs- und Futtermittel sowie Geld an sich genommen hatten. Sie erklärten, daß sie in der nächsten Zeit Amberg angreifen und zu diesem Zwecke Belagerungsartillerie herbeischaffen würden.[551]

Dazu kam es jedoch nicht. Dafür erschien am 9. Januar in Furth Adam Schmidt mit Simon Gulder, der früher Stadtschreiber in Furth gewesen und jetzt bei Miller in Cham Kriegskommissär war, mit einer Abteilung und besetzten die Stadt. Sie forderten die Beamten und die Bürgerschaft zum Treueid für den Kurfürsten auf. Die Bürger erklärten sich jedoch hierzu nur bereit, wenn Schmidt und Gulder garantieren könnten, daß die in Cham liegende Landesdefension sie gegen die Kaiserlichen verteidigen könnte, worauf jene die beiden Stadtrichter ins Gefängnis werfen ließen. An Amtsgefällen hatte sich auch nichts auftreiben lassen. Am 10. kam plötzlich ein Bote von Miller, der Schmidt und Gulder die Meldung brachte, sie sollten umgehend mit ihrer Mannschaft nach Cham zurückkehren, da sich kaiserliche Truppen zusammenzögen, die die Stadt belagern wollten. – So kündigte sich auch für diese Aufstandsbewegung, die bisher recht erfolgreich operiert hatte, das Ende an.[552]

26. KAPITEL

Die Ereignisse im Unterland
und der Fortgang des Landesdefensionskongresses
bis zur Schlacht von Aidenbach

Wir haben gehört, wie verheerend die Katastrophe der Oberländer vor München sich auf das Landesdefensionsheer der Unterländer ausgewirkt hat. Dazu kamen in den letzten Dezembertagen noch zwei empfindliche Niederlagen, die die Unterländer im Rentamt Landshut hinnehmen mußten, während gleichzeitig die Aufstandsbewegung im Bayerischen Wald so gute Fortschritte machte. An der unteren Isar hatte sich kurz vor Weihnachten unter der Führung des ehemaligen bayerischen Dragonerleutnants Beck und des Verwalters der Hofmark Oberndorf, Georg Augustin Walther, von neuem ein größerer Heerhaufen der Aufständischen gebildet, der zwei Geschütze mitführte. Die Leute waren Landvolk und Marktbürger aus den Gerichten Landau, Osterhofen und Eggenfelden. Am Weihnachtstag marschierten sie in Landau an der Isar ein, das gegen den Willen seiner Bürgerschaft nun das zweite Mal von den Landesverteidigern besetzt wurde. Die Besetzung dauerte jedoch nicht lange, denn der Heerhaufe verließ die Stadt, als sich eine Patrouille der in Dingolfing liegenden Abteilung der Barthels-Kürassiere näherte, und löste sich kurz danach wieder auf.[553]

Die zweite, wesentlich schwerere Schlappe aber war der Verlust von Vilshofen, das sich seit dem 27. November in der Hand der Aufständischen befand. Es hatte sich dort ein kleines Zentrum des Volksaufstandes gebildet, das das umliegende Land und die Donau kontrollierte sowie auch das verbindende Glied zwischen Braunau und dem Aufstand im Bayerischen Wald und der Oberpfalz bildete. Die Besatzung zog in der näheren und weiteren Umgebung Abgaben und vor allem staatliche Gelder ein. So erschien z. B. am 14. Dezember eine Abteilung in Bärnstein im Bayerischen Wald auf dem Pflegschloß, räumte das Waffen- und Munitionslager aus und hob aus dem Landvolk Mannschaften aus. Den Pflegskommissär, der als kaiserlich gesinnt angezeigt wurde, nahm sie gefangen mit nach Vilshofen. – Oberst d'Arnan, der aus der Oberpfalz, in der im November die Unruhen scheinbar gestillt waren, mit seiner kleinen Truppe nach Straubing gezogen war, stellte dort um Weihnachten ein Corpeto aus 1400 Mann Infanterie – darunter die Ansbachischen Grenadiere, die ihm nach der Eroberung Kelheims zugeteilt worden waren –, 70 Kürassieren, 25 Husaren und einigen Geschützen zusammen.

Am 26. Dezember abends schiffte sich die Infanterie auf Donauzillen ein, die Reiter brachen auf dem Landweg auf. Am 27. setzte sich das Corpeto an der Donau jenseits Vilshofens bei Hilgartsberg fest. Vilshofen war mit etwa 400 Landesverteidigern besetzt, die von ehemaligen bayerischen Offizieren geführt wurden: Leutnant Johann Georg Inzinger hatte den Oberbefehl, unter ihm kommandierten Rittmeister Georg König und Leutnant Andreas Öttel. Am 28. setzte d'Arnan über die Donau und stellte seine Truppe vor dem westlichen Stadttor auf. Nachdem er auf seine Aufforderung zur Übergabe keine Antwort erhalten hatte, befahl er den Angriff. Die Landesverteidiger schossen wacker auf die Angreifer, doch als die Ansbachischen Grenadiere einen Handgranatenangriff vortrugen, konnten dem die Landesverteidiger nicht standhalten. Sie zogen sich zurück und verließen kurz danach die Stadt nach Osten durch das Vilstor. Die Stadt stellte sich sogleich unter kaiserlichen Schutz und entging damit der Plünderung; nur die Vorstadt wurde trotz scharfen Verbotes von den Soldaten ausgeraubt.[554]

Am 29. rückte von Süden, von Ortenburg und Aidenbach, ein stärkerer Aufständischenhaufen gegen Vilshofen, um d'Arnan wieder hinauszuwerfen. Der Oberst marschierte ihm entgegen, worauf sich die Landesverteidiger in die Wälder zurückzogen. In einem Wäldchen bei dem Dorfe Lissing wurde ein Trupp von ihnen von der kaiserlichen Kavallerie umstellt, von der nachfolgenden Infanterie angegriffen und niedergemacht; etwa 300 Aufständische fanden dabei den Tod, viele wurden gefangengenommen. So war Vilshofen den Landesverteidigern verloren gegangen. D'Arnan aber richtete seine Blicke auf das Innviertel und forderte am 30. Dezember die Festung Schärding auf, sich ihm zu ergeben. Er wurde jedoch jäh daran gehindert, diese Stadt anzugreifen, da die Nachricht eintraf, daß Cham am Sylvestertag von Aufständischen erobert worden sei und nicht nur der Wald, sondern auch die Oberpfalz von der Volkserhebung bedroht würden. Deshalb erhielt d'Arnan vom

Landeskommandanten Grafen Bagni den Befehl, sich wieder dorthin zu wenden.[555]

Am 27. Dezember war der Landesdefensionskongreß in Braunau wieder zusammengetreten und hatte darüber verhandelt, daß die Festungswerke Braunaus wieder instandgesetzt werden müßten. An den folgenden Tagen erreichte den Kongreß dann eine Hiobspost nach der anderen: die Nachricht von der Katastrophe von Sendling, vom erneuten Verlust Landaus, von der Eroberung Vilshofens durch Oberst d'Arnan und von der anschließenden Niederlage des Entsatzheeres der Landesverteidiger bei Lissing. Das abmahnende Schreiben der Landschaftsverordnung des Oberlandes vom 25. Dezember traf ein, wurde aber geheimgehalten. Schließlich kamen die Trümmer des Hoffmannschen Korps an, das sich auf dem Rückzug fast völlig aufgelöst hatte. Der Kongreß sah sich nunmehr vor die zwei wichtigsten Aufgaben gestellt: es mußte eine neue Landesdefensionsarmee aufgestellt werden – hierzu hatte man vor Weihnachten mit der Planung von vier Infanterieregimentern und einem Dragonerregiment Vorbereitungen getroffen – und es mußte die Denkschrift an den Reichstag von Regensburg verabschiedet werden, die ebenfalls vor Weihnachten beschlossen worden war.[556]

Mit dem Entwurf dieser Denkschrift hatte die Regierung den Sekretär Johann Georg Hagen beauftragt, der eine sachliche Darstellung der Leiden und Bedrängnisse der Untertanen im Rentamt Burghausen, die diese zum Aufstand getrieben hatten, verfaßte. Ihren Inhalt haben wir im wesentlichen oben bereits kennengelernt.[557] Als die Regierung den Entwurf prüfte, schien er einigen Räten zu milde, so daß mehrere scharf gehaltene Zusätze eingefügt wurden, insbesondere Angriffe auf die kaiserliche Administration wegen der vertragsbrüchigen Besetzung des Rentamts München, die Fernhaltung der Kurfürstin von ihren Kindern, die Beraubung des kurfürstlichen Schatzes und die geplante Prinzenentführung. Bei der Beratung vor dem Kongreß hieß es dann, das Schriftstück könne nicht scharf genug sein. Durch weitere Zusätze wurde aus der Denkschrift eine flammende Anklage, die sich auch nicht mehr auf das Rentamt Burghausen beschränkte, sondern den Anspruch erhob, für ganz Bayern zu sprechen. So trug sie die Unterzeichnung: »Gesambte Confoederierte Gmain der Landten Ober- und Under-Bayern«.[558]

Das Schriftstück, das der Kongreß am 28. Dezember verabschiedete, nahm für die Untertanen das Recht auf Widerstand in Anspruch. Es leitete dieses Recht aus dem sogenannten Naturrecht ab, das seinerseits wiederum Bestandteil der Offenbarung Gottes sei. Damit stand die Denkschrift in einer rechtsphilosophischen Tradition, die bis ins Mittelalter zurückreichte und in der dem positiven, von Menschen gesetzten Recht, dem Recht des Staates, ein aus der vernünftigen Weltordnung und damit aus der Schöpfung Gottes abzuleitendes Naturrecht gegenübergestellt wurde; aus diesem Naturrecht war auch schon im späten Mittelalter innerhalb des Lehnrechts das Recht auf Widerstand gegen die Obrigkeit abgeleitet worden. In diesem Sinne begann die Denkschrift ihre Darstellung mit folgenden Ausführungen: [559]

»Wan Gott und die Natur selbsten sogar denen unvernünftigen Thieren insgemein einen innerlichen Antrieb eingeflesset hat, zu ihr und der ihrigen Erhaltung vor Gefahr und Undergang all immermöglichste Sorg und Miehe anzuwenden, auch hierinfahls weder Schwerdt, Feur noch den Todt selbsten zu scheuchen, so ist auf keine Weiß in Verwunderung zuziehen, das eine gesambte, biß auf das Bluet eusserist betrangte Gemain des Ober- und Underlandts Bayern, nachdeme ihre in Ausstehn und Ybertragung der von der Keys. Miliz under wehrenten Hybernal- und Aestivalquartier ihr an Ehr, Guett und Bluet zugefiegten unerhörten Pressuren, eintringlichisten Schmachen und grausambe Concussionen, ungtherig erzeigt ungemeine Gedult, dero Widersachern nur zu vernerer Verlez- und vorsetzlicher Undertruckhung der armen Underthanen dienen miessen, einstens ihre noch ybrige von Gott verlichene Leibskräften mit einhelligen Gemiett zusamenzusezen sich entschlossen, umb waß bis dato opperirt, under einen unerträglichen Joch in bittern Thränen seuffzente Gedult bei denen unersättlich disziplinlosen Soldathen nicht vermögt hat, entlich durch Entgegensezung der natürlich in allen Rechten zuegelassenen Defension zu erhalten...«

Während die Denkschrift auf dem Kongreß beraten wurde, erreichte Kriegskommissär Fuchs auf seiner Flucht vom Zug der Oberländer Braunau. Er berichtete von den Ereignissen im Oberland und wurde von Prielmayr wegen der Rolle, die er dabei gespielt hatte, scharf angegriffen. Er brachte aber auch noch das Manifest der Landesdefension des Oberlandes, das Ignaz Haid verfaßt hatte, mit und zeigte es den Abgeordneten, worauf diese beschlossen, dieses Schriftstück, das eine regelrechte Kriegserklärung an die kaiserliche Administration war, der Denkschrift beizulegen und damit auch zu billigen. Auf diese Weise setzte sich der Kongreß in den Augen des Reichstags von neuem ins Unrecht. Die Reichsstände, die ja selbst Landesobrigkeiten waren, konnten weder das Widerstandsrecht der Untertanen, noch die scharfen Gewaltdrohungen jenes Manifestes billigen.[560] Zu einer Entscheidung des Reichstages über die Denkschrift sollte es freilich gar nicht kommen. Das Schriftstück wurde an den Bischof von Passau, Kardinal von Lamberg, der als Vertreter des Kaisers dem Reichstag vorstand, nach Passau, in einigen Exemplaren an die Gesandtschaften der Reichsstände in Regensburg und an den Erzbischof von Salzburg geschickt. Die Sendung wurde in Passau abgewiesen und zurückgesandt. – Die Mitglieder der Regierung von Burghausen aber wurden später bei dem Untersuchungsverfahren, das die Administration gegen sie führte, wegen der Schärfe der Denkschrift und der Anschuldigungen, die sie enthielt, und besonders wegen des beigeschlossenen Oberlandmanifestes zur Verantwortung gezogen.[561]

Zu dieser Zeit hatte man auch mit der Aufrüstung der fünf Regimenter begonnen. Wahrscheinlich hat man bereits bestehende Formationen übernommen, doch wollte die Aufrüstung keine rechten Fortschritte machen, da die adeligen Herren, die die Kommandeurstellen innehatten, sie eher hinderten als förderten, und die Gerichte, die die nötigen Geldmittel liefern sollten, diese nur unwillig und mangelhaft aufbrachten. Die Regimenter Leydens und Jehles kamen über die Anfänge nicht hinaus. Das Regiment Prielmayrs »Prinz Philipp« erreichte bis Anfang Januar mit acht Kompanien fast seine volle Stärke. Das Dragonerregiment des Brigadier d'Ocfort wurde auf 400 Mann gebracht, von denen jedoch nur 50 beritten waren; außerdem hielt d'Ocfort seine Mannschaft bei seinem Gut in der Nähe von Kraiburg, wohl um dieses notfalls schützen zu können. Vor allem aber fehlte es an Waffen. Die Bauern lieferten die Gewehre nicht ab, obwohl sie vom Kongreß durch Patente dazu aufgefordert worden waren. Die Aufstellung des Regiments des Oberstleutnants von Kilburg wurde anscheinend gar nicht begonnen.[562]

Etwa gleichzeitig mit Fuchs erschien in Braunau auch Hauptmann Gauthier, der die Oberländer ebenfalls vor ihrem Untergang rechtzeitig verlassen hatte. Auch hier trat er wieder als geheimer Abgesandter Frankreichs bzw. des Kurfürsten auf und erklärte, daß er »der in Waffen stehenten Paurschafft die genedigiste Genehmhaltung zu unterbringen« habe. Er wurde jedoch gleich durchschaut. Weder er noch Fuchs vermochten in Braunau einen nennenswerten Einfluß zu gewinnen. Vertreter der Regierung setzten Gauthier in einen Postwagen und ließen ihn über die Grenze nach Salzburg schaffen. Fuchs verließ das Land nach der Schlacht von Aidenbach. Die beiden Männer trafen sich einige Monate danach in Venedig bei der Kurfürstin wieder, von wo sie in die Niederlande zum Kurfürsten weiterreisten. Fuchs erhielt dort eine Stelle als Kriegs- und Rechnungskommissär und starb 1709 in Metz. Gauthier erhielt eine Kompanie im Regiment Kurprinz und kehrte mit dem Kurfürsten nach Bayern zurück.[563]

Als dem Kongreß bekannt wurde, daß die Landesverteidiger eine Niederlage nach der anderen einstecken mußten und ihre Haufen zuchtlos auseinanderliefen, versuchten die adeligen Herren vermehrt, die Vertreter der Bürger und des Landvolks davon zu überzeugen, daß der Aufstand keinerlei Aussichten auf Erfolg mehr haben könne. Es gelang ihnen auch mehrmals, einen Teil der Abgeordneten zu überzeugen, doch brachte es eine unbeugsame – und man muß auch sagen uneinsichtige – Kriegspartei, deren Haupt Plinganser war und zu der auch Meindl gehörte, immer wieder fertig, die Männer so zu beeinflussen, daß sie den Kampf mit allen Mitteln fortsetzen wollten. Es kam wieder zu Gewaltdrohungen und sogar zu Tätlichkeiten gegen diejenigen, die zur Mäßigung und zur Beendigung des Kampfes rieten. So griff bei der Beratung der Denkschrift der Wirt von Ybn Prielmayr an, nannte ihn einen »kaiserlichen Hund«, packte ihn beim Hals und schlug ihn mit einer Pistole. Trotz solcher Unbill blieb Prielmayr und verlas das gedruckte Patent der Administration vom 28. Dezember, in dem dem gemeinen Mann Straffreiheit zugesichert wurde, doch stellte sich auch hierauf nicht der erhoffte Stimmungsumschwung ein. Auf der anderen Seite machte sich in der Bevölkerung Kriegsmüdigkeit immer deutlicher bemerkbar, die durch die jetzt beginnende Abmahnung durch Geistliche und das gedruckte Abmahnungspatent der

Landschaftsverordnung vom 2. Januar vermehrt wurde. Der Kongreß aber war in sich völlig uneinig und zerrissen und damit handlungsunfähig. Als ihm der Kommandant von Schärding die Aufforderung des Obersten d'Arnan zur Kapitulation vom 30. Dezember zur Entscheidung übersandte, reichte er sie an die Regierung nach Burghausen weiter; diese gab die Entscheidung als eine rein militärische Angelegenheit an den Kongreß zurück, der schließlich den Schärdingern mitteilte, man sei zwar entschlossen, bis zum letzten Mann zu kämpfen, habe aber nichts dagegen, wenn Schärding mit dem kaiserlichen Truppenführer verhandle.[564]

Am 1. Januar erteilte der Kongreß einer bei Ering liegenden Truppe den Befehl, den Feind bei Vilshofen anzugreifen und aus dem Lande zu schlagen. Der Führer dieses Haufens, Ludwig Werkstedter, der sich »Kurfürstlicher Durchlaucht und Landsdefension bestellter Obristleutnant und dermalen hochgnädig abgeordneter Kommandant der Armee zu Vilshofen« nannte, rief sogleich alle wehrfähigen Männer der Umgebung zu seiner Truppe. Das gleiche taten die Ober- und Unteroffiziere einer bei Kraiburg stehenden Landesdefensionseinheit – wohl ein Rest des Hoffmannschen Korps. Diese drohten gleichzeitig mit scharfen Strafen gegen die Widersetzlichen, da sich zahlreiche Mannschaften »nach wenigem Dasein von der Landesdefensionsarmee ohne Verlaub heimlicherweise durchpraktizirt und sich nach Hause begeben« hätten. Ebenfalls am 1. Januar befahl Johann Georg Meindl in seiner Eigenschaft als Schützenoberst allen Jägern, Überreitern, Hut- und Forstknechten, mit ihren Büchsen am 3. in Ried zu erscheinen, wo er eine Schützeneinheit aufstellte.[565]

Die waffenfähigen Männer folgten jedoch den Aufgebotsbefehlen überall nur noch sehr zögernd. So erschienen z. B. von den 81 Höfen der Klosterherrschaft Reichersberg nur die ledigen Burschen von 34 Höfen; die Mannschaft von 47 Höfen blieb aus. Die Leute sollten gewaltsam durch zwei Amtleute vorgeführt werden, doch kam es dazu nicht mehr. Aus den Gerichten vor dem Gebirge, die ebenfalls aufgerufen worden waren, kam eine glatte Absage; man erklärte, daß man sich gegen mögliche Einfälle der Tiroler schützen müsse. Trotz dieser Hindernisse versammelte sich bei Ering am Inn in diesen Tagen ein neues Heer des Landvolks. Der Kongreß übertrug Johannes Hoffmann den Oberbefehl und gab ihm den

Auftrag mit diesem Korps, das angeblich 13 000 Mann stark sein sollte, Vilshofen zurückzuerobern.[566]

Der Kongreß hatte auch den in der Aufstellung begriffenen Regimentern den Befehl erteilt, zu dieser Armee zu stoßen. Doch die Kommandeure konnten und wollten mit ihren unfertigen Truppenteilen das Wagnis einer Schlacht nicht eingehen. D'Ocfort erklärte, er habe gelernt, Soldaten zu kommandieren, nicht aber Bauern. Prielmayr weigerte sich zweimal, dem Befehl Folge zu leisten; als er den Befehl zum dritten Mal erhielt, legte er am 7. Januar seine Oberstencharge nieder. Darauf übernahm Jehle die Führung des Regiments und führte es von Burghausen nach Griesbach; dort blieb es stehen; als die Kunde von der vernichtenden Niederlage der Unterländer bei Aidenbach am 8. Januar eintraf, marschierte es nach Burghausen zurück. Auch Schützenoberst Meindl marschierte verspätet nach Griesbach ab und traf mit seinen Schützen dort auf die Flüchtlinge von Aidenbach.[567] So befehligte Hoffmann einen Heerhaufen, der offenbar nur aus sogenanntem nicht regulierten Volk bestand. Er erhielt von Braunau noch vier Geschütze, einen Munitions- und einen Schanzzeugwagen. Außerdem befanden sich etwa 50 Reiter bei ihm. Etwa am 5. Januar brach Hoffmann von Ering nach Griesbach auf. Von dort marschierte er weiter auf Vilshofen zu und stand am 7. bei dem Markt Aidenbach, der in Luftlinie etwa 10 km südwestlich Vilshofens an der Alders liegt.[568]

Die Stärke seiner Streitmacht wird in den zeitgenössischen Quellen meist mit 7000, in einer sogar mit 12 000 Mann angegeben. Generalwachtmeister von Kriechbaum, der die kaiserlichen Truppen bei Aidenbach führte und der Vertreter der bayerischen Landschaftsverordnung, Freiherr von Gemmel, der dem Treffen beigewohnt hat, nennen 7000. Wir wissen von den Berichten über das Korps der Oberländer, daß die Angaben der verschiedenen Seiten in der Regel viel zu hoch lagen. Hoffmann sagte bei seinem späteren Verhör aus, er habe in Ering 2270 Mann übernommen, und Plinganser schreibt in seinem Bericht an den Kurfürsten, daß dieser Haufe danach noch auf 3000 Mann angewachsen sei. Diese Angaben verdienen wohl am ehesten Glauben, denn woher sollen die 7000 Mann plötzlich gekommen sein, nachdem die Aufgebotsbefehle nur noch geringen Erfolg hatten und zudem die regulierten Einheiten ausfielen.[569]

Wie sehr sich die Bande der Zucht bei den Aufständischen zu lösen begannen, zeigt die Tatsache, daß sich im Lande immer mehr Räuberbanden herumtrieben, die zum Teil aus Deserteuren der Landesdefensionseinheiten und Versprengten der bewaffneten Bauernhaufen bestanden. Diese Banden suchten Beamte und Amtleute heim, gleich ob diese kaiserlich gesinnt waren oder im Auftrag der Landesdefension arbeiteten, und raubten sie aus, sie machten auch vor Pfarrhäusern und den Häusern des einfachen Landmanns nicht halt, überfielen Einöden usw. Der Kongreß von Braunau mußte gegen dieses Unwesen am 6. Januar ein Mandat erlassen, in dem diese »Böswicht und Excrementa aller heylosen Pursch« für vogelfrei erklärt und die Offiziere der Landesdefension, alle Beamten und Obrigkeiten sowie auch die Untertanen angewiesen wurden, solches Räubergesindel, wo man es immer träfe, sofort niederzuschießen und totzuschlagen.[570]

Wir verlassen hier die Landesdefension des Unterlandes und den Kongreß von Braunau und wenden uns wieder der Seite der Kaiserlichen zu: Nachdem ihre Truppen den Aufstand des Oberlandes völlig niedergeschlagen hatten und das große Aufständischenheer der Unterländer kurz vor München den Rückzug angetreten hatte und sich in Auflösung befand, entschloß sich die Administration, das Rebellionsfeuer an seinem gefährlichsten Herd, im Rentamt Burghausen, ganz auszutreten. Es waren jetzt zwar württembergische Truppen im Anmarsch, die in den letzten Dezembertagen Ulm erreichten, auch bot der Kurfürst von der Pfalz zwei Regimenter an, die im Herzogtum Neuburg an der Donau standen, doch wollte Graf Löwenstein keine weitere Zeit verstreichen lassen und befahl Generalwachtmeister von Kriechbaum, mit seinem Korps nach Niederbayern zu marschieren, sich in Vilshofen mit Oberst d'Arnan zu vereinigen und von dort aus Braunau anzugreifen. Gleichzeitig sollte von Süden der Oberst von Hochberg mit den 1000 Infanteristen, die aus Tirol kamen, von Wasserburg her in das Aufstandsgebiet vorstoßen und Kriechbaum beim Angriff auf Burghausen unterstützen.[571]

Am 1. Januar verließ Kriechbaum mit einem Corpeto von 800 Mann zu Fuß, 400 Reitern und einigen Geschützen München. Er marschierte über Markt Schwaben, Dorfen, Neumarkt an der Rott bis Eggenfelden, das er am 6. Januar erreichte. Auf seinem Marsch verbreitete er Furcht und Schrecken. Er zitierte die Beamten der Gerichte, durch die er zu marschieren gedachte, zu sich, und war sehr ungnädig, wenn sie nicht erschienen, um über Aufstandsbewegungen in ihrem Gebiet zu berichten und seine Befehle entgegenzunehmen. Die Stadt Erding forderte er auf, innerhalb von 24 Stunden 4000 fl. Kontribution zu entrichten, da sie den Aufstand unterstützt habe – von der Summe erließ jedoch die Administration die Hälfte. Kriechbaum fand das Land im wesentlichen frei von Aufständischen, Aufklärungsabteilungen meldeten, daß die Innbrücken meist zerstört waren und daß sich die Schutzmannschaften, die die Aufständischen dort zurückgelassen hätten, in den Chiemgau zurückzögen. In Dorfen traf Freiherr von Gemmel bei der Truppe ein. In Eggenfelden erfuhr Kriechbaum mehr über die Stärke und die Absichten der Aufständischen. Es wurde ihm durch Kundschafter von der Aufstellung regulierter Regimenter in Braunau und Burghausen und von der Versammlung des Korps, mit dem Hoffmann Vilshofen wieder nehmen sollte, berichtet. Er schickte Husarenstreifen aus, die Werbekommandos der Aufständischen und Burschen, die sich zu ihnen schlagen wollten, aufbringen sollten. Neumarkt, aus dem sich 30 Bürgersöhne bei den Landesverteidigern befanden, wurde eine Brandschatzung von 2000 fl. auferlegt, die auf inständiges Bitten der Bürger auf 1000 fl. ermäßigt wurde.[572]

Inzwischen war bekannt geworden, daß sich der Bayerische Wald im Aufstand befand und Cham in die Hände der Rebellen gefallen war. Oberst d'Arnan brach am 5. Januar mit 400 böhmischen Rekruten und 95 Reitern von Vilshofen auf, er ließ dort die Ansbachischen Grenadiere und 500 Rekruten als Besatzung zurück und erreichte am 7. Regensburg. Hier stieß aus dem Pfalz-Neuburgischen ein kurpfälzisches Dragonerregiment zu ihm, das allerdings nur 370 Mann stark war. D'Arnan wollte von Regensburg nach Amberg marschieren, dort weitere Verstärkungen abwarten und dann Cham zurückerobern. So war die Vereinigung mit Kriechbaum vorerst nicht mehr möglich.[573]

Auf der Seite der Landesverteidiger erfuhr zunächst die Regierung in Burghausen vom Nahen der kaiserlichen Truppen. Sie teilte dies umgehend dem Landesdefensionskongreß mit und stellte ihm anheim, die nötigen Maßnahmen einzuleiten. Der Kongreß trat sofort zu einer Sitzung zusammen, und die Abgeordneten, denen jetzt doch angst und bang wurde, nahmen den Antrag Prielmayrs an, den Erzbischof von Salzburg um Friedensvermittlung zu bitten. Außerdem bat der Kongreß den in Braunau noch gefangengehaltenen Generalwachtmeister Grafen Tattenbach, an Kriechbaum zu schreiben, er möge, bis diese Friedensverhandlungen in Gang gekommen seien, sich der Feindseligkeiten enthalten. Tattenbach übergab noch am selben Abend Plinganser diesen Brief zur Beförderung, doch hielt dieser ihn zurück und begann bei seinen Freunden auf dem Kongreß die Verhandlungsbereitschaft zu hintertreiben. Als Prielmayr am folgenden Tag erfuhr, daß die Briefe an den Erzbischof und an Kriechbaum nicht abgegangen seien, beschimpfte er Plinganser aufs heftigste, doch dieser hatte hintenherum einen Kongreßbeschluß erwirkt, der besagte, daß man mit der Absendung der Briefe noch einige Tage warten solle, denn, wenn bei den Herren der Wunsch nach Frieden bestehe, so nicht bei den Bauern.[574]

Nachdem nun dieser letzte Versuch, die drohende Katastrophe abzuwenden, hintertrieben worden war, beschloß der Kongreß am 6. Januar das Generalaufgebot. Am 7. ließ die Regierung die Patente an die Gerichte hinausgehen, die die ganze wehrfähige männliche Bevölkerung ohne Rücksicht auf Familienstand, Kinder usw. umgehend zu den Waffen riefen. – Es war dies der Tag, an dem endgültig feststand, daß die adeligen Herren ihre in der Aufstellung begriffenen Regimenter nicht ins Feld führen würden und Prielmayr seine Oberstencharge unter Protest niederlegte.[575]

Das Generalaufgebot erwies sich als ein völliger Fehlschlag. Auf seine Verkündigung folgte unmittelbar die Schreckensnachricht vom Untergang des Bauernheeres bei Aidenbach. So ist es kein Wunder, daß es vielerorts gänzlich mißachtet wurde, und daß sich, wenn überhaupt jemand kam, kaum der zehnte Teil der Gestellungspflichtigen einfand.[576]

Etwa gleichzeitig oder nur etwas später wurde das dritte große Abmahnungsschreiben der bayerischen Landschaftsverordnung vom 4. Januar im Lande verbreitet, in dem die Ständevertretung mit den Aufwieglern und Rädelsführern scharf ins Gericht ging und in ihrem Urteil nicht ganz unrecht hatte, wenn sie dem gemeinen Mann vor Augen hielt: »Die Anführer und Aufhetzer sehen sich allein bei solchen Okkasionen um den Weg zur Flucht um und lassen die Untertanen im Stich und in der Gefahr stehen; sie machen ihre Hauptabzielung nur dahin, wie sie im trüben Wasser fischen und unter dem Vorwand der Landesdefension ihre Säckel spicken können, um sich damit bei Gelegenheit zu salvieren... Wir hoffen, es werde bei der angeführten Beschaffenheit sich jedermann vor diesen wohl unverdient Landesdefensionierer betitelten Leuten, die besser Landesruinierer, falsche Propheten und Verführer des Volkes zu benamsen sind, zu beobachten wissen, so daß sie weder den etwa noch erscheinenden Patenten, noch den Emissarien Gehorsam leisten und erscheinen werden, sondern in Friede und Ruhe bleiben...«[577] Diese Worte sollten durch das Verhalten der Landesdefensionsoffiziere bei Aidenbach ihre traurige Bestätigung erfahren.

27. KAPITEL

Die Vernichtung der Unterländer bei Aidenbach

Zwei Wochen nach der Sendlinger Mordweihnacht erlebten die Aufständischen des bayerischen Unterlandes ihre Katastrophe, die an Grausamkeit und Schrecken jenes Ereignis vor den Toren Münchens noch übertraf.

Wir haben gehört, daß Johannes Hoffmann mit seinem Heerhaufen, der eigentlich Vilshofen wiedergewinnen sollte, am 7. Januar beim Markt Aidenbach stand. Dieser Heerhaufen war etwa 3000 Mann stark; er war nicht oder nur ganz unzulänglich militärisch gegliedert und verfügte nur über wenige Offiziere, die gelernt hatten, Soldaten zu führen; die Mehrzahl der Anführer waren wohl von den Mannschaften gewählt worden. Die Mannschaften waren nur zum kleineren Teil mit Gewehren bewaffnet, und sie waren als sogenannte nicht regulierte Landesverteidiger nicht geübt worden, im taktischen Verband auf dem Gefechtsfeld zu kämpfen. 50 Berittene und vier Geschütze vermehrten die Kampfkraft dieses Heerhaufens im Grunde überhaupt nicht. Hoffmann wartete auf die regulierten Regimenter und die Schützen Meindls als Kerntruppe, die an diesem und dem folgenden Tag nach erheblicher Verzögerung erst in Griesbach eintrafen.

Generalwachtmeister von Kriechbaum stand am 7. mit seiner Hauptmacht noch in Eggenfelden, seine Husaren hatten bereits Pfarrkirchen besetzt, als er über das bei Aidenbach stehende Landesdefensionskorps Nachricht erhielt. Eine Reiterpatrouille hatte einen von Hoffmann ausgeschickten Kundschafter gefangen, der beim Verhör die Stellung der Landesverteidiger verriet und angab, daß sie noch Verstärkung erwarteten. Kriechbaum brach mit seiner Truppe noch am 7. gegen Aidenbach auf, um den Heerhaufen Hoffmanns unverzüglich anzugreifen. Er befahl seinen Husaren, von Pfarrkirchen aus dorthin abzurücken, und gab dem Kommandanten von Vilshofen, dem Oberstleutnant von Marschall, Befehlshaber des Ansbachischen Grenadierbataillons, den Auftrag, mit allen in Vilshofen entbehrlichen Kräften ihm von Norden her zu Hilfe zu kommen und den Landesverteidigern in den Rücken zu fallen. Kriechbaum befehligte, nachdem er eine Verstärkung von 100 oder 200 Reitern erhalten hatte, über 800 Infanteristen, 500 oder 600 Reiter und einige Geschütze. Er marschierte bis Schloß Gutenegg bei dem Weiler Dummeldorf, ließ dort das Nachtlager aufschlagen, brach am 8. in der Früh wieder auf und traf etwa gegen 10 Uhr vor Aidenbach und dem Lager der Landesverteidiger ein.[578]

Dieses Lager breitete sich südlich und östlich Aidenbachs aus; es war nach Westen geschützt durch die Alders, einen ziemlich tiefen Bach. Kriechbaum aber kam von Westen über Haidenburg. Nachdem die Vorhut das Lager erkundet hatte, wartete Kriechbaum mit der Kavallerie bei Haidenburg solange, bis die Infanterie mit den Geschützen und Munitionswagen nachgekommen war, stellte dann sein Corpeto in Schlachtordnung auf und rückte gegen Aidenbach vor. An seine Soldaten hatte er den Befehl ausgegeben, keine Gefangenen zu machen, sondern jeden Gegner zu massakrieren. Als Hoffmann vom Nahen des Gegners erfahren hatte, stellte er sein Korps auf einem Hochfeld östlich des Marktes vor einem Wald auf. Kriechbaum mußte zuerst die Alders überschreiten, dann teils durch den Markt, teils an ihm vorbei über hügelige und unwegsame Felder defilieren. Er brauchte hierfür etwa eine Stunde, bis er etwa um 11 Uhr am Fuß der Anhöhe, auf der die Landesverteidiger standen, 200 Schritt vor deren Reihen angelangt war.[579]

Zu dem, was jetzt geschah, müssen wir uns das Folgende vor Augen halten: Der Eindruck, den in jener Zeit eine in Schlachtordnung vorrückende Truppe auf einen ihr gegenüberstehenden Beobachter gemacht hat, muß unerhört furchterregend gewesen sein. Er sollte es auch sein, denn man trachtete danach, die gegnerischen Soldaten, die in den vordersten Reihen standen, möglichst vor der direkten Berührung zur Flucht zu treiben. – Die Mitte dieser Schlachtreihe bildete die Infanterie, zwischen den Kompanien gingen die Geschütze vor, die beiden Flügel bildete die Kavallerie. Die Infanterie rückte im Gleichschritt nach dem monotonen Rollen der Trommeln und dem Schrillen der Pfeifen vorwärts, mitunter schnarrten Kommandos, man sah eine Reihe blitzender Gewehrläufe und Bajonette, dazwischen wehende Fahnen. Die Kanonen wurden mit der Mündung nach vorn gezogen, hinter ihnen gingen die Konstabler mit ihren Luntenspießen, an denen die glimmenden Lunten rauchten. Die Kavallerie war in Reihen geordnet, die Kürassiere mit ihren geschwärzten Harnischen und blank blitzenden Pallaschklingen, die Husaren in ihrer ungarischen Tracht fremd und unheimlich anzusehen, den gezogenen Säbel vor der rechten Schulter. Jeden Augenblick mußte man gewärtig sein, daß die Infanterie das Feuer eröffnete, wobei einzelne Pelotons, die nacheinander anhielten, ihre Salven in die Reihen des Gegners feuerten, luden, vorrückten usw. in steter Wiederholung, daß die Kanonen anhielten, schossen, geladen wurden und wieder vorgingen, daß die Kavallerie auf ein schmetterndes Trompetensignal antrabte und angaloppierte, den Gegner in den Flanken angriff und in die Zange nahm. – Dieses geordnet maschinenhafte Vorrücken einer Phalanx, in der der einzelne Soldat zu einem automatisch agierenden Glied einer taktischen Einheit wurde, mußte auf einen Gegenüberstehenden geradezu unmenschlich und gnadenlos wirken.

Den kaiserlichen Truppen gegenüber standen Bauern und Handwerker, die ohnehin ein schlechtes Gewissen hatten, daß sie sich gegen eine Obrigkeit empörten. Sie standen in mehr oder weniger ungeordneten Haufen, wurden von gewählten Offizieren, die ihrer Aufgabe nicht gewachsen waren, ständig Fehler machten und insgesamt auf ihre Leute unsicher wirkten, kommandiert, aber nicht eigentlich geführt. Sie waren nicht exerziert worden, sondern liefen eben mit ihrem Haufen. Ihre Bewaffnung war ganz uneinheitlich, die meisten trugen Spieße, gerade Sensen, Dreschflegel, Morgensterne, Mistgabeln, Hacken, Äxte und spitze Stecken, nur wenige hatten Gewehre. Alle warteten auf die Verstärkung durch regulierte Regimenter, die nicht kam, und sahen sich plötzlich allein dem Gegner gegenüber. Die in den vorderen Reihen stehenden Männer, von denen viele Frau und Kinder zu Hause hatten, sahen ihrem unausweichlich sicheren Tod entgegen, denn, wenn die Landesverteidiger überhaupt gegen die Truppen bestehen wollten, so konnten sie dies nur durch ihre zahlenmäßige Übermacht, indem ihre vorderen Reihen die Soldaten mit ihren Leibern aufhielten und den weiter hinten stehenden Haufen die Gelegenheit zu einem Gegenstoß schufen. Im übrigen waren die Landesverteidiger den Truppen Kriechbaums an Zahl bestenfalls nur um das Zweieinhalbfache überlegen, und das wog die Überlegenheit der Truppen in Taktik und Bewaffnung nicht im geringsten auf.

Den Verlauf des Treffens schildert kurz und sachlich der Schlachtbericht, der von Freiherrn von Gemmel, der den Ereignissen von Anfang bis Schluß beigewohnt hat, verfaßt worden ist:[580] »Es haben sich aber die Rebellen, ehe man die Höhe gar besteigen können, gleichsam in einem Augenblick, ohne Verlierung des geringsten Feuers, in den hinter sich gehabten Wald gezogen; ihr Kommandant und andere Offiziere sind, gleich wie sie s. v. schelmischer Weise ihr rebellisches Kommando angetreten, wieder solchergestalten auf ihren Pferden mit der wenig gehabten Kavallerie durchgegangen und haben ihre sogenannte Hauptarmee im Stich gelassen, welche der verbitterte Soldat sowohl zu Pferd als zu Fuß alsogleich umringt und in den Wäldern und Feldern aufgesucht, alles was sich nur blicken lassen, gegen einen wenigen Widerstand solchergestalten niedergemacht und massakrirt, daß der wenigere Teil davongekommen; teils von ihnen haben sich in einige unweit von dieser Niederlage gelegene Bauernhäuser retirirt und sonderbar aus einem auf die Kaiserlichen mit kleinem Gewehr stark Feuer gegeben, daher diese Häuser sämmtliche in Brand gesteckt und was nit darinnen verbrennen sondern entlaufen wollen, ohne Unterschied niedergemacht worden ist. Dieses Massakriren hat in einem continuo ungefähr von halber 12 Uhr mittags bis gegen 4 Uhr abends gewährt, also zwar, daß diese Niederlage der an dem h. Christtag bei München vorgegangenen weit überlegen, und ist gewiß, daß der wenigere Teil von diesem rebellischen Volk davongekommen; was aber wirklich auf dem Platz geblieben, ist darum nit eigentlich zu beschreiben, wohl aber zu glauben, daß von 4000 Toten wenig hundert werden abschießen, weil man die in den Wäldern, worin die große Niederlage geschehen und häufig hin und wieder zu sehen sind, nit wissen kann, die Felder und Wiesmahder aber von dem Markt Aidenbach aus fast eine ganze Stunde weit häufig mit Toten überstreut sind. Bei dieser Aktion haben die Rebellen ihrer eignen Bekanntnus nach ihre besten Leute sammt einem Hauptmann verloren und die bei sich gehabten 4 schönen Stücke, darunter 2 Augsburgische, neben einem mit Munition beladenen Wagen und einem Wagen Schanzzeug mit allem Bespann zur Beute hinterlassen. Gefangene sind fast gar keine, außer der vormals geweste bair., nachgehends württemberg. Hauptmann Weber und der Landgerichtsoberschreiber aus Schärding, welcher von einer Husarenpartei eingebracht worden.«

So hatten sich also die Landesverteidiger, noch bevor es zu einer direkten Gefechtsberührung gekommen war und, ohne daß sie einen Schuß abgegeben hatten, zur Flucht gewandt. Hoffmann und andere berittene Offiziere waren zusammen mit den Reitern ebenso wie die Anführer der Oberländer gleich am Anfang geflohen. Was folgte, war keine Schlacht, sondern ein Schlachten. Die Landesverteidiger, die offenbar dadurch, daß zuerst die vorderen Reihen zurückwichen, in kurzer Zeit völlig durcheinander gerieten, waren schon deshalb gar nicht mehr in der Lage, sich zur Wehr zu setzen. Eine blitzartig um sich greifende Panik lähmte die Männer, die nun in wirren Haufen sich gegenseitig am Widerstand und an der Flucht hindernd, hilflose Zielscheiben für die Kugeln, Bajonette, Gewehrkolben, Säbel und Pallasche der Soldaten wurden. Die Soldaten, durch die Strapazen des Winterfeldzuges und die Anstrengungen des Eilmarsches, durch Hunger und Durst gereizt sowie getrieben von dem Befehl, keinen Pardon zu geben, mordeten das ihnen verhaßte und jetzt wehrlos ausgelieferte »Bauerngesindel« massenweise hin. Mit dem Mute der Verzweiflung warfen sich flüchtende Landesverteidiger in Bauernhäuser, versuchten sich dort zu verteidigen, bis sie ausgeräuchert oder verbrannt wurden. Es versteht sich von selbst, daß die Soldaten bei dieser Gelegenheit die Bauernhäuser dieser Gegend ausplünderten und verwüsteten, Vieh, Schafe und Geflügel, Bettzeug, Kleider und andere Gebrauchsgegenstände raubten, Möbel, Öfen usw. zerschlugen. Die Kavallerie hatte leichtes Spiel bei der Verfolgung der Flüchtigen, deren Leichname schließlich kilometerweit im Gelände verstreut lagen, als nach vier Stunden offenbar die Kraft der rasenden Soldateska erlahmte.[581]

Die Truppen Kriechbaums hatten nur acht Tote und Verwundete und einige tote Pferde. Am Abend erschien Oberstleutnant von Marschall mit seinen Grenadieren und Rekruten aus Vilshofen. Er fand keine Arbeit mehr, ließ seine Leute in Aidenbach übernachten und marschierte am 9. Januar nach Vilshofen zurück.[582]

Jener letzte verzweifelte Versuch einiger Schützen, sich in Bauernhäusern zu verschanzen und ihr Leben so teuer wie möglich zu verkaufen – auch dies ist ihnen nicht gelungen –, hat den Stoff zu einer Volkssage geliefert, die eine Parallele zur Sage vom starken und tapferen Schmiedbalthes der Oberländer darstellt. Sie erzählt den Untergang der letzten Getreuen am Ende des Kampfes:[583]

»Die Bauern verfügten nur mehr über eine kleine Schar kampfes-
fähiger Leute, darunter mehrere, wohlvertraut mit der Handha-
bung der Schießwaffen. Diese hatten sich in die Hofgebäude des
Resch in Dobl zurückgezogen und unterhielten aus den Fenstern
und Scheunenlucken ein wirksames Feuer auf den Feind. Bald jedoch gelang es demselben, auch diesen Hof in Brand zu stecken und
unter dem Prasseln der Flammen und dem Krachen der einstürzen-
den Balken sandten die Braven Schuß um Schuß aus dem immer
dichter werdenden Qualm und Rauch heraus, noch manchen Gegner
niederstreckend. Höher röten sich die Wangen von der immer mehr
steigenden Glut, es leuchten die Augen beim Scheidegruß, den die
Brüder sich noch zurufen, denn schon vermögen die Hände die durch
das Feuer erhitzten Flintenläufe nicht mehr zu halten. Einer nach
dem Andern stürzt durch den heißen Brodem erstickt zu Boden, die
Übrigen werden durch herabfallende Brände niedergeworfen. Nur
ein Mann steht noch aufrecht da an einem vom Feuer verschonten
Teile der Scheune; mit Hast aus seiner sicher treffenden Büchse
schießend und immer wieder ladend, nicht achtend des stets mehr
um sich greifenden Brandes. Da steigen plötzlich Feuergarben aus
dem Firste auf, nach Innen neigen sich die Giebel und stürzen mit
Geprassel in sich selbst zusammen. – Seine letzte Kugel durchbohrte
noch die Brust eines feindlichen Offizieres. – Der Letzte der Treuen
hatte ausgerungen.«

Wie die Sage vom Schmiedbalthes hat auch diese Geschichte einen
wahren Kern: Der Schlachtbericht Gemmels erwähnt ein Bauern-
haus, aus dem besonders heftig geschossen wurde, und das Anwesen
des Peter Nagl, der Reschenhof in Dobl, ist tatsächlich ganz niedergebrannt worden.[584]

Die Anzahl der Toten war schier unermeßlich. Weit lagen sie im
Gelände verstreut, in dichten Haufen am Ort des ersten Zusam-
menstoßes, auf dem Handelberg, dem Kleeberg und dem Reschenfeld, das seitdem »Mordfeld« hieß. Die zeitgenössischen Berichte
geben die Verluste der Landesverteidiger in der Regel mit rund
4000 an, so die kaiserlichen Schlachtberichte und Gemmels Bericht,
die gleichzeitig die Stärke des Aufständischenkorps mit 7000 be-
ziffern, von denen der größere Teil auf dem Platze geblieben sei.
Einer der Pfarrer, die die Toten bestatteten, spricht von 3000, ein
anderer Augenzeuge von 2500 Toten.[585]

Wir haben bereits festgestellt, daß das Korps Hoffmanns etwa
3000 Mann stark gewesen ist. Wir besitzen die Eintragungen in den
Pfarrbüchern von Beutelsbach, Tötling, Amsham, Rainting, Aun-
kirchen, Asbach und Höhenstadt. Nach diesen Quellen wurden auf
dem Kleeberg und dem Reschenfeld 958 Tote in Massengräbern
und auf den Friedhöfen jener Pfarreien 261 bestattet. Es fehlen
die Angaben aus der Pfarrei Aidenbach selbst, wo das entsprechende Pfarrbuch verloren ist, sowie aus einer Reihe weiterer umlie-
gender Pfarreien, wie Uttigkofen, Galgweis, Schönhering, Walch-
sing, Iglbach und anderer, wo wahrscheinlich auch Gefallene begraben wurden; auch in diesen Orten sind die Pfarrbücher verloren gegangen oder enthalten nur unbrauchbare Angaben. Wir wissen auch, daß aus der Umgebung viele Leute kamen, die unter den
Toten nach ihren Ehemännern, Vätern und Söhnen suchten und ihre
Toten mitnahmen, um sie in heimischer Erde beizusetzen.[586]
Wir besitzen also die sichere Angabe von 1219 Bestatteten. Es ist
anzunehmen, daß auch der Pfarrer von Aidenbach eine größere
Anzahl möglicherweise in Massengräbern begraben hat, und nehmen wir an, daß noch das eine oder andere Hundert von Verwandten abgeholt bzw. auf den Friedhöfen der übrigen genannten Nach-
barpfarreien beigesetzt wurde, so können wir bei vorsichtiger Schätzung vermuten, daß es insgesamt 2000 Tote waren, die am Abend
des 8. Januar 1706 auf den Gefilden bei Aidenbach lagen. Diese
Zahl würde auch mit der Angabe der Berichte übereinstimmen, daß
der größere Teil des Heerhaufens getötet worden sei.
Der Hauptteil dieser Landesverteidiger war aus den Gerichten
Reichenberg und Griesbach gekommen; hier beklagte man die meisten Toten. Noch am 14. Januar hieß es, es seien dort über 3600
Männer abgängig. In den einzelnen Pfarreien hatte der Schlach-
tentod schmerzliche Lücken gerissen. Die Anzahl der Toten betrug
z. B. in der Pfarrei Haarbach an der Wolfach 39, davon 29 verheiratet und 10 ledig, Uttlau 41, davon 22 verheiratet und 19 ledig,
Wolfakirchen 14, davon 10 verheiratet und 4 ledig, Rainting 34,
Egglham 43, Amsham 11, Asbach 33. Aus dem Markt Griesbach
waren 19 Bürger und Bürgersöhne gefallen.[587]
Von den in den verschiedenen Pfarreien bestatteten Toten kennen wir von 133 Männern den Stand und aus diesen von 109 auch
das Alter. Diese Zahlen sind gemessen an den 3000 Mann, die bei

Aidenbach standen, zwar sehr klein, doch läßt eine zahlenmäßige Aufgliederung vielleicht doch vorsichtige Schlüsse auf die soziale Schichtung jenes Heerhaufens zu.

Von 133 Männern waren 58 Landwirte verschiedener Größe, 45 waren Söhne aus dieser Gruppe, sechs waren Taglöhner und Knechte; weiter finden sich darunter 20 Handwerker und Handwerkersöhne, drei Wirte und ein Soldat. Die Landwirte sind meist nur durch die Hofnamen als solche gekennzeichnet. Als Handwerker werden genannt: Müller, Schlosser, Zimmerer, Schneider, Schuster, Weber, Hutmacher, Wagner, Fischer, Bader, Jäger, Forstknechte und Söldner. Die Gliederung nach dem Alter ergibt folgendes Bild: von 109 Männern waren 17–20 Jahre 10, 21–30 Jahre 59, 31–40 Jahre 25, 41–50 Jahre 12; je einer war 54, 60 und 72 Jahre alt.[588]

Die etwa 1000 Mann, die dem Gemetzel entkommen konnten, flohen in alle möglichen Richtungen auseinander und verbreiteten die Schreckensnachricht im Lande. Ein Teil von ihnen gelangte nach Griesbach und meldete den von Jehle und Meindl herangeführten Einheiten die schlimme Kunde.[589]

Kriechbaum ließ seine Truppen einen Tag rasten und zog am 10. Januar nach Vilshofen, dort vereinigte er sich mit Oberstleutnant von Marschall und marschierte mit einem Korps, das jetzt etwa 2500 Mann stark war, nach Passau, wo er am 12. eintraf. Von hier aus wollte er ins Innviertel vorstoßen. Etwa um die gleiche Zeit trafen die 1000 rekonvaleszenten Infanteristen aus Tirol in Wasserburg ein. Sie wurden dort ausgerüstet, erhielten Belagerungsgeschütze und sollten sich mit dem Kriechbaumschen Korps vereinigen.[590]

Für die Administration sahen die Verhältnisse jetzt ganz anders aus als zwei Wochen vorher. Bei Sendling und bei Aidenbach waren dem Volksaufstand in Bayern die Todesstöße versetzt worden. Dann trafen nun auch die Truppen ein, um die man so lange hatte bitten müssen: Außer den 1000 Infanteristen aus Tirol standen die württembergischen Hilfsvölker bei Augsburg und rückten langsam auf Landshut vor, wo sie in Reserve stehenbleiben sollten. In Landshut waren 600 Rekruten zu Fuß angekommen, die zum Korps Kriechbaums geschickt werden sollten. In der Oberpfalz waren zwei kurpfälzische und ein wolfenbüttelsches Regiment eingerückt, mit denen Oberst d'Arnan operieren konnte. Ein mecklenburgisches Regiment und eine gothaische Einheit sollten dorthin noch folgen. Man hatte auf einmal mehr Truppen zur Verfügung, als man eigentlich noch brauchte. Die Administration hatte sich mit den wenigen Truppen, die sie zur Verfügung gehabt hatte, in der Zeit der größten Not behauptet und dem Aufstand fast allein mit den eigenen Kräften die entscheidenden Schläge versetzt, immer wieder vertröstet vom Prinzen Eugen, wie auch von den mit dem Kaiser verbündeten benachbarten Reichsständen. Gleichzeitig taten preußische Einheiten, die in Friedberg, Schrobenhausen und Aichach im Erholungsquartier lagen und sich geweigert hatten, gegen den Aufstand zu kämpfen, alles, um noch in die Flamme des Aufruhrs zu blasen: die Mannschaften erpreßten von ihren Quartierwirten das Doppelte der vorgeschriebenen Verpflegung, die Offiziere ließen sich köstliche Speisen auftragen, nötigten den Quartiergebern Geldgeschenke ab, bedrohten und beschimpften die Beamten, die gehalten waren, diesem Treiben zu steuern usw. Lediglich das osnabrükkische Infanterieregiment und das ansbachische Grenadierbataillon waren der Administration in der Zeit, da der Aufstand seinem Höhepunkt zustrebte, zu Hilfe gekommen.[591]

Ein unparteiischer Betrachter, der den beiden Seiten, die sich in diesem Volkskrieg gegenüberstanden, gerecht werden will, muß der kaiserlichen Administration und ihren Militärs zubilligen, daß sie hervorragende Leistungen vollbracht haben.

28. KAPITEL

Die Einnahme der Städte Schärding, Braunau, Burghausen und Cham durch die kaiserlichen Truppen. Das Ende des bayerischen Volksaufstandes

Als am 9. Januar in Braunau die Nachricht von der Vernichtung des Hoffmannschen Korps bei Aidenbach eintraf, bemächtigte sich des Landesdefensionskongresses eine tiefe Entmutigung. Doch bereits am folgenden Tag ordnete der Kongreß die Durchführung seiner Beschlüsse der letzten Tage an, insbesondere die Durchführung des Generalaufgebots und die Aufstellung des Dragonerregiments. Unterwerfen wollte man sich nicht. Auf der anderen Seite verlangten jetzt vor allem die Abgeordneten der Städte und Märkte immer nachdrücklicher, daß man sofort Friedensverhandlungen einleiten sollte, worauf der Kongreß beschloß, eine Deputation an den Erzbischof von Salzburg zu schicken und durch Graf Tattenbach mit Kriechbaum Verbindung aufzunehmen. Am 11. reiste die Deputation nach Salzburg ab; ihr gehörten die Freiherrn von Paumgarten und von Prielmayr, die Bürgermeister Georg Ludwig Harter von Burghausen und Franz Dürnhart von Braunau sowie der Bauer Franz Nagelstätter an. Am selben Tag entließ man Tattenbach aus dem Arrest, und dieser schrieb an Kriechbaum, es würden gerade Friedensverhandlungen aufgenommen, weshalb er vorläufig seine Feindseligkeiten einstellen solle. Kriechbaum lehnte jedoch das Ersuchen rundweg ab.[592]

Freiherr von Gemmel nahm das Leid, das bei Aidenbach über die Bevölkerung gebracht worden war, zum Anlaß, mit seinen Vermittlungsbemühungen wieder zu beginnen, und schrieb am 11. Januar an das Rentamt Burghausen und die Stadt Schärding, wobei er die Aufständischen ermahnte, sofort die Waffen niederzulegen, und seine Vermittlungen beim Kaiser anbot. – Kriechbaum erließ von Passau aus am 13. ein Patent an die aufgestandenen Gebiete, in dem er seinen Angriff ankündigte und drohte, von den von Rebellen besetzten Städten keinen Stein auf dem anderen zu lassen, weder Weib noch Kind zu verschonen, wenn die Aufständischen nicht binnen 24 Stunden die Waffen niederlegten; er werde bei

Schärding anfangen. Allen, die seinem Befehl folgen würden, versprach er kaiserlichen Pardon, Schutz und Gnade. – Die Regierung, wie immer um eine Beendigung der Kämpfe bemüht, hat das Schreiben Gemmels und das Patent Kriechbaums umgehend in allen ihren Gerichten bekannt gemacht.[593]

Am 14. Januar verließ Kriechbaum Passau und marschierte auf Schärding zu; er hatte sich mit Belagerungsgeschütz versehen. Nachdem in Schärding das Patent Kriechbaums bekannt geworden war, verweigerten die Bürger dem Kommandanten Ziegler die Mithilfe zur Verteidigung, außerdem stahlen sich von der Besatzung immer mehr davon. Hierauf verließ Zwiegler mit dem Rest seiner Landesverteidiger, etwa 1000 Mann, die Stadt und zog nach Braunau. Die Bürger schickten Kriechbaum eine Abordnung entgegen, die die Übergabe der Stadt anbot. Kriechbaum versprach kaiserlichen Schutz und zog am Nachmittag in der Stadt ein. Einen Teil seiner Truppen legte er in die benachbarten Dörfer ins Quartier.[594]

Braunau erhielt Kriechbaums Kapitulationsbefehl am 15. Januar. Die Bürger wollten sich unterwerfen, doch der Kongreß und das Landvolk der Besatzung bestanden auf Verteidigung. Hierauf überlistete Brigadier d'Ocfort im Einverständnis mit den Bürgern die Besatzung. Er stellte den Landesdefensionsführern vor, die Stadt müsse durch Angriff verteidigt werden; die Besatzung müsse deshalb dem Gegner entgegenrücken. Das leuchtete ein, und am Nachmittag zog die Besatzung, die noch etwa 3000 Mann stark war, unter der Führung d'Ocforts aus der Stadt. Kriechbaum lag zu dieser Zeit noch in Schärding und kam erst am 16. bis Altheim. D'Ocfort ließ die Landesverteidiger einige Höhen und Bachübergänge besetzen, ritt unter dem Vorwand, die feindlichen Stellungen zu erkunden, davon und kehrte nach Braunau zurück. Dort ließ er gleich die Zugbrücken aufziehen, die Wälle von den Bürgern besetzen und die Geschütze feuerbereit machen. Am Abend kam die Besatzung zurück, doch wurde ihr der Einlaß verweigert. Die Leute verliefen sich darauf zum großen Teil und gingen nach Hause. Zur gleichen Zeit hatte ein größerer Haufen Landvolks, bestehend aus Teilen der Schärdinger Besatzung unter Zwiegler, den Schützen des Studenten Meindl, die von Griesbach kamen, sowie versprengten Gruppen von Aidenbach, sich bei Simbach versammelt und begehrte unter Drohungen ebenfalls Einlaß. Die Leute wurden mit der An-

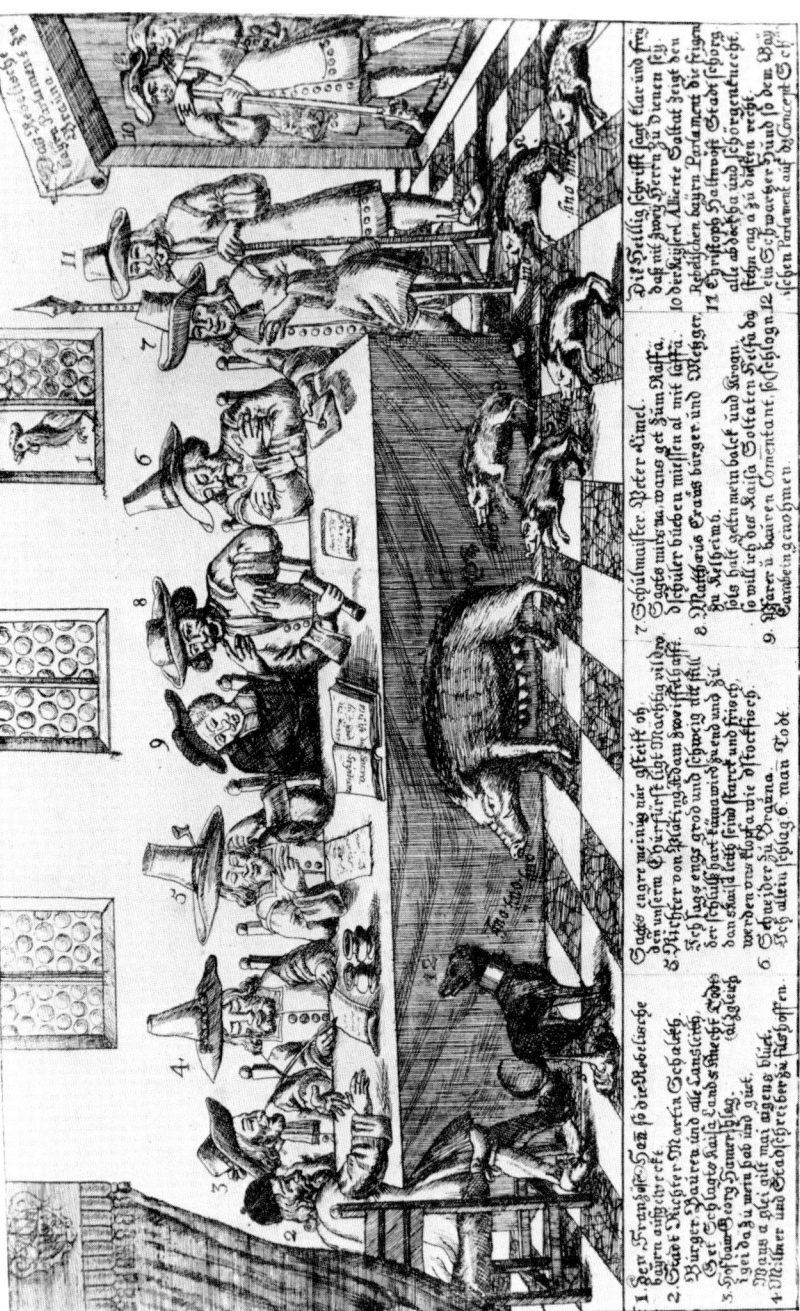

Spottbild auf den Landesdefensionskongreß zu Braunau

Der schwl: Mai (A. 17?) ein g[?]es gel[?]rig
Zu Zangenhausen macht.
Du unglückl s:[?] sein: gantz zugericht.
Uns grosen [?]gruzlet berührt.

Maria stanr in dier Glut,
Ein Trost der hei[?]a Vorrichtea.
Sanct: Florian, und Sanct: Johann
[?]orm[?] glöst et die teuern.

Den[?]n nun darein, ô Weib: ô Mann!
Denckhers: ihr [?]aar [?]nder!
Geydr an ja blind: mendde die Sünd:
Suhret[?] trachtet Gott zu[?] Sünder.

»Die Sendlinger Bauernschlacht« in einer Darstellung des 19. Jahrhunderts

◁ Kaiserliche Besatzungssoldaten stecken durch Unachtsamkeit beim Taubenschießen das Dorf Zankenhausen in Brand (1706)

Vorstellung wie die Stadt Cham in der Obern Pfalk von der Reyserlichen Allur=
ten Trouppen, deren Chur=Bayrischer Hütritter wieder abgezogen u. Ihren f. der Abgangige
Stander 2. Erbey der Abzug, als der Stadt fort gepret schef. 3. Die fürrehmestan Kirchen, so ihre
in scharsten Arrest genommen worden

Zu finden bey H. Hönng in Nürnberg.

kündigung, man werde aus der Stadt das Feuer auf sie eröffnen, abgewiesen. Auch dieser Haufe verlief sich zum großen Teil. Einige Gruppen verbargen sich im Weilhart und im Kobernausser Wald und führten noch einige Wochen ein Bandenleben.[595] Noch am selben Tag hatten die Bürger an Gemmel geschrieben und die Übergabe der Stadt an Kriechbaum angeboten. Auch die Mitglieder des Kongresses sahen nun ein, daß nichts mehr zu machen war, und baten Kriechbaum um einen Waffenstillstand. Kriechbaum lehnte barsch ab und forderte die sofortige Übergabe. Als er am 17. mit seinen Truppen vor den Toren erschien, überbrachte ihm der Rat feierlich die Schlüssel der Stadt und empfahl die Bürger der kaiserlichen Gnade. Vom Kongreß und den Führern der Landesdefension befanden sich noch die Freiherrn von Nothaft, von Leyden und d'Ocfort und die Hauptleute Jehle und Hartmann in Braunau, die damit in die Gefangenschaft der Kaiserlichen gerieten. Mit der Besetzung Braunaus hörte auch der Landesdefensionskongreß zu bestehen auf.[596]

Während die Bürger in den besetzten Städten vom kaiserlichen Militär anscheinend einigermaßen geschont wurden, kam es bei den Einquartierungen auf dem Land wieder zu Ausschreitungen. Insbesondere hat man an verschiedenen Orten die Drohung wahrgemacht, die Anwesen zu plündern, wo sich die Männer nicht zu Hause befanden. Dies veranlaßte an einigen Orten das Landvolk wieder dazu, sich bewaffnet zusammenzurotten. Seine Wut richtete sich aber auch gegen die Bürger Braunaus, weil diese die Landesverteidiger hintergangen und die Kaiserlichen in die Stadt gelassen hatten.[597]

Auch in Burghausen war die Bürgerschaft, nachdem sie Kenntnis von dem Schreiben Gemmels und dem Patent Kriechbaums erhalten hatte, bereit, die Stadt den kaiserlichen Truppen zu öffnen, umso mehr, als bald auch bekannt wurde, daß Schärding übergangen sei und daß sich von Wasserburg her ein weiteres kaiserliches Korps näherte, vor dem sich die Brückenposten der Landesdefension von Kraiburg nach Burghausen zurückzogen. Auch die Gemein erklärte sich zur Kapitulation bereit, verlangte aber, daß man ihr vorher einen neuen Kommandanten ernenne, und bestimmte den Regierungsrat Freiherrn von Tauffkirchen hierzu. Dieser versuchte abzulehnen, doch drohten die Vertreter der Gemein wieder mit Totschlagen und -schießen, worauf die Regierung ihn bewog, das Kommando vorübergehend zu übernehmen. Dies war am 14. Januar. An den folgenden Tagen gab es noch einige Auseinandersetzungen zwischen der Regierung und der Bürgerschaft auf der einen und der Gemein, die von Prokurator Sallinger getrieben wurde, auf der anderen Seite. Man versuchte von der Administration einen Waffenstillstand zu erwirken, währenddessen die Friedensverhandlungen durch den Erzbischof von Salzburg eingeleitet werden sollten; doch die Administration lehnte ab. Außer den nicht regulierten Mannschaften der Gemein stand noch das Landesdefensionsregiment »Prinz Philipp«, dessen Oberst Prielmayr gewesen war, in der Stadt; diese Truppe wurde plötzlich unruhig, da ein Teil ihrer Mannschaften nach Hause gehen wollte, der andere Teil aber hiermit nicht einverstanden war und die Stadt auf Gedeih und Verderb verteidigen wollte. Hier bewährte sich Tauffkirchen als Kommandant. Er ließ am 16. das Regiment antreten und erklärte den Mannschaften: Wenn man die Stadt verteidigen wolle, so müsse man sich der Soldaten sicher sein; deshalb sollten die, die nach Hause gehen wollten, dies tun. Hier erhob sich Widerspruch, zahlreiche Leute schrien, wer weggehe, würde sofort erschossen, ein Korporal ging auf Tauffkirchen zu und bedrohte ihn. Dieser aber bewies Geistesgegenwart und Mut, er schlug dem Korporal mit dem Stock über den Kopf und brüllte ihn an, er wolle ihn schon lehren, wie man einem Kommandanten zu gehorchen habe. Dies machte Eindruck auf die Mehrzahl der Soldaten, die daraufhin ihre Waffen niederlegten, sich Sold und Verpflegung aushändigen ließen und truppweise noch am selben Tag die Stadt verließen.[598]

Am 18. Januar in der Früh lief der Befehl Kriechbaums ein, die Stadt zu übergeben und sich gleich dem Beispiel Schärdings und Braunaus dem Kaiser zu Füßen zu werfen. Hierauf bedrängten Bürgerschaft und Gemein den Vizedom von Weichs, mit Kriechbaum Verhandlungen aufzunehmen. Dazu war dieser sogleich bereit und wollte sich gerade nach Braunau auf den Weg machen, als bereits Oberst von Hochberg mit seinen Truppen von Neuötting kommend sich mittags der Stadt näherte und Einlaß forderte. Dieser wurde ihm von Regierung, Magistrat und Gemein sogleich gewährt. Da sich aber die Öffnung der Tore etwas verzögerte, begannen zwei Grenadierkompanien die Wälle zu übersteigen, doch kam es zu keinen Kampfhandlungen. Zwischen 13 und 14 Uhr zogen 1600 Mann zu Fuß und 150 Reiter in die Stadt ein, besetzten das Schloß, die Tore und alle Posten und nahmen in der Stadt Quartier. Der Vizedom begab sich mit einer Abordnung zu Kriechbaum nach Braunau, der die Unterwerfung annahm und den versprochenen Pardon gewährte.[599]

Am 19. ließ Kriechbaum ein Patent an alle Städte, Märkte und Dorfschaften im Rentamt Burghausen ergehen, in dem den Untertanen, die sich noch bei rebellischen Haufen befänden, zum letzten Mal gedroht wurde, daß ihre Häuser mit Feuer und Schwert verheert, Mann, Weib und Kind niedergehauen würden. »Dagegen wird allen, die sich der landverderblichen Rebellion sogleich entziehen und nach Haus begeben, die kaiserliche Gnade und beinebens auch ausdrücklich versprochen, daß künftighin die Bürger- und Bauernsöhne, Knechte und ledigen Handwerksburschen keineswegs mehr zu Kriegsdiensten genommen und gezwungen werden sollen.«[600]

Nachdem der letzte Stützpunkt des Aufstandes in diesem Rentamt in die Hände der kaiserlichen Besatzungsmacht übergegangen war, war mit diesem Versprechen nunmehr auch der eigentliche Anlaß für den ganzen Aufstand beseitigt – jedenfalls wurde es offiziell versprochen.

Während der Unterlandaufstand ohne wesentlichen Widerstand eine Festung nach der anderen aufgab und sang- und klanglos zusammenbrach, vollendete sich auch das Schicksal des Aufstandes im Bayerischen Wald und in der Oberpfalz. Wir hatten gehört, daß sich diese Aufstandsbewegung bis zum 10. Januar in den Gerichten um Cham gefestigt, organisiert und ausgebreitet und daß Oberst d'Arnan sich nach der Eroberung Vilshofens wieder diesem Gebiet zugewandt und die mit dem Kaiser verbündeten Reichsstände mehrere Regimenter in die Oberpfalz entsandt hatten. Am 7. Januar hatte d'Arnan in Regensburg erklärt, er werde in Cham ein schreckliches Strafgericht durchführen, die Führer des Aufstandes hängen, Pfarrer von Miller aber von den Husaren öffentlich massakrieren lassen. Der Vizestatthalter der Oberpfalz hatte einen Vetter Millers zu diesem geschickt, der ihn überreden sollte, den Aufstand zu verlassen, doch hatte der Pfarrer dies entschieden abgelehnt. Am 8. Januar hatte d'Arnan mit dem Rest seines Corpeto und dem kurpfälzischen Dragonerregiment von Wittgenstein, am 9. das wolfenbüttelsche Infanterieregiment Amberg erreicht. Am 10. brach d'Arnan mit diesen Truppen nach Cham auf. Dort erkannte man diese drohende Gefahr und bereitete sich auf die Verteidigung vor. Die Landesverteidiger, die die Stadt besetzt hatten, waren ungefähr 800 Mann stark.[601]

Etwa am 12. Januar stand d'Arnan vor Cham. Seine Truppen waren aber zu schwach, um einen Sturm erfolgreich durchführen zu können, Belagerungsgeschütze standen ihnen anscheinend nicht zur Verfügung. Der Oberst bot Pfarrer von Miller freien Abzug an, doch ging dieser zunächst nicht darauf ein. Jedenfalls standen am 15. die Truppen immer noch vor den Toren, ohne etwas Entscheidendes erreicht zu haben. Dann kam es wieder zu Kapitulationsverhandlungen, die am 16. mit einem Übergabevertrag abgeschlossen wurden. In diesem Vertrag sicherte d'Arnan der Besatzung freien Abzug in Waffen, mit Sack und Pack, Weib und Kind zu. Die Besatzung unterwarf sich der kaiserlichen Gnade, d. h. sie erklärte, nicht weiter gegen den Kaiser kämpfen zu wollen.[602]

Am 17. sollte die Stadt übergeben werden, da versuchten etwa 400 Mann der Besatzung in der Nacht heimlich zu entwischen. Sie wurden jedoch von den patrouillierenden Dragonern und Husaren entdeckt und angegriffen. Ein großer Teil wurde niedergemacht, der Rest, der über den vereisten Regen zu fliehen versuchte, brach ein und ertrank. Nichtsdestoweniger erwartete d'Arnan am folgenden Mittag den Auszug der restlichen Besatzung und stellte seine Truppen zur Parade auf. Als er über zwei Stunden gewartet hatte, drang er, ohne Widerstand zu finden, in die Stadt ein und ließ die restlichen 400 Aufständischen mit Stöcken durch die Tore hinaustreiben. Draußen wurde noch einmal ein großer Teil von ihnen, allerdings ohne Wissen und Befehl d'Arnans, von den herumstreifenden Kavalleristen zusammengehauen. Pfarrer von Miller, Adam Schmidt, sein Vizekommandant, Simon Gulder, sein Kriegskommissär, und eine Reihe seiner Offiziere wurden gefangengenommen.[603]

Mit dem Fall dieser vier Städte war der Aufstand endgültig niedergeworfen. Trotzdem dauerte es noch geraume Zeit, bis sich auch das Landvolk allerorten beruhigte. Die kaiserlichen Truppenführer konnten nicht das ganze Land durchkämmen; dazu reichten die Truppen nicht aus, vielmehr mußten diese jetzt so rasch wie möglich an die Kriegsschauplätze in Italien und am Rhein zurückkehren. Außerdem verübten die Soldaten gerade auf dem Land wieder die bekannten Ausschreitungen. Im südlichen Innviertel wurden mehrere Landgemeinden geplündert, obwohl Schonung versprochen worden war. In der Gegend von Landshut taten dies sogar die württembergischen Hilfstruppen, die gegen den Aufstand gar nicht mehr eingesetzt worden waren. In der Oberpfalz hauste das kleine Korps des Obersten d'Arnan auf seinem Marsch gegen Cham so wüst, daß der Schaden, den es den Untertanen zufügte, auf 40 000 fl. geschätzt wurde, und der Kaiser dem Grafen Löwenstein auf dessen Beschwerden anheimstellte, d'Arnan dafür in Arrest zu nehmen. Damit dieses Unwesen endlich abgestellt werde, übertrug der Kaiser dem Administrator die volle richterliche Gewalt über das Militär.[604]

Unter diesen Umständen ist es kein Wunder, daß sich im Innviertel, und zwar im Weilhart und im Kobernausser Wald, noch längere Zeit versprengte Trupps von Aufständischen hielten, die dort von der Bevölkerung freiwillig oder aus Furcht vor nächtlichen Überfällen unterstützt wurden. Die größte Gruppe wurde von Meindl angeführt. Sie bestand aus mehreren hundert Mann, meist abgedankten Soldaten, die ohnehin keine Bleibe hatten und so ein Abenteurer- und Bandenleben führten. Kriechbaum schickte am 20. Januar den Obersten Graf Eckh mit Kavallerie in den Weilhart; Eckh fand auch das Lager Meindls und seiner Mannen, diese selbst aber entschlüpften ihm. Eckh ließ einige Bauernhöfe, deren Besitzer sich zu Meindl geschlagen hatten, niederbrennen und verfolgte die Rebellen weiter durch die Wälder. Auch Meindls Vater, Bierbrauer und Wirt in Altheim, wurde geplündert und mußte mehrere Wochen lang mit Frau und Kind elend im Land herumziehen, bis ihn die Administration wegen erwiesener Unschuld begnadigte. Der Student Meindl ließ sich aber nicht greifen, bis Eckh seine Verfolgung wohl gegen Ende Januar einstellen mußte. Er war inzwischen zusammen mit Johannes Hoffmann, Kriegskommissär Fuchs und Adam Schöttl für vogelfrei erklärt worden.[605]

Zur gleichen Zeit hielt sich in der dem Bistum Freising gehörenden Herrschaft Isen, die etwa in der Mitte zwischen Dorfen, Haag und Markt Schwaben lag, eine Gruppe von etwa 25 Aufständischen auf und trieb in dieser Gegend ihr Unwesen. Sie überfiel nachts auf bayerischem Gebiet Amtleute, aber auch Bauern, Fischer und andere kleine Leute auf dem Land, plünderte sie aus, folterte sie sogar, bis sie versteckte Lebensmittel herausgaben, zog sich dann wieder auf das freisingische Gebiet zurück, wo sie sich tagsüber offen in Waffen zeigte, in Wirtshäusern zechte usw. Diese Räuberbande scheint bald aufgehoben oder zersprengt worden zu sein.[606]

Im Rentamt Burghausen aber blieb es bis weit in das Jahr 1707 hinein unruhig. Im Sommer gingen in der Bevölkerung des Gerichts Neuötting allerlei Gerüchte um, nach denen bald ein neuer Aufstand ausbrechen und der Kurfürst wieder ins Land kommen würden, sowie daß die ungarischen Aufständischen weit nach Österreich vorgestoßen seien und daß das österreichische Landvolk wegen der hohen Kriegssteuern einen Aufstand vorbereite und sich mit den Bayern verbinden wolle. In Altötting wurden in Gegenwart von fremden Wallfahrern Spottlieder auf den Kaiser gesungen, ein Adeliger feuerte eines Nachts mehrmals kleine Geschütze als Alarmzeichen ab, auch Ordensgeistliche gaben jene Gerüchte weiter usw. Zu Zusammenrottungen oder gar Tätlichkeiten kam es jedoch nicht.[607]

Dafür hielt sich im Jahre 1707 immer noch ein Haufen ehemaliger Aufständischer in den Wäldern des Innviertels auf, der von der Bevölkerung gedeckt und unterstützt wurde. Im Juli dieses Jahres machte sich im Gericht Ried eine Gruppe von 20 bis 25 Mann bemerkbar, man hörte Trommeln und Schießen, junge Burschen führten aufrührerische Reden, steckten sich Feldzeichen an die Hüte, einer sagte sogar, man müssen den Herren die Köpfe abschlagen und mit ihnen Kegel schieben usw. Die Administration entsandte Oberst de Wendt mit Kavallerie dorthin, der dieser Gruppe nachspürte, jedoch keinen ihrer Männer einfangen konnte. Nachdem man zuerst vermutet hatte, Meindl, der sich immer noch in dieser Gegend verborgen hielt, sei der Anführer dieser Leute, ließ dieser jedoch durch Vertrauensleute ausstreuen, daß er nicht nur keine Verbindung zu dieser Gruppe habe, sondern diese Männer sogar auffordere, die Waffen niederzulegen und auseinanderzugehen. Die Administration ließ ihm hierauf unter der Hand mitteilen, er solle ein Gnadengesuch einreichen und sich den Behörden stellen. Meindl ist hierauf jedoch nicht eingegangen und blieb weiter verborgen. Jene bewaffnete Gruppe hat sich dann anscheinend aufgelöst; jedenfalls trat sie nicht mehr in Erscheinung. – Damit war das letzte Flämmchen des bayerischen Volksaufstandes erloschen.[608]

Der Student und Schützenoberst Johann Georg Meindl ist der Administration nie ins Netz gegangen, er hat sie im Gegenteil genarrt und hielt sich in seiner Heimat, dem Innviertel, im Volk verborgen. Er ging später ins Erzstift Salzburg, wo der Erzbischof die Hand über ihn hielt und ihn in seine Karabiniergarde einstellte, wo er zum Korporal mit Leutnantsrang avancierte. Nach der Rückkehr des Kurfürsten erhielt er eine Stelle als kurfürstlicher Förster in Ried, dann in Mauerkirchen. Er starb 1767 mit 87 Jahren in Salzburg. Über ihn, den schlauen Fuchs, erzählte man sich im Innviertel noch am Ende des 19. Jahrhunderts mannigfache Geschichten und Sagen.[609]

Eine davon berichtet, daß Meindl die Gabe besessen habe, sich unsichtbar zu machen. So sei er einmal von Soldaten ganz umzingelt gewesen, der Kreis habe sich immer enger um ein Gesträuch gezogen, wo er sich hinein geflüchtet hatte, doch hätten die Soldaten dieses leer gefunden. Meindl, mit allen Schlupfwinkeln vertraut, habe sich in Wirklichkeit in einer Felsenhöhle verborgen, aus der eine starke Quelle floß, in die er durch den Quellenausgang hineingeschlüpft sei. Die Sagen erzählen weiter, daß Meindl zum Schutz seines Lagers Schneeschanzen habe aufwerfen lassen, in denen die Soldaten zu Fuß und zu Pferd hilflos steckenbleiben mußten. Mit solchen Schneeschanzen habe er auch das Wild im Weilhart, das damals den Bauern großen Schaden zugefügt habe, stark dezimiert, indem er es in diese Schneewälle habe treiben und von seinen Leuten abschießen lassen. Dadurch habe er sich zwar die Bauern zu Freunden, jedoch die Forstleute zu erbitterten Feinden gemacht, die ihm nun auch nachstellten, um ihn an die Kaiserlichen auszuliefern. So habe er beim Einbruch des Frühlings, als seine Schneeschanzen dahinschmolzen, sich an den Erzbischof von Salzburg gewandt und erklärt, er wolle in Salzburg Priester werden. Der Erzbischof habe ihm jedoch geantwortet, er könne ihn besser als Offizier verwenden, und habe ihm gleich eine Offiziersuniform geschickt. Meindl habe, ohne sich noch weiter lang zu besinnen, die Uniform angezogen, sei über die Grenze gegangen und habe in den Diensten des Erzbischofs sein Leben beschlossen.[610]

So hat auch das Kernland des bayerischen Volksaufstandes, das

Innviertel, seine Sagenfigur in dem mutigen und schlauen Studenten von Altheim, dem Freund und Helfer der Bauern, der anders als der Schmiedbalthes und die Schützen im Reschenhof bei Aidenbach nicht im heldenhaften Kampf unterging, sondern der den Kaiserlichen ein Schnippchen nach dem anderen schlug und im nahen Salzburg ein angesehener Offizier wurde.

29. KAPITEL

Die Prozesse und Urteile
gegen die Führer des Aufstandes

Die kaiserliche Administration hat gleich nach den entscheidenden Schlägen gegen die Aufständischen begonnen, nach den Schuldigen zu suchen, verdächtige Personen festzunehmen und sie zu verhören. Dabei war es für sie wichtig, herauszufinden, ob der Aufstand vom Kurfürsten und von Frankreich vorbereitet und unterstützt worden war oder nicht.

Zu dieser Frage läßt sich Folgendes feststellen: Der Kurfürst, der sich zu dieser Zeit in Brüssel aufhielt, hat über den Volksaufstand in Bayern erst ziemlich spät Nachrichten erhalten, und zwar zunächst aus holländischen Zeitungen, und er war gar nicht in der Lage, ihn zu fördern oder zu unterstützen; er stand auch nicht in Verbindung mit irgendwelchen Anführern oder Planern. Das gleiche gilt für Frankreich.

Am 15. Januar 1706, als Max Emanuel von der vernichtenden Niederlage der Oberländer bei Sendling gehört hatte, schrieb er erschüttert an die Kurfürstin nach Venedig, daß er weder von der Erhebung gewußt noch mit ihr in Verbindung gestanden habe, ja nicht einmal ihre Häupter kenne. – Die Administration überzeugte sich sehr rasch davon, daß der Kurfürst mit dem Aufstand nichts zu tun hatte, daß dieser vielmehr spontan im Lande ausgebrochen war. Dies äußerte Graf Löwenstein bereits am 12. und 14. Januar 1706. Desgleichen hatte man das angebliche Aufstandspatent des Kurfürsten sofort als Fälschung erkannt.[611]

Erst als der Aufstand zu Ende war, versuchte der Kurfürst eine Verbindung herzustellen, um zu ermitteln, ob er den Aufständischen mit einem Heer über den Rhein und durch Offiziere, die sie führen sollten, zu Hilfe kommen könne. Seine Agenten waren der ehemalige Gerichtsschreiber von Abensberg, Wolfgang Schmidt, dessen Flucht im August 1705 über die Klöster Scheyern und Benediktbeuern in die Schweiz und von dort in die Niederlande der Administration bekannt geworden war, sowie dessen Schreiber Lorenz Kirchmayer. Beide wurden verhaftet, verhört, gefoltert und für

Jahre eingekerkert. Max Emanuel hat den Plan nicht weiterverfolgt.[612]

Nachdem von der Administration die Generalamnestie für den kleinen Mann, der sich am Aufstand beteiligt hatte, verkündet und die Anzettelung durch den Kurfürsten ausgeschlossen worden war, konnte man die Verfahren gegen die Anführer durchführen. Es ist an dieser Stelle zu betonen, daß diese Verfahren nach den Vorschriften des bayerischen Landrechtes geführt und die Urteile gemäß der im ganzen Reiche geltenden peinlichen Halsgerichtsordnung Kaiser Karls V. gefällt wurden.[613]

Die Administration ist jedoch auch gegen die Anführer sowie die Adeligen und Beamten, die sich am Aufstand beteiligt hatten, nicht mit der Schärfe verfahren, die sie noch Ende Dezember und Anfang Januar in ihren Mandaten angedroht hatte. Die Friedensgesandtschaft des Rentamts Burghausen, die seit dem 11. Januar in Salzburg weilte, hatte erreicht, daß sich der Erzbischof Johann Ernst Graf Thun direkt an den Kaiser wandte und diesen bat, gegen alle, die sich an der Erhebung beteiligt hatten, eine Generalamnestie zu verkünden. Der Kaiser zeigte sich dieser Bitte geneigt und schrieb am 20. Januar an den Grafen Löwenstein, daß gegen das Landvolk, wenn es wirklich die Waffen niederlege und auseinandergehe, keine Exekution vorzunehmen sei. Am 27. ordnete er an, daß über die Häupter des Aufstands, die nach jenem 11. Januar in Gefangenschaft geraten seien, nicht die Todesstrafe, wohl aber andere, insbesondere Vermögensstrafen verhängt werden sollten.[614]

Während die Verfahren durchgeführt wurden, hat sich der Erzbischof am Kaiserhof noch für verschiedene Einzelpersonen verwandt, z. B. für den Bürgermeister Franz Dürnhart und den Kupferschmied Andreas Thanner von Braunau, und er hat ihnen auch helfen können.[615]

Als erste wurden die Verfahren gegen die Häupter des Oberlandaufstandes durchgeführt.[616] Die Untersuchungskommission verhörte alle Verhafteten gründlich, stellte sie bei widersprechenden Aussagen einander gegenüber usw. Sie erkannte bald, daß Johann Jäger einer der Hauptschuldigen am Aufstand der Oberländer war. Er wurde verhört, und als er seine Teilnahme und sogar jedes Wissen leugnete, nach den Regeln des damaligen Kriminalprozeßrechts der Tortur unterworfen. Hierbei wurde er nach dem leichtesten

Der
Bayrischen Rebellen
Rädelsführer
Erste
EXECUTION
Lohn und Warnung*
Gesangs = Weiß
vorgestellt;

Im Ton:
Ach / daß ich Wasser und Thränen
gnug hätte.

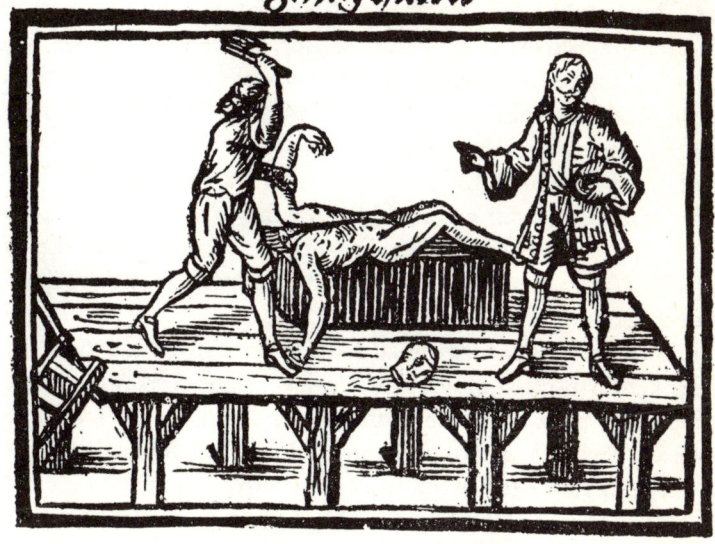

Im Jahr 1706.

Münchner Blutgericht

Grad an den nach hinten gebundenen Armen ohne Beschwerung der Füße aufgezogen, worauf er alles gestand und alle Beteiligten angab. Er brach während der Verhandlungen mehrfach weinend zusammen und flehte um Gnade, die ihm jedoch nicht gewährt werden sollte. Außer ihm wurden auch Hauptmann Mayer, Küttler und Ignaz Haid der Tortur unterworfen; sie machten aber keine Aussagen, die über ihre früheren Angaben hinausgingen. Hauptmann Mayer hielt sich am tapfersten; er erklärte unter der Folter, man solle ihn nicht länger quälen, er sei zum Tode bereit.

Die ersten Urteile wurden rasch gefällt: Der Eisenhändler Senser, der Weinwirt Küttler und die ehemaligen Leutnante Clanze und Aberle wurden zum Tode durch das Schwert, Küttler noch zur anschließenden Vierteilung verurteilt. Am 29. Januar wurde das Urteil auf dem Schrannenplatz – dem heutigen Marienplatz – vollstreckt. Das Urteil gegen Jäger ließ auf sich warten, da man aus ihm noch mehr Angaben über weitere Anstifter herauszubringen suchte. Schließlich wurde auch er zur Enthauptung und anschließenden Vierteilung verurteilt. Er erhob vor Gott und der Welt Protest und erklärte, daß er unschuldig sterben müsse. Am 17. März wurde er hingerichtet. Die vier Teile Küttlers und Jägers wurden an den vier Haupttoren der Stadt zur Abschreckung aufgehängt, ihre Häupter am Isartor aufgesteckt. Senser, Küttler und Jäger waren auch zur Konfiskation ihres Vermögens verurteilt worden, doch wurde diese anscheinend nicht durchgeführt, da die Witwen Küttlers und Jägers die Weinwirtschaften weiterführten, doch wurden ihre Häuser stark mit Einquartierung belegt. Während die Witwe Küttlers später wieder heiratete, konnte die Witwe Jägers das stark verschuldete Haus nicht halten; es wurde 1714 versteigert, die Witwe starb 1719 völlig verarmt. Die Witwe Sensers verkaufte das Geschäft ihres Mannes; sie starb 1713.

Hauptmann Mayer wurde zu Haft verurteilt. Er lag zwei Jahre im Falkenturm in München; der Antrag eines Arztes auf Hafterleichterung wegen schwerer Krankheit infolge der Folter wurde abgewiesen. Später kam Mayer in ein anderes Gefängnis. Er kam erst mit der Rückkehr des Kurfürsten 1715 wieder frei. Der Kurfürst hat ihn, da der Henker Hand an ihn gelegt hatte, 1716 ehrlich sprechen lassen und wieder in die bayerische Armee aufgenommen.

Ignaz Haid entging mit knapper Not dem Todesurteil und erhielt lebenslänglich Kerker. Er erlangte die Freiheit erst nach der Rückkehr des Kurfürsten wieder, doch war er an Leib und Seele gebrochen und zum Beamtendienst nicht mehr fähig. Er erhielt vom Kurfürsten eine lebenslängliche Rente in der Höhe seiner früheren Bezüge; 1727 ist er in Armut gestorben. – Seine beiden Brüder wurden des Landes verwiesen; sie kehrten 1715 wieder nach Bayern zurück und wurden wieder als Kanzleibeamte angestellt. – Auch Graf Törring-Seefeld, der Prinzenerzieher, wurde zu Haft verurteilt, von der er aber nur ein knappes Jahr in Ingolstadt absaß, da sich seine einflußreichen Verwandten für ihn einsetzten und verbürgten. So wurde er nach Salzburg entlassen und durfte nach Ablauf eines weiteren Jahres nach Bayern zurückkehren. – Freiherr von Berndorf, der Pfleger von Weilheim, wurde seines Amtes entsetzt und zu Haft verurteilt, in der er 1708 verstarb.

Der Hofkoch Kaspar Eckart wurde des Landes verwiesen; nach der Rückkehr des Kurfürsten wurde er wieder bei Hofe als Mundpastetenkoch angestellt. – Der Weißbierbraumeister Spät, der Bierbrauer Mader und der Wirt Kaiser in München erhielten nach längerer Untersuchungshaft hohe Geldstrafen zudiktiert. Die Tölzer Bürgermeister und die Tölzer Wirte Fichtner, Schaindl und Riesch erhielten ebenfalls Geldstrafen.

Freiherr von Schmidt, der Pfleger von Aibling, und der Pflegskommissär Gresbeck von Rosenheim wurden abgesetzt. Sie wurden ebenso wie der entflohene Pflegskommissär Dänkel von Tölz nach der Rückkehr des Kurfürsten in ihre Ämter wieder eingesetzt. Pfleger Alram von Valley, der ebenfalls entflohen war, wurde nach 1715 Kriegskommissär von Straubing. Über das weitere Schicksal von Kriegskommissär Fuchs und Hauptmann Gauthier haben wir bereits gehört; auch Leutnant Houis gelangte nach seiner Flucht von Sendling in die Niederlande, wo er 1707 als Oberleutnant im Leibregiment eingestellt wurde und 1714 verstarb.

Die Todesurteile gegen drei der Münchner Verschworenen und zwei der Offiziere waren, nach den damaligen Gesetzen und vom Standpunkt der kaiserlichen Administration aus gesehen, gerecht, hatten sich doch die Männer des Hochverrates schuldig gemacht und den Tod von über tausend Menschen verursacht. Die Urteile gegen die übrigen Beschuldigten fielen dagegen eher milde aus; nur Hauptmann Mayer wurde übermäßig hart bestraft. Das spätere

Schicksal dieser Männer zeigt, daß der Kurfürst schon in seinem Exil und dann vor allem nach seiner Rückkehr nach Bayern die Taten dieser Anführer des Volksaufstandes honoriert hat.

Die Verhandlungen gegen die Aufständischen von Kelheim wurden in Ingolstadt geführt. Sie kamen zu folgenden Ergebnissen: [617] Die Verhöre hatten gleich nach der Einnahme Kelheims durch die kaiserlichen Offiziere begonnen und wurden in Ingolstadt bis in den Februar fortgesetzt. Matthias Kraus redete offen und bekannte sich freimütig zu seinen Taten. Außer ihm wurden 44 Kelheimer Bürger und Landleute der Umgebung, die sich am Aufstand beteiligt hatten, vernommen. Dann ergingen die Urteile: Kraus wurde zum Tode durch Enthaupten und anschließende Vierteilung verurteilt; außerdem sollte sein Haus in Kelheim niedergerissen und darauf ein Galgen errichtet werden. Franz Sterzer, ein ehemaliger Soldat, sollte gestäupt und danach des Landes verwiesen werden. Neun Männer sollten unter die Soldaten gesteckt werden. Sechs Kelheimer Bürger wurden gegen Kaution freigelassen, der Rest wurde freigesprochen. So war das ursprüngliche Urteil der Administration vom 20. Dezember, nach dem die Aufständischen zu je 15, die Bürger unter ihnen zu je 10 um das Leben würfeln und anschließend zum Militärdienst bzw. zur Schanzarbeit eingezogen werden sollten, wesentlich gemildert worden. Ein Gnadengesuch der bayerischen Landschaftsverordnung hatte hierzu beigetragen.

Am 17. März wurde Kraus in Kelheim zur Richtstätte geführt. Auf dem Wege von zwei Franziskanerpatres begleitet, betete er inbrünstig. Vor der Hinrichtung erklärte er: »Ich habe eben vor eilff Jahren Hochzeit gehabt, und jetzt habe ich wieder eine Hochzeit, aber nicht wie die vorige, sondern auff eine ganz andere Manier, jetzt habe ich mit meinem Herrn Jesu Hochzeit, mit diesem will ich mich vermählen, auf ihn will ich auch leben und sterben.« Nach der Hinrichtung hielt einer der Franziskaner eine Predigt an die versammelte Menge, in der er Kraus einen Märtyrer nannte. Die vier Teile Krausens wurden vor der Stadt an Ketten aufgehängt, der Kopf aufgesteckt; davon stahlen später wohl ehemalige Gefährten zwei Teile und setzten sie heimlich bei. – Das gleiche geschah übrigens auch in München mit einem Teil Jägers oder Küttlers. – Das Haus Krausens wurde nicht abgebrochen, und die Witwe durfte auch weiter durch Metzgern ihren Lebensunterhalt verdienen.

Wer Eyd und Treue bricht
und nimbt nicht seiner Pflicht
bey Gott u: Kayßer waar
dem wird wie mehr geschehe
auch Kelheim jezt laßt sehen
an Krautzen Offenbar

Geschen den 17 Maia
Anno 1705

Matthias Kraus mit Kelheimer Richtstätte

Der Kelheimer Aufstand war Gegenstand noch eines weiteren Verfahrens. Im Januar mußte sich in Ingolstadt der Hauptmann Georg Anton Freiherr von Gillani, der Stadtkommandant von Kelheim, dafür verantworten, daß die Stadt von den Aufständischen eingenommen worden war, ohne daß die Garnison wesentlichen Widerstand geleistet hatte. Gillani wurde von der Anklage des Pflichtversäumnisses und der Feigheit freigesprochen.[618]

Die Verfahren gegen Pfarrer von Miller und seine Gefährten wurden getrennt geführt. Nach der Eroberung Chams hatte Oberst d'Arnan nicht, wie vorher angekündigt, alle Anführer hinrichten lassen. Sie wurden vielmehr nach Amberg gebracht und ausführlichen Verhören unterworfen, die bis in den Mai hinein dauerten. Pfarrer von Miller wurde, da er geistlichen Standes war, an das zuständige Diözesangericht in Regensburg überstellt, das die Untersuchung vornahm und Miller zu Haft verurteilte. Er saß in dem dem Bistum Regensburg gehörenden Schloß von Wörth an der Donau ein. 1708 richtete er ein Gnadengesuch an die Administration. Er war bereit, das Land zu verlassen und nach Italien in ein Kloster zu gehen. Sein weiteres Schicksal liegt im Dunkel; er ist anscheinend noch vor der Rückkehr Max Emanuels gestorben. Seine Unterführer wurden eine Zeitlang in Amberg in Arrest gehalten und dann freigelassen.[619]

Am umfangreichsten und langwierigsten waren die Untersuchungen über den Unterlandaufstand, seine Anführer und vor allem die Rolle der Regierung von Burghausen.[620] Die Administration war der Ansicht, daß sich vor allem diese Regierung durch ihre Mitarbeit an der Aufstandsbewegung dem Kaiser gegenüber schwer schuldig gemacht habe. Aus diesem Grund enthob sie am 8. Februar ihre Mitglieder außer zwei Räten ihrer Ämter. Die Betroffenen versuchten dagegen zu protestieren und wiesen darauf hin, daß sie unter Lebensgefahr gezwungen worden seien, mitzumachen, doch stand es nun einmal fest, daß sie immer nur mit den Aufständischen verhandelt und nie Verbindung zur Administration aufgenommen hatten. Am 10. setzte die Administration eine neue Regierung ein, deren Leitung sie dem Hofrat Ferdinand Joseph Graf von Herwart als Vizedom übertrug. Freiherr von Leyden wurde als Landrichter von Schärding abgesetzt. Anfang Mai wurde die Inquisitionskommission in Burghausen eingesetzt, die das Aufstandsge-

schehen in seinen Ursachen, Anfängen und seinem Verlauf untersuchen sollte. Den Vorsitz führte der Kameralkommissär der
Administration, Graf Seeau. Weiter gehörten ihr an: Revisionsrat
Johann Ignaz Heß, der auch der Münchner Untersuchungskommission angehört hatte, sowie der Generalauditorleutnant Seltzer und
der Hof- und Gerichtsadvokat Dr. Haslingshausen aus Linz.

Die wichtigsten Anführer des Aufstandes waren allerdings zunächst noch nicht gefaßt worden: Plinganser und Hoffmann. Plinganser hatte im Franziskanerkloster von Eggenfelden Zuflucht gefunden, von wo er im Februar ins Salzburgische entwich. Als er im
Mai eine Wallfahrt nach Altötting machte, wurde er dort erkannt
und verhaftet. Er verfaßte zwei Rechtfertigungsschriften, in denen
er in einem teils unangenehm servilen Ton seine Unschuld an dem
ganzen Aufstand zu beteuern suchte. Hierbei und in den Verhören
hat er versucht, seinen Anteil am Aufstand auf andere abzuschieben
und diese zu belasten; dies ist ihm jedoch nicht gelungen.[621]

Johannes Hoffmann hatte sich beim Zusammenbruch des Aufstandes nach Oberitalien durchgeschlagen, trat dort in ein französisches Regiment ein, wurde aber von den Kaiserlichen gefangengenommen und gleich darauf vom kurpfälzischen Reiterregiment
Stolzenberg angeworben. Dort wurde er am Anfang des Jahres
1707 erkannt, verhaftet und der Administration in Bayern überstellt, die ihm dann gesondert den Prozeß gemacht hat.[622]

Als die Inquisitionskommission von Burghausen ihre Erhebun-
gen abschloß, kam sie zu dem Ergebnis, daß die Ursachen des Auf-
standes in den vielfachen Bedrückungen der Bevölkerung durch
Krieg und Besatzung, der Anlaß aber in der Zwangsaushebung der
Rekruten zu suchen seien. Im weiteren Verlauf sei die Absicht der
Aufständischen gewesen, dem Kaiser Ziel und Maß in der Verwal-
tung des Landes vorzuschreiben bzw. das Land der kaiserlichen
Herrschaft wieder zu entreißen. Der Kongreß von Braunau habe die
Fortsetzung des Aufstandes betrieben und die Herrschaft des gan-
zen Landes angestrebt, dies allerdings nicht für sich selbst, sondern
für den Kurprinzen, der zum Regenten eingesetzt werden sollte.
Obwohl Prielmayr versucht hatte, die Einberufung des Kongresses
Jehle zuzuschieben, war schließlich doch offenbar geworden, daß der
Kongreß auf sein und der Regierung Betreiben einberufen worden
war. Aus diesem Grunde sah es die Untersuchungskommission als

erwiesen an, daß die Regierung letztlich die Befreiung Bayerns von der kaiserlichen Verwaltung betrieben, also Hochverrat begangen hatte. Auch die Abfassung der Denkschrift für den Reichstag wurde genau untersucht, da dieses Schriftstück mit schweren Beleidigungen des Kaisers an die Öffentlichkeit getreten war. Diese Beleidigungen, so stellte man fest, seien weniger auf Betreiben der Bauern als der Regierung eingefügt worden.

Als die Administration am 9. August 1706 dem Kaiser den ausführlichen Untersuchungsbericht vorlegte, schlug sie folgende Strafen vor: Außer der Amtsenthebung, die die ganze Regierung treffe, sollte der Kaiser eine weitere Strafe für den Vizedom von Weichs selbst bestimmen, Prielmayr sollte einige Jahre in Haft genommen werden; Freiherr von Tauffkirchen dagegen sollte wegen seines unerschrockenen Auftretens gegen die Aufständischen in Burghausen sein Amt wieder erhalten, doch zwei Jahre ohne Besoldung dienen. Regierungssekretär Hagen, der Verfasser der Denkschrift für den Reichstag, sollte des Amtes entsetzt und des Landes verwiesen, Stadtprokurator Sallinger des Amtes entsetzt werden. Weiter seien Freiherr von Paumgarten als Pfleger von Neumarkt und Freiherr von Leyden als Landrichter von Schärding abzusetzen und für einige Jahre zu inhaftieren. Dem Grafen Aham, der weniger belastet war, sollte »zum Schrecken« die Pflege Mauerkirchen genommen, dann aber auf seine Bitte wieder gegeben werden. Für Plinganser schlug die Administration eine Strafe von sechs Jahren Kerker vor. Für die Offiziere der Aufständischen empfahl sie folgende Strafen: Für d'Ocfort, da er nur gezwungenermaßen mitgemacht habe, drei bis vier Wochen Stadtarrest; für Johann Alois Jehle, Johann Michael Hartmann und Jakob Müller Landesverweisung; für Johann Martin Weber, da er aus den kaiserlichen Erblanden gebürtig sei, mehrere Jahre Schanzarbeit in Raab in Ungarn; für Franz Brunner und Matthias Kirchmayer drei Jahre Schanzarbeit in Raab. Eine Reihe weiterer Männer, die sich im Aufstand besonders hervorgetan hatten, hatte die Administration bereits zur Schanzarbeit nach Braunau geschickt.

Als nach einem Jahr die Urteilsbestätigung des Kaisers noch immer ausstand, wurde die Administration in Wien vorstellig und schlug vor, die Haftstrafen einiger Herren in Geldstrafen in Höhe von mehreren tausend Gulden umzuwandeln. Sie wollte mit diesen

Summen Schadenersatzforderungen von Offizieren, die im Aufstand überfallen und ausgeraubt worden waren, abdecken. Doch der Kaiser traf immer noch keine Entscheidung. Nach nochmaligem Drängen der Administration fällte der Kaiser endlich am 23. Mai 1708 das endgültige Urteil.

Dieses lautete jetzt in seinen wichtigsten Punkten: Die ersten Urheber der Erhebung, Großschopf, die Gebrüder Kagerl und der Pfeiferjackl wurden, da sie nicht aufgefunden werden konnten, für vogelfrei erklärt und für immer des Römischen Reiches verwiesen. Die Amtsenthebung der Regierung von Burghausen wurde bestätigt. Vizedom von Weichs, Kanzler von Scherer, Kastner von Prielmayr und Landrichter von Leyden wurden bis auf weiteres kaiserlichen Befehl in Festungshaft genommen; Pfleger v. Paumgarten erhielt stattdessen Hausarrest und mußte 10 000 fl. zahlen; Leyden mußte zudem noch mit 2000 fl. büßen. Die Urteile über Hagen, Sallinger und Plinganser wurden bestätigt, Aham, d'Ocfort und die Offiziere wurden von weiterer Strafe befreit. Die Administration hatte noch vorgeschlagen, den Städten Burghausen 750 fl., Braunau 1376 fl. und Schärding 960 fl. Buße abzunehmen; auch dies wurde bestätigt.

Die Strafen dauerten jedoch nicht sehr lange. Bis zum Ende des Jahres 1708 wurden alle Inhaftierten entlassen, und auch die Landesverweisungen aufgehoben. In den Beamtendienst wurden die Männer jedoch nicht wieder aufgenommen; dies geschah erst durch den Kurfürsten nach seiner Rückkehr. Nur Landrichter von Leyden blieb bis 1714 im Gefängnis; er verließ es als gebrochener Mann. Plinganser wurde im Jahre 1710 entlassen; 1716 wurde er Hofgerichtsadvokat in München und 1723 berief ihn der Abt des Reichsstiftes St. Ulrich und Afra zu Augsburg als Rat und Stiftskanzler; in diesem Amt ist er 1738 gestorben.

Johannes Hoffmann, der Anführer des großen Unterländerheeres gegen München, aber auch der Anführer, der seinen Heerhaufen bei Aidenbach feig verlassen hatte, wurde in Braunau zum Tode verurteilt und enthauptet.

30. KAPITEL

Bayern unter der Herrschaft der kaiserlichen Administration bis zur Rückkehr des Kurfürsten

Nachdem die Administration das Land mit der Schärfe des Schwertes befriedet hatte, führte sie auch das Vorhaben durch, das neben anderen Ursachen einen wesentlichen Teil der Beamten, des Landvolks und der Bürger veranlaßt hatte, den bewaffneten Aufstand zu wagen. Im Mai 1706 wurden auf Befehl des Kaisers die vier ältesten Söhne Max Emanuels unter starker militärischer Bedeckung aus München in die österreichischen Erblande nach Klagenfurt gebracht. Es waren die Prinzen Karl Albrecht, Philipp Moritz, Ferdinand Maria und Clemens August; der älteste war zwölf, der jüngste fünf Jahre alt. In München blieben die neunjährige Prinzessin Maria Anna, der dreieinhalbjährige Johann Theodor und der anderthalbjährige Max Emanuel.[623]

Das Exil der Prinzen, das bis zum Ende des Krieges dauerte, war eigentlich keine »Gefangenschaft«. In Klagenfurt wurde ihnen ein Hofstaat eingerichtet. Sie wurden ihrem Alter und Stand entsprechend erzogen, pflegten Verkehr mit den Adeligen der Umgebung, feierten Feste usw. Freilich unterstanden sie nicht mehr der Gewalt ihrer Eltern, die Entscheidungen über ihr Leben und ihre Erziehung wurden am Kaiserhof in Wien getroffen. Im Jahre 1712 wurde die Hofhaltung nach Graz verlegt und vergrößert. Der Hofstaat umfaßte jetzt nicht nur österreichische, sondern auch bayerische Adelige und Edelknaben, Beichtväter, Erzieher, Leibärzte und Bedienstete. Der inzwischen neunjährige Johann Theodor wurde nun auch zu seinen Brüdern gebracht, während Maria Anna in München blieb. Prinz Max Emanuel war in der Zwischenzeit gestorben.[624]

Mit der Wegführung der Prinzen war ein weiterer Bestandteil der politischen Eigenständigkeit Bayerns beseitigt worden. Es war das Ziel des Kaisers, das Land als erledigtes Reichslehen einzuziehen und den größeren Teil seines Gebietes den österreichischen Erblanden anzugliedern. Aus diesem Grund war das reichsrechtliche Verfahren gegen Kurfürst Max Emanuel um die gleiche Zeit abgeschlossen worden.

Ich Khlarwein sag wahr, es ist
kein Zweiffl, wer mit ist Bayrisch,
den holl der deiffl, man hat mich
geschlagen, wegen der treÿ, Khlar
wein bleib Beÿrisch, laßt leben dar
beÿ

»Khlarwein« (Stich aus der Rechtfertigung Plingansers)

Am 29. April 1706 hatte der Kaiser in Wien den Reichsbann über die Kurfürsten Max Emanuel von Bayern und Joseph Clemens von Köln verhängt. Die beiden Brüder wurden damit aus dem Kreis der Reichsfürsten ausgeschlossen, Max Emanuel zudem für vogelfrei erklärt; das bedeutete, daß jedermann ihn ungestraft töten durfte – bei Joseph Clemens war das nicht möglich, da er geistlichen Standes war und damit persönliche Immunität genoß. In den folgenden Wochen wurde dieses Urteil im Reich und auch in Bayern öffentlich verkündet. Diese Nachricht verbunden mit der von der »Gefangenschaft der Söhne« machte dem bayerischen Volk noch deutlicher, daß der große Aufstand mit seinen schweren Opfern an Blut und Gut endgültig gescheitert war.[625]

Die verhaltene Wut des Volkes drückte sich unter anderem in einem kleinen Flugblatt aus, das um diese Zeit verbreitet worden sein mag. Es zeigt einen Mann, der auf das kurbayerische Wappen deutet und im Hintergrund einen Mann, der von einem Soldaten geschlagen wird. Darunter steht der Vers:

>»Ich Khlarwein sag wahr, es ist kein Zweiffl,
>Wer nit ist bayrisch, den holl der Deiffl.
>Man hat mich geschlagen wegen der Trey:
>Khlarwein bleib beyrisch, last Leben darbey!«[626]

Während der Kaiser für sein Haus Altbayern einziehen wollte, verlangte der Kurfürst von der Pfalz die Oberpfalz, doch zeigte es sich bald, daß diese staatliche Auslöschung Bayerns nicht möglich war, da sich die übrigen Reichsfürsten widersetzten. Sie wollten dem Hause Habsburg eine solche Machterweiterung im Reich nicht zugestehen. Deshalb kam es lediglich zu mehreren Gebietsabtrennungen an Bayerns Grenzen, die den Nachbarn zugute kamen. So wurde z. B. die Stadt Donauwörth wieder Reichsstadt, das Bistum und die Reichsstadt Augsburg sowie der Herzog von Württemberg erhielten kleine Gebietsstücke und Enklaven an Bayerns Westgrenze, die Reichsstadt Nürnberg erhielt die Festung Rothenberg und Harstenstein, die Reichsstadt Regensburg Stadtamhof, der Bischof von Passau das Kloster St. Nikola. Der Kaiser schlug einige Gebietsteile der Oberpfalz seinem Königreich Böhmen zu und nahm den größten Teil des Innviertels an sich, und die Oberpfalz kam an die Kurpfalz. Der Sieger von Höchstädt, der englische Herzog von Marlborough, erhielt Stadt und Herrschaft Mindelheim als Reichslehen; dort versuchten die Einwohner sich mit Gewalt dagegen zu wehren, doch wurden die Unruhen rasch unterdrückt. – Diese und weitere Gebietsabtrennungen und -verleihungen wurden jedoch zum größten Teil beim Friedensschluß 1714 wieder rückgängig gemacht; der Kaiser hatte sie ohne Befragung des Reichstages verfügt und damit gegen seine Wahlkapitulation, also die Garantien, die er den Reichsfürsten bei seiner Wahl gegeben hatte, verstoßen. Bayern wurde in nahezu seiner alten Größe wiederhergestellt.[627]

Das Jahr 1706 war für die kaiserliche Diplomatie und die kaiserlichen Waffen ein Jahr der Erfolge. Den Diplomaten gelang es zu verhindern, daß die Türkei an der Seite Frankreichs und der ungarischen Rebellen in den Krieg eintrat. Die Heere des Kaisers und seiner Alliierten operierten insgesamt glücklich: Der Sieg über den Aufstand in Bayern war nur der Auftakt für entscheidende Durchbrüche gewesen, die sowohl in den spanischen Niederlanden als auch in Oberitalien gelangen. Am 23. Mai schlug der Herzog von Marlborough ein bayerisch-französisches Heer unter Max Emanuel bei Ramillies in den Niederlanden, eroberte Brüssel, womit Max Emanuel seine Residenz verlor, und besetzte nach und nach die ganzen Niederlande. Prinz Eugen stieß unter gewaltigen Kraftanstrengungen von Tirol mit seiner Armee, die vor allem durch preußische Hilfstruppen verstärkt war, nach Savoyen vor, dessen Hauptstadt Turin von den Franzosen belagert wurde. Am 7. September 1706 errang er vor Turin einen entscheidenden Sieg, worauf Frankreich im folgenden Jahre aufgrund eines Abkommens Italien räumte.[628]

In Bayern regierte die kaiserliche Administration nach der Niederschlagung des Aufstandes noch weitere neun Jahre. Wir wollen zum Schluß unserer Darstellung die Geschicke des Landes in dieser Zeit in einem kurzen Abriß schildern.

Bis 1714 blieb Bayern für den Kaiser eine Quelle unentbehrlicher Hilfsmittel, ohne die er wohl kaum den Spanischen Erbfolgekrieg einigermaßen erfolgreich hätte überstehen können. Nachdem in der Zeit des Aufstandes keinerlei Steuern mehr eingegangen waren, trug das bayerische Volk in den folgenden Jahren einen wesentlichen Anteil der Kosten der kaiserlichen Kriegsführung. Das Land wurde weiter für diesen Zweck ausgebeutet, der Bevölkerung wurden nach wie vor hohe Abgaben, Quartier- und sonstige Leistungen abverlangt. Die Not im Land war groß, und die Untertanen konnten diese Leistungen oft nicht erbringen. Die Folge waren wieder Steuerexekutionen mit Exzessen des Militärs und die völlige Verarmung ganzer Familien, die Haus und Hof verließen und die ohnehin große Anzahl von Bettlern, Vagabunden und Wegelagerern vermehrten.

Graf Löwenstein hatte im Grunde immer versucht, die Belastung des Landes nicht ins Untragbare zu steigern. Nun gewann auch am Kaiserhof in Wien die Einsicht an Boden, daß eine gewisse Schonung Bayerns auf die Dauer mehr einbringen würde als die rücksichtslose Ausbeutung. Deshalb fanden auch die Proteste der Landstände offenere Ohren als vor dem Aufstand. Doch es dauerte lang, bis diese Einsichten sich auch in der Praxis einigermaßen durchsetzten.

Gleich nach der Niederwerfung des Aufstandes bemühte sich die Administration, die Truppen, die sie ins Land gerufen hatte, so rasch wie möglich wieder hinauszuschaffen, um die Bevölkerung von der Last der Einquartierung und von den Truppenexzessen zu befreien. Der Kaiser unterstützte die Administration, indem er das Militär bis hinauf zur Generalität ihrer Rechtsprechung unterstellte. Die ernsthaften Bemühungen Löwensteins und seiner Beamten hatten zunächst nur geringen Erfolg, da die militärischen Führer die Ausschreitungen ihrer Soldaten deckten. In der folgenden Zeit konnte die Administration auch nicht verhindern, daß Bayern wieder als Erholungsquartier für Truppen herhalten mußte, doch bemühte sie sich darum, die Quartierlasten gleichmäßiger über das Land zu verteilen.[629]

Gleich nach dem Ende des Aufstandes begann man auch wieder mit der Eintreibung der Steuern. Doch hier zeigte sich deutlich, daß die Untertanen am Ende ihrer Leistungsfähigkeit angelangt waren. Obwohl man wieder mit militärischen Exekutionen versuchte, die Abgaben hereinzuholen, ging von den meisten Orten wenig oder gar nichts ein. Es kam dazu, daß die mit der Exekution beauftragten Soldaten den größeren Teil der kümmerlichen Summen, die sie dem entkräfteten Landvolk abpreßten, veruntreuten. Sie wandten gegen zahlungsunfähige Hausväter regelrechte Foltermethoden an: So band ein Reiter einem Steuerschuldner die Hände auf dem Rücken zusammen und zog ihn an einem Seil auf, um ihn zur Angabe angeblich versteckten Geldes zu zwingen; der arme Landmann konnte aber nichts bekennen. Die Sache wurde angezeigt, und der Soldat wurde mit Ruten abgestraft. – Um diese Ausschreitungen für die Zukunft zu vermeiden, verfügte der Administrator, daß Steuerexekutionen nur noch von bayerischen Beamten vorzunehmen seien. Die Landschaft setzte auch durch, daß niemandem mehr das letzte Vieh, das letzte Saatgut und das letzte Brotgetreide weggepfändet werden durften. Und man bemühte sich darum, den Untertanen einen besseren Rechtsschutz zu gewähren.[630]

Für die Jahre 1705 und 1706 blieb das Land von den angesetzten Steuern etwa 200 000 fl. schuldig. Auf die Bitte der Administration und der bayerischen Landschaft ermäßigte der Kaiser deshalb die Steuer für 1707 auf 1,8 Millionen Gulden. Hiervon sollten weitere 200 000 fl. dem Land zur Vergütung von Exzeßschäden überlassen werden, die jedoch nur den kleineren Teil des wahren Schadens deckten. Auf weitere Klagen der Landschaft wurden noch einmal 200 000 fl. erlassen. Am 25. Februar 1707 mußte die Administration dem Kaiser berichten, daß durch die hohen Steuern bereits viele Frauen und Kinder genötigt worden seien, Haus und Hof zu verlassen, dabei nähmen die Naturaleinquartierungen täglich zu; wenn auch in den allerelendesten Gerichten noch Insassen wären, die ihre Steuern bezahlt hätten, so litten im Lande doch die meisten Untertanen bittere Not. Aus diesen Gründen bat die Administration den Kaiser von neuem, die Steuerforderungen zu verringern, damit sich das Land erholen und die Steuerrückstände der letzten Jahre aufbringen könnte. Der Kaiser ging darauf ein und senkte für 1708 die Steuer auf 1,2 Millionen Gulden. Diese Forderung an das Land war zwar nur noch so hoch wie das normale Steueraufkommen Bayerns, das in den Friedenszeiten vor den Kriegen Max Emanuels 1 bis 1,4 Millionen betragen hatte, doch mußten in Wirklichkeit wesentlich höhere Beträge aufgebracht werden, da die Steuerschulden der vergangenen Jahre abgetragen und die hohen Quartierleistungen erbracht werden mußten. Eine weitere Belastung in all den Jahren der Administration war die Remontierung der kaiserlichen Truppen, zu der die bayerischen Landwirte Pferde stellen mußten. Sie hatten alle ihre Pferde zu Musterungen vorzuführen und die besten abzuliefern. Sie erhielten zwar 35 bis 40 fl. für ein Pferd, doch fehlten ihnen die Tiere, die sie zum eigenen Gebrauch aufgezogen hatten, für die Arbeit auf ihrem Hof.[631]

Vor allem wurde der Druck der Einquartierung von der Bevölkerung als sehr schwer empfunden. Zwar war die Verpflegung, die der Hausvater dem einquartierten Soldaten reichen mußte, auf 12 kr. für den Mann und 9 kr. für das Pferd festgesetzt, doch stiegen um diese Zeit die Preise für Lebens- und Futtermittel stark an, so daß die Kosten in Wirklichkeit höher waren, und, da die ganzen Offiziersstäbe mitkamen, mußten die höheren Verpflegungssätze für die Offiziere auch aufgebracht werden. Schließlich hatten die Soldaten und ihre Offiziere auch ihr Verhalten nicht geändert und erpreßten in der Regel zusätzliche Natural- und Geldgaben. Vielfach wurde auch über die üblichen Schikanen und Gewalttaten der Truppen geklagt, Mißhandlungen der Quartierwirte und ihrer Familien, Vergewaltigung der Töchter usw. Die Soldaten betätigten sich auch als Tabakschmuggler und schädigten die Tabakpächter, die dadurch ihren Pachtschilling nicht abführen konnten, oder sie wilderten zügellos und schädigten den Wildbestand in sinnloser Weise. Das Dorf Zankenhausen bei Fürstenfeldbruck wurde 1706 das Opfer dieser Jagdleidenschaft der Soldaten; diese schossen im Dorf Tauben und setzten dabei das Dach eines Hauses in Brand, das Feuer griff auf die anderen Häuser über und äscherte das Dorf ein.[632]

Doch die Administration war nicht gewillt, dieses Treiben länger zu dulden. Kraft ihrer Vollmacht schritt sie jetzt mehr und mehr gegen zügellose Soldaten ein und verfolgte dabei auch die Offiziere. – Im Herbst 1707 konnte sie eine große Gefahr von Bayern abwenden: Damals marschierten hessische Verbände von Norditalien in ihre Heimat zurück; sie beabsichtigten, in Bayern einen längeren Erholungsurlaub einzulegen. Da gerade die hessischen Truppen wegen ihrer Zügellosigkeit gefürchtet waren, verwehrte ihnen die Administration den Durchmarsch durch das Land, indem sie sämtliche Brücken über den Lech, an dem entlang die Einheiten nach Norden zogen, abbrechen und mit Soldaten besetzen ließ, die den Befehl hatten, die Hessen notfalls mit Gewalt abzuwehren. Diese zogen es vor, Bayern in Ruhe zu lassen. – Weiter förderte sie den Bau von Kasernen. Damit hatte Max Emanuel bereits begonnen, jetzt wurde für die Finanzierung eine Biersteuer eingeführt; für jede Maß, die

12 Pfg. kostete, mußte zusätzlich 1 Pfg. für den Kasernenbau bezahlt werden. 1707 wurden die ersten Soldaten in diese Kasernen verlegt, 1708 folgten bereits ganze Regimenter. Dadurch wurde die Bevölkerung von der peinsamen Quartierlast befreit, mußte natürlich nach wie vor für die Verpflegung der Truppen durch ihre Abgaben aufkommen. Insgesamt erreichte die Administration im Laufe der Jahre, daß die Truppenexzesse merkbar zurückgingen. Im Jahre 1710 wurden weder von der Landschaft noch von der Bevölkerung mehr Exzesse angezeigt; so blieb es in der Folgezeit bis 1713, wo wegen zweier Fälle Klage erhoben wurde.[633]

Die Zwangsrekrutierung war und blieb seit dem Aufstand verboten. Dennoch kamen immer wieder Klagen deswegen vor. Insbesondere führten Truppen, die in Bayern im Quartier lagen, ihre Werbungen mit unerlaubten Zwangsmitteln durch, was z. B. bei dänischen Truppen, die protestantischer Konfession waren, die Bevölkerung besonders erbitterte. Taten dies kaiserliche oder Reichstruppen, so wurden in der Regel die Soldaten, die junge Burschen mit Gewalt zu den Rekrutensammelplätzen brachten, bestraft und die Burschen freigelassen. Wie sehr verhaßt die kaiserliche Besatzung in Bayern nach wie vor war, zeigt eine gewaltsame Rekrutenbefreiung am 25. Juli 1709: An diesem Tag veranstaltete die Jesuitenkongregation der freien Reichsstadt Augsburg eine Wallfahrt nach Friedberg. Nach der Feier traten die Wallfahrer den Rückweg an und begegneten an der Lechbrücke einem kaiserlichen Rekrutierungskommando, das zwei Maurergesellen gefesselt mit sich führte. Die Gesellen riefen die Wallfahrer zu Hilfe, diese stürzten sich, von einem Jesuitenpater angefeuert, auf die Soldaten mit den Worten: »Allons, lasset uns diesen Straßenräubern diese Leut wegnehmen und die kaiserlichen hundt todt schlagen.« Die Gesellen wurden befreit, die Soldaten entwaffnet, jämmerlich verprügelt und bis nach Augsburg getrieben. Die Wallfahrer verlangten die Bestrafung der »Menschenräuber«, die auch erfolgt ist.[634]

Das Land begann sich jetzt langsam zu erholen. Im Jahre 1708 wurden die ganze Steuer in Höhe von 1,2 Millionen und zusätzlich 143 000 fl. Steuerschulden aufgebracht; außerdem nahmen die Klagen über Not und Gesuche um Steuerbefreiung ab. 1709 wurden an Steuern 1 181 903 fl. und zur Schuldentilgung 170 450 fl. aufgebracht. Als 1710 die Administration die Steuer auf 1,5 Millionen erhöhen wollte, erreichte die Landschaft durch ihre inständigen Bitten, daß der Kaiser die Summe auf 1,24 Millionen festlegte; Steuerexekutionen kamen immer seltener vor. Diese günstige Entwicklung wurde in den Jahren 1711 und 1712 unterbrochen. Durch ungünstige Witterung stellten sich schwere Mißernten ein, und es traten im Lande Viehseuchen auf, die den Viehbestand erheblich dezimierten. Die Folgen waren Teuerung und das Unvermögen vieler, die Steuern zu bezahlen. Die Gesamtsteuer von 1,2 Millionen wurde in beiden Jahren nicht aufgebracht, 1711 fehlten 140000 fl., 1712 181076 fl. Die Behörden führten vermehrt Steuerexekutionen durch. 1713 litt das Land noch schwer unter den Folgen dieser Katastrophen; es fehlte an Brot und noch mehr an Fleisch, die Steuerschuld betrug in diesem Jahre 93606 fl. Für das Jahr 1714 wurde die Steuer wieder auf 1,2 Millionen angesetzt, doch wurde davon nur ein Teil noch eingebracht, da nach den Friedensschlüssen von Rastatt und Baden die Administration im Oktober begann Bayern zu räumen. Am 25. Januar 1715 verließen die letzten kaiserlichen Besatzungstruppen das Land.[635]

Wir würden der Tätigkeit der Administration in Bayern nicht gerecht werden, wenn wir nicht erwähnten, daß sie als Regierungsorgan auch wertvolle Arbeit zur Ordnung im Lande geleistet hat. So traf sie Maßnahmen zur Eindämmung des Bettels und Müßiggangs, indem sie die ausländischen Bettler und Landstreicher auswies und die inländischen zur Arbeit anhielt oder auch zwang; Gebrechliche ließ sie durch öffentliche Sammlungen versorgen. Sie verfügte, daß Kinder armer Leute ein Handwerk lernen konnten und daß unehelich Geborene, die für viele Berufe nicht zugelassen waren, ehrlich gesprochen wurden. Eine Heiratserlaubnis durfte nur erteilt werden, wenn zum Unterhalt einer Familie genügend Mittel vorhanden waren; dies mußte neu eingeschärft werden, da sich viele junge Leute ohne geregeltes Auskommen verheirateten, Kinder erzeugten und sich auf den Bettel verlegten. Gegen Hausierer und Räuber wurde scharf vorgegangen. Öfter wurde Militär zur Bekämpfung von Räuberbanden eingesetzt, zuletzt im Jahr 1713. Gegen ausgebrochene oder drohende Seuchen wurden hygienische Maßnahmen von Staats wegen durchgeführt, Verhaltensmaßregeln für die Bevölkerung veröffentlicht, die Grenzen gesperrt, die Ärzte ersucht, arme Untertanen unentgeltlich zu behandeln, die Apotheken angewiesen, bestimmte Arzneimittel vorrätig zu halten usw. Auch in die religiösen Verhältnisse griff die Administration regelnd ein, indem sie z. B. in Seuchenzeiten die Bevölkerung zu besonderen Andachten anhielt, die Geistlichen ermahnte, die Menschen zu Gottesfurcht und Andacht zu erziehen und Schwerkranken die letzte Wegzehrung zu bringen. Auch die Klöster wurden als Zentren des christlichen Glaubens und Erziehungsstätten der Jugend gefördert; davon ausgenommen wurden die Franziskanerklöster, da diese den Aufstand begünstigt hatten. Auch war die Behörde bemüht, protestantische Truppen aus dem Lande fernzuhalten, damit die religiösen Gefühle der streng katholischen Bevölkerung nicht verletzt würden.[636]

Die Herrschaft der kaiserlichen Administration währte in Bayern zehn Jahre. In dieser Zeit mußte das Volk die Früchte seiner Arbeit der Kriegspolitik des Kaisers opfern, und zwar wenigstens in der doppelten Höhe, als es das von 1683 bis 1692 für die Türkenfeldzüge seines eigenen Kurfürsten und für dessen Feldzüge am Rhein getan hatte, die eigentlich auch Kriege für die Macht des Hauses Habsburg gewesen waren. Für diese Feldzüge seines Kurfürsten hatte Bayern rund 15 Millionen Gulden bezahlt. Die Administration aber nahm von 1704 bis 1714 an direkten Steuern 13 681 133 fl. und an indirekten Steuern, Gefällen von Salz-, Brau- und sonstigen Ämtern 8 578 436 fl. ein, was zusammen 22 259 569 fl. ergab. In dieser Summe sind nicht enthalten die riesigen Kosten, die der Bevölkerung durch die Quartiernahmen der Truppen und durch Exzesse erwuchsen. Jene Gelder wurden zum größten Teil für die Kriegsführung verbraucht, daneben mußten die Beamten der Administration besoldet werden; die Hofhaltung der kurfürstlichen Prinzen verbrauchte nur den geringen Teil von jährlich 37 200 fl.[637]

Aus diesen Zahlen wird klar, daß das Land und sein Volk solche Summen nur aufbringen konnte, wenn es den letzten Kreuzer hergab. Freilich müssen wir feststellen, daß die österreichischen Erblande auch schwer bluten mußten und am Ende des langen Krieges ebenso entkräftet waren wie Bayern. So waren z. B. allein für das Jahr 1705 von den Erblanden Kriegssteuern in Höhe von 5,7 Millionen Gulden und an Naturalleistungen 19 991 Rekruten, 6000 Pferde, 60 000 Metzen Mehl und 30 000 Metzen Hafer gefordert worden, die aber nicht ganz aufgebracht werden konnten.[638]

Der alles verzehrende Krieg um das spanische Erbe erschöpfte sämtliche in ihn verwickelten Staaten, vor allem aber die beiden Hauptgegner Österreich und Frankreich. Die Absicht, Frieden zu schließen, begann sich allenthalben durchzusetzen. Als Kaiser Joseph I. am 17. April 1711 im Alter von erst 32 Jahren plötzlich an den Blattern verstorben war, fielen die österreichischen Erblande an seinen Bruder Karl, der um den spanischen Thron kämpfte. Er wurde am 12. Oktober 1711 als Karl VI. zum Römischen Kaiser gewählt. Im selben Jahr schloß Österreich mit den ungarischen Rebellen Frieden, nachdem es sie mehrmals geschlagen hatte. Da eine dynastische Vereinigung Österreichs mit dem spanischen Reich nicht im Interesse der Verbündeten des Kaisers lag, nahmen diese mit Frankreich Friedensverhandlungen auf. Am 11. April 1713 unterzeichneten England, Holland, Preußen, Savoyen und Portugal in Utrecht einen Friedensvertrag mit Frankreich. Im November desselben Jahres nahmen auch der Kaiser und der König von Frankreich Friedensverhandlungen auf, die in der badischen Festung Rastatt von Prinz Eugen und Marschall Villars geführt wurden. Am 17. März 1714 wurde dort der Friedensvertrag unterzeichnet, und am 7. September trat das Reich in Baden im Aargau diesem Frieden bei. Der Enkel des Königs von Frankreich erhielt als König Philipp V. Spanien und seine Kolonien. Österreich erhielt aus dem spanischen Erbe die Niederlande, Mailand, Mantua, Mirandola, den festländischen Teil des Königreichs Neapel und die Insel Sardinien.[639]

Max Emanuel hat versucht, für sich und sein Haus einen Gewinn herauszuschlagen. So war er z. B. bereit, Bayern für ein Königreich der Niederlande herzugeben. Dieser Plan wurde sogar von Österreich unterstützt, das dafür Bayern seinen Erblanden einverleiben wollte; doch widersetzten sich Frankreich, Preußen und andere. Eine Vergrößerung Bayerns und seine Erhebung zum Königreich scheiterte am Widerstand Österreichs. So einigte man sich darauf, dem Wittelsbacher Bayern mit der Oberpfalz und der Kurwürde wiederzugeben. Damit wurde das Kurfürstentum Bayern in seinem Stand vom Jahre 1704 wiederhergestellt. Joseph Clemens wurde wieder Erzbischof und Kurfürst von Köln.[640]

Nachdem die kaiserliche Besatzung abgezogen war, kehrte Kurfürst Max Emanuel in sein Land zurück. Am 8. April 1715 betrat er bayerischen Boden; in Lichtenberg am Lech traf er mit seiner Familie zusammen. In München fuhr er am 10. April nachts um 23 Uhr in aller Stille ein. Das Gepränge eines großen Einzugs hatte er sich verbeten. Die Stimmung in der Bevölkerung war geteilt: es gab Bekundungen herzlicher Freude über die Rückkehr des rechtmäßigen Landesherrn, aber auch unverhohlenen Groll gegen den Fürsten, der so viel Unglück über sein Land gebracht hatte.[641]

Ein anonymes Volksgedicht, eine Umdichtung des Osterhymnus »Christ ist erstanden«, begrüßte demgegenüber den heimkehrenden Landesherrn mit überschwenglicher Begeisterung und drückte die Freude weiter Volkskreise über die Rückkehr Max Emanuels aus: [642]

>»Der Churfürst ist wieder erstanden
>Und kommt aus französischen Landen!
>Deß sollen wir alle froh sein!
>Der Churfürst wird unser Trost sein! Kyrie eleison!
>
>Und wäre er nit erstanden,
>So blieben die Schelmen vorhanden.
>Und seit daß er erstanden ist,
>So loben wir den, der unser Erlöser ist! Alleluja!
>
>Alleluja! Alleluja! Alleluja!
>Deß werden die Bauern froh sein
>Und trinken ein gutes Glas Wein. Alleluja! ...«

Max Emanuel hat, wie wir gesehen haben, die Anführer des Volksaufstandes entschädigt oder wieder in ihre Ämter eingesetzt; die hohen Blutopfer, die das bayerische Volk in diesem Aufstand gebracht hatte, konnte er nicht wiedergutmachen. Auf der anderen Seite hat er darauf verzichtet, die Kollaborateure der kaiserlichen Administration zu verfolgen; er hat sie in einer allgemeinen Amnestie in ihren Ämtern belassen. Dies hat den Groll im Lande zwar noch vermehrt, doch war es sicher vernünftiger, jetzt einen Schlußstrich zu ziehen, als von neuem mit Verfolgungen und Strafen zu beginnen.[643]

Der Unmut der Bevölkerung erhielt weitere Nahrung, als der Kurfürst gleich nach seiner Rückkehr mit hohen Steuerforderungen an seine Untertanen herantrat und nicht gewillt war, dem Land eine längere Erholungspause zu gönnen und dafür etwa seinen aufwendigen Hofstaat einzuschränken. Die Bevölkerung aber war nicht in der Lage und auch nicht willens, weiter alles zu opfern. So kam es bald wieder zu Steuerexekutionen, die nun von bayerischen Truppen durchgeführt wurden, aber humaner waren als die der kaiserlichen. Einem säumigen Steuerzahler wurde eine Einquartierung ins Haus gelegt, die er so lange verpflegen mußte, bis die geforderten Abgaben entrichtet waren.[644]

Trotzdem hat das Land bald begonnen, sich von den Schäden zu erholen. Dafür legen die zahlreichen prächtigen Barockbauten vor allem der Klöster, die noch während der Regierungszeit Max Emanuels errichtet worden sind, ein deutliches Zeugnis ab. Wenn auch wieder hohe Steuern bezahlt werden mußten, so floß das Geld nicht mehr ins Ausland und wurde nicht mehr durch den Krieg verbraucht, sondern es blieb zum größten Teil im Lande, belebte die Wirtschaft in allen ihren Zweigen und gab dem kleinen Mann Arbeit und Brot.

In diesem Sinne begrüßte ein uns nicht bekannter Dichter – wohl aus dem Kreis der akademisch gebildeten Hofbeamten – mit einem patriotischen Jubelgedicht von 34 Strophen den heimkehrenden Kurfürsten: [645]

»Bayrische Herzen! man thuet euch berueffen.
Werffet getröst das Traurkleyd hindan!
Ihr solt einhellig vor Freuden aufrueffen
Mit dem Bayren-Trost Maximilian.
Rueffet mit mir, das es lieblich erklinget:
›Churfürst aus Bayrn kommt zu seinem Thron‹!
Fama die fliegt voran, uns Zeitung bringet;
Flora aufopfert von Lorber ein Cron.«

Nachdem der Dichter die Göttin der Jagd – wohl in bezug auf die Jagdleidenschaft Max Emanuels –, die Göttin der Fruchtbarkeit als Spenderin des Wohlstandes im Lande und die Künste herbeigerufen hat, läßt er in fein ständischer Rangfolge zuerst die Angehörigen des Adels frohlocken, die teils in Bayern ihre Ämter verloren hatten, teils mit dem Kurfürsten aus dem Exil in die Heimat zurückkehrten. Darunter sind mehrere Herren, die in den Volksauf-

stand verwickelt waren, wie der ehemalige Prinzenerzieher Graf
Törring-Seefeld und der abgesetzte Pfleger von Aibling, Freiherr
von Schmidt. Auch des streitbaren Pfarrers von Miller wird gedacht:»Es wird der Himmel ihm raichen den Lohn.« Dann kommen
die Hofsekretäre, der Hofapotheker und drei Posthalter, darunter
Hierner von Anzing und Brix von München. Eine ganze Reihe von
Münchner Gastwirten jubelt, da jetzt die Zapfhähne nicht mehr
stillstehen, unter ihnen der Hallmayrbräu, der nach der Sendlinger
Mordweihnacht das Land verlassen hatte. Die Studenten können
nun wieder unbeschwert kneipen. Weiter ziehen die ganzen Hof-
lieferanten auf: Lederer, Brandweiner, Stallschlosser, Hofschlosser,
Nagelschmiede, Stallseiler, Färber, Rotgerber, Hofmetzger, Büch-
senmacher, Gabelmacher usw. Eine der letzten Strophen wendet
sich an die Hofbedienten insgemein, die jetzt wieder eine Anstel-
lung finden werden, und an die Studenten, die endlich wieder bessere Berufsaussichten haben. Der patriotische Jubelgesang ruft am
Schluß das ganze bayerische Volk auf, mit einzustimmen in das
Hoch auf den Kurfürsten, und endet mit einem persönlichen Lie-
besbekenntnis des Dichters an das Land Bayern und seinen angestammten Herrscher:

> »Aufrichtige Herzen, gut bayrische Seelen,
> Zu loben Maximilian sich Keiner nit scheich!
> ›Vivat der Churfürst‹ ruefft aus tiefer Kehlen!
> Gsundheit zu trincken bereitet nun euch!
> Reiche, Hochadelich, Vornembe und Arme,
> Burger und Baurn, Jung, Alt, Groß und Klein,
> Durch stettes Steuren Verderbte, Verdorbne,
> Ihr sollet Alle mit mir getröstet seyn!

> Ich, der dises Lied hab componieret,
> Unter des Löwens Gwalt mein Herz verstrick.
> Mein Herz, was bayrisch allzeit veneriret,
> Wünschet Maximilian tausendmal Glück.
> Wolte vor Bayren mein Leben herschencken,
> Wan ich mit disem was helffen nur kunnt.
> Hab Ursach, darff mich Keiner verdencken;
> Ich liebe Maximilian von Herzensgrund.«

Schlußbetrachtung

Als sich das bayerische Volk im Herbst 1705 gegen die kaiserliche Besatzungsmacht erhob, hatte es eine mehrjährige Leidenszeit hinter sich, die jetzt auf ihren Höhepunkt gelangt war. Jahrelang hatte es die großen Lasten der ehrgeizigen Politik seines Kurfürsten getragen. Als dieser sich schließlich mit Frankreich wider Kaiser und Reich verbündete, wurde das Land selbst zum Kriegsschauplatz. Von den Heeren beider Parteien bis aufs Mark ausgesogen, wurde es am Ende von den feindlichen Truppen planmäßig verwüstet. Waffenstillstand und Besetzung beendeten zwar die Kriegshandlungen, machten Bayern aber zum Objekt einer gnadenlosen Ausbeutung, die das Volk insbesondere auf dem Lande in seiner Substanz zu zerstören drohte. Die überhöhten Kriegssteuern, die Ausschreitungen des fremden Militärs und vor allem die dem herkömmlichen Landesrecht widersprechende Zwangsaushebung der jungen Burschen zum Kriegsdienst außer Landes trieben die verzweifelte Bevölkerung in verschiedenen Landesteilen zum spontanen Aufstand.

Die ersten Beweggründe für die Erhebung waren ohne Zweifel die Not und die Rechtlosigkeit der Bevölkerung. So wurden zunächst Militärkommandos überfallen, Rekruten befreit, Steuergelder zurückgefordert, Amtshäuser und Schlösser geplündert, Waffenkammern und Amtskassen ausgeraubt, Beamte vertrieben usw. Die Aufständischen verlangten die Beendigung der Zwangsrekrutierung, die Senkung der überhöhten Steuern und die Abstellung der Ausschreitungen der Besatzungstruppen. Je mehr sich der Aufstand als Landesdefension organisierte und Führer einsetzte, gab er sich auch politische Ziele, wie die Wiederherstellung der Souveränität Bayerns.

Die Erhebung brach aus dem Landvolk hervor und wurde vornehmlich von ihm getragen, und zwar von Männern aus allen Schichten und Berufsgruppen. Keine geringe Anzahl stellten zudem die Bürger der Märkte, und in den eroberten Städten machte wenigstens ein Teil der Bürger mit. Diese Bevölkerungsgruppen hatten sich in verschiedenen Landesteilen schon in den Jahren 1703 und 1704 bei der Verteidigung ihrer Heimat gegen feindliche Einfälle, Raub und Vernichtungszüge hervorgetan. Einen wichtigen Anteil stellten die abgedankten bayerischen Soldaten, die zum großen Teil ohne feste Stellung und Einkommen im Lande herumzogen. Sie bildeten in den Heeren der Aufständischen einen gewissen Kader. Im übrigen wechselten die Mannschaften dieser Heerhaufen rasch, da ständig Leute nach Hause gingen und neue dazukamen. Die meisten der Aufständischen haben sich ohne Zweifel freiwillig den bewaffneten Haufen angeschlossen; der Anteil derjenigen, die unter Nötigung aufgeboten wurden, war allem Anschein nach nur klein. Die Heerhaufen versammelten sich spontan oder auf Aufrufe hin meist sehr rasch und erreichten ganz beachtliche Größen. Ihre gesamte Mannschaftsstärke übertraf die des ehemaligen kurbayerischen Heeres erheblich.

Unter den Anführern fanden wir bürgerliche Beamte, ehemalige bayerische Offiziere, Unteroffiziere und Soldaten, Männer aus der Landbevölkerung, Handwerker und Gastwirte. Vereinzelt stellten sich auch Adelige zur Verfügung. Einige Geistliche sympathisierten mit den Aufständischen und unterstützten sie; so verhielten sich auch einzelne Franziskanerklöster. Im übrigen hielten sich sowohl der Adel als auch die Geistlichkeit zurück. Einzelne Prälatenklöster leisteten unter Zwang Unterstützung. Pfarrer von Miller war als Anführer eine Einzelerscheinung. Die adeligen Räte der Regierung von Burghausen sowie andere adelige Beamte und Offiziere mußten zur Übernahme von Führungsämtern genötigt werden. Die Untertanen hatten offenbar zu ihren traditionellen Obrigkeiten, zu Adel und Beamtenschaft, so viel Vertrauen, daß sie sie als Anführer ihrer Bewegung haben wollten. Die Teilnahme der traditionellen Führungsschicht sollte aber vor allem dem Aufstand Legitimität verleihen. Die Bewegung verstand sich, nachdem sie sich den Rahmen der »kurbayerischen Landesdefension« gegeben hatte, als legitimer Widerstand gegen eine landfremde Besatzungsmacht, als Verteidiger der Rechte des bayerischen Volkes und des angestammten Herrscherhauses.

Nachdem der Aufstand nach der Eroberung Burghausens und Braunaus von zwei festen Städten aus das Land beherrschte und aller Welt seine Macht zeigen konnte, bildeten sich in der Auseinandersetzung über die weiteren Möglichkeiten und Ziele eine gemäßigte und eine radikale Richtung heraus, deren Gegensatz bis zum Ende bestehen blieb. Gemäßigt war die Gruppe, in der Adelige den Ton angaben, radikal waren die Gruppen, in denen bürgerliche und bäuerliche Anführer sich durchsetzten. So war die Burghausener Gruppe unter der Leitung der Rentamtsregierung gemäßigt. Radikal dagegen waren die Gruppe von Braunau und die von ihr abhängigen Teilbewegungen, wie die Vilshofener, die Kelheimer, die Schärdinger, die Oberländer und die Oberpfälzer. Ziele der gemäßigten Richtung waren der gütliche Ausgleich mit der Besatzungsmacht und die Verbesserung der Lage des gepeinigten Volkes, Ziele der radikalen Richtung waren die Vertreibung der Besatzung, die Wiederherstellung der Souveränität Bayerns und der alten Rechte des Volkes sowie die Wiedereinsetzung des Kurfürsten. In der radikalen Braunauer Gruppe wurden auch ein großangelegter strategischer Plan zur Erreichung dieser Ziele entwickelt und die Entfesselung einer Erhebung des ganzen Landes in Angriff genommen. Eine soziale Umwälzung wurde von keiner dieser Richtungen angestrebt; sie waren beide in ihren Grundsätzen konservativ, die Radikalen mit ihrer patriotisch-dynastischen Zielsetzung noch mehr als die Gemäßigten. Bis zum Waffenstillstand von Anzing schienen sich die Gemäßigten durchzusetzen, doch sie agierten kraftlos, und bald gewannen die Braunauer die Oberhand. Der Versuch der Gemäßigten, auf dem Landesdefensionskongreß die Erhebung zu einem friedlichen Ende zu führen, scheiterte gleich am Anfang der Verhandlungen kläglich.

Die gemeinhin als »bayerischer Bauernaufstand« mit »Bauernschlachten« bekannte Erhebung war ein echter Volksaufstand. Es ist bezeichnend, daß unter den wenigen Aufständen der bayerischen Geschichte diese größte und wohl einzige echte Volkserhebung sich nicht gegen den eigenen Herrscher oder gegen eine überkommene Gesellschaftsordnung, sondern gegen eine Fremdherrschaft richtete, obwohl das Volk schon vor der Besetzung des Landes Not gelitten hatte.

Das bayerische Volk hat sich in diesem Aufstand auch als politische Kraft zu Wort gemeldet und neben der Wahrung seiner eigenen Rechte und dem Schutz seiner physischen Existenz für seinen Teil auch den Schutz der Eigenständigkeit Bayerns als politischen Gemeinwesens beansprucht. Das Volk maß dabei dem Vaterland Bayern mehr Gewicht zu als dem Heiligen Römischen Reich Deutscher Nation. Für das einfache Volk war Bayern das Vaterland und der Kurfürst der Garant seiner Rechte. Im Reich sahen Adel, Klerus und höheres Bürgertum das größere Vaterland. Das aufgestandene Volk blieb in seinen gesellschaftlichen Vorstellungen konservativ. Es wollte nicht die höheren Stände in ihren Besitz- und Obrigkeitsrechten beschneiden, wenn es auch im Verlauf des Aufstandes das Vertrauen in sie als politischer Landesvertretung verlor. Es war sein Ziel, die »guten alten Zustände« und die »kurbayerischen Freiheiten« wiederherzustellen. Sichtbaren Ausdruck hat diese politisch aktive Rolle des Landvolks und der Bürger in der Bildung der sogenannten »Gemeinen« in Burghausen und Braunau, in der Mitentscheidung der Vertrauensleute der einfachen Landesverteidiger, in den Offiziersstäben der Landesdefension und vor allem im Landesdefensionskongreß gefunden. Der einfache Mann wurde gewöhnlich von gewandten Wortführern und Organisatoren geleitet und vertreten, wie von Plinganser, Meindl, Sallinger, Kraus oder Jäger.

Die Gegner des Aufstandes waren der Kaiser, seine Heeresleitung unter dem Prinzen Eugen, die Administration in Bayern und ihre Truppenführer. Auch diese Seite war in einer äußerst schwierigen Lage. Der Kaiser mußte im Reich die Hauptlast des Krieges gegen Frankreich tragen und wurde gleichzeitig in Ungarn von einem gefährlichen Aufstand bedroht. Er befand sich wirtschaftlich und militärisch in einem verzweifelten Zustand und war geradezu gezwungen, die Hilfsmittel des besetzten Bayern restlos auszuschöpfen. Seine eigenen Erblande mußten das Letzte an Geld, Material und Menschen für den Krieg hergeben; so konnte er das Land des vertriebenen Reichsrebellen nicht schonen. Die Verwaltung des Landes war ihm vom Reichstag offiziell zugestanden worden, und es war schließlich allgemein geübter Kriegsbrauch, besetztes Feindesland für die Zwecke der eigenen Kriegsführung rücksichtslos auszubeuten. Dies tat z. B. auch einer der hervorragenden Vertreter der europäischen Aufklärung, Friedrich der Große von Preußen, während des Siebenjährigen Krieges in Sachsen, das er in einem Präventivangriff ohne Kriegserklärung besetzt hatte.

Auf der Seite der Besatzungsmacht gab es unterschiedliche Auffassungen darüber, wie man das besetzte Land behandeln sollte. Prinz Eugen vertrat als Oberbefehlshaber des Heeres einen kompromißlos harten Standpunkt, der keine Rücksicht auf die bayerische Bevölkerung nahm. Graf Löwenstein, der Leiter der Administrationsbehörde, war bestrebt, Bayern wenigstens soweit zu schonen, daß seine Hilfsquellen nicht versiegten. Er hat denn auch von Anfang an versucht, die Ausschreitungen der Truppen einzudämmen, die Steuerforderungen der Wiener Regierung zu verringern und die Zwangsrekrutierung zu vermeiden. Jedoch dem Aufstand gegenüber konnten Administration und Militär nur eine Forderung stellen: bedingungslose Unterwerfung. Erst danach wollten sie über die Klagen der Bevölkerung verhandeln. Dieselbe Haltung nahm der Reichstag zu Regensburg ein.

Die Vertretung der bayerischen Landstände, die Landschaftsverordnung, hat sich von Anfang an für die Belange der Bevölkerung beim Prinzen Eugen, beim Kaiser und bei der Administration eingesetzt. Sie hatte zunächst keinen Erfolg. Ihr Vermittlungsversuch während des Aufstandes scheiterte nach anfänglichen Erfolgen daran, daß keine der beiden gegnerischen Parteien der anderen traute und zu echtem Nachgeben bereit war, sondern beide den Waffenstillstand nur dazu benützten, einen neuen bewaffneten Schlag vorzubereiten.

Die eindeutige Einstellung der Besatzungsmacht gegenüber den Aufständischen auf der einen und die schwachen, vielfach zusammengewürfelten kaiserlichen Besatzungstruppen auf der anderen Seite machten es für die Administration und ihre Truppenführer notwendig, gegen das »rebellische Bauerngesindel« mit der Schärfe des Schwertes in aller Härte vorzugehen, wollten sie ihre Sache nicht von vornherein verlorengeben. Oberst de Wendt und Generalwachtmeister von Kriechbaum führten diesen Auftrag ebenso geschickt wie rücksichtslos durch, desgleichen die Obersten Truchseß von Wetzhausen und d'Arnan. Die Soldaten, die sie befehligten, meisterten die Entbehrungen dieses anstrengenden Winterfeldzuges und benahmen sich, wie es Soldaten im Feindesland gegen einen in ihren Augen irregulären Gegner tun. Dabei spielte es keine Rolle, ob sie aus Österreich, Böhmen, Franken, Schwaben oder Norddeutschland stammten. Im übrigen befanden sich in den gegen den Aufstand eingesetzten Einheiten auch bayerische Landeskinder. Die Soldaten waren Söldner, die überall, wo sie eingesetzt wurden, kämpften, töteten, plünderten oder auch desertierten.

Bei den Kampfhandlungen müssen wir verschiedene Formen unterscheiden: Die Aufständischen führten am Anfang Überfälle auf Rekrutierungskommandos, kleine Truppenabteilungen, Amtshäuser und Schlösser durch; später griffen sie das Militär in unübersichtlichem Gelände aus dem Wald heraus an, ohne ihre Stellungen zu verlassen; und sie überfielen kleinere Städte, die nur schwach besetzt waren; dies waren Kampfformen des sogenannten kleinen Krieges, der Guerilla. Sie führten weiter Belagerungen fester Städte durch. Dann kam es zu kleinen und großen Treffen im freien Gelände, die ausnahmslos von seiten des Militärs gesucht und herbeigeführt wurden. Und schließlich berannte das Militär die von den Aufständischen besetzten Städte.

In den Kampfformen der Guerilla waren die Aufständischen häufig erfolgreich, so als sie kleinere Truppenkommandos in ihren Quartieren überfielen, oder auch, als sie de Wendt von Neuötting aus zum Rückzug nach München zwangen. Die Überfälle auf Kelheim und Cham wurden geschickt und beherzt durchgeführt. Erfolgreich waren ihre Belagerungen, die sie ebenfalls umsichtig in Angriff nahmen; hierbei kamen ihnen ihre Übermacht an Zahl und die Aufsässigkeit der Bürger in den belagerten Städten zugute. Rettungslos unterlegen waren sie dagegen in den Treffen im freien Gelände, die für den kleinen Krieg immer ungünstig sind; hier hat sich auch das Schicksal des Aufstandes entschieden. Schließlich erwiesen sich die Aufständischen als unfähig, die von ihnen besetzten Städte zu halten.

Am meisten wurde die Unterlegenheit der Landesverteidiger gegenüber dem Militär in jenen freien Treffen deutlich. Es waren dies eigentlich keine Gefechte oder Schlachten, vielmehr wurden die Aufständischen, ohne nachhaltigen Widerstand zu leisten und ohne dem Militär nennenswerte Verluste zuzufügen, massenhaft niedergemetzelt. Hierzu ist zu bemerken: Es war eine typische Erscheinung in jenen Kriegen, daß in Schlachten, die rasch entschieden wurden, der Sieger geringe, der Verlierer aber sehr hohe Verluste hatte, wenn er keinen geordneten Widerstand leistete. Es kam hinzu, daß die Landesverteidiger meist überrascht wurden und daß die Soldaten keinen Pardon gaben und bei Sendling sogar über das Volk herfielen, das die Waffen niedergelegt und sich ergeben hatte.

Der Grund für die raschen Niederlagen der Aufständischen lag

ohne Zweifel in der hohen Überlegenheit des Militärs in Bewaffnung, Disziplin, Formation, Führung und Taktik. Die Landesdefension war bereits vor dem Kriege völlig unzulänglich bewaffnet,
ausgebildet und formiert gewesen und hatte schon unter dem Kurfürsten regulären Truppen keinen nennenswerten Widerstand geleistet. Im Aufstand, wo sie ohne die reguläre bayerische Armee
an ihrer Seite kämpfen sollte, mußte dies geradezu katastrophale
Folgen haben. Die Landesverteidiger waren so gut wie gar nicht
exerziert, ganz uneinheitlich und schlecht bewaffnet. Der Mannschaftsbestand wechselte laufend. Von militärischer Zucht war nichts
zu spüren. Die Führung der kleineren wie der größeren Einheiten
war mangelhaft, da nur wenige Berufsoffiziere und -unteroffiziere
vorhanden waren. Die Führer liefen meist davon, wenn sich der
Feind näherte und ließen das einfache Volk im Stich. Dieses war
dann zu einem geordneten Widerstand nicht mehr in der Lage und
wurde von Panik erfaßt. Weiter waren die Landesdefensionseinheiten, die in offenen Treffen dem Militär gegenüberstanden,
nicht regulierte, also wenig geordnete Haufen. Die regulierten Einheiten befanden sich im Aufbau und kamen gar nicht mehr zum
Einsatz. Schließlich waren bei jenen Treffen die Haufen der Aufständischen nicht um so vieles größer als die ihnen gegenüberstehenden Truppen, daß sie ihre Unterlegenheit an Disziplin und
Taktik durch ihre Zahl hätten ausgleichen können.

Wenn der Volksaufstand für die kaiserliche Administration und
damit auch für die kaiserliche Kriegsführung sehr gefährlich zu
werden drohte, so mußte er letztlich doch scheitern, da die für die
erfolgreiche Führung eines Volkskrieges in einem militärisch besiegten und besetzten Land notwendigen Voraussetzungen fehlten.
Dies zeigt ein Vergleich mit dem Tiroler Volksaufstand von 1703.

Jene notwendigen Voraussetzungen sind nach der Darstellung
des Wehrwissenschaftlers Werner Hahlweg folgende: Ein kleiner
Krieg oder Volkskrieg (Guerilla) zur Befreiung eines militärisch
besetzten Landes ist innerhalb des Rahmens und mit derselben
Zielsetzung eines großen Krieges zu führen; die Kleinkriegskämpfer müssen sich einerseits im Typ und in der Kampfesweise grundsätzlich von den regulären Truppen unterscheiden, sie müssen in
speziellen Verbänden gut organisiert und geleitet sowie von einer
besonderen ideellen Überzeugung, gewissermaßen von einem Fa

natismus getrieben werden; andererseits ist es notwendig, daß sie in ihrem Kampf mit regulären Streitkräften zusammenwirken; schließlich muß eine sogenannte Anlehnungsmacht vorhanden sein, die, für den Gegner unerreichbar, die Kleinkriegsverbände versorgt und unterstützt.[646]

In Tirol bestand eine alte Tradition der Landesverteidigung durch die Einwohner, die im Umgang mit der Waffe seit Generationen geübt waren; die Landesdefension verfügte über eine militärisch fest organisierte und starke Truppe. In Bayern waren dagegen die Landfahnen lange Zeit vernachlässigt worden. Stand den Tirolern ein fester Kader von Offizieren und Unteroffizieren zur Verfügung, so entzogen sich in Bayern Beamte, ehemalige Offiziere und Adel zum größeren Teil der Führungsaufgabe, da sie dem Aufstand keine Erfolgschancen gaben. Dadurch schwächten sie auch beim einfachen Volk Siegeszuversicht und Kampfmoral. Neben den Landmilizregimentern verfügten die Tiroler über weitere Aufgebote, die freier organisiert und für die Operationen einer Guerilla geeignet waren. Diese Einheiten waren allem Anschein nach darauf vorbereitet, die Vorteile der Gebirgslandschaft auszunützen und die unkonventionellen Formen des kleinen Krieges gegen einen militärischen Eindringling anzuwenden. Demgegenüber war den bayerischen Landfahnen stets nur die Aufgabe zugewiesen worden, im Rahmen eines konventionellen Krieges der regulären Armee Hilfsdienste zu leisten; auf die selbständige Führung der Guerilla waren weder die Führer noch die Mannschaften vorbereitet. Dann zeigen die grausamen Ausschreitungen der Tiroler gegen Soldaten der Invasionsarmee, daß die Bevölkerung stark fanatisiert war – eine Erscheinung, die sich im Tiroler Aufstand von 1809 wiederholte. Die bayerischen Aufständischen verfuhren mit gefangenen Gegnern überaus mild, sie scheuten offenbar das Blutvergießen, was ihre Unterlegenheit gegenüber der gnadenlos tötenden Soldateska noch vermehrte. Bei der Führung zeigte sich ein entsprechendes Bild: während in Tirol die Landesbehörden den Aufstand mit allen Kräften förderten, betrieb die Regierung von Burghausen ihre Führungsaufgabe nicht nur halbherzig, sondern suchte den Aufstand, wo es ging, zu dämpfen. Der Tiroler Aufstand wurde von Anfang an von der kaiserlichen Regierung in Wien und der Armee unterstützt: es bestand eine einheitliche Operationsplanung und -leitung, die Aufständischen standen mit der Armee in direkter Verbindung, erhielten Verstärkung durch reguläre Truppen usw. Dem bayerischen Volksaufstand fehlten diese unentbehrlichen Hilfen. Ihm fehlte eine einheitliche, straffe und zielbewußte Führung. Die Militärmacht, an die er sich hätte anlehnen können, waren Frankreich und der Kurfürst in den Niederlanden, die viel zu weit weg waren und viel zu spät von der Erhebung erfuhren, um sie wirksam unterstützen zu können. Eine solche Anlehnung fehlte z. B. auch dem Tiroler Aufstand von 1809, der deshalb ebenfalls scheiterte.

Bedenkt man die Folgen des bayerischen Volksaufstandes, so muß man feststellen, daß die Erhebung, obwohl sie restlos zusammenbrach und ihre Anführer vor Gericht gestellt und verurteilt wurden, nichtsdestoweniger wesentliche Ziele erreicht hat. Die Zwangsrekrutierung war schon kurz nach ihrem Ausbruch eingestellt worden und war seitdem im besetzten Bayern verboten. Der Kaiser und seine Regierung sahen sich je länger desto mehr veranlaßt, ihre Einstellung gegenüber dem besetzen Land zu ändern, und befahlen insgesamt eine schonendere Behandlung. Die Gerichtsurteile gegen die Anführer fielen auf Befehl des Kaisers relativ milde aus; der kleine Mann, der sich beteiligt hatte, blieb durch eine Generalamnestie überhaupt straffrei. Hierzu hatten unter anderem die Fürsprachen des Erzbischofs von Salzburg in Wien und der bayerischen Landschaftsverordnung in München beigetragen. In den dem Aufstand folgenden Jahren erreichte die bayerische Landschaftsverordnung durch stete Bittgesuche am Kaiserhof, daß die Steuerforderungen an das völlig entkräftete Land merklich zurückgeschraubt wurden. Die Administration wirkte in Wien im gleichen Sinne und bemühte sich im Lande mit Erfolg darum, die Belastung der Bevölkerung durch die Besatzungstruppen zu verringern und die Rechtssicherheit wiederherzustellen.

Der Blutzoll, den das bayerische Volk in diesem Aufstand bezahlt hat, war jedoch sehr hoch. Die Anzahl der Toten läßt sich ungefähr schätzen: sie hat viereinhalb- bis fünftausend betragen. Das war etwa ein halbes Prozent der bayerischen Bevölkerung. Es kam dazu, daß diese Männer in der kurzen Zeit von zweieinhalb Monaten gefallen sind.

Der bayerische Volksaufstand gegen die kaiserliche Besatzung war ein tragischer Opfergang. In ihm kämpfte das Volk um sein

Überleben und für die Freiheit, in seinem Land nach herkömm-
lichem Recht und in der gewohnten gesellschaftlichen und politischen Ordnung leben zu können. Der Leitspruch der Aufständischen
trifft das Wesen dieser Erhebung, die zwar scheitern mußte, aber
doch dadurch, daß sie unternommen wurde, wichtige Ziele erreicht
hat:

»Lieber bayrisch sterben, als in des Kaisers Unfug verderben!«[647]

Abkürzungsschlüssel

fl. = Gulden
kr. = Kreuzer

In den folgenden Anmerkungen wird zu den Stellenverweisen jeweils nur der Nachname des Verfassers bzw. Herausgebers genannt, mit dem im Schrifttumsverzeichnis das zitierte Werk leicht aufzufinden ist. Werden von demselben Verfasser mehrere Werke aufgeführt, so wird in den Stellenverweisen die Ordnungsziffer des zitierten Werkes nach dem Namen in Klammern angegeben.

Für die Titel besonders häufig zitierter Werke werden folgende Abkürzungen verwandt:

M/Sch = (51) MORAWITZKY, Max Graf Topor, und SCHELS, Aloys (Hg.): Beiträge zur Geschichte des Volksaufstandes in Niederbayern ...

RW = (71) RIEZLER, Sigmund, und WALLMENICH, Karl von (Hg.): Akten zur Geschichte des baierischen Bauernaufstandes 1705/06. Teil I, II, III. ...

Feldzüge = (106) Feldzüge des Prinzen Eugen von Savoyen ... Band V, VI, VII, VIII.

Kat. II = (110) Kurfürst Max Emanuel ... Katalog der Ausstellung ... Band II.

Ebd.: bezieht sich jeweils auf den letzten in der vorangehenden Anmerkung genannten Titel.

Den alten militärischen Dienstgradbezeichnungen entsprechen jeweils:
Feldmarschalleutnant: Generalleutnant
Generalwachtmeister: Generalmajor
Oberstwachtmeister: Major

Anmerkungen

[1] Rall; Hüttl S. 21; Bayer. Geschichtsatlas S. 30/31.
[2] Rall.
[3] Hüttl S. 41 f.; Staudinger II/1, S. 565.
[4] Hornung; Hüttl S. 43.
[5] Diepolder; Hiereth.
[6] Hiereth; Spindler, Handbuch II, S. 582.
[7] Diepolder; Hüttl S. 44.
[8] Diepolder; Bayer. Geschichtsatlas S. 33 b.
[9] Diepolder; Riezler VII, S. 134.
[10] Diepolder.
[11] Die folgenden Ausführungen nach Diepolder; Hanke; Hiereth; Hüttl S. 22 bis 41; Ow S. 38–82; Prinz; Roth (73); Schremmer.
[12] Schremmer: Territorialisierung des Gewerbes.
[13] Pezzl S. 131 f., 172; Spindler, Handbuch II, S. 657–662; Handwörterb. zur Deutschen Rechtsgesch. II, Sp. 1761–1772.
[14] Spindler, Handbuch II, S. 660; Ow S. 48; Weber.
[15] Hüttl S. 34 f.
[16] Riezler V, S. 666 f.; Schremmer S. 214.
[17] Diepolder; Spindler, Handbuch II, S. 662–664.
[18] Diepolder Anm. 6.
[19] Zitat nach Hubensteiner (32) S. 239.
[20] Bosl/Schreibmüller II, 24–30; Hubensteiner (32) S. 237–257.
[21] Bosl/Schreibmüller II, S. 30 f.
[22] Hubensteiner (32) S. 244–268.
[23] Hüttl S. 81–85 und an vielen anderen Stellen.
[24] Hüttl S. 109–127; Staudinger II/1, S. 162–176.
[25] Staudinger II/1.
[26] Zitate nach Renner.
[27] Hüttl S. 149–155; Renner; Staudinger II/1, S. 176–225.
[28] Hüttl S. 167–169; Renner; Staudinger II/1, S. 227–240; Westermayer S. 170.
[29] Hüttl S. 183–186; Staudinger II/1, S. 245–264.
[30] Hüttl S. 132–140, 187–190.
[31] Ebd. S. 158 f., 187 f.
[32] Renner.
[33] Gebhardt II, S. 243–247; Hüttl S. 195–198; Staudinger II/1, S. 303 ff.
[34] Hüttl S. 171–174; Kat. II, S. 171–176.
[35] Hüttl S. 142–145.
[36] Ebd. S. 193 ff.; Staudinger II/1, S. 359 ff.
[37] Hüttl S. 229–235, 520–522; Kat. II, S. 221–234.
[38] Hüttl S. 236–243.
[39] Ebd. 244–269.
[40] Ebd. S. 305–308, Anm. 491; Riezler VII, S. 323.

[41] Prinz; Riezler VII, S. 492 f.
[42] Gebhardt II, S. 249–251; Hüttl S. 285 f.
[43] Bosl/Schreibmüller II, S. 35; Hüttl S. 291 f., 326–333; Staudinger II/2, S. 768.
[44] Hüttl S. 334.
[45] Gilardone (17); Staudinger I, S. 56–113, Zitat: S. 112.
[46] Heckner; Staudinger I, S. 313–327; II/1, S. 668 Anm. 2; Würdinger.
[47] Staudinger I, S. 322; II/1, S. 632–640; Zitat: II/2, S. 777 f.; Würdinger.
[48] Heckner; Hüttl S. 308–314; Prinz; Staudinger II/2, S. 769–775, 786 f., 858 f.
[49] Staudinger II/2, S. 775–777; vgl. ebd. Anlage 4.; Kat. II, Nr. 334.
[50] Staudinger II/2, S. 778–781, 846, 857 f.
[51] Kunisch; Staudinger II/2, S. 846–851, 859, 961.
[52] Hüttl S. 309, Anm. 816; Staudinger II/2, S. 849.
[53] Kisslinger (40) S. 157 f.; Morawitzky.
[54] Ebd.
[55] Kleemann; Staudinger II/2, S. 887.
[56] Ebd. S. 876–883.
[57] Hüttl S. 336.
[58] Prinz; Rastlos Beil. I.
[59] Hüttl S. 336 f.
[60] Kleemann; Landmann; Staudinger II/2, S. 887 f.
[61] Landmann.
[62] Ebd.; Staudinger II/2, S. 888–903.
[63] Landmann; Staudinger II/2, S. 903–912.
[64] Landmann; Staudinger II/2, S. 912–915; Süss.
[65] Landmann; Staudinger II/2, S. 915–920.
[66] Hüttl S. 350 f.; Landmann; Staudinger II/2, S. 920 f.
[67] Ebd. S. 924–931; Willax.
[68] Süss.
[69] Landmann; Staudinger II/2, S. 962–964; Süss.
[70] Staudinger II/2, S. 964.
[71] Hüttl S. 352; Riezler VII, S. 565–568; Staudinger II/2, S. 931 f.
[72] Ebd. S. 932–940, 945.
[73] Riezler VII, S. 571; Staudinger II/2, S. 940 f.
[74] Hüttl S. 353; Riezler VII, S. 572 f.
[75] Mathis S. 13–33.
[76] Staudinger II/2, S. 936.
[77] Ebd. S. 942–945.
[78] Riezler VII, S. 575; Staudinger II/2, S. 945–947.
[79] Riezler VII, S. 581.
[80] Staudinger II/2, S. 947–949.
[81] Ebd. S. 949–952; Kat. II, Nr. 351, 352.
[82] Mathis S. 21 f.
[83] Ebd. S. 21–27.
[84] Staudinger II/2, S. 952–956.
[85] Riezler VII, S. 579; Staudinger II/2, S. 954; Wallmenich (92) S. 43 f.

[86] Hahlweg (21) S. 45–48; Hüttl S. 354 f.; Feldzüge V, S. 112 f; 426–486, Anhang Nr. 17.
[87] Mathis S. 17 f., 28.
[88] Staudinger II/2, S. 971.
[89] Lieb S. 63–85; Müller S. 145 f.; Riezler VII, S. 583–585; VIII, S. 220; Staudinger II/2, S. 964–967.
[90] Pfund (61); Westermayer S. 171, 294 Anm. 47.
[91] Staudinger II/2, S. 957 f.
[92] Sepp (82) S. 48 f., hier der Bericht Meichelbecks; Staudinger II/2, S. 957 f.
[93] Riezler VII, S. 582.
[94] Her.
[95] Kisslinger (40) S. 158–162; Leitschuh.
[96] Pfund (59, 60).
[97] Kisslinger (40) S. 163; Pfund (59, 60); Westermayer S. 294 Anm. 50.
[98] Schattenhofer; Wallmenich (92) S. 40 Anm. 2.
[99] Hüttl S. 359.
[100] Ebd. S. 360.
[101] Riezler VII, S. 591; Staudinger II/2, S. 976–982.
[102] Landmann; Riezler VII, S. 589 f.; Staudinger II/2, S. 985 f.
[103] Ebd. S. 986–990.
[104] Crophius; Groß S. 206 f.; Prinz.
[105] Staudinger II/2, S. 990–992; Süss.
[106] Staudinger II/2, S. 992–994; Süss.
[107] Staudinger II/2, S. 995.
[108] Sepp (82) S. 60–63.
[109] Ebd.
[110] Staudinger II/2, S. 995–997.
[111] Hüttl S. 365 f.; Staudinger II/2, S. 999–1003.
[112] Hörger; Sepp (82) S. 64–66, hier als das folgende Zitat; Staudinger II/2, S. 1007 f.
[113] Hüttl S. 365.
[114] Ebd. S. 366; Staudinger II/2, S. 1012–1030.
[115] Prinz; Riezler VIII, S. 13.
[116] Groß S. 208–211, 221, 231 f.; Prinz; Staudinger II/2, S. 1029.
[117] Prinz; Sepp (82) S. 104–107.
[118] Ebd. S. 64.
[119] Kat. II, Nr. 433, 434.
[120] Hörger; Imhof S. 232–236; Imhof/Larsen S. 125–129, Diagr. 8 und 9.
[121] Hörger.
[122] Hüttl S. 371–374; Staudinger II/2, S. 1026, 1035–1053.
[123] Ebd. S. 1055–1057.
[124] Hüttl S. 377–409; Staudinger II/2, S. 1086 ff.
[125] Destouches S. 13; Riezler VII, S. 599 f.; Schattenhofer; Sepp (82) S. 79–81, Zitat: S. 79; Staudinger II/2, S. 1065 f.
[126] Ebd. S. 1053–1078.

[127] Brunhuber.
[128] Riezler VII, S. 626–628.
[129] Ebd. S. 629 f.; Text: Feldzüge VI, Anhang Nr. 80.
[130] Staudinger II/2, S. 1081; Feldzüge VII, S. 20 f., 92–96.
[131] Zu den folgenden Absätzen ebd. S. 1–77.
[132] Fricek S. 13 f.; Feldzüge VII, S. 362 f.
[133] Fricek S. 11, 14; Staudinger II/2, S. 795–797, 1061, 1080 f.; Feldzüge VII, S. 363–365.
[134] Fricek S. 13–15; Riezler VIII, S. 9 f., 32 f.; Feldzüge VII, Suppl. Nr. 11, 20. RW I, Nr. 1, 3, 4, 6.
[135] Fricek S. 12 f. Riezler VIII, S. 10 f.; RW I, Nr. 2; Feldzüge VII, S. 365 f., Suppl. Nr. 7 (Zitat).
[136] Ebd., Suppl. Nr. 4.
[137] Staudinger II/2, S. 796; Feldzüge VII, S. 363, Suppl. Nr. 20.
[138] Lieb S. 63–85.
[139] Riezler VIII, S. 145 f.; RW I, Nr. 611, II, Nr. 399; Text: Hormayr Nr. 19. Vgl. zu diesem Bericht RW I, Nr. 276, 317.
[140] Hormayr Nr. 19.
[141] Keim.
[142] Huber S. 289 f.
[143] RW I, Nr. 244.
[144] Mathes.
[145] Schäffler (76); Rechtschreibung und Interpunktion modernisiert.
[146] Fricek S. 15; Feldzüge VII, S. 366 f.
[147] RW I, Nr. 5.
[148] Fricek S. 20 f.; RW I, Nr. 357.
[149] Riezler VIII, S. 6–8.
[150] Fricek S. 21–23; Feldzüge VII, S. 380 f.
[151] Fricek S. 31, 39 f.; Feldzüge VII, S. 370, 376–378, Suppl. Nr. 20.
[152] Fricek S. 23–25; RW I, Nr. 357.
[153] Fricek S. 25–30.
[154] Ebd. S. 26 f.
[155] RW I, Nr. 7.
[156] Fricek S. 35; Zöllner S. 260.
[157] Riezler VIII, S. 30; RW I, Nr. 19.
[158] Hüttl S. 411; Riezler VIII, S. 20–23; RW I, Nr. 5, 7; Feldzüge VII, S. 370 bis 372.
[159] Hüttl S. 411–413, Anm. 1128.
[160] Schattenhofer; Feldzüge VII, S. 373 f.
[161] Destouches S. 4 f.; Riezler VIII, S. 26.
[162] Destouches S. 3; Feldzüge VII, S. 374.
[163] Destouches S. 3; Hüttl S. 415; Riezler VIII, S. 26.
[164] Hüttl S. 416 f., Anm. 1138; Riezler VIII, S. 21 f., 27.
[165] Riezler VIII, S. 21 f.; Feldzüge VII, Anhang Nr. 2.
[166] Fricek S. 33–36.

[167] Text: Hormayr S. 207–230. Vgl. Riezler VIII, S. 21 f.

[168] Fricek S. 38 f.

[169] Ebd. S. 37 f.

[170] Destouches S. 3; Fricek S. 36 f.; Hüttl S. 425 f.; Riezler VIII, S. 25.

[171] Destouches S. 4; RW I, Nr. 52; Feldzüge VII, S. 380.

[172] Destouches S. 4.

[173] RW I, Nr. 8.

[174] Hüttl S. 415 f.

[175] Ebd. S. 417 f., Anm. 1141.

[176] Ebd. S. 418 f.

[177] Ebd. S. 422.

[178] Fricek S. 37; Groß S. 210 f.; Hüttl S. 423–425; Keim.

[179] Fricek S. 40–42.

[180] Hüttl S. 417, 426.

[181] Riezler VIII, S. 14–16.

[182] Feldzüge VII, S. 378–381.

[183] Ebd. S. 378 f.

[184] Ebd. S. 92–96, 134–136, 162–165.

[185] Ebd. S. 165, 215–226, 285–287.

[186] Zöllner S. 260.

[187] RW I, Nr. 7, 26, 27, 32, 48.

[188] RW I, Nr. 11.

[189] RW I, Nr. 15.

[190] Baumann I, S. 24; RW I, Nr. 18.

[191] RW I, Nr. 16.

[192] Feldzüge VII, S. 384.

[193] Ebd. S. 381.

[194] Fricek S. 43 f.

[195] RW I, Nr. 19.

[196] RW I, Nr. 272.

[197] Feldzüge VII, S. 382, Suppl. Nr. 250.

[198] Ebd. Suppl. Nr. 243.

[199] RW I, Nr. 20.

[200] Feldzüge VII, S. 382.

[201] RW I, Nr. 26, 27.

[202] RW I, Nr. 26, 27.

[203] RW I, Nr. 23.

[204] RW I, Nr. 31, 32. Über die Entstehung der Losung schrieb 1784 Westenrieder (S. 6): »Im Anfange des Monats Nov. 1705 stunden erst im Vilsthal eine große Anzahl der Bauernsöhne und Knechte von Vilzburg bis Vilshofen auf. Ohne Waffen, ohne Ordnung, und Ueberlegung rannten sie schaarenweis im Aufruhrgesang: Wir wollen lieber baierisch sterben, als in des Kaisers Unfug verderben.« Die im Heimatmuseum von Miesbach aufbewahrte Gotzinger Trommel trägt auf dem Fell die – wohl aus dem 19. Jahrhundert stammende – Inschrift: »Lieber bairisch sterbn, Als wie kaiserlich verderbn – Zur Erinne-

rung an die Christnacht im Jahre 1705, allwo diese Trommel zum Kampfe
rief.« Die Überlieferung, nach der die Trommel auf dem Zug der Oberländer
vor München mitgeführt wurde, ist unrichtig; der Losungsspruch des Aufstandes war jedoch offensichtlich in der Bevölkerung noch allgemein geläufig.

[205] RW I, Nr. 33, 34, 35.
[206] RW I, Nr. 36, 38, 44.
[207] RW I, Nr. 37, 43. S. o. S. 153–157.
[208] RW I, Nr. 43.
[209] RW I, Nr. 38, 43.
[210] RW I, Nr. 41.
[211] M/Sch S. 131 f.; Riezler VIII, S. 32; RW I, Nr. 41.
[212] Hormayr S. 158 f.
[213] RW I, Nr. 46, 49, 50.
[214] RW I, Nr. 53.
[215] Feldzüge VII, Suppl. Nr. 289.
[216] Hüttl Anm. 1186.
[217] Lieb S. 89–115; RW I, Nr. 37, 85, 86, 92, 188, 240.
[218] Lieb S. 86–89.
[219] RW I, Nr. 266, 267.
[220] Riezler VIII, S. 32 f.; RW I, Nr. 39, 42, 76.
[221] Die folgende Aufstellung nach Baumann I, S. 34, und Wallmenich (92) S.
12 f.; verbessert nach RW I, Nr. 220.
[222] Baumann I, S. 30 f.; M/Sch S. 114.
[223] Baumann I, S. 32.
[224] RW I, Nr. 58, 60, 64; III, Nachträge zu I, Nr. 63 a.
[225] RW I, Nr. 75; II, Nr. 286; III, Nachträge zu I, Nr. 67a.
[226] Baumann I, S. 32–37; M/Sch S. 114 f.; RW I, Nr. 62, 67, 68, 69, 73.
[227] RW I, Nr. 75, 81.
[228] RW I, Nr. 73, 75.
[229] RW I, Nr. 53, 69; III, Nachträge zu I, Nr. 69a.
[230] RW I, Nr. 111, 137.
[231] Hormayr Nr. 15; Riezler VIII, S. 45.
[232] Baumann I, S. 36 f.; RW I, Nr. 78, 91.
[233] RW I, Nr. 59.
[234] Meindl (48) S. 399 f.
[235] RW I, Nr. 53.
[236] RW I, Nr. 61.
[237] Meindl (48) S. 401.
[238] Baumann I, S. 30 f.; Meindl (48) S. 390 f.
[239] Heigel; M/Sch.
[240] M/Sch S. 115, 132.
[241] Baumann I, S. 39 f.; Meindl (48) S. 401; M/Sch S. 132 f.; RW I, Nr. 72.
[242] Baumann I, S. 41 f.; RW I, Nr. 74, 77, 100.
[243] RW I, Nr. 89.
[244] RW I, Nr. 90.

245 RW I, Nr. 105, 115.
246 RW I, Nr. 106, 115, 194.
247 Baumann I, S. 66.
248 Vgl. o. S. 51–60.
249 RW I, Nr. 74, 77, 92.
250 RW I, Nr. 159, 163; III, Nachträge zu I, Nr. 95e, 104a.
251 S. u. S. 222–225.
252 RW I, Nr. 73.
253 RW I, Nr. 107, 108.
254 RW I, Nr. 115, 116, 126, 131.
255 RW I, Nr. 109, 119, 134; III, S. 84 f.
256 Hormayr Nr. 15.
257 RW I, Nr. 110.
258 M/Sch S. 135.
259 M/Sch S. 133 f.
260 RW I, Nr. 102, 103, 110, 122, 123, 125, 132, 160; III, S. 9 f. Zu den lokalen Verhältnissen: Alckens S. 72–78, Plan.
261 RW I, Nr. 132.
262 RW I, Nr. 129.
263 RW I, Nr. 110.
264 Rastlos, Beil. Nr. XV.
265 Baumann I, S. 54; RW I, Nr. 117, 126a, 268.
266 M/Sch S. 133 f.; RW I, Nr. 117, 126a, 268.
267 Baumann I, S. 66 f.; M/Sch S. 134; RW I, Nr. 191.
268 Baumann I, S. 48, 54 f.; M/Sch S. 135 f.; RW I, Nr. 135, 198, 268.
269 M/Sch S. 134; Riezler VIII, S. 50; RW I, Nr. 135; III, S. 2; Feldzüge VII, S. 530.
270 M/Sch S. 134; RW I, Nr. 121, 157, 160, 184, 201; III, S. 3–5; Feldzüge VII, Anhang Nr. 4.
271 RW I, Nr. 135a, 268.
272 M/Sch S. 116, 134; RW I, Nr. 156, 157, 158, 161, 172, 183, 185a, 199, 278.
273 M/Sch S. 134; RW I, Nr. 121, 135, 141, 157, 184; III, S. 2 f.
274 M/Sch S. 118; RW III, S. 2 f.; Text: Feldzüge VII, Anhang Nr. 3.
275 RW I, Nr. 208; III, S. 2 f.
276 RW I, Nr. 263, 268, 278, 336.
277 Baumann I, S. 55; RW III, S. 3–5; Feldzüge VII, Anhang Nr. 4.
278 Baumann I, S. 56; Riezler VIII, S. 134; RW I, Nr. 268, 278, 336.
279 RW I, Nr. 268, 336.
280 Baumann I, S. 56 f.
281 RW II, Nr. 275, 402.
282 RW I, Nr. 245, 278.
283 S. o. S. 175; RW I, Nr. 141, 149, 151, 203.
284 RW I, Nr. 141, 156, 172, 174, 203, 205, 221, 222, 270.
285 Brunhuber; RW I, Nr. 151.
286 Brunhuber; RW I, Nr. 191.

287 Brunhuber.
288 Brunhuber; RW I, Nr. 191.
289 RW I, Nr. 192.
290 Brunhuber.
291 Baumann I, S. 68; RW I, Nr. 203.
292 Brunhuber; RW I, Nr. 191, 228, 363.
293 RW I, Nr. 229, 236, 341.
294 RW I, Nr. 236.
295 S. o. S. 167; RW I, Nr. 205, 221, 222, 299.
296 S. o. S. 166 f., 171; M/Sch S. 113; Stölzl; Kindlers Literaturlexikon, Bd. 8, Sp. 7006.
297 Baumann I, S. 47 f.; RW I, Nr. 130; III, S. 1 ff.
298 RW I, Nr. 165, 210.
299 Baumann I, S. 48 f.; RW I, Nr. 140, 147, 155, 181.
300 RW I, Nr. 182, 255.
301 Baumann I, S. 49 f.; RW I, Nr. 251.
302 RW I, Nr. 90, 98.
303 Baumann I, S. 50; RW I, Nr. 144, 148, 152, 272.
304 RW I, Nr. 92, 115, 296.
305 S. o. S. 154 f.; RW I, Nr. 133, 148, 152, 189, 224, 272.
306 RW I, Nr. 189, 206, 271, 272, 314, 325, 375.
307 RW I, Nr. 296, 297 (Zitat), 379.
308 RW I, Nr. 153.
309 RW I, Nr. 152.
310 RW I, Nr. 6, 44, 96, 114, 187, 191 (Zitat), 220, 427.
311 Riezler VIII, S. 11 f.; RW I, Nr. 33, 34, 35, 180, 286.
312 RW I, Nr. 202, 206, 211, 212, 229, 241.
313 RW I, Nr. 246.
314 RW I, Nr. 252, 255, 256, 257.
315 RW I, Nr. 245, 258, 341.
316 RW I, Nr. 272, 341.
317 RW I, Nr. 355.
318 Ebd.
319 Baumann I, S. 71.
320 Baumann I, S. 76 f.; RW I, Nr. 220, 297, 309, 338.
321 Meindl (48) S. 422; M/Sch S. 137; RW I, Nr. 215, 218, 230, 231, 237, 247, 302.
322 Meindl (48) S. 422; RW I, Nr. 278.
323 Meindl (48) S. 422 f.; M/Sch S. 137; RW I, Nr. 338.
324 RW I, Nr. 302.
325 RW I, Nr. 309, 310, 323.
326 RW I, Nr. 308, 323, 339, 351.
327 RW I, Nr. 324, 362, 370, 373, 384.
328 Meindl (48) S. 423; RW I, Nr. 312.
329 RW I, Nr. 242.
330 RW I, Nr. 242 / Anm. 1, 400.

331 RW I, Nr. 294.
332 RW I, Nr. 324, 384.
333 RW I, Nr. 340.
334 RW I, Nr. 384.
335 RW I, Nr. 256.
336 RW I, Nr. 248, 249.
337 RW I, Nr. 254, 282.
338 RW I, Nr. 274 (Zitat), 275, 282; III, S. 21.
339 RW I, Nr. 283, 284.
340 RW I, Nr. 303, 306, 341.
341 Baumann I, S. 56; Meindl (49) S. 229; M/Sch S. 139; RW I, Nr. 290, 291, 312; III, S. 21 f.
342 Baumann I, S. 73–75; RW I, Nr. 281 (Zitat), 306.
343 RW I, Nr. 295, 306, 341.
344 RW I, Nr. 316, 318, 341 (Zitat).
345 Baumann I, S. 79; M/Sch S. 139; RW I, Nr. 337, 341.
346 RW I, Nr. 329, 330, 331, 332, 352.
347 Baumann I, S. 80; Riezler VIII, S. 73; RW I, Nr. 356.
348 RW I, Nr. 355, 356, 357, 358, 380.
349 RW I, Nr. 364.
350 RW I, Nr. 356, 380 (Zitat).
351 RW I, Nr. 312, 313, 350, 354, 357, 391.
352 M/Sch S. 139–141.
353 Baumann II, S. 3 f.; RW I, Nr. 382, 422; III, S. 45 f.
354 RW I, Nr. 377, 379.
355 RW I, Nr. 375.
356 RW I, Nr. 378.
357 RW I, Nr. 394.
358 Vgl. o. S. 214 f.; RW I, 420, 423; III, S. 210.
359 Rieger (68); RW III, S. 84.
360 S. o. S. 175 f.; RW I, Nr. 260; III, S. 86.
361 RW I, Nr. 383, 405; III, S. 86, 89, 91–93.
362 RW I, Nr. 288; III, S. 83, 86.
363 RW I, Nr. 405; II, Nr. 255, 270; III, S. 86 f.
364 RW I, Nr. 387; III, S. 83 f., 87 f.
365 Vgl. Riezler VIII, S. 79 f.
366 Rieger (68); RW I, Nr. 388, 406, 412.
367 RW I, Nr. 413.
368 RW I, Nr. 389; III, S. 84–95.
369 RW I, Nr. 119; III, S. 83–95.
370 RW I, Nr. 390, 434; III, S. 93.
371 Baumann II, S. 6; Rieger (68); RW III, S. 87.
372 Baumann II, S. 6 f.; Rieger (68); RW III, S. 87 f.
373 Baumann II, S. 7; RW I, Nr. 400, 403, 433.
374 Baumann II, S. 7 f.; RW I, Nr. 431, 432, 433.

[375] RW I, Nr. 447, 460, 461, 479, 493.
[376] Hartmann (23) Abb. 28; RW I, Nr. 472; III, S. 82 f.; Kat. II, Nr. 445.
[377] Hormayr Nr. 21; RW I, Nr. 470, 492, 591; III, S. 84–95.
[378] RW I, Nr. 404, 435, 456, 457, 608.
[379] RW I, Nr. 457, 608.
[380] RW I, Nr. 398, 407.
[381] RW I, Nr. 399.
[382] Z. B. RW I, Nr. 434.
[383] RW I, Nr. 435.
[384] RW III, Nachtrag zu I, Nr. 487a.
[385] Wallmenich (92) S. 19–24; hiernach die folgende Darstellung. Vgl. hierzu Baumann II, S. 10, und Riezler VIII, S. 85 f., die die Darstellung Wallmenichs vollinhaltlich bestätigen.
[386] Daß der Plan einer »Diversion« bestanden hat, ist eine Hypothese des Verfassers.
[387] RW I, Nr. 356.
[388] Wallmenich (92) 25 f.
[389] Fricek S. 38.
[390] Feldzüge VII, Suppl. Nr. 323; Wallmenich (92) S. 25, Anm. 1, vertritt die Ansicht, dieses Gerücht habe jeder Grundlage entbehrt.
[391] RW I, Nr. 612. Vgl. Wallmenich (92) S. 51 f.
[392] RW III, S. 137 f.
[393] Destouches S. 18–29; Wallmenich (92) S. 26 f.
[394] Destouches S. 15–18.
[395] Wallmenich (92) S. 26.
[396] Ebd. S. 27–29.
[397] Ebd. S. 29 f.
[398] Text: RW I, Nr. 448.
[399] RW I, Nr. 87.
[400] Vgl. Wallmenich (92) S. 30.
[401] Vgl. o. S. 183 u. 235.
[402] Wallmenich (92) S. 33 f.
[403] Destouches S. 13–15; Wallmenich (92) S. 34 f.
[404] Sepp (82) S. 409; Wallmenich (92) S. 36–38.
[405] Ebd.; S. u. S. 338.
[406] Wallmenich (92) S. 38–40.
[407] Riezler VIII, S. 59, 91; Sepp (83); Wallmenich (92) S. 41 f. (Text).
[408] Destouches S. 12 f.; Wallmenich (92) S. 42–44.
[409] Ebd. S. 45 f.
[410] RW III, S. 219 f.
[411] RW III, S. 220 f.
[412] Föhringer S. 335 f.
[413] Ebd. S. 334 f.
[414] Ebd. S. 335 f.
[415] Hahlweg (21) S. 41, 47; Riezler VIII, S. 100.

[416] RW I, Nr. 422.
[417] RW I, Nr. 422; Feldzüge VII, S. 398 f.
[418] Meindl (48) S. 427 f.; M/Sch S. 140–142; RW I, Nr. 425, 477; III, S. 12, 201 f.
[419] RW I, Nr. 437, 449; III, S. 202; Feldzüge VII, S. 401–403.
[420] Ebd. S. 402.
[421] Ebd. S. 402–404.
[422] RW I, Nr. 452, 453, 484; III, S. 220; Feldzüge VII, S. 403.
[423] Baumann II, S. 18; RW III, S. 203.
[424] RW I, Nr. 453, 475 (Text: Sepp (82) S. 435 f.), 502, 513; III, S. 202 f.
[425] Baumann II, S. 20 f.; RW I, Nr. 489, 535, 536, 538; Feldzüge VII, S. 404.
[426] RW I, Nr. 449, 477, 538; Feldzüge VII, S. 404.
[427] Baumann II, S. 13 f.; Hormayr Nr. 27; RW I, Nr. 449, 477, 480, 481; III, Nachtrag zu I, Nr. 435a.
[428] Hormayr Nr. 20.
[429] RW I, Nr. 481; Wallmenich (92) S. 77.
[430] Baumann II, S. 31; RW I, Nr. 494, 511; II, Nr. 25, 63, 64.
[431] M/Sch Nr. 5; RW I, Nr. 421; III, S. 202.
[432] M/Sch Nr. 6; RW III, S. 25 f., 30, 202.
[433] Baumann II, S. 16.
[434] RW III, S. 79 f.
[435] Ebd.
[436] Ebd.
[437] RW I, N. 478; Text: Hormayr S. 141–143. Im letzten Posten (nicht reguliertes Fußvolk) ist vom Herausgeber die erste Zahl anscheinend falsch transskribiert worden: hier wurde »7000« in »2000« verbessert; vgl. Expl. in der Bayer. Staatsbibliothek München Sign. Austr. 2141/N.F. 6.
[438] Vgl. o. S. 26.
[439] Hormayr S. 147.
[440] RW III, S. 25 f., 30.
[441] RW III, S. 15, 20, 27, 31, 34.
[442] RW III, S. 11 (Text: Hormayr S. 140).
[443] M/Sch S. 143; Riezler VIII, S. 136; RW II, Nr. 219; III, S. 6.
[444] Die folgende Beschreibung des Verhandlungsverlaufs nach: M/Sch S. 142-146; RW I, Nr. 487, 549; III, S. 6–9, 30 f.
[445] Staudinger I, S. 139.
[446] S. o. S. 261–264.
[447] RW I, Nr. 486, 496, 497, 498, 499, 500, 501.
[448] Baumann II, S. 28; RW II, Nr. 76, 140.
[449] Text: Hormayr S. 144–149.
[450] RW II, Nr. 56.
[451] Hormayr S. 143 f.; RW I, Nr. 523; II, Nr. 56.
[452] S. o. S. 59.
[453] RW III, S. 6–9.
[454] RW III, S. 8 f.
[455] M/Sch S. 146.

[456] RW I, Nr. 533, 534.
[456a] Wallmenich (92) S. 54 f.; Groß- und Kleinschreibung sowie Zeichensetzung an die modernen Regeln angeglichen.
[456b] Kisslinger (38); Ders. (40) S. 166 f.; RW I, Nr. 476, 546; Wallmenich (92) S. 56–59.
[457] S. o. S. 58; Destouches S. 36; RW III, S. 221; Wallmenich (92) S. 59.
[458] S. o. S. 157 f. u. 269; Destouches S. 11; RW I, Nr. 490; III, S. 221; Leitschuh; Wallmenich (92) S. 59 f., 67.
[459] Her; RW III, S. 96; Wallmenich (92) S. 60 f.
[460] Sepp (82) S. 215 (dort Text des Aufrufs von Berndorf); Wallmenich (92) S. 61 f., 77.
[461] Ebd. S. 62, 75.
[462] RW I, Nr. 504, 567; Wallmenich (92) S. 63, 75.
[463] Föhringer S. 336; RW II, Nr. 69, 256a; Wallmenich (92) S. 63 f., 75.
[464] Ebd. S. 67–70; Westermayer S. 175, 316.
[465] RW I, Nr. 544, 601; Wallmenich (92) S. 70–72.
[466] RW I, Nr. 543; II, Nr. 44.
[467] RW I, Nr. 545, 546, 600. Ausführlicher Bericht (101). Relation über die Münchnerische Metten (112).
[468] Föhringer S. 338; Wallmenich (92) S. 74–76. Die Votivbilder von Hohenburg und Egern zeigen viele der Landesverteidiger in blauen Landfahnenuniformen und grünen Jägerröcken. Hauptmann Mayer berichtete, daß die Schützen grüne Röcke getragen hätten; RW III, S. 125. Aufzählung der Beutestücke in: Ausführlicher Bericht (101) und Relation über die Münchnerische Metten (112).
[469] Föhringer S. 338 f.; RW III, S. 125; Wallmenich (92) S. 40, 76.
[470] Hormayr Nr. 23.
[471] Föhringer S. 337; RW I, Nr. 479; Feldzüge VII, Suppl. Nr. 317.
[472] RW I, Nr. 514, 518, 519, 520, 521, 529; Wallmenich (92) S. 77–79.
[473] Föhringer S. 336 f.; RW III, S. 96, 110 f., 125.
[474] Föhringer S. 337 f.
[475] Ebd. S. 339; Wallmenich (92) S. 84–86.
[476] Föhringer S. 339 f.; Wallmenich (92) S. 86 f.
[477] Föhringer S. 339 f.; RW III, S. 125; Wallmenich (92) S. 82, 87.
[478] Föhringer S. 340; RW III, S. 96, 125 f.; Wallmenich (92) S. 87–89; Ausführlicher Bericht (101); Relation über die Münchnerische Metten (112).
[479] Wallmenich (92) S. 89.
[480] Föhringer S. 341; Wallmenich (92) S. 89 f.
[481] Ebd. S. 92.
[482] Hüttl S. 459–464; Anm. 1275. Zur sozialen Schichtung des Landvolks in Bayern s. o. S. 25 f.
[483] Grassinger S. 209 f., 227 f., 287; Gumppenberg.
[484] Hormayr S. 180; Wallmenich (92) S. 64–66, Beilage Nr. V.
[485] Demleitner; Eberl; Kisslinger (40) S. 167.
[486] Demleitner; Eberl; Riezler VIII, S. 35 f., 106 f.

487 Feldzüge VII, S. 405.
488 RW I, Nr. 516.
489 Riezler VIII, S. 113; Wallmenich (92) Beilage Nr. III; Ausführlicher Bericht (101); Feldzüge VII, S. 405 f.
490 RW I, Nr. 517; Feldzüge VII, S. 405.
491 RW I, Nr. 515; vgl. auch Nr. 526.
492 Feldzüge VIII, S. 2–26, 41 f.
493 S. o. S. 139 f.; Feldzüge VII, Suppl. Nr. 308, 317, 318; VIII, S. 60–64, 96–98, Suppl. Nr. 3, 11.
494 Ebd. VII, Suppl. Nr. 317, 323.
495 Wallmenich (92) S. 92 f.
496 Ebd. S. 91, Anm. 2, 93 f., 98.
497 Ebd. S. 98–100.
498 Reichard S. 16; Wallmenich (92) S. 100 f.
499 Destouches S. 7 f.; Wallmenich (92) S. 100–102, 104, 109; Relation über die Münchnerische Metten (112), hieraus Zitat.
500 Kisslinger (39) Nr. 1.
501 Wallmenich (92) S. 102 f.; Wölfinger.
502 Wallmenich (92) S. 104 f.
503 Föhringer S. 341; Sepp (82) S. 405, hieraus Zitat, das in Groß- und Kleinschreibung sowie Interpunktion dem modernen Gebrauch angeglichen wurde.
504 Wallmenich (92) S. 105.
505 Ebd. S. 105 f.
506 Demleitner; Kisslinger (39) Nr. 6, 14; M/Sch S. 147; RW III, S. 97, 174; Roth (72) Nr. VI.
507 Wallmenich (92) Beilagen Nr. I–V; Relation über die Münchnerische Metten (112).
508 RW II, Nr. 8.
509 S. obige Anmerkungen. Kisslinger (39); Wallmenich (92) S. 106 f., 111.
510 Kisslinger (39) Nr. 3, 4, 5, 6, 9, 10, 13, 14.
511 Gumppenberg S. 141; Lieb S. 131–152; Riezler VIII, S. 123–126; Wallmenich (92) S. 138–155.
512 Destouches Anm. 30, 31; RW I, Nr. 563; Wallmenich (92) S. 109 f., Beilage Nr. V.
513 Hormayr S. 184; Hüttl S. 459; Wallmenich (92) S. 119, Anm. 2; Relation über die Münchnerische Metten (112).
514 Destouches S. 8; Wallmenich (92) S. 124, Anm. 2.
515 Destouches S. 8 f.
516 RW III, S. 221; Wallmenich (92) S. 109 f.
517 Destouches Anm. 30, 31; Genghammer S. 211; Groß S. 214; Gumppenberg; Hormayr Nr. 25; Kisslinger (38); Ders. (40) S. 167–176; Reichard S. 16; Rieger (69); Riezler VIII, S. 123; RW I, Nr. 543; Russy; Schäffler (76) S. 85–89; Westermayer S. 180.
518 RW I, Nr. 547; II, Nr. 46, 111, 116.
519 Hormayr S. 180 f.; Westermayr S. 206 f. Den Hinweis auf die Urständ-

kapelle vor Wackersberg verdanke ich Hw. Herrn Geistlichen Rat Anton Bauer, Egling.

[520] RW I, Nr. 562 (Text: Wallmenich (92) S. 121 f.), 579; II, Nr. 16; Feldzüge VIII, Suppl. Nr. 5.

[521] Abstreiter; Kisslinger (38); Leitschuh; RW I, Nr. 541, 544, 568, 569, 570, 583, 601, 602, 614; II, Nr. 39, 69, 190, 191, 256a, 277, 292, 304; Wallmenich (92) S. 122, Anm. 1.

[522] RW I, Nr. 602; II, Nr. 306; Wallmenich (92) S. 127, Anm. 2; Westermayer S. 181.

[523] Sepp (83); RW I, Nr. 582, 599, 600; II, Nr. 1, 35, 47, 70, 176, 225; III, S. 95 ff.; Wallmenich (92) S. 122–127.

[524] RW I, Nr. 577, 580, 598; II, Nr. 160, 227, 458.

[525] RW I, Nr. 587a (Text des Ratsprotokolls: Hormayr Nr. 35); II, Nr. 127; Sepp (82) S. 395–412 (dort Texte der Briefe); Wallmenich (92) S. 124–126.

[526] Ebd. S. 127.

[527] RW II, Nr. 163, 189, 199; Wallmenich (92) S. 127 f.

[528] Destouches Anm. 30; RW II, Nr. 403; Kat. II, Nr. 457.

[529] Westermayer S. 180.

[530] RW I, Nr. 532; II, Nr. 23.

[531] Baumann II, S. 21 f.; RW I, Nr. 535, 536, 551, 555, 560.

[532] RW I, Nr. 615.

[533] RW I, Nr. 572, 574, 594; II, Nr. 12, 52, 71.

[534] RW II, Nr. 140.

[535] S. o. S. 153–157; Lieb S. 118 f.; RW I, Nr. 240, 343, 408.

[536] S. o. S. 255.

[537] S. o. S. 255; Lieb S. 48–52; RW II, Nr. 362; III, S. 159 f.

[538] RW II, Nr. 275; III, S. 160; Wallmenich (92) S. 22–24; 22 / Anm. 3: Text des Briefes von Millers an seine Haushälterin vom 4. I. 1706.

[539] RW II, Nr. 275; III, S. 160 f., 166–168.

[540] RW I, Nr. 466, 561; III, S. 170 f.

[541] RW I, Nr. 561; III, S. 163, 166–170.

[542] RW I, Nr. 576; III, S. 160 f.

[543] RW I, Nr. 596; III, S. 161–163.

[544] RW I, Nr. 428, 445.

[545] RW I, Nr. 596, 621; III, S. 163–165.

[546] RW III, S. 161–165.

[547] Hormayr S. 189 f.; RW III, S. 163 f.

[548] RW II, Nr. 18, 20, 22, 40.

[549] RW II, Nr. 61.

[550] RW II, Nr. 41, 62, 67, 68.

[551] RW II, Nr. 67, 77, 80.

[552] RW II, Nr. 67, 77, 80, 120.

[553] RW I, Nr. 607, 609.

[554] Hormayr S. 187–189; RW I, Nr. 552, 553, 587, 589; II, Nr. 94, 402.

[555] RW I, Nr. 606; II, Nr. 7, 20, 75.

556 Baumann II, S. 31–33; RW I, Nr. 558.
557 S. o. S. 114–117.
558 M/Sch S. 148; RW II, Nr. 399; III, S. 10 f., 14, 17–22, 34, 38 f., 57.
559 Hormayr Nr. 19.
560 Ebd. S. 165; RW III, S. 12, 14, 22.
561 RW I, Nr. 618; II, Nr. 48; III, S. 17 f., 57.
562 RW III, S. 7, 68.
563 M/Sch S. 152; RW III, S. 12, 22; Wallmenich (92) S. 136 f.
564 Baumann II, S. 32–38; RW II, Nr. 42; III, S. 19–22, 34, 37, 39.
565 Baumann II, S. 35; Meindl (48) S. 433; RW II, Nr. 12.
566 Baumann II, S. 41; Meindl (48) S. 434; RW II, Nr. 83, 84; III, S. 81.
567 M/Sch S. 149; RW II, Nr. 85; III, S. 77–79.
568 Baumann II, S. 41; M/Sch S. 148.
569 M/Sch S. 148; RW II, Nr. 103, 104, 106; III, S. 81.
570 M/Sch Nr. 9.
571 Baumann II, S. 40; RW II, Nr. 6; Feldzüge VIII, S. 88 f.
572 RW II, Nr. 5, 6, 28, 37, 38, 76, 83.
573 Baumann II, S. 35; RW II, Nr. 81.
574 Baumann II, S. 38 f.; RW II, Nr. 396, 399a.
575 Baumann II, S. 39; RW II, Nr. 85, 88.
576 Baumann II, S. 40.
577 RW II, Nr. 52.
578 M/Sch Nr. 7; RW II, Nr. 104; Feldzüge VIII, S. 91 f.
579 Pamler S. 14; RW II, Nr. 104.
580 RW II, Nr. 104.
581 Pamler S. 38 f.; RW II, Nr. 138, 139.
582 RW II, Nr. 104.
583 Zitat aus Pamler S. 19 f.
584 Ebd. S. 38; RW II, Nr. 104.
585 Hormayr Nr. 30; Pamler S. 27 f.; RW II, Nr. 139.
586 Pamler S. 22–36.
587 Ebd. S. 23–35; RW II, Nr. 144, 207.
588 Pamler S. 23–35.
589 Baumann II, S. 43.
590 Feldzüge VIII, S. 92 f.
591 RW II, Nr. 95, 127.
592 Baumann II, S. 45; RW II, Nr. 121, 135, 155.
593 Baumann II, S. 43 f.; RW II, Nr. 119, 134, 136, 143.
594 Baumann II, S. 44 f.; RW II, Nr. 142.
595 Baumann II, S. 45 f.; Hormayr Nr. 33; Meindl (48) S. 439; M/Sch S. 153 f.
596 Baumann II, S. 46 f.; RW II, Nr. 157, 169.
597 RW II, Nr. 181.
598 Baumann II, S. 47–50; RW II, Nr. 145, 146, 147, 154, 168.
599 Baumann II, S. 50; RW II, Nr. 170, 185, 186, 187, 200, 202, 245a.
600 RW II, Nr. 192.

[601] S. o. S. 368 f.; Hormayr Nr. 32; RW II, Nr. 81, 115.

[602] Hormayr Nr. 32; Neckermann (53).

[603] Hormayr Nr. 32.

[604] RW II, Nr. 181, 215, 222, 251, 317, 334.

[605] RW II, Nr. 197, 215, 225, 237, 311.

[606] RW II, Nr. 230, 242, 248.

[607] RW II, Nr. 426, 438, 442, 446, 447, 448.

[608] RW II, Nr. 507–516.

[609] Baumann II, S. 62 f.

[610] Meindl (49).

[611] Föhringer S. 329, Anm. 2; Sepp (82) S. 490; Wallmenich (92) S. 42, 50 f.

[612] S. o. S. 157 f.; Riezler VIII, S. 182–186; RW II, Nr. 254, 272, 285, 300, 352; III, S. 171–179.

[613] Wallmenich (92) S. 128.

[614] RW II, Nr. 152, 153, 155, 195, 231, 235.

[615] RW II, Nr. 330, 418.

[616] Die folgende Darstellung nach: Destouches; Hormayr Nr. 36; RW II, Nr. 160a, 247, 247a, 298, 342, 354, 376, 443, 470, 473, 476, 488, 490, 491, 517, 528, 543, 545, 546, 560, 561, 563, 564, 565, 566, 567; III, S. 95–153; Wallmenich (92) S. 122–138.

[617] Hormayr Nr. 21, 37; Rieger (68). RW I, Nr. 506; II, Nr. 284, 295, 320, 321, 322, 325, 326, 374, 439; III, S. 83–94.

[618] RW II, Nr. 198.

[619] Hartmann (23) S. 57; Hüttl Anm. 1257; Lieb S. 61; Neckermann (53 u. 54); RW II, Nr. 362, 366, 393, 437; III, S. 154–171.

[620] Die folgende Darstellung nach: Baumann II, S. 52–63; M/Sch Nr. 15; RW II, Nr. 276, 391a, 395, 399, 406, 444, 519, 529, 531, 532, 551; III, S. 1–82.

[621] M/Sch Nr. 10, 12, 13, 18; RW II, Nr. 283, 399a, 492.

[622] RW II, Nr. 493, 502, 503; III, S. 80–82.

[623] Hüttl S. 480.

[624] Ebd. S. 480 f.

[625] Ebd. S. 474–476.

[626] Hartmann (24).

[627] Riezler VIII, S. 205–210.

[628] Hüttl S. 401; Zöllner S. 260.

[629] Fricek S. 75–80; Hüttl S. 484; Riezler VIII, S. 189–194.

[630] Fricek S. 76; Hüttl S. 485; Riezler VIII, S. 194.

[631] Fricek S. 75–78, 83, 91; Hüttl Anm. 491.

[632] Fricek S. 78 f.; Hüttl S. 484; Kat. II, Nr. 860.

[633] Fricek S. 79–85.

[634] Ebd. S. 84; Hüttl S. 487 f.; Riezler VIII, S. 194.

[635] Fricek S. 83–89.

[636] Ebd. S. 92 f., 95–102; RW II, Nr. 552.

[637] Fricek S. 89–92; Hüttl Anm. 491; Riezler VII, S. 323; VIII, S. 494.

[638] Feldzüge VII, S. 51 f.

[639] Zöllner S. 262–264.
[640] Hüttl S. 509; Zöllner S. 264.
[641] Riezler VIII, S. 334–336.
[642] Schäffler (76) S. 82 f.; Orthographie und Interpunktion dort bereits modernisiert.
[643] Hüttl S. 511.
[644] Riezler VIII, S. 336 f.
[645] Hartmann (23).
[646] Hahlweg (21a).
[647] Die älteste Überlieferung des Leitspruchs stammt aus dem Bericht eines kaiserlichen Offiziers über die Belagerung der Stadt Cham vom 15. Januar 1706: »Wir wollen lieber bayrisch sterben, als in des Kaisers Unfug verderben«; Hartmann (23). Der Leitspruch besagt wie verschiedene andere Äußerungen der Aufständischen, daß man nicht den Kaiser bekämpfen, sondern sich gegen die Rechtsverletzungen durch ihn wehren wollte.

Schrifttum

1 ABSTREITER, LEO: Schäftlarn und der Bauernaufstand von 1705. In: Bayerland 33 (1922) 152 f.

2 ALCKENS, A.: Burghausen (= Bayerische Städte in Kunst und Geschichte I.) München 1952.

3 BAUMANN, GUSTAV: Der Bauernaufstand vom Jahre 1705 im bayerischen Unterland. In: Verhdl. hist. Ver. Niederbayern 69 (1936) 1–87, 70 (1937) 1–80.

4 BOSL, KARL und SCHREIBMÜLLER, H.: Geschichte Bayerns. Bd. 2. München 1955.

5 BRUNHUBER, JOSEPH: Wasserburgs Erinnerungen an die Erhebung von 1705 bis 1706. In: Bayerland 17 (1906) 137–139.

6 CLEMENTI, ALBERT: J. G. Meindl, der Student aus Altheim. In: Bayerland 17 (1906) 27–29, 44–46, 56–58, 69–71, 80 f., 94 f.

7 CROPHIUS, PHILIPP JAKOB: Das mit Kriegs-Last gedrückte und durch Wunder-Hülff erquickte Augspurg, oder Wahrhafte und unpartheyische Erzehlung, was sich vor, in und nach der Belagerung und Bombardirung, auch während der Französisch-Bayerischen Quartier-Zeit, nicht weniger bey der wunderbaren Befreyung in diser deß H. R. Reichs Freyen Stadt Augspurg zugetragen. Augsburg 1710.

8 DEMLEITNER, JOSEF: Besprechung von Karl von Wallmenich, Der Oberländer Aufstand 1705 und die Sendlinger Schlacht. In: Literarische Beilage zur Augsburger Postzeitung Nr. 27, 28 (1906) 214 f., 219 f.

9 DESTOUCHES, ERNST VON: Münchener Bürgertreue. Urkundlicher Beitrag zur Geschichte der Münchener Mordweihnachten 1705. In: Extrabeilage zur Münchener Gemeindezeitung Nr. 65, 15. Aug. 1880.

10 DIEPOLDER, GERTRUD: Das Volk in Kurbayern zur Zeit des Kurfürsten Max Emanuel. Beobachtungen zur Demographie. In: Kurfürst Max Emanuel (Nr. 110), Bd. 1, 387–405.

11 EBERL, B.: Besprechung von Karl von Wallmenich, Der Oberländer Aufstand 1705 und die Sendlinger Schlacht. In: Bayerland 17 (1906) 447–454.

12 FÖRINGER, (o. V.) (Hg.): Ein Actenstück zur Geschichte der Sendlinger Schlacht. In: Obb. Arch. 17 (1857) 325–344.

13 FRICEK, ALFRED: Die Administration in Bayern 1704–1714. Diss. phil. Wien 1954 (Maschr.).

14 GEBHARDT, BRUNO (Hg.): Handbuch der deutschen Geschichte. Bd. 2. Von der Reformation bis zum Ende des Absolutismus. 16. bis 18. Jahrhundert. 8. Aufl. Stuttgart 1961.

15 GENGHAMER, JOSEPH: Zur Geschichte und Beschreibung der katholischen Pfarrei Königsdorf in Oberbayern. In: Obb. Arch. 30 (1870/71) 176–229.

16 GILARDONE, GEORG: Das Gefecht bei Aidenbach am 8. Januar 1706. In: Schlachtfelder zwischen Alpen und Main. Hg. von General d. Artillerie von Reichenau. München 1938, 140–142.

17 Ders.: Landfahnen und Landwehr in Altbayern. In: Bayerland 53 (1943) 1–32.

18 Grassinger, Joseph: Geschichte der Pfarrei und des Marktes Aibling. In: Obb. Arch. 18 (1857) 16–112, 163–298.

19 Gross, Jakob: Chronik von Fürstenfeldbruck. Fürstenfeldbruck 1877.

20 Gumppenberg, Wilhelm von: Die in der Sendlingerschlacht am Christtage 1705 gefallenen Bauern aus dem Landgerichtsbezirke Miesbach. In: Obb. Arch. 4 (1842/43) 136–142.

21 Hahlweg, Werner: Guerilla – Krieg ohne Fronten. Stuttgart, Berlin, Köln, Mainz 1968.

21a Ders.: Typologie des modernen Kleinkrieges. (= Institut für Europäische Geschichte, Mainz. Vorträge Nr. 46.) Wiesbaden 1967.

22 Hanke, Gerhard: Zur Sozialstruktur der ländlichen Siedlungen Altbayerns im 17. und 18. Jahrhundert. In: Gesellschaft und Herrschaft. Forschungen zu sozial- und landesgeschichtlichen Problemen vornehmlich in Bayern. (= Festschrift für Karl Bosl) München 1969, 219–269.

23 Hartmann, August: Historische Gedichte aus der Zeit der bayerischen Landeserhebung 1705 und der Rückkehr Max Emanuels nach Bayern. In: Altbayerische Monatsschrift 1 (1899) 33–61.

24 Ders.: Zwei Gedächtnisbilder aus der Zeit der bayerischen Volkserhebung. In: Altbayerische Monatsschrift 5 (1905) 174.

25 Heckner, Erwin: Die Waffentechnik der Max Emanuel-Zeit. In: Kurfürst Max Emanuel (Nr. 110), Bd. 1, 351–361.

26 Heigel, K. Th. von: Georg Sebastian Plinganser. In: Allg. Deut. Biogr. Bd. 26 (1888) 298–304.

27 Her, (o. V.) (Hg.): Urkundliche Beiträge zur Specialgeschichte Bayerns. 2. Lieferung. Aus den bekannten Ettaler Archivalien. In: Obb. Arch. 10 (1848) 19–24.

28 Hiereth, Sebastian: Die bayerische Gerichts- und Verwaltungsorganisation vom 13. bis 19. Jahrhundert. Einführung zum Verständnis der Karten und Texte. (Historischer Atlas von Bayern. Tl. I. Altbayern.) München 1950.

29 Hörger, Hermann: Der Spanische Erbfolgekrieg und die Jahre der Volkserhebung 1705/1706 nach den Pfarrmatrikeln der Hofmarken Antdorf und Habach. In: Jahrb. d. Vereins f. Augsburger Bistumsgeschichte e. V. 6 (1972) 94–115.

30 Hormayr, Joseph von: Die Mordweihnachten von Sendling (25. Dez. 1705). Taschenbuch für die vaterländische Geschichte. Neue Folge 6. Jahrgang. Braunschweig 1835.

31 Hornung, Hans: Beiträge zur inneren Geschichte Bayerns vom 16.–18. Jahrhundert aus den Umrittsprotokollen der Rentmeister des Rentamtes Burghausen. Diss. phil. München 1915.

32 Hubensteiner, Benno: Bayerische Geschichte. Staat und Volk, Kunst und Kultur. 7. Aufl. München 1977.

33 Ders.: Der Oberländer Aufstand und die Sendlinger Schlacht. In: Ders., Land vor den Bergen. Essays. München 1970, 87–106.

34 Huber, Johann Georg Bonifaz: Geschichte der Stadt Burghausen in Oberbayern. Burghausen 1862.

35 Hufnagel, Max Joseph: Berühmte Tote im Südlichen Friedhof zu München. 2. Aufl. München 1969.

36 Hüttl, Ludwig: Max Emanuel. Der Blaue Kurfürst 1679–1726. Eine politische Biographie. München 1976.

36a Imhof, Arthur E.: Historische Demographie als Sozialgeschichte. Gießen und Umgebung vom 17. zum 19. Jahrhundert. (= Quellen und Forschungen zur hessischen Geschichte. Bd. 31) Darmstadt, Marburg 1975.

36b Imhof, Arthur E., und Larsen, Øivind: Sozialgeschichte und Medizin. Probleme der quantifizierenden Quellenbearbeitung in der Sozial- und Medizingeschichte (= Med. i. Gesch. u. Kult. Bd. 12) Oslo, Stuttgart 1976.

37 Keim, Josef (Hg.): Das Straubinger Kriegssteuerbuch von 1705. In: Jahresbericht d. histor. Vereins f. Straubing und Umgebung 59 (1956) 67–107.

38 Kiesslinger, Johann Nepomuk: Die Beteiligung der Pfarreien Egern und Tegernsee an der Sendlinger Schlacht im Jahre 1705 und das Votivbild in der Pfarrkirche zu Egern. In: Altbayer. Monatsschrift 1 (1899) 133–139.

39 Ders.: Die Gelöbnisse der Teilnehmer an dem Treffen bei Sendling (1705) aus der Pfarrei Egern. In: Altbayer. Monatsschrift 5 (1905) 144–147.

40 Ders.: Chronik der Pfarrei Egern am Tegernsee. In: Obb. Arch. 52 (1907) H. 3.

41 Kleemann, Otto: Die Grenzbefestigungen im Kurfürstentum Bayern zur Zeit des Spanischen Erbfolgekrieges. In: Obb. Arch. 42 (1885) 274–322.

42 Kunisch, Johannes: Kurfürst Max Emanuel als Feldherr. In: Kurfürst Max Emanuel (Nr. 110), Bd. 1, 321–329.

43 Landmann, K. von: Die Kriegführung des Kurfürsten Max Emanuel von Bayern im Jahre 1703. München 1897.

43a Leitschuh, Max (Hg.): Auswirkungen des Spanischen Erbfolgekrieges auf die Klöster Benediktbeuern und Tegernsee sowie auf das Münchener Jesuitengymnasium (Nach authentischen zeitgenössischen Berichten). Jahrb. f. altbayer. Kirchengeschichte 24 (1965) 90–99.

44 Lieb, Adolf Anton: Beiträge zur Geschichte des oberpfälzischen Bauernaufstandes 1705. Mit einem Anhang: Zur Entstehungsgeschichte der Schmiedvon-Kochel-Legende. Amberg 1914.

44a Markmiller, Fritz: Dingolfing und Teisbach als Garnisonsorte zwischen Dreißigjährigem und Österreichischem Erbfolgekrieg. In: Der Storchenturm. Geschichtsblätter für den Landkreis um Dingolfing und Landau 8 (1973) H. 16, S. 63–88.

44b Ders., Ereignisse im Spanischen Erbfolgekrieg nach Teisbacher Quellen. In: Der Storchenturm ... 8 (1973) H. 16, S. 89–94.

45 Mathes, J.: Vohburg im Spanischen Erbfolgekrieg. In: Bayerland 14 (1903) 317 f., 328–330.

46 Mathis, Franz: Die Auswirkungen des bayerisch-französischen Einfalls von 1703 auf Bevölkerung und Wirtschaft Nordtirols. (= Innsbrucker Beiträge zur Kulturwissenschaft. Sonderheft 37.) Innsbruck 1975.

47 Mayr, Karl: Europäische Politik nach dem Dreißigjährigen Krieg. In: Unbekanntes Bayern. Bd. 8. Bilder aus der bayerischen Geschichte. München 1976, 164–172.

48 Meindl, Konrad: Schützenobrist Johann Georg Meindl, der ›Student‹ aus Altheim, und der bairische Bauernaufstand im Rentamte Burghausen 1705/ 1706. In: Verhdl. hist. Ver. Niederbayern 24 (1887) 363–457.

49 Ders.: Schützenoberst Johann Georg Meindl und der baier. Bauernaufstand im Rentamte Burghausen 1705/06. (Ergänzungen) In: Verhdl. hist. Ver. Niederbayern 25 (1888) 227–232.

50 Morawitzky, Max Graf Topor-: Übersicht der von dem Kloster Benediktbeuern für das allgemeine Landes-Defensionswesen im spanischen Erbfolgekriege aufgebotenen Unterthanen sowie der längs der Grenze gegen Tirol in den Gebietstheilen der Klöster Benediktbeuern und Tegernsee vom Jahre 1702 bis 1705 getroffenen Vertheidigungs-Anstalten. In: Obb. Arch. 16 (1856/57) 306–329.

51 Morawitzky, Max Graf Topor-, und Schels, Aloys (Hg.): Beiträge zur Geschichte des Volksaufstandes in Niederbayern in den Jahren 1705 und 1706. A, B. In: Verhdl. hist. Ver. Niederbayern 8 (1862) 89–155.

52 Müller, Adalbert: Beiträge zur Geschichte und Topographie der alten Grenzstadt Furth im Walde. In: Verhdl. hist. Ver. von Oberpfalz und Regensburg 10 (1846) 100–183.

53 Neckermann, Georg: Florian Sigismund Maximilian Miller von Altammerthal und Frohnhofen, Pfarrer von Oberviechtach, und der Bauernkrieg in der südöstlichen Oberpfalz 1705 und 1706. In: Bayerland 17 (1906) 148–152.

54 Ders.: Ein Held im Priesterkleide. In: Bayerland 18 (1907) 420.

55 Neumayr, Hans: Die bayerische Volkserhebung 1705–1706. Gedächtnisschrift aus Anlaß der Zweihundertjahrfeier der Sendlinger Bauernschlacht, o. O. 1905.

56 Ow, Leo von: Eine bayerische Chronik aus dem Archiv eines Landsitzes. München 1975.

57 Pamler, Joseph: Die Schlacht von Aidenbach nach geschichtlichen Quellen und unter Benützung der Pfarrbücher-Auszüge. Bearbeitet von Gustav Ziegler. Passau 1905.

58 Pezzl, Johann: Reise durch den Baierschen Kreis (1784). Hg. von Joseph Pfennigmann. München 1973.

59 Pfund, Karl: Über die Bedrohung von Tegernsee und Hohenburg durch die Tyroler im Jahre 1703. In: Tölzer Kurier 21 (1883) Nr. 73.

60 Ders.: Bedrohung des Isarwinkels durch die Tyroler im Sommer des Jahres 1703. In: Tölzer Kurier 27 (1889) Nr. 98, 99.

61 Ders.: Geschichtliche Erinnerungen an die Kesselbergstraße 1492–1892. In: Obb. Arch. 48 (1893/94) 113–123.

62 Prinz, Friedrich: Die Kehrseite der Medaille. Sozialgeschichtliche Aspekte der Kriege Max Emanuels. In: Kurfürst Max Emanuel (Nr. 110), Bd. I, 330–339.

63 Rall, Hans: Zeittafeln zur Geschichte Bayerns. München 1974.

64 RASTLOS, JOHANNES (= JOHANN CHRISTOPH VON ARETIN): Die Österreicher in Baiern zu Anfang des 18. Jahrhunderts. Ulm 1805.

65 RATTELMÜLLER, PAUL ERNST: Mit Gott für König und Vaterland. Die bayerischen Gebirgsschützen. München 1970.

66 REICHARD, GEORG: Gebirgsschützenkompanie Reichersbeuern. Festschrift. Unterhaching 1974.

67 RENNER, CARL OSKAR: Der »Blaue Kurfürst«. Max Emanuels Feldzüge in Ungarn: In: Unbekanntes Bayern. Bd. 10. Bayern in Europa. 2. Aufl. München 1976, 125–140.

68 RIEGER, GEORG: Der Aufstand in Kelheim unter Matthias Kraus im Jahre 1705. In: Bayerland 17 (1906) 4–6.

69 RIEGER, SEBASTIAN: Sendlinger Mordweihnacht in Kirchenbüchern. In: Münchener kathol. Kirchenzeitung 29. Dez. 1935.

70 RIEZLER, SIGMUND: Geschichte Baierns. Bd. 5–8. Gotha 1903–1914.

71 RIEZLER, SIGMUND, und WALLMENICH, KARL VON (Hg.): Akten zur Geschichte des baierischen Bauernaufstandes 1705/06. 3 Tle. In: Abhdl. kgl. bayer. Akad. Wiss. Philos.-philol. u. hist. Kl. Bd. 26, 29. München 1912–1915.

72 ROTH, ADOLF (Hg.): Lieber bayrisch sterben. Der oberländische Bauernaufstand von 1705. Zeitgenössische Berichte. München 1955.

73 DERS.: Das Volk im Barock. In: Unbekanntes Bayern. Bd. 8. Bilder aus der bayerischen Geschichte. München 1976, 173–180.

74 RUEDERER, JOSEF: Besprechung von Karl von Wallmenich, Der Oberländer Aufstand 1705 und die Sendlinger Schlacht. In: Süddeutsche Monatshefte 6 (1906) 414–417.

74a RUSSY, F. S.: Die Helden der Schlacht bei Sendling im Jahre 1705 aus den Ämtern Miesbach, Tegernsee und Tölz. Gedenkschrift zum zweihundertjähr. Jubiläum in Bad Tölz, Kochel und Waakirchen im Jahre 1905. Bad Tölz 1905.

75 SCHÄFFLER, AUGUST: Ein Beitrag zur Geschichte der bayerischen Landeserhebung im Jahre 1705. In: Verhdl. hist. Ver. Ndbay. 9 (1863) 341–349.

76 DERS.: Die oberbayerische Landeserhebung im Jahre 1705. Würzburg 1880.

77 SCHATTENHOFER, MICHAEL: München in der Zeit des Spanischen Erbfolgekrieges. In: Ders., Von Kirchen, Kurfürsten & Kaffeesiedern etcetera. Aus Münchens Vergangenheit. München 1974, 253–259.

78 SCHELS, ALOYS: Beiträge zur Geschichte des Volksaufstandes in Niederbayern in den Jahren 1705 und 1706. C. Der Aufstand im Gerichte Eggenfelden. In: Verhdl. hist. Ver. Niederbayern 9 (1863) 156–159.

79 SCHELS, OTTO: Zur Geschichte über Georg Sebastian Plinganser. Verhdl. hist. Ver. Niederbayern 20 (1881) 265–278.

79a SCHNEIDER, JOSEF: Pfarrbücher berichten über die Schlacht bei Aidenbach. In: Heimatglocken. Beilage für heimatliche Belehrung und Unterhaltung (der Passauer Neuen Presse). 1969, Nr. 5, S. 4.

80 SCHREMMER, ECKART: Die Wirtschaft Bayerns. Vom hohen Mittelalter bis zum Beginn der Industrialisierung, Bergbau, Gewerbe, Handel. München 1970.

81 SCHWÄBL, JOHANN NEPOMUK: Georg Sebastian Plinganser. Ein Beitrag zur Geschichte des Spanischen Erbfolgekrieges in Bayern. In: Verhdl. hist. Ver. Niederbayern 22 (1883) 183–216.

82 SEPP, JOHANN NEPOMUK: Der bayerische Bauernkrieg mit den Schlachten von Sendling und Aidenbach. München 1884.

83 DERS.: Zur Geschichte der bayerischen Landeserhebung im Jahre 1705. In: Obb. Arch. 42 (1885) 339 f.

84 DERS.: Festschrift zur zweiten Jahrhundertwende der Schlacht bei Sendling. München 1905.

85 SPINDLER, MAX: Der bayerische Bauernaufstand von 1705/06. – Vortrag, gehalten bei der vom Bayerischen Landesverein für Heimatpflege am 23. Dez. 1955 im Herkulessaal der Münchner Residenz veranstalteten Gedenkfeier. Zuletzt in: Erbe und Verpflichtung. Aufsätze und Vorträge zur bayerischen Geschichte, München 1966.

86 DERS. (Hg.): Handbuch der bayerischen Geschichte. Bd. 2. Das alte Bayern. Der Territorialstaat vom Ausgang des 12. Jahrhunderts bis zum Ausgang des 18. Jahrhunderts. 2. Aufl. München 1969.

87 SPIRKNER, B.: Stimmungsbilder aus dem niederbayerischen Aufstand 1705. In: Bayerland 16 (1905) 596–598, 610–612, 613–617.

88 STAUDINGER, KARL: Geschichte des kurbayerischen Heeres. Bd. I: Unter Kurfürst Ferdinand Maria 1651–1679. Bd. II/1,2: Unter Kurfürst Max II. Emanuel 1680 bis 1726. München 1901–1905.

89 STÖLZL, CHRISTOPH: Der Aufstand von 1705/06. In: Kurfürst Max Emanuel (Nr. 110), Bd. 1, 340–350.

90 SÜSS, UTTO (Hg.): Kloster Vornbach im Spanischen Erbfolgekrieg. Tagebuch-Aufzeichnungen des Abtes Wolfgang II. In: Die ostbairischen Grenzmarken 14 (1925) 110–116.

91 VOLKERT, WILHELM: Regierung und Verwaltung Kurbayerns im Zeitalter des Kurfürsten Max Emanuel. In: Kfst. Max Em. (Nr. 110), Bd. 1, 417–427.

92 WALLMENICH, KARL VON: Der Oberländer Aufstand 1705 und die Sendlinger Schlacht. München 1906.

93 DERS.: Das Sendlinger Bauerndenkmal von 1911 und die Auer Zimmerleute von 1705. München 1911.

94 WEBER, LEO: Gebirgsschützentradition im ehemaligen Hoheitsgebiet des Klosters Benediktbeuern seit 1525. In: Festschrift zur 450-Jahr-Feier der Gebirgsschützentradition im ehemaligen Hoheitsgebiet des Klosters Benediktbeuern. Benediktbeuern 1976, 22–32.

95 WENING, MICHAEL: Historico-Topographica Descriptio, Das ist Beschreibung des Churfürsten- und Herzogthumbs Ober- und Niedern-Bayrn. 4 Bde. München 1701–1726.

95a WESTENRIEDER, LORENZ VON: Beschreibung des Wurm- oder Starenbergersees, und der umherliegenden Schlößer etc., München 1784 (= Bavarica Reprint, München 1977).

96 WESTERMAYER, GEORG: Chronik der Burg und des Marktes Tölz. 3. Aufl. Bad Tölz 1976.

97 WILLAX, FRANZ: Die Belagerung der Festung Rothenberg 1703. Nach dem Bericht eines Überläufers über Ausrüstung, Versorgung und Besatzung der Festung. In: Altnürnberger Landschaft e. V. Mitteilungen 21 (1972) 37–40.

98 WÖLFINGER, JULIUS: Die Sendlinger Bauernschlacht (Mordweihnacht 1705). In: Schlachtfelder zwischen Alpen und Main. Hg. von General d. Artillerie von Reichenau. München 1938, 132–139.

99 WÜRDINGER, JOSEPH: Die bayerischen Landfahnen vom Jahre 1651–1705. In: Verhdl. hist. Ver. Niederbayern 9 (1863) 122–138.

100 ZÖLLNER, ERICH: Geschichte Österreichs. Von den Anfängen bis zur Gegenwart. 5. Aufl. München 1974.

101 Außführlicher Bericht über die in der H. Christ-Nacht 1705 von dem rebellischen Bauren-Volck vorgenommene Belagerung der Stadt München und darauf erfolgten harten Niederlage in dem Dorff Sendlingen. München 1706.

102 Ausführliche Relation über die in der H. Christ-Nacht 1705 von dem rebellischen Bauernvolk vorgenommene Belagerung der Stadt München und darauff erfolgten Niderlaag in dem Dorff Sendlingen. O. O. u. J.

103 Bayerischer Geschichtsatlas. Hg. von Max Spindler. München 1969.

104 Beiträge zur Geschichte der bayerischen Volkserhebung im Jahr 1705. Das Aufkirchener Votivbild. In: Altbayer. Monatsschrift 2 (1900) 94–96.

105 Ein Flugblatt aus der Bauernerhebung von 1705. In: Bayerland 17 (1906) 151, 156.

106 Feldzüge des Prinzen Eugen von Savoyen. Hg. v. d. kriegsgeschichtl. Abt. des Wiener Kriegsarchivs. Bd. V (1703) von ALPHONS DANZER; Bd. VI (1704) von GUSTAV RATZENHOFER; Bd. VII (1705) von JOSEF RECHBERGER Ritter von RECHKRON; Bd. VIII (1706) von Emil Freiherrn MAYERHOFER VON GRÜNBÜHL und Camillo Freiherrn KOMERS VON LINDENBACH. Wien 1878–1882.

107 200-jährige Gedenkfeier der Sendlinger Bauernschlacht. Ein Erinnerungsblatt für das bayerische Volk. Bearbeitet nach den Berichten des Neuen Münchener Tageblattes. München 1905.

108 Handwörterbuch zur Deutschen Rechtsgeschichte. Bd. 1 ff. Berlin 1971 ff. (im Erscheinen begriffen).

109 Der durch die Kayserlichen Waffen jüngsthin glücklich gedämpffte Bayerische Bauren-Krieg. Bestehende in unterschiedlichen curiösen Briefen, welche ein kayserlicher Officier aus München an einen vornehmen Hoff-Bedienten nach Sachsen geschicket und darinnen den unvermutheten Anfang, verwirrten Fortgang und plötzlichen Ausgang dieser auffrührerischen Händel umständlich beschrieben hat. Freystadt, bey Benjamin Wahrmund, Anno 1706.

110 Kurfürst Max Emanuel. Bayern und Europa um 1700. Katalog der Ausstellung im Alten und Neuen Schloß Schleißheim vom 2. Juli bis zum 3. Oktober 1976. 2 Bde. München 1976.

111 Die von Lenggries bei Sendling fielen. In: Tölzer Kurier vom 3. VI. 1938.

112 Relation über die Münchnerische Metten, so die rebellische Bauren denen Kayserlichen zu singen vorgehabt, den 25. Decemb. 1705. O. O. u. J.

Zu den Bildern

Der Aufstand der Tiroler: Flugblatt, Kupferstich von Johann Paul Sedlmayr, Wien 1703. Die Darstellung zeigt den Überfall der Tiroler Landesverteidiger am 1. Juli 1703 auf eine bayerisch-französische Truppe etwa 10 km hinter Landeck, kurz vor der Brücke von Pontlatz. Man sieht, wie die Tiroler von steilen Bergwänden auf die im Tal marschierende Truppe Steinlawinen und Baumstämme rollen lassen und aus ihren unangreifbaren Höhenstellungen das Feuer eröffnen. *Tiroler Landesmuseum, Ferdinandeum, Innsbruck.* *(Photo: Haus der Bayerischen Geschichte, München.)*

Kurfürst Max Emanuel trägt Kaiser Leopold I. die in Ungarn eroberten Festungen als Speisen auf: Radierung und Buchdruck in der Schrift »In Memoriam gloriosae victoriae Hungaricae auspiciis Leopoldi«, Augsburg 1687. Der Kurfürst von Bayern bekleidete das Hofamt des Reichserztruchsessen und hatte in dieser Eigenschaft anläßlich der Kaiserkrönung dem Kaiser die Speisen aufzutragen. Hier, in dieser symbolischen Darstellung, trägt er dem Kaiser die Festungen auf, die er im Türkenkrieg erobert hat. Max Emanuel wird damit als der hilfreiche Reichsvasall und Verbündete des Kaisers dargestellt. *Bayerische Staatsbibliothek, München (4° L. eleg. m. 135/1).*

Partenkirchen 1703: beim Abzug der bayerischen und Einzug der kaiserlichen Truppen flieht die Bevölkerung in die Berge. Votivtafel in der Wallfahrtskirche St. Anton in Partenkirchen, 1704 (155 × 210 cm). Das Bild wurde als Dank für die Schonung des Ortes durch die Soldaten dargebracht. Die Grafschaft Werdenfels, in der Partenkirchen lag, gehörte dem Bischof von Freising, stand also eigentlich auf der Seite des Kaisers; sie war 1703 und 1704 Durchzugsgebiet für die bayerisch-französischen und die kaiserlichen Truppen sowie die Tiroler Landesverteidiger. *Wallfahrtskirche St. Anton, Garmisch-Partenkirchen.* *(Photo: Beckert, Garmisch-Partenkirchen.)*

Plünderung und Geiselnahme der Soldateska in Bayern 1704: Votivtafel des Mainburger Pfarrers Dr. Anton Sebastian Öfele (110 × 180 cm). Zur Darstellung des Vorgangs siehe S. 98 f. In der Mitte ist ein niedergebranntes Dorf zu sehen. *Salvatorkirche Mainburg.* *(Photo: Süddeutscher Verlag, München.)*

Kurfürst Max Emanuel von Bayern: Kupferstich von Cornelius Vermeulen (1704)

461

nach einem Portrait von Joseph Vivien (1700); veröffentlicht mit freundlicher Genehmigung S.K.H. Herzog Albrechts von Bayern.
Wittelsbacher Bildersammlung des Wittelsbacher Ausgleichsfonds.
(Photo: Bayerisches Hauptstaatsarchiv, München.)

TAFEL GEGENÜBER S. 216.
Soldaten requirieren auf den Feldern noch das unreife Korn: Federzeichnung von Georg Philipp Rugendas d. Ä., Augsburg 1705. Die Darstellung zeigt, wie französische Soldaten vor Augsburg auf den Feldern das noch unreife Korn abmähen und mitnehmen. Dies war eine der vielen Plagen, die die Landbevölkerung während des Krieges von durchziehenden Heeren auszustehen hatte. Das Abmähen der Felder beraubte den Landmann nicht selten seiner gesamten Ernte und brachte ihn im Winter in bittere Not.
Original und Photo: Staatl. Graph. Sammlung München.

FARBTAFEL, DOPPELSEITIG ZWISCHEN S. 216 UND S. 217.
Votivtafel: Die Sendlinger Mordweihnacht (84,5 × 115 cm). Das Bild wurde von Männern aus Egern und Tegernsee, die am Zug der Oberländer nach München teilgenommen haben, 1707 gestiftet. Dargestellt ist wohl das Gefecht am Glockenbach. Links sind das Dorf Sendling und rechts die Stadt München, im Wolkenband das Muttergottes-Gnadenbild von Egern mit zwei Engeln zu sehen. Der Verlöbnistext enthält die Namen der Überlebenden und der Toten der beiden Pfarreien. Die Gefechtsszene zeigt, wie kaiserliche Infanterie und Kavallerie die Aufständischen von zwei Seiten angreifen; einige von diesen versuchen über den Bach zu entkommen, eine große Gruppe wird gefangen abgeführt. Es sind viele authentische Einzelheiten zu erkennen: Die Aufständischen haben ihre Waffen fortgeworfen, flehen kniend um Gnade und werden, ohne Widerstand zu leisten, niedergemetzelt. Sie tragen u. a. hellblaue Landfahnenmonturen und grüne Schützenröcke, ein Teil der Leute ist bereits der Kleider beraubt. Die Waffen der Aufständischen sind geradegeschmiedete Sensen, Mist- und Heugabeln, Hacken, Spieße, Hellebarden, Degen und Gewehre; bei den letzteren handelt es sich durchweg um die damals veralteten Luntenschloßmusketen. Demgegenüber führt die kaiserliche Infanterie die modernen Steinschloßgewehre. Die kaiserlichen Reiter stellen eine zusammengewürfelte Schar aus Husaren und Dragonern verschiedener Regimenter dar.
Pfarrkirche Egern.
(Photo: Bayer. Nationalmuseum, München.)

TAFEL GEGENÜBER S. 217.
Satirische Flugschrift auf die Niederlage und Besetzung Bayerns 1704: »Offentliche Bayerische Beicht-Bekanntnuß vor den Füssen der Kayserlichen Soldatesca«. Titelkupfer der 1705 erschienenen Schrift. Die Darstellung zeigt zwei Männer und eine Frau, die das Bayernland, und einen Soldaten, der die kaiserliche Streitmacht verkörpern. Der Text gibt in satirischer Weise eine »Beichte« des Bayernlandes vor der kaiserlichen Armee als Beichtiger wieder. Das Bayernland bekennt

seine und seines Kurfürsten Sünden gegen den Kaiser. Der Text schließt mit einem »Glaubensbekenntnis« an Kaiser Leopold und das Haus Österreich. Er ist in bayerischer Mundart geschrieben; veröffentlicht von August Hartmann (Schrifttum Nr. 23).
Original und Photo: Bayerische Staatsbibliothek, München (4° Bavar. 2120 II, 13).

ABB. S. 247.
Gefangennahme des Matthias Kraus: Spottblatt mit Kupferstich von J. L. Höning, Nürnberg 1706. Dargestellt ist der Vorgang, wie er von der kaiserlichen Propaganda nicht ganz richtig wiedergegeben wurde: Kraus wird von einem kaiserlichen Offizier in einem Bierfaß versteckt aufgestöbert; auf die Frage, ob er der Bauernkommandant sei, antwortet er, er sei nur ein armes gezwungenes Bäuerlein. *Museum der Stadt Regensburg.*
(Photo: Haus der Bayerischen Geschichte, München.)

FARBTAFEL GEGENÜBER S. 320.
Von Soldaten überfallenes Ehepaar: Votivtafel in der Wallfahrtskirche Maria-Loreto in Angerbach, 1705 (42 × 32 cm). Die Darstellung zeigt einen Mann und eine Frau, die von drei Dragonern überfallen wurden. Der Mann wurde ausgeplündert und mißhandelt, er trägt nur Unterzeug und blutet am Knie; die Frau wurde gefoltert, ihr rechter Fuß steht in brennenden Holzscheiten (frdl. Hinweis von Herrn Fritz Markmiller, Dingolfing).
Angerbach, kathol. Kirchenverwaltung.
(Photo: Süddeutscher Verlag München.)

TAFEL GEGENÜBER S. 321.
Administrator Maximilian Karl Graf von Löwenstein-Wertheim: Kupferstich von Franz Xaver Späth, 1710.
Original und Photo: Stadtmuseum München (Sammlung Maillinger I/1748).

ABB. AUF S. 328/329.
Ansicht Münchens und seiner Befestigung von Westen (1701): Ausschnitt aus Wening Bd. I, Tafel: »Die Churfürstliche Haubt- und Residenz-Statt München, wie solche von Nidergang der Sonnen gegen den Aufgang anzusehen ist«. Das Bild zeigt die moderne Befestigung der Stadt, die den Anforderungen der damaligen Kriegskunst entsprach. Halblinks sind das Sendlinger Tor, in der Mitte das Angertor, rechts der Rote Turm mit der Isarbrücke zu sehen.

VIER PLANSKIZZEN ZUR SENDLINGER MORDWEIHNACHT S. 335–342:
Nach Angaben des Verfassers und Vorlagen von Julius Wölfinger (Schrifttum Nr. 98). (Süddeutscher Verlag, München.)

TAFEL GEGENÜBER S. 336.
Allegorie auf die Niederwerfung des Volksaufstandes: Zeitgenössischer Kupferstich. Im Vordergrund Kriegstrophäen mit zwei gefesselten Gefangenen, in der

Mitte Justitia, im Hintergrund die Stadt München, darüber das Auge Gottes, das Blitze aussendet.
Original und Photo: Stadtmuseum München (Sammlung Maillinger I/661).

FARBTAFEL GEGENÜBER S. 337.
Votivtafel des Andreas Michel aus Leutstetten: Erschießung von Deserteuren nach Auslosen durch Würfeln. 1726 (50 × 76 cm). Wie die Inschrift berichtet, diente Michel als Musketier in den Truppen des Generalwachtmeisters von Kriechbaum. Er wurde »wegen gewisen Verbrechen« mit dreien seiner Kameraden verurteilt, um das Leben zu spielen. Er würfelte die höchste Zahl und wurde begnadigt, die beiden anderen wurden erschossen. Der Vorfall ereignete sich 1706 (»1705« dürfte als ungenaue Angabe gelten) im Markt Ried im Innviertel. Es handelt sich offenbar um den Zug Kriechbaums ins Innviertel zur Niederwerfung des Aufstandes im Januar 1706. Bei den Delinquenten handelte es sich wahrscheinlich um bayerische Landeskinder, die desertiert waren. Das Würfeln der Verurteilten um das Leben war zu jener Zeit eine gebräuchliche Militärstrafe und wurde z. B. auch gegen die Aufständischen von Kelheim verhängt, aber nicht vollzogen. Im linken Vordergrund sieht man die Delinquenten unter Aufsicht von Offizieren würfeln, dahinter ist die Einheit angetreten; vor ihr steht das Erschießungskommando, am Himmel das Aufkirchener Gnadenbild. Sorgfältig ausgeführte Details: die kaiserlichen Musketiere tragen weiße Uniformen mit roten Unterkleidern und Aufschlägen sowie schwarze Dreispitze, die weiß eingefaßt sind, die Offiziere rote, goldbordierte Uniformen mit gleichfarbigen Aufschlägen und schwarze Dreispitze mit goldener und teilweise roter Einfassung; die Einheit führt gelb-schwarz-gestreifte Fahnen.
Aufkirchen, Wallfahrtskirche.
(Photo: Süddeutscher Verlag, München.)

TAFEL GEGENÜBER S. 392.
Spottbild auf den Landesdefensionskongreß zu Braunau: Kupferstich 1706. Die Darstellung zeigt symbolische und reale Personen. Frankreich (der französische Hahn, Nr. 1) wird als Anstifter zum Aufstand hingestellt. Die Mitglieder des »rebellischen Bayernparlaments« werden als Maulhelden verächtlich gemacht; im Vordergrund als Schmähung ein Hund, der seinen Unrat absetzt, und grunzende Schweine. Am Tisch sitzen Matthias Kraus (Nr. 8), dessen Bild eine deutliche Portraitähnlichkeit aufweist, neben ihm Pfarrer von Miller (Nr. 9), dessen Züge sich von denen der übrigen Personen deutlich unterscheiden, so daß man vielleicht auch bei ihm Portraitähnlichkeit annehmen darf; beide Personen waren nie auf dem Kongreß anwesend. Die Übrigen sind Symbolfiguren für Bürger und Landvolk; der Adel wird nicht dargestellt. An der Tür das kaiserliche Militär, das die Spottgebärde der »Feige« zeigt.
Original und Photo: Heimathaus Braunau.

FARBTAFEL NACH S. 392.
Votivtafel: Kaiserliche Besatzungssoldaten stecken durch Unachtsamkeit beim

464

Taubenschießen das Dorf Zankenhausen in Brand, 1706, (206 × 123 cm). Zur Darstellung des Vorgangs siehe S. 418. Zankenhausen ist ein typisches Pfarrdorf jener Zeit. Grundherr war das Jesuitenkollegium in Landsberg. Das Dorf hatte 17 Anwesen: Pfarrhof, drei Bauern, zwei Lehner und einen Bausöldner (Mesner), weiter sieben gemeine Söldner und drei Häusler, unter diesen letzten zehn die Handwerker (Schmied, Weber, Schuster, Schreiner, Hirt, Ölmüller); hiervon sind nun vier auf dem Bild zu sehen. Die großen Anwesen bestehen aus einem Wohn- und Stallgebäude sowie einem Stadel, die Sölden haben Einfirsthäuser. Der Pfarrhof ist der einzige Massivbau im Dorf. Die großen Bauern besaßen bis zu 19 Stück Rindvieh und 6 bis 8 Pferde, die Söldner 1 bis 3 Kühe.

Zankenhausen, Pfarrkirche. (Photo: Süddeutscher Verlag, München.)

FARBTAFEL NACH S. 392.

Die »Sendlinger Bauernschlacht« in einer Darstellung des 19. Jahrhunderts: Votivtafel in der Wallfahrtskapelle von Weihenlinden, datiert 1705, das Bild ist jedoch nach 1837 wohl als Ersatz für ein älteres gemalt worden (59 × 49 cm). Als Vorlage hat die Lithographie von G. W. Kraus »Die Sendlinger Schlacht im Jahr 1705« gedient, die 1837 entstanden ist. (vgl. Max-Emanuel-Katalog II, Nr. 663). Das Bild ist ein Beispiel für die Sagenbildung und die romantische Verklärung des Volksaufstandes im 19. Jahrhundert. Es zeigt vor der Sendlinger Kirche einen echten Kampf, der in Wirklichkeit nicht stattgefunden hat. In der Mitte ficht der legendäre Schmied von Kochel. Die Aufständischen tragen die Bauerntracht des 19. Jahrhunderts, die von links hinten vorgehenden kaiserlichen Grenadiere Uniformen aus der zweiten Hälfte des 18. Jahrhunderts.

Weihenlinden, Wallfahrtskapelle (Photo: Dr. Wilfried Bahnmüller, Gelting.)

TAFEL GEGENÜBER S. 393.

Einnahme Chams durch kaiserliche Truppen: Bisher unbekanntes Flugblatt; Kupferstich von J. L. Höning, Nürnberg, 1706. Im Hintergrund die Stadt Cham. Vor einem Stadttor sind kaiserliche Infanterie und Kavallerie im Spalier angetreten, dazwischen ziehen die Aufständischen aus und werden dann von Soldaten mit Peitschen auseinandergetrieben. Davor werden die Anführer der Aufständischen abgeführt. Im Vordergrund das Feldlager der Kaiserlichen mit Geschützstellungen, aufgesessener Kavallerie und Offizieren. Der Auszug ist in dieser Form nicht erfolgt; die Aufständischen wurden vielmehr von Soldaten direkt aus der Stadt getrieben und anschließend zahlreiche von ihnen von Kavalleristen niedergehauen.

Münchner Stadtbibliothek (Monacensia-Sammlung 8° Mon. 2307).

ABB. S. 403.

Münchner Blutgericht: Titelholzschnitt eines Flugblattes, das ein Spottgedicht auf den Oberländeraufstand enthält; veröffentlicht von August Hartmann (Schrifttum Nr. 23). Dargestellt ist die Hinrichtung Johann Georg Küttlers am 29. Januar 1706 auf dem Schrannenplatz, dem heutigen Marienplatz, in München durch Enthauptung und anschließende Vierteilung.

ABB. S. 407.
Matthias Kraus mit Kelheimer Richtstätte: Kupferstich 1706. Die Darstellung
zeigt im Vordergrund, wie der enthauptete Körper Krausens geviertteilt wird, im
Hintergrund die Stadt Kelheim, an deren Ausgängen die vier Teile des Gerich-
teten an Galgen aufgehängt und der Kopf auf einen Pfahl aufgesteckt sind. Darunter steht ein sechszeiliger Vers, der den Leser mit diesem abschreckenden Beispiel zum Gehorsam mahnt.
Museum der Stadt Regensburg (G 1956–466).
(Photo: Haus der Bayerischen Geschichte, München.)

ABB. S. 413.
»Khlarwein«: Kupferstich mit vierzeiligem Vers auf die Niederlage des bayeri-
schen Volksaufstandes; überliefert in der Rechtfertigungsschrift Georg Sebastian
Plingansers an den Kurfürsten Max Emanuel vom Jahr 1715.
Bayer. Staatsbibliothek München (CgM 1941).

DREI KARTEN NACH S. 477: die Schauplätze der Aufstandsbewegungen im Bayerischen Wald und in der Oberpfalz, im Oberland und im Unterland.
Nach Angaben des Verfassers gezeichnet von Christel Aumann.

Verzeichnis der Personennamen

Paumgarten, Franz Frhr. von 297–305, 391, 410 f.
Pelkofen, Franz Wilhelm Frhr. von 365
Petschowitz, Frhr. von 125
Pfeifer-Jackl von Birnbach 161, 164, 411
Philipp, Hzg. v. Anjou (Kg. Philipp V. v. Spanien) 43, 46, 332, 422
Philipp Moritz v. Bayern, Bischof von Münster und Paderborn 42, 412
Pienzenau, Johann Albrecht Frhr. von 198
Pixl, Brüder 241 f., 244
Plinganser, Georg Sebastian 150, 169 bis 171, 177, 182–193, 228, 235 f., 255, 263, 275 f., 285 f., 295–303, 306, 343, 375, 377, 409–411, 429
Preysing, Max Ferdinand Graf 130, 270 f.
Prielmayr, Corbinian Frhr. von 72, 204
Prielmayr, Franz Bernhard Frhr. von 204 f., 226–231, 264, 286–288, 295 bis 306, 373–380, 391, 394, 409–411
Prindl, Johann Andreas 186, 189 f., 196, 206, 311 f., 316
Püechl, Michael 338

Rabel, Elias 176, 239 f.
Rákóczi, Franz 47, 70, 106, 332
Ränkam, von 365
Rechkron, Joseph Rechberger Ritter von 281
Reichwein, Johann Michael von 313, 356
Reiffenstuel, Adam 312
Reindl, Johann Dietrich 164
Reitzenstein, von 368
Reventlau, Christian Graf, Feldmarschalltn. 67, 82, 92
Riesch 405
Riesenberger, Balthasar (Schmiedbalthes, Schmied von Kochel) 348 f., 386 f., 400

Riezler, Sigmund 12, 349
Romuald, Abt von Ettal 84
Rumpel 154 f., 157

Sallinger, Joseph 204 f., 231–233, 256, 287, 394, 410 f., 429
San Bonifacio, Franz Graf von, Obst. 65
Santern, Johann Christian von 311
Schaindl, Hans Michael 260, 321, 324, 357, 405
Schalch, Jakob 358
Schalt, Matthias 188
Scherer, von 411
Schienkhueber aus Mitterndorf 168
Schlick, Leopold Graf, Feldmaschalltn. 62–68, 92
Schlör, Matthias 188
Schmid, Franz Kaspar von 70
Schmid, Kaspar von 30, 32 f.
Schmidt, Adam 364, 366, 368 f., 396
Schmidt, Franz Xaver Frhr. von 312, 316, 343, 357, 405, 425
Schmidt, Wolfgang 157 f., 401
Schönborn, Lothar Franz von, Erzbischof und Kfst. v. Mainz 61 f.
Schöttl, Adam (Jäger-Adam) 79, 260, 268, 310 f., 316–320, 326 f., 334, 338, 356, 397
Schöttl, Adam (Oberjäger von Mittenwald) 79
Schuester, Dr. 114
Schurff, Christoph Dismas Frhr. von 201
Schwaiger, Philipp 168, 231
Schwanthaler, Bonaventura 168 f., 218
Sedlmayr aus Kößlarn 162
Seeau, Johann Friedrich Graf von 125 f., 135, 141, 259, 358, 408
Seltzer, Generalauditorltn. 409
Senser, Sebastian 102, 265 f., 319, 356, 404
Sepp, Johann Nepomuk 12
Seppenhofer, Christoph 162, 170
Solari, General 68

Verzeichnis der Ortsnamen

Pressestimmen zu diesem Buch

Der Verfasser ... versteht es, auch Leser, denen bayerische Geschichte fern liegt, zu fesseln, weil er Bedeutung und Auswirkung dieses Aufstandes auf die großen weltgeschichtlichen Entscheidungen zeigt ... Obwohl sich der Autor genau an alle historischen Fakten hält, liest sich die Schilderung des Aufstandes spannender als ein Roman.

(DEUTSCHES ÄRZTEBLATT)

Die Lektüre bietet nicht nur reiches historisches Material, sondern hilft zugleich eingefleischten »Nordlichtern« zu einem besseren Verständnis weiß-blauer Lebens- und Denkart, und insofern kann man dieses Buch getrost als hochaktuell bezeichnen.

(NORDDEUTSCHER RUNDFUNK / WESTDEUTSCHER RUNDFUNK)

Die großen Vorteile dieses Buches liegen in einer breitangelegten, um gerechte Urteile bemühten Darstellung, die gerade dem historischen Laien einen guten Überblick verschafft ... eine rundum erfreuliche Neuerscheinung.

(SÜDDEUTSCHE ZEITUNG)

Fesselnd vor allem der soziologische Aspekt. Es geht nicht nur um Politik und Aufstand, sondern der Leser wird präzis über das soziale Gefüge, über das Leben in Stadt und Land jener Zeit informiert. An Anschaulichkeit ist Probst da schwer zu überbieten.

(MÜNCHNER MERKUR)

Alles in allem kann dieser flüssig geschriebenen und gut lesbaren Darstellung, die die Ereignisse immer wieder aus dem Blickwinkel der verschiedenen beteiligten Gruppen und Parteien beleuchtet und dabei Leiden, Denken und Handeln des kleinen Mannes im Kriege sichtbar werden läßt, eine nachhaltige Beachtung gewünscht werden.

(EUROPÄISCHE WEHRKUNDE)

Wichtig scheint mir, daß in dieser geschichtlichen Darstellung das Schicksal der kleinen Leute deutlich wird. ... Nicht nur für Bayern, sondern auch für Urlauber, die sich für die bayerische Geschichte interessieren, lohnt es sich, dieses Buch zu lesen. Die Ausstattung ist vorzüglich.

(GEWERKSCHAFT ERZIEHUNG UND WISSENSCHAFT – NORDRHEIN-WESTFALEN)